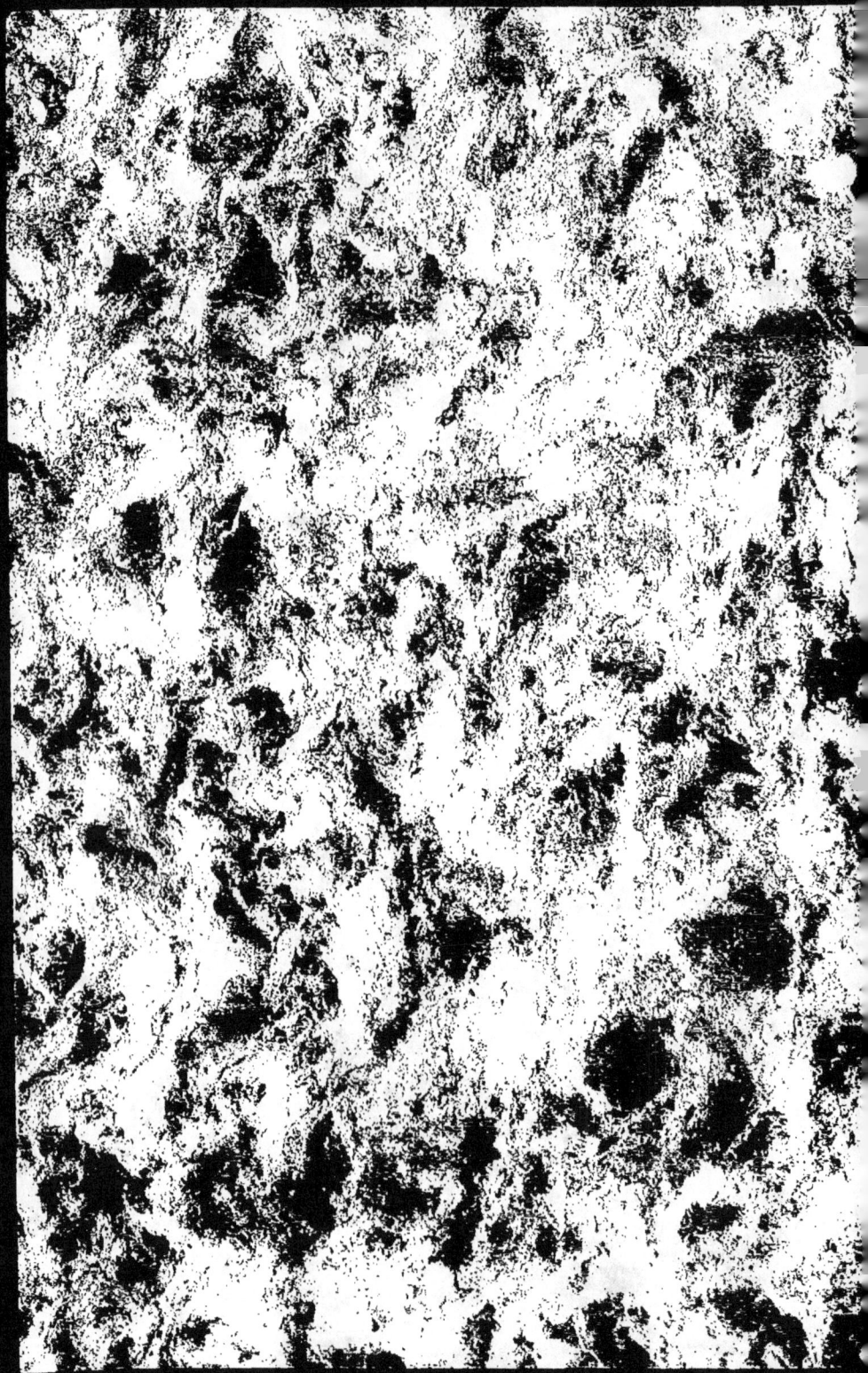

NVMs - 2011

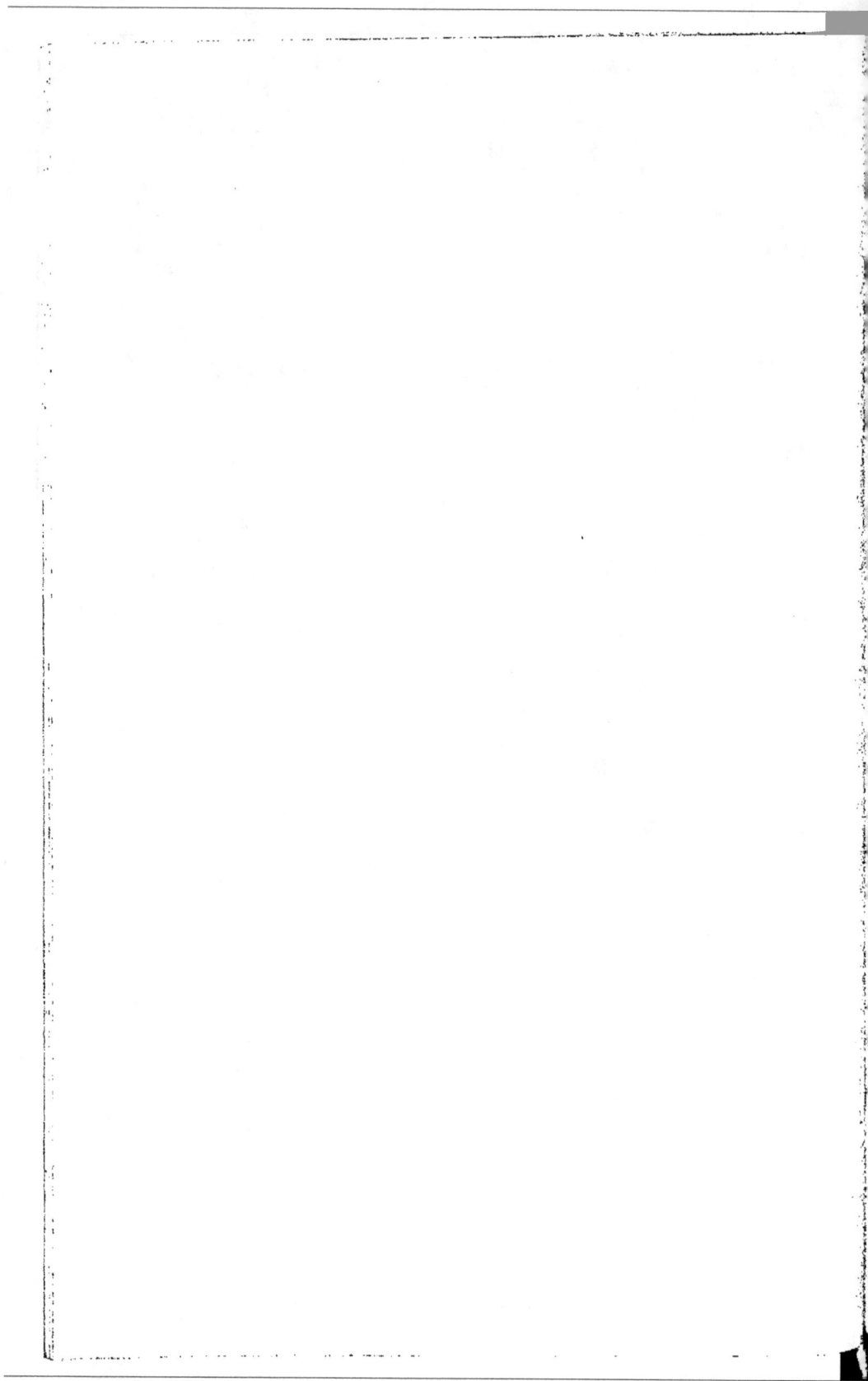

# L'Armée de l'Est

### 20 DÉCEMBRE 1870 - 1er FÉVRIER 1871

PAR LE

## COLONEL SECRETAN

COMMANDANT DE LA IVe BRIGADE D'INFANTERIE DE L'ARMÉE SUISSE

---

AVEC TROIS CARTES ET UN FAC-SIMILE

NEUCHATEL

ATTINGER FRÈRES, ÉDITEURS

1894

# L'ARMÉE DE L'EST

NEUCHATEL — IMPRIMERIE ATTINGER FRÈRES

# L'Armée de l'Est

20 DÉCEMBRE 1870 - 1er FÉVRIER 1871

PAR LE

## COLONEL SECRETAN

COMMANDANT DE LA IVe BRIGADE D'INFANTERIE DE L'ARMÉE SUISSE

AVEC TROIS CARTES ET UN FAC-SIMILE

NEUCHATEL

ATTINGER FRÈRES, ÉDITEURS

1894

Pour bien juger les faits
de guerre, il faut avant tout,
comparer les ressources qu'ont en
entre les mains les partis ennemis.

Il est nécessaire de se rendre
compte de l'État moral des
armées opposées, conséquence forcée
des actions précédentes —

Il faut ensuite comparer les
connaissances que possèdent, dans
les deux armées, les officiers,
s. officiers et soldats, du difficile
métier des armes

La puissance de l'artillerie
l'État de l'armement, les moyens
de transport dont disposent les
armées doivent appeler l'attention
du critique. —

Il est juste aussi de mettre
en ligne les relations existantes
entre les généraux en chef, et
les gouvernements qui les
emploient. —

   De sorte les avantages tout
du même côté, et aucun de
l'autre, et il est clair que le
général qui accepte de com-
-mander une armée de nouvelle
levée dans de si tristes conditions
sait qu'il marche à une
défaite certaine, plus ou moins
tôt, mais certaine.

   Si la Patrie est aux abois,
qu'il ne puisse faire prévaloir
son avis pour un ministère

... pour un pain de vous necessaire,
il doit donc certain vous exceptionnel,
accepté avec obligation; la triste
... qui lui est confiée.

... en ce ... le
patriotisme vous porte à vouloir
prendre la grande part de
douleur et de malheur
immérités de son cher Pays. —

C. Bourbaki G

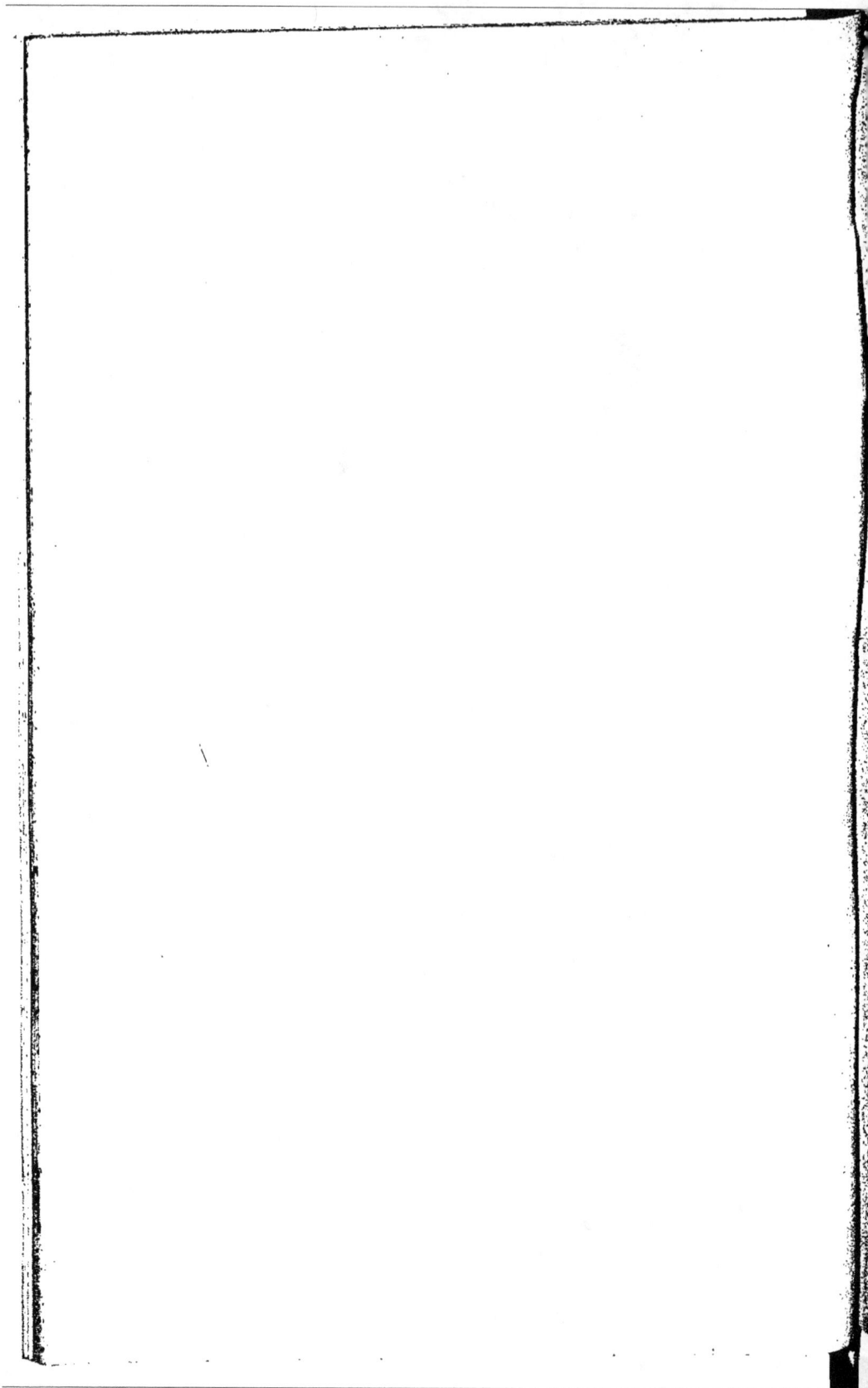

# AVANT-PROPOS

Les États modernes ne font pas la guerre avec des armées au sens ancien du mot, mais avec des nations en armes.

Kœniggrætz, Saint-Privat, Sedan ont mis en présence des centaines de milliers d'hommes. Dans les rencontres de l'avenir on verra, dit-on, sur un seul et même champ de bataille, des agglomérations encore plus considérables.

Il n'est pas démontré que cette stratégie des armées immenses dure toujours. « Un nouvel Alexandre surgira, dit Colmar von der Goltz A la tête d'une petite troupe d'hommes d'élite, parfaitement exercés et armés, il poussera devant lui les masses ennemies énervées qui, dans leur tendance à toujours s'accroître, auront franchi les limites prescrites par la logique et qui, ayant perdu toute valeur, se seront transformées en une innombrable et inoffensive cohue de bourgeois. »

Mais ce ne sera pas demain. Le mouvement d'opinion

qui porte les gouvernements à chercher leur sécurité dans des armées aussi nombreuses que possible est encore dans la période ascendante.

Pour les petites armées des petits peuples, la perspective d'être écrasées, submergées par le nombre, en dépit de leur valeur, serait démoralisante si l'histoire militaire n'enseignait pas que le nombre n'est pas tout. « Il n'y aurait point d'art de la guerre, dit Gouvion Saint-Cyr, si l'on devait toujours céder le terrain sous prétexte qu'on est numériquement inférieur. » La guerre franco-allemande, dans sa deuxième phase, montre par des faits significatifs qu'avec des effectifs doubles, triples parfois, les jeunes armées de la République française ne sont pas parvenues à triompher de la discipline et de l'expérience des régiments allemands.

La campagne menée dans l'est de la France par le général Bourbaki fournit à cet égard des démonstrations d'un très puissant intérêt. Elle prouve que le grand nombre peut même devenir un facteur d'affaiblissement pour des armées insuffisamment organisées et instruites, aux prises avec des troupes aguerries. Le général de Werder avec ses quarante-cinq mille Badois et Prussiens a résisté durant trois jours de combat, dans les positions de la Lisaine, à l'assaut de cent quarante mille Français.

Au moment où la Suisse va entreprendre la réorganisation de son armée, il m'a paru utile d'attirer l'attention sur cette courte mais tragique guerre. La « folie du nombre » semble nous gagner aussi. Et pour-

tant, les conditions de notre vie, l'exiguïté de notre
territoire, la configuration de notre sol, nos ressources
limitées, nos traditions militaires, notre histoire, tout
devrait nous rappeler sans cesse le mot de Montluc :
« Ce n'est pas le nombre qui vainct, mais le grand
cœur. »

C'est dire que j'ai écrit, avant tout, pour des lecteurs
suisses. Je n'ai pas la prétention de rien apprendre
aux acteurs de ce drame, d'autant moins que les documents dont j'ai pu disposer sont incomplets et que, sur
l'une ou l'autre action tactique, je puis avoir erré.

Il y a, en Suisse comme partout, une foule d'igno-
rants disposés à croire qu'une armée peut être créée de
toutes pièces sous le feu ennemi, qu'une entreprise de
guerre peut être improvisée, qu'on peut conduire des
hommes à la bataille sans leur avoir préalablement
enseigné comment on s'y comporte et inculqué les
vertus du soldat par la pratique méthodique et suivie
d'une sévère discipline. Certes, les troupes que le
gouvernement de la Défense nationale a fait marcher
au débloquement de Belfort étaient braves, vaillantes
autant qu'aucune autre. Elles étaient trois fois plus
nombreuses que l'ennemi et pourtant nous les avons
vues, le 1er février 1871, après deux mois de campagne, descendre les routes du Jura dans le plus lamentable désarroi, refoulées hors de leur pays, réduites à
une impuissance absolue. Pourquoi? sinon parce que
hâtivement formées, à peine instruites, elles avaient
manqué, dans la crise terrible du combat comme sous
les épreuves douloureuses des longues marches et des

bivouacs dans la neige, de la cohésion, de la mobilité, de la rectitude de mouvements, de la résistance, en un mot de la force qu'une éducation militaire peut seule donner.

Pour le courage et le patriotisme tous les peuples se valent, mais le grand cœur dont parle Montluc n'existe que chez l'homme conscient de sa supériorité physique et morale.

Puis, cette guerre de l'Est livrée sur nos frontières et qui a jeté inopinément sur notre sol une armée étrangère de près de quatre-vingt-dix mille soldats a profondément ému nos populations. Voici un quart de siècle bientôt passé et le souvenir en est encore vivant. Je veux dire comment ces longues colonnes désemparées d'hommes, de voitures et de chevaux sont arrivées jusqu'à nous, par quelles routes elles ont marché et quel cruel destin les a poursuivies dans cette lugubre aventure.

Elle est unique. Une armée de plus de cent mille hommes détournée de son objectif, coupée de ses communications au point de devoir combattre avec un front renversé et d'être expulsée de son propre territoire, voilà qui est, je crois, sans exemple dans l'histoire des guerres. C'est la première fois aussi qu'en application du droit international européen et par respect pour la neutralité d'un territoire voisin, une armée aussi considérable a volontairement déposé ses armes et franchi une frontière sans aucune intervention des gouvernements, en vertu d'une simple convention entre deux états-majors.

En écrivant ces pages, j'ai admiré souvent l'héroïsme des troupes du général de Werder, leur ténacité, leurs grandes vertus ; j'ai admiré aussi l'énergie, le coup d'œil sûr, la merveilleuse science que révèle la marche si rapide et si audacieuse du général de Manteuffel. Mais les nobles efforts de l'armée française m'ont touché et devant l'infortune qui l'accable je me sens repris de cette même émotion qui pénétrait tout le peuple suisse dans les sombres jours de février 1871.

Lausanne, juin 1894.

Colonel SECRETAN.

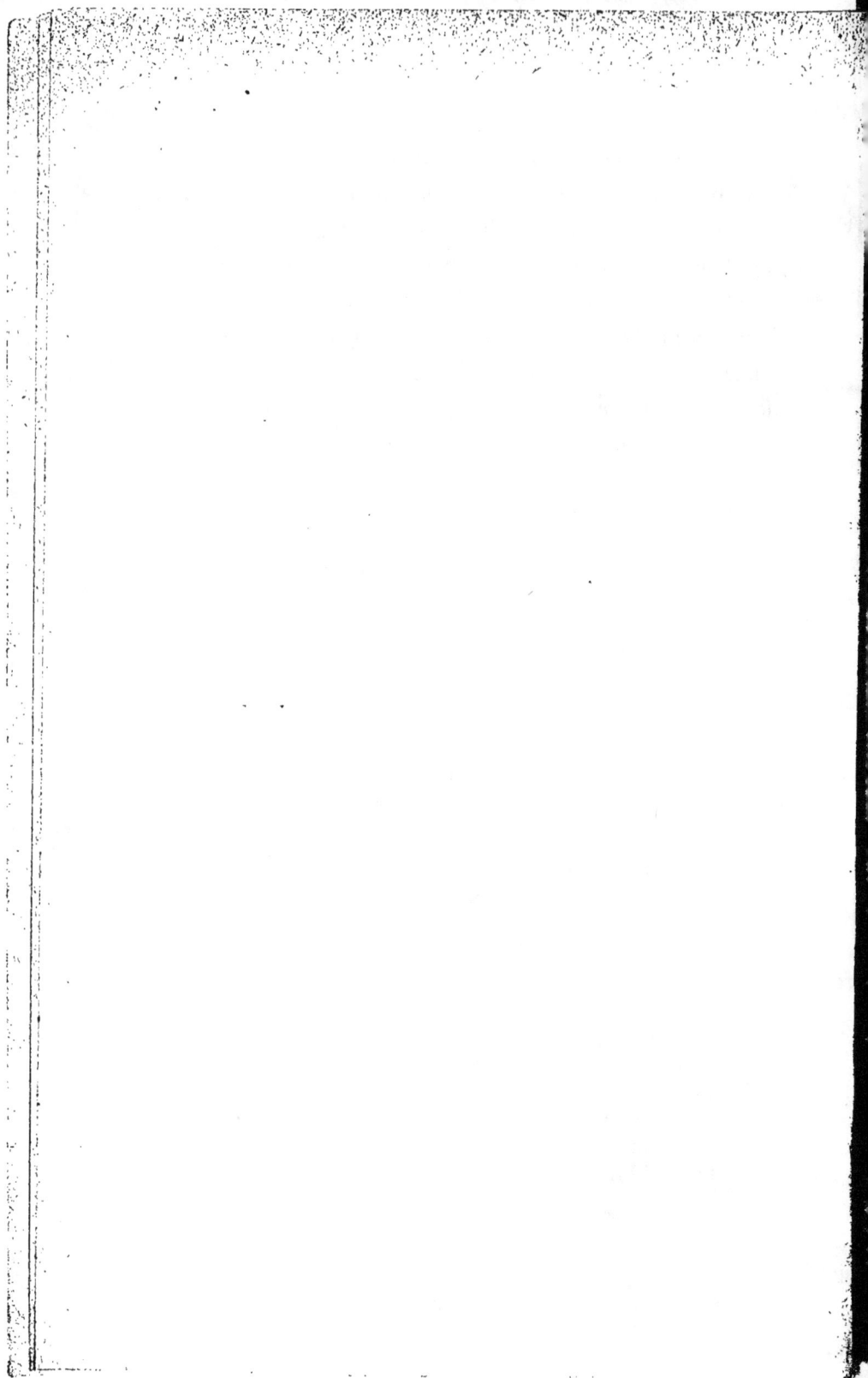

# CHAPITRE PREMIER

## EN DÉCEMBRE 1870

Quand, le 20 décembre 1870, l'expédition dans l'est fut résolue, la situation militaire était très compromise déjà.

Huit cent quarante mille soldats allemands avaient passé le Rhin.

Le roi Guillaume de Prusse avait dressé à Versailles son quartier-généralissime. Il avait à sa droite le général de Moltke, directeur de ses armées ; à sa gauche, le comte de Bismarck, son conseiller politique.

La IIIe armée, sous les ordres du prince royal de Prusse, et l'armée de la Meuse que commandait le prince royal de Saxe investissaient la capitale avec 180,000 hommes et un millier de bouches à feu. L'attaque du front nord-est était commencée. On avait terminé les préparatifs pour l'attaque du front sud. Paris tenait encore, mais on pressentait la capitulation prochaine. C'était sur Paris que l'ennemi faisait porter son principal effort. La capitale prise, c'était la France réduite. Pendant les trois longs mois qu'avait déjà duré le siège, l'armée du général Trochu avait tenté, à plusieurs reprises, de rompre le cercle de fer que l'ennemi avait tracé autour des forts avancés de la place. A chaque sortie, elle avait été rejetée, sanglante et mutilée, derrière les murs de l'enceinte. Durant combien de jours la grande ville résisterait-elle encore? Personne ne le savait, ni à Versailles, ni même à Paris dans les conseils du gouvernement de la Défense nationale. Un fait pourtant était certain : une ville de plus de deux millions d'âmes ne pouvait pas vivre toujours sous un blocus hermétique. Si elle n'était pas secourue, si une armée venue de la province ne parvenait pas à tendre la main aux troupes assiégées, Paris devait succomber tôt ou tard et avant qu'il fût très longtemps, car déjà on pouvait discerner dans la résistance des symptômes significatifs de découragement.

A Versailles, on attendait patiemment que l'heure de la reddition sonnât. C'était une simple question de temps. A défaut d'une opération victorieuse de l'assiégeant, la famine ouvrirait les portes de la ville. Et Paris capitulant, c'étaient 400,000 hommes et 1900 canons réduits à l'impuissance, autant dire la fin de la guerre. On y comptait dans les états-majors du roi Guillaume. La stratégie du général de Moltke avait ce but principal : isoler Paris, empêcher les armées de province de pénétrer jusqu'à elle.

La Ire armée, sous les ordres du général de Manteuffel, couvrait l'investissement contre le nord, à Rouen et à Amiens, sur la Somme.

La IIe armée, que commandait le prince Frédéric-Charles, avait son gros à Orléans, avec des détachements à Gien, à Blois, à Vendôme.

Deux divisions d'infanterie (XVIIe et XXIIe) et les IIe, IVe et Ve divisions de cavalerie occupaient Chartres, observant le Mans et l'ouest de la France.

L'envahisseur avait établi ses communications avec l'Allemagne par la voie ferrée Paris-Blesme-Frouard qu'il couvrait contre le sud du VIIe corps, général de Zastrow, établi à Montbard et Nuits-sous-Ravières et dont une division, la XIVᵉ, cernait Mézières, et du XIVᵉ corps, général de Werder, concentré entre Gray et Vesoul, avec la division Tresckow assiégeant Belfort, couverte celle-ci, plus au sud encore, de Montbéliard à Delle, par les troupes du général de Debschitz.

A Tours, puis à Bordeaux, où Gambetta présidait la Délégation du gouvernement de la Défense nationale et exerçait sa dictature politique et militaire, on savait aussi qu'abandonnée à ses seules forces, la capitale était perdue. Tous les mouvements des armées de province étaient dirigés sur cet objectif : la délivrance de Paris.

Un instant il avait semblé que ce plan dût réussir. Le 9 novembre, le général d'Aurelle de Paladines avait battu à Coulmiers les Bavarois du général von der Tann ; le lendemain, il avait réoccupé Orléans puis, marchant du sud au nord, il avait livré bataille à Beaune-la-Rolande, à Villepion, gagnant du terrain. En même temps, l'armée de Paris avait fait sa grande sortie de Champigny et de Villers, entre Seine-et-Marne, refoulant devant elle les premières lignes allemandes. Le 2 décembre, en même temps qu'il annonçait à la France les succès du général d'Aurelle de Paladines, Gambetta avait prédit de prochaines et grandes victoires : « Le génie de la France, un moment voilé, reparaît. Nos deux grandes armées marchent à la rencontre l'une de l'autre. Dans leurs rangs, chaque officier, chaque soldat tient dans ses mains le sort même de la patrie ; cela seul les rend invincibles. Qui donc douterait désormais de l'issue finale de cette lutte gigantesque ?[1] »

Ce n'avait été pourtant qu'un éclair de fortune. On s'était donné rendez-vous, pour le 6 décembre, dans la forêt de Fontainebleau. Ni le général Ducrot, ni le général d'Aurelle de Paladines n'avaient pu pousser jusque-là. Après de sanglants

---

[1] *Journal officiel*, 2 décembre 1870.

combats, l'armée de Paris avait été refoulée, tandis qu'à Joi-
gny, le grand-duc de Mecklembourg avait brisé l'élan offensif
du général d'Aurelle. Le 4 décembre, l'armée du prince
Frédéric-Charles, rendue disponible par la reddition de
Metz, avait réoccupé Orléans, ramenant derrière la Loire
l'armée française coupée en trois tronçons. La Délégation
du gouvernement de la Défense nationale, ne se sentant plus
en sécurité à Tours, s'était réfugiée à Bordeaux.

Sur les autres points du territoire, le sort n'avait pas favo-
risé davantage les armes de la République. Le 27 novembre, le général Faidherbe, battu à Amiens par les troupes
du général de Manteuffel, avait été obligé de se retirer derrière la Somme, tandis qu'à l'autre extrémité du pays,
dans la vallée de la Saône, devant Dijon, le vieux général
Garibaldi se dérobait, par une retraite précipitée sur Autun,
aux rudes coups que lui portaient les Badois du général de
Werder.

Tout était à refaire. Il fallait dresser un nouveau plan
de campagne et surtout agir vite si on voulait secourir
Paris en temps utile.

L'ennemi occupait plus du tiers du territoire. Sauf Langres, Besançon, Belfort et les places du nord, toutes les
forteresses importantes étaient tombées en son pouvoir. Le
découragement avait gagné de nombreux esprits : il leur
semblait que l'honneur était sauf et que désormais toute résistance ultérieure fût vaine.

Un homme cependant se raidissait contre la fatalité et de
sa voix puissante continuait à appeler la France aux armes.
C'était par une inspiration de génie que, le 7 octobre, Gambetta avait franchi les murs de Paris. « La résistance de
Paris », dit-il, le 7 septembre 1871, devant la commission constituée par l'Assemblée nationale pour instruire une enquête
sur les actes du gouvernement de la Défense, « ne me semblait pouvoir être efficace qu'à la condition que la province
s'y associât. J'entendais tous les jours dire au conseil qu'il

fallait une armée de secours et je n'apercevais pas d'où elle pouvait sortir. J'avais réclamé dès le début que le gouvernement tout entier sortît de Paris ; je ne comprenais pas qu'une ville qui allait être assiégée et bloquée et, par conséquent, réduite à un rôle purement militaire et stratégique, conservât le gouvernement dans son sein ; [1] je demandais que tout au moins le ministre des finances, le ministre de la guerre, le ministre des affaires étrangères surtout, sortissent de Paris et allassent constituer le gouvernement en province. Je crois que parmi les faiblesses qu'on a pu avoir, celle-là est capitale ; et je suis convaincu que les choses auraient tout autrement tourné si le gouvernement, au lieu d'être bloqué, avait été un gouvernement agissant au-dehors... Je repris alors [2] mon idée première qui avait été d'aller en province pour tâcher d'organiser la défense [3]. »

Le général Chanzy, dans sa déposition devant la même commission, a exprimé sur ce point important les mêmes vues justes que Gambetta : « Selon moi, dit-il, quand on a vu l'armée prussienne marcher sur Paris, bien qu'on n'ait peut-être pas cru possible un investissement aussi complet de la capitale que celui qui s'est effectué, le gouvernement a commis une faute énorme en maintenant dans Paris tout ce qui était utile en province. Il fallait y laisser les forces nécessaires, c'est évident, mais non pas 400,000 hommes et surtout il ne fallait pas y conserver les seuls hommes qui auraient pu organiser la résistance ailleurs et la diriger. Il ne faut donc pas que le gouvernement de Paris dégage sa res-

---

[1] « L'opinion à cette époque était que Paris seul pouvait offrir une résistance sérieuse ; le rôle de la province semblait devoir être si effacé que, chose à peine croyable aujourd'hui, ce fut le motif officiel mis en avant pour justifier aux yeux de la France et la composition exclusivement parisienne du nouveau gouvernement et son séjour dans la place assiégée. » M. DE FREYCINET. *La guerre en province*, p. 6.

[2] Au commencement d'octobre.

[3] ENQUÊTE. Déposition de M. Gambetta. T. II, p. 548.

ponsabilité de ce grand fait. Le plus grand reproche qu'on puisse lui faire, c'est d'être resté dans Paris et d'avoir envoyé en province des hommes..... qui évidemment n'avaient aucune des qualités qu'il faut pour organiser des armées et les conduire..... La délégation de Tours, c'étaient MM. Crémieux et Glais-Bizoin, des hommes qui évidemment ne connaissaient rien de ce qu'il fallait savoir. On l'a enfin compris à Paris et on a envoyé en province, muni de pleins pouvoirs, un homme que je ne connais que pour l'avoir vu deux fois dans ma vie. M. Gambetta arrivait à Tours en ballon et y apportait précisément ce qui manquait aux deux autres : la confiance et l'énergie de la jeunesse[1]. »

Gambetta n'avait pas été « envoyé » en province. Ce fut son propre mouvement qui l'y porta[2]. Il est fort regrettable pour la France que cette initiative ne lui soit pas venue quatre semaines plus tôt. Lorsqu'on considère qu'un mois après le débarquement de Gambetta à Tours, le général d'Aurelle de Paladines poussait ses lignes jusqu'à Beaune-la-Rolande et Pithiviers. on peut se demander ce qui fût advenu si ce mouvement offensif eût été commencé aux premiers jours d'octobre, alors que l'investissement de Paris n'était pas achevé et que l'armée du prince Frédéric-Charles était encore tout entière retenue sous les murs de Metz. A la fin de novembre, en joignant le général von der Tann et le duc de Mecklembourg, le prince put opposer 180,000 hommes à la jeune armée de la Loire. A la fin d'octobre, la situation était toute différente : le général d'Aurelle de Paladines pouvait alors encore battre isolément les corps ennemis et obliger l'ennemi à lever le siège de Paris. Un pareil événement surgissant à cette date eût certainement changé la face des choses du tout au tout, non seulement à Paris et au nord de la Loire, mais aussi à Metz et dans les

---

[1] ENQUÊTE. Déposition de M. le général Chanzy. T. III, p. 212.
[2] ENQUÊTE. Déposition de M. Gambetta. T. III, p. 548.

Vosges, par l'élan général qu'il eût donné aux armes françaises. Gambetta à Tours le 9 septembre au lieu du 9 octobre, c'était peut-être, pour la France, l'Alsace-Lorraine
conservée. Quoiqu'il en soit, ce retard d'un mois eut, à tout
le moins, cette conséquence funeste d'obliger le dictateur,
déjà porté par nature aux déterminations hâtives, à agir
avec précipitation. Il ne put pas consacrer à l'organisation et à l'instruction des troupes le temps nécessaire,
il n'eut pas le loisir de consulter les généraux et de prendre des résolutions mûries. Il fut jeté et irrésistiblement
entretenu, de par les circonstances, dans une agitation
fiévreuse qui, comme une force invincible, le condam-
nait à agir toujours et quand même. « M. Gambetta voulait faire marcher des hommes qui n'étaient pas organisés ;
à peine la toile était-elle tissée qu'elle était employée ; aussi
s'en allait-elle en charpie. Je le lui ai dit : « A la guerre on
« fait quand on croit réussir ; on ne s'expose pas bénévole-
« ment à démoraliser une armée en la faisant battre. » Malgré toutes mes observations, on ne cessait de me dire : « Il
« faut faire [1]. »

A ne considérer dans l'action de Gambetta que l'élan, la
vigoureuse et noble allure qu'il sut donner à la résistance,
l'énergie et la clairvoyance dont il fit preuve dans l'organisation de l'effort national, son œuvre est admirable. De tous
les hommes que la grande guerre de 1870 a mis en scène,
il est incontestablement celui qui restera dans l'histoire
comme l'incarnation la plus vivante de la Défense.
Étrange destinée que celle de ce jeune homme de trente-
deux ans qu'une émeute populaire porte d'une seule se-
cousse au pouvoir suprême, qui s'y maintient pendant cinq
mois au milieu de la plus effroyable crise qu'un peuple
puisse traverser, qui, sans préparation, par la seule force

---

[1] ENQUÊTE. Déposition de M. le général Bourbaki. T. III,
p. 350.

de son patriotisme et l'impulsion persévérante d'une volonté
merveilleusement trempée, impose son autorité aux populations comme aux pouvoirs publics, aux armées et à leurs
généraux ; qui parle au pays comme un inspiré et que le
pays écoute et suit ; qui fait sortir les bataillons de terre,
les arme, les équipe, les pourvoit en matériel et en munitions et les lance sur l'ennemi ; qui décrète la guerre nationale, relève les courages affaissés, subjugue par la noblesse
de son attitude et le désintéressement de ses intentions
jusqu'à ses adversaires politiques les plus déclarés ; qui, du
jour au lendemain, s'improvise le pilote dans la tempête, se
proclame le sauveur de la France désarmée par l'incurie
impériale et exerce sur son peuple la dictature la plus
étonnante et la moins incontestée dont l'histoire fasse mention !

Quand, le 4 septembre, avec ses amis politiques de Paris,
il avait renversé le trône impérial et proclamé la déchéance
des Napoléon, la notoriété de Gambetta n'était encore que
celle d'un débutant. Adoré dans les faubourgs de Paris,
fort apprécié dans les rangs avancés du parti républicain qui
fondait sur lui de grandes espérances, il était tenu en suspicion par l'opposition modérée des Thiers, des Dufaure et
des Jules Favre. Et néanmoins, dans l'effondrement qui suivit Sedan, ce jeune homme sut s'imposer dès le début à la
France entière par l'éclat de sa parole et la contagion de sa
foi enthousiaste dans les destinées de la patrie envahie. Quand
un mois plus tard, le 7 octobre, il sortait de Paris dans la na-
celle de l'*Armand Barbès* et que, porté par le vent par dessus
les lignes de l'investissement, il atterrissait à Épineuse,
pour le lendemain tomber à Tours, il semblait que cet audacieux portât avec lui la fortune. Sa première proclamation
avait sonné comme un appel de clairon : « Notre premier
devoir est de ne nous laisser distraire par aucune préoccupation qui ne soit pas la guerre ! La République fait appel
au concours de tous. Son gouvernement se fera un devoir

d'utiliser tous les courages, d'employer toutes les capacités.
C'est sa tradition à elle d'armer les jeunes chefs : nous en
ferons ! Non, il n'est pas possible que le génie de la France
se soit voilé pour toujours, que la grande nation se laisse
prendre sa place dans le monde par une invasion de cinq
cent mille hommes ! » La France entendit cette parole
enflammée qui lui semblait descendre du ciel. Elle ne s'é-
tait pas levée encore. Atterrée, elle avait assisté à la défaite
des légions impériales, disjointes, entourées, désarmées
dans l'espace de quelques semaines. Mais elle était restée
passive. Pendant une longue suite d'années, on lui avait sys-
tématiquement désappris la guerre ; elle ne la connaissait
que par les récits des soldats de métier. La guerre, c'était
l'affaire de l'armée exclusivement ; la garde-mobile, créée
deux ans auparavant, était impopulaire ; l'obligation uni-
verselle du service militaire était inconnue. A la voix de
Gambetta, le pays se leva pourtant. Quelques semaines
après son arrivée à Tours, cent mille hommes battaient
l'ennemi à Coulmiers. Dans les cohortes improvisées du
dictateur, Cathelineau et Charette, d'Aurelle de Paladines et
Bourbaki, Garibaldi et Bossak-Hauké combattaient côte à
côte, sous le drapeau national. L'appel aux armes, pressant,
impérieux du jeune avocat avait été entendu de tous. Voilà
ce qui dans l'œuvre de Gambetta restera éternellement puissant et beau !

Gambetta n'a pas réussi à sauver la France de la mutila-
tion. Les adorateurs du succès, ses détracteurs, en ont pris
acte pour proclamer ses nobles efforts inutiles et funestes :
répudier toute solidarité avec la politique impériale, faire
la paix après Sedan, eût été, suivant eux, plus sage. Les
conditions de l'ennemi eussent été, affirment-ils, moins
dures. Peut-être, quoique les exigences de l'Allemagne [1]

---

[1] M. Jules Favre. *Le Gouvernement de la Défense nationale.*
T. I. p. 191.

visassent déjà, à la fin de septembre, à Ferrières, la cession
de Strasbourg et de Metz. Mais la France pouvait-elle, sans
un suprême sacrifice, accepter ce démembrement ? Devant
cette menace, toute considération d'ordre secondaire devait
disparaître. La France, démocratiquement organisée, en possession du suffrage universel déjà sous l'Empire, n'était-elle
pas moralement reponsable et solidaire des actes de son gouvernement, puisqu'il n'avait existé que du consentement de
la nation ? C'est la gloire de Gambetta d'avoir compris cela
et d'avoir appelé le peuple français à verser son sang, lui
aussi, comme l'armée impériale, pour sauver ne fût-ce que
l'honneur du drapeau [1].

Les sarcasmes n'ont pas manqué au dictateur de Tours et
de Bordeaux. Ses compatriotes surtout l'ont raillé. L'ennemi
qui lui a dû quatre mois de prolongation de guerre lui a
rendu meilleure justice : « Il ne s'en est pas fallu de beaucoup que le jeune dictateur français ne devint une figure
historique de premier ordre. Il s'en est fallu de peu, mais il
s'en est pourtant fallu de quelque chose. Il lui manquait
un pouce de plus quand il se chargea du rôle de sauveur de la France, mais ce pouce est le complément de
taille qui élève l'homme de génie au-dessus de la masse de
ses semblables. Gambetta aurait dû n'être que ministre de la
guerre. Mais dans son ambition de tout faire, il ambitionna
aussi les lauriers du général et c'est de là que datent toutes
ses fautes [2]. »

Encore si, ayant voulu être conducteur d'armées, le dictateur eût su toujours tenir ferme à ses propos. Mais quoique

---

[1] « A cette époque (septembre 1870, entrevue de Ferrières), il
eût été regrettable pour notre honneur de conclure la paix au
prix d'une cession de territoire. La France, surprise et livrée
par l'imprudente folie de Napoléon III, n'avait point encore assez fait pour se relever aux yeux du monde. » ENQUÊTE. *Rapport
de M. de Raineville* ; 22 décembre 1872, p. 16.

[2] COLMAR VON DER GOLTZ : *Gambetta et ses armées*.

la confiance en soi et la décision ne lui fissent pas défaut, elles n'allaient pas jusqu'à l'affranchir de toute hésitation devant les problèmes redoutables et les écrasantes responsabilités de la situation où il s'était placé. Trop souvent alors il subissait des influences étrangères et préférait les plans d'autrui à ses propres inspirations. Une défiance irraisonnée des généraux de l'empire l'avait amené à écouter de préférence des hommes étrangers au métier des armes. M. de Freycinet était un organisateur admirable, d'un dévouement absolu, d'une haute intelligence ; il avait des vues claires, même en stratégie, mais ignorant les difficultés du maniement des troupes, il faisait mouvoir les corps d'armée sur la carte comme des pions sur un échiquier, sans tenir suffisamment compte ni de l'espace ni du temps. Et M. de Freycinet, à son tour, avait délégué sa confiance à un autre ingénieur, M. de Serres, très ardent aussi et très énergique, mais dont l'imagination prenait trop facilement ses désirs pour des réalités. Les officiers n'acceptaient pas volontiers les ordres de ces stratèges improvisés. Le général Chanzy, un de ceux qui ont jugé avec le plus d'impartialité et de bienveillance la dictature de Gambetta et dont le témoignage est le moins suspect de parti-pris, attribue au cabinet du ministre de la guerre une grande part dans l'insuccès des campagnes entreprises : « Nos armées ont été mal dirigées et les efforts ont été mal combinés et désunis au lieu d'être simultanés... Nous nous sommes présentés successivement à l'ennemi et nous avons été battus ; nous avons partout résisté, mais sans succès... M. de Freycinet n'entendait pas qu'on lui résistât ; quand il avait obtenu pour ses plans l'approbation de son chef, il prétendait que les généraux s'y soumissent... Nous avons eu des plans proposés par des gens qui n'y entendaient rien. Ils imposaient un plan devant être exécuté tel jour, à heure fixe, sans tenir compte ni des circonstances, ni des événements, ni des marches, ni des intempéries ; à l'heure fixée, le plan devait être exécuté.

Voilà précisément le malheur ! Nous avions affaire à des gens qui n'avaient aucune idée de la stratégie ; ainsi M. de Freycinet. Je dois dire que M. Gambetta se rendait plus facilement aux raisons qu'on lui opposait ; mais quant à M. de Freycinet, c'était un homme absolu qui voulait imposer sa volonté... Peut-être a-t-il rêvé qu'il était un Carnot, je n'en sais rien ; toujours est-il qu'il faisait des plans, les imposait et n'acceptait pas ceux qu'on lui proposait[1]. »

Gambetta, avec son intelligence supérieure, sa vue claire des choses et les inspirations de son génie allait d'instinct aux voies simples et droites. Il les abandonna trop souvent pour accepter les plans compliqués de ses conseillers et entrer dans les combinaisons plus ingénieuses que solides qu'ils soumettaient à son approbation.

La reprise d'Orléans par les troupes du prince Frédéric-Charles, dans la nuit du 4 au 5 décembre, avait coupé en trois tronçons l'armée du général d'Aurelle de Paladines : les XVIe et XVIIe corps d'armée, en retraite sur Blois, sous les ordres du général Chanzy ; le XVe corps, rejeté en désordre sur Salbris, sous le général d'Aurelle de Paladines ; les XVIIIe et XXe corps, dirigés sur Gien par le général Bourbaki, avec ordre de passer immédiatement sur la rive gauche de la Loire par les ponts de Jargeau, de Sully-sur-Loire et de Gien.

Le 5 décembre au soir, le général Bourbaki avait opéré le passage du fleuve et détruit derrière lui les ponts de Jargeau et de Sully. Le lendemain, 6 décembre, une dépêche de M. de Freycinet lui avait fait savoir que la disjonction de l'armée avait conduit le ministère à modifier l'organisation des états-majors pour éviter « les difficultés d'un commandement unique[2]. » Le commandement en chef était

---

[1] ENQUÊTE. Déposition de M. le général Chanzy. T. III, p. 213, 216, 247.

[2] ENQUÊTE. Déposition de M. de Freycinet. T. III. p. 11.

supprimé et le général Bourbaki placé à la tête des XVe et XVIIIe corps, avec le général Borel pour chef d'état-major. Le XVe corps était sous les ordres du général Martin des Pallières. Le XVIIIe passait sous le commandement du général Billot, promu général de division à titre provisoire. Le XXe corps, sous le général Crouzat, restait à la disposition du ministre et se rendait immédiatement à Salbris. En même temps, on enjoignait au général Bourbaki de repasser incontinent sur la rive droite, de concentrer ses troupes à Gien et d'occuper fortement le triangle dessiné par les deux routes de Boismorand à Gien et à Briare. Les trois corps, XVe XVIIIe et XXe recevaient en outre pour instructions de se tenir prêts à reprendre incessamment une vigoureuse offensive.

C'est ainsi que fut constitué le noyau de la « première armée de la Loire » qui bientôt après, notablement transformée, devait prendre le nom d' « armée de l'Est ».

Les XVIe et XVIIe corps formaient la « deuxième armée de la Loire », sous les ordres du général Chanzy.

Dès le 7 décembre commença pour la Ire armée la période désastreuse des marches et des contre-marches, des ordres et des contre-ordres, des mouvements offensifs et des mouvements en retraite qui, un mois plus tard, après de dures souffrances, devaient l'amener sur le plateau de Villersexel, à l'extrémité orientale de la France.

Déjà le 6 décembre, le général Bourbaki avait ordonné au général Martin des Pallières de le rejoindre à Gien, envoyé le XXe corps relever le XVe à Salbris et fait passer le XVIIIe sur la rive droite de la Loire, lorsque le lendemain, 7 décembre, une dépêche du ministère l'avisait que le XXe corps continuerait à faire partie de la Ire armée. Dans cette même journée, un parti de cavalerie ennemie, éclairant la marche de la Ve division d'infanterie allemande, avait attaqué sur la rive droite, à Ouzouer-sur-Loire, les avant-postes du général Billot et, suivi de près par l'avant-garde de la

division, forte d'un régiment d'infanterie et de deux batteries, les avait refoulés jusque sur Nevoy, à quatre kilomètres de Gien. En mauvaise position pour recevoir le choc
des deux corps d'armée (III et IX) que le prince Frédéric-
Charles avait dirigés dès la veille sur Vierzon et Gien, pré-
cédés des I<sup>re</sup> et VI<sup>e</sup> divisions de cavalerie, le général Bourbaki, avec l'autorisation du ministre, avait ordonné à ses
trois corps de se retirer, dès le lendemain de bonne heure,
sur Bourges. « Rester dispersés comme nous le sommes,
avait télégraphié le général, serait un désastre complet à
l'un des corps d'armée et peut-être successivement aux autres. » — « Une fois que vous aurez tout réuni ainsi sous
votre main, avait répondu le ministre, je compte que vous
serez réellement prêt pour une action décisive[1]. »

C'était exiger beaucoup. Depuis Orléans, l'armée n'avait
pas eu un jour de repos. Elle était dans un lamentable état
qu'aggravait encore l'extrême rigueur de la saison. La concentration sur Bourges se traduisait pour elle en déplace-
ments nouveaux et en nouvelles fatigues. « Personne que
ceux qui y assistaient ne peut savoir ce que fut pour l'armée
cette marche de Gien à Bourges, par un froid rigoureux,
une neige épaisse et un verglas qui rendait les chemins
unis et glissants comme une glace, les hommes ayant à
peine eu le temps de faire la soupe et quelle soupe! Les
chevaux n'ayant ni crampons, ni clous à glace, ne pouvaient
se tenir; on en rencontrait à chaque instant de tombés et
dont beaucoup ne se relevaient plus! Les cavaliers, à pied,
soutenaient leurs montures; les canonniers poussaient canons et caissons! Les convois de vivres étaient arrêtés et en-
combraient les routes! Et que d'hommes périssant de fatigue et de froid on rencontrait! On avait beau les encourager,
les secourir, ils ne bougeaient pas et mouraient quelques

[1] *Le général Bourbaki,* par un de ses anciens officiers d'ordonnance, p. 146.

instants après. C'était navrant... Et c'était dans ces conditions que l'on voulait obliger les généraux à reprendre l'offensive et à combattre [1]. »

Le 9 décembre, dans l'après-midi, le général en chef arrivait à Bourges, précédant ses troupes. « Les hommes sont
dans un état de misère et de marasme dont vous ne pouvez
vous faire une idée [2] », mandait-il, en arrivant, au ministère.
Le XVIIIe corps n'atteignait Brécy, à quinze kilomètres à
l'est de Bourges, que le 11 au soir. Il avait fait sauter derrière lui le pont de Gien et mis hors d'état le pont de Châtillon pour arrêter la poursuite de la cavalerie du prince
Frédéric-Charles. Le XXe corps était arrivé à Bourges le 10
décembre. Quant au XVe, sa marche s'était faite dans des
conditions si possible plus mauvaises encore.

Lorsque, le 6 décembre, le général Bourbaki avait avisé
le commandant du XVe corps qu'il eût à le joindre à Gien,
le général Martin des Pallières lui avait opposé l'impossi-
lité où il était d'exécuter l'ordre : « Après trois jours de
combats non interrompus et trois marches de nuit forcées,
mon corps d'armée, exténué de fatigue et débandé par suite
d'une panique inexplicable est arrivé à Salbris. Tous mes
convois ont fui jusqu'à Vierzon et Blois. Impossible de faire
mouvement. J'ai besoin de plusieurs jours pour rallier mon
monde et me réorganiser [3]. » Officier de marine quand la
guerre éclatait, blessé à Sedan, la veille de la capitulation,
d'un coup de sabre qui lui avait ouvert la cuisse, le général
Martin des Pallières avait, à peine rétabli, repris son service,
comme commandant de la 1re division du XVe corps. Le 4
décembre, il avait défendu Orléans ; la ville évacuée, il s'était
retiré sur Vierzon. En route, sa division s'était débandée [4].

[1] *Idem*, p. 149.
[2] *Idem*, p. 151.
[3] *Idem*, p. 144.
[4] ENQUÊTE, T. III, p. 243 : Dépêche du commandant militaire
de Vierzon au général commandant l'armée de la Loire, Sal-

Le général comptait sur quelques jours de repos à Salbris pour se refaire tout en couvrant Vierzon et la vallée du Cher, lorsqu'au débotté il avait été surpris par les dépêches du ministère et du général Bourbaki l'appelant au commandement du corps d'armée et lui enjoignant de marcher sans retard sur Gien « pour reprendre une vigoureuse offensive ». C'était une marche de cinquante-cinq kilomètres à entreprendre sur l'heure, dans un chassé-croisé « presque insensé[1] » avec le XXᵉ corps qui, placé à moitié chemin de Salbris à Gien, était destiné dans le plan du ministère à relever le XVᵉ à Salbris. Pourquoi donc n'était-ce pas le XXᵉ qu'on expédiait à Gien ? Exaspéré, le général avait d'abord répondu par un refus d'obéir : « Quand je vis cette décision bien arrêtée chez le ministre de la guerre de nous faire marcher à outrance, de ne nous laisser aucun moment pour nous réorganiser, nous reformer et que nous allions marcher sur Gien sans avoir pu seulement rallier nos hommes — et il y en avait à Vierzon, à Bourges, à Blois, à Tours et jusque dans leur pays — je trouvai que, dans ces conditions, je ne pouvais pas garder ce commandement ; qu'en le gardant, j'assumerais vis-à-vis de mon pays le salut d'une armée, alors que le gouvernement ne me laissait aucune chance de réussite ; il était d'ailleurs de ma dignité de ne pas demeurer davantage à la disposition des fantaisies militaires du télégraphe de Tours. Il était indispensable qu'un officier général au moins protestât, ne fût-ce que pour éclairer le ministre de la guerre sur l'abîme qu'il ouvrait sous les pas de l'armée en en conservant la direction du fond de son cabinet. J'écrivis donc à l'amiral Fourichon, ministre de la marine, une lettre dans laquelle je lui expliquais ce qui se passait et le priai de présenter ma démission à M. Gam-

bris : « Traînards en masse ici, plusieurs milliers, 200 officiers au moins. »

[1] ENQUÊTE. T. III. Déposition de M. le général des Pallières. p. 244.

betta [1]. » Toutefois, sur les instances du général d'Aurelle de Paladines qui lui-même venait d'être brusquement relevé de son commandement, le chef du XVe corps avait consenti à se mettre en route lorsqu'en arrivant à Aubigny, après trente kilomètres de marche, il y trouva deux dépêches : une première, signée Gambetta, lui enjoignait de conserver provisoirement les positions de Salbris et d'y attendre les ordres du commandant en chef de la Ire armée; la deuxième, signée Bourbaki, lui ordonnait de poursuivre la marche commencée, non plus sur Gien, mais sur Bourges. Des deux ordres, le général choisit le dernier. Dans la nuit du 10 au 11 décembre, il atteignait Bourges, exténué.

Le général Chanzy était dans ce même moment fortement entrepris par l'armée du grand-duc de Mecklembourg. Dès le 10 décembre, avant même que la concentration des troupes fût achevée, le ministère insistait auprès du général Bourbaki pour que, marchant vers l'ouest, il portât secours à la IIe armée. Le général Bourbaki opposa l'impossibilité absolue où il était de se remettre en route aussitôt. « A quoi tient donc cette débandade du XVe corps qui, depuis sa retraite précipitée, n'a pas livré un sérieux combat, répondait M. de Freycinet. Quant au XXe corps, je ne puis m'expliquer son désarroi puisqu'il n'a pas encore brûlé une amorce; vous avez le devoir de relever toutes ces défaillances par votre fermeté... Je sais bien que si j'étais à votre place, je rallierais immédiatement mes trois corps; je châtierais les bandes qui se sont portées sur Vierzon et qui ont compté bien plus sur l'imagination de vos troupes que sur leurs propres forces pour refouler votre armée. Je repousserais vivement l'ennemi au delà de Salbris et je dirigerais une forte colonne dans la direction de Blois... Voilà, général, ce que je ferais [2]. » — Ce que la dépêche appelait « les bandes qui

[1] ENQUÊTE. T. III. p. 245.
[2] Le général Bourbaki, p. 152.

se sont portées sur Vierzon », c'était la VII<sup>e</sup> division de cavalerie allemande qui, éclairant le X<sup>e</sup> corps d'armée en marche sur Salbris, avait traversé la Sologne par la route Orléans-Vierzon, s'était avancée en escarmouchant jusqu'à
cette dernière ville le 9 décembre, avait détruit la voie ferrée à Mennetou-sur-Cher et poursuivi jusqu'à Neuvy-sur-
Barangeon, à vingt-cinq kilomètres de Bourges, l'arrière-
garde des colonnes françaises en retraite [1]. Pendant que cela
se passait sur la route Orléans-Vierzon, le III<sup>e</sup> corps d'armée, général d'Alvensleben, se préparait à passer la Loire
le 10 décembre pour marcher, précédé par la X<sup>e</sup> division de
cavalerie, sur la Chapelle-d'Angillon, de façon à y être le
12. Enfin, le IX<sup>e</sup> corps avait l'ordre du prince Frédéric-
Charles de se trouver le 13 à Mennetou-sur-Cher. La II<sup>e</sup> armée allemande projetait ainsi une marche concentrique, par
trois colonnes, sur Bourges, afin de couper toute communication entre les généraux Chanzy et Bourbaki en rejetant
ce dernier vers le sud-est. En admettant même que la
1<sup>re</sup> armée de la Loire fût en état de combattre, elle aurait
eu affaire par conséquent à forte partie pour joindre le général Chanzy à Blois. Dans la situation où elle se trouvait,
« châtier les bandes de Vierzon » était pour elle une impossibilité. Le général Bourbaki ne se faisait aucune illusion.
« Si je marchais en ce moment sur Blois, vous ne reverriez
probablement pas un seul des canons ni des hommes com-
posant les trois corps dont vous m'avez prescrit de diriger
les mouvements, mandait-il le 10 décembre à M. de Freycinet. Chanzy a peut-être devant lui une partie de l'armée
du prince Frédéric-Charles, mais il est certain que j'en ai
une partie devant mon front et sur mon flanc gauche. En
outre, un corps de 15,000 hommes menace Nevers. Si vous
voulez sauver l'armée, il faut la mettre en retraite. » Le général avait demandé l'autorisation de se retirer sur Saint-

---

[1] *Rapport de l'état-major allemand.* T. IV, p. 627.

Amand. Il estimait que, de son côté, le général Chanzy n'avait pas mieux à faire que de se retirer, lui aussi, sur Vendôme et le Mans, soit sur Blois et Tours[1].

Au moment où le général Bourbaki exposait en ces termes, au ministère de la guerre, ses vues sur la situation militaire, elle allait se modifier en faveur de la Ire armée. Dans la même journée du 9 décembre où il avait donné ses ordres pour l'envahissement de la Sologne et la marche sur Bourges, le prince Frédéric-Charles, sur un avis de Versailles, rappelait sur sa droite les IXe, Xe et IIIe corps, pour appuyer avec toutes ses forces le grand-duc de Mecklembourg en marche sur Blois et Tours. Seules, deux brigades de cavalerie de la VIe division demeuraient à Vierzon, observant Bourges, tandis qu'un détachement du IIIe corps restait en observation à Gien[2] ». Dès le 10 décembre, la Sologne et Bourges n'étaient donc plus menacés. La grosse partie allait se jouer devant les lignes du général Chanzy. Il résultait de ces dispositions nouvelles une amélioration très sensible dans la situation de la Ire armée, mais à supposer même que le général Bourbaki l'eût connue aussitôt, il avait encore le 11 décembre d'autres objections aux ordres du ministère lui enjoignant de se diriger vers l'ouest. « Pour me porter sur Blois, mandait-il à cette date, il me faudrait réoccuper Salbris et faire marcher les troupes pendant six jours au moins; c'est tout ce que l'état des routes permet d'espérer en se hâtant beaucoup; avec les combats, il faut compter huit jours en cas de réussite. Dans de telles conditions, il me semble impossible de prêter à Chanzy un secours efficace en temps opportun s'il cherche à se maintenir dans sa position actuelle[3] ». — « Blois, dit le général devant la commission d'enquête de l'Assemblée nationale, devait être occupé dans vingt-quatre heures (ce qui eut lieu en effet), tandis

[1] Le général Bourbaki, p. 153 et 158.
[2] Rapport de l'état-major allemand. T. IV, p. 628.
[3] Le général Bourbaki, p. 156,

que je n'y pouvais guère être qu'après cinq jours[1]; si j'avais
été surpris pendant cette marche de flanc par l'ennemi débouchant d'Orléans, il m'eût fallu combattre avec le Cher à
dos, et si j'avais été battu, je ne sauvais absolument rien de
cette armée. Si on voulait me faire rejoindre la deuxième
armée de la Loire, il m'aurait fallu suivre la route de la rive
gauche du Cher, de manière à avoir mon flanc droit constamment couvert par cette rivière[2] ». — C'eût été plus que
doubler la longueur et la durée de la course. D'autres motifs étaient tirés de l'état dans lequel se trouvait l'armée et
de son urgent besoin de repos : « Hommes et chevaux sont
exténués de fatigue par suite de la continuité et de la longueur des marches qu'ils viennent de faire, de la neige, du
verglas et de la rareté du bois. En raison de nos marches
incessantes, je n'ai encore pu faire faire un appel sérieux,
mais le nombre des hommes de troupe et des officiers de la
garde mobile qui ne sont plus à leur poste est considérable.
Ceux qui se trouvent dans le rang ont peu de valeur pour
la plupart... Nous manquons de clous pour faire ferrer à
glace les chevaux ; il est impossible de s'en procurer ni d'en
faire faire à Bourges. Veuillez donner d'urgence des ordres
pour nous en faire parvenir ». Enfin, pour le cas où le ministre eût persisté dans ses intentions d'offensive immédiate,
le général le priait de confier le commandement à un autre[3].

M. de Freycinet n'insista pas. Le 11 décembre, une dépêche de Bordeaux, où le ministère s'était retiré ne se sentant plus en sécurité à Tours, autorisait la Ire armée à se
retirer. Ce fut alors le général Chanzy qui appela au
secours. S'adressant directement à son camarade, le commandant de la IIe armée le conjurait d'accourir au plus

---

[1] La distance de Bourges à Blois, par Vierzon et Romorantin,
est d'environ cent kilomètres.
[2] ENQUÊTE. Déposition de M. le général Bourbaki. T. III,
p. 350.
[3] Dépêches des 10 et 11 décembre.

vite : « Établi entre la forêt de Marchenoir et la Loire, je lutte depuis cinq jours, du matin au soir, avec le gros des forces du prince Frédéric-Charles; l'ennemi n'a que peu de monde à Orléans, un corps qui ne dépasse pas certainement 20,000 hommes du côté de Vierzon et un autre de 12 à 15,000 hommes qui menace Blois, Tours et Rive-d'Orléans en passant la Loire. Marchez donc carrément et sans perdre une minute; ma position est des plus critiques et vous pouvez me sauver[1] ». Que pouvait faire le général Bourbaki devant ce pressant appel? Il répond dépêche pour dépêche : « Mes troupes finiront d'arriver ce soir à Bourges exténuées de fatigue, avec l'état actuel des routes qui sont couvertes de verglas. Je suis à six jours de Blois. Si nous avons à livrer combat, en supposant des résultats heureux, je ne pourrai vous rejoindre que dans huit jours. Je me porterai demain en avant pour essayer une diversion ». Le général annonça au ministère qu'il se mettrait en route le lendemain matin avec ses trois corps d'armée. « Je nie formellement, dit il dans cette dépêche, avoir perdu une seule minute pour venir en aide à Chanzy. Le XVe corps n'est arrivé au bivac que cette nuit. Le XVIIIe arrive aujourd'hui seulement entre les Aix-d'Angillon et Brécy, c'est-à-dire à seize kilomètres de Bourges. Certains régiments de ce même corps ont marché depuis hier matin à six heures jusqu'à ce matin à huit heures, presque sans prendre de repos, se rendant de Cernoy aux Aix-d'Angillon[2]; les chevaux roulent sur les routes, il faut les relever à chaque instant. Malgré cela, les mêmes corps se remettront de nouveau en marche demain matin. Je vous laisse à penser s'il est possible de demander à ces troupes de plus grands efforts. » — M. de Freycinet, très satisfait de la résolution du général, lui répondait: « Le gouvernement sait que nul mieux que vous

---

[1] Dépêche du 11 décembre.
[2] Cinquante-cinq kilomètres.

n'est capable de mener à bonne fin une entreprise qui exige à la fois de son chef une grande énergie et un grand prestige[1] ».

En se dirigeant vers l'ouest pour joindre la IIe armée, le général Bourbaki ne faisait que suivre au plan du général d'Aurelle de Paladines quand, le 6 décembre, au lendemain de l'évacuation d'Orléans et le jour même de sa révocation, il ordonnait la concentration des cinq corps de l'armée de la Loire au centre de la Sologne, derrière la Sauldre, la gauche à Romorantin, la droite à Pierrefitte, dans des positions connues, étudiées, couvrant à la fois Tours, Vierzon et Bourges[2]. Mais du 6 au 12 décembre, que d'allées et de venues inutiles, funestes pour l'armée! Le XVe corps qui le 7 septembre était à Salbris, à vingt kilomètres de Vierzon, était dirigé sur cette ville après avoir fait une marche circulaire de cent kilomètres, avec un seul jour de repos à Bourges. Si on l'avait laissé à Salbris, il eût eu cinq jours entiers pour se reconstituer. Au reste, en se mettant en marche, le général Bourbaki savait à l'avance qu'il n'irait pas jusqu'au bout de sa route. Le 12 décembre au soir, il était à Mehun-sur-Yèvre[3]. Il y trouva le ministre de la guerre, venu pour se rendre compte par lui-même de l'état dans lequel se trouvaient les troupes. Le résultat de cette inspection fut la dépêche suivante, adressée le même jour par Gambetta à M. de Freycinet : « Je laisse se prononcer le mouvement sur Vierzon, mais je l'arrêterai là, car les XVe, XVIIIe et XXe corps sont en véritable dissolution; c'est encore ce que j'ai vu de plus triste[4] ». Autant eût valu arrêter

[1] *Le général Bourbaki*, p. 160.
[2] ENQUÊTE. Déposition de M. le général d'Aurelle de Paladines. T. III, p. 206.
[3] C'est à Mehun-sur-Yèvre que le général de division de Colomb remplaça à la tête du XVe corps le général Martin des Pallières, démissionnaire. Le général de Colomb fut remplacé lui-même, le 31 décembre, par le général Martineau-Deschenez.
[4] *Le général Bourbaki*, p. 161.

le mouvement sur-le-champ puisqu'il était inexécutable, mais la visite du ministre eut du moins cette conséquence que le général Bourbaki fut autorisé dès ce jour à se retirer sur Bourges et Saint-Amand, entre le Cher et le canal du Berry, pour s'y refaire et se préparer à repasser la rivière à la première alerte.

Les ordres pour la retraite étaient donnés lorsque, revenant brusquement de sa décision, le ministre qui dans l'intervalle avait entendu son délégué chercha de nouveau à gagner le général à des plans d'offensive. On discuta trois jours durant, tandis que la retraite s'effectuait. Le 16 décembre, Gambetta annonça au général qu'il n'était plus question ni de retraite ni de repos, mais qu'il importait d'opérer sur-le-champ une forte diversion sur la rive droite de la Loire pour dégager le général Chanzy. Quoi que le commandant en chef pût objecter, en dépit des représentations de ses chefs de corps opposant aux ordres du ministère l'impossibilité où ils étaient de reprendre une offensive quelconque avant d'avoir remis de l'ordre dans leurs troupes et leur avoir laissé prendre du repos, nonobstant les constatations lamentables que le ministre lui-même avait faites quatre jours auparavant, l'ordre fut maintenu. Le ministère n'accordait pas même au général un ajournement de trois jours que celui-ci avait sollicité sur la demande de ses officiers. « Vos troupes doivent être reposées, répondait Gambetta, tant par l'effet du temps que parce que depuis huit jours elles n'ont pas vu l'ennemi... Aujourd'hui, il faut faire dix fois son devoir pour le faire une fois. Songeons à Paris qui se dévoue depuis quatre mois pour la France et qu'il est de notre honneur de secourir à tout prix[1] ».

L'armée se dirigea sur Nevers. Le 19 décembre au soir, le général Bourbaki avait dressé ses quartiers à Baugy. « Je voulais essayer, dit-il, de m'élever jusqu'à Montargis en

[1] *Le général Bourbaki*, p. 161-171.

descendant la Loire sur la rive droite et de prendre à revers
les Prussiens qui étaient venus jusqu'à Cosne. Il existe dans
cette contrée une rivière coulant au milieu d'un terrain assez
accidenté, le Loing, un affluent de la Seine. J'avais pris mes
dispositions pour marcher sur Montargis en couvrant mon
flanc gauche au moyen de cette rivière[1] ». Ce n'était en
somme qu'une variante du projet confié en novembre au général d'Aurelle de Paladines. Elle rentrait dans le plan général d'un mouvement offensif dirigé du sud au nord directement contre Paris pour, conjointement avec une sortie
des troupes de la capitale, rompre le cercle d'investissement.
Mais le général ne faisait qu'obéir aux ordres qu'il recevait,
sans grand espoir de réussite, presque à contre-cœur : « Le
mouvement ne me plaisait pas beaucoup, dit-il devant la
commission d'enquête, parce que les Prussiens occupant
Chaumont, Châtillon-sur-Seine, Auxerre[2], pouvaient me couper la retraite. Mais il fallait tenter quelque chose. »

Tenter quelque chose, quoi que ce fût, pour satisfaire le
cabinet du ministre, telle était au fond la pensée intime du
général. Et le ministère ne pouvait-il pas une fois encore
changer de plan?

[1] ENQUÊTE. Déposition de M. le général Bourbaki, p. 350.
[2] Le VIIe corps, général von Zastrow.

# CHAPITRE II

## LE PLAN DE LA CAMPAGNE DANS L'EST

La marche sur Montargis devait en effet rester à l'état de projet. En quinze jours, on en avait changé quatre fois. Un cinquième plan allait surgir et cette fois l'emporter.

Dès que la nouvelle de l'opération sur Montargis parvint à Bordeaux, le délégué à la Guerre résolut d'en faire prévaloir une autre. Il s'agissait cette fois d'un grand mouvement stratégique sur Belfort, menaçant l'ennemi sur ses communications.

M. de Freycinet reçut le 17 décembre le premier avis de la marche sur Montargis ordonnée par Gambetta. « Ici, lui avait télégraphié de Bourges le ministre, les choses sont en bonne voie et quand vous aurez reçu mon courrier de demain, vous trouverez qu'il y a encore de rudes coups à porter aux Prussiens [1]. » Le lendemain, le courrier annoncé informait le délégué des ordres donnés par son chef. Le même jour, à 11 h. 40 du matin, M. de

---

[1] ENQUÊTE. Rapport de M. Perrot. T. II. p. 7.

Freycinet répondait au ministre : « ... J'avais beaucoup étudié, d'accord avec M. de Serres, un plan d'action prochaine. Il s'écarte sur quelques points de celui que vous voulez bien me communiquer et je crois utile, nécessaire même, que vous en soyez instruit avant que l'exécution du vôtre commence. Je vous envoie donc aujourd'hui à Bourges M. de Serres, avec une lettre explicative. Il arrivera dans la nuit ; vous serez toujours à temps, ma lettre lue, de laisser votre plan suivre son cours, si vous en décidez ainsi. Il n'y aura aucun retard et je crois qu'en une aussi grave matière vous ne regretterez pas que je vous aie soumis mes réflexions [1]. » En attendant la réponse qui serait faite à sa proposition, avant de savoir si elle serait agréée, M. de Freycinet avisait la compagnie des chemins de fer Paris-Lyon-Méditerranée qu'elle eût à envoyer incontinent un délégué à Bourges, pour concerter avec Gambetta les mesures d'exécution : « Il est probable, dit la dépêche, que Gambetta, présent à Bourges, aura besoin demain, lundi, du concours de votre compagnie, pour prendre des dispositions spéciales. Je vous prie donc de vous rendre immédiatement à Bourges et de vous adresser de ma part à M. de Serres, chez M. Gambetta. Il n'y a pas un instant à perdre [2] ».

Sa proposition entre les mains du ministre, M. de Freycinet insista vivement pour qu'elle fût adoptée. Dans la journée du 19 décembre, deux dépêches partaient pour Bourges. « Si mon plan vous paraît réellement bon, ne vous arrêtez pas, je vous en conjure, à ce que l'autre a commencé d'être mis à exécution ce matin. Qu'est-ce qu'un jour perdu en regard du résultat lui-même ? C'est avec une grande préoccupation, je vous l'avoue, que je verrais le

[1] ENQUÊTE. Rapport de M. Perrot. T. II, p. 8.
[2] Bordeaux, 18 décembre, 11 h. 20 soir. Guerre à chef exploitation des chemins de fer Lyon-Méditerranée à Clermont-Ferrand. ENQUÊTE. T. II, 323.

plan du général [1] en voie de réalisation ; permettez-moi donc d'insister patriotiquement ; croyez-moi, votre propre jugement vaut mieux que celui de vos généraux ; suivez donc votre impulsion et laissez-les dire. Il vous est si facile, par un coup de télégraphe ou par des exprès, cette nuit, de remettre les choses dans la direction que vous préférez [2]. » La deuxième dépêche suit de près la première : « La gravité du sujet vous fera excuser, j'espère, l'insistance que j'y apporte. Si mon plan n'est pas sensiblement meilleur que l'autre, la question est vidée et il n'y a plus à s'en occuper. Mais s'il vous paraît réellement meilleur, s'il doit seulement apporter une chance de plus sur dix au succès, je demande que ce ne soit pas une considération aussi accessoire que celle d'un jour de retard pour un événement à longue échéance comme celui dont il s'agit qui fasse écarter la solution. Et si, au lieu d'une chance de plus sur dix, c'est toute la différence entre l'échec et la réussite, quel retard peut compenser cette différence ? Je vous demande donc instamment, si votre décision est favorable au fond du projet à ne pas hésiter à faire revenir vos généraux sur leurs pas. C'est là un détail fâcheux, je le reconnais, mais il n'a pas dépendu de moi de l'éviter, puisque le plan que je combats ne m'est parvenu qu'hier matin. Je vous en conjure donc, pour la place que vous occuperez dans l'histoire, ne laissez pas exécuter le plan, dangereux selon moi, qui a commencé ce matin [3]. »

Le 19 décembre, au matin, M. de Serres débarquait à Bourges. Comme il entrait chez le ministre, celui-ci avait une dernière entrevue avec le général Bourbaki. L'armée était en marche sur Montargis. Le dictateur lut la lettre,

[1] C'était avant tout le plan de Gambetta, mais M. de Freycinet, dans la situation où il se trouvait vis-à-vis de son chef, préférait sans doute l'attribuer au général pour pouvoir plus librement le critiquer et le combattre.

[2] ENQUÊTE. T. II, p. 505.

[3] ENQUÊTE. T. II, p. 506.

mais il ne paraît pas qu'une première lecture fît sur lui
une grande impresion. car il ne jugea pas même qu'il fût
nécessaire de consulter le général qui quitta ainsi son chef
dans l'idée que suite serait donnée aux premiers ordres
reçus. Puis Gambetta entra en discussion avec l'envoyé de
son cabinet.

Le plan de M. de Freycinet était de « transporter dans
l'est, par les voies ferrées, l'armée du général Bourbaki et
de la déposer aussi près que possible de l'ennemi. De là,
après l'avoir renforcée de toutes les forces disponibles dans
les régions de l'est, on la faisait remonter, ayant à sa gauche le corps commandé par le général Garibaldi, dans la
vallée de la Saône ; on débloquait Belfort au passage et en
appuyant la partie droite de l'armée sur les Vosges, on
menaçait la base des communications de l'ennemi pour attirer dans l'est les forces de l'ouest et de Paris qui alors
obligeaient le général Chanzy à la retraite sur Laval et la
Bretagne[1]. » Dans la version de M. de Freycinet, le plan
était conçu comme suit : « On renoncerait à marcher directement sur Paris. On séparerait les XVIII° et XX° corps du
XV° et on les porterait rapidement, en chemin de fer. jusqu'à Beaune. Ces deux corps. conjointement avec Garibaldi
et Cremer. seraient destinés à s'emparer de Dijon, ce qui
semblait très réalisable puisqu'on ferait agir 70,000 hommes
environ contre 35 à 40,000 ennemis. Pendant ce temps
Bressolles et son armée[2] se porteraient par chemin de fer à
Besançon, où ils ramasseraient les 15 à 20,000 hommes de
garnison. Cette force totale de 45 à 50,000 hommes, opérant
de concert avec les 70,000 victorieux de Dijon. n'aurait pas
de peine à faire lever, même sans coup férir, le siège de
Belfort et offrirait une masse compacte de 110.000 hommes,
capables de couper les communications dans l'est, malgré

---

[1] ENQUÊTE. Déposition de M. de Serres. T. III, p. 36.
[2] Le XXIV° corps, alors à Beaune.

tous les efforts de l'ennemi. La seule présence de cette
armée ferait lever le siège de toutes les places fortes du
nord et permettrait au besoin de combiner plus tard une action avec Faidherbe. En tout cas, on aurait la certitude de
rompre définitivement la base de ravitaillement de l'ennemi..... Le projet ne marquait, bien entendu, que les
traits généraux et laissait les mesures d'exécution aux
chefs d'armée. Il était d'ailleurs muet sur le tracé au delà de
Dijon et de Besançon, lequel restait subordonné aux événements de la guerre [1]. »

Gambetta, préoccupé du sort de Paris où les vivres allaient
manquer avant qu'il fût longtemps, hésitait à accepter une
opération aussi éloignée et pleine d'imprévus. Il fut frappé
des observations de son délégué sur les dangers de l'opération sur Montargis, mais il objecta qu'il était trop tard, que
l'opération était déjà en cours d'exécution, qu'il était fort
difficile de l'arrêter. M. de Serres revint à la charge et obtint
une première concession : « Je demandai au ministre l'autorisation de voir le général Bourbaki et de lui donner, sinon
une copie de la lettre, au moins un développement sur le
projet. Il m'y autorisa, en me demandant même d'insister et
de tâcher de convertir le général, après quoi il n'hésiterait
pas, lui, ministre, à approuver l'abandon du premier
plan [2] ».

Le même soir, M. de Serres joignait à Baugy le commandant de la Ire armée et lui exposait le but de sa mission.
« Le général, dit M. de Serres, fut frappé, bien plus que ne
l'avait été le ministre, des idées renfermées dans mes observations et surtout de celles qui se rapportaient au rôle que
devait jouer quelques jours après, le VIIe corps de Zastrow [3],
dans le cas où la première opération se fût continuée. Après
avoir longtemps réfléchi — car il était déjà en plein mouve-

[1] M. DE FREYCINET. *La guerre en province*, p. 222 et 223.
[2] ENQUÊTE. Déposition de M. de Serres. T. III, p. 36.
[3] Le corps de Zastrow, à cette date, occupait l'Yonne.

ment — il déclara qu'il était entièrement prêt à exécuter l'opération dans l'est. Je le priai d'écrire deux mots au ministre pour lui faire connaître cette conclusion et ce fut cette lettre que je rapportai à Gambetta. Cette nuit même [1], il fut décidé par le général Bourbaki que si M. Gambetta approuvait l'opération dans l'est comme il l'avait admise, elle commencerait dès le lendemain matin. Ce qui fut fait [2] ». — « Mon cher de Serres, je suis fort content de vous », lui télégraphiait, le lendemain matin, le délégué à la Guerre [3].

Il n'est pas aisé de déterminer exactement ni où ni quand le plan d'une grande opération offensive dans l'est a surgi pour la première fois, ni qui en est le véritable auteur. Il n'était en tout cas pas nouveau. Le 1er novembre déjà, avant l'investissement hermétique de Belfort, le colonel Denfert-Rochereau, dans une dépêche au ministère, renouvelant des demandes antérieures de munitions, avait exposé que si la chose était possible, « un mouvement de l'armée de la Loire vers l'est, sur les Allemands occupant la vallée de la Saône, combiné avec un effort du corps des Vosges sur les troupes d'investissement, pourrait arriver à dégager complètement la région et à préparer une opération sur les communications de l'ennemi par le nord-est [4] ». Au commencement de décembre, les maires de l'arrondissement de Belfort et de Montbéliard avaient fait auprès de Gambetta une démarche semblable. Le 13 décembre, le ministre demandait au général Roland, commandant de la place de Besançon, combien d'hommes il pourrait fournir à la date du 20 décembre « pour participer à une action commune dans l'est [5] ». Et le lendemain, 14 décembre, un ordre télégraphique de Gambetta chargeait M. de Freycinet « d'étudier pratiquement la ques-

[1] Du 19 au 20 décembre.
[2] ENQUÊTE. Déposition de M. de Serres. T. III, p. 36.
[3] ENQUÊTE. T. II, p. 509.
[4] La *Défense de Belfort*, par ED. THIERS et S. DE LAURENCIE, p. 62.
[5] ENQUÊTE. T. II, p. 496.

tion d'une offensive dans l'est [1] ». M. de Freycinet ne s'était pas hâté ; il préférait alors laisser les généraux Chanzy et Bourbaki opérer conjointement et directement contre Paris ; si une entreprise était praticable dans l'est, il la voulait confier à l'armée de Lyon, grossie des troupes de Besançon et de Beaune [2] et de l'armée des Vosges qui, sous Garibaldi, occupait Autun et le Morvan. Mais dès lors le général Chanzy avait résolu de se retirer derrière la Sarthe. Le joindre là devenait impossible, ensorte que le plan de la campagne dans l'est avait pris possession de l'esprit de M. de Freycinet au moment même où Gambetta y renonçait et ordonnait de marcher sur Montargis.

Même entreprise avec des troupes solides, la marche sur Montargis était hasardée, périlleuse. L'armée risquait d'être attaquée de trois côtés à la fois : sur le flanc gauche par le prince Frédéric-Charles, sur le centre par un détachement de l'armée d'investissement de Paris, sur le flanc droit par le général von Zastrow qui avec le VII° corps d'armée stationné dans l'Yonne assurait, entre Chaumont et Auxerre, les communications de l'armée allemande de la Loire, maîtresse d'Orléans, avec l'armée du général de Werder, maîtresse de Dijon, et surveillait le Morvan où l'armée des Vosges battait l'estrade. Il s'agissait de pénétrer comme un coin entre ces trois masses dont chacune était à même de détacher contre la I° armée des effectifs considérables. Le général Bourbaki s'en rendait très nettement compte. Il n'avait consenti à se charger de l'opération que parce qu'elle était désirée par Gambetta et qu'à tout prix il fallait « faire quelque chose ». M. de Freycinet, lui aussi, avait vu le dan-

---

[1] ENQUÊTE. T. II, p. 497 : « Gambetta à Guerre, Bordeaux : Bourges, 14 décembre 1870, 10 h. 55 m.... Je tiendrais beaucoup à nous porter dans l'est, sur les derrières de l'ennemi. en ramassant tout sur notre passage... Faites étudier pratiquement la question d'une offensive dans l'est. »

[2] Général Cremer.

ger. « Depuis l'époque où la tentative sur Fontainebleau et, de là, sur Paris avait été conçue, les circonstances avaient bien changé. Au lieu de deux cent mille hommes pour l'exécuter, on disposait seulement de cent mille. On ne possédait plus Orléans comme base d'opérations. On n'avait plus la perspective de rejoindre l'armée victorieuse du général Ducrot. Et puis que ferait la 1re armée toute seule contre les forces réunies du prince Frédéric-Charles? On venait de voir la IIe armée aux prises avec elles, et, malgré des prodiges de valeur et de constance, malgré les ressources d'esprit du général Chanzy. cette armée, après tout, avait été obligée de battre en retraite. Quelle ne serait pas la situation de la 1re armée, lancée en avant dans le territoire ennemi? Elle serait inévitablement défaite sous Montargis. Et même si elle échappait à son redoutable adversaire, qu'obtiendrait-elle sous les murs de Paris? Elle n'y réussirait certainement pas mieux que le général Ducrot et tournerait inutilement autour des lignes jusqu'à ce qu'elle fût entourée et écrasée, ou au moins repoussée [1] ». La difficulté était d'autant plus grande que depuis le 16 décembre, évitant la bataille rangée que lui offrait son adversaire, le général Chanzy avait commencé, après une résistance âpre et prolongée, sa retraite du Loir vers la Sarthe. poursuivi par le Xe corps allemand. l'armée du grand-duc de Mecklembourg et la 1re division de cavalerie, tandis que le prince Frédéric-Charles. prévoyant une offensive du général Bourbaki dans la direction de Paris et plus encore une entreprise sur Orléans, avait commencé, le 16 décembre, cette marche rapide qui portait dans cette dernière ville, le 17 à midi, le IXe corps d'armée, parcourant en vingt-quatre heures et par un temps détestable quatre-vingts kilomètres de route. Gien avait été attaqué, le 15 décembre, par les levées départementales de la Nièvre qui, battant le pays. n'avaient fait qu'occuper momentanément

[1] M. DE FREYCINET. *La guerre en province*, p. 220.

la ville, mais il n'en avait pas fallu davantage pour éveiller
l'attention de l'ennemi et le déterminer à couvrir plus solidement Orléans gardé alors par le 1er corps bavarois seul.
L'attaque de Gien dénotait évidemment chez le général
Bourbaki l'intention de reprendre l'offensive sur Montargis
avec les masses concentrées autour de Bourges. Il avait fallu
aviser sans retard. Le 18, le prince Frédéric-Charles était à
Orléans avec les Bavarois et le IXe corps, prêt à s'opposer
à toute opération ennemie venant de Gien, tandis que le IIIe
corps et la VIe division de cavalerie se tenaient à sa disposition, dans le même but, aux environs de Beaugency et de
Coulmiers. Enfin, le feld-maréchal adressait au général de
Zastrow, par l'intermédiaire de l'état-major de Versailles, l'invitation de marcher le plus tôt possible sur Auxerre
et Clamecy. Cette injonction n'était en vérité qu'une re-
charge. Le 14 décembre déjà, le prince avait prié le commandant du VIIe corps de prendre, sans retard, une position barrant à l'armée française la route de Paris par Fontainebleau. [1] L'ennemi était donc sur ses gardes et le danger
pour la Ire armée de la Loire d'être prise entre deux
feux, sinon trois, réel. C'était pour y échapper que M. de
Freycinet avait proposé l'expédition contre Belfort, espérant
ainsi nuire à l'ennemi sans l'aborder directement et obtenir
des résultats décisifs par des manœuvres.

Conscient des difficultés que présentait l'expédition, surtout pour une armée sans cohésion et déjà fatiguée avant d'a-
voir approché les positions ennemies ; séduit par la perspective d'une opération plus lointaine, qui allait soustraire ses troupes au combat, ne fût-ce que pendant
quelques jours et leur procurer un repos relatif ; connais-
sant par les expériences qu'il venait de faire la mobilité des
résolutions du ministère ; harcelé d'ailleurs par les ordres
incessants qui lui enjoignaient de se résoudre sans retard

---

[1] *Rapport de l'état-major allemand.* T. IV, p. 659 et suiv.

à une offensive quelconque et décidé à servir son pays dans toutes les missions qui lui seraient imposées, le général Bourbaki avait accepté le plan de M. de Freycinet. M. de Serres lui avait dit les grandes espérances des bureaux de la Guerre. Mais la bonne volonté du général n'allait pas jusqu'à l'enthousiasme. « La combinaison qui m'est proposée me semble bonne, et je donnerai des ordres pour son exécution, dès que vous m'aurez fait connaître que vos intentions sont telles » [1] avait télégraphié le général le 19 décembre à Gambetta, au sortir de sa conférence avec M. de Serres. Il ajoutait « qu'en définitive, si l'armée périssait dans cette entreprise, elle périrait utilement ». [2] Le général entrevoyait donc dès le début, pour terme de ses efforts, une catastrophe possible. Entre Montargis et Belfort, il choisissait Belfort, comme entre deux périls on choisit le moindre. Il trouvait au reste la marche sur Belfort « infiniment plus praticable » [3] que l'autre. M. le colonel Leperche, aide de camp du général et son ami personnel, explique pourquoi cette préférence. « Le général, dit-il, accepta plus volontiers ce plan qui lui paraissait plus aventureux, mais susceptible de produire des résultats plus importants. En effet, si nous ne nous étions pas portés plus à l'est que Montargis, le prince Frédéric-Charles aurait pu osciller constamment entre la IIe armée de la Loire que commandait le général Chanzy à l'ouest et la Ire armée, sous les ordres du général Bourbaki, à l'est. Il lui aurait été loisible de se porter alternativement, avec la totalité de ses forces, contre l'une ou l'autre armée. Ces deux armées s'éloignant suffisamment, le prince Frédéric-Charles ne pouvait plus opérer que contre une seule ; d'autres troupes prussien-

---

[1] ENQUÊTE. T. III. p. 410.

[2] ENQUÊTE. Déposition de M. le général Bourbaki. T. III, p. 354.

[3] Le général Bourbaki, par un de ses anciens officiers d'ordonnance, p. 172.

nes devaient être dirigées pour s'opposer aux opérations de l'autre. Le général Bourbaki ne se faisait pas la moindre illusion sur l'issue de l'entreprise dont il se chargeait. Il savait que plus il menacerait les communications de l'ennemi, plus ce dernier ferait de sérieux efforts contre lui. Il espérait, pourtant, parvenir à débloquer Belfort, mais il ne mettait pas en doute qu'après ce succès et alors qu'il se serait agi pour lui de remonter vers le nord, l'ennemi ne négligerait rien pour l'écraser. Du moment que la lutte était continuée, si la France pouvait être sauvée, elle ne pouvait l'être que par l'armée de Paris qui comprenait des éléments bien supérieurs, en valeur et en nombre, à ceux des armées de province ; les moyens matériels d'action, les ressources de l'industrie abondaient à Paris : la stabilité des troupes permettait, en même temps qu'on les habillât, qu'on les équipât, qu'on les armât, de leur donner les éléments de l'instruction et de l'éducation militaires ; la nature des opérations auxquelles elles avaient à prendre part, laissait la faculté de les mettre, le plus souvent, à l'abri des rigueurs de l'hiver. C'était donc sur un puissant effort de l'armée de Paris que l'on devait compter pour dégager la France de sa cruelle situation ou, tout au moins, pour permettre d'obtenir des conditions de paix moins dures. Dès lors, le rôle des armées de province était tout tracé. Il devait consister à attirer l'orage à la circonférence, de façon à dégager d'autant le centre, c'est-à-dire Paris, à faciliter la tâche de l'armée qui défendait notre capitale. C'est dans ce but que le général Bourbaki accepta la mission de faire, à la tête de la Iᵉ armée, une campagne dans l'est de la France. » [1] Le général épousait donc, en une certaine mesure, avec les illusions en moins, le programme stratégique de M. de Freycinet. Il partait, avec M. de Serres, de l'idée que l'expédition était desti-

---

[1] ENQUÊTE. Déposition de M. le colonel Leperche. T. III, p. 383 et 384.

née à attirer le plus possible de forces ennemies dans l'est. A cet égard, la campagne ne réussit que trop bien pour les malheureuses troupes qui allaient marcher sur le Doubs, pas assez cependant pour que le sacrifice fût utile et dégageât Paris, comme on l'espérait. Pourtant, c'est à ce dernier point de vue seulement que l'entreprise se justifiait. Débloquer Belfort était sans doute un coup de main intéressant à tenter mais dont l'importance stratégique, dans la situation où se trouvait la France à la fin de décembre, était nulle si le général n'espérait pas pouvoir obtenir mieux et plus. [1]

Deux généraux commandant en chef eurent connaissance du plan de l'expédition au moment où elle fut résolue : Bourbaki et Chanzy. Si le premier l'acceptait sans entrain, le général Chanzy, partant de vues diamétralement opposées, le combattit avec toute son énergie. Pour le commandant en chef de la IIe armée de la Loire, le salut de la France n'était pas dans une action de Paris dégageant la province, mais dans une action de la province dégageant Paris. Il demandait, non pas une dissémination, mais une concentration des efforts. A la date du **20** décembre, le gouvernement de la Défense nationale disposait de trois grandes armées, sous les ordres du général Bourbaki à l'est d'Orléans, du général Chanzy à l'ouest, du général Faidherbe dans le nord. Le général Chanzy voulait une offensive simultanée et concordante de ces trois masses, chacune partant d'un point déterminé et ayant, pour se porter sur Paris, une distance à peu près égale à parcourir. Faisant des étapes équivalentes, ces troupes se seraient rapprochées de Paris en assurant

[1] Le général Chanzy s'est exprimé en ces termes devant la commission d'enquête de l'Assemblée nationale : « Je n'ai pas eu l'honneur pendant toute cette campagne de voir le général Bourbaki, mais j'ai eu avec lui assez de correspondances pour croire qu'il a fait cette opération à contre-cœur, car il en comprenait l'inopportunité. » Déposition de M. le général Chanzy. T. III, p. 217.

leurs lignes de retraite et auraient en quelque sorte investi l'armée allemande qui investissait la capitale. C'était le siège du siège. Si le prince Frédéric-Charles et les corps allemands qui se mouvaient à l'intérieur de la zone avaient voulu empêcher l'opération, ils auraient dû, ou se porter sur l'une ou sur l'autre des trois armées, peut-être sur deux à la fois, ou bien se disperser contre les trois, auquel cas ils n'eussent été forts nulle part. Sur l'un ou l'autre des points, la fortune aurait peut-être souri aux armes françaises et alors cela suffisait pour rompre l'investissement. [1] Par quatre fois, le général insista auprès du ministère de la guerre pour que ce plan fût adopté. Par quatre fois on lui opposa, comme plus avantageuse et plus féconde en résultats, l'opération excentrique contre Belfort.

Le 22 décembre, trois jours après l'entrevue de Gambetta et de M. de Serres à Bourges, alors que les troupes du général Bourbaki stationnaient encore autour des gares d'embarquement, à un moment où il eût été encore possible de changer de résolution, le général Chanzy avait reçu au Mans le capitaine d'état-major de Boisdeffre qui, sorti le jour même de Paris, lui apportait des communications verbales du général Trochu. Le gouverneur de Paris faisait savoir au commandant de la IIᵉ armée que la capitale pouvait tenir jusqu'à la fin du mois de janvier, mais qu'à partir du 20, il faudrait entrer en composition avec l'ennemi, les jours suivants devant à peine suffire pour le ravitaillement ; que l'armée de Paris seule ne pouvait pas songer à rompre les lignes du siège et à se débloquer elle-même, mais qu'il lui fallait pour cela « le concours immédiat et énergique » des armées de province. En communiquant dès le lendemain, 23 décembre, ces graves informations au ministre de la guerre, le général Chanzy lui demandait d'être « tenu constamment

[1] ENQUÊTE. Déposition de M. le général Chanzy. T. III, p. 217.

au courant des mouvements des autres armées, surtout de celles des généraux Bourbaki et Faidherbe. »[1]

A cause de la difficulté des communications, la réponse du ministre ne parvint au Mans que le 30 décembre. Gambetta reconnaissait la nécessité de « vigoureux efforts » et communiquait au général Chanzy le plan des opérations contre Belfort. « Demain, 28 décembre, au matin, disait le ministre, tout le monde sera rendu à son poste ». Puis cette apostrophe finale : « Vous avez décimé les Mecklembourgeois ; les Bavarois n'existent plus ; le reste de l'armée est déjà envahi par l'inquiétude et la lassitude. Persistons, et nous renverrons ces hordes, hors du sol, les mains vides ». Le général Chanzy n'était pas homme à se payer de mots. Il trouvait les plans du ministre mauvais et il s'empressa de le lui faire connaître. Le même jour, il écrivait à Gambetta en insistant pour une action combinée et directe sur Paris : « Notre plus grande chance de réussite doit résider dans la combinaison de nos mouvements, dans la coopération simultanée des trois armées au même but, dans un même effort fait au même moment ». Le 2 janvier, aucune réponse précise ne venant, le général envoyait un de ses officiers à Bordeaux, porteur d'une lettre pour le ministre et « d'instructions verbales pour répondre à toutes les objections qui pourraient être faites ». Le général expose que le temps presse, qu'il faut se hâter de secourir Paris. Il se plaint de l'ignorance dans laquelle on le tient des opérations des généraux Faidherbe et Bourbaki, avec lesquels il doit combiner ses propres mouvements, demande des renseignements et dit au ministre comment lui, général, voit la situation : « Autour de Paris, une armée puissante qui résiste à tous les efforts faits pour rompre l'investissement. Dans le nord, le général de Manteuffel assez fort pour menacer le Havre, tout en te-

---

[1] LE GÉNÉRAL CHANZY. *La deuxième armée de la Loire*, p. 237-239.

nant en échec les troupes du général Faidherbe. Dans l'est, les forces ennemies disséminées de Paris au Rhin pour couvrir les lignes d'opérations des Allemands, avec des groupes assez considérables pour maintenir les forces que nous pouvons avoir sur la rive gauche de la Saône et opposer une résistance à la marche de la I$^{re}$ armée. Dans le sud, l'ennemi occupant fortement Orléans et encore assez nombreux dans la vallée de la Loire, de Blois à Gien, pour être une menace sur Bourges, sur Tours et sur Nevers et pour nous préoccuper sur le Loir et du côté du Mans si nous venions à quitter ces positions sans y laisser une force capable de les défendre. Dans l'ouest, une armée prussienne comprenant qu'un effort doit être fait par nous vers Paris et s'établissant fortement pour y parer sur la ligne de l'Eure, tout en battant le pays autour de Chartres pour maintenir les communications avec la Loire ». Le général Chanzy ne méconnaissait pas la valeur des troupes allemandes. Il ne puisait pas ses résolutions et son courage dans un dénigrement de l'adversaire : « Disposé comme il l'est, l'ennemi cherche évidemment à se présenter successivement et en force devant chacune de nos armées ; il manœuvre très habilement. Nous sommes généralement peu exactement renseignés sur ses grands mouvements qu'il cache avec beaucoup d'art par des rideaux de troupes et le seul moyen de déjouer les combinaisons qui lui ont si souvent réussi jusqu'ici est de le menacer à notre tour sur tous les points à la fois, le forçant ainsi à faire face de tous les côtés et à ne plus présenter sur un point des masses avec lesquelles il cherche à nous écraser partiellement ». La situation ainsi nettement dessinée, le général Chanzy exposait son plan d'attaque simultanée des trois armées principales · « La II$^e$ armée, partant du Mans, pour venir s'établir sur l'Eure, entre Evreux et Chartres »;... « la I$^{re}$ armée, de Châtillon-sur-Seine, pour venir s'établir entre la Marne et la Seine, de Nogent à Château-Thierry »;... « l'armée du Nord, d'Arras, pour venir s'établir de Compiè-

gne à Beauvais »... Le général définissait le rôle qu'auraient
eu à jouer dans cette opération d'ensemble les forces secondaires, réunies à Cherbourg, en Bretagne, sur le cours inférieur de la Loire et ailleurs. L'armée de Lyon, remplacée
sur ses positions par les contingents du Midi, devait tenir en
échec, avec les forces de Garibaldi et les corps qui se trouvaient dans l'est, l'armée du général de Werder. Une fois
les trois armées en place, elles devaient combiner leurs
efforts, prendre Paris pour objectif commun et, faisant con-
corder leurs attaques avec des sorties vigoureuses des troupes de la capitale, rompre sur un point quelconque la ligne
d'investissement pour aboutir, en dernière analyse, à la délivrance. « Nous ferons tous notre devoir, disait le général,
et j'ai confiance dans le succès si nous le cherchons, non
plus dans des opérations décousues qui nous ont été si fa-
tales jusqu'ici, mais dans un plan définitivement arrêté et
rigoureusement suivi. »

Le plan du général Chanzy était encore exécutable à la
date à laquelle il le proposait. Le général Bourbaki n'avait
pas définitivement arrêté le programme de ses opérations,
ni commencé son déploiement. Il n'avait pas pris le contact
avec l'ennemi. Du point où il se trouvait, il pouvait encore
indifféremment se diriger vers l'est ou vers le nord-ouest,
sur Belfort ou sur Châtillon-sur-Seine.

Le 6 janvier, la réponse du ministre arrivait au Mans :
« Nous avons examiné votre plan avec l'attention la plus
scrupuleuse : il se rapproche sensiblement de celui que
nous avions conçu nous-mêmes ; il s'en écarte toutefois sur
un point : la direction suivie par le général Bourbaki. En
effet, au lieu de faire marcher ce général sur Châtillon-sur-
Seine et Bar-le-Duc,[1] nous avons jugé plus avantageux de
le faire opérer dans l'extrême est, de manière à amener la
levée du siège de Belfort, à occuper les Vosges et à couper

---

[1] Sans doute Bar-sur-Seine.

les lignes ferrées venant de l'Allemagne. Cette action nous semble à la fois plus sûre et plus menaçante que celle que vous avez en vue. Actuellement Bourbaki est près de Vesoul et vers le 10 ou le 12 nous pensons que le siège sera levé. A partir de là commencera la grande marche sur les Vosges et la période la plus active des opérations. A la tête de ses 150,000 hommes, Bourbaki se retournera vers Paris et avancera dans cette direction, de l'est à l'ouest, en occupant simultanément, autant que possible, les deux lignes ferrées de Strasbourg et de Metz. C'est à ce moment aussi, c'est-à-dire du 12 au 15 courant, que devra commencer, selon nous, votre marche sur Paris par les points que vous avez choisis »…. — « Quant au général Faidherbe, ajoutait le ministre, il est destiné vraisemblablement, à un moment donné, à tendre la main à Bourbaki et à former ainsi, à l'est de Paris, une masse de 200,000 hommes, égale par conséquent à celle que vous amènerez de l'ouest….. Dans ces conditions, général, et avec l'aide de chefs tels que vous, la France peut compter sur la victoire. La Prusse fait aujourd'hui un suprême effort ; elle doit succomber devant notre persistance. Ses armées ont dû jusqu'ici leurs succès à nos fautes, mais une expérience cruellement acquise nous apprendra à en éviter le retour. »

Le général Chanzy n'en était pas convaincu. L'opération dans l'est, entreprise au cœur de l'hiver, avec des troupes nouvelles, dans un pays de montagnes couvert de neige et où tout était difficile, lui paraissait à si longue échéance qu'il tenta un dernier effort pour ramener la I<sup>re</sup> armée sur la route de Paris. Le 6 janvier, trois jours avant la bataille de Villersexel, il envoyait à Bordeaux une dépêche chiffrée : « Je trouverais bonne l'opération dans l'est si le résultat pouvait en être plus immédiat pour Paris. Cette considération puissante me fait toujours insister pour l'adoption et l'exécution à bref délai du plan que je vous ai proposé. » Le général rappelait expressément que Paris

n'était approvisionné que jusqu'au 15 janvier et dès cette
date ne vivrait plus que d'expédients. On était au sixième
du mois. Le lendemain, 7 janvier, une dépêche de M. de
Freycinet apportait au général le « plan définitif d'opérations.» L'expédition dans l'est était maintenue comme étant la
combinaion qui « démoraliserait le plus l'armée allemande. »
En attendant, et jusqu'à la date du 15, la IIe armée devait
être renforcée de deux nouveaux corps, XIXe et XXVe, dont
le concours paraissait indispensable. En terminant, M. de
Freycinet conseillait au général de ne pas « se laisser
affecter par les dépêches du général Trochu », tous les renseignements parvenus au ministère portant à une date plus
reculée que celle du 15 janvier, celle à laquelle Paris commencerait à manquer de vivres. [1]

Les ordres du ministre étaient formels. Le mouvement
simultané sur Paris était désormais inexécutable. « La IIe
armée n'avait plus à compter sur une diversion ou un soutien ; elle n'avait qu'à suivre attentivement ce qui allait
se passer, à achever sa réorganisation, à se fortifier solidement sur les positions du Mans pour y recevoir l'ennemi s'il
s'y présentait, ou bien, si les événements et les forces des Allemands devant elle lui en fournissaient l'occasion, à tenter,
après avoir solidement assuré ses derrières, un mouvement
hardi et rapide sur Paris. » [2]

Ainsi, le premier effet de l'adoption du plan de Bordeaux
était de réduire à une expectative résignée une des trois
armées de la Défense nationale et de décourager un général
prêt à marcher à l'attaque. L'opération dans l'est était entreprise contre l'avis formel d'un général commandant
d'armée, en dépit des cris d'alarme du général Trochu, en
dépit des renseignements précis, fournis par le gouverneur

[1] C'est le 24 janvier que M. Jules Favre engageait à Versailles les premières négociations pour la reddition.

[2] LE GÉNÉRAL CHANZY. La deuxième armée de la Loire. p.
239-255.

de Paris sur la situation alimentaire de la capitale et dont un prochain avenir allait démontrer l'exactitude.

Un officier qui a joué dans les opérations de l'armée de l'Est un rôle considérable, chargé qu'il était du service de l'administration et des vivres, M. l'intendant Friant, sans condamner absolument l'expédition elle-même, aurait voulu cependant qu'on fit le mouvement tournant à moins grand rayon. Le 29 décembre — à cette date le transport de l'armée n'était pas encore terminé et rien par conséquent n'était compromis — il envoyait, de Châlon-sur-Saône, une longue dépêche au ministre de la guerre à Lyon lui soumettant, de son propre chef et à l'insu du général Bourbaki, un plan d'opérations, non pas sur Belfort, mais sur Chaumont, point stratégique de premier ordre, communiquant par trois lignes ferrées avec les tunnels de Toul, avec Vitry et avec Paris par Troyes et Provins, se reliant avec Belfort et Besançon et ayant pour point d'appui la place forte de Langres. « On ne trouve pas sur la carte, mandait M. Friant, de point mieux situé, soit pour l'offensive, soit pour la défensive. L'ennemi a toutes ses communications par le chemin de fer de l'est ; il faut les lui couper. De Chaumont, on peut se porter par chemin de fer sur Paris et tomber sur l'ennemi dans les vallées de la Seine, de l'Yonne et même du Loing. En cas de défaite, l'armée peut se retirer sous la protection de Langres et de Besançon et manœuvrer entre ces deux points et Belfort et Auxonne. Il suffit que les vivres soient réunis abondamment dans ces quatre places. » Plus tard, devant la commission d'enquête, M. l'intendant Friant développa ce plan qui se rapprochait, en une certaine mesure, de celui du général Chanzy : « Si on m'avait fait l'honneur de me consulter, je me serais opposé à la campagne de l'est telle qu'on l'a comprise. Il fallait, selon moi, rester à Dijon, car nos troupes, quoique pleines de bonne volonté, étaient encore trop jeunes et trop fatiguées. Ensuite, il fallait marcher sur les derrières de l'ennemi vers Chaumont, vers Langres, mais non aller du côté de Belfort. Car en allant du côté de Belfort, j'admets que nous ayons eu tous les succès possibles, que nous ayons battu l'ennemi partout, l'arrivée de Manteuffel nous coupait toutes les communications et nous étions pris, selon l'expression en usage, comme un rat dans une souricière. » [1]

En décidant que la 1re armée serait envoyée dans l'est, le ministère de la guerre ne s'était pas mis au clair avec lui-même sur l'étendue à donner au mouvement tournant. Le plan soumis le 19 décembre à Gambetta par M. de Serres était muet « sur le tracé au delà de Dijon et de Besançon, lequel restait subordonné aux événements de guerre, aux difficultés que la saison ferait naître, à mille causes enfin qu'on ne pouvait alors prévoir et que les généraux apprécieraient mieux plus tard et sur les lieux. » [2] Le 3 janvier encore, le général télégraphiait de Dôle au ministère : « Avant votre départ de Bourges, il était parfaitement convenu que nous manœuvrerions de façon à faire évacuer Dijon, Gray, Vesoul, et à faire lever le siège de Belfort ; ces résultats obtenus nous devions, suivant les mouvements de l'ennemi, la disposition de ses forces, la nature du théâtre de nos opérations, chercher, en passant par Épinal, à couper les lignes de communication de l'ennemi entre l'Alsace, la Lorraine et Paris, ou bien nous porter sur Langres et Chaumont afin d'obtenir le même résultat en menaçant de plus près l'armée d'investissement de Paris. » [3] Trois jours auparavant, M. de Serres avait expédié à Bordeaux une autre dépêche révélant mieux encore que celle du général l'incertitude qui régnait dans l'esprit des conducteurs de l'armée sur la route à suivre. « Voici, pour le moment, mandait M. de Serres, mon avis sur la répartition des forces

[1] ENQUÊTE. Déposition de M. l'intendant Friant. T. III. p. 527.

[2] La guerre en province. p. 223.

[3] ENQUÊTE. T. II, p. 624.

dans l'est : Extrême gauche, Cremer menaçant Langres tout en surveillant Zastrow, les positions de Dijon restant occupées par 15 à 20,000 mobilisés que nous y jetterons dans le camp retranché en formation ; Centre, Billot, Clinchant et colonne de réserve opérant sur Vesoul ; extrême droite, Bressolles avec deux divisions, plus colonne de Besançon immédiatement embrigadée ; et Garibaldi que nous enlevons d'ici par chemin de fer, pour le lancer aussi loin que possible, au-dessus de Baume-les-Dames et Clerval, ce dernier destiné à gagner les Vosges, ce qu'il désire vivement. Nos forces de droite débloqueraient Belfort, soit seules, soit par la coopération stratégique du centre. Cela fait, réunissant la droite au centre, sauf Garibaldi, qui garderait les Vosges après les avoir soulevées et au besoin Belfort, suffisamment renforcé par des mobilisés, notre opération principale, ayant pour base Langres et les Vosges, aurait pour objectif la prise de possession de Nancy et de l'artère principale sur laquelle elle se trouve. »[1] Au moment où l'armée était déjà en plein déploiement, on ne savait donc pas encore au juste dans quelle direction on la ferait marcher. On était parti sans savoir où on irait, à Langres, ou à Épinal ou en Alsace.

La seule constante qui se retrouve dans tous les plans de l'expédition dans l'est, c'est le débloquement de Belfort. C'était au fond là l'idée maîtresse qui avait séduit le ministère. M. de Freycinet espérait la réaliser «sans coup férir». En vérité, dans la situation militaire générale et en présence de la nécessité de secourir Paris sans retard, le débloquement de Belfort était d'une utilité fort contestable, un horsd'œuvre, puisque sans aucun secours Belfort a tenu jusqu'au 16 février 1871 et qu'il n'y avait par conséquent, en décembre 1870, aucune crainte à avoir que la place tombât au pouvoir de l'ennemi et pût lui servir de point d'appui

---

[1] ENQUÊTE. T. II, p. 589.

pour la suite de la guerre. Les citations extraites du *Journal*, peut-être apocryphe, de l'empereur d'Allemagne Frédéric II, donnent à la date du 27 décembre l'annotation suivante : « Bourbaki marche sur Belfort. Moltke est heureux de cette bêtise. »[1] Le chef de l'état-major allemand pouvait à bon droit se réjouir. Le coup de main contre Belfort nécessitait en tout état de cause la marche du gros des forces françaises sur Villersexel et Arcey et le passage de la vallée de l'Ognon dans celle de la Lisaine. Il entraînait le général Bourbaki plus à l'est que ne le comportaient les nécessités de la situation et le but à atteindre qui était d'agir à la fois sur l'aile gauche et les derrières de l'armée d'invasion et qui eût été obtenu plus rapidement et plus sûrement au moyen d'une offensive par Dijon, Langres et Chaumont. Marcher contre Belfort, c'était renoncer à Langres, car pour aboutir à un résultat sérieux il fallait, d'un côté comme de l'autre, agir avec toutes les forces disponibles; c'était des deux mouvements choisir celui qui présentait le plus grand rayon et qui exposait le plus l'armée à être coupée de ses communications. En fait, Belfort étant l'objectif, les discussions sur la suite de la campagne étaient oiseuses. Même triomphante, l'armée n'aurait vraisemblablement pu que continuer son mouvement dans la direction où elle était engagée.

[1] *Deutsche Rundschau*. Berlin. Livraison d'octobre 1888. D'après la traduction du *Temps*, de Paris.

# CHAPITRE III

## L'ÉTAT-MAJOR DE L'ARMÉE

Pour que la manœuvre dans l'est réussît, il fallait à tout prix qu'elle fût entreprise dans le secret, prestement et énergiquement menée. Toute d'offensive et d'élan, elle devait surprendre l'ennemi avant qu'il eût pu songer à parer le coup. Il fallait marcher vite, puisque Paris ne pouvait plus tenir que pendant quelques semaines. Une opération tournante ne peut le plus souvent aboutir que par la rapidité et l'impétuosité de l'attaque.

Tout cela dépendait en premier lieu du chef de l'expédition. Le général Bourbaki était réputé un des plus brillants officiers de l'ancienne armée impériale. — Il avait l'âme d'un soldat, une bravoure et un entrain admirables sous le feu, une grande action sur ses troupes, une parfaite loyauté, un désintéressement chevaleresque. Il s'était acquis, jeune encore, une popularité qui avait bientôt égalé celle des Cavaignac, des Lamoricière, des Changarnier, des Canrobert, ses chefs ou ses camarades d'Afrique. En 1836, sous le maréchal

Clauzel, il s'était battu sous Constantine; en 1840, au Sétif, dans le sanglant combat d'Aïn-Turck, il avait gagné la croix et une citation à l'ordre du jour de l'armée; en 1843, sous le duc d'Aumale, il avait marché contre Abd-el-Kader. A trente ans, il commandait un bataillon. Ses exploits au siège de Zaatcha lui avaient valu d'être mentionné dans le rapport du général d'Herbilly. A trente-six ans, Pélissier le faisait nommer colonel du régiment de zouaves. « J'ai besoin de vous comme colonel, lui avait dit le général, parce que quinze cents zouaves et Bourbaki me font trois mille hommes. »[1] Le 20 septembre 1854, il était à la bataille de l'Alma. « Les zouaves sont les premiers soldats du monde et Bourbaki est un Bayard », mandait à Napoléon III le maréchal de Saint-Arnaud. Quelques jours plus tard, le colonel de zouaves était général de brigade. A Inkermann, à la prise de Malakoff, il s'était couvert de gloire; sa vaillance lui avait valu la croix de commandeur. Dès lors, la fortune avait épuisé ses faveurs pour le brave capitaine. La guerre avec l'Allemagne l'avait pris, à cinquante-six ans, grand officier de la Légion d'honneur, aide-de-camp de l'empereur, général de division, commandant de la garde impériale. Le général Bourbaki avait fait, sous le maréchal Bazaine, la première partie de la campagne et subi le siège de Metz. Il était sorti du camp retranché de l'armée du Rhin dans des circonstances restées mystérieuses. Un personnage inconnu, M. Régnier, s'était présenté au quartier du maréchal expliquant qu'une continuation de la guerre ne pouvait être que funeste à la France, que l'ennemi était prêt à traiter, que le comte de Bismarck répugnait à se mettre en relations avec le gouvernement sorti de l'émeute du 4 septembre, que l'Allemagne ferait des conditions meilleures si elle pouvait négocier avec l'impératrice-régente, mais que celle-ci

[1] *Le général Bourbaki*, par un de ses anciens officiers d'ordonnance, p. 30.

ne voulait rien engager avant d'avoir vu ou le maréchal Canrobert ou le général Bourbaki. C'était donc faire un acte de dévouement au pays que de se rendre auprès de l'impératrice. Régnier venait, disait-il, de la part de la souveraine. Le maréchal Canrobert, prétextant son état de santé, avait refusé de se rendre à cet appel étrange. Le commandant en chef avait désigné alors le général Bourbaki. Craignant une mystification, le commandant de la garde avait hésité ; il avait prudemment réclamé un ordre écrit et l'assurance d'être replacé dans son commandement quand, sa mission terminée, il serait revenu à Metz. Le 27 septembre, il avait vu l'impératrice en Angleterre. Au premier mot, la vérité lui était apparue : Régnier était un imposteur. L'impératrice n'avait mandé auprès d'elle ni le maréchal Canrobert, ni lui, ni personne. Le général avait aussitôt informé le gouvernement à Tours de l'intrigue dont il était la victime et fait au quartier-général de Versailles, par l'intermédiaire de lord Granville, des démarches pour être admis à rentrer dans Metz. Régnier avait promis que cela ne soulèverait aucune difficulté. Les démarches, cependant, n'avaient pas abouti. Comme le général attendait à Bruxelles, une dépêche de l'amiral Fourichon, ministre de la guerre, l'avait mandé à Tours et lui avait confié le commandement de la région du nord, avec la mission d'y organiser la défense en groupant tous les éléments disponibles.

Dans le nord, plus qu'ailleurs, tout était à créer. Les hommes, le matériel avaient été envoyés à Paris ou sur la Loire. Le général s'était mis activement à l'œuvre. En moins d'un mois, il avait complété l'armement des places fortes, organisé, équipé et armé quatre brigades d'infanterie, créé et attelé sept batteries de campagne, réuni quatre cents chevaux de dragons et de gendarmerie. Au moment où, avec ce corps d'une douzaine de mille hommes, il allait tenter d'entrer en campagne, d'enlever Beauvais par un coup de main et de là, en une marche, de se porter sur

Chantilly en détruisant les approvisionnements ennemis »,[1] il recevait, le 19 novembre, une dépêche du ministère l'avisant de son remplacement par le général Farre.[2] Lui-même recevait l'ordre de se rendre à Nevers pour y prendre le commandement du XVIIIe corps dans l'armée de la Loire. Le général regretta « d'abandonner les éléments qu'il avait eu tant de peine à organiser, de ne pas pouvoir faire profiter le pays du résultat de ses efforts, et cela pour prendre le commandement d'un corps d'armée qui, croyait-il, n'existait que sur le papier ».[3] Mais il avait obéi néanmoins sans récriminer, et le 20 novembre il partait pour sa nouvelle destination, accompagné de son état-major personnel.

En rappelant si inopinément le général sur la Loire, le gouvernement de la Défense nationale avait obéi à des considérations plus politiques que militaires. Quoiqu'il ne se fût préoccupé à Lille que de ses troupes, l'ancien commandant de la garde impériale avait été attaqué par les feuilles radicales. Elles affirmaient que les forces organisées par le général « n'étaient pas destinées à défendre le pays, mais bien à occuper les places fortes pour les livrer au parti bonapartiste ».[4] Le fait que le général avait été un familier des Tuileries, les circonstances étranges de sa sortie de Metz et de sa visite à l'impératrice, mal connues encore à cette époque, donnaient un semblant de vérité à ces calomnies. Elles s'étaient rapidement accréditées et, accompagnées de dénonciations nombreuses, étaient parvenues aux oreilles du ministre. Gambetta ne s'était pas senti assez fort pour réduire au silence les calomniateurs et faire taire les préventions et les rancunes populaires. Il avait préféré changer le général de poste.

La droiture du général Bourbaki, la pureté de ses inten-

---

[1] Le général Bourbaki, p. 123.
[2] Plus tard, ministre de la guerre.
[3] Le général Bourbaki, p. 126.
[4] Idem, p. 149.

tions ne visant qu'une coopération active à la défense du pays ne pouvaient pas s'accommoder d'une situation équivoque et qui menaçait de se prolonger. Le 22 novembre, il débarquait à Tours. Le 27, la charge dont il était investi ne lui avait pas encore été officiellement remise. Le général résolut de provoquer de franches explications. « Si je devais rester condamné à un semblable état de suspicion, écrivit-il le 27 novembre au ministre, ce serait agir contrairement aux intérêts de la France, à ceux du gouvernement et à mes intérêts personnels, que d'accepter le nouveau commandement auquel vous venez de m'appeler... J'ai la conscience d'avoir toujours servi la France avec la plus grande loyauté, d'avoir mis constamment à sa disposition, en dehors de toute préoccupation politique, sans le moindre souci de mes intérêts personnels, tout ce que je possède d'intelligence et d'expérience. Je n'ai, dans les circonstances présentes, d'autres désirs que de me consacrer à la défense de la patrie, de demeurer au nombre des Français appelés à combattre l'étranger. Je vous dis, Monsieur le ministre, avec une entière franchise, tout ce que je pense : je serai on ne peut plus honoré de continuer à prendre part à la lutte de la France contre l'ennemi, mais je dois, me semble-t-il, n'accepter de commandement qu'à la condition expresse que toute méfiance à mon égard disparaisse et m'en rende l'exercice possible. »[1]

Gambetta, lui aussi, était loyal et bon. Il comprit les angoisses du général. « J'ai lu votre lettre avec un sentiment de profonde surprise, lui répondit-il le lendemain, 28 novembre. Vous savez que j'ai toujours manifesté à votre égard la plus entière confiance, convaincu de la loyauté, de la sincérité du concours que vous apportiez au gouvernement de la Défense nationale. »[2] Un long entretien avait

[1] ENQUÊTE. Déposition de M. le général Bourbaki. T. III, p. 361.

[2] *Le général Bourbaki.* p. 133.

suivi cet échange de lettres. « M. Gambetta, dit le général, s'exprima en termes non équivoques à l'endroit de la confiance que j'inspirais au gouvernement ».[1] Le jour après cette conversation, il avait pris, à Bellegarde, le commandement du XVIII<sup>e</sup> corps. Le 6 décembre, après la retraite d'Orléans, il était à la tête de la 1<sup>re</sup> armée de la Loire.

Quelque complète que fût la réparation, les soupçons humiliants auxquels il avait été en butte avaient profondément affecté l'esprit et le cœur du général, déjà si douloureusement atteint par les événements de la guerre dont nul plus que lui ne devait sentir la cruauté. Les désastres de l'armée impériale dont il avait partagé les gloires et qu'il avait vue mettant bas les armes à Sedan et capitulant à Metz ; l'effondrement du régime impérial auquel il avait été dévoué corps et âme, la captivité de l'empereur. l'exil de l'impératrice, par dessus tout les malheurs du pays et la conscience que dans cet effroyable désastre l'opinion publique le désignait comme un des coupables et lui avait retiré sa confiance avaient ébranlé tout son être. Sans doute, la République le réhabilitait en une certaine mesure, puisqu'elle lui donnait trois corps d'armée à conduire à l'ennemi, mais les troupes ratifieraient-elles le choix du gouvernement? Le suivraient-elles de bon gré, sans arrière-pensée? L'écho des calomnies de Lille n'était-il pas venu jusqu'à l'armée de la Loire? Et cette armée qu'on le chargeait de mener au feu, pour la première fois qu'il commanderait en chef, qu'était-elle? L'effort même que faisait le pays pour se défendre était-il utile, pourrait-il aboutir ou n'était-il pas plutôt nuisible en exaspérant l'ennemi? Toutes ces questions obsédaient l'esprit du général et la réponse qu'il y faisait n'était pas pour lui inspirer cette ardeur, cette foi dans le succès qui font qu'un chef d'armée marche avec courage et donne par son

[1] ENQUÊTE. Déposition de M. le général Bourbaki. T. III, p. 362.

attitude, aux troupes sous ses ordres, l'élan qui seul assure la victoire.

Le général n'avait eu jusque-là que des troupes d'élite à commander, l'infanterie légère d'Afrique, les zouaves, la garde impériale. Les légions improvisées de Gambetta ne lui inspiraient qu'une médiocre confiance. Mieux eût valu à ses yeux la paix immédiate que d'aborder l'ennemi avec ces bandes sans cohésion ni discipline. Quand, au mois d'octobre, l'amiral Fourichon lui avait offert le commandement de l'armée de Tours, il ne s'en était pas caché : « Je termine ma lettre, mon cher ami, avait-il écrit au ministre, en vous disant que dans l'état désespéré de résistance où se trouve la France, j'essaierai avec courage et dévouement tout ce qu'on m'ordonnera de faire, mais si, au lieu d'être un agent de combat j'étais un agent de pensée, je voterais pour un armistice et pour la paix. C'est peut-être un défaut d'éducation, mais autant j'ai confiance dans les soldats qui ont le respect et la crainte de leur chef, l'amour de leur drapeau, autant je me défie des ramassis d'hommes qui, sans discipline, sans connaissance de leurs officiers doivent combattre en rase campagne ».[1] — A la mi-décembre, comme Gambetta proposait au général de passer sur la rive droite de la Loire pour gagner Montargis, le général lui avait répondu en termes découragés : « Mais il n'y a en France que vous qui croyez la résistance possible. Actuellement cette résistance est plus nuisible qu'utile ». Et comme le jeune dictateur cherchait à lui démontrer qu'en prolongeant la guerre on obtiendrait peut-être une intervention des puissances et de meilleures conditions de paix : — « Si telles sont vos espérances, je suis prêt à tout faire dans ce but-là », avait répondu le général.[2] Résolu à suivre partout le dra-

---

[1] ENQUÊTE. Lettre à l'amiral Fourichon, du 25 octobre 1870. T. III, p. 347-348.

[2] ENQUÊTE. Déposition de M. le colonel Leperche. T. III, p. 383.

peau et à s'acquitter de son devoir de soldat jusqu'à la dernière extrémité, le général acceptait les commandements qui lui étaient offerts et les plans de campagne que le ministère de la guerre lui imposait. Il donnait à son pays et à l'armée tout ce qu'il avait de dévouement et de volonté. Mais on ne donne que ce qu'on a et la foi lui manquait. De là, des tâtonnements, des hésitations qui, dans plusieurs circonstances, au cours de l'expédition dans l'est, se manifestèrent aux dépens de la bonne conduite des troupes. La guerre terminée, Gambetta s'est rendu compte de ce qui avait manqué au général pendant la crise terrible : « J'ai la plus entière confiance dans le général Bourbaki ; je l'ai défendu avec acharnement contre toutes les attaques dont il a été l'objet ; c'est un très brave soldat et un loyal patriote. Sa sortie de Metz est restée une énigme pour beaucoup de personnes ; mais enfin, il m'a fait l'honneur de me confier la vérité là-dessus et je l'ai supplié de rester avec nous. Il voulait rentrer dans Metz et il se considérait même comme déshonoré vis-à-vis de ses camarades de n'y pas retourner. J'ai en lui, et en sa loyauté, la plus entière confiance. Mais il faut que je vous dise qu'il était très ébranlé, malheureusement, dans sa confiance de soldat. Il avait vu fondre, en quelque sorte, ce qu'il appelait la plus belle armée de l'Europe et il avait une sorte de désespoir noir dans l'âme, une inquiétude, et puis la peur que, à la première défaite, on ne fît porter tout le tort sur lui. Ce n'est pas sa bravoure que j'attaque, c'est certainement le plus brave soldat qui soit au monde, c'est son moral. En sorte que toutes les fois qu'il pouvait refuser la bataille, il ne résistait pas à son découragement ». C'est par cette disposition d'esprit que le ministre expliquait la préférence donnée par le général au projet de campagne dans l'est : « Placé entre deux plans, ou de marcher de Gien ou Cosne sur Pithiviers, ou au contraire incliner fortement sur sa droite, s'en aller par Bourges, Châlon-sur-Saône et Besançon, faire une pointe sur Belfort,

évidemment de ces deux opérations, celle qui correspondait le plus à l'état de son esprit, de son âme, à la médiocre confiance qu'il avait dans ses troupes, c'était le plan le plus éloigné, c'était la marche dans l'est, et c'est pour cela qu'il l'a préféré. »[1]

L'attitude équivoque qu'observaient à son égard les bureaux de la guerre n'était pas pour réconforter le général. Si Gambetta lui témoignait de la confiance, il n'en était pas de même de M. de Freycinet avec lequel le général allait être appelé à avoir des rapports beaucoup plus fréquents qu'avec le ministre. Déjà au commencement de décembre, quand le général, en retraite sur Bourges, opposait le délabrement réel de son armée aux pressantes instances du ministère qui le sommait de reprendre immédiatement l'offensive pour dégager le général Chanzy, M. de Freycinet avait proposé à son chef la révocation du commandant de la 1re armée. Gambetta était à Josnes. « De Bourbaki, rien que des nouvelles décourageantes, lui mandait, le 10 décembre, le délégué à la Guerre : je crois que ce que nous avons à faire est de remettre le commandement en chef à Billot. » Le général Billot, en dix jours, du 26 novembre au 6 décembre, avait été promu, de colonel, général de division. Gambetta hésitait. M. de Freycinet revint à la charge : « Je n'hésiterais pas à votre place, écrivait-il le 14 décembre. Avec Bourbaki, vous immobilisez clair et net la moitié de l'armée de la Loire. Comment pouvez-vous encore, après tout ce qui s'est passé dans cette campagne, et antérieurement dans le nord, compter sur Bourbaki ? Le fétichisme des grandeurs militaires est ce qui nous a précipités dans la ruine. Je sais bien que, si j'étais le maître, il y a longtemps que j'aurais rompu avec ce préjugé. »

Trois jours avant que cette lettre fût écrite, le général Bourbaki, répondant à un appel pressant du général Chanzy,

[1] Enquête. Déposition de M. Gambetta. T. I, p. 559.

avait résolu de se mettre en route bien que ses troupes ne
fussent pas encore concentrées. Il en avait avisé le ministère. M. de Freycinet lui avait répondu : « Le gouvernement
est heureux de la résolution que vous prenez d'aller au secours de Chanzy. Il sait que personne n'est en état, comme
vous, de conduire à bonne fin une entreprise qui exige en
même temps de son chef une grande énergie et beaucoup
de prestige. »[1] M. de Freycinet n'avait cependant pas modifié ses sentiments et bientôt il renouvelait auprès de Gambetta ses propositions de révocation. Le général ayant demandé qu'on renforçât son armée du XVe corps, M. de Freycinet profita de l'occasion : « Si le général Bourbaki ne croit pas
devoir, au dernier moment, se charger d'exécuter un plan
qu'il avait d'abord approuvé, mandait-il au ministre..., qu'il
se démette purement et simplement de son commandement, j'en serai pour ma part enchanté. car j'ai toujours
pensé et dit que Bourbaki n'est pas l'homme qu'il nous
faut. »[2] Le même jour, le délégué à la Guerre télégraphiait
au général : « Vos objections signifient-elles que vous ne
croyez pas pouvoir, après nouvel examen, vous charger
avec succès de la tâche que vous avez entreprise? Si elles
ont cette signification, il faut le dire nettement et nous avi-
serons. »[3]

M. de Serres était dans les mêmes dispositions. Délégué
par le ministère à l'état-major de la 1re armée, il avait eu
soin de se munir, en quittant Bourges, d'un décret de révocation du général. La date était en blanc. M. de Serres avait
des pouvoirs spéciaux, l'autorisant à en faire usage « si besoin était. »[4] Dans sa correspondance avec le ministère, M.
de Serres faisait de fréquentes allusions à ce décret destiné

[1] *Le général Bourbaki*, p. 160-161.
[2] ENQUÊTE. T. II, p. 535.
[3] ENQUÊTE. T. II, p. 538.
[4] ENQUÊTE T. II, p. 579 Dépêche de Dôle. 29 décembre
1870. Personnelle et confidentielle. De Serres à C. de Freycinet.
Bordeaux.

à parer à ce que M. de Freycinet appelait « la radicale insuffisance du général en chef. »[1] Ainsi, dès le 24 décembre,
avant toute opération de guerre, M. de Serres télégraphiait
de Chagny au ministre : « Je n'ai qu'une crainte, c'est d'avoir
à faire bien rapidement usage des pièces que vous m'avez
confiées. Je déclare à nouveau que je ferai tout mon possible pour en user, user à temps, en vous demandant toujours
avis si les circonstances laissent la moindre possibilité. »[2]
Le même jour, M. de Serres télégraphiait à M. de Freycinet : « Si, comme je l'espère, Gambetta me conserve la confiance qu'il m'a témoignée à Bourges, je réponds de faire
marcher, comme vous le désirez tous deux, ou de briser
sans hésitation toute résistance. »[3] — Deux jours plus tard,
autre dépêche, à propos du renforcement de l'armée par le
XVe corps, désiré par le général mais dont le ministère se réservait l'emploi : « On est revenu, aujourd'hui soir, sur le XVe
corps en poussant sur son emploi et utilité une série de questions bizarres. J'ai nettement et carrément développé nos
idées sur le rôle qui était assigné à ces forces, sans paraître admettre qu'il pût être modifié. On a admis son maintien où il
est « pour le moment », et après ? et après ? j'ai fait les hypothèses et présenté les solutions. Pas une objection sérieuse
n'a été présentée par ces forts qui m'ont laissé voir une fois
encore leur pauvreté. La tenue, l'attitude, la façon d'être.
plus docile et plus charmante que jamais ; tout est aussi
obscur que certain voyage non éclairci encore. Il faudra bien
cependant être bientôt fixé, car l'heure du travail sérieux
est proche. Si à force d'efforts, j'étais éclairé avant tout moment sérieux, soyez convaincu que je saurais éviter toute
conséquence malheureuse. Plus je vais, plus je renforce ma
conviction sur l'insuffisance du personnage. Je me donne.

[1] ENQUÊTE. T. II, p. 617. Bordeaux, 3 janvier. Guerre à de
Serres, Dijon.
[2] ENQUÊTE. T. II, p. 440.
[3] ENQUÊTE. T. II, p. 541.

comme second objet d'étude urgente, la recherche et l'analyse du remplaçant. »[1]

Cela étant, il eût certainement mieux valu ne pas s'en
tenir aux intentions, mais remplacer le général à la tête de
l'armée. « Une fois les éléments soulevés aussi profondément et sans égards pour les victimes et les désastres qui
devaient se produire, des caractères comme ceux de Cremer
et de Billot, se rapprochant du radicalisme sauvage de M. de
Freycinet, eussent été bien mieux en situation. »[2] Le général ignorait sans doute les dépêches échangées entre le
ministère et le commissaire attaché à son état-major : ses
relations personnelles avec le représentant du ministère
étaient « aussi sûres qu'agréables ».[3] mais il est impossible
que l'atmosphère de défiance et de suspicion dont il était
enveloppé ne paralysât pas chez lui l'initiative et l'entrain
qui lui restaient encore.

Quels étaient au juste les pouvoirs de M. de Serres ? M.
de Serres pouvait tout. N'avait-il pas en poche le décret de
révocation du général en chef, avec la date seule en blanc,
et quel pouvoir ne pouvait-il pas s'attribuer, étant à ce point
investi de la confiance du ministre ?

Ingénieur civil dans les chemins de fer autrichiens,
M. de Serres était accouru de Vienne en France à la fin de
septembre, avec l'intention de prendre du service dans un
régiment quelconque. Mais comme il possédait sur l'armée
allemande et en particulier sur les cartes dont elle était munie certains renseignements recueillis à Vienne et inconnus
en France, il s'était rendu d'abord à Tours. Il y était entré
en relations avec les bureaux de la guerre et y avait travaillé, quelques jours durant, avec l'administration du matériel, lorsqu'ayant fait fortuitement la rencontre de M. de

[1] ENQUÊTE. T. II, p. 557.
[2] COLMAR VON DER GOLTZ. *Gambetta et ses armées.*
[3] ENQUÊTE, Dépêche de M. le général Bourbaki du 11 janvier 1871.

Freycinet en quête de personnel, il lui avait offert son concours. M. de Freycinet l'accepta et le 13 octobre, le décret constituant le cabinet du ministre de la guerre y nommait M. de Serres avec le titre d'attaché. Il fut, à partir du 13 octobre, incorporé au cabinet du ministre comme « ingénieur chargé des travaux topographiques et des études préliminaires, nécessaires aux mouvements des armées et aux opérations militaires en général. »[1] Ses fonctions n'étaient pas très nettement définies. Étudiant les mouvements des armées, M. de Serres était tout naturellement amené à étudier aussi les opérations de l'ennemi. De là à les comparer les uns avec les autres, à les apprécier, à analyser et à discuter les avantages ou les inconvénients de tel ou tel plan de campagne, il n'y avait qu'un pas. M. de Serres eut bientôt fait de le franchir. « Je travaillai constamment avec M. de Freycinet, mon bureau étant adjacent au sien ; je lui faisais part à toute heure du jour du résultat de mes travaux. C'est pourquoi je fus souvent chargé de travaux spéciaux, se rattachant en quelque sorte aux fonctions d'un secrétaire particulier, pour faciliter les relations entre lui et certains chefs de service du ministère de la guerre et même des autres administrations. »[2] Puis, sortant des bureaux, M. de Serres était allé dans les camps porter aux états-majors les instructions de son chef, les expliquant, les interprétant et même, quand besoin était, en contrôlant l'exécution. Il rapportait ensuite à Tours et à Bordeaux les impressions recueillies dans les quartiers-généraux et son appréciation de l'attitude des officiers sur les champs d'opérations ou de bataille. Ainsi la situation et le rôle de M. de Serres avaient grandi peu à peu ; ainsi l'ingénieur venu en France pour servir comme un obscur soldat dans le rang s'était trouvé inopinément employé à diriger des armées et à conduire les entre-

[1] ENQUÊTE. Déposition de M. de Serres. T. III, p. 28.
[2] Idem.

prises de la Défense. Le 19 octobre, c'est lui qui avait discuté avec le ministre le plan de campagne dans l'est, l'avait porté au général Bourbaki et avait gagné l'adhésion de ces deux hommes.

Ce plan était en partie l'œuvre de M. de Serres lui-même. Il l'avait étudié et préparé avec M. de Freycinet. Nul mieux que lui ne le connaissait et ne savait les grands espoirs que le délégué à la Guerre fondait sur la réussite. Et comme, par surcroît, M. de Freycinet n'avait dans le général qui allait être chargé de l'exécution qu'une confiance très limitée, il avait chargé tout naturellement M. de Serres de la suivre de près. L'attaché au cabinet du ministre était devenu de la sorte, de par les circonstances et la confiance que lui témoignaient ses chefs, une sorte de commissaire civil à l'armée de l'Est, faisant partie intégrante de l'état-major du général, coopérant directement à la mise en mouvement des troupes, discutant presque dans le détail le plan des opérations. Quand, le 21 décembre, M. de Freycinet télégraphiait de Bordeaux à Gambetta et lui soumettait ses propositions pour l'organisation du commandement de l'armée, il avait pris le soin d'ajouter : « Il est bien entendu que je ne sépare pas, dans ma pensée, Bourbaki de son état-major représenté par Borel et actuellement renforcé par de Serres. »[1]

Détenant des pouvoirs d'autant plus étendus qu'ils étaient mal déterminés, M. de Serres, très actif et très entreprenant, en usa largement. C'est lui qui dirige le transport des troupes et désigne les gares de débarquement. Il avait été entendu, au début, que le voyage par les voies ferrées irait jusqu'à Chagny et Châlon-sur-Saône. M. de Serres décida qu'on pousserait jusqu'à Dôle.[2] Et il n'entendait pas que le général intervînt. Le 25 décembre, il télégraphiait de Châlon

[1] ENQUÊTE. T. II, p. 517.
[2] D'après M. de Freycinet, cette prolongation du parcours en chemin de fer aurait été le fait du commandement. *La guerre en province*, p. 225.

au ministre et à M. de Freycinet : « Le général est ici... Il arrive quarante-huit heures trop tôt... Peut-être prierai-je le général de faire une promenade en chemin de fer ; il n'est ici d'aucune utilité, du moins jusqu'à demain soir. »[1] Doué d'une remarquable faculté de locomotion, il était partout à la fois, à Châlon, à Dôle, à Besançon, à Lyon, à Autun, donnant des directions aux généraux, stimulant leur ardeur, entrant avec eux dans les détails du service, surveillant hommes, chevaux et matériel, discutant les plans d'opérations, corrigeant ceux qu'on lui soumettait, leur substituant les siens propres. Le 28 décembre, il est à Châlon-sur-Saône : « Je vous télégraphierai régulièrement tous les soirs le programme du lendemain, à temps pour pouvoir le modifier sur vos indications, mande-t-il à M. de Freycinet. Pour demain, rien n'est modifié dans *nos* dispositions... *Nous* concentrons *nos* forces endivisionnées... *Nous* ferons pour Vesoul ce que *nous* fîmes à Orléans... Demain, après mon retour de Dijon, *nous* arrêterons ici les détails de marche que je vous transmettrai immédiatement. Je pars, conduisant à Dôle le premier train de troupes. Serai ce soir à Dôle, nuit à Auxonne, et demain matin bonne heure à Dijon. Télégraphiez-moi à Dôle et Châlon, sous-préfecture. »[2] M. de Freycinet, tout en engageant fréquemment son commissaire à « ménager ses forces », le remerciait de « sa prodigieuse activité. »[3] Et M. de Serres de répondre, pour tranquilliser son chef : « Mes forces matérielles redoublent par le mouvement. »[4]

Les généraux acceptaient comme émanant directement du ministère les instructions de M. de Serres. « M. de Serres est mon délégué. Les instructions qu'il vous apporte sont les miennes propres. Veuillez les exécuter sans retard avec

[1] ENQUÊTE. T. II, p. 558.
[2] ENQUÊTE. T. II, p. 573.
[3] ENQUÊTE. T. II, p. 537.
[4] ENQUÊTE. T. II, p. 532.

la plus exacte ponctualité », télégraphie Gambetta au général de Bressolles à Beaune, le 22 décembre.[1] — Les généraux ne se le faisaient pas dire deux fois. C'est sur un ordre télégraphique de M. de Serres que le général Cremer fit fusiller à Beaune, sans autre forme de procès, le sieur Arbinet, soupçonné à tort d'espionnage pour le compte de l'ennemi : « Il était connu de tout le monde que M. de Serres était commissaire du gouvernement ; il allait tantôt à une armée, tantôt à une autre ; il allait auprès du général Bressolles, puis auprès du général Garibaldi ; il nous transmettait des ordres généraux ; c'est lui qui m'a donné oralement l'ordre général de couvrir le flanc gauche du général Bourbaki. »[2]

Dans sa spécialité de technicien et d'administrateur, M. de Serres rendait de bons services. « A ma connaissance, dit le général Borel devant la commission d'enquête, M. de Serres était un homme intelligent, qui avait un certain flair militaire ; seulement il manquait de la connaissance des détails ; ce qui fait qu'il croyait toujours que lorsqu'on a un certain nombre d'hommes, on a un certain nombre de soldats... Je dois lui rendre cette justice que dans les choses d'exécution, pour les approvisionnements, les munitions, il nous était d'un grand secours. »[3] Le général Bourbaki rend à M. de Serres un témoignage analogue : « Il n'était pas militaire ; il entretenait des relations avec les agents des compagnies : il a reconnu plusieurs fois lui-même l'état des voies, ce pour quoi il était très compétent. Il m'a semblé toujours fort zélé et quelquefois très utile... Il était très agréable dans ses relations. »[4] — M. de Serres avait su pénétrer si avant dans l'amitié du général en chef qu'après le

<hr/>

[1] ENQUÊTE. T. II. p. 524.

[2] ENQUÊTE. Déposition de M. le général Cremer. T. III. p. 532-533.

[3] ENQUÊTE. Déposition de M. le général Borel. T. III. p. 497.

[4] ENQUÊTE. Déposition de M. le général Bourbaki. T. III. p. 356.

combat de Villersexel, celui-ci lui avait proposé de le porter
à l'ordre du jour de l'armée.[1] M. de Serres avait eu le tact
de refuser cette distinction ; elle eût été mal accueillie des
troupes ; la présence à l'état-major d'un commissaire civil,
« personnage énigmatique dont les fonctions peu définies
consistaient en une surveillance mal déguisée », était pour
elles « une cause d'irritation profonde et de découragement
qui ne fut pas sans influence sur le résultat de la campagne. »[2]

Dans les intentions de M. de Freycinet, les pouvoirs et
l'intervention de son commissaire dans les états-majors ne
devaient pas aller jusqu'à engager directement la responsabilité du ministère et la compromettre dans les hasards de
la campagne. A plusieurs reprises, il se vit dans l'obligation
de réfréner l'initiative par trop fougueuse de M. de Serres.
Ainsi, le 28 décembre, celui-ci avait directement télégraphié
au général Cremer, à Beaune, pour lui fixer un rendez-vous.
La dépêche vint à la connaissance de M. de Freycinet. « Cette
dépêche et quelques autres, mande-t-il aussitôt à M. de
Serres, semblent indiquer que vous donnez des ordres directs
aux chefs de corps. Ce serait très dangereux, car vous rom-
priez ainsi l'unité du commandement et déplaceriez la responsabilité. »[3] Et quelques jours plus tard, le 3 janvier :
« J'ai reçu vos diverses dépêches de cette nuit, adressées à
Bourbaki, à Garibaldi et à moi-même. Elles me prouvent de
nouveau votre dévouement et votre intelligence, mais elles
me suggèrent une observation générale. Je trouve que vous
jouez dans tout cela un rôle trop actif, et je dirai trop personnel... Je sais bien que votre intervention est motivée par
le désir patriotique de venir en aide à la radicale insuffisance

[1] ENQUÊTE. Déposition de M. de Serres. T. III. p. 42.
[2] *Impressions de campagne*, par H. BEAUNIS, ancien médecin
en chef de l'ambulance de la Ire division du XVIIIe corps, pro-
fesseur de physiologie à la Faculté de médecine de Nancy.
[3] ENQUÊTE. T. II. p. 574.

du général en chef; mais c'est là une tâche impossible et
vous augmenteriez les difficultés en cherchant à les résoudre par vous-même. Ainsi, je vous en prie, dans l'intérêt
général comme dans le vôtre propre, laissez le général en
chef donner ses instructions et passer ses dépêches comme
il l'entendra. Bornez-vous à lui donner vos avis, mais ne
vous substituez point à son chef d'état-major, et évitez que
votre nom apparaisse dans aucune dépêche, excepté celles
que vous m'adresserez. »[1] — M. de Serres ne manquait pas
de bons arguments pour répondre : « Votre dépêche de ce
jour 28, 3 h. 05 soir, relative à mon attitude, m'a vivement
peiné. Vous semblez croire en effet que j'ai voulu sortir du
simple rôle d'intermédiaire et de votre homme de confiance,
rôle que je m'efforce de remplir franchement comme sans
intentions personnelles ; je puis me tromper dans mes actes
malgré mes efforts et mes soins pour faire bien ; mais je suis
bien certain de ne faire jamais la moindre dérogation à vos
intentions exprimées ou même simplement devinées par
moi. Je suis tel qu'il y a trois mois, si ce n'est plus désireux
encore de servir sous votre direction. »[2] A une autre dépêche, par laquelle M. de Freycinet lui reproche d'avoir donné
un ordre direct au colonel Fischer, M. de Serres répond :
« C'est avec un soin scrupuleux que je suis vos sages conseils, et particulièrement celui relatif aux ordres. Pour celui
donné au colonel Fischer de Dôle, il n'a été que l'extrait de
votre dépêche du 30, 3 h. 35, me disant : « Je vous autorise
« à donner des ordres pour concentrer à Dijon, avec colonel
« Fischer pour instructeur, les quatre légions mobilisées du
Jura. »[3] — M. de Serres était de la plus entière bonne foi,
mais il lui eût été difficile de ne pas se tromper sur la nature
de sa mission. Que ne pouvait pas se permettre, en bonne
logique, un homme de confiance autorisé à casser du jour

[1] ENQUÊTE. T. II, p. 617.
[2] ENQUÊTE. T. II, p. 579.
[3] ENQUÊTE. T. II, p. 617.

au lendemain le commandant en chef par la seule inscrip-
tion d'une date sur un décret préparé à l'avance ?

Il semble que, représenté à l'armée par un homme aussi
intelligent et aussi actif que M. de Serres, porteur du plan
de campagne à l'élaboration duquel il avait coopéré, formé
à l'école du ministère et qui à chaque heure le renseignait
sur ce qu'on faisait, disait ou pensait au quartier-général, le
délégué à la Guerre eût pu se tenir pour suffisamment
gardé contre toute velléité du général en chef de s'écarter
des instructions ministérielles. Il n'en était rien. M. de
Freycinet prétendait encore être informé des moindres mouvements de l'armée par le général lui-même et avant toute
exécution. Le 28 décembre — Dijon venait d'être évacué
par le général de Werder — il envoyait de Bordeaux au
général Bourbaki la dépêche suivante : « Votre télégramme
d'hier au soir, 10 heures 50, nᵒ 5673, porte que vous prenez des mesures pour les suites de l'évacuation de Dijon.
Si vous entendez par là que vous comptez combiner la suite
du mouvement stratégique, je désire qu'il soit bien entendu
qu'aucune décision ne doit être prise avant de m'avoir été
soumise. Ce n'est que dans le cas d'urgence commandée par
les nécessités militaires qu'on agirait sans mes instructions.
Hormis ce cas, je tiens à être tenu, jour par jour, au courant des projets du quartier-général, pour envoyer les
instructions en conséquence. Jusqu'à ce jour cette formalité,
désormais indispensable, a pu être omise sans inconvénient,
parce qu'il ne s'agissait que de transports de troupes et non
d'opérations proprement dites. »[1] Un officier commandant
en chef moins résigné que le général Bourbaki à prendre
sa large part personnelle des infortunes de la France eût
sans doute répondu à une sommation pareille par une
lettre de démission, mais le général accepta la condition qui
lui était faite. Le même jour, il répondait au délégué à la

_____
[1] ENQUÊTE. T. II. p. 570.

Guerre par un rapport télégraphique détaillé sur la situation de l'armée et ses projets du lendemain, puis il ajoutait : « Je m'entendrai d'ailleurs au préalable avec votre délégué, M. de Serres ». M. de Freycinet avait pris soin d'envoyer à celui-ci un double de son ordre. M. de Serres lui répondait le même jour : « Je vous télégraphierai régulièrement tous les soirs le programme du lendemain, à temps pour pouvoir le modifier sur vos indications.»[1]

Il fut fait ainsi. Dès ce jour s'ouvre un incessant échange de longues dépêches entre le quartier-général et Bordeaux. Cette correspondance télégraphique, commencée à Châlon-sur-Saône pour ne finir qu'à Besançon et poursuivie à travers tout le cours des opérations, a dû être pour le général en chef, non seulement une constante préoccupation, mais la cause d'une perte de temps considérable. Comment exiger de l'énergie, de l'initiative d'un général pareillement gêné dans tous ses mouvements, alors que la nature même de l'expédition exigeait une grande liberté d'esprit et d'allures, de l'élan et de l'ardeur ? Dans quelle infériorité ces exigences du ministère ne plaçaient-elles pas le général français en présence d'une armée ennemie dans les rangs de laquelle l'initiative des chefs, à tous les degrés de la hiérarchie, est un dogme et où responsabilité dit liberté ; devant un général qui, lui, ne recevait du grand état-major de Versailles que des renseignements précis en même temps que des instructions toutes générales, ne lui assignant que le but à atteindre et lui laissant le choix des moyens ! On ne peut que plaindre un officier obligé d'exercer un commandement en pareilles circonstances. Le général Bourbaki a été souvent ,au cours de la campagne, indécis, hésitant. La prétention du ministère de lui dicter tous ses mouvements l'excuse et le couvre et une grande part de la responsabilité remonte directement,

[1] ENQUÊTE. T. II, p. 573.

par dessus la tête du général, aux bureaux de la Guerre. « Je désire connaître, et je vous prie de le répéter au général, comment il entend procéder à l'exécution de *mon* plan »,[1] télégraphiait M. de Freycinet à M. de Serres. De deux choses l'une : ou bien on avait confiance dans le général qu'on avait nommé et alors il fallait le laisser agir, ou bien cette confiance n'existait pas et alors il fallait le révoquer. On recourut à une solution intermédiaire qui ne pouvait être que mauvaise.

Si entre le cabinet de Bordeaux et le commandement il n'y avait ni abandon ni confiance, il semble qu'au quartier-général même il n'y eut pas davantage cet accord des volontés et cette concordance des vues qui font l'unité d'action d'un état-major et qui seuls peuvent donner aux troupes la conscience d'une direction ferme et d'un commandement résolu. Le généralissime avait pour aide-de-camp personnel le colonel Leperche qui, au camp de Bazaine, faisait déjà partie de l'état-major du commandant de la garde impériale. Il s'était évadé de Metz et avait rejoint son chef à Lille, au commencement de novembre, et dès lors ne l'avait plus quitté. Le colonel Leperche était pour le général un ami des bons et des mauvais jours, un confident sûr. Grâce à ces relations personnelles, l'aide-de-camp prit plus ou moins, dans les conseils de l'armée, la position d'un chef d'état-major, en lieu et place du général Borel,[2] titulaire de la fonction. Quand la commission d'enquête demande au général Borel des renseignements sur les opérations de l'armée de l'Est, le chef d'état-major oppose son ignorance à la plupart des questions qui lui sont posées : « J'ai été beaucoup moins mêlé à ces opérations. Jusque-là, j'avais assisté à tous les conseils de guerre ; à partir de ce moment, je n'ai plus vu de ministre, je n'ai plus fait partie des conseils de guerre ;

---

[1] ENQUÊTE. T. II, p. 577.
[2] Général de brigade jusqu'au 16 novembre ; chef d'état-major du XVe corps ; plus tard, ministre de la guerre.

les ordres de mouvements m'arrivaient tout rédigés et je n'avais qu'à les transmettre. Je ne suis donc pas à même de vous donner des détails. » Et plus loin : « Les ordres de mouvements étaient conçus en dehors de moi ; je les recevais par l'aide-de-camp du général ». Et quand la commission demande quelle était à l'état-major la situation de M. de Serres : « Je crois, répond le chef d'état-major, que pour toutes les choses militaires, il a dû travailler avec le général en chef; je ne sais pas dans quelle mesure et il m'est impossible de vous répondre à cet égard. Je l'ai trouvé vis-à-vis de moi très réservé.....»[1]

L'intendant de l'armée, M. Friant, évadé de Metz aussi et qui s'était distingué pendant le siège par son activité et sa haute intelligence, n'avait pas non plus au quartier-général une situation conforme à ses importantes fonctions. Il se plaignait de n'être pas tenu au courant des mouvements et de n'être appelé à donner son avis sur aucune opération. « L'intendant de l'armée n'a connu l'adjonction du XXIV⁰ corps que le 5 janvier au matin et n'a été prévenu que fortuitement de l'arrivée du XV⁰. »[2]

Il y avait donc dans l'état-major et son fonctionnement des vices divers qui devaient, dans les moments décisifs, produire de déplorables conséquences, briser l'élan de l'armée, l'entraver là où au contraire il eût fallu une suprême énergie de tous dans la poursuite d'un même but. La meilleure armée du monde se fût perdue sous un pareil régime de suspicions et de défiances. Quelle influence désagrégeante ne devait-il pas avoir sur des corps de troupes qui, de par leurs origines dissemblables et leur composition déjà disparate, manquaient d'homogénéité et de cohésion !

[1] ENQUÊTE. Déposition de M. le général Borel. T. III, p. 497.
[2] P. POULLET. *La campagne dans l'est.* Rôle de l'intendance à l'armée de l'Est, par M. l'intendant général Friant. p. 470.

# CHAPITRE IV

## LES TROUPES

Dans le plan primitif de M. de Freycinet, l'armée de l'Est devait être composée de trois corps d'armée et d'une réserve générale : le XVIIIe corps, général Billot ; le XXe corps, général Clinchant ; le XXIVe corps, de formation toute récente, général de Bressolles, et la réserve générale, prise dans le XVe corps et placée sous les ordres du général Pallu de la Barrière. Vers la fin de décembre seulement, l'armée fut renforcée par le XVe corps, général Martineau des Chenez, et de la division indépendante du général Cremer.

Il est difficile de déterminer exactement les effectifs de l'armée. Les documents officiels ne donnent que des renseignements incomplets, divergents. « Nous avons renoncé, dit le rapport de la commission d'enquête de l'Assemblée nationale, à donner les effectifs des combattants, car il nous a paru impossible, à la façon dont se faisaient et se défaisaient les armées, de réunir à cet égard des documents qui pussent offrir un caractère suffisant de certitude. »[1]

[1] ENQUÊTE. Rapport Perrot. T. II. p. 21.

L'époque à laquelle l'armée de l'Est atteignit au période de sa puissance numérique est le milieu de janvier 1871, quand elle combattait sur la Lisaine. Toute l'armée était en ligne ; elle n'avait pas encore fait de grandes pertes ; dès lors elle ne reçut aucun renfort et alla s'affaiblissant.

Au moment de son embarquement à Vierzon, dans les premiers jours de janvier 1871, le XV<sup>e</sup> corps devait compter 30 à 35,000 hommes et 18 à 20 batteries. Ce sont les chiffres donnés par l'administration à la compagnie du chemin de fer de Lyon chargée du transport.[1] D'autre part, il semble que, de ce nombre d'hommes, la moitié seulement soit entrée en ligne. « Le XV<sup>e</sup> corps devait avoir 40,000 hommes ; il en avait 15,000. »[2] — Au dire du général Billot, le XVIII<sup>e</sup> corps comptait au début des opérations 35,000 hommes d'infanterie et quatre-vingts pièces de canon. Cet effectif tomba, à la fin de la campagne, à 25.000 hommes : « le reste était tué, blessé ou laissé dans les fermes sous les atteintes du froid. »[3]    M. le général Clinchant accuse, pour le XX<sup>e</sup> corps, au moment de son débarquement à Châlon-sur-Saône, un état de 22,000 hommes.[4] — Le XXIV<sup>e</sup> corps, le plus faible de l'armée, ne doit pas avoir jamais dépassé l'effectif de 12 à 15,000 hommes en ligne. — La division Cremer comptait 15 à 20,000 hommes[5] et la réserve générale 11,000 hommes, chiffre qui tomba à 8000 et 7500 hommes à la fin de la campagne.[6]

L'addition de ces chiffres donne un total de 110 à 140 mille hommes en chiffres ronds. Impossible de les serrer de plus près. M. de Freycinet, porté à exagérer les effectifs que

[1] Dépêches des 31 décembre 1870 et 1<sup>er</sup> janvier 1871.

[2] *Le général Bourbaki*, p. 264.

[3] ENQUÊTE. Déposition de M. le général Billot. T. III. p. 478.

[4] ENQUÊTE. Déposition de M. le général Clinchant. T. III, p. 313.

[5] M. DE FREYCINET. *La guerre en province*, p. 229 et 231.

[6] ENQUÊTE. Déposition de M. le général Pallu de la Barrière. T. III, p. 143.

le ministère mettait à la disposition des généraux, évalue l'armée de l'Est à 140,000 hommes et 400 pièces de canon,[1] tandis que le général Bourbaki accuse des totaux très inférieurs : « On me disait que j'aurais 120,000 hommes, je n'en ai eu que 90,000 », dit-il, le 17 janvier, sur le champ de bataille de la Lisaine, au général Billot.[2] Devant la commission d'enquête, calculant, il est vrai, non plus par hommes mais par combattants, le général en chef descendit encore fort au-dessous de cette estimation : « En fait d'hommes pouvant réellement se battre, je n'en devais guère compter plus de 35,000. »[3] Ce qui amenait le général à cette conclusion qu'en fait il s'était mesuré à armes égales avec son adversaire.

Lorsqu'à la fin de janvier l'armée entra en Suisse, en dépit du nombre considérable des traînards et des déserteurs, elle comptait encore 90,314 hommes.[4] A ce chiffre il faut ajouter deux divisions restées à Besançon et une dizaine de milliers d'hommes qui n'entrèrent pas en Suisse ou qui ne firent que la traverser et ne furent par conséquent pas portés sur les états de l'internement.[5] On en peut conclure qu'avant les cruels revers qui fondirent sur elle et la décimèrent pendant la deuxième quinzaine de janvier, l'armée devait compter au moins 120,000 hommes.[6]

[1] M. DE FREYCINET. *La guerre en province.* p. 229 et 231.
[2] ENQUÊTE. Déposition de M. le général Billot. T. III, p. 476.
[3] ENQUÊTE. Déposition de M. le général Bourbaki. T. III, p. 352.
[4] *Les troupes françaises internées en Suisse.* Rapport rédigé par ordre du Département militaire fédéral, sur les documents officiels déposés dans ses archives, par E. Davall, major à l'état-major général, p. 306.
[5] La division Rébillard du XVᵉ corps et la division de Polignac du XXᵉ corps furent laissées à Besançon au moment de la retraite de l'armée sur Pontarlier. — La division Cremer, la division d'Aries du XXIVᵉ corps et quelques régiments de cavalerie ont réussi, au moment de l'internement, à gagner le département de l'Ain par les gorges du Jura.
[6] L'état-major allemand (Rapport-Supplément. T. II, p. 303), conclut à la présence de 140,000 hommes par les évaluations

Il est plus difficile encore de donner des indications exactes au sujet de l'armement et du matériel d'artillerie. Les documents officiels suisses constatent que l'armée déposa à la frontière 72,573 armes à feu portatives, dont 58.262 fusils chassepot, modèle 1866, 1997 fusils à tabatière, 6573 fusils Remington et le reste en fusils, mousquetons, carabines et pistolets de divers modèles. Les trois quarts de l'infanterie étaient par conséquent armés du chassepot. Quant à l'artillerie, M. de Freycinet en évalue la force à 400 bouches à feu, mais 285 seulement sont entrées en Suisse. On sait d'autre part que dix-neuf sont tombées aux mains de l'ennemi.[1] Enfin, il est possible qu'un certain nombre de pièces de canon aient été laissées à Besançon, avant la retraite sur Pontarlier. L'artillerie avait surtout des canons de campagne de 4, rayés, en bronze ; des pièces de 8 et de 12 de même construction ; des canons de montagne rayés, en bronze, de 4 ; quelques mitrailleuses, obusiers de montagne et canons Armstrong de 6 et 12, en acier fondu.[2]

Le XVᵉ corps d'armée, comme les XVIIIᵉ et XXᵉ, avait fait partie de l'armée de la Loire ; il en avait été le premier corps organisé. « J'ai dû, dit le général Lefort devant la commission d'enquête, commencer la formation de ces deux corps (le XVᵉ et le XVIᵉ), en organisant une compagnie dans quatre-vingt-dix dépôts d'infanterie. Quand

suivantes : XVᵉ corps, 35,000 ; XVIIIᵉ, 30,000 ; XXᵉ, 25.000 ; XXIVᵉ, 25,000 ; division Cremer, 15,000 ; réserve, 10,000 hommes.

[1] Ordre du général de Manteuffel à l'armée du Sud. Pontarlier, 2 février. *Die Operationen der Südarmee. Nach den Kriegsakten des Oberkommandos,* von Hermann Graf von Wartensleben.

[2] Voir pour les chiffres tirés des documents suisses le Rapport de M. le major E. Davall : *Les troupes françaises internées en Suisse.* — L'armée est entrée en Suisse avec 1,158 voitures de guerre et 11,787 chevaux de selle et de trait.

j'avais assez de compagnies, je formais un bataillon et je le dirigeais sur un point de concentration. Pour les escadrons de cavalerie, j'ai dû opérer de la même manière. Le noyau du XVe corps a été formé avec trois régiments qui étaient arrivés d'Afrique..... Il en a été de même pour les armes spéciales, artillerie, génie, qui devaient être attachées aux divisions d'infanterie et de cavalerie.»[1] C'était au début un des corps les plus nombreux de l'armée ; au moment de l'occupation d'Orléans, il comptait plus de 50,000 hommes, [2] en majeure partie anciens soldats de la marine, des zouaves, des tirailleurs algériens, de la légion étrangère, des chasseurs à pied et de l'infanterie de ligne, plus quelques bons régiments de mobiles. Il avait une artillerie nombreuse (22 batteries) et 8 régiments de cavalerie. Le commandement avait passé successivement aux mains des généraux de la Motterouge, d'Aurelle de Paladines, Martin des Pallières, de Colomb et Martineau des Chenez[3] qui le prit le 24 décembre 1870, au début des opérations dans l'est, après en avoir commandé la deuxième division. Le XVe corps avait participé à toutes les opérations sur la Loire et subi diverses transformations. En dernier lieu, il avait dû fournir ses meilleures troupes à la réserve générale et avait, de ce fait, été considérablement diminué en qualité et en quantité.

Le XVIIIe corps, formé au milieu de novembre à Nevers, comptait, lui aussi, dans ses trois divisions, plusieurs régiments d'infanterie régulière, infanterie de ligne, chasseurs à pied, zouaves, infanterie légère d'Afrique et des régiments

---

[1] ENQUÊTE. Déposition de M. le général Lefort. T. III, p. 81.

[2] ENQUÊTE. Déposition de M. de Serres. T. III, p. 53 et 61, et déposition de M. le général Martin des Pallières. T. III, p. 224 : division Martineau des Chenez, 17,000 hommes ; division des Pallières, 32,000 hommes ; l'effectif de la division Peytavin n'est pas fixé par les documents.

[3] Général de brigade du 14 mars 1853, mort le 27 février 1888.

de mobiles, dix-neuf batteries et une division de cavalerie de quatre régiments. Le commandement du corps avait été exercé momentanément par le général Bourbaki, puis par le général Billot qui, évadé de Metz après la capitulation, avec le grade de lieutenant-colonel, chef d'état-major de la division Laveaucoupet, avait offert ses services au gouvernement de la Défense. Le général Billot avait quarante-deux ans. Il avait fonctionné d'abord comme chef d'état-major du XVIII° corps. Rapidement promu au grade de général de brigade, puis de général de division, il en avait pris le commandement dès le 10 décembre.[1]

Le XX° corps d'armée avait été primitivement formé à Chagny, dans le milieu de novembre, avec des troupes de la première armée de l'Est que commandait dans les Vosges et à Besançon le général Cambriels. Il comptait au début environ 30,000 hommes, appartenant, sauf trois régiments de marche, la cavalerie et l'artillerie, à l'armée auxiliaire, mélange de gardes-mobiles et de francs-tireurs. Tous les généraux, à l'exception de deux, appartenaient aussi à l'armée auxiliaire et étaient de brevets tout récents, mais tous, à l'exception d'un seul, étaient ou avaient été long-temps officiers dans les armées de terre ou de mer.[2] Le commandement du corps d'armée avait été exercé d'abord par le général Crouzat qui, brusquement, fut remplacé, le 16 décembre, par le général Clinchant, officier de l'armée du Rhin, évadé d'Allemagne.[3] « Le général Crouzat, par sa fer-

---

[1] Sénateur inamovible, ministre de la guerre du 30 janvier 1882 au 31 janvier 1883, commandant du XV° corps d'armée à Marseille et du I° corps à Lille, membre du Conseil supérieur de la guerre et inspecteur d'armée.

[2] ENQUÊTE. T. III, p. 278. Déposition de M. le général Crouzat. — Le corps se composait de trois divisions d'infanterie, 2 régiments de cavalerie, 4 batteries de 4, 4 batteries de 12, 2 batteries d'obusiers de montagne et 1 batterie de mitrailleuses.

[3] ENQUÊTE. T. II, p. 493. Dépêche du 10 décembre 1870.

meté, sa vigueur, son intelligence, avait fini par faire donner à ce corps beaucoup de consistance.»[1] Après avoir manœuvré et combattu dans les Vosges et autour de Besançon,
le XX⁰ corps avait été porté sur la Saône d'abord, puis sur
Gien. Incorporé à l'armée de la Loire, il avait combattu à
Beaune-la-Rolande et participé à la retraite sur Bourges
sous les ordres du général Bourbaki. « Le XX⁰ corps était
brave, discipliné, plein de patriotisme, dit le général Crouzat. Depuis les Vosges jusqu'à Beaune-la-Rolande et de là
jusqu'à Villersexel, Héricourt et Pontarlier, nul autre n'a
plus souffert et plus combattu que lui pour la patrie envahie. »[2]

Le XXIV⁰ corps avait été formé à Lyon, par le général de
brigade de Bressolles, commandant de la huitième division
militaire. Il était fait de deux bataillons de chasseurs à pied,
trois régiments de marche, trois légions de mobilisés du
Rhône et de mobiles du Doubs, de l'Yonne, de la Lozère,
de Tarn-et-Garonne, de la Loire et du Var. La cavalerie se
composait d'un régiment de marche de hussards et de deux
escadrons de dragons « dont presque tous les cavaliers ne
savaient pas monter à cheval et qui cependant firent les
plus grands efforts pendant toute la campagne »[3] Le général s'était appliqué à former et à instruire tout d'abord une
division du corps d'armée. Il l'avait composée de quatre régiments de marche et d'un excellent bataillon de mobiles de
la Gironde, armés de Remington et commandés par M. de
Carayon-Latour. Cette division était destinée à former la
réserve du corps d'armée. « Elle eut son artillerie, le peu
de cavalerie dont je pouvais disposer, ses services d'ambu-

[1] ENQUÊTE. Déposition de M. le général Borel. T. III, p. 489.
[2] ENQUÊTE. Déposition de M. le général Crouzat. T. III,
p. 282.
[3] ENQUÊTE. Déposition de M. le général de Bressolles. T. IV,
p. 319.

lance, de subsistances, enfin tout ce qui est nécessaire à l'organisation d'une division pour marcher à l'ennemi... Je la soignais beaucoup, parce que je croyais en faire une bonne division et la donner au général de Busserolles, officier général distingué et certainement celui que je jugeais le plus capable.»[1] Vers la fin de décembre, cependant, M. de Serres étant arrivé à Lyon, modifia l'organisation créée par le général de Bressolles, en en détachant les deux régiments de marche de la I<sup>re</sup> division, les deux seuls régiments de mobiles alors armés de chassepots et le bataillon de mobiles de la Gironde, pour en former une division indépendante dont le commandement fut donné au général Cremer, à Chagny.

Quand le XXIV<sup>e</sup> corps se mit en route pour Besançon, il ne comptait plus que deux divisions : la première, à deux brigades, commandée par le général Thibaudin de Comagny,[2] la deuxième, d'une seule brigade, commandée par le général de Busserolles et formée exclusivement de mobiles. « Ce corps d'armée était très affaibli en nombre et en qualité. Je m'étais donné beaucoup de mal pour arriver à faire une bonne division, formant le noyau du XXIV<sup>e</sup> corps qui, en somme, était composé de troupes peu exercées et peu solides, et cette seule division M. de Serres me l'enlevait. Je marchais donc à l'ennemi dans des conditions détestables. Deux ou trois jours après mon arrivée à Besançon, il fut ajouté au XXIV<sup>e</sup> corps un supplément de troupes, une brigade à peu près, dont le commandement fut confié au général d'Aries et composée d'un régiment de marche et de deux bataillons de mobiles pris à Besançon, troupes que je ne connaissais pas et que le général d'Aries, arrivé la veille,[3]

---

[1] ENQUÊTE. *Loc. cit.*

[2] Plus tard ministre de la guerre. Avait fait partie de l'armée du Rhin et signé un engagement de ne plus servir contre l'Allemagne pendant la guerre.

[3] Colonel commandant le 39<sup>e</sup> de ligne, le général d'Aries avait

ne connaissait pas davantage. C'était le 63ᵉ de marche, un
bataillon de la Haute-Garonne et un du Haut-Rhin. Plus
tard, vers la fin de la campagne, arriva la troisième légion
du Rhône qui fut incorporée dans cette division. Mais c'était
déjà à l'époque où nous étions tout à fait en retraite. Donc,
j'entrai en campagne avec des troupes bien faibles, sans
cohésion, tout à fait inexpérimentées et auxquelles il manquait bien des choses que le temps n'avait pas permis
au gouvernement de leur donner. Quoiqu'il en soit, pendant
les cinq ou six jours que le XXIVᵉ corps passa à Besançon,
j'essayai de mettre un peu de cohésion dans toutes ces divisions si fortement décousues et tous les jours je réunissais
les chefs de corps et de service pour leur faire bien comprendre mes instructions, essayer de mettre de l'ordre, de
l'unité, de la discipline partout et enfin de tirer le meilleur
parti possible d'une situation aussi difficile. Une des choses
qui me préoccupait le plus, c'était certainement la difficulté
de la marche de l'artillerie et des transports. Il n'était pas
difficile de prévoir combien elle serait gênée, entravée par
la neige durcie, par le verglas glissant des routes. Aussi
faisais-je tous mes efforts pour faire ferrer à glace tous les
chevaux d'artillerie et du train et les approvisionner à cet
égard. Mon attention était aussi appelée sur le petit nombre
de voitures de transport de vivres ; l'intendant Perrot déployait pour s'en procurer une grande activité, s'ingéniait
comme il pouvait, mais malgré ses efforts il ne put parvenir
à trouver la quantité suffisante et ce fut certes grand dommage. Enfin, l'ordre du départ arriva et il fallut bien partir
quand même. »[1]

L'avenir devait se charger de justifier les craintes du gé-

été nommé général de brigade le 10 octobre 1870 et chargé du
commandement de la 1ʳᵉ brigade de la IIᵉ division du XVᵉ corps.
C'est de ce poste qu'il fut transféré au commandement de la 1ʳᵉ
division du XXIVᵉ corps.

[1] ENQUÊTE. Déposition de M. le général de Bressolles.

néral à l'endroit de la solidité de ses troupes. A la fin de janvier, la division d'Aries ne comptait plus que 1500 ou 2000 hommes. Un bataillon de mobiles, parti le 3 ou le 4 de Besançon avec 1400 hommes, ne comptait plus, le 26 janvier, que 45 hommes avec son commandant et il n'avait presque pas tiré un coup de fusil. La discipline, dans les légions du Rhône surtout, était déplorable. « L'ordre est impossible avec de pareilles troupes, écrivait le chef du XXIV° corps au général Bourbaki, le 24 janvier. Les soldats abandonnent en grand nombre leurs rangs sans se préoccuper un instant des ordres de leurs officiers et se répandent dans les villages où ils maraudent ou mendient. Jamais les chefs de corps n'ont sévi contre ces hommes. Les officiers, d'ailleurs d'une incapacité notoire, paraissent redouter de provoquer des mesures rigoureuses. Plus de 1000 hommes dans chaque légion ont disparu sans que les chefs de corps sachent ce qu'ils sont devenus. J'ai la certitude qu'ils sont pour la plupart à Besançon ou à Lyon. Au combat, la 1re légion seule a été de quelque utilité, sans qu'on puisse lui attribuer cependant les lauriers qu'elle se décerne. Toutes les fois que la 2e légion a été tête de colonne, elle n'a pas conservé ce poste. J'ai tout fait pour mettre un terme à cet état de choses. Mes efforts se sont heurtés contre l'incapacité, la mauvaise volonté ou la pusillanimité des cadres. Tous les moyens d'action m'échappent, même ceux que donne la loi martiale, puisque la cour martiale de la division vient de prononcer des condamnations dérisoires pour des crimes que le code de justice militaire, plus clément que la loi martiale, punit de mort. »

La « division indépendante » du général Cremer était composée de bonnes troupes, placées sous le commandement d'un officier entreprenant et énergique. Impliqué dans la capitulation de Metz, le capitaine d'état-major Cremer avait signé, le 31 octobre 1870, la déclaration qu'il ne porterait plus les armes contre l'Allemagne pendant la durée de la guerre.[1] Laissé en liberté au bénéfice de cet acte, il était accouru à Tours offrir ses services au gouvernement de la Défense et avait été promu rapidement au grade de général de brigade et de général de division. Les troupes dont le commandement lui avait été donné avaient été formées par le général de Bressolles à Lyon et primitivement destinées à former le noyau du XXIVe corps. C'étaient le bataillon de mobiles de la Gironde du commandant de Carayon-Latour, un des plus solides de l'armée, formé d'hommes bien disciplinés et instruits, vigoureux et armés de fusils Remington; deux régiments d'infanterie régulière (32e et 57e de marche), deux bons régiments de mobiles (83e et 86e) et trois compagnies d'éclaireurs et de chasseurs volontaires du Rhône et de Saône-et-Loire. C'est avec cette division, formée en deux brigades que, le 18 décembre, le général Cremer avait livré le sanglant combat de Nuits contre deux brigades de l'armée du général de Werder. Le chef d'état-major de la division était le colonel Poullet, capitaine au 71e d'infanterie de ligne, fait colonel d'état-major par le général Cremer.

Sous les ordres du général Pallu de la Barrière, la « réserve générale de l'armée » constituait ce qu'il y avait dans celle-ci de plus solide. Capitaine de frégate, M. Pallu de la Barrière était resté jusqu'au 16 novembre à Cherbourg, puis était entré dans l'armée de terre et avait exercé le commandement de la subdivision de l'Yonne, ayant sous ses ordres quelques milliers de mobiles et de mobilisés. Il était à Nevers quand le général Bourbaki y passa, organisant l'expédition dans l'est. Sur la proposition du général, il fut promu, par le ministère de la guerre, au grade de général de brigade

[1] *Die Operationen des Korps des Generals von Werder,* von Ludwig Löhlein, p. 317.

et nommé au commandement de la réserve générale. Les troupes détachées du XVe corps et dont la réserve fut composée étaient de formation régulière. « On peut dire que cette réserve était composée des derniers régiments français, dit le général Pallu de la Barrière ; elle comprenait le 38e de ligne, le 29e de marche, un régiment de marche d'infanterie de marine et trois batteries de huit. Le 38e de ligne était l'un des quatre régiments d'infanterie qui seuls, à cette époque, avaient échappé aux capitulations ; le 29e de marche formait un bloc très solide et homogène et ne présentait pas les défauts de formation inhérents à la plupart des régiments de marche. Le régiment de marche d'infanterie de marine était composé d'hommes très jeunes et de soldats déjà faits, mais fondus les uns avec les autres. Les trois batteries de huit qui composaient l'artillerie de la réserve générale étaient d'une solidité remarquable et commandées par des officiers éprouvés et résolus. Plus tard, on adjoignit à la réserve un régiment de marche de chasseurs d'Afrique et un régiment de marche de dragons. Le 2e régiment de chasseurs arrivait d'Afrique intact ; le 3e régiment de dragons était très réduit en nombre et fort éprouvé. Mais il serait difficile de composer, en supposant qu'on pût le choisir, des réunions d'officiers plus entreprenants et plus sûrs que les officiers de ces deux régiments de cavalerie. — Les services du génie, de l'ambulance et de l'intendance étaient assurés par un personnel et un matériel suffisants. »[1] — La réserve générale ne comprenait donc que des troupes régulières ; jusqu'à la fin de la campagne, elles donnèrent un bel exemple d'abnégation, de discipline et de courage.

En supputant le nombre des hommes dont se composait l'armée, le gouvernement se laissait aller au ferme espoir

---

[1] ENQUÊTE. Déposition de M. le général Pallu de la Barrière. T. III, p. 435-436.

d'un succès. C'était une des illusions des bureaux de la Guerre de croire qu'en armant des hommes, ils envoyaient à l'ennemi des troupes capables de tenir la campagne. « Quand ils nous donnaient 25,000 hommes, ils nous disaient : voilà 25,000 soldats. »[1] On improvisait ainsi des armées, mais des armées auxquelles manquaient la force morale, la discipline, l'instruction militaire, la confiance en soi et l'organisation. Cette erreur était commune à M. de Freycinet et à Gambetta : « Gambetta se trouvant à Tours et à Bordeaux ne pouvait avoir aucune connaissance exacte de ce qui se produisait en fait d'effectifs que par M. de Freycinet et lorsque ce dernier venait lui dire : voilà 12,000 soldats, M. Gambetta ne pouvait contrôler, pas plus que personne, avant de les avoir vus au feu, si ces 12,000 soldats faisaient 12,000 combattants. Il prenait pour bonnes les données de M. de Freycinet. »[2]

Il ne peut certes venir à l'esprit de personne de dénigrer la grandeur de l'effort que la France a fait, sous l'inspiration puissante de Gambetta, pour opposer à l'armée allemande des forces nouvelles après le désastre de Sedan et prolonger durant quatre mois la résistance. L'histoire a déjà rendu pleine justice à cet égard au gouvernement de la Défense nationale. Mais il est clair que la tardiveté même de l'effort devait avoir pour conséquence une très grande précipitation dans la levée et l'organisation des troupes. Il serait injuste d'en faire un reproche aux hommes dévoués qui dirigeaient l'administration de la guerre ; ils eussent sans doute préféré faire mieux si les circonstances le leur avaient permis. Ce n'est pas le gouvernement de la Défense qui avait déclaré la guerre ni provoqué la catastrophe. Ce n'était pas son fait si le régime impérial n'avait rien laissé après lui. Il fallait faire flèche de tout bois : « On prenait les gens à droite et à gau-

---

[1] ENQUÊTE. Déposition de M. le général Borel. T. III, p. 489.
[2] ENQUÊTE. Déposition de M. de Serres. T. III, p. 72.

che et on les encadrait entre les quelques soldats des dépôts qui pouvaient rester et des hommes qui avaient servi et qu'on rappelait en dehors de toute espèce de tour et qui obéissaient naturellement à cette réquisition avec mauvaise humeur.»[1] La difficulté était d'autant plus grande que les appels patriotiques du gouvernement n'étaient pas toujours entendus : « Il faut bien le dire, s'il y avait des gens qui ne voulaient point se battre, c'est que la nation ne les y poussait plus. L'armée est le reflet du pays. Si le patriotisme s'amoindrit dans la nation, il est difficile qu'il s'exalte dans l'armée. La preuve en est dans ce qui se passait autour des troupes. Lorsque des gens fuyaient le champ de bataille, au lieu de les flétrir et de nous les ramener, on les cachait. Lorsqu'il s'agissait de faire de nouvelles levées, au lieu d'encourager ceux qui partaient, on les plaignait et on leur répétait : « On vous mène à la boucherie ! On vous trahit ! » Enfin, les autorités elles-mêmes dissimulaient les fuyards qui retournaient dans leurs communes.»[2]

Si les troupes ne présentaient pas les qualités qui font une armée solide, il en était de même des cadres. La plupart des généraux de l'empire avaient sombré à Sedan et à Metz et étaient prisonniers en Allemagne. De ceux qui restaient, le gouvernement avait écarté quelques-uns des plus expérimentés. Dans nombre de corps, des commandements considérables étaient aux mains de généraux de récente promotion qui, sans préparation suffisante, allaient se trouver aux prises avec les problèmes les plus redoutables de la guerre. « Les officiers se partageaient en deux camps. Les uns, découragés d'avance, ne désiraient qu'une chose, la fin de la guerre : adversaires passionnés de Gambetta qui représentait à leurs yeux la résistance à outrance,

[1] ENQUÊTE. Déposition de M. le général Martin des Pallières. T. III, p. 220.
[2] ENQUÊTE. Déposition de M. le général Chanzy. T. III, p. 216.

ils lui faisaient, par leurs paroles et quelquefois par leurs actes, une guerre sourde et acharnée ; ennemis jurés du gouvernement républicain dont ils acceptaient si volontiers les galons et les grades, ils portaient au fond du cœur, malgré eux peut-être et sans bien s'en rendre compte, cette pensée intime et inavouée que des victoires feraient les affaires de la République et la consolideraient ; il en était enfin que de plus honteux motifs guidaient encore : j'en ai vu, rarement, il est vrai, mais j'en ai vu et j'ai leurs noms, venir à l'ambulance la veille d'une bataille et balbutier honteusement à mon oreille je ne sais quelle fausse excuse de maladie. Quelle qu'en fût la cause, toutes ces pensées anti-patriotiques, toutes ces paroles de découragement franchissaient la sphère du commandement et arrivaient jusqu'au soldat. J'ai entendu des officiers, des chefs de corps même, proférer devant les troupes des paroles qui auraient dû les rendre immédiatement justiciables d'un conseil de guerre. Quelle confiance peut avoir le soldat, s'il voit ses chefs désespérer et dire tout haut : Nous serons battus ! A côté de ces officiers *pacifiques*, pour employer un terme adouci, s'en trouvaient heureusement d'autres qui, malgré les revers passés, avaient encore de l'espoir et croyaient en tout cas que, pour l'honneur même du pays, la lutte devait être continuée. Ils appartenaient à tous les cadres et à toutes les opinions... Ajoutez enfin les militaires purs, qui ne voyaient qu'une chose, l'abaissement de nos armes et n'avaient qu'une idée fixe, celle d'une revanche éclatante... Il n'y avait en somme aucune tradition, aucun esprit de corps, aucune cohésion dans ce corps d'officiers... Dans cette campagne de l'est, la cause réelle de nos désastres, ce sont les fautes des chefs et non celles des soldats ; c'est de haut en bas que la désorganisation a marché et que s'est fait ce travail de dissolution qui est venu aboutir à la déroute finale ; chaque jour, chaque étape, chaque bataille, au lieu de resserrer les liens entre les chefs et les soldats, accentuait de plus en plus le désaccord ; les soldats discutaient leurs chefs et leur refusaient l'estime et la confiance ; les chefs à leur tour abandonnèrent bientôt des soldats qu'ils ne pouvaient plus diriger ; l'abîme se creusait de plus en plus. Je ne vis pas cela le premier jour, mais au bout de quelques étapes, le doute ne pouvait plus exister, toute illusion était perdue, il n'y avait plus cette affinité d'idées et de sentiments, cette unité de vues qui constituent la force d'une armée ; la désorganisation augmentait graduellement jusqu'au jour où toute cette masse d'hommes vint s'émietter sur les frontières de Suisse comme ces rochers d'aspect formidable qu'une pluie désagrège et convertit en poussière. »[1]

Encore si l'armée avait eu la foi dans son général, cette religion commune eût pu resserrer les liens, mais ici encore la défiance faisait son œuvre de désagrégation : « A tort ou à raison, les généraux de l'Empire étaient suspects depuis la trahison de Metz ; la popularité militaire de Bourbaki, quelque éclatante et intacte qu'elle fût, ne suffisait pas à lutter contre cette suspicion qui n'épargnait personne ; le rôle singulier et alors inexpliqué joué par le général pendant le blocus de Metz et son voyage en Angleterre achevaient d'exciter la défiance. Tous ceux qui avaient connu le général Bourbaki en Afrique avaient beau parler de loyauté chevaleresque et se porter garants pour lui, rien n'y faisait. On avait vu tant de palinodies honteuses, on avait si bien conscience de l'abaissement général des caractères que l'on doutait de tout et de tous. »[2]

A ces causes morales d'affaiblissement venaient s'en ajouter d'autres, toutes matérielles. Sauf le XXIVe corps, de formation nouvelle et la division Cremer qui avait fourni bravement les journées de Nuits et de Châteauneuf, toutes les autres troupes de l'armée de l'Est avaient été cruellement

---

[1] H. BEAUNIS, *Impressions de campagne*. p. 150.
[2] BEAUNIS. *loc. cit.*

éprouvées pendant les trois premières semaines de décembre par les combats autour d'Orléans et la retraite sur Bourges, quinze jours de marches et de contre-marches sur des routes couvertes de verglas, par une température d'une rigueur extrême. Pour le XVᵉ corps, la retraite avait été une véritable débandade ; les troupes étaient arrivées à Salbris dans le plus grand désordre, mélangées avec celles du XVIᵉ corps ; des milliers de traînards et plus de deux cents officiers et presque tout le convoi avaient gagné par panique Vierzon ; il y avait des milliers d'isolés à Bourges, à Blois, à Tours.[1] Les autres corps n'avaient pas beaucoup moins souffert. Le XVIIIᵉ, dans sa marche de Gien sur Bourges, avait laissé le long des routes beaucoup de traînards, tandis qu'un grand nombre de gardes-mobiles qui se trouvaient dans leur pays s'étaient cachés dans les fermes et y étaient restés ; quand il arriva à Bourges, le corps d'armée était « très désorganisé. »[2] De même pour le XXᵉ. « Je laisse se prononcer le mouvement sur Vierzon, avait télégraphié à M. de Freycinet le ministre de la guerre, le 12 décembre, mais je l'arrêterai là, car les XVᵉ, XVIIIᵉ et XXᵉ corps sont en véritable dissolution ; c'est encore ce que j'ai vu de plus triste. »[3] On n'avait pas laissé aux troupes le temps de se refaire. Jusqu'au 20 décembre elles avaient été maintenues, par des ordres et des contre-ordres incessants, dans un mouvement perpétuel, souffrant des fatigues de la marche et du froid plus que du feu de l'ennemi.[4] C'est dans cet état qu'elles avaient été embarquées pour Chagny et Dôle. Le général Borel pouvait donc dire avec raison devant la commission d'enquête : « Cette armée, de formation récente, avec des généraux souvent sans expérience, avec des états-

[1] ENQUÊTE. Déposition de M. le général Martin des Pallières. T. III, p. 242-243.
[2] ENQUÊTE. Déposition de M. le général Billot. T. III, p. 474.
[3] *Le général Bourbaki*, p. 161.
[4] ENQUÊTE. Déposition de M. le général Billot. T. III, p. 474.

majors improvisés, et où l'élément militaire était beaucoup trop rare, avec des secours administratifs insuffisants, avec des officiers et des soldats sans instruction ni habitudes militaires, avait toujours été dans des conditions de faiblesse extrême.»[1]

Néanmoins, telle qu'elle était, l'armée de l'Est s'est bravement comportée à Villersexel comme sur la Lisaine. Les corps bien commandés ont fourni une belle carrière. Aux combats de Chagey, de Chenebier, de la Cluse, ils ont affronté la mort avec intrépidité.

[1] ENQUÊTE. Déposition de M. le général Borel. T. III, p. 315.

# CHAPITRE V

## LE TRANSPORT DES TROUPES

« L'expédition dans l'est fut une improvisation. »[1] Rarement, en effet, opération militaire fut entreprise avec autant de hâte. Il en résulta, dès le début, dans le transport des troupes, un désordre et des retards dont les conséquences funestes furent au nombre des principales causes de l'insuccès.

Tout transport de troupes un peu considérable, lorsque l'armée n'exploite pas elle-même les voies ferrées, est une entreprise compliquée qui nécessite, pour être régulièrement conduite, une entente parfaite et une action harmonique de l'administration de la guerre, des compagnies et de l'état-major. Pour peu que ces trois volontés ne cheminent pas de conserve, les malentendus et les contre-ordres occasionnent du désarroi, des encombrements et des arrêts. Pressés par les circonstances et les nécessités de la situation militaire, les bureaux de la Guerre ne songeaient qu'à aller vite,

[1] ENQUÊTE. Rapport de M. Perrot. T. II, p. 6.

en oubliant que pour aller vite, il faut marcher bien. « Sans entente préalable, sans informations sur l'état des lignes et des gares, sans connaître les effectifs réels des corps, ils prescrivaient des mouvements par des dépêches télégraphiques de quelques lignes, indiquant les points de départ et les points d'arrivée, les effectifs approximatifs (toujours incomplets et inexacts) et fixaient la durée maximum des transports dans des limites absolument impraticables.»[1] Il ne pouvait résulter que d'énormes mécomptes de l'exécution de plans conçus sur des données matériellement irréalisables.

L'expédition avait été définitivement résolue le 19 décembre au soir. Dès le 18, M. de Freycinet avisait la compagnie Paris-Lyon-Méditerranée que M. Gambetta aurait probablement besoin d'elle dès le lendemain.[2] Le 19 au soir, M. Audibert était à Bourges. Le 20 au matin, il était en conférence avec le ministre de la guerre, M. de Serres et M. de la Taille, inspecteur général de la compagnie d'Orléans. On lui enjoignit d'avoir à prendre ses mesures pour transporter, dès le 20, les XVIIIe et XXe corps de Bourges, Vierzon, la Charité et Nevers, à Autun, Chagny et Châlon-sur-Saône et pour embarquer en même temps à Lyon le XXIVe corps d'armée à destination de Besançon.[3] M. Audibert ayant objecté que le matériel de la compagnie serait entièrement absorbé par ce

---

[1] ENQUÊTE T. II, p. 319 : « Note relative aux obstacles qu'a rencontrés le transport de la 1re armée, » de la compagnie Paris-Lyon-Méditerranée.

[2] Guerre à chef exploitation du chemin de fer Lyon-Méditerranée à Clermont-Ferrand. Bordeaux, 18 décembre : « Il est probable que Gambetta, présent à Bourges, aura besoin demain, lundi, du concours de votre compagnie pour prendre des dispositions spéciales. Je vous prie donc de vous rendre immédiatement à Bourges et de vous adresser de ma part à M. de Serres, chez M. Gambetta. Il n'y a pas un instant à perdre. De Freycinet. »

[3] ENQUÊTE. T. II. p. 315 : « Note sur le transport de l'armée du général Bourbaki. Direction de la compagnie P.-L.-M. »

dernier transport, il fut entendu que la compagnie d'Orléans fournirait, sinon la totalité, au moins la plus grande partie du matériel nécessaire aux XVIIIe et XXe corps.[1]

Au sortir de la conférence. MM. de la Taille et Audibert expédièrent par le télégraphe de l'état les ordres pour la concentration du matériel et la suspension du trafic civil sur les lignes affectées aux armées, mais par suite de retards dans la transmission, ces dépêches ne parvinrent à destination que le 21 au matin. Le 21 et le 22 se passèrent sans que la compagnie d'Orléans livrât les voitures qu'elle devait fournir.[2] Le 23 au soir seulement, elle put en offrir deux cents.[3] Et, pendant que le matériel manquait à Nevers, il chômait à Lyon, attendant le XXIVe corps dont le mouvement, ordonné pour commencer incontinent, ne fut en réalité entrepris que huit jours plus tard. Non seulement la compagnie ne reçut aucun avis de cet ajournement, mais à ses demandes réitérées de pouvoir employer le matériel immobilisé au transport des XVIIIe et XXe corps, elle n'obtint pas de réponse.[4]

A Bordeaux, on était fort impatient. Le 22 décembre au soir, M. de Freycinet télégraphiait à Gambetta qui, sur ces

---

[1] Guerre à directeur compagnie Orléans à Bordeaux : « Veuillez vous concerter immédiatement avec Audibert, à Bourges, en vue de fournir à la compagnie de Lyon tout le matériel dont vous pourrez disposer pour un prompt et gros transport de troupes. » ENQUÊTE. T. II, p. 324.

[2] Des ouvrages avaient été détruits sur la ligne de Tours à Vierzon.

[3] « Le XXe corps a dû attendre les wagons par un froid de 14 degrés dans la plaine de Saincaize ; il était campé et n'avait pour abri que la petite tente. Toujours tenus en éveil, toujours prêts à s'embarquer, les hommes ne s'embarquaient point et enduraient de cruelles souffrances. Pour les sortir de la situation périlleuse où ils étaient, on a dû diriger le XXe corps sur la petite ville de Decize, où enfin il a fini par monter en wagon. A son arrivée à Châlon, il était éprouvé comme s'il avait été battu. » M. l'intendant général Friant. P. POULLET, *La campagne dans l'est*, p. 465.

[4] ENQUÊTE. *Loc. cit.*

entrefaites, s'était rendu à Lyon : « Voici la dépêche que je reçois du général Bourbaki : « Nevers, le 22 décembre 1870, « 2 h. 42 soir : La 1re division du XXe corps n'a pas fini d'em- « barquer. L'opération ne marche pas faute de matériel, prière « d'en activer l'envoi le plus tôt possible ; si l'administration « du chemin de fer ne produit pas meilleur résultat, notre « concentration qui devait être effectuée en quarante-huit « heures, ne sera pas achevée avant six jours. » Or, j'avais prévenu Audibert il y a plus de trois jours. Vous qui êtes sur les lieux, veuillez donc le terrifier pour le faire marcher. Peut-être pourriez-vous le remplacer d'office dans son ex- ploitation par Jacqmin, directeur de l'Est, qui est à Bâle. La seule menace suffira peut-être pour le faire aller. Au be- soin ne peut-on pas faire usage de la cour martiale, sauf à grâcier après ? »[1] A l'autre extrémité de la ligne, M. de Serres menaçait aussi et intervenait directement dans l'ex- ploitation des voies : « J'ai menacé de la cour martiale les agents de la compagnie d'Orléans pour lenteur dans la con- centration du matériel. Hier matin, j'ai supprimé moi-même les services publics sur des sections où ils auraient déjà dû l'être. J'étendrai cette mesure jusqu'à Marseille s'il le faut... Quant au débarquement, tout est absolument prêt, réglé par moi-même pour qu'il soit fait avec une rapidité qui, je l'es- père, vous satisfera en tout point. »[2] La compagnie répon- dait à ces communications que le mouvement des troupes de Lyon ayant été ajourné, elle avait maintenu le service public entre Lyon et Chagny qui ne pouvait entraver en rien les transports entre cette station et Nevers ; que si elle avait été avisée de l'ajournement, elle aurait fait refluer sur Nevers tout le matériel disponible ; qu'il avait été entendu que les voitures seraient fournies par la compagnie d'Orléans, mais que celle-ci n'avait pas pu tenir parole ; que par conséquent

[1] Enquête. T. II, p. 522.
[2] De Serres à de Freycinet : Autun, 23 décembre, 9 h. 55 matin. Enquête. T. II, p. 524.

la compagnie de Lyon n'était nullement responsable des retards.[1] M. de Freycinet ayant répliqué par la menace d'une enquête immédiate et de l'envoi d'un commissaire spécial,[2] la compagnie de répondre qu'elle se féliciterait « de voir procéder à une enquête approfondie.»[3] Le même jour, 23 décembre, M. Gambetta mandait auprès de lui, à Lyon, un des hauts fonctionnaires de la compagnie et se plaignait vivement des retards signalés par les dépêches de son délégué : « M. le ministre paraissait très mécontent et la vivacité de son langage était telle qu'il était véritablement difficile de lui soumettre des observations.»[4]

Le général Bourbaki, fort mécontent de la façon dont s'opérait l'embarquement des troupes, envoyait, dans la journée du 23 décembre, deux dépêches au ministre : « La concentration du matériel nécessaire pour opérer en deux jours le transport des XVIIIe et XXe corps à Chagny et Châlon-sur-Saône a complètement manqué. Si nous avions suivi les voies ordinaires, nous occuperions tous après-demain nos positions d'attente. Le XXe corps, souffrant énormément du froid auprès de Saincaize, ne peut demeurer plus longtemps dans cette situation ; je l'achemine le long de la voie ferrée, de manière qu'au moment où le matériel sera disponible, il pourra être embarqué à chaque gare. » Et par la deuxième dépêche, datée Nevers, 23 décembre, 6 h. 45 du soir, à la fin du troisième jour après la conférence de Bourges : « A l'heure actuelle, il n'a encore été embarqué que dix batteries et à peine la valeur d'une division d'infanterie sur l'ensemble des deux corps d'armée, plus deux escadrons de cavalerie. Ces résultats sont bien autres que ceux que vous a promis l'administration du chemin de fer. Le XXe corps

[1] Audibert à de Serres, 23 décembre 1870.
[2] Guerre à Audibert, 23 décembre.
[3] Audibert à Guerre, 23 décembre.
[4] Cottiau, inspecteur principal, Lyon, à Audibert, 23 décembre 1870.

s'achemine le long de la voie ferrée en faisant étape à Saint-Ouen, Decize, Four, Luzy-Étang. Je vais hâter le plus possible l'embarquement du XVIIIe corps et ferai prendre où ils se trouveront, quand le matériel nécessaire sera disponible, les divers éléments du XXe corps. Il me tarde de faire cesser l'état de dispersion si regrettable, si dangereux, dans lequel les troupes sous mes ordres se trouveront placées par suite de tous les mécomptes que je vous ai signalés dans l'exécution des ordres donnés par vous aux agents des compagnies.»[1] Dès le 24 au matin, M. de Freycinet adressait aux deux compagnies de Lyon et d'Orléans « un suprême appel », puis télégraphiait à M. Gambetta à Lyon : « Je vous prie d'envoyer sur les lieux un commissaire extraordinaire enquêteur... Faites signifier par télégraphe à Audibert à Clermont et à Lemercier à Poitiers (faire suivre) que si dans les vingt-quatre heures vingt mille hommes ne sont pas embarqués et conduits à Chagny (en sus de ceux qui y sont déjà). ils seront l'un et l'autre incarcérés le soir même.»[2]

Le 24 décembre, le matériel nécessaire fut enfin disponible, mais les transports ne marchèrent pas beaucoup plus rapidement. Des causes multiples s'y opposaient. Depuis plusieurs semaines, l'intendance de l'armée avait encombré toutes les gares du réseau d'énormes quantités de voitures chargées d'approvisionnements qu'elle laissait stationner sans destination, pour être prête à les diriger, à première réquisition, sur tel point qui lui serait indiqué par le ministère de la guerre. A la fin de décembre, dix-huit cents wagons dits « magasins roulants » stationnaient entre Moulins et Nevers;[3] à la fin de la guerre, soit dans les premiers jours de février 1871. ce nombre s'était élevé jusqu'à 7500 voitu-

[1] *Le général Bourbaki*, p. 175-176.
[2] Guerre à Gambetta, Lyon. 23 décembre 1870, 12 h. 30 matin.
[3] Mouvement de l'armée de Bourbaki. Note de la compagnie P.-L.-M. ENQUÈTE. T. II, p. 324.

res.[1] L'intendance non seulement immobilisait et retirait ainsi de la circulation un matériel considérable, mais en outre, en occupant les voies de service, gênait beaucoup la formation, le garage, le croisement et la réception des trains. Avant que les transports de troupes eussent commencé, les gares de Dôle, de Châlon, de Besançon étaient encombrées de wagons d'approvisionnements sur toutes les voies. Le débarquement des troupes et en particulier celui des voitures et des chevaux de l'artillerie et de la cavalerie ne put s'effectuer que très lentement. Les trains retardés par ceux qui les précédaient s'accumulèrent sur toutes les lignes, de Besançon jusqu'à Nevers, créant des difficultés insurmontables pour le retour du matériel vide et des machines. La compagnie avait fait les plus grands efforts puisqu'elle avait consacré au transport des troupes jusqu'à deux cent cinquante machines,[2] mais elle ne pouvait rien contre de pareils encombrements.

La compagnie alléguait, pour sa décharge, d'autres faits encore. Les effectifs qu'on lui annonçait, en personnel et en matériel, pour la composition des trains, ne correspondaient pas à la réalité. L'état-major n'était pas entré en relations avec les chefs de service, ensorte que les officiers des différents corps donnaient leurs ordres chacun pour son propre compte, d'où des conflits et des contre-ordres incessants, auxquels la compagnie, n'ayant aucune autorité, ne savait souvent pas comment remédier. Même désarroi dans l'indication des heures de départ des trains, d'où des encombrements continuels dans les gares d'embarquement par le matériel préparé pour les transports ajournés ou annulés et des retards pour les corps qui se présentaient à l'heure convenue. Enfin, un certain nombre des agents les plus ex-

[1] ENQUÊTE. T. II, p. 320.
[2] Note de la compagnie P.-L.-M. relative aux obstacles qu'a rencontrés le transport de la première armée. ENQUÊTE. T. II, p. 319.

périmentés de la compagnie avaient été mobilisés et servaient dans l'armée ; ils avaient dû être remplacés, pour le
service du chemin de fer, par des novices, souvent des
hommes âgés et faibles, incapables de se rendre maîtres
du désordre, aggravé encore par « l'indiscipline des troupes. »[1]

A ces faits s'en ajoutaient d'autres, indépendants de toute
volonté humaine. Le thermomètre était descendu à 12 et 16
degrés centigrades en-dessous du zéro et il était tombé une
forte couche de neige. Il fallut donc réduire la charge des
machines. Dans les gares, les manœuvres étaient devenues
très difficiles. La gelée faisait crever les conduites des prises
d'eau, tandis que sur d'autres points les locomotives, stationnant pendant douze et quinze heures, devaient jeter leur
feu faute d'eau et gelaient sur les rails au point qu'on avait
grand'peine à les faire démarrer.

Les conséquences furent désastreuses. Le transport des
XVIIIe et XXe corps était censé au début ne devoir durer
que vingt-quatre heures. Il n'était pas terminé le 29.[2] La
destination primitive était à Chagny et à Châlon-sur-Saône.
Les troupes étaient enfin arrivées tant bien que mal sur ces
deux points lorsque M. de Serres, spécialement chargé par
le ministère de diriger le transport, ordonna de les conduire
par voie ferrée plus loin encore, en utilisant à cet effet la
ligne Châlon-Dôle, non encore livrée à l'exploitation. M. de
Serres organisa lui-même ce service avec l'entrepreneur

---

[1] ENQUÊTE. T. II, p. 317.
[2] Bidermann à de Serres. Nevers, 28 décembre, 2 h. 25 soir :
« J'espère que nous terminerons les transports de l'infanterie
cette nuit et celui de la cavalerie et des parcs d'artillerie demain. Je n'ai plus besoin que de wagons à bestiaux pour l'embarquement des chevaux... » ENQUÊTE. T. II, p. 574. — Le 1er
janvier, le général Billot demandait encore, par dépêche adressée à la gare de Nevers, des « nouvelles du bataillon du 82e mobiles resté à Nevers à la garde du parc d'artillerie. » ENQUÊTE.
T. II, p. 602.

des travaux, malgré l'opposition de la compagnie.[1] Il en
résulta, au dire de celle-ci, une nouvelle et « notable déper-
dition de matériel et de graves désordres ». La compagnie
appréciait sévèrement l'acte de M. de Serres : « Sa présence sur les lieux a contribué, en ce qui concerne les transports, à aggraver considérablement les difficultés. » De son
côté, M. de Serres mandait le 29 décembre, de Dôle, au ministère de la guerre, qu'il avait inauguré sans la moindre
difficulté la ligne Châlon-Dôle, en dépit des objections et des
obstacles soulevés par la compagnie, et que, grâce à cette
ouverture, deux divisions du XXᵉ corps, en retard de quatre
jours sur la première, avaient non seulement rejoint mais
pris un jour entier d'avance. c'est-à-dire de repos.[2] Néanmoins, M. de Freycinet blâma le transport jusqu'à Dôle :
« Pour un trajet aussi court, il eût été bien préférable d'employer les routes de terre ; en procédant à de nouveaux embarquements et débarquements d'hommes et de matériel
dans les gares, on a encombré intempestivement la voie, au
moment où il était le plus nécessaire de la réserver aux
transports de l'intendance. »[3] L'avis de M. de Freycinet

[1] Audibert à de Serres. Clermont-Ferrand, 27 décembre 1870,
12 h. 30 soir. « Absolument impossible de faire un service sur
la ligne de Châlon à Dôle. La voie n'est posée que d'une manière provisoire et sans ballast sur plusieurs kilomètres. Sur
toute la partie entre Verdun et Dôle, elle n'est pas consolidée,
manque de ballast et ne supporterait pas le passage de nos machines. D'ailleurs. il n'y a ni télégraphe, ni signaux, ni personnel et seulement des prises d'eau provisoires sur lesquelles
on ne peut pas compter. Dans ces conditions, un service sur
une ligne à voie unique de 75 kilomètres de longueur est impossible. La tenter serait s'exposer à des accidents certains,
sans aucune chance d'obtenir des résultats utiles. »
[2] ENQUÊTE. De Serres à de Freycinet. T. II, p. 578.
[3] La guerre en province, p. 225 — M. de Freycinet attribue
la responsabilité du transport Châlon-Dôle au commandement,
mais il semble cependant que ce soit M. de Serres qui en prit
l'initiative et l'exécuta. — M. de Serres émit l'avis, devant la
commission d'enquête, que la ligne Châlon-Dôle étant utilisable
comme le fait l'a prouvé nonobstant son état d'inachèvement,

était aussi celui de l'intendant général de l'armée, M. Friant qui l'avait exprimé le 20 décembre déjà, à Bourges, dans la première conférence entre M. de Serres et les directeurs des compagnies, MM. Audibert et de la Taille. « Dans cette réunion, dit M. Friant, je me suis opposé au transport par chemin de fer pour un si court trajet. On n'embarque pas une troupe comme des voyageurs; il y a un matériel immense qui entraîne une perte de temps considérable; je le fis observer à ces messieurs et je leur dis que cet embarquement demanderait autant de temps que si les troupes faisaient la route à pied. Je ne fus point écouté et ce que j'avais prévu arriva. Nous sommes partis le 25 de Nevers et mes convois du quartier-général qui étaient partis par la voie de terre sont arrivés le 30 à Châlon-sur-Saône avant les troupes. »[1]

Le transport des XVIII⁰ et XX⁰ corps terminé, on entreprit celui du XV⁰. L'opération marcha plus mal encore. Le premier avis confidentiel du mouvement fut donné à la compagnie le 31 décembre, au matin : « Veuillez, télégraphiait M. de Freycinet, prendre toutes vos dispositions pour pouvoir, aussitôt que vous en aurez reçu l'ordre par le télégraphe, transporter en trente-six heures le XV⁰ corps d'armée, environ trente mille hommes, avec son artillerie, de Vierzon, où il est actuellement, sur un point à déterminer de la ligne de Vesoul ou de Montbéliard. L'ordre peut être donné d'un moment à l'autre, mais ne le sera pas avant deux jours. »[2]

---

elle eût rendu de grands services si elle avait été employée dès le début du transport comme elle le fut à la fin, soit depuis le 27 décembre seulement. « Cela aurait permis de débarquer le XX⁰ corps tout entier à Dôle, sa vraie place, qu'il n'a occupée qu'après trois ou quatre jours de marche dans des conditions très difficiles. » ENQUÊTE T. III, p. 37. Déposition de M. de Serres.

[1] ENQUÊTE T. III, p. 527.
[2] Guerre à Audibert. Bordeaux 31 décembre, 11 h. 45 matin. ENQUÊTE T. II, p. 329.

Le lendemain, 1er janvier 1871, dans la soirée, le ministère renouvelait à la compagnie sa première dépêche : « Je vous confirme l'expédition de notre corps d'armée de Vierzon, 35 mille hommes et 20 batteries avec convois habituels d'intendance, pour mardi 3 courant, à partir de 6 heures du matin jusque dans la soirée de mercredi où le dernier train devra être expédié. J'ai lieu de croire que la destination sera Clerval, ligne de Montbéliard. Je vous la fixerai positivement demain. »[1] En même temps, M. de Freycinet avisait le commandant du corps d'armée, général Martineau des Chenez, à Vierzon, dans les termes suivants : « Expédition de tout le XVe corps, avec tout son matériel et ses accessoires, à partir de mardi matin, 6 heures, et dans les 48 heures qui suivront : deux divisions s'embarquant à Vierzon et la dernière à Bourges ...»[2] Enfin, et par surcroît de prudence, voulant être certain qu'aucune action étrangère ne viendrait cette fois contrecarrer ses ordres, M. de Freycinet mandait d'urgence, le même soir aussi, à M. de Serres à Dijon : « Je désire que personne ne s'occupe de ce transport. J'en fais mon affaire. Bornez-vous, de concert avec Bourbaki et Borel, à me faire connaître le point exact où vous voulez que je vous livre le XVe corps. Provisoirement, je tiens Clerval pour destination, mais je suis prêt à accepter toute autre destination que Bourbaki préférera. Je demande donc que personne n'envoie ni ordre, ni instructions aux compagnies de chemin de fer, ni au général Martineau. On se bornera à répondre à celui-ci s'il demande des conseils. On laissera également la compagnie Lyon maîtresse de traiter les trains à sa guise et de supprimer le trafic sur telles sections qu'elle jugera à propos. En un mot, qu'on me laisse me débrouiller à ma manière avec les deux compagnies et avec Martineau. Dites-le de ma part à Bourbaki

[1] ENQUÊTE. T. II, p. 694.
[2] ENQUÊTE. T. II, p 695.

et à Borel. »[1] Sur l'avis de M. de Serres, donné d'accord avec le chef d'état-major de l'armée. général Borel, il fut convenu, le 2 janvier, que le XV<sup>e</sup> corps serait débarqué, non pas à Clerval, mais à Besançon, infanterie, cavalerie, artillerie et matériel, et qu'on procéderait au transport par divisions intégrales, la réserve d'artillerie devant suivre immédiatement la I<sup>re</sup> division.[2] Par dépêche du 2 janvier à midi, M. de Freycinet informait la compagnie que le débarquement se ferait à Besançon et non pas à Clerval. Le délégué à la Guerre multipliait en outre les recommandations. Il fut entendu avec le général Martineau que le train du corps d'armée serait transporté après les troupes, que chaque général de brigade surveillerait personnellement l'embarquement de sa brigade, que la gendarmerie sévirait aux gares d'embarquement contre tout acte de désobéissance de la part des troupes, qu'en un mot rien ne serait épargné de ce qui pourrait contribuer à hâter l'opération.

Tout paraissait donc prévu et réglé jusque dans le détail lorsque, le 2 janvier, la compagnie avisait le ministère que le pont de la voie ferrée sur le canal de Bourgogne près Dijon était rompu et ne serait rétabli que le 4 janvier ; que, par conséquent, il valait mieux retarder le mouvement d'un jour ; qu'en outre la gare de Clerval était des plus exiguës, qu'elle manquait de quais de débarquement et que si ce point de destination était maintenu, il fallait s'attendre à des mécomptes considérables comme temps.[3] Le même jour, le général Martineau informait le ministère que son corps d'armée comptait 44,000 hommes au lieu des 31,000 qu'il avait accusés huit jours auparavant. Ayant pesé ces communications, M. de Freycinet décida que le transport

[1] Guerre à de Serres, Dijon. Bordeaux, 1<sup>er</sup> janvier, 10 h. 10 soir. ENQUÊTE. T. II. p. 604.

[2] Guerre à de Serres. ENQUÊTE. T. II. p. 607.

[3] Audibert à Guerre. Clermont, 2 janvier, 10 h. 25 matin. ENQUÊTE. T. II, p. 331.

commencerait le 4 au lieu du 3 janvier et qu'il serait donné trois jours à la compagnie pour l'effectuer au lieu de deux. Toutefois, sur la demande pressante du général Bourbaki, le délégué à la Guerre ordonna, le 2 janvier, à 10 h. 25 du soir. que, dès le lendemain, on transporterait à Dijon une brigade, deux batteries et l'équipage de pont.

L'embarquement des troupes à Vierzon et à Bourges se fit rapidement et dans le terme fixé. Le 5 janvier, M. de Freycinet félicitait l'inspecteur de la compagnie de la façon dont les ordres du ministère avaient été exécutés.[1] Le lendemain soir, il ne restait plus que trois batteries à charger sur les trains. « Voici certainement un joli résultat comme embarquement, mandait, de Besançon, M. de Serres au général Bourbaki. Les trains se succéderont ici de demi-heure en demi-heure et notre extrême droite sera dès demain bien appuyée.»[2] Mais si l'embarquement avait marché vite, le débarquement, à l'autre extrémité de la ligne, se faisait avec une désespérante lenteur. Au dernier moment, il avait été décidé que les troupes seraient transportées, non pas jusqu'à Besançon, mais jusqu'à Clerval, sans tenir compte des avis de la compagnie informant le ministère de l'insuffisance de la gare pour la réception des trains et le débarquement des chevaux, des voitures et du matériel. Le 11 janvier, sept jours après les premiers embarquements, M. de Freycinet recevait l'avis que depuis le 8 aucun train de troupes n'avait pu quitter Dijon à cause de l'encombrement des voies. Sept trains étaient en panne à Dijon depuis trois jours, cinq ou six entre Dijon et Chagny, douze entre Dijon et Dôle, d'autres entre Dôle et Clerval. Alors recom-

---

[1] La compagnie avait formé quatre-vingt-quinze trains comprenant 3600 voitures *Les chemins de fer pendant la guerre de 1870-1871*, par F. Jacqmin, membre de la commission militaire supérieure des chemins de fer.
[2] De Serres à Bourbaki, 6 janvier. 12 h. 2 matin. ENQUÊTE. T. II, p. 638.

mença entre le ministère et la compagnie le même échange
de reproches et de justifications que pour le transport des
XVIIIᵉ et XXᵉ corps.

La compagnie avait de nombreux faits à alléguer pour sa
défense. « Ce sont les difficultés de déchargement et non
de circulation qui arrêtent les mouvements de l'armée de
l'Est sur nos lignes, mandait le 13 janvier M. Audibert au
ministère. On a lancé, de toutes les directions, des masses
de trains de troupes, de matériel et d'approvisionnements
sur Clerval et Besançon sans s'occuper des possibilités de
déchargement dans ces gares. On fait des efforts inouïs pour
activer ces déchargements, mais il y a des limites impossibles à dépasser. A Clerval surtout, comme je vous l'ai fait
connaître précédemment, les aménagements très restreints
de la gare opposent des obstacles insurmontables à la
prompte exécution des grands mouvements. Afin de ne pas
accumuler les trains à la suite les uns des autres en pleine
voie, ce qui aurait eu pour résultat de tout arrêter, nous
les avons retenus dans les gares intermédiaires où l'alimentation des troupes est possible. Pour ce dernier point, nous
faisons le nécessaire, d'accord avec l'intendance. Il y a un
grand nombre de trains ainsi arrêtés, non seulement entre
Chagny et Besançon, mais encore entre Nevers et Chagny. »[1]

Une autre cause d'encombrement résultait soit du transport des troupes de renfort du XXIVᵉ corps sur la ligne
Besançon-Clerval, soit de la nécessité où se trouvait l'intendance d'expédier sur la gare de Besançon les trains de vivres destinés à l'armée. Avant même que le mouvement des
troupes du XVᵉ corps eût commencé, l'administration avait
entièrement encombré les gares, surtout Dôle et Besançon, d'un nombre énorme de wagons de vivres dont la plupart restaient chargés pour servir de magasins volants. A la

[1] Audibert à Guerre, 13 janvier, 10 h. 30. ENQUÊTE. T. II. p.
340.

gare de Dôle, comme à celle de Besançon, l'intendance composait ses trains en tirant les voitures une à une sur les
voies de garage et en expédiant ensuite ces convois sur la
voie unique Besançon-Clerval, déjà encombrée. Enfin, tandis
que les mouvements du XVe corps s'opéraient dans ces conditions désastreuses, la compagnie devait faire face au
transport de l'armée de Garibaldi entre Autun et Dijon. Du
7 au 11 janvier, au moment où les encombrements étaient
au comble, elle dut fournir dix-huit trains spéciaux d'Autun
à Dijon pour le service de l'armée garibaldienne.[1] L'administration de la guerre était restée complètement et intentionnellement étrangère au transport de ces troupes. Elle
les avait même en une certaine mesure interdits,[2] mais elle
n'avait pas eu le courage de protéger ouvertement la compagnie contre les exigences de l'état-major de l'armée des
Vosges. Quand la compagnie demandait à M. de Serres si
elle devait déférer aux réquisitions garibaldiennes, M. de
Serres la renvoyait au ministère de la guerre et le ministère
renvoyait la compagnie au général Bourbaki.[3] Au reste,
l'état-major de Garibaldi déclarait ouvertement qu'il n'entendait pas se soumettre aux ordres du ministère. Aux objections fondées sur ce que le matériel était entièrement réqui-
sitionné par l'armée de l'Est, le colonel Lobbia répondait à
l'inspecteur, en résidence à Autun : « Le ministre n'a pas le

[1] Note de la compagnie P.-L.-M. ENQUÊTE. T. II, p. 318.
[2] Guerre à Garibaldi. Autun. 3 janvier, 10 h. 55 soir, « Je suis
fort surpris qu'étant à une aussi faible distance de Dijon, votre
armée ne s'y soit pas rendue déjà et qu'elle réclame aujourd'hui
d'y être transportée par chemin de fer. Ayant déjà donné l'ordre à la compagnie de transporter le XVe corps et ce transport
commençant dès demain matin, mercredi, à 6 heures, il est
maintenant trop tard pour que je puisse donner contre-ordre
Vous n'avez, selon moi, qu'une chose à faire : c'est de vous
mettre en route immédiatement par voie de terre... de Freycinet » - D'Autun à Dijon, la distance est d'environ 80 kilomètres.
[3] ENQUÊTE. T. II. p. 335.

droit d'empêcher un transport commandé par Garibaldi. »[1]

Le transport du XV⁰ corps qui devait être effectué en trois jours dura en réalité du 4 au 16 janvier. Il n'était pas entièrement terminé quand l'armée de l'Est était déjà engagée contre le général de Werder sur les lignes de la Lisaine.

Si, d'une part, les transports de l'intendance avaient entravé les troupes, d'autre part, les transports de troupes entravaient l'intendance. L'irrégularité et l'insuffisance du service des vivres eurent sur les mouvements de l'armée l'influence la plus désastreuse. Mais pendant le transport même, les lenteurs eurent pour les troupes en wagon des effets lamentables. Les trains chargés stationnaient jusqu'à trois et quatre jours à de petites gares sans ressources. Les officiers, attendant de minute en minute le signal du départ, n'osaient pas laisser les troupes s'éloigner et le plus souvent gardaient hommes et chevaux en wagon. Le thermomètre était à 12 et 15 degrés en-dessous du zéro; il y eut de nombreux cas de congélation; beaucoup de chevaux périrent de faim et de froid. Oisives, affamées, les troupes se démoralisaient; l'indiscipline se mettait dans les rangs; les bruits les plus alarmants circulaient; déjà on parlait de trahison; on se disait tout ce que le soldat désœuvré et rendu méfiant par la souffrance et le dénûment se dit en pareille circonstance.[2]

Aucune enquête n'a été instruite qui permette de dire avec exactitude et sans injustice à qui remonte la responsabilité de cette opération manquée. En somme, si elle a échoué, c'est qu'elle avait été insuffisamment préparée et n'a pas été dirigée, en cours d'exécution, par une autorité supérieure capable, militaire ou administrative. « Quant à nous, dit M. Perrot dans son rapport à l'Assemblée nationale, nous avons été frappés de cette réflexion que si une autorité

---

[1] Note de la compagnie P.-L.-M. ENQUÊTE. T. II. p. 317.
[2] Colonel légion bretonne à Guerre, 12 janvier. ENQUÊTE. T. II. p. 339.

supérieure, agissant sur les lieux et munie de pouvoirs suffisants pour être obéie, avait présidé aux opérations du transport, une telle autorité, intervenant avec énergie et intelligence dans les difficultés à mesure qu'elles se produisaient,
écartant les exigences, réglant la marche des choses sur la
connaissance exacte des moyens, aurait pu donner à tous les
besoins de l'armée les satisfactions nécessaires sans que l'on
tombât dans cette confusion qui a tout compromis... L'emploi des chemins de fer à la guerre peut devenir une cause
de désastres ; il importe d'étudier avec soin les principes
qui doivent présider à l'organisation militaire du service des
voies ferrées. »[1]

Peut-on attribuer équitablement une part de responsabilité
au commandement ? Peut-être, pour les irrégularités dans
le détail de l'embarquement, pour les retards dans l'arrivée
des troupes aux gares, l'indiscipline et les exigences dérai-
sonnables de quelques chefs de corps, mais ce furent les
contretemps de second ordre. Le ministère s'était réservé
la direction générale de l'opération. « Jamais le général en
chef n'a eu à donner d'ordres directs pour les transports,.....
M. de Freycinet ne pourrait citer aucune communication
orale ou écrite, aucun télégramme, mentionnant l'autorisation ou l'ordre donné au général Bourbaki d'exercer son
autorité sur les administrations de chemins de fer. Cette
autorité ne pouvait être admise *ipso facto*, puisque tous les
précédents étaient contraires. Le général Bourbaki avait-il
le droit d'interdire, sur toute l'étendue du réseau de chacune des compagnies intéressées, les trains de voyageurs et
ceux de marchandises, de disposer de tout le personnel, de
tout le matériel ? Évidemment non. C'était un tort ; j'en
conviens ; mais enfin, cela existait. L'intervention directe
de l'administration de la guerre dans le transport des troupes à Chagny et Châlon-sur-Saône est, d'ailleurs, démontrée

[1] ENQUÊTE. T. II. p. 101 et 102.

par l'envoi de M. de Serres, dans ce but, dès le premier
jour du mouvement vers l'est, c'est-à-dire le 20 décembre à
la station d'Avon. Elle l'est encore par l'envoi d'un autre
agent à Nevers, M. David. En ce qui concerne le transport
du XVᵉ corps d'armée, cette intervention est rendue manifeste
par la teneur d'un télégramme dans lequel M. de Freycinet,
se basant sur les mécomptes qui s'étaient produits pour les
transports des XVIIIᵉ et XXᵉ corps invite catégoriquement
M. de Serres à s'abstenir de toute immixtion dans le transport du XVᵉ qu'il déclare se proposer d'assurer lui-même
en donnant directement les ordres nécessaires... Or, le
mouvement du XVᵉ corps, dirigé par M. de Freycinet seul,
a été plus lent encore que celui des XVIIIᵉ et XXᵉ réunis et
de la brigade de réserve distraite du XVᵉ corps (12 jours au
lieu de 10). »[1]

Quant à la responsabilité des compagnies, un agent du
gouvernement, M. Lebleu, ingénieur, chargé au ministère
des travaux publics du contrôle des voies ferrées et que le
ministère de la guerre avait attaché à l'armée de l'Est précisément pour surveiller le service des transports, la discute
en ces termes : « On a vivement accusé la compagnie des
chemins de fer Paris-Lyon-Méditerranée, dit ce fonction-
naire, d'avoir occasionné, par sa négligence, le défaut de
ravitaillement et par suite le désastre de l'armée de l'Est.
Sans vouloir me faire le défenseur de cette compagnie, je
pense qu'une accusation aussi grave et aussi exclusive est
injuste. Les employés du chemin de fer ont fait leur devoir,
peut-être sans beaucoup d'ardeur et d'enthousiasme, cependant d'une manière suffisante pour assurer le service s'il avait
été convenablement organisé. Mais cette organisation même
péchait par la base, et c'est uniquement dans ce vice qu'il
faut chercher la cause d'un désordre qui s'est manifesté dès

[1] ENQUÊTE. Déposition de M. le colonel Leperche. T. III.
p. 385.

le commencement de la guerre..... Un chemin de fer est un outil puissant et docile, mais qui doit être employé avec intelligence. Un personnel nombreux et discipliné est habitué à des ordres précis, émanés d'une direction unique ; il est complètement dévoyé lorsque des ordres, souvent contradictoires, lui arrivent de plusieurs côtés à la fois. Le défaut d'unité est donc le vice capital auquel il a été fait allusion..... » [1]

Parlant plus particulièrement du transport du XV<sup>e</sup> corps, M. Jacqmin,[2] membre de la commission militaire supérieure des chemins de fer, qualifie l'opération du transport en trente-six heures, telle que M. de Freycinet l'avait ordonnée, de « bien difficile en temps ordinaire » et « impossible » dans les circonstances où on se trouvait. Et parlant ensuite du choix de Clerval comme gare de débarquement, il ajoute : « Selon nous, la compagnie de Lyon eut un tort, celui de ne pas protester assez énergiquement contre l'emploi d'une ligne à laquelle on demandait des services impossibles. En entreprenant une tâche de toutes forces, elle consentit à ce qui ne pouvait être que l'organisation d'un encombrement. »[3] Mais que pouvait la compagnie quand le ministère la menaçait des conseils de guerre et de la mise sous régie ?

La responsabilité se concentre donc sur les bureaux de la guerre. Encore avaient-ils pour excuse l'absence de toute règlementation des rapports entre les états-majors des troupes et ceux des compagnies pour l'exploitation des

---

[1] *La guerre en province*, p. 227. Rapport du 6 février 1871.

[2] *Les chemins de fer pendant la guerre 1870-1871*. p. 190 et 193.

[3] D'après M. de Freycinet, la substitution de Clerval à Besançon pour le débarquement fut ordonnée à l'insu de l'administration de la guerre. *La guerre en province*, p. 225. Il est exact que le général Bourbaki a adressé de Rioz, le 6 janvier, au chef du XV<sup>e</sup> corps, un télégramme l'invitant à débarquer à Clerval, mais *s'il était possible*, disait la dépêche.

voies ferrées en temps de guerre et le fait que le transport des troupes par chemin de fer, en tant qu'opération stratégique, n'avait pas été auparavant organisé ni étudié. Il fallut improviser, sous la pression d'événements qui, certes, n'étaient pas pour donner du calme et du sang-froid et alors qu'avec chaque jour passé sans effet utile, avec chaque heure perdue s'évanouissait une chance de succès. La lenteur des transports fut parmi les causes essentielles de l'insuccès de la campagne. L'opération demandait à être menée avec rapidité. Elle débutait par d'irréparables retards.

Tous les mouvements de l'armée en furent comme paralysés dès les premiers jours.

# CHAPITRE VI

## LE GÉNÉRAL DE WERDER ET LE XIVᵉ CORPS D'ARMÉE

Le général Bourbaki allait se mesurer avec un adversaire digne de lui.

Le général de Werder, en station à Dijon au moment où les têtes de colonnes françaises débouchaient à Chagny et Châlon-sur-Saône, avait mené la guerre dans l'est depuis l'ouverture des hostilités. C'est entre ses mains que, le 28 septembre, Strasbourg avait capitulé. La manière dont il avait dirigé le siège lui avait valu la promotion au grade de général d'infanterie.

Deux jours après la reddition de la place, un ordre généralissime avait constitué, de toutes les troupes employées au siège, le XIVᵉ corps d'armée, avec la mission de se porter vers la haute Seine, sur Châtillon et Troyes, à travers les départements des Vosges, de la Haute-Marne et de l'Aube, pour disperser les concentrations françaises, désarmer les populations, rétablir la circulation sur la voie ferrée Blainville-Chaumont, par Épinal et Faverney et assurer les lignes de communications et d'étapes des armées d'opérations. En exécution de ces ordres, le général s'était porté vers l'ouest, laissant la Iʳᵉ division de réserve en garnison à Strasbourg, tandis que la IVᵉ division de réserve, major-général de Schmeling, avait franchi le Rhin le 1ᵉʳ octobre et investi les places fortes de la Haute-Alsace, Schlestadt, Neu-Brissach et Belfort, couvrant le flanc gauche du XIVᵉ corps contre Besançon et protégeant la rive droite du Rhin contre une incursion des armes françaises.

Pour couvrir la plus grande étendue possible de terrain, le général avait formé son corps d'armée en trois colonnes et s'était mis en marche sur Saint-Dié, Étival et Raon-l'Étape, dans la vallée de la Meurthe. Il s'y était rencontré avec les troupes du général Cambriels, commandant en chef de la région de l'est qui, avec 50,000 hommes environ de gardes-mobiles et de troupes détachées de la garnison de Besançon et de l'armée de Lyon, marchait du sud au nord, menaçant les colonnes ennemies dans le flanc gauche. A la nouvelle de la chute de Strasbourg, le général Cambriels avait immédiatement porté 15,000 hommes avec 12 bouches à feu sur la Meurthe, à Saint-Dié, Nompatelize et la Voine, sous le commandement du général Dupré. Les 6, 9 et 11 octobre, des combats sanglants avaient été livrés à Raon-l'Étape, Bourgonce, Rambervillers et Bruyères. L'envahisseur avait eu le dessus. Le 13 octobre, les trois colonnes du XIVᵉ corps se concentraient à Épinal, tandis que le général Cambriels, gravement malade d'une blessure à la tête rapportée de Sedan, inquiet pour ses communications à la nouvelle de la présence des troupes de la IVᵉ division de réserve entre Mulhouse et Belfort, n'ayant à sa disposition que des régiments de formation nouvelle, décimés par les revers et les désertions, évacuait les Vosges et se retirait sur Besançon par Remiremont et Luxeuil.

Orléans ayant été occupé, sur ces entrefaites, par les Bavarois du général von der Tann, un ordre du grand état-

major avait ordonné au XIV° corps de suspendre sa marche
sur Troyes et Châtillon-sur-Seine et d'attaquer l'ennemi qui
serait le plus à sa portée. Le 16 octobre, il marchait sur Vesoul, lorsque deux télégrammes de Versailles lui enjoignirent
de poursuivre l'ennemi jusqu'à Besançon et de se rabattre ensuite sur Dijon et Bourges. Le 19 octobre, le général était à
Vesoul ; le 22, sur les bords de l'Ognon. Avec tout son corps
d'armée, il avait refoulé le général Cambriels jusque dans
les ouvrages de Besançon, après quoi, ayant acquis la certitude que son adversaire ne serait pas de longtemps en
mesure de reprendre l'offensive, il avait amené ses troupes
dans la vallée de la Saône pour exécuter, par Gray et Dijon,
la marche vers l'ouest qui lui avait été ordonnée. Le 26 octobre, le XIV° corps tenait la rive gauche de la Saône. Le
31, la division de Beyer entrait à Dijon. Dès la mi-novembre,
la vieille cité bourguignonne avait fourni au général de
Werder un quartier central. Ses troupes, renforcées par la
IV° division de réserve, avaient servi de communication
entre les armées de la Loire et la I° division de réserve
occupée au blocus de Belfort. Une période plus calme s'était
ouverte alors dans l'est, troublée seulement par les exploits
des Garibaldiens dans la Côte-d'Or et contre Dijon et par la
sanglante bataille de Nuits où combattait si bravement la
division Cremer. La brigade combinée du major-général
von der Goltz avait investi Langres, pendant que la IV° division de réserve était venue occuper Gray.

Le général de Werder commandait à de bonnes et solides
troupes. Elles menaient la guerre depuis le mois d'août,
étaient parfaitement entraînées, rompues aux fatigues et aux
privations et entièrement dans la main de leurs chefs. Depuis qu'elles avaient quitté les tranchées devant Strasbourg,
la campagne avait été pénible et dure. Elles avaient combattu dans les Vosges, marché sur Besançon, bousculé les
mobilisés de la Côte-d'Or sur la Vingeanne, escarmouché
contre les bandes garibaldiennes autour de Dôle. Avant

qu'elles livrassent les combats sous Dijon et jusque devant
Autun, à la fin d'octobre, leur situation sur les bords de
l'Ognon n'avait pas manqué d'être critique. Elles avaient eu
devant elles, à cette période de la guerre, la place forte de
Besançon avec, y compris l'armée du général Cambriels,
environ 30,000 hommes de troupes et une cinquantaine de
bouches à feu; — derrière leur aile gauche. Belfort avec
10,000 hommes de garnison; — devant leur aile droite,
Auxonne avec 5000 hommes de troupes et de l'artillerie,
le colonel Bourras avec ses détachements de francs-tireurs
et, à Dôle. l'armée garibaldienne en formation; — sur
leur flanc droit, les mobilisés de la Côte-d'Or, occupant
la rive droite de la Saône avec environ six bataillons
et quelques cavaliers; — derrière leur aile droite, la
forteresse de Langres abritant dans ses murs une garnison
de près de 10,000 hommes. Le général de Werder avait
ainsi, dans le rayon immédiat de ses opérations, quatre places fortes, Dijon mise en état de défense et 60,000 hommes. le triple de son propre effectif jusqu'au jour où
les Ire et IVe divisions de réserve furent venues le renforcer.
Tout le pays, de Belfort à Dijon, était occupé et sillonné par
des détachements de francs-tireurs, des escouades de volontaires et de batteurs d'estrade. Le général n'avait de communications en arrière que sur Épinal, à travers une contrée à peine purgée des forces ennemies et qui d'un jour à
l'autre pouvait se soulever de nouveau. alarmer ses étapes
et couper ses convois. Le ravitaillement était difficile. Vivre
sur le pays et réquisitionner n'était pas aisé et exigeait de
la part des troupes une énergie constante et un grand déploiement de forces.[1] Enfin, la situation générale commandait
un service de sûreté et d'exploration actif et dispendieux.
avec des patrouilles et des reconnaissances incessantes et

---

[1] LÖHLEIN. *Die Operationen des Korps des Generals von Werder.* p. 59 et 60

dans toutes les directions. Les troupes s'étaient aguerries à cette rude et énervante école.

Depuis la fin de septembre le général de Werder avait marché et combattu sans trêve ni repos. Il avait perdu jusqu'au 31 décembre, en tués et blessés, 120 officiers, 2203 hommes et 175 chevaux, le corps de siège de Belfort non compris.[1] C'est à cette armée, relativement peu nombreuse, mais manœuvrière et très mobile, commandée par un chef résolu et des officiers généraux vigilants et énergiques que les masses profondes mais peu homogènes de l'armée de l'Est allaient se heurter.

Il est difficile d'opérer des transports de troupes aussi considérables que ceux nécessités par la campagne dans l'est sans que le fait ne s'ébruite. Les préparatifs sollicitent le concours d'un grand nombre de personnes de tout genre. Les marches de concentration, l'accumulation des troupes sur les points d'embarquement, la nécessité d'interrompre sur les voies ferrées la circulation des voyageurs et des marchandises, les lettres privées, les correspondances échangées entre les troupes et leurs aboutissants, les renseignements donnés par les journaux soit étrangers soit du pays, sont autant d'indices dont un état-major ennemi, clairvoyant et bien renseigné tire un grand parti. L'armée allemande avait, en France et hors de France, tout un service d'informations qui fonctionnait avec une admirable précision et embrassait pour ainsi dire tout le territoire. Elle avait dans la plupart des villes de quelque importance des correspondants pour la tenir au courant des faits de la politique et de l'armée.[2] Ces renseignements étaient envoyés

---

[1] Rapport de l'état-major allemand. Suppléments 83 et 113.

[2] « Je pus cette fois montrer les renseignements fournis par notre agent de Lyon, qui étaient venus entre mes mains par la Suisse. Ils dépeignaient l'activité prodigieuse et l'énergie de Gambetta, ainsi que celles de ses collaborateurs, donnaient des chiffres et annonçaient de nouvelles formations qui semblaient

le plus souvent à des agents hors du territoire et réexpédiés de là au quartier-général de Versailles ou directement aux chefs de corps qu'ils intéressaient. Ainsi dès le 20 décembre, le jour même où l'expédition du général Bourbaki fut résolue, soit le général de Werder à Dijon, soit le général de Tresckow devant Belfort, soit enfin le grand état-major de l'armée à Versailles furent avisés qu'une prochaine opération offensive se préparait. Quel était l'objectif du mouvement? Pendant plusieurs jours, on ne fut pas fixé sur ce point. D'après certaines indications, l'attaque devait partir de Lyon et de Besançon pour être conduite contre Belfort ou contre Langres; d'après d'autres, c'était par Montargis et directement contre Paris qu'elle devait être entreprise.

Toutefois, dès le 21 décembre des renseignements divers mais concordants, parvenus au général de Werder lui dénonçaient une concentration de troupes aux environs de Besançon et suffisaient pour tenir en éveil l'état-major du XIVᵉ corps. Des témoins oculaires racontaient que des convois partaient de Lyon pour le nord, chargés de troupes et de matériel des trois armes. D'autres avis furent recueillis dans la région. Des renforts étaient venus jusqu'à Dôle: on y avait vu des soldats du 84ᵉ régiment de marche qu'on disait appartenir à un XXIVᵉ corps d'armée en voie de formation. Des patrouilles de lanciers — on n'en avait pas encore vu alors dans la contrée — avaient été aperçues près d'Auxonne. On avait remarqué dans la population une agitation inaccoutumée. Des lettres venues de Lyon ou du Midi, adressées à des habitants de Dijon, leur annonçaient une prochaine délivrance. Un facteur postal, arrêté

presque incroyables, indiquaient le nombre de batteries complètement armées, que le correspondant avait vues de ses propres yeux et nous engageaient à ne pas apprécier l'ennemi au-dessous de sa valeur. » *L'empereur Guillaume. Souvenirs intimes.* par L. SCHNEIDER. T. III, p. 144.

près de Marnay, avait été trouvé porteur d'une lettre écrite par une jeune fille de quatorze ans, laquelle informait ses parents à Lons-le-Saunier qu'elle ne pourrait pas venir passer les fêtes de Noël dans le logis paternel, attendu que la circulation des voyageurs civils était interrompue sur toutes les voies ferrées de la contrée. La même lettre disait que Besançon était bondé de troupes et que les écoles avaient dû être évacuées pour être transformées en lazarets. Le 24 décembre, une dépêche du général de Rœder, ministre d'Allemagne à Berne, communiquait au général de Tresckow, commandant du corps de siège de Belfort, que dès le 23 décembre la ligne Lyon-Besançon avait été accaparée pour des transports de troupes. Le lendemain, 25 décembre, le même général de Tresckow mandait, sur de nouveaux avis de Berne, que 25,000 hommes étaient en marche pour délivrer Belfort. Enfin, le 26 décembre, — le transport des XVIII<sup>e</sup> et XX<sup>e</sup> corps avait à peine commencé et le XXIV<sup>e</sup> corps n'avait pas encore quitté Lyon, — le général de Moltke informait le général de Werder qu'il avait donné au général de Zastrow à Auxerre l'ordre suivant : « Il paraît probable que l'armée du général Bourbaki est partie de Nevers, par chemin de fer, pour Châlon-sur-Saône. Le général de Zastrow se mettra immédiatement en marche par Châtillon-sur-Seine, dans la direction de l'est, pour recueillir éventuellement le général de Werder et reprendre l'offensive de concert avec lui. »[1]

Le général de Werder n'avait pas attendu ces avis pour se mettre en mesure de parer à toutes les éventualités. Le 27 décembre, dans la matinée, il avait résolu d'évacuer Dijon et d'attendre l'ennemi dans une position centrale d'où

[1] *Die Operationen des Korps des Generals von Werder*, von L. LÖHLEIN, p. 140-143. Bientôt après, cet ordre fut modifié et le général de Zastrow rappelé à Auxerre. En fait, l'état-major de Versailles ne fut fixé que le 5 janvier sur la vraie destination de la I<sup>re</sup> armée de la Loire.

il pût opérer dans toutes les directions, sur Belfort ou sur Langres. où besoin serait.

Les forces allemandes dans l'est comprenaient alors : une division d'infanterie badoise, lieutenant-général de Glümer ; un détachement de troupes prussiennes, major-général von der Goltz ; la IV<sup>e</sup> division de réserve, major-général von Schmeling et la I<sup>re</sup> division de réserve, lieutenant-général von Tresckow. L'effectif total comprenait 50,800 hommes. 4700 chevaux et 150 bouches à feu de campagne.

La brigade badoise du major-général de Degenfeld s'était mise en route pour Vesoul dès le 26 au soir ; elle avait occupé le même jour Renève-l'Église, Essertenne et Mirebeau. Les deux autres brigades, colonel de Wechmar et major-général Keller, l'artillerie divisionnaire, la brigade de cavalerie et les pionniers quittaient Dijon le 27 au matin. Les gros trains avaient été évacués sur Port-sur-Saône. Le major-général von der Goltz qui investissait la place de Langres avec 6 bataillons, 8 escadrons et 18 pièces de campagne. levait le siège et marchait le 26 sur Vesoul. De même, la IV<sup>e</sup> division de réserve qui, avec ses 8 bataillons, ses 7 escadrons et ses 4 batteries, était concentrée autour de Gray. Quant à la I<sup>re</sup> division de réserve (15 bataillons, 4 escadrons, 18 bouches à feu), grossie d'une partie des troupes de la IV<sup>e</sup> division (7 bataillons, 1 escadron, 2 batteries), elle demeurait dans les lignes d'investissement de Belfort.

Dès le 26 décembre, l'état-major généralissime avait en outre détaché des troupes disponibles à Strasbourg 8 solides bataillons de landwehr prussienne, 2 escadrons et 2 batteries de réserve, sous les ordres du général de Debschitz. pour couvrir le siège au sud. entre Montbéliard et la frontière suisse.

Le 30 décembre au soir. la concentration à Vesoul était terminée. Le XIV<sup>e</sup> corps n'avait laissé à Dijon, sous la protection des autorités, que 10 officiers et 423 hommes blessés, avec le personnel sanitaire nécessaire. Avec ses 33,000 hommes, ses 27 escadrons et ses 102 bouches à feu, il occupait une position centrale, le dos aux Vosges, prêt à se porter à l'est sur Belfort ou à l'ouest sur Dijon, suivant les nécessités. Son aile droite s'appuyait à la Saône, à Port-sur-Saône. Son aile gauche était avec la IVᵉ division de réserve à Villersexel, observant la région Besançon-Belfort. Devant le centre, à Gray, 5 bataillons de la 3ᵉ brigade badoise, 2 escadrons et 1 batterie, sous les ordres du major-général Keller, étaient chargés de constater si de Dijon l'ennemi marcherait sur Langres ou sur Vesoul. Deux bataillons détachés du corps de siège occupaient Arcey et Désandans, surveillant la route Besançon-Belfort. Le château de Montbéliard avait été armé de pièces de position et mis à l'abri d'un coup de main. De nombreuses patrouilles de cavalerie, poussées fort en avant dans toutes les directions, exploraient le pays, guettant les approches des colonnes françaises.

Pendant ces derniers jours de l'année et les premières journées de janvier 1871, il n'y eut entre les deux armées d'autre contact que quelques coups de fusil échangés par les patrouilles du général de Tresckow et les corps-francs et les mobilisés détachés par la place de Besançon sur la rive gauche du Doubs. Le 3 janvier, le bataillon de landwehr de Liegnitz, du détachement du général de Debschitz, en station à Croix, eut un engagement avec le corps-franc des Vengeurs qui, avec quelques compagnies de mobilisés du colonel de Jouffroy, avait reçu l'ordre du commandant de Besançon d'occuper le plateau de Blamont, Tulay et Hérimoncourt. Les Vengeurs formaient un corps de mille à douze cents hommes commandés par un aventurier nommé Malicki ; c'était un groupement de soldats de toutes nationalités ; ils avaient des chassepots, de la cavalerie et deux mitrailleuses. Malicki, qui prétendait avoir des franchises spéciales lui laissant toute liberté d'action, résolut ce jour-là de mener une attaque à fond contre les Prussiens. Sortant du village d'Abbévillers, il s'avança, sans aucun ordre tactique, jusqu'à six cents mètres du village de Croix où les hommes du bataillon de Liegnitz l'accueillirent aussitôt d'un feu nourri et bien ajusté. La fusillade dura environ deux heures, après quoi les Vengeurs, se croyant cernés, se retirèrent précipitamment et en désordre. Une moitié des hommes se dirigèrent, sans y être forcés, vers la frontière et passèrent en Suisse ; les autres rentrèrent à Besançon où ils furent très sévèrement punis par le général Rolland, commandant de la division militaire. Leur chef, Malicki, partit pour Clerval. On apprit plus tard qu'il avait aussi passé en Suisse sous un déguisement.[1]

[1] CH. BEAUQUIER. *Les dernières campagnes dans l'est.*

# CHAPITRE VII

## LES PREMIÈRES OPÉRATIONS

Lorsqu'au mois de février 1814, Napoléon I<sup>er</sup>, disputant entre Seine et Aube la route de Paris aux coalisés, eut battu l'armée de Silésie à Champaubert et l'armée de Bohême à Montereau, il conçut une diversion stratégique semblable, dans ses grands traits, à celle dont l'exécution était confiée à l'armée de l'Est. Il ordonna au maréchal Augereau de se porter résolûment, avec les 28,000 hommes de l'armée de Lyon sur Genève occupée par Bubna, de débloquer Besançon investi par les Autrichiens de Lichtenstein, puis de gagner rapidement par Vesoul la route de Bâle à Langres, pour couper les communications de l'ennemi avec l'Allemagne. Augereau, invoquant divers prétextes, restait à Lyon, tandis que l'empereur le pressait de faire vite. « Dites au duc de Castiglione, écrivait-il au ministre de la guerre, que les Autrichiens ne sont que de la canaille; qu'avec de l'activité et de l'audace tout cela disparaîtra comme le brouillard. » Et le ministre d'ajouter : « L'Empereur vous somme d'oublier vos cinquante-six ans et de ne

vous souvenir que des beaux jours de Castiglione. » Napoléon
lui-même venait à la rescousse : « Mon cousin, quoi ! six heures après avoir reçu les premières troupes d'Espagne, vous
n'étiez pas déjà en campagne ! Six heures de repos leur suffisaient ! J'ai remporté le combat de Nangis avec une brigade
de dragons qui de Bayonne n'avait pas encore débridé... Je
vous ordonne de partir douze heures après la réception de la
présente lettre et de vous mettre en campagne. Si vous êtes
toujours l'Augereau de Castiglione, gardez le commandement ; si vos soixante ans pèsent sur vous, quittez-le et re-
mettez-le au plus ancien de vos officiers généraux. La patrie
est menacée et en danger ; elle ne peut être sauvée
que par l'audace et par la bonne volonté et non par de vai-
nes temporisations ; soyez le premier aux balles. Il n'est
plus question d'agir comme dans les derniers temps. Il faut
reprendre ses bottes et sa résolution de 93. »[1] Augereau se
mit en marche, mais pendant qu'il hésitait à Lyon, le
conseil de guerre des alliés siégeant à Troyes avait envoyé
dans l'est l'armée du prince de Hesse-Hombourg pour barrer la route à l'ennemi. Battu à Poligny, le duc de Castiglione eut le bonheur de pouvoir ramener ses troupes à leur
point de départ, mais son expédition avait manqué faute
d'un corps suffisamment nombreux qui couvrît son flanc
gauche.

1814-1871 : la similitude des situations est frappante. A
un demi-siècle de distance, c'est faute aussi d'une protection suffisante de son flanc gauche que le général Bourbaki,
pris entre le Doubs et la frontière, a été poussé en Suisse.

Le danger avait été prévu pourtant. Dans le plan primitif,
l'opération contre Belfort devait être menée par les XVIII<sup>e</sup>,
XX<sup>e</sup> et XXIV<sup>e</sup> corps dont l'armée du général Garibaldi et les
mobilisés du général Pélissier à Dijon et la division du gé-

---

[1] Archives de la guerre : Clarke à Augereau, 18 janvier 1814.
Correspondance de Napoléon, 21,343. — Voir HENRI HOUSSAYE :
*1814* et LE GÉNÉRAL PIERRON : *Stratégie et grande tactique.*

néral Cremer, alors à Beaune, auraient flanqué la marche. Le général Cremer, au début des opérations, avait demandé d'être autorisé par le général en chef à attaquer immédiatement le général de Werder dont les troupes étaient alors dispersées à Dijon, à Langres, Gray et Vesoul. Avec les deux divisions du XXIVᵉ corps alors à Chagny, on eût, par une offensive énergique, retenu l'ennemi en Bourgogne, obligé sa retraite sur Langres et masqué le mouvement sur Belfort. Battu en détail avant que ses troupes eussent eu le temps de se concentrer, le général de Werder, coupé de Belfort, eût été dans l'impossibilité de porter secours au corps de siège, le déblocquement eût été obtenu sans peine et la route de l'Alsace était ouverte au général Bourbaki.[1] Le XVᵉ corps, non encore remis des fatigues de la campagne de la Loire et de la « débandade »[2] d'Orléans, devait fournir trois régiments d'infanterie, une brigade de cavalerie et quelques batteries à la réserve générale de la Iʳᵉ armée, mais les autres troupes devaient demeurer à Vierzon pour s'y reconstituer tout en couvrant les positions de Bourges et de Nevers et en maintenant les communications entre la Iʳᵉ et la IIᵉ armée de la Loire. Mais quand il se fut rendu compte de l'état des régiments avec lesquels il était chargé de faire campagne, le général Bourbaki, convaincu de leur insuffisance numérique, sollicita le renfort du XVᵉ corps. Il avait toujours été dans les intentions du ministre de le lui donner plus tard, aussitôt que cette troupe aurait pu être relevée dans sa faction de Vierzon par le XXVᵉ corps alors en formation,[3] mais à la date du **23 décembre**, quand le général Bourbaki en fit la première demande, elle provoqua dans les bureaux de la guerre une irritation vive, qui se manifesta par un échange d'acerbes dépêches. Transmettant à Gambetta les réquisitions du général, M. de Freycinet laissa dès

---

[1] P. POULLET. *La campagne dans l'est.* Préface. p. XIV.
[2] ENQUÊTE. Déposition de M. de Serres. T. III. p. 36.
[3] ENQUÊTE. Déposition de M. de Freycinet. T. III. p. 18.

le début libre cours à son mécontentement : « Si le général
Bourbaki ne croit pas devoir au dernier moment exécuter
un plan qu'il avait d'abord approuvé..., qu'il se démette purement et simplement de son commandement; j'en serais
pour ma part enchanté, car j'ai toujours pensé et dit que
Bourbaki n'est pas l'homme qu'il nous faut. Si, au contraire, il continue d'approuver le plan, alors qu'il l'exécute
droitement, sans réticences ni récriminations perfides. »[1]
M. de Serres était plus irrité encore : « Bourbaki veut plus de
forces qu'il ne lui en faut; c'est, je le sais, pour assurer le
succès d'une opération faite par lui, bien plus que pour réaliser une chose profitable à la cause de la défense. »[2] Et le
lendemain, 24 décembre : « Entre nous, celui que vous savez
veut simplement des forces pour lui, que tout le reste soit
compromis plutôt que le piédestal qu'on lui a fait; je sens
cette pensée non seulement dans chacun de ses actes, mais
dans chacune de ses pensées. »[3]

   M. de Freycinet n'hésita pas à mettre au général le marché à la main : « Vous aviez accepté le plan d'ensemble qui
vous avait été proposé et vous en avez commencé l'exécution. Dans ce plan figure explicitement la station du XV°
corps à ou près Bourges, contre laquelle vous vous élevez
aujourd'hui. Vos objections signifient-elles que vous ne
croyez pas pouvoir, après nouvel examen, vous charger
avec succès de la tâche que vous avez entreprise? Si elles
ont cette signification, il faut le dire nettement et nous avi-
serons. Ces objections signifient-elles que vous ayez un
plan meilleur à substituer à celui en cours d'exécution?...
Mais entre ces deux alternatives, parfaitement nettes, il est
une situation que nous n'accepterons jamais, c'est celle qui
consiste à laisser un général qui exécute de son plein gré un

---

[1] ENQUÊTE. Guerre à Gambetta, 24 décembre 1870. T. II, p.
535.
[2] ENQUÊTE. De Serres à de Freycinet. T. II. p. 528.
[3] ENQUÊTE. De Serres à de Freycinet. T. II. p. 534.

plan accepté par lui, introduire, chemin faisant, des critiques rétrospectives qui pourraient faire croire qu'il agit
malgré lui, de telle façon qu'il se trouverait à l'avance dé
chargé de la responsabilité de toutes les fautes militaires qui
pourraient se commettre. Cette situation ne conviendrait pas
davantage à vous-mêmes qui avez certainement le cœur trop
haut placé pour la rechercher. »[1] — M. de Serres, de son
côté, enchérissait auprès de Gambetta : « Je n'ai qu'une
crainte, c'est d'avoir à faire rapidement usage des pièces
que vous m'avez confiées. Je vous déclare à nouveau que
je ferai tout mon possible pour en « user à temps », en
vous demandant toujours avis si les circonstances laissent
la moindre possibilité. »[2] Le 26, il mandait encore, de Châlon-sur-Saône, à M. de Freycinet : « On est revenu, aujour-
d'hui soir, sur le XVᵉ corps en poussant sur son emploi et
utilité une série de questions bizarres. J'ai nettement et
carrément développé mes idées sur le rôle qui était assigné
à ces forces, sans paraître admettre qu'il pût être modifié.
On a admis son maintien où il est « pour le moment. et
« après? » Et après? J'ai fait les hypothèses et présenté les
solutions. Pas une objection sérieuse n'a été présentée par
ces forts qui m'ont laissé voir une fois encore leur pauvreté. »[3]

M. de Freycinet finit par se rendre pourtant. « Je suis
très préoccupé, mandait-il le 31 décembre à M. de Serres.
de la lenteur de notre concentration qui, pour une raison ou
pour une autre, a totalement manqué son effet. Nous avons
donné aux Prussiens le temps de prendre leurs dispositions

[1] ENQUÊTE. De Freycinet à Bourbaki, 24 décembre. T. II,
p. 538.
[2] ENQUÊTE. De Serres à Gambetta. T. II. p. 440 Allusion au
décret de révocation remis par Gambetta à M. de Serres au
départ de celui-ci de Bourges et dont la date avait été laissée
en blanc.
[3] ENQUÊTE. De Serres à de Freycinet, 25 décembre. T. II.
p. 537.

et aujourd'hui nous devons avoir 70,000 hommes concentrés autour de Belfort et 80,000 en voie de l'être près de Langres. Par cette rapidité de mouvements, les Prussiens nous donnent un grand exemple que nous ne suivons pas, mais laissons-là les plaintes stériles. Le fait actuel, c'est que quand nous arriverons à Vesoul, si jamais nous y arrivons, nous pourrons avoir sur les bras 150,000 hommes sans compter les renforts venant d'Allemagne. Dans ces conditions nous sommes trop faibles et je me décide à vous envoyer le XVe corps que je remplacerai à Vierzon par un corps improvisé... »[1]

Le même jour, les ordres télégraphiques pour le transport du XVe corps furent donnés. L'embarquement des troupes commença le 4 janvier.

La préoccupation du ministère de conserver le XVe corps à Bourges, prêt à toute éventualité, se justifiait. Quand, trois semaines plus tard, le général de Manteuffel se jetait avec les IIe et VIIe corps sur la Saône, il eût été très utile de pouvoir lui opposer une force capable d'arrêter sa marche ou seulement de l'entraver. L'opération contre Belfort et les communications de l'envahisseur avec l'Allemagne ne pouvait aboutir que le flanc gauche de l'armée de l'Est bien protégé par un corps de troupes massé dans le triangle Dijon-Gray-Auxonne où se concentrent toutes les routes venant de Paris et du nord de la France et d'où, par conséquent, tout en couvrant la Saône et la ligne Dijon-Vesoul, on pouvait rapidement se porter, comme d'une position centrale, dans toutes les directions. Aussi le général Bourbaki avait-il d'entrée posé cette condition. « Il ne faut pas se dissimuler que plus je menacerai l'ennemi sur ses derrières et plus il enverra de forces contre nous », avait-il dit à M. de Serres quand il discutait avec lui l'entrée en campagne. Il ne pouvait pas y avoir de doute sur ce point, puisque le but pre-

[1] ENQUÊTE. T. II, p. 598.

mier de toute l'expédition était de dégager Paris. « L'opération dans l'est est définie d'une façon nette, complète dans ce but : attirer dans l'est les forces prussiennes de l'ouest ; elle n'a jamais eu d'autre but. »[1] Le général Bourbaki avait donc insisté pour que sa marche fût efficacement protégée et on lui avait donné l'assurance qu'il en serait ainsi : « On m'avait promis que si j'obtenais ce premier succès (l'évacuation, par le général de Werder, de Dijon et de Gray), que 100,000 hommes (gardes nationaux mobilisés ou autres) seraient chargés, afin de me permettre de poursuivre le plan convenu, de garder le cours de la Saône ; que le général Pélissier et Garibaldi occuperaient solidement Dijon et Gray et que je me trouverais ainsi garanti sur mon flanc gauche et mes derrières. »[2] Il était resté de la conversation cette impression dans l'esprit du général qu'en tout état de cause la protection des passages de la Saône ne le concernait pas et que le ministère y veillerait directement et de sa propre initiative.[3]

Une discussion toute semblable s'éleva quelques jours plus tard, à propos de l'emploi de la division Cremer, alors aux environs de Nuits. Il semble qu'au début des opérations le général et le délégué à la Guerre fussent d'accord pour que la division prît la place de Langres comme but de ses opérations, avec la mission de barrer la ligne Langres-Dijon ou bien encore de couvrir la Saône à Gray. Le général Cremer avait occupé Dijon dès le dernier jour de décembre.

[1] ENQUÊTE. Déposition de M. de Serres. T. III, p. 36 et 37.
[2] Rapport de M. le général Bourbaki au ministre de la guerre. du 3 mars 1871.
[3] M. de Freycinet ne mentionne ni dans son ouvrage *La guerre en province*. ni dans sa déposition devant la commission d'enquête cette promesse faite au général Bourbaki de réunir cent mille mobilisés à Besançon pour garder, conjointement avec les troupes du général Garibaldi, le flanc gauche de l'armée. M. de Serres, dans sa déposition, n'en parle pas davantage. Il doit donc y avoir eu, sur ce point capital, un malentendu.

Le 4 janvier il s'était mis en marche pour gagner Champlitte, ce qui indiquait bien l'intention de se porter sur Langres, lorsqu'il fut atteint par un ordre du général en chef de rentrer à Dijon. Il avait été expressément entendu le 23 décembre, dans une conférence entre M. de Serres et le colonel Bordone, chef d'état-major de l'armée des Vosges, que celle-ci garderait la ligne Dijon-Is-sur-Tille-Selongey, de façon à interdire à tout ennemi venant de l'ouest l'accès de la vallée de la Saône. Garibaldi était alors à Autun. Il avait l'ordre de marcher sur Dijon sitôt cette ville évacuée par l'ennemi. Avec ses 25,000 hommes et les mobilisés du général Pélissier, il eût disposé d'un effectif suffisant pour arrêter l'ennemi si celui-ci s'avisait de menacer les communications de l'armée de l'Est par les longs défilés de la Côte-d'Or. Mais Garibaldi s'était attardé à Autun. Il n'était pas à son poste, tandis que les marches et les contre-marches de la XIII° division allemande entre Auxerre et Montbard et l'arrivée dans cette même contrée de la brigade Dannenberg faisaient croire déjà à une opération de l'ennemi contre la capitale de la Bourgogne. Le général Bourbaki avait par conséquent ordonné à la division Cremer de réoccuper la ville. Il avait en outre obtenu du ministère qu'on y envoyât une brigade du XV° corps, par surcroît de précaution.

M. de Freycinet avait non seulement approuvé ces mesures, mais soumis au général l'éventualité d'une station plus prolongée de la division Cremer à Dijon : « Quelque invraisemblable qu'ait d'abord paru une marche de Montbard sur Dijon, mandait-il le 3 janvier, cette marche paraît aujourd'hui s'accentuer ; d'autre part, j'ai lieu de penser que Dijon est loin de posséder actuellement les 20,000 hommes dont parle votre dépêche, car Garibaldi me fait l'effet d'être toujours à Autun [1] et les bataillons disponibles à Auxonne ont

---

[1] M. de Freycinet savait que Garibaldi était encore à Autun, puisqu'avant de télégraphier, à 11 h. 50 du soir, au général

été incorporés dans les XVIII⁰ et XX⁰ corps ; il me semble donc que Dijon ne possède que Pélissier et ses mobilisés, plus la brigade du XV⁰ corps qui a dû y arriver aujourd'hui et c'est même fort probablement le dégarnissage de Dijon qui a déterminé le mouvement de l'ennemi. En cet état, je crois que vous ferez bien de vous renseigner sur l'importance des forces ennemies qui pourraient menacer Dijon ; et si ces forces étaient considérables, il serait prudent de maintenir dans cette ville une troupe respectable, comprenant par conséquent des forces en sus de la troupe Pélissier. Il vous appartient de voir si en faisant venir Garibaldi, ou en ramenant Cremer, ou en maintenant une division du XV⁰ corps vous pouvez garantir la sécurité de Dijon qui n'est par soi-même qu'un objectif secondaire, mais qui peut avoir une grande importance comme base de vos communications et de votre ravitaillement par chemin de fer à mesure que vous avancerez.»[1] — La dépêche du délégué à la Guerre s'en remettait au général de toutes les mesures à prendre pour l'occupation de Dijon, même de l'appel de Garibaldi qui avait cependant déjà l'ordre de partir. Le général n'insista pas et se borna à répondre le lendemain, 4 janvier, de Besançon, que les nouvelles de l'ennemi ne paraissant pas démontrer chez celui-ci « l'intention d'attaquer Dijon quant à présent », les conditions de défense de cette ville lui semblaient suffisantes. Le 5 janvier, le général rappelait à lui la brigade du XV⁰ corps. Quant à la division Cremer, lorsque Garibaldi se fut installé à son poste et que d'autre part les menaces venues de Montbard parurent moins imminentes, M. de Freycinet exprima de nouveau l'avis qu'il conviendrait mieux de la diriger sur

Bourbaki, il avait télégraphié à 10 h. 55 au général italien en lui exprimant son étonnement de ce qu'étant à une aussi faible distance de Dijon, l'armée des Vosges demandât d'y être transportée en chemin de fer et ne s'y fût pas rendue déjà par route, conformément à ce qui avait été convenu le 23 décembre avec M. de Serres. — ENQUÊTE. T. II. p. 623 et 625.

[1] ENQUÊTE. T. II, p. 627.

Langres que sur Vesoul. Langres pouvait fournir encore 10.000 hommes. à tout le moins une brigade, de façon à renforcer la division qui serait alors en mesure de commander les communications entre Châtillon et la Saône et entre Vesoul et Chaumont. Des ordres avaient déjà été donnés dans ce sens au commandant de la place de Langres. Le 11 janvier. le général Cremer auquel cette mission indépendante semblait sourire davantage qu'une simple coopération à la marche contre Belfort et qui, dès le début de la campagne, avait fait dans ce sens des propositions, demanda à nouveau à son chef l'autorisation de marcher sur Chaumont dans le but de détruire le viaduc de la voie ferrée à Château-Villain. Le général Bourbaki consentit d'abord, puis il changea d'avis et ordonna à la division de marcher sur Vesoul. C'était au lendemain de Villersexel. Le général avait pu se convaincre de la présence devant son front d'un ennemi nombreux, résolu, capable d'offrir une résistance sérieuse. La journée du 9 janvier ne pouvait lui laisser aucune illusion sur les obstacles qu'il aurait à vaincre pour débloquer Belfort, le principal objectif de sa marche. Les destinées de Belfort devaient se jouer sur la Lisaine, rivière à peu près à la même distance de Gray (90-100 kilomètres) que de Chaumont. Il fallait faire concourir tout le monde à la lutte sur la Lisaine, afin de ne pas se priver d'une seule chance de succès. Le général avait donc télégraphié le 11 janvier, de Bournel, au général Cremer à Gray : « En raison de votre éloignement et de la possibilité pour le VIIe corps ennemi d'arriver avant vous à Chaumont, je reviens sur l'autorisation que je vous ai donnée cette nuit ».[1] — « Le général estimait qu'ayant à occuper et à attaquer une ligne d'une étendue considérable, de Montbéliard jusqu'à la route de Lure à Belfort (plus de 20 kilomètres), il n'avait pas assez de monde et il ne voulait

---

[1] ENQUÊTE. Déposition de M. le colonel Leperche. T. II. P. 219.

pas se priver de 12,000 hommes qu'il aurait d'autant plus vivement regrettés le jour de la lutte que, même avec leur concours, il ne réussit pas. »[1]

Les ordres donnés par le général à la division Cremer étaient donc sérieusement motivés : éparpiller ses forces au moment de la rencontre décisive avec l'ennemi eût été une faute que le général n'était pas capable de commettre. Mais il résulta néanmoins de ces dispositions que l'importante position de Gray ne fut occupée que par un détachement de quelques centaines de francs-tireurs sous les ordres du colonel Bombonnel et quelques compagnies de mobilisés, petite troupe qui ne fut renforcée en temps utile ni par l'armée de Dijon, ni par l'armée de l'Est quand celle-ci quitta la Lisaine pour descendre sur Besançon.

M. de Freycinet a reproché au général de n'avoir pas suffisamment tenu compte des indications qui lui avaient été données : « Nous lui avions dit qu'il ferait mieux d'employer la division Cremer, avec ses 15.000 hommes, du côté de Langres. Cremer eut aussi cette idée, mais il n'y put donner suite ; il avait eu un instant l'autorisation du général Bourbaki, mais celui-ci changea d'avis et crut qu'il était préférable de faire coopérer Cremer avec lui, de sorte que la gauche ne fut plus gardée que par l'armée du général Garibaldi, qui manœuvrait d'une manière insuffisante. »[2] La suite des événements a démontré, en effet, que Garibaldi ne manœuvrait pas « d'une manière suffisante, » mais au commencement de janvier le général Bourbaki ne pouvait pas le prévoir, quoiqu'il eût déclaré, comme un grand nombre d'autres officiers français, ne vouloir entrer en aucune relation, fût-ce de service, avec l'armée des Vosges. Peut-être même faut-il voir dans la présence de Garibaldi à Dijon une des causes qui empêchèrent le général Bourbaki de s'occuper directement

[1] Lettre de M. le colonel Leperche du 5 mars 1873, à M. Perrot. ENQUÊTE. T. II. p. 223.
[2] ENQUÊTE. Déposition de M. de Freycinet. T. III, p. 22.

de la couverture de la Saône, ce qui l'eût obligé à entretenir des rapports avec l'état-major garibaldien. Quoiqu'il en soit, il y eut là une lacune qui ne fut jamais comblée et qui a exercé sur l'issue de la campagne une influence déterminante. L'armée des Vosges resta à Dijon sans communication avec l'armée de l'Est. L'ennemi passa entre les deux.[1]

Le 28 décembre, le général Bourbaki avait transmis à Bordeaux le plan général de ses opérations. Il avait mis ses troupes en marche : le XX° corps sur Dôle, le XVIII° sur Auxonne et Gray. Le XXIV° devait aussi se diriger de Besançon sur Gray si l'ennemi résistait sur ce point, mais le général prévoyait plutôt une première rencontre à Vesoul et mandait, au surplus, que son intention était de marcher entre Saône et Doubs, en suivant le cours de l'Ognon. Ses forces concentrées sur la rive gauche de cette rivière, les mouvements de l'armée devaient dès lors être en rapports avec ceux de l'ennemi.[2] Soit qu'il n'approuvât pas ce plan, soit qu'il ne le trouvât pas suffisamment précis, le ministre adressa au général, le 3 janvier, une longue demande d'explications : « Des considérations de la plus impérieuse nécessité, tirées de l'état de Paris, disait le ministre, commandent une parfaite unité de vues et d'action entre nos diverses armées... Je tiens par dessus tout, afin de pouvoir en informer exactement le général Trochu et le général Chanzy, selon le cas, à ce que vous fournissiez immédiatement : 1° une situation complète de vos forces réparties sur les divers points ; 2° les marches que vous projetez de leur faire exécuter demain ; 3° le plan général de vos opérations pour les jours qui vont suivre ; 4° quel est en ce moment

---

[1] Le général Billot avait aussi des inquiétudes au sujet de la protection du flanc gauche de l'armée. Il s'en ouvrit aux généraux Clinchant et Cremer dès son arrivée à Auxonne, insistant sur la nécessité d'une forte occupation de la ligne Dijon-Gray. — ENQUÊTE. Déposition de M. le général Billot. T. III. p. 473.

[2] *Le général Bourbaki*, p. 183.

votre principal objectif et à quelle date vous pensez pouvoir vous en emparer ; 5° quelles sont vos idées sur les opérations à accomplir ; en un mot, nous faire connaître, comme vient de le faire le général en chef de la IIe armée. quel est votre plan tactique. Il nous faut plus que jamais préciser et coordonner nos mouvements, avoir de la suite, ne jamais marcher à l'aventure, mais savoir à toute heure où nous en sommes et ce que nous voulons... J'ai remarqué avec une pénible surprise le vague de certaines de vos dépêches ; ainsi dans votre dépêche de minuit vous dites : « Le général « Cremer qui couche ce soir entre Champlitte et Dijon, rétro- « gradera sur cette dernière ville pour concourir à sa défense « s'il le juge nécessaire ; » il semble résulter de là que vous ne connaîtriez pas le point exact où se trouvera ce général. et que vous abandonniez à votre subordonné l'appréciation d'une question aussi grave que celle de savoir s'il doit ou ne doit pas secourir Dijon. C'est à vous, général en chef, de décider de telles questions, et le général Cremer doit recevoir à ce sujet des ordres nets et précis et ne jamais rester dans l'arbitraire ; je vous demande une prompte réponse. »[1]

Le général Bourbaki répondit le même jour, à 10 h. 30 du soir, de Dôle, par un exposé de sa situation et de ses projets : « Je crois, dans mes différentes dépêches. vous avoir renseigné sur tout ce que vous me demandez aujourd'hui. Avant votre départ de Bourges, il était parfaitement convenu que nous manœuvrerions de façon à faire évacuer Dijon, Gray, Vesoul et à faire lever le siège de Belfort. Ces résultats obtenus, nous devions, suivant les mouvements de l'ennemi, la disposition de ses forces, la nature du théâtre de nos opérations, chercher, en passant par Épinal, à couper les lignes de communication de l'ennemi entre l'Alsace. la Lorraine et Paris, ou bien nous porter sur Langres et Chaumont, afin d'obtenir le même résultat en menaçant de plus près l'armée

[1] ENQUÈTE. T. II. p. 649.

d'investissement de Paris. Je vous ai adressé des télégrammes dans le même sens le 28 et le 29 décembre. Je vous ai
fait connaître, le 30 décembre, l'itinéraire des XVIII<sup>e</sup> et XX<sup>e</sup>
corps d'armée, et je vous ai prévenu, le 1<sup>er</sup> janvier, que ces
corps coucheraient le 2 sur la rive droite de l'Ognon, si le
pont de Pesmes était rétabli.[1] Hier, 2, je vous ai mandé que
ces mêmes corps coucheraient sur le bord de l'Ognon, et
qu'ils continueraient ce matin leur marche sur Vesoul. Les
renseignements relatifs à la marche d'aujourd'hui sont les
suivants : Le XVIII<sup>e</sup> corps suit la route de Pesmes à Vesoul.
le XX<sup>e</sup> va de Marnay à Voray gagner la route de Besançon à
Vesoul. Le XXIV<sup>e</sup> commencera demain son mouvement en
passant par Marchaux, et faisant étapes entre Courcelle et la
Tour-de-Sçay. Le XVIII<sup>e</sup> corps doit coucher ce soir dans le
voisinage de Bonboillon. Le XX<sup>e</sup> vers Étuz. Si l'état des chemins n'y met pas obstacle, nous arriverons le 5 janvier, sa-
voir : le XVIII<sup>e</sup> corps entre Mailley et Grandvelle ; le XX<sup>e</sup> à
Échenoz-le-Sec ; le XXIV<sup>e</sup>, partie en avant de Montbozon
sur la rive gauche de la Linotte, partie à Esprels ; si le XV<sup>e</sup>
corps arrive à temps à Besançon, comme je l'espère, je le
chargerai ou de menacer Montbéliard, ou de nous venir directement en aide suivant les circonstances ; si les Prussiens
défendent Vesoul, comme on nous le fait croire, puisque les
troupes de Dijon et de Gray se sont repliées sur ce point.
nous serons bien concentrés et en mesure de les attaquer ;
je reconnaîtrai le 6 leurs positions et je marcherai contre

---

[1] Le XVIII<sup>e</sup> corps traversa l'Ognon, dont les ponts avaient
été détruits par l'ennemi, en se servant pour son artillerie et
ses bagages d'un pont construit avec un équipage trouvé à
Auxonne. Pour la cavalerie, on rétablit le tablier du pont des
Forges dont les piles subsistaient. L'infanterie passa sur la
glace épaisse de 15 à 20 centimètres, qu'on avait recouverte
soit de paille. soit d'un platelage en madriers pour la préserver
de l'usure. — ENQUÊTE. Déposition de M. le général Billot. T.
III, p. 472 et Rapport au ministre, *La guerre en province,* p.
234.

eux. si possible. le jour même. S'ils abandonnent cette ville
sans combat, comme ils ont abandonné Dijon et Gray, nous
ne les trouverons probablement que devant Belfort. Quant à
l'épisode Cremer, il est très simple. En quittant Dijon, je
n'avais pu me rendre un compte exact de la valeur de la
menace annoncée contre cette ville ; à mon arrivée à Dôle.
les télégrammes de M. Menotti Garibaldi [1] m'ont fait craindre
que les Prussiens tentassent de la réoccuper. et j'ai prescrit
au général Cremer de revenir à Dijon si la menace devenait
assez sérieuse pour mériter ce mouvement, ou, dans le cas
contraire, de rester à l'emplacement choisi par lui entre
Dijon et Champlitte, pour y passer la nuit et y attendre des
instructions ultérieures. Cette division est venue donner de
la consistance aux troupes du général Pélissier, armées seulement de fusils à piston, et aux troupes du général Garibaldi ; j'avais prescrit à son chef de se porter en deux jours
à Champlitte, et de faire étape au point qui lui semblerait le
meilleur dans cette direction, en tenant compte de l'état de
la route et de la fatigue des troupes. La rigueur de la saison
et les accidents imprévus mettent en défaut les calculs faits
à l'avance avec une trop grande rigueur ; aussi ai-je laissé
aux commandants de corps d'armée, comme au général
Cremer dans la circonstance rappelée par vous, dans des
limites définies, une certaine latitude à ce sujet, parce que
c'est sage et pratique. J'ai demandé qu'une brigade du XV<sup>e</sup>
corps fût dirigée sur Dijon ; si les nouvelles que je recevrai
aujourd'hui ou demain font reconnaître que ces deux détachements sont inutiles ou trop considérables. et si les forces
que m'opposera l'ennemi le rendent nécessaire, je rappel-

---

[1] Le 2 janvier, Menotti Garibaldi mandait à son père. alors
encore à Autun, la concentration de 18,000 Allemands sur Vitteaux et la marche de 6000 Allemands sur Pont-Royal. Ces
mouvements de troupes avaient fait croire à un projet de l'ennemi de marcher sur Dijon. projet qui ne fut exécuté que dix
jours plus tard. ENQUÊTE. T. II. p. 614.

lerai la brigade du XVᵉ corps et le général Cremer ; je vous ai prévenu aujourd'hui que cette dernière division était revenue à Orgeux. Quant aux XVᵉ et XXIVᵉ corps, ils sont placés comme vous le savez. Le XXIVᵉ est à Besançon, le XVᵉ a dû commencer aujourd'hui le mouvement en chemin de fer que vous lui avez ordonné.[1] Je porterai demain mon quartier-général à Besançon, que je crois être le meilleur point à choisir pour communiquer avec les commandants de corps d'armée, pour recevoir plus facilement les nouvelles concernant les mouvements de l'ennemi, enfin pour veiller au départ du XXIVᵉ corps, pour connaître les conditions dans lesquelles pourront débarquer les premières troupes du XVᵉ corps et pour m'assurer de l'arrivée des approvisionnements nécessaires. Dès que j'aurai quitté Besançon, mes communications télégraphiques ne pourront être assurées qu'au moyen de postes de cavaliers échelonnés entre le grand quartier-général et la station la plus voisine ou la plus sûre ; les communications éprouveront, par suite, des retards inévitables.»[2]

Le général passa les deux journées des 4 et 5 janvier à Besançon. Il les consacra à étudier son plan. Renonçant à la marche sur Vesoul qui était dans ses premières intentions, il résolut de manœuvrer plus à l'est, contre Esprels et Villersexel, de façon à menacer les communications entre le XIVᵉ corps d'armée et Belfort. Les XVIIIᵉ et XXᵉ corps fourniraient l'aile gauche et le centre, le XXIVᵉ devait marcher sur Héricourt, tandis que la division Cremer presserait sur le flanc droit et les derrières de l'ennemi. Dès le 6 janvier, le général transportait ses quartiers à Montbozon et mandait au ministère que le premier choc aurait probablement lieu à Villersexel. Le 8 janvier, il avait poussé sur ce dernier point une reconnaissance à la suite de laquelle il donnait, pour le

---

[1] Le mouvement avait été, en fait, retardé de vingt-quatre heures, par suite de la rupture des voies à Dijon.

[2] ENQUÊTE. T. II, p. 624.

9 janvier, l'ordre de mouvement qui allait mettre les deux armées en contact. « L'armée, disait l'ordre, continuera demain, 9 du courant, le mouvement commencé les jours précédents. La partie disponible du XVᵉ corps occupera les positions qui s'étendent le long de la route de Fontaine à Belfort par Arcey, depuis la Guinguette jusqu'au village d'Onans. Le XXIVᵉ corps appuyera son extrême droite au ruisseau du Sçay ; il occupera Vellechevreux et s'étendra par sa gauche jusqu'à Georfans et Grammont. La XXᵉ corps occupera les villages de Villargent, Villers-la-Ville et les Magny. Le XVIIIᵉ corps occupera Villersexel, Autrey-le-Vay, Esprels, le bois de Chassey. La réserve occupera Abbénans et Cubry. La brigade de cavalerie de réserve sera cantonnée à Fallon. Le grand quartier-général sera établi à Bournel, entre les villages de Cuze et de Cubry. » Le général rappelait les ordres antérieurement donnés pour assurer la sécurité des colonnes en marche, dissimuler la marche des troupes à l'ennemi et relier les corps entre eux. Il ordonnait des reconnaissances poussées au loin et soigneusement faites. Les convois du XVIIIᵉ corps devaient être tenus sur la rive gauche de l'Ognon. Le général réservait en outre des instructions précises pour le cas où les troupes de la rive droite seraient obligées de traverser la rivière en retraite.

Comme il allait donner ses ordres, le général avait envoyé au général Chanzy une longue dépêche pour lui faire part de ses projets et de ses espérances : « Mon quartier-général est à Montbozon, il y sera encore demain avec celui du XVIIIᵉ corps ; ceux du XXᵉ et du XXIVᵉ seront à Rougemont et à Cuze. Le XVᵉ corps est dirigé sur Clerval ; une brigade sera détachée à Blamont, menaçant Montbéliard. Le reste du corps sera dirigé, au fur et à mesure des débarquements, dans la direction de Fontenelle et formera l'extrémité droite. J'ai quitté Bourges pour faire évacuer Dijon, Gray, Vesoul et faire lever le siège de Belfort. Les garnisons de ces deux premières villes, menacées de se voir couper leur retraite sur le Haut-Rhin, se sont retirées sans combat. Je continue l'exécution de mon programme. Mes avant-postes ont eu quelques engagements avec l'ennemi ; il peut se faire que notre première rencontre ait lieu à Villersexel. Quels que soient les moyens employés, je me propose, une fois Belfort débloqué, de me porter sur les communications de l'ennemi. Mes mouvements ont été retardés par la difficulté de faire vivre des troupes lorsqu'elles s'éloignent des voies ferrées, comme par l'état des chemins et des routes qu'une couche de verglas rend peu praticables. On m'annonce que l'ennemi n'occupe plus Orléans et dirige des forces considérables vers l'est. J'ai demandé que les troupes du général de Pointe, à Nevers, fissent des démonstrations et tiennent l'ennemi en respect du côté de Clamecy et sur les bords de la Loire. Vous pensez sans doute, puisque vous êtes prêt, qu'en prenant maintenant l'offensive, vous faciliterez et la tâche des défenseurs de Paris et la mienne. Je chercherai le plus promptement possible à couper les communications de l'ennemi, mais je crois qu'il convient de ne jouer un va-tout qu'à bon escient. »

Le général Chanzy, opposé à la campagne dans l'est, répondit en termes découragés, faisant comprendre à son camarade qu'il n'attendait pas grand'chose d'une offensive de la deuxième armée : « ... Si l'ennemi ne vous offre pas jusqu'ici grande résistance, il se montre de ce côté très entreprenant... Il est évident que le but de l'ennemi est d'en finir avec l'armée de la Loire, soit en l'attirant en dehors de ses positions, soit en la bloquant sur ses positions pour empêcher sa marche sur Paris. Je vais d'abord résister aux attaques. Dès que j'aurai les renforts qu'on m'annonce, je tenterai l'offensive. Votre mouvement est excellent, mais pour Paris et pour moi le résultat est à trop longue échéance. Il me tarde de vous voir sur les communications de l'ennemi et de voir le prince Frédéric-Charles se préoccuper de ce nouveau danger.»[1] Deux jours après avoir expédié cette dépêche, le 11 janvier, le général Chanzy, battu au Mans par le prince, était obligé de se retirer sur Laval, derrière la Mayenne.

L'armée n'avançait que lentement. Dès les premiers jours, elle eut à lutter avec les difficultés du ravitaillement, non pas que les vivres fissent défaut, l'intendance en avait abondamment, mais à cause de l'insuffisance des convois. Ils étaient partis par voie de terre. Les voitures du grand quartier-général, au nombre de neuf cents, étaient le 30 à Châlon. Mais celles des XVIII⁰ et XX⁰ corps avaient été déchargées par ordre du commandement et les denrées mises sur wagon, nonobstant les ordres contraires de l'intendant général. Au lieu d'arriver compactes et réunis, les trains des deux corps se disjoignirent en route. Les charretiers de réquisition, qui marchaient à contre-cœur, profitèrent de ce que leurs voitures étaient vides pour fuir les rigueurs du froid et regagner le logis. Les convois en furent considérablement affaiblis et on eut beaucoup de peine à les reconstituer en route. Les deux corps d'armée avaient pour huit jours de vivres à leur départ de Chagny et de Châlon. Pendant les premières journées de la marche, le ravitaillement s'opéra par le chemin de fer Gray-Vesoul, mais quand l'armée changea la ligne de ses opérations, grossie des XXIV⁰ et XV⁰ corps, on changea aussi la base des approvisionnements et on s'appuya sur Lyon qui avec ses trois gares de chargement, ses communications rapides avec Marseille, ses ressources de grande ville pouvait faire face à tout.[2] On créa des magasins considérables à Clerval et à Baume-les-Dames

---

[1] Le GÉNÉRAL CHANZY : *La deuxième armée de la Loire.*

[2] Du 1ᵉʳ au 20 janvier, la place de Lyon a expédié : 646.000 rations de farine, 1.611.400 de pain, 872,000 de biscuit, 3.000.000 de riz, 2.400,000 de sel, 1,476.000 de sucre, 2,000.000 de café, 1,025,000 de légumes secs, 1,367,500 de lard, 56.500 de viande fraîche, 209,600 d'eau-de-vie, 8000 kilos de foin, 31.500 kilos d'orge et d'avoine.

qu'alimentaient, en denrées, en fourrages et en viande sur pied, outre Lyon, les villes de Dijon, Beaune, Châlon, Mâcon, Tournus, Bourg, Salins, Lons-le-Saunier, Dôle, Besançon, etc. A Clerval, il y avait des montagnes de vivres. L'intendant général, M. Friant, constate qu'il a été distribué ou pillé par les troupes double ration en moyenne pendant toute la durée de la campagne, jusqu'au départ de Besançon pour la Suisse. « Les hommes, au lieu de garder les vivres de réserve, mangeaient en un jour les rations de deux ou trois ou même plus, ou jetaient le biscuit, dont ils ne voulaient pas quoiqu'il fût de qualité supérieure. Un régiment en a même laissé trente-cinq caisses dans la neige. »

Mais si les vivres ne manquaient pas et furent en définitive tous consommés, les voitures faisaient défaut pour assurer un va-et-vient régulier entre les magasins et les troupes. Le 5 janvier, comme la situation s'était aggravée encore par l'entrée en ligne des XXIVe et XVe corps dont le premier n'avait que des convois incomplets, tandis que ceux du second avaient été acheminés par voie de terre sur Dijon pendant que les troupes allaient en chemin de fer à Clerval, il fallut aviser à prendre des mesures énergiques. L'intendant général réclama, par le télégraphe, quatre cents voitures à chacun des préfets de l'Ain, du Jura et de Saône-et-Loire, deux cents à celui de la Côte-d'Or et six cents à celui du Doubs. Malgré toute la célérité et tous les efforts, les convois ne purent être constitués du jour au lendemain. On rencontrait peu ou point de bonne volonté. Il fallait une très forte pression, une très grande vigilance pour mettre les charretiers en route et les surveiller. On dut même employer la garde nationale pour les escorter et les empêcher de s'esquiver. Comme il n'y avait pas de cadres de conduite, on recrutait à Besançon des hommes quelconques, des horlogers, des tailleurs, des cordonniers, pourvu qu'ils fussent énergiques et intelligents, pour en faire des chefs de section et de convoi et diriger les colonnes. On parvint cependant à dominer la situation. Les XX<sup>e</sup> et XVIII<sup>e</sup> corps, les plus éloignés (la division Cremer avait son propre convoi) eurent chacun, au bout de quelques jours, de six à sept cents voitures; le XXIV<sup>e</sup>, plus rapproché, quatre cents; le XV<sup>e</sup>, à Montbéliard, deux cents.[1]

Ce n'était pas tout. Les voitures arrivaient sans outillage de chargement, sans cordes, sans bâches, sans ridelles. sans planches, malgré toutes les recommandations faites. Il fallait tout improviser. L'administration travaillait nuit et jour. « Au lieu de nous alléger la tâche, on semblait prendre peine à nous l'alourdir. En passant par Clerval, dont la gare était surabondamment pourvue, les régiments devaient prendre quatre jours de vivre: c'était l'ordre. On passait et on ne prenait rien. Nous étions loin du temps où les hommes devaient toujours avoir deux jours de vivres de réserve dans le sac et trois jours dans leur sachet en toile. »[2]

Puis, les routes étaient couvertes de neige et de verglas. De Clerval, au bord du Doubs. il fallait vingt-quatre heures pour gagner les hauteurs. Les voitures n'étaient chargées qu'à moitié. On doublait les attelages et on faisait ainsi deux à trois lieues dans la journée. Sur les chemins escarpés de cette région montagneuse, les chevaux ne tenaient pas sur pied, il fallait à chaque instant les relever.[3] Le désordre se mettait dans les convois qui souvent n'arrivaient pas à destination. L'armée avait été obligée de s'arrêter pour qu'ils pussent rejoindre. A Bordeaux, où on ignorait ces difficultés, on s'étonnait de ces retards. « Je ne saurais trop vous recommander d'accélérer vos opérations, mandait M. de Freycinet, le 7 janvier; car, d'une part, Paris mange tou-

---

[1] Le convoi régulier de ce corps. 700 voitures chargées. n'arriva de Dijon à Baume-les-Dames que la retraite commencée.

[2] *Rôle de l'intendance dans l'armée de l'est.* par M. l'intendant général FRIANT. — P. POULLET. *La campagne dans l'est.* p. 464 et suivantes.

[3] Les chevaux de l'artillerie n'étaient pas même tous ferrés à glace.

jours et, d'autre part, il arrive contre vous des renforts qui,
si vous procédez lentement, finiront par vous constituer en
infériorité de nombre. Voilà déjà beaucoup de temps écoulé
et je vous engage à activer tous vos mouvements. La difficulté des routes que vous mettez en avant n'arrête pas les
Prussiens dont la marche est pour le moins deux fois aussi
rapide que la vôtre. Vous aviez annoncé vous-même que
vous seriez à Vesoul le 5 ou le 6 janvier et je voudrais être
sûr que vous y serez le 6. »[1]

Le général Bourbaki avait adroitement dissimulé sa marche pendant ces premières journées de janvier. Manœuvrant
par le flanc devant les positions ennemies, il avait couru un
réel danger, mais dans l'ignorance où était l'ennemi de ce
qui se passait. l'armée française avait réussi à se soustraire
à toute attaque.

On n'était encore au clair ni à Vesoul ni à Versailles. Le
30 décembre au soir, le général comte de Moltke mandait
qu'on ne savait rien au quartier-général du roi d'un transport de l'armée du général Bourbaki dans l'est; elle était
encore, disait-il, entre Bourges et Nevers; quant aux mouvements de troupes signalés à Besançon, ils ne pouvaient
intéresser que de faibles détachements. Le 1er janvier, un
autre avis de Versailles constatait que tous les renseignements recueillis faisaient croire à des intentions strictement
défensives chez l'ennemi et émettait l'opinion qu'une vigoureuse offensive dans la direction du sud-ouest paraissait
désirable en vue de la réoccupation de Dijon et d'un réinves-
tissement de Langres. Le général de Zastrow, de l'appui duquel le XIVe corps était supposé n'avoir plus besoin, recevait,
lui aussi. l'ordre de se porter plus à l'ouest. On estimait à
Versailles qu'il suffisait de laisser à Belfort, outre la 1re division de réserve, les huit bataillons du général de Debschitz.

Le comte de Moltke ayant invité le général de Werder à

---

[1] *Le général Bourbaki*, p. 218.

lui faire connaître les résolutions qu'il jugeait devoir prendre, celui-ci répondit que la situation ne lui était pas encore
claire, que les concentrations de troupes dans la région de
Besançon continuaient et que, dans ces conditions, il lui paraissait imprudent de s'éloigner de Belfort du moment où il
avait pour mission de protéger le siège de la place. Trois
jours après, le général avait avisé Versailles qu'il avait
des raisons majeures pour renoncer à toute offensive dans
la direction de l'ouest.[1] Néanmoins, le 5 janvier encore,
Versailles lui demandait de réunir toutes les forces disponibles, de se mettre en route et d'attaquer Langres.

Si le général de Werder en savait assez pour se tenir rigoureusement sur ses gardes, il hésitait pourtant encore
à prendre des dispositions définitives. Des reconnaissances
de cavalerie et d'infanterie avaient été poussées dans
toutes les directions avec beaucoup d'énergie. mais la région était fort difficile à explorer. Les mouvements du terrain sont doux, mollement accusés, mais le pays est très
couvert de bois épais. Les cours d'eau ne sont pas fortement encaissés, mais bordés, souvent sur de grandes étendues, de prairies humides et marécageuses. L'Ognon n'est
guéable que sur quelques points. Entre Ognon et Doubs, les
profils s'accusent, on y rencontre souvent des parois de rochers abrupts, les cours d'eau sont plus profondément
creusés et le pays est couvert de forêts. Quant au Doubs, il
coule souvent au fond de gorges profondes, creusées entre de
hautes murailles de rocs perpendiculaires ; on ne le traverse
que sur les ponts, en suivant les routes. Pour passer la
rivière, il eût fallu livrer de vrais combats. Les reconnaissances qui franchissaient l'Ognon s'arrêtaient au Doubs
qui limitait strictement leurs opérations.

Jusque vers le 5 janvier, le général de Werder avait attendu l'attaque de l'ennemi par Clerval, l'Isle sur le Doubs

[1] LÖHLEIN, p. 152-155.

et Blamont. Les renseignements qui lui venaient signalaient obstinément Besançon comme principal point de concentration. Le détachement du général de Debschitz[1] qui occupait, à Delle et Beaucourt, la ligne comprise entre le Doubs et la frontière suisse, avait eu le 3 janvier, à Abbévillers et Croix, un engagement avec un corps franc ennemi. Des partis d'infanterie se montraient au nord de Baume-les-Dames et de Clerval. Le général avait par conséquent porté ses forces plus à l'est, occupant la ligne Esprels-Arcey à Villersexel, Saint-Ferjeux et Vallerois-le-Bois.

Le 5 janvier devait mettre un peu plus de clarté dans la situation. Le général de Werder s'était rendu à Esprels avec l'intention de reconnaître lui-même dans la direction de Rioz et de Montbozon, lorsque, vers 9 heures du matin, le lieutenant-colonel Kraus, chef du 3ᵉ régiment d'infanterie badoise, lui fit savoir qu'il avait vu au nord de Rioz une ligne d'avant-postes ennemis couvrant de grosses masses de troupes au bivouac. Le général ordonna aussitôt au général von der Goltz et à la brigade Wechmar d'occuper Dampierre-les-Montbozon; au général Schmeling, d'occuper Vallerois-le-Bois et aux 2ᵉ et 3ᵉ brigades badoises de prendre position sur les hauteurs au sud de Vesoul. L'artillerie de corps fut dirigée sur la route de Rioz par Villers-le-Sec. Les premiers coups de feu ne devaient pas tarder à tomber. La 6ᵉ compagnie du 3ᵉ badois avait constaté la présence de l'ennemi sur la lisière du bois de Bouloy, à Authoison et à Le Magnoray. Au dire des prisonniers 40,000 hommes devaient se trouver dans le voisinage. A une heure du soir, trois bataillons de gardes-mobiles de la Saône ayant occupé

---

[1] 1ᵉʳ et 2ᵉ bataillons du 2ᵉ régiment de landwehr Prusse occidentale Nᵒ 7; 1ᵉʳ et 2ᵉ bataillons du 2ᵉ régiment de landwehr de Basse-Silésie. Nᵒ 47; 1ᵉʳ et 2ᵉ bataillons du 3ᵉ régiment de landwehr de Basse-Silésie Nᵒ 50; 1ᵉʳ bataillon du 1ᵉʳ régiment de landwehr de Silésie Nᵒ 10; 2ᵉ bataillon du 1ᵉʳ régiment de landwehr du Schleswig Nᵒ 84; 2ᵉ et 3ᵉ escadrons du 6ᵉ uhlans de réserve; 1ʳᵉ et 2ᵉ batteries légères du VIIIᵉ corps d'armée.

Echenoz-le-Sec, les 1re et 2e compagnies du 4e badois attaquèrent le village et rejetèrent l'ennemi en lui prenant une
quarantaine de prisonniers. Bientôt après les gardes mobiles
abandonnaient Echenoz. Pendant ce temps, un bataillon du
42e régiment de marche et des chasseurs à cheval avaient
occupé Levrecey où les deux bataillons de fusiliers des 3e et
5e badois les attaquèrent. Le combat fut vivement conduit
de part et d'autre. A 5 heures, les Badois occupaient le village, faisant au 42e de marche une centaine de prisonniers.
Vers 8 heures du soir, deux bataillons de zouaves et une
batterie de mitrailleuses avaient attaqué Velle-le-Chatel et
refoulé sur Mont-le-Vernois le 1er bataillon du 6e badois. Un
détachement de troupes d'étapes qui occupait Port-sur-
Saône avait eu un engagement avec la cavalerie française
à Traves et le général von der Goltz avait délogé des partis
ennemis de Filain et de Vy les Filain. Enfin, deux compagnies du 34e régiment allemand et le 1er escadron du 2e dragons de réserve, envoyés par le général von der Goltz d'Esprels sur Baume-les-Dames, avaient rencontré l'ennemi à
Avilley, au sud-ouest de Rougemont et à Huanne. Les Allemands avaient perdu 90 hommes dans ces diverses rencontres, mais ils avaient fait environ 500 prisonniers. Il était
tombé depuis midi une neige épaisse qui avait rendu toute
exploration très difficile. Cependant, les observations faites
et le dire des prisonniers concordaient pour établir qu'on se
trouvait en présence de deux corps d'armée, les XVIIIe et
XXe, ainsi que de troupes appartenant au XXIVe corps.

Il était possible maintenant de conclure avec certitude à
quelque grande opération offensive. Il restait à en déterminer la direction précise et le but. L'ennemi marchait-il sur
Nancy? Dans ce cas, il fallait prendre position au nord
de Vesoul, derrière le Drugeon, et attendre. Manœuvrait-il
pour s'interposer entre le XIVe corps et l'armée de Belfort?
Il n'y avait alors qu'à marcher le plus rapidement possible
vers Lure et Frahier. L'ennemi resterait-il à l'abri derrière

l'Ognon pour de là jeter un corps détaché contre Belfort, ou bien détacherait-il un corps contre Vesoul pour masquer une opération d'ensemble contre la place assiégée ? Le général de Werder discuta toutes ces éventualités et prit ses dispositions de façon à être prêt à parer à chacune d'elles.

Le 5 janvier, on croyait à une marche directe sur Nancy. L'ennemi avait encore des troupes sur la rive droite de la Saône et son aile droite n'avait pas dépassé la grande route Vesoul-Montbozon, Les prisonniers parlaient tous d'une attaque sur Vesoul. Le 5 janvier, à 11 heures du soir. le général de Werder ordonnait par conséquent, pour le lendemain, ce qui suit : « Le XVIIIᵉ corps d'armée français marche sur Vesoul de Grandvelle ; le XXᵉ corps, de Rioz ; le XXIVᵉ probablement de Rougemont. En conséquence, le XIVᵉ corps d'armée se mettra aussitôt en route et se concentrera au nord de Vesoul, les 2ᵉ et 3ᵉ brigades et l'artillerie de corps entre Pusey et Vesoul. Le colonel Willisen se rendra à Pusey. Le général von der Goltz et la 1ʳᵉ brigade badoise se dirigeront sans retard sur Frotey-Calmoutier ; la division Schmeling, sur la hauteur de Villers-le-Sec en s'appuyant à la route Frotey-Calmoutier. Les trains partiront pour Saulx et ceux qui sont à Lure pour Saint-Sauveur. »[1]

Le 6 janvier, avant le jour, toutes les troupes étaient en marche pour occuper leurs positions. Pendant que le mouvement s'opérait, le général en chef apprit que l'ennemi se renforçait encore par son aile gauche, à Boursières et Aroz : il porta en conséquence ses troupes plus à l'ouest encore et les concentra entre Frotey et Port-sur-Saône. Toute la journée se passa dans l'attente. Pour se renseigner plus complètement, le général consacra aussi le lendemain, 7 janvier, à des reconnaissances. Elles constatèrent un mouvement général des colonnes ennemies dans la direction de l'est : Clans et Raze étaient évacués ; Villersexel n'était pas

---

[1] LÖHLEIN, p. 160.

occupé ; l'Isle-sur-le-Doubs était aux mains d'un détachement envoyé dans cette direction par le corps de siège de Belfort;[1] à Blamont, l'ennemi ne s'était pas montré. On avait vu des gardes-mobiles à Bonnal et Dampierre-les-Montbozon. Le général conclut de ces divers faits que l'attaque ne porterait pas sur Vesoul, mais que l'ennemi se dirigeait soit sur Villersexel, soit directement sur Belfort. Il n'y avait donc pas d'autre parti à prendre que de porter aussi le XIVᵉ corps plus à l'est et de pousser hardiment contre le flanc gauche des colonnes en marche.

La journée du 8 janvier encore fut tout entière employée aux explorations. Elles furent dirigées spécialement sur Montbozon et Villersexel. Pendant que les patrouilles couraient les routes au sud et au sud-est de Vesoul, le général Schmeling se dirigeait vers l'est par Damvaley-les-Colombe. Colombe et Essernay. Le général de Werder avait l'intention de pousser le lendemain, avec la 3ᵉ brigade badoise, une pointe au sud de Vellefaux, contre Rioz, afin de constater si l'ennemi persévérait dans sa marche vers l'est, auquel cas le XIVᵉ corps aurait lui-même marché sur Villersexel et Esprels. Les ordres avaient été donnés en conséquence. La IVᵉ division de réserve avait été dirigée dans la soirée du 7 sur Noroy-le-Bourg et le général avait établi sa ligne d'étapes et de ravitaillement par Luxeuil et Plombières, lorsque les rapports de la cavalerie, dont les explorations avaient été favorisées pendant toute la soirée et une partie de la nuit par un clair de lune éclatant, constatèrent définitivement le mouvement de l'ennemi vers l'est. Les villages au sud de Vesoul étaient évacués, les têtes de colonnes françaises étaient signalées à Villersexel et Saint-Ferjeux. A 3 heures du matin, un avis télégraphique du général de Tresckow mandait que l'ennemi avait fortement démontré

---

[1] Colonel von Ostrowsky, avec trois bataillons, un escadron. une batterie.

contre le détachement du colonel de Bredow installé sur la ligne Saulnot-Arcey-Onans et que les villages sur les routes Rougemont-Saint-Ferjeux et Arcollans-Vellechevreux étaient occupés. Une patrouille dirigée sur Longevelle pour reconnaître les ponts du Doubs avait aussi été attaquée et avait perdu dix-huit hommes. Il n'y avait plus un moment à perdre. A 3 heures du matin, le général de Werder donnait pour le 9 janvier l'ordre suivant :

« L'ennemi a fortement occupé Villersexel ; ses avant-postes se sont retirés d'Échenoz-le-Sec.

« En conséquence, la division grand-ducale badoise, rompant sur le champ, se portera par Vy-les-Lure sur Athesans. La division Schmeling marchera de suite sur Villersexel, en laissant le gros en position à Aillevans.

« Le général von der Goltz lancera immédiatement sa cavalerie vers Les Monnins et Vallerois-le-Bois et gagnera avec son détachement Noroy-le-Bourg, où il recevra de nouveaux ordres. Le général Keller ne poussera pas de reconnaissance vers le sud avec la 3e brigade. Deux bataillons de la division badoise (autant que possible ceux qui sont aux avant-postes) resteront, sous le commandement d'un colonel ou d'un lieutenant-colonel, dans Vesoul, où ils seront rejoints par six compagnies, un escadron et deux batteries venant de Port-sur-Saône. Les communications me concernant me trouveront d'abord à Noroy-le-Bourg, puis à la division Schmeling. »[1]

Les troupes chargées de l'occupation de Vesoul étaient placées sous les ordres du colonel de Beyer. Elles avaient pour instructions de s'y maintenir pour autant qu'elles ne seraient pas attaquées par des forces très supérieures, de se garder soigneusement dans la direction du sud et de Combeaufontaine et, en cas de retraite, de se diriger sur Luxeuil.

<hr/>

[1] *Rapport de l'état-major allemand :* Supplément 136.

# LE COMBAT DE VILLERSEXEL

## 9 JANVIER 1871

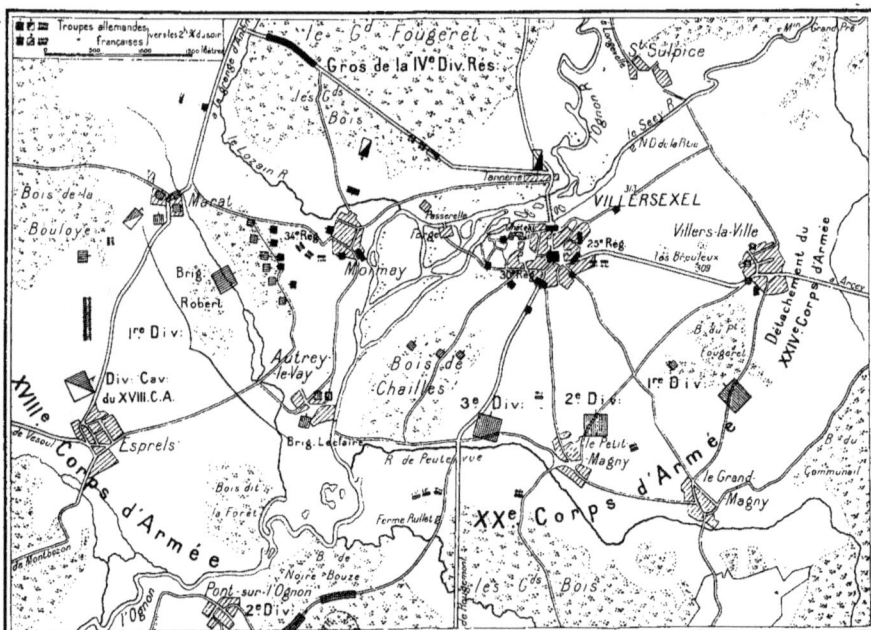

Mᵈ Borel del d'après la carte de l'État-Major allemand.

# CHAPITRE VIII

## LE COMBAT DE VILLERSEXEL

Villersexel est une petite ville de douze cents âmes, sur la route de Vesoul à Montbéliard. L'Ognon y fait un coude pour se diriger vers l'ouest, puis après avoir coulé dans cette direction sur une longueur d'environ deux kilomètres, descend de nouveau par un brusque contour vers le sud. La vallée est découverte. La rivière court dans des prairies plus ou moins marécageuses, dessinant plusieurs bras et formant de petits îlots sur lesquels un pont massif, en pierre, long de deux cent cinquante mètres, fonde ses piliers. Villersexel est bâti sur la rive gauche ou méridionale. A l'est de la ville, le ruisseau le Scey se jette dans l'Ognon. Sur la rive droite, au nord de la ville, une vaste forêt, le Grand-Fougeret, que traverse la route de Noroy-le-Bourg, s'étend jusqu'à Aillevans, prolongée à l'ouest par d'autres bois qui enveloppent les villages de Moimay, de Marat, d'Autrey-le-Vay, d'Esprels, jusqu'à Chassey-les-Montbozon où ils rejoignent la rivière. Entre le Grand-Fougeret et les bois à l'ouest, dans un pli du terrain, coule un ruisseau, le Lozain, tributaire de l'Ognon dans lequel il se jette près de Moimay.

La route qui vient de Noroy-le-Bourg débouche du Grand-Fougeret au flanc d'un coteau à pente douce et découvert, puis descend par des prairies jusqu'au pont où elle rejoint la route Villersexel-Lure et traverse ensuite la ville du nord au sud, pour bifurquer à la lisière sud, à l'est sur Héricourt et Montbéliard, au sud sur Rougemont. Le terrain au midi et à l'est de la ville est découvert aussi, légèrement ondulé, portant quelques vignobles. A 1200 mètres à l'est et au sud de la ville, les bois des Breuleux, du Petit-Fougeret et de Chailles. A l'ouest, la vallée principale, creusée par l'Ognon.

Villersexel est suspendu au flanc du coteau, sur une pente rapide. Deux rues inclinées relient la partie basse à la ville haute où sont les principaux édifices, la mairie, l'église, le château. Entre ces deux rues, un fouillis de ruelles étroites, à forte pente ou en escaliers. Au bord de l'Ognon, à l'ouest du pont, une rangée de maisons. Puis, à l'ouest de la ville et dominant celle-ci, un grand château, propriété de la famille de Grammont, entouré d'un parc clos au sud et à l'est par un mur qui descend à l'ouest et au nord jusqu'à l'Ognon. L'entrée du parc et du château est sur le plateau, en face de l'église.

Dans la soirée du 8 janvier, deux bataillons de mobiles de la Corse et des Vosges,[1] avec un parti de cuirassiers du 6e de marche, troupes appartenant à la IIIe division du XXe corps avaient occupé Villersexel. Elles avaient barricadé le pont aux deux extrémités ; un chemin couvert, fait de madriers et de ballots, reliait les deux barricades.

La nuit du 8 au 9 avait été très froide. Les routes et les chemins étaient couverts de glace. A l'aube du 9, il nei-

----

[1] Régiment des gardes-mobiles de la Corse et 58e régiment des gardes-mobiles (Vosges), le premier de la 1re et le deuxième de la 2e brigade de la IIIe division, général Ségard.

geait abondamment, mais plus tard le ciel s'éclaircit et jusqu'aux brouillards du soir, la journée fut belle.

Aussitôt donnés, les ordres du général de Werder avaient été exécutés. A quatre heures du matin les troupes étaient en marche. Craignant une attaque contre les lignes de Belfort, le général avait ordonné encore, à six heures du matin, à la 1re brigade badoise de se diriger avec deux batteries et un piquet de cavalerie par Lure, Roye, Lyoffans et Béverne sur Couthenans.

Entre 8 h. 30 et 9 heures du matin, l'avant-garde de la division Schmeling,[1] venant de Borey, où elle s'était rassemblée à 6 h. 45, débouchait sur la lisière sud du Grand-Fougeret, en face de Villersexel, tandis que le gros de la division,[2] marchant sur Aillevans, commençait à jeter à l'est de ce village un pont sur l'Ognon.[3] Dès qu'elle fut en vue de la ville s'étalant en amphithéâtre sur l'autre bord de

[1] IVe division de réserve, major général von Schmeling. Avant-garde, major-général de Treskow II, commandant la 4e brigade de cavalerie de réserve; le 2e bataillon et le bataillon de fusiliers du 1er régiment d'infanterie rhénane No 25; 1er régiment de uhlans de réserve; 1er et 2e batteries lourdes de réserve (Glagau et Otto).

[2] Gros : Colonel Knappe von Knappstädt : 1er bataillon du 25e régiment; 2e régiment combiné de landwehr de la Prusse orientale : bataillons Osterode, Ortelsbourg, Grandenz et Thorn; bataillon Wehlau du 1er régiment combiné de landwehr de la Prusse orientale; 1er, 2e et 4e escadrons du 3e uhlans de réserve; 1er, 2e et 3e batteries légères de réserve (Lilly, Siegert et Müller); 2e compagnie de pionniers du VIIe corps, avec une section d'équipage de pont. Une compagnie de Thorn escortait les convois acheminés sur Lure. Le 2e escadron du 3e uhlans éclairait la colonne sur le flanc gauche. La 1re compagnie de Thorn couvrait le flanc droit à Marat.

[3] Pour protéger ce travail, le 2e escadron du 3e uhlans traversa la rivière à gué, suivi des 3e et 4e compagnies de Thorn. Les hommes avaient de l'eau jusqu'à mi-jambe. Longevelle et les hauteurs au midi furent occupés par cette infanterie, renforcée bientôt après par le bataillon de Wehlan qui, lui aussi, traversa l'Ognon à gué, malgré le froid. La 4e compagnie de Thorn resta auprès de la compagnie de pionniers qui jetait le

la rivière, dominée par le château dont la masse se profilait au sommet de la pente, la tête de l'avant-garde reçut le feu des défenseurs du pont, éloigné seulement de huit à neuf cents mètres. Le général Tresckow installa deux batteries (Glagau et Otto) au nord de la route, à la lisière du bois. Elles prirent sous leur feu la barricade du pont, les maisons avoisinantes d'où partait la fusillade et le château. Pendant ce temps, deux compagnies du 25e régiment[1] se déploient, s'avancent jusqu'à trois cents mètres environ du pont barricadé puis, très entreprises par le feu, s'embusquent derrière les quelques maisons de la rive droite. Une autre compagnie[2] occupe la lisière sud-ouest de la forêt, vers Moimay, pour couvrir le flanc droit. Elle trouve le village inoccupé, s'y installe et déploie un peloton le long de la rive droite de l'Ognon que borde une ligne de peupliers. Le 1er bataillon du 25e qui marchait sur Aillevans à la tête du gros rejoint son régiment et se place en réserve, à couvert du bois, près des deux batteries où se trouvent déjà les compagnies 5, 6 et 7.

Le général Tresckow constate bientôt l'impossibilité d'attaquer de front le pont sur l'Ognon. Il ordonne à deux compagnies[3] de prolonger sa ligne à droite et de marcher contre les bâtiments d'une grande forge, située en face de l'extrémité ouest du parc de Grammont, auquel la relie une étroite passerelle suspendue, si peu large qu'on ne peut la traverser qu'homme par homme. La 2e compagnie, du 1er lieutenant Hertel, trouve la passerelle intacte. Une soixantaine d'hommes la défendent : ils sont rapidement dispersés. Les deux compagnies franchissent la rivière, pénètrent dans le parc, gravissent prestement la pente et enlèvent le château,

pont. Un parti d'infanterie française qui occupait Saint-Sulpice tira quelques coups de feu, puis céda la place quand le combat à Villersexel fut définitivement engagé.

[1] 9e et 10e.
[2] 8e du 25e.
[3] 11e et 12e du 25e.

fablement défendu, en faisant prisonniers 3 officiers et 94 hommes.[1] De la terrasse du château et du parc, l'infanterie allemande prend à revers les défenseurs du pont. Le général Tresckow renforce encore son aile droite. Quatre compagnies[2] traversent à leur tour la passerelle et bordent la rive gauche, tandis que la 5e occupe la forge et les environs et que les 1re et 3e vont renforcer l'aile gauche devant le pont de pierre.

Pris à revers par le feu à trois cents mètres du château, les défenseurs du pont cèdent enfin le passage de la rivière et battent en retraite soit par les rues de la ville, soit le long du ruisseau le Scey, dans la direction de Beveuge. Une compagnie française apparaît sur la hauteur à l'est de la ville; quelques obus bien dirigés par les batteries du Grand-Fougeret l'obligent à s'arrêter. Quatre compagnies allemandes franchissent soit le pont, soit à gué la rivière, chassent l'ennemi des maisons avoisinantes, occupent la ville, pénètrent jusqu'à la lisière sud qu'elles occupent et poursuivent l'adversaire en retraite. Quatre-vingts prisonniers tombent entre leurs mains. Un certain nombre de soldats français se réfugient dans les maisons de la ville et s'y tiennent cachés. Les barricades du pont sont rapidement démolies. Le 1er régiment de uhlans traverse la ville et pourchasse l'ennemi. Un escadron disperse une compagnie en retraite sur Villers-la-Ville, en lui prenant 2 officiers et 60 hommes. Les deux autres escadrons refoulent l'infanterie française sur les Magny. Entre 11 heures et midi, Villersexel était aux mains des Allemands. Le 25e régiment occupait le château et toute la lisière sud de la ville.[3] Les deux batteries de l'avant-garde étaient encore en position au Grand-Fougeret, sur la rive droite de l'Ognon. L'ennemi

---

[1] *Zur Geschichte des 1. Rheinischen Inf.-Reg.*, von H. von Loos, General-Major.

[2] 2e, 4e, 6e et 7e du 25e.

[3] *Die Kämpfe vor Belfort im Januar 1871*, von der Wengen.

avait disparu. Deux batteries françaises, qui avaient un instant occupé les hauteurs au sud-ouest de la ville, s'étaient retirées. Dix-sept officiers, dont un officier d'état-major, et près de cinq cents hommes étaient tombés aux mains du vainqueur. Le lieutenant-colonel Parent, des mobiles de la Corse, avait été tué.[1]

Ce fut la première phase de ce combat sanglant. Une accalmie se fit et dura environ une heure. Le général de Werder occupait, avec son état-major, sur les hauteurs au midi d'Aillevans, un poste d'observation d'où le regard embrasse le plateau au midi de Villersexel. Le ciel s'était éclairci et on voyait au loin.

Le général vit bientôt déboucher sur toutes les routes les têtes de colonnes françaises, en marche dès le matin, mais trop éloignées et trop lentes dans leurs mouvements pour avoir pu soutenir les troupes avancées, délogées de Villersexel dans la matinée. Sur la rive droite de l'Ognon, venant de Cognières, c'était la Ire division, général Feillet-Pilatric, du XVIIIe corps, marchant sur Autrey-le-Vay, Pont-sur-l'Ognon et Villersexel. Sur la rive gauche, c'était la IIIe division, général Ségard, du XXe corps, dont les avant-postes venaient d'être bousculés et qui avait l'ordre d'occuper les Magny, Villers-la-Ville et Villargent. Plus à l'est, c'étaient les Ire et IIe divisions, généraux d'Aries et Thibaudin, du XXIVe corps, en marche sur Vellechevreux, Georfans et Grammont et qui poussa sa tête de colonne jusqu'à Saint-Ferjeux et au delà.[2] Reconnaissant qu'il avait devant lui des forces considé-

---

[1] Les indications sur le nombre des prisonniers varient entre 300 et 600. Voir à ce sujet le *Rapport de l'état-major allemand* (T. IV, p. 999); VON DER WENGEN : *Die Kämpfe vor Belfort;* LÖHLEIN, p. 167; *Le combat de Villersexel*. Paris, Dumaine, 1879, p. 12.

[2] Le rapport de l'état-major allemand indique, comme ayant occupé Villers-la-Ville, des détachements du 89e régiment de gardes-mobiles (Var) et de la 1re légion du Rhône. Ces troupes appartenaient à la IIIe division, général Carré de Busserolle.

rables, le général de Werder donna aussitôt les ordres suivants : au détachement du général von der Goltz,[1] en formation de rassemblement à Grange-d'Ancin, au croisement des
routes Noroy-le-Bourg-Villersexel et Esprels-Aillevans, de
couvrir le flanc droit des positions en occupant Marat et Moimay et de porter aide à l'avant-garde du général Tresckow
dans Villersexel, si celui-ci demandait du secours ; — au général de Schmeling, à Aillevans, d'occuper avec sa division
Saint-Sulpice et le pont du ruisseau le Scey en amont du
pont de l'Ognon ; — au général de Glumer, en marche sur
Athesans avec la division badoise, de rallier Aillevans par
Arpenans ; — à la 1re brigade badoise, en marche sur Couthenans, de s'arrêter à Lure.[2]

Pendant que ces ordres se portaient, une batterie française vint prendre position, vers midi, au nord du bois de
Chailles et ouvrit son feu contre les deux batteries Otto et
Glagau. Celles-ci étant mal placées pour répondre, les deux
batteries Ulrich et Riemer, de l'avant-garde du colonel
Nachtigal, couvertes par les compagnies 6 et 7 du 30e
régiment, allèrent prendre position au nord de Moimay, à
la lisière sud de Les Grands-Bois et ouvrirent leur feu contre la batterie française. En même temps, les compagnies 1

du XXIVe corps. Von der Wengen parle du 3e bataillon de la
1re légion du Rhône et de la 2e légion du Rhône. Le gros de la
division continua sa marche sur Arcey.

[1] Brigade mixte prussienne du major-général von der Goltz :
Avant-garde : lieutenant-colonel Nachtigal ; 1er et 2e bataillons du 4e régiment d'infanterie rhénane No 30 ; 3e escadron du
2e hussard de réserve ; 1 batterie lourde de réserve du Ier corps
et 1 batterie légère du IIIe corps (capitaines Ulrich et Riemer).
Gros : colonel Wahlert : bataillon de fusiliers du régiment
no 30 ; régiment de fusiliers de Poméranie no 34 ; 1er et 4e escadrons du 2e hussards de réserve ; 2e batterie légère de réserve
du IIIe corps.
La 12e compagnie du 30e régiment escortait les convois à
Lure ; la 10e compagnie du 34e était avec les équipages régimentaires.
[2] La brigade passa la nuit à Lure.

et 2 du 30' se déployèrent le long de l'Ognon en occupant
la rive droite entre Moimay et Villersexel. Les trois autres
compagnies de l'avant-garde du colonel Nachtigal restèrent
momentanément en réserve. Il était entendu que ces troupes
serviraient, le cas échéant, de renfort à l'infanterie de Villersexel.

Le général von der Goltz avait occupé aussi avec deux
compagnies (2 et 3) du 34° régiment le village de Marat
où se trouvait déjà la 1¹° compagnie de Thorn de la division
Schmeling et dirigé sur Moimay le gros de ses forces, neuf
compagnies du 34° régiment sous le colonel Wahlert,[1] tandis que les compagnies 3, 4, 5, 8, 9, 10 et 11 du 30² régiment
demeuraient en réserve à la Grange-d'Ancin. Pendant ce
temps, deux batteries françaises du XVIII° corps venaient
prendre position à l'ouest de Marat et ouvraient leur feu
soit sur ce village soit contre l'infanterie allemande en marche sur Moimay. En même temps les têtes de colonnes de
la division Feillet-Pilatrie débouchaient sur le champ de
bataille venant d'Esprels et, s'élançant contre Marat, en
délogèrent les trois compagnies allemandes qui se retirèrent
sur les bois. La 1¹° compagnie de Thorn rétrograda sur
Grange-d'Ancin avec l'ordre de rejoindre son bataillon.
Deux autres batteries françaises vinrent alors se poster à
l'ouest d'Autrey-le-Vay.[2]

Le général von der Goltz dirige alors sur Villersexel,
pour joindre l'avant-garde du général Tresckow, la 8° compagnie du 25° et le 30° régiment, sauf les compagnies 6 et 7
engagées à Moimay avec l'artillerie, puis il lance deux compagnies du 30° régiment (6 et 7) dans le bois des Brosses.

---

[1] La 10° compagnie du régiment 34 était à la colonne des
bagages.

[2] La position de ces batteries n'est pas déterminée; d'après
le rapport de l'état-major allemand, il s'agirait plutôt ici des
batteries du XX° corps français, en position sur la rive gauche
de l'Ognon à la Ferme-Rullet.

Les deux batteries Ulrich et Riemer, placées à la lisière des Grands-Bois, se portent également en avant, franchissent le Lozain par le pont de Moimay et vont occuper la hauteur entre le village et le bois des Brosses. Une troisième batterie (Fischer), restée jusque là à la Grange-d'Ancin, s'avance jusqu'au nord de Moimay et se place en réserve près du village. Tous ces mouvements s'opèrent sous le feu des Français dont l'artillerie prend pour objectif soit les batteries prussiennes, soit le gros du 34e régiment au moment où il se porte sur Moimay, occupe le village et lance encore trois de ses compagnies (5, 7 et 8) dans le bois des Brosses. Vers une heure, la lutte est violente sur ce point. La batterie allemande du capitaine Fischer, en réserve derrière Moimay, avance à son tour et rejoint les deux autres. Vers deux heures, pendant que le combat d'infanterie fait rage au bois des Brosses, l'artillerie française de Marat cesse son feu et se retire. Une demi-heure plus tard, deux autres batteries françaises reparaissent à l'ouest de Marat et le feu reprend avec une nouvelle intensité. Sur la route de Montbozon, de profondes colonnes d'infanterie française avancent et débouchent entre Esprels et Autrey-le-Vay. C'est la brigade Robert de la Ire division du XVIIIe corps. Les gardes-mobiles du Loiret et de l'Isère (73e régiment) et le 44e régiment de marche occupent ce dernier village, tandis que les mobiles du Cher (19e régiment) et le 9e bataillon de chasseurs de marche, de la brigade Leclaire, attaquent le bois des Brosses. Le 42e régiment de marche a un de ses bataillons front au nord-ouest, observant le bois de la Bouloye ; ses deux autres bataillons ont occupé Marat. La IIe division, contre-amiral Penhoat, du XVIIIe corps, a passé l'Ognon sur place, sous Esprels, près du moulin d'Autrey, et gagné la rive droite au bois de Chailles où elle établit la communication avec le XXe corps. Le combat est acharné sur tout le front entre Marat et Autrey-le-Vay.

Vers 3 heures, la batterie prussienne du capitaine Riemer,

prise en écharpe par l'artillerie française d'Autrey-le-Vay, veut changer de position et se rapprocher de l'ennemi. En se portant en avant, elle franchit la dépression du sol qui se trouve devant son front et gagne la lisière est du bois des Brosses, se croyant protégée par les deux compagnies 6 et 7 du 30°. Mais une centaine de fantassins français ont occupé l'angle sud-est du bois et la batterie tombe dans cette embuscade. Écrasée sous la fusillade, les canons font demi-tour, mais quatre pièces seulement regagnent la première position. Deux pièces restent en détresse ; plusieurs chevaux sont tombés morts dans les traits, foudroyés par les balles françaises. Sous un feu terrible, il faut appareiller à nouveau les attelages. Un peloton de la 6° compagnie du 30° régiment allemand accourt au secours de la batterie, débusque du bois les tirailleurs ennemis et sauve les deux pièces que leurs servants n'ont pas abandonnées. L'infanterie française revient alors à la charge. On se bat dans le bois avec acharnement, avec des alternatives de succès et de revers pour les deux partis jusqu'à ce que, vers quatre heures, l'infanterie allemande est obligée de céder le terrain et de se replier sur Moimay, précédée par l'artillerie qui reprend ses positions premières à la lisière sud des Grands-Bois, au nord du village. Le bois est tout entier aux mains de l'infanterie française, de même le village de Marat attaqué en vain, pour la seconde fois, par deux compagnies allemandes.[1] Mais le général von der Goltz tient ferme à Moimay et y oppose à l'assaut des troupes françaises une tenace résistance. Moimay couvre la ligne de retraite des troupes engagées à Villersexel. Un ordre du général en chef enjoint qu'on s'y maintienne à tout prix.

Sur ces entrefaites, la I° division du XX° corps français avait débouché sur le plateau au midi de Villersexel dont toute la lisière sud et le château, ainsi que les maisons

---

[1] La 3° compagnie du 34° et la 1° du bataillon de Thorn.

avancées, étaient occupées vers une heure par vingt compagnies des 25e et 30e régiments et les deux batteries Otto et Glagau, tandis que le gros de la division Schmeling se rassemblait avec toutes ses troupes sur la rive droite de l'Ognon, au nord de Villersexel, prête à porter secours au général von der Goltz à Moimay ou au général de Tresckow. La 4e compagnie de Thorn tenait le pont de Longevelle. Les deux compagnies 1 et 2 du bataillon de Graudenz gardaient les prisonniers.

Le XXe corps français avait commencé vers 2 heures à se déployer devant la lisière méridionale de la ville, avec sa gauche au bois de Chailles, sa droite au midi du bois du Petit-Fougeret, cherchant à gagner Villers-la-Ville et son centre aux Magny. Les troupes engagées appartenaient : à Villers-la-Ville, à la IIIe division, général Ségard ; entre le bois du Petit-Fougeret et celui de Chailles, à la brigade Vivenot de la IIe division, général Thornton.[1] Deux batteries étaient en position à Magny-le-Petit, au nord du ruisseau de Peute-Vue, canonnant vivement les batteries Otto et Glagau. Vers trois heures, une troisième batterie française s'avance sur les hauteurs à l'ouest du bois du Petit-Fougeret, mais elle est délogée par le feu précis de la batterie postée près de la sortie est de la ville.

A 2 3/4 heures, le colonel von Loos, du 25e régiment, reçoit l'ordre du général von Schmeling de pousser en avant et de s'emparer de Villers-la-Ville et de Villargent. Il fait avancer sept compagnies dans la direction du Petit-Fougeret et les Breuleux, tandis que les deux batteries couvrent Villers-la-Ville de leurs obus. En même temps, le bataillon de landwehr d'Ortelsbourg, détaché du gros, les deux compagnies 5 et 8 du 30e régiment et la batterie Muller du gros prennent position à Point-de-Vue (cote 318) à l'est de la ville, couronnant la hauteur et se reliant à une compagnie

---

[1] *Le combat de Villersexel.*

badoise, installée sur la hauteur de Notre-Dame-de-la-Pitié.
Pendant un assez long temps, le gros des troupes françaises
s'était tenu en arrière des villages de Magny et de Villers-la-
Ville, ayant devant lui les deux compagnies allemandes 10
et 11 du 25ᵉ qui occupent le petit bois des Breuleux. A plusieurs reprises, les Français ont tenté de déboucher du village, mais ont été rejetés. Cependant la fusillade devient
plus vive sur toute la ligne. L'offensive se dessine plus vigoureuse et plus pressante. La batterie Otto, qui jusque-là a
répondu au feu des batteries françaises de Magny, se porte
en avant et sous une pluie de balles s'établit entre les
Breuleux et le Petit-Fougeret. Pendant une quinzaine de
minutes, elle tient en respect les colonnes françaises qui
tentent de déboucher de les Magny.

Le combat est fortement engagé sur toute la ligne lorsque,
vers 3 $\frac{1}{2}$ heures, le général de Werder arrive à la hauteur
309, sur la route de Villersexel à Villers-la-Ville. Il a appris
par ses patrouilles de cavalerie que le mouvement de l'armée
ennemie sur Arcey est arrêté et qu'on ne voit plus sur les
routes se dirigeant vers ce point que de faibles détachements. Le général en conclut que toute l'armée française
fait front contre Villersexel. Le but de la journée est atteint :
le contact avec l'ennemi est établi ; la marche des Français
vers l'est est arrêtée. Dans ces conditions, il n'y a plus lieu
de presser davantage. Le général en chef ordonne au général de Schmeling de ne pas pousser plus loin son offensive,
de se borner à occuper Villersexel et de s'y maintenir jusqu'au soir, après quoi la retraite sur la rive droite de l'Ognon
sera ordonnée.

Le mouvement en arrière commence aussitôt par l'aile
droite, soit par le régiment 30 qui occupe le château et la
mairie. Le général de Werder s'y est transporté. Il a vu
Villersexel peu menacé, tandis qu'à Moimay le général von
der Goltz est fortement entrepris. C'est sur ce point que le
colonel Nachtigal reçoit l'ordre de diriger ses hommes. Vers

4¹/₄ heures, les compagnies 1 et 2 du régiment restent seules encore en position au sud de la ville. Les autres ont traversé le pont et gagné la rive droite. Un quart d'heure plus tard, ces deux compagnies rejoignent à leur tour le régiment, après avoir été relevées dans leurs positions par la 11ᵉ compagnie du 25ᵉ, qui seule occupe maintenant la route de Cubrial, la mairie et la lisière sud.

Le deuxième acte du combat est terminé. Le troisième, le plus sanglant, va commencer.

Le 30ᵉ régiment a évacué le château. Malentendu ou oubli, le colonel von Loos n'en a pas été avisé. A la faveur du crépuscule, le centre de la ligne française se porte en avant. La brigade Perreaux de la division Penhoat (XVIIIᵉ corps), composée d'infanterie légère d'Afrique et du 92ᵉ de ligne gagne du terrain, pratique une brèche dans le mur du parc de Grammont, pénètre dans l'intérieur et occupe le château abandonné. Il est 4 ¹/₂ heures. Le colonel von Loos se voit tout à coup menacé sur son aile droite. Il rappelle la batterie en position au bois des Breuleux et lui ordonne de se retirer sur la rive droite de l'Ognon, puis il prend ses dispositions pour évacuer à son tour Villersexel avec son régiment. Le 1ᵉʳ bataillon bat en retraite par le cimetière ; les fusiliers, par la place du Marché pour passer le pont à la suite du 1ᵉʳ. Le 2ᵉ bataillon couvrira le mouvement. Le 1ᵉʳ bataillon et les fusiliers ont gagné le pont, le 2ᵉ se dispose à en faire autant quand les têtes de colonnes françaises pénètrent dans la ville. Un vigoureux retour offensif du 2ᵉ bataillon arrête un instant cette offensive, lorsqu'au même moment les troupes françaises qui occupent le château ouvrent leur feu sur le pont.

Le moment est critique. Le général de Werder entendait bien ne pas pousser au delà de Villersexel, mais il prétendait se maintenir dans la ville jusqu'à la nuit close. La retraite a été trop rapide et trop complète. Le général ordonne que Villersexel soit réoccupé. Trois et demi bataillons du gros de la IVe division de réserve (Wehlau, Osterode, Ortelsbourg et ¹/₂ Thorn) traversent le pont et y rencontrent le régiment von Loos qui bat en retraite. Par un malentendu, le train de la division s'est avancé de Grange-d'Ancin sur Villersexel par la route où stationnent déjà les caissons de munitions de l'infanterie engagée au combat. L'encombrement est complet sur le pont et aux abords. Un épais brouillard monte de la rivière et empêche de se rendre compte de la situation. Le colonel von Loos fait faire demi-tour à son régiment, en même temps que les trois et demi bataillons du gros, sous les ordres du colonel von Krane, se jettent de nouveau dans les rues de Villersexel occupées par l'ennemi. Un combat à bout portant s'engage alors, rendu plus terrible encore par le brouillard et l'obscurité. Deux compagnies du 25e parviennent à gagner la lisière sud-est de la ville, mais sur la place du Marché la résistance des troupes françaises est opiniâtre. Vainement l'infanterie du colonel von Loos fait le siège des maisons, vainement elle cherche à pénétrer dans les ruelles étroites et à pente abrupte du centre de la ville. L'infanterie française fait pleuvoir les balles par les fenêtres et les soupiraux des caves, tandis que d'autres détachements occupent les rues et pressent sur l'ennemi. Malgré les plus grands efforts, aucune des deux troupes n'arrive à repousser son adversaire. Les Allemands ne réussissent pas à avancer jusqu'à la sortie sud-ouest qui commande la route de Rougemont ; les Français, malgré leurs assauts répétés, ne parviennent pas à rejeter l'ennemi sur le pont de l'Ognon. La mêlée continue ainsi, meurtrière, atroce. La nuit est glacée. Le brouillard s'est dissipé. Les étoiles scintillent au ciel. La lune se lève sur le carnage. Un noir nuage de fumée couvre la ville qu'éclairent les flammes rouges et les gerbes d'étincelles sortant des maisons incendiées.

En quittant Villersexel, le général de Werder s'était dirigé sur Moimay dont la possession lui importait au plus haut degré pour couvrir la retraite des troupes engagées dans la ville. Déjà dans le courant de l'après-midi, l'occupation avait été renforcée par deux compagnies du bataillon de Graudenz, puis par le régiment du lieutenant-colonel Nachtigal, retiré de Villersexel. Le général en chef ordonna à la division badoise qui, sur ces entrefaites, avait rallié Aillevans de marcher, par Grange-d'Ancin, sur Marat.[1] Le général de Glumer prend lui-même la direction de la colonne. Avec la 2e brigade et trois batteries,[2] il débouche vers quatre heures et demie du soir en vue du village. Les batteries prennent position à l'ouest de la route sur la hauteur, soit pour répondre au feu de l'artillerie française, soit pour prendre sous leur propre feu les maisons et les colonnes françaises qui débouchent encore sur le champ de bataille. La nuit était venue quand deux bataillons du 3e régiment badois (1er et fusiliers), sortant du bois de la Genevraye et enveloppant l'extrême aile gauche française, attaquent Marat et jetant la panique dans les troupes ennemies, les forcent à céder le village.[3]

Vers cinq heures du soir, les troupes de la brigade Leclaire, restées maîtresses du bois des Brosses, tentent une dernière attaque contre Moinay. Elles parviennent jusqu'à environ trois cent mètres de la lisière; le feu rapide et violent de l'infanterie allemande brise l'élan de l'assaillant, qui se retire en toute hâte dans le bois, après avoir essuyé des pertes sérieuses.

A 8 1/4 heures du soir,[1] le général de Werder réunit dans la cour de la ferme de la Grange-d'Ancin les adjudants des divers corps engagés et donne les ordres suivants : « Nos

---

[1] La division badoise fournissait en outre le 2e bataillon du 3e régiment et une batterie lourde pour l'occupation du pont d'Aillevans, du pont de Saint-Sulpice et de Notre-Dame de la Pitié, établissant ainsi la communication avec Villersexel.

[2] 1re et 4e batteries légères, 1re batterie lourde.

[3] Voir Historique du 42e régiment de marche *Le combat de Villersexel.*

[4] LÖHLEIN, p. 170, dit 7 1/4 heures.

troupes occupent les positions qu'elles ont victorieusement
conquises pendant la journée. La 1re brigade (badoise) sera
demain matin, à la première heure, à Arpenans. Une brigade
badoise tiendra Oricourt et Oppenans. La 3e brigade badoise sera en réserve au point où la route Lure-Aillevans
est traversée par le chemin d'Arpenans. La brigade von der
Goltz tiendra Aillevans. La division Schmeling traversera
l'Ognon à Longevelle sur deux ponts de bateaux et occupera
Longevelle et Villafans, en assurant la défense du pont sur
le Scey. La compagnie de pontonniers assurera le passage
de l'Ognon à Gouhenans. Ces mouvements seront exécutés
comme suit : la division badoise se maintiendra à Marat
avec un détachement des trois armes et commencera immédiatement le mouvement ; la brigade von der Goltz la suivra
d'entente avec le général de Glumer, tout en gardant la position de Moimay ; la division Schmeling prendra la nouvelle
route de Longevelle en occupant Villersexel avec deux bataillons, de la cavalerie et de l'artillerie si elle le juge nécessaire ». Le général, en cédant la rive gauche, se préparait
donc à pouvoir, dès le lendemain à la première heure, repousser une nouvelle attaque de l'ennemi et au cas où celle-
ci ne se produirait pas, à se mettre incontinent en retraite sur
Belfort en gagnant de vitesse les colonnes françaises. Les
détachements de Vesoul et de Port-sur-Saône [1] recevaient
en outre l'ordre de se mettre en marche dès le lendemain à
la première heure, de façon à atteindre Borey et Esprels et
d'établir le contact avec le corps d'armée. Le télégraphe fut
transporté de Vesoul sur Luxeuil.

Ces divers mouvements furent aussitôt préparés et exécutés, pendant que le général de Werder allait prendre à Aillevans ses quartiers pour la nuit. Le combat était ainsi rompu,

---

[1] A Vesoul, le colonel de Beyer, avec deux compagnies du
4e badois, le bataillon d'Eupen, un escadron du 4e hussards de
réserve et deux batteries. — A Port-sur-Saône, le major von Pac-
zinski-Tenczin. avec deux compagnies et un escadron.

sur toute la partie occidentale du champ de bataille, mais il
continuait, sanglant, dans les rues et autour du château de
Villersexel. Comme aucun danger ne paraissait plus à craindre du côté de Moimay, le 30e régiment fut mandé à Villersexel entre 6 et 7 heures du soir. Il prit position au nord
du pont de l'Ognon et sur la rive droite pour appuyer la division Schmeling.

Tandis que le 25e régiment sous les ordres du colonel von
Loos, combattait dans les rues et sur la lisière sud, les bataillons de landwehr de Wehlau et d'Osterode du 2e régiment de landwehr de la Prusse orientale avaient été lancés
à l'attaque du château par le colonel von Krane. Le bataillon
de Wehlau prend la tête et se partage en deux colonnes. La
colonne de droite, forte de deux compagnies, suit la rivière
et pénètre dans le parc pour attaquer le château par le nord
en gravissant la pente ; le demi-bataillon de gauche s'engage
dans une petite ruelle longeant le pied du mur qui, à l'est
du parc, sépare celui-ci de la ville et gagne l'entrée principale du domaine, située sur le plateau, en face de l'église.
L'attaque du demi-bataillon de droite est d'abord arrêtée par
la fusillade des Français logés dans le château et qui dominent la pente. Le demi-bataillon de gauche trouve de son
côté une difficulté extrême à gravir la ruelle rendue très
glissante par la couche de neige et de glace qui recouvre le
sol. Abimé par la fusillade du château qui plonge dans la
ruelle, empêché dans sa marche, le chef de la colonne se
décide à revenir sur ses pas pour chercher un point d'attaque plus propice. Il fait demi-tour et vient tomber avec ses
hommes dans le bataillon d'Osterode qui, lui aussi, monte la
ruelle. Il s'en suit une grande confusion. Le chef du bataillon
d'Osterode, le major von Wussow, qui marche en tête de sa
troupe, se dégage, continue son mouvement et se croyant
suivi de ses gens débouche devant la principale entrée du
parc, accompagné seulement d'une cinquantaine de fantassins. La grille est restée ouverte ; elle est flanquée à droite

et à gauche de deux petits bâtiments dont l'un sert de loge au concierge. Les Français les occupent. Le major von Wussow reçoit une grêle de balles. Il lance sa petite troupe à la baïonnette; les Français lâchent pied. Il traverse la cour et pénètre dans le château par la porte principale, au centre du bâtiment. Les Français évacuent le vestibule en se retirant dans les caves et au premier étage et les Prussiens occupent le grand salon du rez-de-chaussée dont les fenêtres donnent sur la terrasse, du côté de l'Ognon. Pendant ce temps, les Français venant du dehors ont réoccupé l'entrée du parc. Le major von Wussow envoie un officier chercher son bataillon : l'officier est entouré et fait prisonnier.

Sur ces entrefaites, le demi-bataillon de droite de Wehlau a gravi la pente du parc et gagné la terrasse. Les hommes d'Osterode ouvrent les fenêtres et la porte du salon et font entrer leurs camarades. Le major de Wussow divise ses soldats en deux groupes pour attaquer le premier étage par deux escaliers. Lui-même s'élance par l'escalier principal, gagne le salon du premier et y fait prisonnier cent-vingt soldats et un officier. Mais toutes les autres pièces de cet étage, le deuxième et les caves sont encore au pouvoir de l'ennemi. A ce moment, débouchent sur la terrasse deux compagnies du bataillon d'Osterode qui, bousculées par le demi-bataillon de gauche de Wehlau, avaient dégringolé jusqu'au bas de la ruelle et gagné le parc par l'entrée de la rivière. Elles pénètrent à leur tour dans le salon du rez-de-chaussée, suivies de près par le demi-bataillon de Wehlau, dont l'autre moitié occupait déjà le bâtiment. Quant à la quatrième compagnie d'Osterode, elle avait remonté la ruelle, escaladé le mur du parc, enfoncé la porte de l'aile orientale malgré le feu des Français qui pleuvait des fenêtres du premier étage et gagné les salles du plain-pied.

Le colonel von Krane est arrivé, lui aussi. Il ordonne que les deux ailes du château seront occupées chacune par une compagnie, le corps de bâtiment central et la cour par les six autres. Il était environ huit heures du soir. Les Français occupaient encore le premier étage en partie, tout le deuxième, les combles, les caves, la cour et les deux bâtiments à l'entrée du parc. La lutte reprend de plus belle. Les Prussiens cherchent à pénétrer dans les caves, mais en vain. Les Français tirent d'en bas sur les hommes qui se présentent au haut de l'escalier. On se bat corps à corps dans les autres parties de l'édifice.

Le général von Schmeling a reçu l'avis que les Français résistent opiniâtrement dans le château et dans les caves. *Nun, so rauchert sie hinaus!* a-t-il répondu à l'officier qui lui a fait rapport. L'officier comprend ces paroles comme un ordre de mettre le feu au château. Il se met en route pour le communiquer à ses chefs et, chemin faisant, s'imagine voir le pont de l'Ognon au pouvoir des Français, c'est-à-dire la retraite coupée aux troupes qui occupent Villersexel. Il revient au château avec l'ordre d'incendier et la nouvelle alarmante de la perte du pont de pierre. Le colonel von Krane juge qu'il n'y a pas un instant à perdre. On entasse dans l'aile ouest du bâtiment des meubles, de la literie, de la paille, tout ce qu'on peut trouver d'objets et de matières inflammables et on y met le feu. Puis le colonel von Krane ordonne l'évacuation du château. Il est dix heures du soir environ. Une compagnie du bataillon de Wehlau, sous les ordres du capitaine Czigan, le colonel von Krane et le major von Wussow avec une poignée d'hommes d'escorte demeurent dans l'aile orientale pour diriger de là et couvrir la retraite, pendant que le gros des deux bataillons descend par le parc pour gagner l'Ognon. Comme on croit le pont occupé, on décide de passer la rivière à gué en dépit d'un froid de 10 degrés en dessous du zéro. Plusieurs hommes se noient. On ne s'aperçoit de l'erreur que quand on a atteint la rive droite.

Pendant ce temps, les Français, revenant à la charge,

avaient occupé toutes les issues du château. Le colonel von
Krane était bloqué. L'incendie se propageait dans l'intérieur
avec une rapidité effrayante. Il y eut là pour la petite troupe
des Prussiens quelques instants d'une horrible attente. Heureusement pour eux, le colonel von Knappe qui combattait
dans la ville envoya vers onze heures deux compagnies du
bataillon de Thorn dans la direction du château, au secours
des troupes qui, croyait-il, y combattaient encore. Elles
abordèrent l'édifice par le nord, furent reçues par une
vive fusillade, eurent grand peine à s'orienter dans les ténèbres, mais parvinrent cependant, après quelques hésitations,
à reconnaître que la maison était évacuée, et que le colonel
von Krane était bloqué avec sa troupe dans l'aile orientale.
On put même s'entendre et se concerter. Les deux compagnies de Thorn devaient simuler contre les faces nord et est
une vigoureuse attaque, tandis que le colonel von Krane
chercherait à gagner, par la cour, l'entrée principale du parc.
Grâce à la bravoure de tous, l'entreprise réussit. La baïonnette en avant et en poussant de vigoureux hourrahs, la
compagnie Czigan se fraya un passage à travers les fantassins
français, massés dans la cour et surpris de cette subite attaque. Le colonel von Krane et ses hommes gagnèrent
l'Ognon. Les deux compagnies de Thorn se replièrent vers
la ville.

Pour se donner de l'air et empêcher l'infanterie française
du château de presser trop fort sur le pont de pierre, sa
seule retraite, le général von Schmeling ordonna aux deux
bataillons de Wehlau et d'Osterode et aux deux compagnies
de Thorn de se reporter en avant et de tenir les Français en
échec dans le parc. Les bataillons franchissent pour la troisième fois le pont, rentrent au combat et poussent leurs
lignes, en les prolongeant sur la rive gauche, jusqu'à la
passerelle qui traverse la rivière. La fusillade recom-
mence alors avec une violence nouvelle, entrecoupée de
mouvements offensifs de l'infanterie allemande quand l'en-

nemi la serre de trop près. Enfin, l'ordre vient du général en chef de rompre le combat et d'évacuer définitivement Villersexel. Dans les deux camps les troupes étaient lasses. Pour le 25ᵉ régiment, la journée avait commencé à 6 heures du matin et le combat à 9 heures. Il était 1 ¹/₂ heure du matin ! Les troupes n'avaient rien mangé depuis vingt heures.

La landwehr qui combattait dans le parc gagna la première le pont qu'elle traversa sous la protection du bataillon d'Ortelsbourg. Puis ce fut le tour des 2ᵉ et 3ᵉ bataillons du 25ᵉ régiment, du colonel von Loos. Le 1ᵉʳ bataillon du 25ᵉ régiment quitta le dernier la ville et ne se retira sur la rive droite qu'après avoir solidement barricadé l'entrée du pont. A 3 heures du matin seulement, Villersexel était complètement évacué. L'incendie du château dura toute la nuit. La division Schmeling gagna Longevelle, franchit l'Ognon sur le pont de bateaux et vers cinq heures du matin se massait, en formation de rassemblement, près de Villafans. A 6 heures, les troupes prenaient leurs cantonnements, le 25ᵉ régiment à Saint-Sulpice, un bataillon à Longevelle. Le détachement de Saint-Sulpice regagnait sa brigade à Aillevans. Le 30ᵉ régiment rejoignait à Aillevans la brigade von der Goltz qui entre une et deux heures du matin avait évacué Moimay.

Pendant la nuit, deux escadrons du 2ᵉ dragons badois furent chargés de maintenir et de régler la circulation des trains sur les routes se dirigeant vers la Lisaine, afin de prévenir les encombrements pour la retraite qui allait commencer.

Ainsi se terminait le combat de Villersexel, un des plus acharnés de toute la guerre. Le gros de l'armée française resta en majeure partie au bivouac, sur la ligne Esprels-Magny-Villers-la-Ville, avec le quartier du général Bourbaki au château de Bournel, près de Cubrial.

La journée avait été sanglante. Les Français avaient perdu près d'un millier d'hommes, dont deux cents environ dans l'incendie du château, plus cinq cents prisonniers dont dix-sept officiers.[1] Les pertes des Allemands s'élevaient à **26** officiers et **553** hommes ; ils avaient engagé environ **15,000** hommes avec **54** bouches à feu.

Pendant que le gros des forces françaises combattait devant Villersexel, la IIIᵉ division du XXIVᵉ corps avait continué sa marche d'Abbenans par St-Ferjeux sur Arcey et Montbéliard, laissant le 3ᵉ bataillon de la 1ʳᵉ légion du Rhône entre Villersexel et son flanc gauche et la 2ᵉ légion du Rhône à Saint-Ferjeux. A Corcelles, la tête de la colonne s'était heurtée au détachement du colonel de Bredow, du 2ᵉ uhlans de réserve, fort de sept bataillons, deux escadrons et deux batteries, chargé par le général de Tresckow, commandant le siège de Belfort, de garder les avenues de la Lisaine à l'ouest de Montbéliard et d'Héricourt. Le colonel de Bredow avait occupé avec ses troupes la ligne Villers-sur-Saulnot, Gonvillars, Marvelise, Onans, Sainte-Marie, Montenois, avec une réserve à Arcey et une compagnie à Présentevillers pour maintenir la communication avec Montbéliard. Il avait envoyé des patrouilles en reconnaissance dans la direction de Villersexel, pour établir si possible la communication avec la IVᵉ division de réserve. Elles n'avaient pas pu y parvenir. Dans la soirée, le colonel avait dirigé un bataillon et une batterie sur Corcelles pour en débusquer l'avant-garde française qui, forte seulement d'un bataillon et n'ayant pas d'artillerie avec elle, avait en effet évacué le village. Mais comme de profondes colonnes ennemies étaient signalées, le colonel retira pendant la nuit toutes ses troupes sur Arcey, ne laissant qu'une compagnie et quelques cavaliers à Gonvillars pour observer la route.

Enfin, dans cette même journée, le général de Debschitz avait eu, sur l'Allaine, de légers engagements avec des partis d'infanterie française.

---

[1] LÖHLEIN p. 173. Le rapport de l'état-major allemand parle de 700 prisonniers. T. IV, p. 1006.

# CHAPITRE IX

## DE VILLERSEXEL A ARCEY

Villersexel marquait pour l'armée de l'Est une première et fort honorable étape. Elle avait franchement, bravement abordé l'ennemi. Dans les rues, le combat avait été un sanglant corps à corps. L'infanterie allemande avait disputé le terrain pied à pied, mais la ville était restée aux Français.

La journée était faite pour affermir le moral des troupes et encourager les chefs dans leurs espérances. Officiers et soldats s'étaient vus réciproquement à l'œuvre et avaient appris à se connaître et à s'estimer. Le général en chef avait déployé sur le champ de bataille son sang-froid et sa bravoure habituelles. Entrant directement en contact avec ses hommes, il avait partagé avec eux les périls de la lutte et donné l'exemple à tous. « Le général en chef, parti dès 4 heures, mandait M. de Serres à M. de Freycinet, le 10 janvier, a été magnifique de vigueur, d'entrain et d'élan ; c'est à lui que revient incontestablement l'honneur de la journée, dont les premières heures, écoulées en dehors de son action personnelle, ont laissé à désirer. Il a enlevé les régiments déjà fatigués du XX⁰ corps avec un élan irrésistible et les a lancés dans Villersexel regorgeant d'ennemis. La position était à nous.»[1]

Dans l'entourage du général, on était tout naturellement tenté d'exagérer la portée du succès obtenu. La fortune était si avare de ses sourires pour les armes françaises! «La bataille finit à 7 heures, télégraphiait au ministère M. C. Laurier. La nuit seule nous empêche d'estimer l'importance de notre victoire. Le général en chef couche au centre du champ de bataille et toutes les positions assignées à l'armée pour ce soir par l'ordre général de marche d'hier sont occupées par elle. Villersexel, clef de la position, a été enlevé au cri de : Vive la France! Vive la République! A demain les résultats.»[2] A Bordeaux aussi, on crut à une vraie victoire. Dans toute la France la joie fut grande. On considéra la journée comme l'aube d'une ère nouvelle et le commencement de la délivrance. M. de Freycinet envoya, coup sur coup, trois dépêches au quartier-général, une à M. de Serres pour lui recommander de se ménager « afin que la victoire ne nous coûte pas votre santé », et deux au général, qu'il félicitait de sa « splendide attitude ». « M. de Serres, disaient les dépêches ministérielles, vient de nous annoncer la brillante victoire que vous avez remportée à Villersexel; c'est le couronnement bien mérité des sages manœuvres que, depuis quatre jours, vous avez exécutées avec autant de hardiesse que de prudence, entre les deux groupes de forces ennemies. Je vous félicite, ainsi que votre éminent chef d'état-major Borel, dont j'ai reconnu la main dans plusieurs dispositions... Je crois que les conséquences de votre succès seront considérables à bref délai.»[3]

Le général en chef n'avait rien dit cependant pour provoquer ces félicitations enthousiastes. A minuit et demi, en

[1] Enquête. T. II, p. 655.
[2] Enquête. T. II, p. 654.
[3] Enquête. T. II, p. 658 et 659.

descendant de cheval, il s'était borné à télégraphier du château de Bournel : « L'armée a exécuté hier, 9, le mouvement ordonné. Le général Clinchant a enlevé avec un entrain remarquable Villersexel. Le général Billot a occupé Esprels et s'y est maintenu. Nous sommes maîtres de nos positions. Tous les ordres sont donnés pour répondre convenablement à une attaque de l'ennemi si elle venait à se produire ou pour prendre telle autre disposition que les circonstances pourraient rendre nécessaires».[1] Le général n'annonçait donc pas un triomphe. Il ne disait pas que l'ennemi fût défait ni même battu, puisqu'il le sentait capable de reprendre immédiatement l'attaque. Il donnait même à entendre qu'il resterait lui-même sur la défensive et ne poursuivrait pas le général de Werder.

On n'était donc pas fixé à l'état-major de l'armée sur les résultats obtenus. « J'ai étudié cette nuit avec le général Bourbaki toutes les mesures nécessaires pour préparer la bataille d'aujourd'hui, bataille que l'ennemi doit absolument livrer, qu'elles qu'en soient les conditions, s'il a conscience de sa situation par rapport à la nôtre, » mandait M. de Serres à M. de Freycinet, le lendemain, 10 janvier, à 1 heure du soir.[2]

Cependant, l'attaque attendue au château de Bournel ne fut pas fournie par le général de Werder. En la considérant comme imposée à l'ennemi par la situation stratégique, M. de Serres partait sans doute de l'idée que l'ennemi, pour couvrir Belfort, devait nécessairement prendre la route Vesoul-Villersexel-Héricourt. Occuper Villersexel était donc lui barrer le chemin. « Je crois pouvoir affirmer, avait déjà télégraphié, le 9 janvier au matin, M. de Serres, que les mouvements d'aujourd'hui, ainsi que ceux de demain, tout en nous élevant, améliorent sensiblement nos positions.

[1] *Le général Bourbaki.* p. 224.
[2] ENQUÊTE. T. II, p. 655.

Nous restons maitres de choisir la droite ou la gauche, pour notre opération ultérieure, réalisée avec la masse totale de nos forces, celles de l'ennemi se trouvant fatalement, dans les trente-six heures qui vont suivre, divisées en deux parties, l'une à Belfort, qu'il doit couvrir, l'autre vers Vesoul et sur la route de Luxeuil, qu'il parait vouloir conserver.»[1] Il attribuait donc à la position de Villersexel, avant le combat comme après, la signification d'un passage forcé pour le général de Werder si celui-ci voulait, de Vesoul, se rendre à Belfort. Et comme on occupait Villersexel, on croyait avoir coupé le général ennemi de ses communications avec la place assiégée et l'avoir placé dans la nécessité de renouveler le 10 l'attaque du 9, s'il prétendait les rétablir.

Mais pour avoir repassé sur la rive droite de l'Ognon et laissé Villersexel aux Français, le général de Werder n'était pas coupé de Belfort. Il lui restait la route du pied des Vosges, la plus directe pour atteindre par Lure et Frahier les positions couvrant la place assiégée à l'ouest. En donnant ses ordres pour le 9, il avait dirigé la division badoise sur Lure et avait chargé la division Schmeling de protéger cette marche en démontrant contre Villersexel et en dirigeant une offensive vigoureuse contre le flanc gauche des colonnes françaises en mouvement sur Héricourt et Belfort. Au lieu de cela, il avait trouvé l'ennemi faisant front au nord avec trois corps d'armée, ce qui l'avait obligé à rappeler la division badoise, mais il n'avait pas pour cela renoncé à son projet et l'ennemi n'était pas en mesure d'en empêcher l'exécution. Il eût fallu pour cela que l'aile droite française, le XXIVe corps, se fût élevé plus au nord et eût atteint la route de Lure, de façon à menacer directement l'aile gauche allemande et à lui intercepter la communication avec l'est. Ce n'était pas le cas. Le général de Werder avait échappé à ce grave péril et, en somme, quoiqu'il n'eût pas pu se main-

[1] ENQUÊTE. Rapports. T. II, p. 651.

tenir sur la rive gauche de l'Ognon, la rive droite lui restait. Il avait forcé l'armée française à se déployer, l'arrêtant pendant toute une journée. Il s'était très exactement renseigné sur les forces de l'ennemi. Il l'avait amené à combattre sur un front qui n'était pas dans la direction primitive de la marche et obligé, pour le cas où celle-ci serait reprise, de faire une conversion pour rétablir le front contre Belfort. Il savait qu'il se trouvait à Villersexel à la même distance de Belfort que son adversaire et qu'il ne restait plus qu'à le gagner de vitesse, non point par Héricourt, mais par la route de Lure et de Frahier, déjà assignée la veille à la division badoise. Elle restait à son entière disposition. Il n'avait qu'à la suivre et à marcher vite pour être à Belfort avant l'ennemi. Il comptait pour cela sur la grande mobilité de ses troupes et sur la lenteur de la marche des colonnes françaises.

Le général de Werder n'avait pas perdu de temps. Le combat n'était pas terminé encore qu'il donnait déjà ses ordres pour que le mouvement vers l'est fût repris incontinent et pour qu'il pût s'interposer en temps utile derrière la Lisaine entre l'armée française et Belfort. Il n'avait tenu Villersexel que le temps strictement nécessaire pour retirer ses troupes du combat et les masser au nord de l'Ognon. A point nommé, il avait rompu le contact, évacué la ville et passé le pont. Dès l'aube du 10, après quelques courtes heures de repos, tout le corps d'armée était sur la route. Le soir du 10 janvier, il avait déjà gagné une avance considérable. Suivi de son état-major et d'un détachement de cavalerie d'escorte, le général avait couru de toute la vitesse de son cheval vers Frahier qu'il avait atteint le soir même. Le lendemain matin, 11 janvier, il s'entretenait avec le général de Tresckow, commandant le corps de siège, des préparatifs de la bataille défensive et décisive qu'il avait l'intention d'offrir à l'ennemi derrière la Lisaine.

En demeurant jusqu'au 9 janvier à Vesoul, le général de

Werder avait joué une grosse partie. Heureusement pour lui, le plan français n'avait pas été exécuté toutes forces réunies. Retenu à Dijon par le retard de Garibaldi à occuper ce poste, le général Cremer ne s'était mis en route que le 8 janvier. Le pays était ouvert devant lui, mais quoiqu'il eût marché vite, il n'était pas arrivé à temps pour inquiéter, à Port-sur-Saône, le flanc droit et les derrières de l'ennemi, et lui enlever ainsi, pour les 8 et 9 janvier, la liberté de ses mouvements. D'autre part, le XXIVᵉ corps n'était intervenu dans le combat qu'avec un faible détachement. S'il avait pu se porter au nord avec toute sa masse et, prolongeant l'aile droite française, accuser le mouvement par une menace directe contre la route de Lure, le général de Werder, enveloppé par trois côtés, aurait eu vraisemblablement beaucoup de peine à maintenir sa communication avec Belfort. Enfin, le général allemand avait eu le bénéfice de la lenteur des colonnes françaises à se déployer et à entrer au combat. Pendant toute la matinée du 9 janvier, il n'avait eu devant lui qu'une avant-garde. Le gros des colonnes françaises n'avait donné qu'après midi. Le péril avait donc été très grand pour le XIVᵉ corps allemand et on comprend que son chef ait mis, le combat terminé, tant de hâte à s'y soustraire et à en prévenir le retour.

Pour l'armée française, la journée du 10 janvier se passa donc dans l'attente d'une attaque qui ne vint pas. Le contact qu'on venait de prendre si bravement avec l'ennemi allait être immédiatement reperdu, après quelques engagements sans importance entre les avant-postes des deux armées pendant les premières heures du jour.

A 7 heures du matin, des essaims de tirailleurs français, sortant de Villersexel au nord-est, se présentèrent devant Saint-Sulpice où se trouvait l'avant-garde de la division von Schmeling, sous les ordres du général de Tresckow II, tandis que deux compagnies du bataillon de landwehr d'Ortelsbourg occupaient le Gros-Bois avec une grand'garde au

moulin de Grand-Pierre, au bord du ruisseau du Scey. L'a-
vant-garde allemande évacua aussitôt Saint-Sulpice, se re-
pliant sur les hauteurs au sud-ouest de Villafans où le gros
de la division avait pris position avec son artillerie et sa cavalerie, les deux autres compagnies d'Ortelsbourg rejoignant
celles qui occupaient déjà le Gros-Bois. L'infanterie française traversa le village de Saint-Sulpice, pénétra dans le
bois des Faux, débusquant la grand'garde du moulin de
Grand-Pierre qui se replia sur le Gros-Bois. Puis tout rentra
dans le silence. Vers huit heures, les premières patrouilles
françaises pénétrèrent aussi dans Moimay et dans les bois
au nord et au nord-est de Marat, mais aucune offensive
sérieuse ne se dessina. Les patrouilles d'exploration allemandes constatèrent seulement que de nouvelles colonnes
françaises venant du sud marchaient sur Villersexel.

A 9 heures du matin, le XIVᵉ corps d'armée avait disparu.
La division de Schmeling, rompant de Villafans, marcha par
la route de Ronchamp sur Lyoffans où elle arriva, sans encombre, à la tombée de la nuit. — La brigade von der
Goltz, croisant la route de la division de Schmeling, marcha
par les Aynans et Moffans sur Lomont et Belverne qu'elle atteignit à 8 heures du soir, après avoir fait au milieu du jour
une grande halte à le Val de Gouhenans, où on avait cuit la
soupe. — La division badoise gagna la grande route Vesoul-
Belfort et atteignit le soir Ronchamp avec ses bataillons de
tête ; pour accélérer son allure et raccourcir la colonne, elle
avait marché par demi-sections, la cavalerie par six, l'artillerie et les voitures par deux. La brigade de cavalerie, massée à Arpenans, avait reçu l'ordre d'établir la communication avec le détachement de Beyer lequel, venant de Vesoul,
avait pour mission de démontrer contre Villersexel pour se
replier ensuite sur Vy-les-Lure. A 2 heures du soir, la brigade de cavalerie s'était ensuite retirée sur Magny-le-Ver-
nois près Lure, où elle passa la nuit. Quant au détachement
du colonel de Beyer, resté jusque-là à Port-sur-Saône et

Vesoul, il marcha par deux colonnes : le gros du détachement (2 bataillons du 4ᵉ régiment badois, le bataillon de landwehr d'Eupen, 1ᵉʳ escadron du 4ᵉ hussards de réserve et deux batteries) sur Esprels; les troupes de Port-sur-Saône, sous le major von Paczinski (2 compagnies d'infanterie prussienne et 1 escadron du régiment de dragons de la garde badoise), sur Noroy-le-Bourg. Le gros avait pour mission d'ouvrir le feu contre Villersexel; le major von Paczinski devait maintenir la communication avec le corps d'armée. Le colonel de Beyer n'atteignit pas Esprels. Arrêté à Vallerois-le-Bois par l'infanterie du XVIIIᵉ corps français, il se retira sur Villers-le-Sec. Le soir, les deux détachements Beyer et Paczinski opéraient leur jonction à Vy-les-Lure.

Comme il trottait sur la route de Frahier, précédant ses troupes, le général de Werder avait trouvé à Ronchamp une estafette du grand quartier-général de Versailles qui lui avait remis de la part du comte de Moltke d'importantes instructions. Elles portaient la date du 7 janvier.

Dès que, par la dépêche du général de Werder du 5 janvier, il avait été fixé sur la présence de l'armée de l'Est dans la vallée de l'Ognon, l'état-major avait pris rapidement et énergiquement des mesures pour parer à la situation nouvelle. Le comte de Moltke faisait connaître au commandant du XIVᵉ corps que les IIᵉ et VIIᵉ corps d'armée allaient se réunir sur la ligne Châtillon sur Seine-Nuits et marcher vers l'est pour y former, avec le XIVᵉ corps, l'armée du Sud, sous les ordres du général de cavalerie baron de Manteuffel. Jusqu'à jonction, le général de Werder devait continuer à diriger lui-même les opérations de ses troupes et, à cet effet, le comte de Moltke attirait l'attention du commandant du XIVᵉ corps sur les points suivants :

Le siège de Belfort devait à tout prix être protégé. Déchargé du soin de couvrir la région à l'ouest des Vosges, le général devait être en mesure de contenir l'offensive ennemie jusqu'à l'arrivée des IIe et VIIe corps, dût-il pour cela recourir au besoin à toutes les troupes qui ne seraient pas strictement indispensables au maintien du blocus et détruire, pour la protection de son flanc droit, les routes qui traversent la région méridionale des Vosges. Afin de surveiller les mouvements de l'ennemi à l'ouest des Vosges, dans la direction du nord, le général était invité à se tenir en relations avec le gouverneur-général de la Lorraine, auquel des ordres semblables étaient donnés. Quant au gouverneur-général de l'Alsace, il avait été chargé d'étouffer, par tous les moyens disponibles, toute tentative de soulèvement qui se produirait sur les derrières du XIVe corps. Le général de Werder réprimerait directement, et avec la dernière rigueur, les manifestations de même nature dans le rayon de ses opérations. En cas de retraite momentanée, le général devait maintenir le contact avec l'ennemi et reprendre l'offensive au premier symptôme de défaillance chez l'adversaire. « L'armée française, disait le général de Moltke, est outillée de la manière la plus défectueuse en convois de vivres et de munitions ; ses opérations restent donc nécessairement liées à la voie ferrée. Dans le cas d'une marche agressive de l'adversaire contre votre front, toute opération menaçant en queue ses communications avec le chemin de fer sera donc de nature à l'inquiéter vivement. » Le gouverneur-général de la Lorraine était chargé de préparer et d'exécuter au besoin la destruction des lignes Langres-Chaumont et Épinal-Saint-Loup. Le général de Werder devait veiller lui-même à mettre hors de service, pour huit à quinze jours, la ligne Bâle-Mulhouse. Enfin, le ministre de la guerre de Bade était invité à concentrer dans la partie méridionale du grand-duché les troupes de remplacement[1]

---

[1] Six bataillons d'infanterie, trois escadrons, deux batteries et un détachement de pionniers, plus cinq bataillons de landwehr. VON DER WENGEN, *Die Kämpfe vor Belfort*, p. 170.

pour le cas où il deviendrait nécessaire d'observer le Rhin et d'interdire à des partis ennemis le passage du fleuve.

Les directions du grand état-major visaient donc, en première ligne, la protection énergique du siège de Belfort dont le déblocquement par une armée française victorieuse aurait occasionné la perte d'un matériel considérable. Le quartier-généralissime ne paraissait pas avoir de grandes inquiétudes pour le flanc gauche du XIVᵉ corps, qui ne pouvait être menacé que par une opération offensive basée sur les montagnes du Lomont et entreprise dans l'étroite région entre le Doubs et la frontière suisse. Mais le flanc droit était plus exposé. Une opération entreprise de Langres par Chaumont et Luxeuil l'eût obligé à rétrograder rapidement vers le nord. On engageait donc le général à prendre toutes les précautions indiquées par les circonstances, de concert avec les gouverneurs de la Lorraine et de l'Alsace. Enfin, les troupes de remplacement badoises étaient chargées de protéger le flanc gauche du XIVᵉ corps en cas de retraite sur l'Alsace et Mulhouse. Le comte de Moltke comptait au surplus sur la difficulté qu'éprouverait l'ennemi à se ravitailler en vivres et en munitions à mesure que, s'élevant au nord, il s'éloignerait du chemin de fer et sur l'inquiétude que lui inspirerait la marche des deux corps d'armée du général de Manteuffel, menaçant ses derrières.

Le général de Werder n'avait pas attendu les instructions de Versailles pour ordonner ce que sa nouvelle situation lui commandait. En passant à Lure, il constituait, sous les ordres du colonel de Willisen, un détachement de trois régiments de cavalerie, six compagnies d'infanterie, deux batteries et une section de télégraphistes,[1] avec mission de

---

[1] 1ᵉʳ régiment de dragons de la garde badoise, 1ᵉʳ uhlans de réserve, six compagnies du bataillon de landwehr d'Eupen, deux compagnies de chasseurs de réserve, la batterie de réserve prussienne Dienemann et la batterie de réserve badoise Krutsch.

s'établir à Lure et de s'y maintenir jusqu'à ce que tous les
trains et toutes les colonnes de vivres en marche de Luxeuil eussent dépassé Frahier et rejoint le corps d'armée.
Le détachement devait en outre explorer dans la direction
de Vesoul et dans la vallée de l'Ognon et inquiéter l'ennemi
sur ses derrières autant que faire se pourrait.

Le 11 janvier, après avoir passé la nuit à Frahier, le général de Werder avait, à Argiésans, une conférence avec le
lieutenant-général de Tresckow I, commandant le siège
de Belfort, et s'entendit avec lui pour la mise en état de défense des positions de la Lisaine. Il reconnut le cours de la
petite rivière jusqu'à Héricourt, tandis que son chef d'état-
major, le lieutenant-colonel de Leszcynski, faisait de même
entre Héricourt et Montbéliard. Le soir, comme tout le corps
d'armée avait gagné la rive gauche, sans être inquiété, le
général donnait un premier ordre pour l'occupation provisoire des positions à défendre. A l'extrême aile droite, le détachement Willisen, avec retraite éventuelle sur Giromagny. A Frahier, la division badoise, avec avant-postes à
Etobon contre Béverne. A Chagey et Luze, le détachement
von der Goltz, avec avant-postes à Couthenans. De Héricourt à Montbéliard, la IVᵉ division de réserve, avec avant-
postes à Arcey. De Montbéliard, par Beaucourt, à Delle, le
détachement du général de Debschitz. Le gros train était
dirigé par Giromagny sur Massevaux et Sentheim. Les
avant-postes avaient l'ordre de se maintenir le plus longtemps possible, pour obliger l'ennemi à se déployer. Les
travaux pour la mise en état de défense des positions devaient être commencés immédiatement. Le général de Werder fixait son quartier-général au centre de sa ligne, à Brévilliers. Il y recevait dans la soirée une première dépêche
du général de Manteuffel l'avisant que le chef de la nouvelle
armée du Sud comptait être ce même jour à Châtillon-sur-
Seine, avec la XIIIᵉ division, pour prendre le commandement
de ses troupes.

Appelé par une dépêche télégraphique d'Amiens, où il commandait la $1^{re}$ armée, le général de Manteuffel était accouru le 10 janvier à Versailles. On lui avait remis un mémoire, en date du 8 janvier, antérieur par conséquent au combat de Villersexel, lui exposant à grands traits quelle était la situation dans l'est :

« Le général de Rœder (ministre de la Confédération de l'Allemagne du Nord en Suisse) a télégraphié de Berne que Bourbaki est arrivé de sa personne à Dijon et s'avance avec une armée de 60,000 hommes et 80 bouches à feu. Un de nos émissaires, dont les avis se sont vérifiés dans d'autres occasions, a rendu compte, dans un rapport circonstancié que, d'après le nouveau plan d'opérations adopté par les Français, le général Bourbaki, auquel on a donné le commandement des $XV^e$, $XVIII^e$ et $XX^e$ corps et peut-être aussi celui du $XIX^e$ à Bourges, devait laisser un corps d'armée à Vierzon et se porter contre le $XIV^e$ corps allemand avec son armée, renforcée des troupes de Cremer, du $XXIV^e$ corps formé récemment à Besançon sous le général Bressolles et des bandes de Garibaldi, pour débloquer Belfort, reprendre l'Alsace et couper nos lignes de communication.

« Depuis trois jours, disait le mémoire, les troupes avancées des $XVIII^e$, $XX^e$ et $XXIV^e$ corps français sont au sud et à l'ouest de Vesoul, ainsi qu'au sud de Belfort, en face des troupes du général de Werder ; hier on a remarqué qu'elles se groupaient vers la route de Besançon à Vesoul. On ne peut préciser encore si les $XVIII^e$ et $XX^e$ corps sont réunis en entier ; on peut en douter jusqu'à présent ; on croit même que le 31 décembre dernier Bourbaki a passé en revue à Bourges les $XV^e$ et $XVIII^e$ corps. Toutefois, ce renseignement n'est pas garanti. On n'a pu encore constater exactement où se trouvent les $XV^e$ et $XIX^e$ corps. On ne peut même affirmer si le $XIX^e$ corps fait partie de l'armée de Chanzy ou de celle de Bourbaki, ou même s'il a été dissous à la suite des batailles du commencement de décembre. Si ces deux corps appartiennent à l'armée de Bourbaki, il peut en emmener un avec lui dans son opération vers l'est et laisser l'autre à Vierzon. Dans le cas, au contraire, où le XIXᵉ corps ferait partie de l'armée de Chanzy, ou s'il a été dissous, il est probable que le XVᵉ corps restera à Vierzon, Bourbaki disposerait donc dans l'est des XVIIIᵉ, XXᵉ et XXIVᵉ corps et des bandes de Garibaldi.

« L'armée ennemie ainsi constituée a peu de cavalerie, mais possède une artillerie suffisante. Elle sera presque complètement dépourvue de parcs attelés et d'équipages de vivres et il lui faudra y suppléer, tant bien que mal, en s'attachant aux chemins de fer. L'infanterie est bien armée, mais organisée d'une manière défectueuse. La force numérique du corps d'armée est d'environ 30,000 hommes, de sorte que, outre les 12,000 hommes de Garibaldi, l'armée peut être estimée de 90,000 à 120,000 hommes.

« Le général de Werder a reçu provisoirement l'ordre de couvrir avant tout le siège de Belfort et de se baser sur le sud de l'Alsace. Si l'ennemi s'avance à l'ouest des Vosges, le général de Werder ne doit pas s'opposer à lui directement, mais seulement l'observer, de concert avec les troupes du gouverneur-général de Lorraine. Dans le cas où l'ennemi ne laisserait en face de lui que des forces inférieures, il reprendra immédiatement l'offensive et agira contre les communications de l'adversaire.

« L'entrée en action des IIᵉ et VIIᵉ corps sur le flanc gauche de l'armée française, dans la Côte-d'Or, suffira à contrecarrer complètement les projets de cette armée. La IIᵉ armée allemande qui a pris l'offensive contre l'armée de Chanzy et le Mans doit laisser à Orléans une division, laquelle aura un détachement à Briare.»

Les troupes qui devaient composer l'armée du Sud se trouvaient le 8 janvier : IIᵉ corps, général d'infanterie Fransecky (25 bataillons, 8 escadrons et 14 batteries), en route de Paris,

par Montargis, pour Nuits sous Ravières où sa division de
tête devait arriver le 12 janvier ; — VII<sup>e</sup> corps, général d'infanterie von Zastrow (31 bataillons, 12 escadrons et 14 batteries) : l'état-major et l'artillerie du corps et la XIII<sup>e</sup> division, lieutenant-général von Bothmer, en marche d'Auxerre
à Châtillon-sur-Seine où ils devaient arriver le 11 janvier;
la XIV<sup>e</sup> division, lieutenant-général Schuler von Senden, en
route, par chemin de fer, de Mézières pour Châtillon-sur-Seine
où elle devait être réunie le 12 janvier. Le colonel von Dannenberg avec les 60<sup>e</sup> et 72<sup>e</sup> régiments d'infanterie, trois
escadrons du 5<sup>e</sup> uhlans de réserve et deux batteries, se trouvait déjà au midi de Châtillon-sur-Seine, couvrant le rassemblement de l'armée et observant Langres et Dijon. L'armée
du Sud avec les trois corps Fransecky, Zastrow et de Werder comptait donc 118 bataillons, 54 escadrons et 51 batteries, soit environ 95,000 hommes, 6900 chevaux et 288
bouches à feu.[1]

Outre les indications contenues dans le mémoire de l'état-major, le général de Manteuffel avait reçu les instructions
verbales du roi Guillaume et le lendemain, 11 janvier, il arrivait à Châtillon-sur-Seine avec le colonel de Wartensleben,
son chef d'état-major. Une partie de l'état-major de la 1<sup>re</sup>
armée passa à l'armée du Sud ; les compléments nécessaires
et les services administratifs furent constitués pendant la
marche. Le 12, le général prenait possession de son commandement. Le 13, la concentration des deux corps était terminée. Le 14, sans un jour de repos, ils commençaient cette
marche rapide et audacieuse qui, six jours après, devait les
amener sur les bords de la Saône.

Pendant que le général de Werder, avisé de la prochaine
arrivée d'un puissant renfort, se dérobait, par une marche

[1] II<sup>e</sup> corps, 26,000 hommes; VII<sup>e</sup> corps, 19,000 hommes; XIV<sup>e</sup>
corps, 50,000 hommes dont 17,000 employés au siége de Belfort.

précipitée, derrière la Lisaine, le général Bourbaki était dans l'impossibilité de suivre son adversaire. Il était à vingt-cinq kilomètres d'Héricourt, à trente-cinq kilomètres, à vol-d'oiseau, de Belfort et il était cloué sur place par l'impossibilité de ravitailler ses régiments. « Clerval, sur la ligne de Besançon à Montbéliard, était le seul point et le point extrême où le chemin de fer pouvait amener des vivres, des munitions, tout ce qui était nécessaire à son armée. Le général, n'ayant pas de moyens de transports suffisants (et quels transports ! des charrettes requises chez les paysans), était donc obligé de conserver Clerval à tout prix, ainsi que les communications de toutes ses troupes avec ce point, puisque pour nourrir le soldat, il fallait faire la navette entre Clerval et le quartier-général de chaque division.»[1]

La dépêche que le général expédiait le 11 janvier, dans la soirée, de Bournel, au ministère de la guerre, montre les incertitudes dans lesquelles il était encore à cette date sur les faits et gestes de l'ennemi et la difficulté qu'il avait à se mouvoir lui-même : « J'accélère le plus possible mes opérations, comprenant comme vous l'immense intérêt qui s'attache à la rapidité de leur exécution, mais elles se trouvent contrariées à chaque instant par la difficulté d'assurer la subsistance des troupes, en raison de l'éloignement des voies ferrées, du verglas, de la raideur des pentes à gravir et à descendre, de l'insuffisance numérique de nos moyens de transport. Il est impossible de se trouver dans de plus mauvaises conditions que celles qui nous sont faites d'une façon si continue par la rigueur de la saison. L'intendant en chef du XXIVe corps a fait connaître au général Bressolles qu'il n'était pas en mesure d'assurer les distributions si les troupes faisaient un mouvement demain. Le XVe corps est dans le même cas. Aujourd'hui je fais appuyer à droite la majeure partie de mes forces, afin de préparer l'attaque

[1] *Le général Bourbaki.* p. 228.

d'après-demain, à laquelle prendra part la brigade Questel,[1] qui arrivera demain à Onans. — La possession d'Arcey m'est nécessaire pour me permettre de me porter en avant. On m'assure que l'ennemi n'a pas cessé de l'occuper depuis trois semaines et qu'il s'y est fortifié. Je fais reconnaître aujourd'hui les ouvrages exécutés par lui. En marchant sur Vesoul, sur Lure ou sur Belfort avant de m'être rendu maître d'Arcey, je compromettrais mes communications avec Clerval qu'elle domine complètement. L'opération sur Arcey a donc un caractère purement défensif. Si elle réussit, Vesoul et Lure seront forcément évacués,[2] comme l'ont été Dijon et Gray. — La division Cremer couchera ce soir à Fresne-Saint-Mamès. Je lui prescris de se porter sur Vesoul et d'occuper cette ville, si les renseignements recueillis sur les lieux par son chef le lui permettent. — Le XVe corps ne m'a rejoint qu'en partie. J'engage le général Martineau à réunir le plus rapidement possible les éléments qui lui manquent encore. L'encombrement des voies ferrées a sensiblement réduit les avantages de l'embarquement rapide des troupes de ce corps. Je prescris à la brigade Minot, qui n'a pas encore pu aller à Blamont, comme je le lui avais ordonné, de marcher sur Onans, où elle arrivera demain. Enfin, j'invite le général Rolland[3] à faire prendre l'offensive par ses troupes, partout où ce leur sera possible. — Je crois que l'ennemi nous attendra derrière la Lisaine. S'il est battu, Belfort se trouvera débloqué et je pourrai tenter la continuation du programme dont nous sommes convenus. — Si l'on en croit les renseignements venus de divers côtés, la majeure partie de l'armée du prince Frédéric-Charles se porterait contre nous. Dans le cas où elle parviendrait à s'opposer à la réalisation

---

[1] XVe corps.

[2] Vesoul était déjà évacué le 11 ; à Lure, il ne restait que la cavalerie du colonel Willisen.

[3] Le général de division Rolland, commandant la VIIe division militaire à Besançon.

de nos projets, nous n'en rendrions pas moins un service réel, puisque le général Chanzy se trouverait ainsi dégagé et pourrait marcher sur Paris. Il serait essentiel qu'il profitât le plus promptement possible de la diminution des forces qui lui sont opposées pour reprendre l'offensive. Quelles que soient les circonstances, je ne perdrai pas de vue le but à atteindre et j'utiliserai de mon mieux les éléments dont je dispose.»[1]

A voir le 11 janvier au soir, deux jours après le combat de Villersexel, l'état-major français encore si peu renseigné, il semble que sa cavalerie ait été, elle aussi, empêchée de se mouvoir. Si elle avait exploré le pays, elle eût fait savoir au commandant en chef que la route de Vesoul à Belfort était libre jusqu'à Lure, que là ne se trouvait plus que la cavalerie du colonel de Willisen, qu'Arcey n'était occupé que par des postes avancés, incapables de résister à une poussée sérieuse; que le gros de l'armée avait abandonné la rive droite de la Lisaine pour couvrir Belfort sur la rive gauche. Une exploration soigneuse eût constaté tout cela et permis à l'état-major de s'orienter. Le général Bourbaki avait expressément ordonné aux chefs de corps de veiller au service d'information. « Les reconnaissances seront poussées au loin et faites avec le plus grand soin », disait l'ordre de mouvement pour le 9 janvier. L'ordre était resté inexécuté.

Le ministère de la guerre n'était pas renseigné mieux. A Bordeaux, on croyait le général de Werder coupé de Belfort. Le 12, M. de Freycinet répond au général Bourbaki : « J'ai reçu votre dépêche de cette nuit, une heure et demie. Elle me suggère les réflexions suivantes : 1° La prise d'Arcey que vous projetez pour demain, ne me paraît pas ajouter beaucoup à l'interception des communications de l'ennemi, telle que vous l'avez déjà obtenue par la prise de Villersexel. Le temps exigé pour cette opération est-il bien en rapport avec

---

[1] *Le général Bourbaki*, p. 229, etc.

le résultat que vous en retirerez ? 2º Vous paraissez abandonner, au moins quant à présent, la marche sur Lure. Ne
craignez-vous pas, en inclinant ainsi tout entier sur la droite,
de permettre aux deux groupes d'ennemis de Belfort et de
Vesoul, de se rejoindre par la route de Lure ? Je crains que
vous ne perdiez le bénéfice de cette séparation en deux
tronçons que vous avez si bien entamée. 3º Vos mouvements
successifs s'accomplissent avec une grande lenteur, puisque
trois jours se seront écoulés entre Villersexel et Arcey,
points distants de 8 à 9 kilomètres... J'approuve très fort la
marche de Cremer en arrière de Vesoul pour couper la retraite à l'ennemi.»[1]

M. de Freycinet se trompait lorsqu'il parlait de l'interception des communications de l'ennemi entre Vesoul et Belfort, mais les dépêches qu'il avait reçues étaient pour l'induire en erreur sur ce point. Il voyait juste, d'autre part,
lorsqu'il attirait l'attention du général sur Lure et lui mon-
trait dans le flanc droit du général de Werder le point vul-
nérable de la position ennemie. Les vues du délégué à la
Guerre se rencontraient ici avec celles de l'état-major général
allemand. L'idée exagérée qu'on se faisait au quartier-général
de l'armée de l'Est de l'importance de la position d'Arcey,
la crainte qu'on avait de s'éloigner du chemin de fer poussaient irrésistiblement les forces françaises sur Héricourt
tandis qu'une vision nette du théâtre des opérations, dégagée
de toute préoccupation pour l'alimentation des troupes devait les conduire à s'élever au nord pour jeter l'ennemi dans
la vallée du Rhin.

L'intendant de l'armée, M. Friant, avait à Clerval et à
Baume-les-Dames des vivres en abondance, mais en l'absence de convois suffisants et vu le mauvais état des routes,
il éprouvait une difficulté extrême à les faire tenir aux troupes. Le commandement protestait contre la lenteur du ravi-

[1] ENQUÊTE. T. II, p. 665.

taillement. « Il faut à tout prix que les denrées arrivent aux divers corps d'armée et soient distribuées en temps opportun. Requérez donc toutes les voitures nécessaires et télégraphiez à ceux des préfets pouvant venir en aide. Songez que la subsistance des troupes n'est réellement pas assurée en ce moment, quoique la station de Clerval ne soit distante que de 29 kilomètres, demain peut-être nous en serons à 30 et dans deux jours à 50... »[1] L'intendance faisait les plus grands efforts pour satisfaire le commandement, mais malgré toute sa diligence et son dévouement, elle ne parvenait pas à vaincre à temps d'insurmontables obstacles.

Quant aux positions d'Arcey, on les croyait si fortes qu'on estimait n'avoir pas de trop à toutes les troupes disponibles pour les enlever. Or, le XV⁰ corps n'était pas tout entier débarqué encore. La division Peytavin et la brigade Questel ne devaient être disponibles que le 13 et la brigade Minot encore plus tard. A l'autre extrémité de la ligne de bataille, la division Cremer ne pouvait guère atteindre avant le 13 aussi la ville de Vesoul. Mieux valait attendre que la concentration de l'armée fût entièrement terminée que de s'exposer à un insuccès pour être parti trop tôt.

Cependant, les trois journées des 10, 11 et 12 janvier ne se passèrent pas sans combat entre les deux armées. Le 10 janvier, la IIIᵉ division du XXIVᵉ corps qui occupait Corcelles, Marvelise, Onans, Faimbe et Bretigney, attaqua avec la majeure partie de son infanterie (douze à quatorze bataillons) et plusieurs batteries les villages d'Arcey et de Saulnot qu'occupait avec sept bataillons, deux escadrons et deux batteries le colonel de cavalerie de Bredow, détaché du corps de siège de Belfort sur la rive droite de la Lisaine. L'infanterie française se borna toutefois à déployer des lignes de tirailleurs, sans donner à fond.

[1] ENQUÊTE. Déposition de M. le colonel Leperche. T. III, p. 447.

Le 12 janvier, une attaque fut dessinée, dans les mêmes conditions, par la III<sup>e</sup> division du XXIV<sup>e</sup> corps, appuyée à sa droite de la III<sup>e</sup> division du XV<sup>e</sup>. Entre midi et deux heures, l'artillerie française mena une vigoureuse canonnade, mais à trop grande distance pour inquiéter sérieusement l'ennemi. Ce soir-là, le colonel de Bredow renvoya à Belfort deux de ses bataillons et une batterie. Avec les cinq bataillons qui lui restaient, il occupa, pendant la nuit du 12 au 13, la ligne Saulnot-Villers-Chavannes-Gonvillars-Arcey-Désandans, jusqu'à Sainte-Marie. Le lendemain, il fut relevé par le 25<sup>e</sup> régiment d'infanterie, détaché de la IV<sup>e</sup> division de réserve, avec deux escadrons et deux batteries,[1] sous les ordres du colonel von Loos. Le colonel de Bredow ne laissa sur la rive droite qu'un bataillon (1<sup>er</sup> du 67<sup>e</sup>), en station à Arcey. Le colonel von Loos dirigea en outre sur Arcey un bataillon et une batterie. Il occupa également avec un bataillon et une batterie Désandans et avec ses quatre autres compagnies Sainte-Marie, Villers-le-Saulnot et Gonvillars. Enfin, dans la même journée, le général von der Goltz envoyait de Couthenans à Chavannes, sur la rive droite, sous les ordres du lieutenant-colonel Nachtigal, deux bataillons du 30<sup>e</sup> régiment, un escadron et une batterie.[2]

Ce même jour, 12 janvier, il y eut aussi à la gauche de l'armée, à Le Val-de-Gouthenans et Athesans, au nord de Villersexel, de légers engagements entre des grand'gardes du XVIII<sup>e</sup> corps et des patrouilles du colonel de Willisen en station à Lure.

Au midi de l'Allaine, diverses rencontres avaient eu lieu entre les grand'gardes du général de Debschitz et les corps-francs détachés de la place de Besançon. Le 10 au matin, les 2<sup>e</sup>, 4<sup>e</sup> et 7<sup>e</sup> compagnies du corps-franc des Vosges que com-

---

[1] 2<sup>e</sup> escadron du 3<sup>e</sup> uhlans de réserve; batteries Glagau et Muller.

[2] 2<sup>e</sup> bataillon de fusiliers du 30<sup>e</sup>, 1<sup>er</sup> escadron du 2<sup>e</sup> hussards de réserve et batterie de réserve Riemer.

mandait le colonel Bourras[1] occupaient Abbévillers et s'y retranchaient dans les maisons de la lisière. A peine étaient-elles installées qu'une colonne de trois compagnies du bataillon de landwehr d'Apenrade déboucha contre le village et mit deux pièces de canon en batterie. Le combat s'engagea vivement. Les francs-tireurs n'ayant pas d'artillerie durent céder le terrain et se replier sur Glay, perdant un homme tué et six blessés. Le capitaine de Schulenburg qui commandait le détachement entra dans Abbévillers, constata la retraite de l'ennemi, puis rentra à Saint-Dizier d'où il était venu, tandis que le village de Croix demeurait occupé par le bataillon de landwehr de Striegau et un peloton de uhlans.

Après ces trois journées consacrées à placer ses troupes dans leur direction nouvelle pour les amener avec quelque cohésion et leurs vivres assurés parallèlement à la Lisaine, le général Bourbaki décida le 12 janvier de pousser en avant et d'attaquer Arcey. « L'attaque de la position d'Arcey aura lieu demain à neuf heures du matin, après que les troupes auront mangé la soupe, mandait-il le 12 au soir au ministère. »[2]

Le général comptait trouver sur sa route des forces très considérables et avait pris ses mesures en conséquence. Laissant à son extrême aile gauche le XVIIIe corps faire front au nord contre un ennemi qu'il supposait encore sur la route de Vesoul à Lure et après avoir donné au général Billot l'ordre de garder le passage de l'Ognon et d'éclairer au loin sur son front et son flanc extérieur, le général en chef dirigeait : le XVe corps, à l'aile droite, sur Sainte-Marie,

---

[1] Capitaine du génie échappé de Sedan, vaillant chef de partisans qui tint la campagne pendant quatre mois, tantôt à l'armée du général Cambriels dans les Vosges, tantôt en Bourgogne, tantôt dans l'Est où il était arrivé le 6 janvier, venant de Gray.
[2] ENQUÊTE. T. III, p. 447.

Montenois, Onans et Arcey ; le XXIVe corps, au centre, sur
Gonvillars, Corcelles et Marvelise ; le XXe corps, à l'aile
gauche, sur Crevans, Secenans, Senargent et Vellechevreux, avec ordre de se couvrir dans la direction de
Saulnot. L'armée achevait ainsi sa conversion en pivotant
sur son aile droite renforcée et en prenant son front au
nord-est. La réserve générale devait se porter sur Onans et
Faimbe, derrière le centre de la nouvelle ligne, de façon à
pouvoir facilement se porter à gauche ou à droite, sur Crevans, sur Arcey ou sur Sainte-Marie. Les troupes devaient
prendre les armes à 9 heures du matin, après avoir mangé
la soupe. L'attaque devait être donnée en tout premier lieu
sur Gonvillars et sur Sainte-Marie, par les IIe et IIIe divisions du XXIVe corps et par la division Peytavin et la brigade Questel du XVe corps, de façon à envelopper Arcey.
L'attaque ne devait être entreprise par la division d'Aries du
XVe corps, soutenue par la réserve générale, que lorsque
les deux autres attaques seraient déjà fortement dessinées.
L'ordre pour l'armée donnait des instructions circonstan-
ciées sur la conduite des convois qui devaient être laissés
très en arrière et l'emplacement des réserves des batteries ;
sur la nécessité de piqueter et de saupoudrer les routes, afin
de les rendre moins glissantes ; sur la façon d'occuper les
positions, sur le service d'exploration et la nécessité de couvrir avec grand soin le flanc droit du déploiement général.
Bref, les ordres étaient conçus comme pour une vraie bataille. Ils prévoyaient même une retraite possible. « L'exécution du présent ordre pouvant être contrariée par l'ennemi, [1]
surtout du côté de la droite, les commandants de corps d'armée prescriront toutes les mesures et prendront toutes les dispositions nécessaires pour que chaque division occupe mili-
tairement les positions qui lui sont assignées en avant et se

[1] ENQUÊTE. Déposition de M. le colonel Leperche. T. III.
p. 415.

ménage en arrière des positions favorables, notamment pour
l'artillerie.»

Entre 9 et 10 heures, les patrouilles allemandes de Sainte-
Marie, d'Arcey et de Gonvillars signalaient les tirailleurs
ennemis à la lisière des grands bois. L'attaque fut menée
conformément aux dispositions du quartier-général.

La 2e brigade, général Martinez,[1] de la IIIe division du XVe
corps attaqua, à l'aile droite, Sainte-Marie, en développant
de longues chaînes de tirailleurs qu'appuyaient des soutiens
et qu'une batterie de six pièces de campagne, en position à
Montenois, soutenait de son feu. Le major de Kutschenbach
occupait le village et le bois Le Chénois avec trois compagnies,[2] tenant une compagnie en réserve au nord du village.
Il se maintint dans ces positions jusqu'à ce que l'infanterie
française, numériquement très supérieure, l'eût enveloppé
par les deux ailes, menaçant d'intercepter la communication
de Sainte-Marie avec Arcey. Vers midi, il ordonna alors à sa
compagnie de réserve d'occuper une position de repli dans
la direction de Saint-Julien, puis retira ses trois autres compagnies du combat. L'infanterie française le serrait de près.
Le major en personne, réunissant autour de lui quelques
groupes de fantassins, dut couvrir la retraite de son bataillon
en entretenant une énergique fusillade contre les tirailleurs
du XVe corps qui le pressaient à trente pas de distance.
Ayant enfin réussi à se dégager, le major Kutschenbach se
retira sur Échenans, où il réussit à reprendre pied à la faveur d'un retour offensif que le capitaine de Nauendorff entreprit, tambour battant, avec la troisième compagnie et
qui arrêta momentanément la marche en avant des tirailleurs ennemis. Le bataillon se trouvait néanmoins dans une
situation très critique, sans cesse menacé d'enveloppement,
lorsque le colonel von Loos envoya à son aide le bataillon

[1] 27e et 34e de marche et 69e de mobiles de l'Ariège.
[2] 1er bataillon du 67e.

de fusiliers du 25e régiment et la batterie Müller qui occupèrent Échenans. La batterie prit position sur la hauteur, à
l'ouest du village et canonna avec vigueur l'infanterie française dans la direction de Saint-Julien et de Sainte-Marie.
Le combat se poursuivit en retraite, les compagnies du 67e
se dirigeant sur Raynans et Laire, tandis que celles du 25e
reculaient sur Semondans et Aibre.

En même temps que le général Martinez attaquait et re-
foulait ainsi l'aile gauche allemande, le général de Busserolle débouchait avec la IIIe division du XXIVe corps contre
l'aile droite du colonel von Loos à Gonvillars et en délogeait
les compagnies 6 et 7 du 25e régiment. Menacées de voir
leurs communications avec Arcey coupées, elles abandonnèrent le village et rejoignirent le gros de leurs troupes par
les bois.

L'attaque contre le centre de la position, à Arcey, était
menée par la Ire division du XXIVe et la 1re brigade de la IIIe
division du XVe corps.[1] L'infanterie sortait en longues chaînes de tirailleurs, très fournies, des bois couronnant les collines à l'ouest de Sainte-Marie, tandis que l'artillerie de la IIIe
division du XVe corps, trois batteries dont une de montagne,
ouvrait son feu à grande distance contre Arcey. La batterie
Glagau lui répondit de son mieux. Quant à la batterie Müller,
accourue au premier coup de canon, elle n'entra pas en
action, le tir n'étant pas favorable et resta en réserve au nord
du village d'Arcey, jusqu'à ce qu'elle pût prendre position à
l'aile gauche, près Échenans. Ainsi entrepris sur son front
et débordé en même temps par sa droite et par sa gauche,
menacé même de voir sa retraite sur Héricourt coupée, le
colonel von Loos ordonna vers midi et demi l'évacuation
d'Arcey. Il se retira sur Semondans et Aibre, en bon ordre,
ne cédant le terrain que mètre après mètre. Entre ces deux
villages, il reprit position avec l'entier de son régiment. Les

[1] Généraux d'Aries et Formier de la Blanchetée.

deux batteries s'installèrent au nord d'Aibre, battant la route
sur une grande longueur. La canonnade et la fusillade reprirent de plus belle et durèrent jusqu'à la nuit tombante. Le
colonel von Loos se retira alors, sans être davantage inquiété,
sur Tavey où il passa la nuit en quartiers d'alarme, avec
une compagnie aux avant-postes à Laire. Le 1er bataillon du
67e et la batterie Müller repassèrent le soir même sur la rive
gauche de la Lisaine.

La journée avait coûté aux troupes du colonel von Loos
35 tués et 104 blessés ou disparus.

A un kilomètre et demi au nord de Gonvillars, à Chavannes et Villers-sur-Saulnot, formant l'aile droite de la ligne
avancée des Allemands, se trouvait le lieutenant-colonel
Nachtigal avec ses deux bataillons, un escadron et une batterie. Il avait détaché les compagnies 5 et 6 de son régiment
à Villers-sur-Saulnot ; le gros du détachement était à Chavannes. Vers 9 heures du matin, les patrouilles de cavalerie
annoncèrent l'approche de grosses colonnes d'infanterie
et bientôt après on vit des lignes de tirailleurs et une
batterie couronner les hauteurs entre Saulnot et Villers. La
batterie Riemer, avec quatre pièces au nord de Chavannes
et deux sur la colline à la sortie ouest du village, ouvrit son feu
sur la batterie française, en même temps que les deux
compagnies de Villers obligeaient les tirailleurs français qui
se disposaient à descendre les pentes à rétrograder. La batterie Riemer prit alors avec ses six pièces une nouvelle
position sur la hauteur au nord de Chavannes d'où elle commandait efficacement le terrain. La IIe division, général
Thornton, du XXe corps, et la IIIe division, général Carré
de Busserolle, du XXIVe, ayant sur ces entrefaites déployé des forces considérables, le lieutenant-colonel Nachtigal retira ses deux compagnies de Villers et prit position
avec l'entier de son détachement dans Chavannes, de la
façon suivante : les compagnies 7 et 10 dans le village ; les
compagnies 11 et 12 au sud-est du village vers le bois du

Mont, front contre Villers, avec la 9e compagnie en deuxième ligne ; la batterie Riemer au nord du village, couverte sur son flanc droit, à la lisière ouest du bois, par la 8e compagnie ; enfin, les compagnies 5 et 6 et l'escadron, en réserve à l'est du village. Une section de hussards couvrait le flanc droit. L'infanterie française avançait de Saulnot et des hauteurs entre Saulnot et Villers, sous la protection de deux batteries. La batterie allemande s'attacha principalement à tirer sur l'infanterie et l'obligea plusieurs fois à s'arrêter. Cependant, les Français gagnaient du terrain et par leurs deux ailes enveloppaient le village de Chavannes. A 2 heures, le lieutenant-colonel Nachtigal reçut du colonel von Loos l'avis qu'Arcey avait dû être abandonné et qu'il était en retraite avec son régiment sur Tavey. Le lieutenant colonel Nachtigal se décida par conséquent, à 3 heures, à rompre le combat et à se retirer par Le Vernois sur Champey. La batterie et les compagnies 5 et 6 prirent encore une position de repli à Le Vernoy. Le détachement atteignit à 4 h. ¹⁄₂ Champey en bon ordre, sans être pressé par l'ennemi au delà de Le Vernoy. Le même soir, le 30e régiment regagnait Couthenans et la batterie Échenans, ne laissant à Champey et Coisevaux qu'une compagnie aux avant-postes avec une deuxième compagnie en réserve à Couthenans. Le lieutenant-colonel Nachtigal avait eu dans la journée 7 morts et 90 blessés dont 4 officiers. Une partie des blessés avaient dû être laissés à Chavannes, faute de moyens de transport.

Le général de Busserolle établit son quartier le lendemain à Le Vernoy. La IIIe division du XVe corps occupa, le 13 janvier au soir, Sainte-Marie et Présentevillers. La rive droite de la Lisaine était ainsi tombée aux mains de l'armée française, mais les faibles postes allemands, six bataillons et trois batteries, éparpillés sur un front de douze kilomètres, l'avaient obligée à se déployer tout entière, avaient arrêté sa marche pendant toute une journée et lui avaient imposé l'illusion de forces considérables placées en travers de sa route.

Ce même jour, 13 janvier, à l'extrême aile gauche du front allemand, les troupes du major-général von Debschitz avaient livré deux nouveaux combats, à Dasle et à Croix.

A Dasle, le bataillon de landwehr Oels relevait le bataillon de landwehr Liegnitz, aux avant-postes avec deux compagnies à Dasle et deux à Vaudoncourt, lorsqu'on lui signala, entre 1 et 2 heures de l'après-midi, l'approche d'une colonne d'infanterie française sur la route Seloncourt-Vaudoncourt.[1] Le capitaine von Munenberg, commandant du bataillon Oels, occupa avec trois compagnies le bois de la Charbonnière ; l'autre compagnie du bataillon venait de monter les grand'gardes ; deux compagnies du bataillon Liegnitz, relevées, étaient dans le village ; quatre pièces de la batterie Holtzhey, également occupées au relevé du corps de sûreté, prirent position entre le bois de la Charbonnière et le village de Vaudoncourt, couvertes par un peloton de uhlans. A l'ouest et au nord-ouest de Vaudoncourt, les deux autres compagnies de Liegnitz. Le capitaine von Munenberg essaya, avec les trois compagnies du bois de la Charbonnière, d'envelopper la colonne française, en formation de marche sur la route, mais celle-ci ne se laissa pas surprendre. Ayant reçu quelques coups de canon des obusiers français en position au sud de Seloncourt, le capitaine arrêta son mouvement et rentra dans le bois d'où bientôt après il fut débusqué aussi. Vers 3 heures, la batterie allemande, serrée de près par l'infanterie française, dut, elle aussi, amener ses avant-trains et se retirer sur la hauteur à l'ouest de Vaudoncourt, près du cimetière, où elle fut rejointe par les deux autres pièces de la batterie arrivées sur ces entrefaites de Beaucourt. Vers 4 heures, deux compagnies du bataillon de

[1] Trois bataillons de mobilisés du Doubs du colonel de Vezet.

landwehr de Hirschberg arrivèrent aussi de Beaucourt à Dasle, mais la nuit tombait et le combat prit fin. L'infanterie française se retira par Seloncourt sur Bondeval.

Croix était occupé par le bataillon de landwehr Striegau et deux pièces de la batterie Hartmann. Au nord de Croix, à Saint-Dizier, stationnait le bataillon de landwehr Apenrade, avec deux autres pièces de la même batterie. Entre 1 et 2 heures de l'après-midi, un détachement d'infanterie française, une vingtaine de cavaliers et une batterie furent signalés sur la route venant d'Abbévillers.[1] Deux compagnies de Striegau occupèrent des fossés de chasseurs au midi de Croix ; les deux autres compagnies restèrent en réserve dans le village. L'infanterie française borda la lisière du bois, au nord de la route, tandis que la batterie prit position sur la hauteur entre Abbévillers et Croix. Le combat demeura stationnaire, aucun des deux camps ne jugeant opportun de quitter ses positions. Vers 5 heures cependant, la batterie française se retira après avoir mis le feu à une maison du village de Croix. L'infanterie suivit bientôt après.

Les deux combats de Dasle et de Croix coûtèrent aux troupes allemandes 8 morts, 39 blessés et 10 disparus.[2]

A 3 h. $\frac{1}{2}$ du soir, le général Bourbaki mandait d'Onans au ministère de la guerre : « Je gagne encore du terrain, je ne perdrai pas de temps et tâcherai de profiter, dès demain ou après-demain, de mon succès pour enlever Héricourt et faire lever le siège de Belfort ; je me hâterai de poursuivre l'exécution du progamme convenu. Je prie le ministre de re-

---

[1] C'étaient les corps-francs du colonel Bourras, renforcés d'un bataillon de mobiles du Doubs et de trois obusiers de montagne.
[2] VON DER WENGEN : *Die Kämpfe vor Belfort*. - Pendant ce combat, quelques obus français vinrent crever sur le territoire suisse, à proximité des avant-postes de l'armée fédérale qui gardaient la frontière.

marquer qu'il ne saurait m'accuser de lenteur s'il veut bien se reporter au moment où mes opérations ont commencé. En manœuvrant, j'ai fait évacuer successivement Dijon, Gray et Vesoul dont il a été pris possession dès hier par mes éclaireurs, enfin Lure. Les journées de Villersexel et d'Arcey font grandement honneur à la première armée, qui n'a cessé d'opérer depuis six semaines par un temps des plus rudes en marchant constamment malgré la neige, le froid et le verglas....[1] M. de Freycinet répondit en félicitant chaudement le général : « Je vous félicite du fond de mon cœur de votre beau succès d'Arcey qui, avec celui de Villersexel, doivent faire réjouir la France de vous avoir placé à la tête de sa première armée. Quant à moi, je ne saurais vous dire la joie et la confiance que m'a apportées votre dépêche..... Allons, général, continuez vos succès. Nul plus que moi n'y applaudira. Transmettez aussi mes compliments à votre précieux chef d'état-major Borel et remerciez de Serres de son dévouement ».[2]

La journée d'Arcey avait fourni à l'armée de l'Est l'occasion de reprendre le contact avec l'ennemi et d'affronter une deuxième fois le feu. On avait fait un pas en avant et rejeté dans la position principale de la Lisaine les postes avancés sur la rive droite de la petite rivière. A 2 heures du soir, le général ordonnait à ses chefs de corps d'occuper, de la droite à la gauche, la ligne de Lougres-Sainte-Marie-Arcey-Le Vernoy-le bois de Saulnot-Béverne, jusqu'à la route Lure-Héricourt, sur un front de dix-huit kilomètres à vol d'oiseau. « La poursuite de l'ennemi, disait l'ordre, devra être poussée aussi loin que possible, sans qu'il soit fait abandon des positions ci-dessus. » Le général demanda en outre à ses lieutenants de lui faire connaître « si les approvisionnements de vivres et de munitions permettent de continuer

---

[1] ENQUÊTE. T. III, p. 417.
[2] ENQUÊTE. T. II, p. 674.

demain le succès par l'attaque d'Héricourt, dans laquelle le
XVIIIᵉ corps (à l'aile gauche) aurait à exécuter le principal
effort. »[1] Les réponses furent négatives. Pendant la journée
du 14, l'armée resta sur la rive droite de la Lisaine sans
tenter de la franchir. A Dung et à Bart, à Sainte-Suzanne,
au bois du Berceau, les XIVᵉ et XVᵉ corps déployèrent des
essaims de tirailleurs contre les postes ennemis établis sur
la rive gauche par la garnison de Montbéliard : le bataillon
de landwehr de Lœtzen et les deux premières compagnies
du bataillon de landwehr d'Insterbourg, renforcés par la 4ᵉ
batterie légère de la IVᵉ division de réserve. A l'extrême
aile gauche, une avant-garde française faisait le coup de feu
avec les cavaliers du colonel de Willisen et sur tout le front
des deux armées grand'gardes et patrouilles étaient en contact, mais sur aucun point il n'y eut de sérieux engagements.

Outre ces difficultés d'alimentation, un autre fait obligeait
le général Bourbaki à ajourner de vingt-quatre heures son
attaque : l'aile gauche de l'armée n'était pas encore entrée en ligne. Les XVᵉ, XXIVᵉ et XXᵉ corps avaient occupé,
à l'aile droite, leurs positions devant Montbéliard et Héricourt, étroitement concentrés sur un front d'environ dix
kilomètres, des rives du Doubs jusqu'à Aibre et Le Vernois,
mais à leur gauche le XVIIIᵉ corps, du général Billot, retardé par une marche à travers une contrée très montagneuse et boisée n'avait pas encore dépassé Lomont et
Moffans. Quant à la division indépendante du général Cremer qui suivait la route du pied des Vosges, elle n'était encore, le 14 janvier, qu'entre Vesoul et Lure. Or, c'était précisément sur ces importantes fractions de son armée que le
général Bourbaki comptait pour attaquer l'ennemi dans le
flanc droit. Le mouvement devait s'opérer en franchissant la
Lisaine supérieure en amont du Mont-Vaudois, de façon à
faciliter l'attaque de front du secteur Montbéliard-Héricourt,

[1] ENQUÊTE. T. III, p. 418.

le plus périlleux à aborder. On suivait ainsi les indications du terrain. Entre Montbéliard et le Mont-Vaudois, le général de Werder avait partout d'excellentes positions dominantes, devant lesquelles la Lisaine creusait comme un fossé naturel. Au nord du Mont-Vaudois, le passage de la rivière était beaucoup plus facile et les positions sur la rive gauche moins avantageuses à l'ennemi. Le terrain servait au surplus les indications de la stratégie. Attaquer le général de Werder par le pied des Vosges, le déborder par son aile droite, c'était le rejeter dans la vallée du Rhin et le couper de ses communications. Enfin, en tenant la route Vesoul-Belfort, le général Bourbaki maintenait en sa possession une voie de communication par laquelle il pouvait ravitailler directement et rapidement toute l'aile gauche de son armée en se basant sur Dijon.[1] Le plan du général était donc à tous égards justifié et adapté à la situation de guerre : démontrer devant le front Montbéliard-Héricourt-Mont-Vaudois, y retenir le général de Werder par un vigoureux déploiement de troupes, en même temps porter la majeure partie des forces disponibles au nord de Chenebier et fondre de là sur le flanc droit allemand par la route Lure-Frahier-Belfort.

Mais les mouvements de l'armée étaient extrêmement lents, entravés par la difficulté du ravitaillement, par le mauvais état des chemins dans une contrée montagneuse et boisée et aussi par les défectuosités de la discipline de marche. Elle avait été mauvaise dans les armées impériales;[2]

---

[1] Déjà à plusieurs reprises, l'intendant général avait demandé s'il pouvait disposer de Vesoul pour y installer des magasins.

[2] « J'ai vu pendant la marche de Châlon sur Sedan une brigade de 5000 hommes arriver avec 1200 hommes au bivac, par la raison que les soldats allaient à droite et à gauche dans les fermes, dans les cabarets, n'obéissant à personne, pillant les vergers et les champs et arrivant la plupart du temps trop tard pour faire la soupe et la manger.. Les officiers ne sont pas obéis, les sous-officiers encore moins. Il m'est arrivé de charger sur des maraudeurs qui s'arrêtaient pour me regarder, appuyés

elle l'était plus encore dans celles qu'improvisait le gouvernement de la Défense. Des témoins oculaires en faisaient un
navrant tableau : « La marche en avant de cette armée
ressemblait dès le commencement à une débâcle. Les soldats de la Loire, démoralisés par leurs défaites successives
et leurs longues souffrances, se laissaient conduire à Belfort
comme un troupeau qu'on mène à la boucherie ; un
grand nombre d'entre eux jetaient leurs armes sur les
routes ou les abandonnaient où ils séjournaient. Dans la
gare de Besançon, on en recueillit de quoi charger sept à
huit voitures..... Sur les chemins couverts de glace, les fers
des chevaux n'avaient pas même de *grappes* et les habitants des villages étaient obligés, pour que l'artillerie pût
gravir les plus faibles montées, de semer de la cendre sur
la neige durcie.... Les troupeaux de bœufs qui suivaient
l'armée, maigres, exténués, à peine nourris (on ne leur
donnait à manger qu'une seule fois par jour), tombaient le
long des routes. Les chevaux de la cavalerie n'étaient guère
mieux soignés ; ils passaient la nuit attachés en plein air, la
selle sur le dos.. ..»[1] Et quelles nuits ! Celle du 13 au 14 fut
particulièrement dure. Le thermomètre était descendu à
19 degrés centigrades sous zéro. La terre était couverte d'un
mètre de neige et il soufflait une bise violente. La plus
grande partie des troupes bivouqua dans les bois. Il y eut de
nombreux cas de congélation quand, dans les premières
heures du matin, les feux ne furent plus entretenus.[2]

sur le canon de leur chassepot et pour voir jusqu'où j'irais. »
ENQUÊTE. Déposition de M. le général Martin des Pallières.
T. III, p. 221.
[1] CH. BEAUQUIER : *Les dernières campagnes dans l'est.*
[2] ENQUÊTE. Déposition de M. le général Pallu de la Barrière.
T III, p. 438.

# CHAPITRE X

## SUR LA LISAINE

La Lisaine derrière laquelle le général de Werder s'était installé court du nord au sud, coupant comme d'un large fossé la trouée de Belfort entre Vosges et Jura.

Dans son cours supérieur elle n'est qu'un ruisseau. mais qui a déjà au midi de Chenebier une largeur de six à huit mètres et un mètre ou plus de profondeur. Dès Frahier, le vallon se dessine, pour se rétrécir bientôt et se creuser son lit, jusqu'à Chagey, entre deux rives rocheuses, escarpées et couvertes de bois. A Chagey, la vallée s'élargit. Héricourt y étale ses maisons. Puis, en aval de la petite ville, c'est un nouvel étranglement entre le bois du Chanois et le bois du mont Dannin. De là enfin, et jusqu'à Montbéliard, le fossé a une ouverture de 2000 à 2500 mètres, mesurée de la crête des collines d'une rive à l'autre.

Du nord au midi, les localités principales qui bordent la Lisaine sont : Frahier, Chenebier, Chagey, Luze, Couthenans, Héricourt, Bussurel, Petit et Grand Bethoncourt, Montbéliard.

A quelques kilomètres en aval de Montbéliard, la Lisaine se jette perpendiculairement dans l'Allaine qui, venant de la frontière suisse et courant de l'est à l'ouest, forme fossé entre cette ville et le Jura.

Dans son cours supérieur, la Lisaine est traversée perpendiculairement par la voie ferrée et par la route qui, de Vesoul par Frahier, suivent le pied des Vosges jusqu'à Belfort. Les deux routes Arcey-Héricourt et Arcey-Montbéliard la franchissent plus bas. Les autres chemins débouchant de la rive droite sont mauvais, étroits, peu praticables en hiver.

Dans la vallée même, courent la route Montbéliard-Héricourt et la voie ferrée Montbéliard-Héricourt-Belfort, celle-ci portée dans une partie de son parcours sur un talus qui constitue, en plusieurs points, un obstacle difficile à franchir et dont les troupes du général de Werder allaient tirer grand profit pour la défense.

Tandis que, sur la rive droite, les coteaux sont couronnés de bois qui masquent les approches, le plateau de la rive gauche est découvert. Au centre de la ligne, au dessus d'Héricourt, se dresse le Mont-Vaudois dont les pentes roides sont couvertes de bois. Tout le pays, au reste, est montagneux, mamelonné, offrant à l'attaque et à la défense de nombreux et solides points d'appui.

De Frahier à Montbéliard, la distance est, à vol d'oiseau, d'environ vingt kilomètres. Il y en a treize de Montbéliard à la frontière suisse. Pour occuper cette longue ligne, le général de Werder ne pouvait disposer que de 42,000 hommes, dont la moitié environ de troupes de landwehr. Il avait 48 bataillons, de 800 hommes en moyenne, soit un soldat seulement par mètre de front, plus 30 escadrons, 142 bouches à feu de campagne et 34 pièces de position, en partie détachées du parc de siège. Mais, outre cette nombreuse artillerie et la configuration du sol, d'autres faits favorisaient la défense : en dehors des routes débouchant sur Montbéliard, Héricourt et Frahier, l'ennemi ne pouvait disposer que de mauvais chemins ; il était obligé de se déployer dans un terrain très coupé, rendu plus difficile encore par les amoncellements de neige ; enfin, pour traverser la Lisaine, il devait déboucher en pleine vue de l'ennemi, sur des pentes entièrement commandées par l'artillerie de la rive gauche, tandis que, sur la rive droite, les emplacements susceptibles de recevoir des masses d'artillerie étaient très rares.

Le général de Werder était fort gêné, dans les dispositions qu'il avait à prendre, par l'incertitude où il était sur le point d'attaque principal que choisirait son adversaire. L'opération stratégique projetée par l'ennemi menaçait l'aile droite du défenseur de Belfort, tandis que la difficulté qu'avait l'armée française à se ravitailler à une certaine distance de la voie ferrée induisait à croire que le principal effort de l'attaque porterait sur Montbéliard, peut-être même sur Sochaux et Morvillars, de façon à tourner l'aile gauche de la position et prendre la Lisaine à revers. Le général de Werder modifia donc plusieurs fois ses ordres pour l'occupation des longues lignes qu'il avait à défendre contre un ennemi très supérieur en nombre et dont, depuis la journée de Villersexel, il connaissait l'ardeur.

Couvert sur la rive droite d'une ligne de postes avancés, chargés d'explorer et de retarder le plus possible les approches de l'ennemi, il avait employé utilement le répit que le général Bourbaki lui avait laissé après la rencontre du 9 janvier. Déjà le général de Tresckow I avait installé sur les points les plus avantageux pour la défense de fortes batteries de position armées de trente-quatre bouches à feu détachées du parc de siège et réparties sur tout le front : sept pièces de 12 au Mont-Vaudois, cinq de 15 sur la hauteur de la Grange-aux-Dames au nord est de Montbéliard, quatre de 6 et deux de 12 au château de Montbéliard, seize de 9, 12 et 15 sur divers points au nord de l'Allaine, à Vieux-Charmont, Allanjoie, Bourogne, Joncherey et Delle. Sur les positions principales, on avait creusé, avec l'aide des

compagnies de pionniers de l'armée de siège, des emplacements pour les batteries de campagne et des tranchées-abris
pour l'infanterie. Les ponts sur la Lisaine avaient été détruits ou minés. Entre Montbéliard et Héricourt, un barrage
avait été pratiqué pour faire refluer l'eau et former un grand
étang devant les positions. Des détachements de pionniers
étaient chargés de rompre la glace au fur et à mesure qu'elle
se reformait. Les chemins descendant du plateau dans la
vallée étaient couverts de sable et de cendres. Le service du
ravitaillement en vivres et munitions avait été minutieusement organisé. Des relais couvraient les voies de communication en arrière du front. Une ligne télégraphique reliait
Frahier, à l'aile droite, Montbéliard et Delle, à l'aile gauche,
au quartier-général que le commandant en chef avait installé
à Brévilliers, derrière le centre de sa ligne. Le général tenait ainsi sous le feu de ses batteries toutes les approches
de l'ennemi. Il pouvait fouiller de ses obus la vallée entière,
jusqu'au fond. Il avait enfin organisé très pratiquement
le service à l'intérieur de ses lignes, de façon à pouvoir rapidement renforcer la défense sur les points les plus menacés. Hommes et chevaux étaient cantonnés sous la protection des avant-postes. En cas de rupture de la ligne, la
retraite devait en tout cas s'arrêter sur le ruisseau la Savoureuse qui court parallèlement à la Lisaine, à sept kilomètres plus à l'est.

Au moment où l'attaque française allait se prononcer, les
troupes occupaient la ligne de bataille, en marchant de la
droite vers la gauche, comme suit :

En avant de l'extrême aile droite, à Ronchamp et Champagney, sur la route au pied des Vosges, le colonel de Willisen avec ses trois régiments de cavalerie, deux compagnies
de chasseurs de réserve et une batterie.[1] Le colonel de Wil-

[1] 1er dragons de la garde badoise, 1er uhlans de réserve, 2e
dragons de réserve ; 2e batterie légère saxonne de réserve, capi-

lisen maintenait ses communications par deux escadrons, soit avec le corps de siège de Belfort, soit avec le général de Degenfeld à Chenebier.

A Chenebier et dans les environs immédiats, formant l'aile droite de la ligne de bataille, entre les deux routes Lure-Ronchamp-Frahier-Belfort et Lure-Béverne-Héricourt, le major général de Degenfeld avec deux bataillons, un escadron et une batterie.[1] A Frahier, occupant une position de repli, le bataillon de landwehr d'Eupen, un escadron et une batterie.[2]

A Chagey, à Luze et au pied du versant nord-ouest du Mont-Vaudois, sur la route Lure-Béverne-Luze-Héricourt, étendant sa gauche jusqu'au cimetière d'Héricourt, le major-général von der Goltz avec sept bataillons, quatre escadrons et cinq batteries.[3]

A Héricourt, au centre de la position, commandant le carrefour des routes Lure-Montbéliard et Besançon-Belfort, la brigade combinée du colonel Knappe de Knappstädt, de la IVe division de réserve, avec sept bataillons, deux escadrons et quatre batteries.[4] L'aile gauche de la brigade s'étendait jusqu'au Mont-Dannin.

A Montbéliard, rejoignant par son aile droite le Mont-Dannin, le colonel de Zimmermann avec la brigade de landwehr de la Prusse orientale : huit bataillons, deux escadrons, deux batteries.[5]

taine Krutsch; 1re et 4e compagnies du 1er bataillon de chasseurs prussiens de réserve.

[1] 1er et fusiliers du 3e régiment d'infanterie badoise, un escadron du 3e dragons badois et 2e batt. lourde badoise, cap. Göbel.

[2] 2e dragons badois, batterie lourde de réserve prussienne Dienemann.

[3] Brigade von der Goltz, renforcée de deux batteries badoises et du 2e bataillon du 3e régiment d'infanterie badoise.

[4] 2e et 4e escadrons du 3e uhlans de réserve; une batterie lourde, 1re, 2e et 3e batt. légères de la IVe division de réserve.

[5] 1er et 3e escadrons du 3e uhlans de réserve; 2e batterie lourde et 4e légère de la IVe division de réserve.

Le secteur Montbéliard-Héricourt était sous le commandement du major-général de Schmeling, commandant la IVᵉ division de réserve. Il occupait soit à Héricourt, soit à Montbéliard (le Mougnot, Sainte-Suzanne-Mont-Chevis), les deux rives de la Lisaine.

Au sud de l'Allaine, entre Exincourt et Croix, frontière suisse, le général de Debschitz avec ses huit bataillons, deux escadrons et trois batteries.

En deuxième ligne, au Grand-Charmont, au nord-est de Montbéliard, sur la hauteur, prêt à se porter sur la Lisaine ou sur l'Allaine suivant la direction de l'attaque, le général de Glumer avec six bataillons, un escadron et deux batteries.[1]

Enfin, derrière le centre de la ligne, à Brévilliers, aux ordres du général en chef : huit bataillons, six escadrons et cinq batteries,[2] de la division badoise, placés sous le commandement du major-général Keller.

Quoiqu'il eût l'avantage des positions et pour les occuper des troupes solides, entraînées par six mois de campagne active et une artillerie supérieure, sinon en nombre, du moins en qualité, le général de Werder était inquiet. Il sentait la grande responsabilité qui pesait sur lui et son armée et voyait déjà, en cas de défaite, le siège de Belfort levé et le Haut-Rhin ouvert aux incursions d'un ennemi victorieux. Ses 42,000 hommes, quelque disciplinés et résistants qu'ils fussent, seraient-ils assez forts pour repousser, sur un front de quarante kilomètres, l'attaque des 140,000 hommes de l'armée française ? Le 14 janvier au soir, le général télégraphiait de Brévilliers au comte de Moltke à Versailles : « De

---

[1] 1re brigade d'infanterie badoise ; 2e escadron du 3e dragons badois ; 1re batterie légère et 3e lourde badoises.

[2] 4e régiment d'infanterie badoise, 3e brigade d'infanterie badoise (moins les compagnies 5, 6 et 8 du 6e régiment, employées à la destruction des voies de communication dans les Vosges et détachées aux convois); 2e dragons et 4e et 5e escadrons du 3e dragons; 2e et 4e batteries légères, 4e et 3e lourdes et une batterie à cheval.

nouvelles forces ennemies marchent du sud et de l'ouest contre Lure et Belfort. On a signalé des troupes nombreuses à Port-sur-Saône. Aujourd'hui, sur notre front, l'ennemi a attaqué vainement nos avant-postes à Bart et à Dung. En présence de ces mouvements convergents de forces supérieures, je vous prie instamment d'examiner s'il y a lieu de continuer à tenir devant Belfort. Je crois pouvoir protéger l'Alsace, mais non en même temps Belfort, à moins de risquer l'existence même du corps d'armée. L'obligation de tenir devant Belfort m'enlève toute liberté de mouvement. La gelée permet de franchir les cours d'eau.» — La réponse à cette dépêche angoissée fut l'ordre impérieux de résister à tout prix : « Au général de Werder, Brévilliers. Attendez l'attaque dans les fortes positions qui couvrent Belfort et acceptez la bataille. Il est, en outre, de la plus haute importance de rester maître de la route Lure-Belfort. Des détachements d'observation seraient désirables à Saint-Maurice. L'approche du général Manteuffel se fera sentir au premier jour. Comte de Moltke ».[1] La réponse de Versailles n'arriva à Brévilliers que le 15 janvier à 6 heures du soir, comme la bataille était déjà engagée sur toute la ligne. Le général de Werder en prit bonne note. Il était résolu à exécuter les ordres reçus.

Le dimanche 15 janvier, à l'aube, toutes ses troupes occupaient leurs positions de combat. Le temps était clair. Le thermomètre marquait 12 degrés sous zéro. Les pionniers étaient échelonnés le long de l'eau pour briser la glace au fur et à mesure qu'elle se reformait sous le gel intense.

On attendait de pied ferme l'ennemi.

[1] Le général avait déjà reçu à Brévilliers, du général de Manteuffel, l'avis télégraphique que les IIe et VIIe corps s'étaient mis en marche, ce même jour, de Châtillon-sur-Seine sur Vesoul. En outre, le général de Zastrow, commandant le VIIe corps, lui annonçait qu'il avait l'intention d'attaquer le général Garibaldi à Dijon. VON DER WENGEN. *Die Kämpfe vor Belfort*, p. 262.

# CHAPITRE XI

## LES COMBATS SUR LA LISAINE
## LE 15 JANVIER

L'ordre de mouvement donné par le général Bourbaki pour le 15 janvier dirigeait le XVe corps sur Montbéliard, le XXIVe, sur la Lisaine, entre Montbéliard et Héricourt ; le XXe, sur Héricourt même ; le XVIIIe, sur Couthenans, Luze et Chagey ; la division Cremer enfin, de Lure sur Mandre-villars, en passant la Lisaine, s'il était possible, « à deux kilomètres en amont de Chagey. » La réserve générale de-vait s'établir derrière le centre de la ligne de bataille, entre Aibre et Trémoins, sur la route Arcey-Héricourt, à la dispo-sition du commandant en chef.

C'était répartir les forces de l'armée à peu près également sur tout le front. C'était aussi, par le chemin tracé à l'aile gauche, se priver de l'emploi de la grande route Lure-Ron-champ-Frahier-Belfort, la vraie route cependant pour l'atta-que de l'aile droite ennemie. Le mouvement enveloppant qu'on projetait d'accomplir allait ainsi amener, sinon la division Cremer, du moins le XVIII<sup>e</sup> corps, non pas sur l'extrémité, mais sur le centre très redoutable des positions allemandes.

L'aile droite, le XV<sup>e</sup> corps, devait s'engager la première contre Montbéliard ; l'aile gauche ne devait entrer au combat qu'après avoir entendu le canon du XV<sup>e</sup> ; le centre devait ralentir son mouvement jusqu'à effet produit par les deux ailes. A supposer que les ordres fussent strictement exécutés, la ligne de bataille allait ainsi se dessiner suivant un arc de cercle. Mais en subordonnant aussi rigoureusement les opérations des corps d'armée les uns aux autres, en en réglant avec trop de minutie les plus petits détails de temps et de direction, on risquait que le moindre accroc ne jetât dans l'ensemble de l'opération une perturbation qui pouvait être désastreuse dans un terrain aussi couvert et coupé, où les communications entre les colonnes étaient fort difficiles à maintenir. Il était à craindre aussi que les commandants de corps d'armée, voyant ainsi tous leurs mouvements réglés à l'avance et se trouvant, par le fait, dépouillés de toute initiative, l'action ne manquât d'élan et de vigueur. En chargeant deux corps d'armée, sous un commandement unique, de démontrer devant le front Montbéliard - Mont-Vaudois, tandis que les deux autres corps et la division Cremer, sous la direction personnelle du général en chef, auraient écrasé le flanc droit ennemi, on eût obtenu vraisemblablement une plus vigoureuse et plus décisive attaque.

Au point du jour, sur toute la ligne, les troupes prirent les armes. La nuit avait été glaciale. L'armée l'avait passée au bivouac, dans les bois remplis de neige, accroupie autour de maigres feux.

A huit heures, le premier coup de canon de la bataille de trois jours tonnait, tiré des batteries du Mont-Vaudois.

Conformément aux ordres généraux, l'attaque allait commencer par l'aile droite. « Le XV<sup>e</sup> corps devait se diriger sur

Montbéliard en faisant fouiller tous les bois avec le plus grand soin, s'avançant avec précaution et surveillant la route qui longe le Doubs sur son flanc droit. » Il devait s'emparer du Bois-Bourgeois, de la ferme de Mont-Chevis et des positions avoisinantes sur la rive droite de la Lisaine, en ouvrant le feu de son artillerie contre la citadelle et la ville. « Le rôle du XVᵉ corps, disait l'ordre, sera d'occuper Montbéliard, mais sans brusquer le mouvement, de façon à réduire les chances de pertes et à bénéficier du mouvement de notre extrême gauche, destiné à rendre plus aisées les opérations du reste de l'armée. Sa mission lui sera d'ailleurs facilitée par le mouvement de quatre bataillons qui, par ordre du général Rolland, commandant la division militaire de Besançon, ont quitté la position de Blamont et doivent menacer la retraite des défenseurs de Montbéliard en descendant le Doubs sur la rive droite et en se portant sur Exincourt et Sochaux. Le XVᵉ corps ne perdra pas de vue qu'il sert de pivot et que le mouvement de conversion doit être exécuté par les autres corps. »

Ainsi exhorté à ne pas se laisser entraîner par son ardeur, le XVᵉ corps allait se heurter à la brigade de landwehr de la Prusse orientale qui occupait Montbéliard, sous les ordres du colonel de Zimmermann. La ville est située au fond du vallon, dominée par le château construit au haut d'une paroi de rochers et à l'abri d'une escalade. La Lisaine se jette à Montbéliard perpendiculairement dans l'Allaine ; les deux rives sont escarpées. Les ponts sur l'Allaine étaient détruits. Les ponts sur la Lisaine subsistaient encore pour livrer passage aux troupes avancées de la rive droite, mais le matériel nécessaire pour les barricader était prêt.

Le colonel de Zimmermann avait, à l'extrême aile gauche de son secteur, le bataillon de Tilsitt et une batterie, occupant Sochaux, Exincourt et Taillecourt ; — à Courcelles-les-Montbéliard, trois compagnies du bataillon de Marienbourg ; — à Sainte-Suzanne, une compagnie de Marienbourg et le

bataillon de Loetzen. Le bataillon d'Insterbourg et une batterie occupaient l'emplacement de la Vieille Citadelle. —
Dans la ville et ses environs immédiats, à la Petite-Hollande
et au pont sur l'Allaine, le bataillon de Wehlau et deux compagnies du bataillon de Gumbinnen. Les deux autres compagnies de ce bataillon occupaient le château, armé de six
pièces de position et muni de vivres pour vingt et un jours.
Derrière Montbéliard, à l'est, sur le plateau de la Grange-
aux-Dames et du Grand-Charmont, en deuxième ligne, la 1re
brigade d'infanterie badoise du général de Glümer, avec un
escadron de dragons, deux batteries de campagne et les cinq
pièces de gros calibre de la batterie de position.

Le XVe corps avait passé la nuit à Montenois et Sainte-
Marie, avec ses avant-postes à l'ouest de Dung et de Bart.
Il était dix heures du matin quand la tête de colonne de la
division Peytavin déboucha par Dung sur Sainte-Suzanne et,
par Bart, sur Corcelles-les-Montbéliard. Un combat d'infanterie, soutenu du camp français par une batterie de montagne, s'engagea à Sainte-Suzanne, avec attaques et contre-
attaques, mais le bataillon de Loetzen se maintint dans ses
positions jusque vers une heure de l'après-midi. A 2 heures,
une première batterie française prit position au bord de
l'escarpement qui domine Montbéliard et fit feu sur les batteries ennemies qui couvraient de leurs projectiles le plateau
et les bois environnants. Deux autres batteries entrèrent en
action une heure après, prenant sous leur feu les troupes
d'infanterie allemande en retraite, le château de Montbéliard
et les batteries de la Grange-aux-Dames. A ce moment, l'a-
vant-garde de la division Dastugue débouchait à son tour sur
le plateau de Mont-Chevis, venant d'Allondans. Appuyée de
trois batteries, elle prit solidement position et s'empara
des bâtiments de la ferme. Le colonel Zimmermann donna
alors l'ordre d'évacuer la rive droite. La retraite s'opéra en
bon ordre, mais vivement pressé par les troupes françaises,
le défenseur dut leur abandonner successivement la lisière

de la ville, puis la ville même. Les trois compagnies de Marienbourg qui occupaient Corcelles-les-Montbéliard et que l'ordre de battre en retraite n'atteignit que tardivement trouvèrent les ponts de la Petite-Hollande déjà détruits et furent obligées de gagner, par Exincourt et Sochaux, les abris où les autres bataillons de la brigade Zimmermann vinrent successivement se concentrer.

A **3** heures, la division Peytavin occupait Montbéliard, sauf le château où demeuraient, sous les ordres du major d'Olszewski, les compagnies 5 et 7 du bataillon de Gumbinnen et les six pièces de siège commandées par le lieutenant Sauer. Pendant que l'infanterie française traversait la ville, occupait la lisière est de Montbéliard, s'embusquait dans les maisons et ouvrait des créneaux dans les murs sans parvenir toutefois à déboucher au dehors, maintenue par le feu plongeant de la garnison du château, l'artillerie française des deux premières divisions, renforcée par la réserve du corps d'armée, avait occupé avec quarante bouches à feu de 4 et de 8 les hauteurs de la rive droite. Elle entretint jusqu'à la tombée de la nuit un feu violent contre les batteries de position du château et de la Grange-aux-Dames, mais la distance était trop grande pour que le tir fût efficace. La fusillade et la canonnade ne cessèrent qu'à la nuit. Prêt à toute éventualité, le général de Glümer avait concentré sur le plateau de la Grange-aux-Dames et sur La Chaux la 1ʳᵉ brigade badoise, les deux bataillons de landwehr Insterbourg et Wehlau et quatre batteries de campagne. Les autres bataillons de landwehr retirés du combat étaient à Sochaux. Quand la nuit fut venue et comme une nouvelle attaque française ne paraissait pas prochaine, les troupes furent renvoyées jusqu'à Grand-Charmont et Nommay, sur la Savoureuse, pour y passer la nuit, cantonnées sous la protection des avant-postes.

A deux kilomètres au nord de Montbéliard, le village de

Bethoncourt et le Petit-Bethoncourt étaient occupés par le bataillon de landwehr de Goldap, major de Normann. Bethoncourt est sur la rive gauche, séparé de la Lisaine par le talus du chemin de fer. Le major de Normann avait installé ses deux compagnies 5 et 6 sur la lisière ouest du village et au talus, derrière lequel ses hommes étaient couchés comme à l'abri d'un parapet. La 8e compagnie et un escadron d'uhlans étaient en réserve, à l'abri derrière les maisons. La 7e compagnie occupait, sur la rive droite, les maisons de Petit-Bethoncourt. Une compagnie de pionniers était répartie sur les deux ailes du bataillon. Sur les berges passablement escarpées de la rive gauche, en arrière du village, on avait creusé des tranchées pour une position de repli. Le pont sur la Lisaine était détruit. En aval, les pionniers avaient construit un barrage pour faire refluer l'eau et former un étang devant la position ; on en avait soigneusement brisé la glace. La digue servait de communication entre les deux rives.

Pendant la matinée, le bataillon ne fut guère inquiété. Un détachement de soixante hommes de la 7e compagnie qui avait occupé la ferme du Mont-Chevis sous les ordres d'un sergent-major lui était revenu, rejeté par la 2e brigade de la division Dastugue. Mais bientôt après l'évacuation de ce poste, les batteries françaises établies sur le plateau de la rive gauche et quelques pièces du XXIVe corps en position près de Vyans avaient canonné le village. Après midi, le major de Normann constatait que de fortes colonnes d'infanterie se massaient dans le Bois-Bourgeois, poussé comme un angle saillant dans la vallée et qui descend jusqu'à quelques mètres du cours de l'eau. Le général de Glümer qui des hauteurs de la Grange-aux-Dames avait observé le même fait avait dirigé alors la 1re batterie légère badoise, capitaine Bodman, sur la hauteur au sud-est de Bethoncourt. Il était quatre heures déjà quand l'infanterie française de la brigade Minot déboucha avec deux bataillons du Bois-

Bourgeois[1], gagnant rapidement un petit bosquet d'arbres situé entre la lisière et la rive. Dès que la ligne des tirailleurs entra dans le terrain découvert pour gagner la Lisaine, elle fut reçue par un feu de vitesse bien ajusté des cinq compagnies embusquées dans les maisons ou couchées dans la neige derrière le talus du chemin de fer. En même temps, la batterie Bodman couvrait la petite plaine de ses projectiles. On voyait, homme par homme, les fantassins français se dessiner sur la neige. Ébranlés par la violence de la fusillade et de la canonnade, les lignes de l'assaillant s'arrêtèrent, hésitèrent un instant, puis regagnèrent rapidement le Bois-Bourgeois, laissant le terrain couvert de blessés et de morts. Un peloton de zouaves se jeta dans le cimetière de Petit-Bethoncourt pour y chercher un abri derrière les murs et y continua la résistance jusqu'à ce que le lieutenant de Berken, entourant le cimetière avec la 7e compagnie, fit prisonniers les combattants, un officier et soixante hommes.[2]

De la Grange-aux-Dames, d'où on avait suivi l'attaque avec inquiétude, le général de Glümer avait envoyé à Bethoncourt le 2e bataillon du régiment de grenadiers de la garde badoise. Une compagnie couvrit la batterie, une autre entra dans le village mais ne participa pas au combat qui venait de finir. Les deux autres compagnies furent dirigées sur Bussurel d'où venait le bruit d'une vive fusillade; mais là encore elles n'arrivèrent que le combat terminé et revinrent bientôt à Bethoncourt.

L'infanterie française ne renouvela pas son attaque. La batterie Bodman en profita pour se porter au-dessus de

[1] Un bataillon de mobiles de Savoie et un bataillon du 1er régiment de zouaves de marche.

[2] Les deux bataillons français engagés dans l'affaire de Bethoncourt ont perdu sur la Lisaine 15 officiers et 444 hommes. Le Rapport de l'état-major allemand (T. IV, p. 1029), suppose que ces pertes proviennent en majeure partie du combat du 15 janvier.

Bethoncourt d'où elle pouvait intervenir dans le combat de
Bussurel.

La nuit ne fut pas troublée. Les pionniers allemands la
passèrent à rompre la glace de la Lisaine qui se reformait
sans cesse.

La fusillade de Bussurel, à deux kilomètres au nord de
Bethoncourt, avait été provoquée par une attaque du XXIV<sup>e</sup>
corps d'armée. Le général de Bressolles avait l'ordre de se
laisser un peu devancer par le XV<sup>e</sup>, puis de se porter « jusqu'à la Lisaine » et de s'emparer des différents points de
passage. Il devait disposer son artillerie sur la rive droite
de façon à battre l'autre rive le mieux possible. « Le XXIV<sup>e</sup>
corps, disait l'ordre du général en chef, ne hâtera pas trop
sa marche en avant. » Les passages de la Lisaine occupés,
il devait « jeter des tirailleurs sur la rive gauche », mais ne
franchir complètement la rivière qu'autant qu'il en recevrait
l'ordre.

Bussurel est sur la rive droite, au pied de la route qui
monte à Vyans. Le village est traversé par la route Montbéliard-Héricourt. Les Allemands ne l'avaient pas occupé. Le
fond de la vallée est large d'un demi-kilomètre. Sur la rive
gauche, bordant la rivière, le chemin de fer, en talus comme
à Bethoncourt. Le pont était détruit.

La position était occupée par le bataillon de landwehr de
Dantzig, commandé par le capitaine Kossak. Il avait disposé
ses quatre compagnies derrière le talus, avec un détachement au moulin de Bussurel et dans les deux maisons voi-
sines. A la faveur d'un coude de la rivière, ce détachement
faisait face à la sortie nord de Bussurel, enfilant de son feu
la chaussée sur toute la longueur du village.

Le XXIV<sup>e</sup> corps, le général de Busserolle, commandant
de la III<sup>e</sup> division, marchant à la tête de la colonne, avait
quitté la route Arcey-Héricourt à Aibre, se dirigeant par
Laire sur Vyans, à travers le Grand-Bois et le bois de Tavey.

La division d'Aries suivait la III<sup>e</sup>, mais le terrain ne se prêtait pas au déploiement de troupes aussi nombreuses.

Comme le corps d'armée avait l'ordre de ne pas se hâter et de subordonner son entrée en action à l'avancée du XV<sup>e</sup> corps à sa droite, il ne déboucha près Vyans qu'à midi Vers deux heures du soir, les mobiles du Rhône (1<sup>re</sup> et 2<sup>e</sup> légion), du Var (89<sup>e</sup> régiment) et de la Loire (1<sup>er</sup> bataillon) débouchent des bois et, commençant le tir à grande distance, se déploient, gagnent le village inoccupé, s'installent sur la lisière est et ouvrent un feu violent contre le talus du chemin de fer. Peu après, trois batteries prennent position à Vyans et, par dessus Bussurel, canonnent la voie ferrée. Les hommes du bataillon de Dantzig répondent par un feu lent, ménageant leurs munitions. Puis les Français sortent de leurs abris et, s'élançant de la partie sud du village, se jettent sur l'aile gauche du capitaine Kossak. Le lieutenant Frank (3<sup>e</sup> compagnie) répond par un feu de vitesse et rompt l'élan des assaillants. Aussitôt après, une deuxième attaque part du centre du village, soutenue par une violente mousqueterie. Les compagnies 2 et 4 de Dantzig la reçoivent avec des feux de salve et la rompent comme la première. A 4 heures du soir, troisième attaque, dirigée contre le moulin de Bussurel. Pour la troisième fois, la landwehr de Dantzig oblige par ses salves l'infanterie française à se retirer derrière les maisons.[1]

Pendant ce temps, des renforts étaient venus au capitaine Kossak : deux bataillons du 5<sup>e</sup> régiment badois étaient accourus de Brévilliers, envoyés par le général de Werder avec deux batteries. Les bataillons restèrent en réserve sur la hauteur, tandis que le demi-bataillon des grenadiers de la garde badoise, venu de Bethoncourt, se plaçait en deuxième

---

[1] Les données tactiques de ce combat, comme au reste la plupart concernant les troupes allemandes, sont puisées dans le très consciencieux ouvrage *Die Kämpfe vor Belfort*, de F. VON DER WENGEN.

ligne derrière l'aile gauche du bataillon de Dantzig. Les batteries prirent une part plus active à la dernière partie du
combat. Elles attirèrent sur elles le feu des batteries françaises, puis, malgré de sérieuses pertes, canonnèrent vigoureusement les réserves qui, descendant de Vyans, cherchaient à gagner Bussurel. En même temps, la batterie
Bodman, sortant du combat de Bethoncourt, ouvrait son
feu et, prenant l'infanterie française en écharpe et en queue,
l'obligeait à s'arrêter.

La troisième attaque rompue, le XXIVᵉ corps ne renouvela
pas sa tentative. Il était près de cinq heures. La nuit est
prompte à venir en janvier. Plusieurs bataillons renforcè-
rent l'occupation de Bussurel, mais pendant la nuit aucune
opération ne fut entreprise.

Sur la rive droite, le bataillon de Dantzig et les deux bataillons envoyés de Brévilliers demeurèrent sur le lieu du
combat. Les grenadiers badois rentrèrent à Bethoncourt et
les batteries regagnèrent Brévilliers et la Grange-aux-Dames
d'où elles étaient venues.

De même que les XVᵉ et XXIVᵉ corps, le XXᵉ, placé au
centre de la ligne, en face d'Héricourt, avait reçu l'ordre de
ne pas pousser à fond son attaque. Il devait s'emparer de
Tavey et marcher sur Héricourt en maintenant ses communications, à droite, avec le XXIVᵉ corps et, à gauche, avec le
XVIIIᵉ, mais il ne devait s'attaquer à la ville « qu'après que
l'effet voulu aurait été produit par le XVIIIᵉ corps, comme
par les mouvements tournants à plus court rayon qu'il aurait
à exécuter par sa propre gauche ». — « Le XXᵉ corps, disait encore l'ordre général, ne lancera sa droite et son centre
sur le village d'Héricourt qu'après l'avoir fortement canonné.
et avoir laissé se produire les effets du mouvement de sa propre gauche et ceux du XVIIIᵉ corps et de la division Cremer. »

Le général Clinchant avait passé la nuit à Aibre et le Vernois, avec des avant-postes contre Tavey. La route Besançon-Belfort qui devait le mener à Héricourt passe entre le Bois-de-Tavey et celui des Communaux, traverse le village et le petit plateau de Tavey, contourne en s'abaissant la petite colline du Mougnot, puis descend au pont de la Lisaine où elle croise la route Montbéliard-Lure et, après avoir franchi la ville, remonte sur la rive gauche entre le Mont-Vaudois et le Salamou pour gagner Argiésans puis Belfort, distant d'Héricourt de dix kilomètres.

C'est sur cette importante voie de communication, au centre de sa ligne de défense, solidement appuyé sur les fortes positions du Mont-Vaudois, que le général de Werder avait groupé le gros de ses effectifs, soit les deux brigades Knappe de Knappstædt et von der Goltz et, couverte par la montagne, à Brévilliers, la réserve générale. Environ soixante-dix bouches à feu de position et de campagne garnissaient le front de trois mille mètres entre le Salamou et Luze.

Héricourt étant situé dans le fond du vallon, le colonel Knappe de Knappstædt qui en avait la garde avait transporté la défense sur les hauteurs de la rive gauche où il avait transformé la colline du Mougnot en une sorte de tête de pont. Depuis le 12 janvier, les troupes avaient travaillé jour et nuit à la déboiser. L'opération n'était pas terminée le 15 au matin, surtout au nord de la route, mais on avait pratiqué sur toute la lisière ouest et sud des abatis considérables et creusé des fossés de chasseurs. La route était barricadée. La ferme Marion, au midi de la colline, avait été transformée en un réduit, protégé par des abatis profonds. Le flanc droit de la colline était couvert à une certaine distance au nord par le cimetière et par les bâtiments de Saint-Valbert. Le flanc gauche avait été prolongé, dans la direction de Bussurel, par des fossés de tirailleurs. En bas, dans le vallon, les murs de la lisière ouest d'Héricourt étaient munis de banquettes et crénelés et le pont sur la Lisaine était miné.

Deux bataillons du 25ᵉ régiment d'infanterie rhénane. deux escadrons de uhlans et deux batteries occupaient Tavey. — Le bataillon de landwehr d'Ortelsbourg était au Mougnot avec trois compagnies et une compagnie en réserve derrière la ferme Marion. — Le bataillon de landwehr de Graudenz gardait, avec trois compagnies, le pont d'Héricourt et avait une compagnie dans les fossés de la route de Bussurel. Le bataillon d'Osterode avait une compagnie à la chapelle Saint-Valbert, une autre à la lisière ouest de la ville, une troisième au pont sur la rive gauche et la dernière dans la ville, près de la mairie. Un bataillon du 25ᵉ régiment d'infanterie occupait la gare et la voie ferrée, au pied du Salamou, sur la rive gauche. et le moulin de Bourangle, au midi d'Héricourt. Enfin, le bataillon de Thorn tenait, au nord de la ville, sur la rive gauche, le cimetière et ses environs et établissait par sa droite la communication avec la brigade du major-général von der Goltz. Sur le Salamou, front contre Tavey. à 2700 mètres. deux batteries de campagne et au nord de la route de Belfort. au pied du Mont-Vaudois. une batterie de position.

A six heures du matin, les avant-postes allemands à Tavey signalaient des sonneries de clairon dans tous les cantonnements français. A 8 ½ heures. une première batterie française sortait des bois à l'est d'Aibre et canonnait. mais sans succès, vu la trop grande distance, le village de Tavey. Les deux batteries du colonel von Loos. commandant des avant-postes à Tavey, ne répondirent au feu ennemi que lorsque d'assez fortes colonnes d'infanterie, débouchant sur la route d'Aibre et, par Byans, au nord-ouest de Tavey, s'approchèrent à portée de leur feu. D'autres batteries françaises survenant, le colonel von Loos reçut. vers 9 heures. l'ordre d'évacuer Tavey. Il dirigea ses deux bataillons sur la rive gauche de la Lisaine. en réserve derrière Héricourt; les deux escadrons regagnèrent à Brévilliers la réserve générale; des deux batteries, l'une alla prendre position sur la rive gauche, près du cimetière d'Héricourt ; l'autre plaça deux pièces au Mougnot et les quatre autres plus au nord, front contre Byans. Un signal allumé au Mougnot avisa la batterie de position du Mont-Vaudois que Tavey était évacué et qu'elle eût à prendre la route et le plateau sous son feu.

La première attaque française se dessina vers dix heures. Une longue ligne d'infanterie, sortant des Bois communaux et s'appuyant au village de Byans, s'avança contre le Mougnot, soutenue par huit pièces de canon en position au nord du village. La batterie d'avant-garde allemande et deux autres, installées au pied du Mont-Vaudois, répondirent au feu de l'artillerie et l'éteignirent. L'attaque de l'infanterie faiblit sitôt après. Survinrent alors sur le plateau de Tavey trois autres batteries françaises qui ouvrirent contre le Mougnot et Héricourt un feu soutenu, auquel les batteries du Mont-Vaudois répondirent avec non moins d'énergie. La canonnade dura, très nourrie, jusque vers une heure du soir, mais sans grand résultat.

Deux compagnies du bataillon de Graudenz, en réserve près du pont d'Héricourt, venaient d'arriver au Mougnot pour renforcer l'occupation et la canonnade venait de finir quand, sur toute la ligne française, de Byans à Tavey, l'infanterie ouvrit un feu serré contre les positions allemandes. La fusillade dura près d'une heure. A deux heures elle allait faiblissant, quand de nouvelles batteries françaises entrèrent en action.

Deux autres attaques d'infanterie soutenues par l'artillerie, mais dont aucune ne fut poussée à fond, furent encore données successivement vers trois heures et quatre heures du soir, tandis que de nombreuses batteries françaises canonnaient Héricourt et les batteries allemandes de la rive gauche. Quand vint la nuit, le combat cessa.

Les troupes allemandes du vallon cantonnèrent en quartiers d'alarme dans la ville d'Héricourt et les environs immé-

diats. Les troupes du Mougnot restèrent en position : à tour
de rôle, deux compagnies étaient dirigées sur la ville pour
y faire et manger la soupe.

La nuit se passa sans incident.

A la gauche du XXᵉ corps combattaient, sous les ordres
du général Billot, le XVIIIᵉ corps d'armée et la division
Cremer, 40,000 hommes avec cent-vingt canons, parmi
les plus solides troupes de l'armée. Le général Bourbaki
comptait sur elles pour tourner l'aile droite de l'ennemi et
le couper de Belfort.

« Le XVIIIᵉ corps, disait l'ordre de mouvement, se reliant
par sa droite avec le XXᵉ corps, occupera Couthenans, Luze
et Chagey. La division Cremer, venant de Lure, opèrera à la
gauche du XVIIIᵉ corps ; elle se mettra en route assez tôt
pour arriver sur la Lisaine dès six heures du matin, en évitant de suivre, s'il est possible, la partie de la route de
Luze à Chagey la plus voisine de ce dernier village, qui
est affectée spécialement au XVIIIᵉ corps. Cette division
exécutera un mouvement tournant à notre extrême gauche,
en passant, s'il est possible, la Lisaine à deux kilomètres en
amont de Chagey, et laissant le pont de ce village au XVIIIᵉ
corps. Elle se dirigera sur Mandrevillars et Echenans, et subor-
donnera son action à celle du XVIIIᵉ corps, qui passera par
Chagey et Luze ; elle observera avec grand soin les routes
et chemins permettant de se porter de Belfort sur notre
flanc gauche, notamment par Frahier et Châlonvillars. » —
L'ordre de mouvement ajoutait : « Le XVIIIᵉ corps quittera
ses bivacs au point du jour, mais il ne s'engagera qu'après
avoir entendu le canon du XVᵉ corps ; il fera prévenir le général Cremer du moment où sa division devra se porter en
avant, afin de bien coordonner le mouvement de cette division avec le sien. Si le mouvement général de l'armée réussit, la division Cremer occupera à la fin de la journée le
village d'Argiésans ; le XXᵉ corps occupera le village d'Héri-

court et les positions en avant de ce village ; le XVIII<sup>e</sup> corps sera entre le XX<sup>e</sup> et la division Cremer....»

Ces ordres très détaillés, trop détaillés, qui prescrivaient aux généraux commandant de corps, non seulement l'heure du départ et de l'arrivée sur la Lisaine et l'objectif de leur marche. mais encore, d'une manière très précise, l'itinéraire à suivre, jetaient le XVIII<sup>e</sup> corps et la division Cremer. non pas sur l'aile droite allemande qui était à Chenebier, mais entre cette aile droite et le centre, pour la division Cremer, et. pour le XVIII<sup>e</sup> corps, dans une attaque frontale contre les nombreuses et fortes batteries établies sur les flancs escarpés du Mont-Vaudois. Les directions données : Couthenans, Luze, Chagey au XVIII<sup>e</sup> corps ; Mandrevillars, Échenans, Argiésans à la division Cremer. amenaient fatalement les troupes françaises dans le rayon direct et sous le feu dominant de la plus redoutable des positions allemandes et à proximité immédiate d'un mouvement offensif de la réserve générale. concentrée à Brévilliers. « Le Mont-Vaudois est la position la plus forte de toutes celles des environs de Belfort. C'est comme une vaste citadelle naturelle, aux bords très escarpés du côté de la Lisaine. Chagey et Luze sont en quelque sorte situés au fond des fossés de cet ouvrage naturel. Le plus grand désir des Prussiens devait être que les Français s'aventurassent dans ces bas-fonds pour les y détruire complètement. L'attaque par Luze et Chagey. loin de constituer un mouvement tournant contre le Mont-Vaudois, était au contraire une attaque de front de cette redoutable position.»[1]

Du cimetière d'Héricourt et de la chapelle de Saint-Valbert jusqu'à Couthenans, Luze et Chagey. la ligne de défense allemande était commandée par le major-général von der Goltz. Il avait à Chagey un bataillon d'infanterie[2] retranché

---

[1] *La campagne de l'est.* par P. POULLET. colonel d'état-major à l'armée de l'Est.

[2] 2<sup>e</sup> bataillon, 3<sup>e</sup> régiment d'infanterie badoise

dans les maisons et avait occupé les hauteurs de la rive gauche d'où on commande tout le village et les terrains adjacents. Ses avant-postes surveillaient les chemins qui débouchent de Béverne. Luze était occupé par le 30e régiment d'infanterie, colonel Nachtigal, avec un bataillon en première ligne et les deux autres en réserve derrière le village. Une compagnie avait été détachée, avec deux pelotons de hussards, comme poste d'observation à Couthenans. Le 1er bataillon du régiment d'Osten-Sacken était en troisième ligne entre Luze et Échenans. Au pied du Mont-Vaudois, les deux autres bataillons du régiment d'Osten-Sacken, avec une et demi compagnie, comme poste avancé, à la filature Chevrot sur la rive droite. Le 2e régiment de hussards de réserve était à Echenans. Cinq batteries occupaient les deux versants sud-ouest et ouest du saillant du Mont-Vaudois, commandant Héricourt d'une part, Luze et Chagey de l'autre.[1]

Au nord de la brigade von der Goltz, entre Chagey et Chenebier, la Lisaine court dans une gorge rocheuse, creusée profondément entre les bois de la Brisée et de la Thure. La gorge n'était pas occupée par les Allemands mais, au nord, le major-général de Degenfeld occupait Chenebier et Étobon avec deux bataillons,[2] deux escadrons de dragons et une batterie. Il avait en outre à Frahier, en réserve, le bataillon de landwehr prussienne d'Eupen, un escadron et une batterie.

Enfin, à l'extrême aile droite, refoulé de Lure la veille au soir par la division Cremer, la cavalerie du colonel Willisen.

Le général Billot avait passé la nuit du 14 au 15 à Faymont, avec la division Feillet-Pilatrie à Courmont et Faymont, la division Bonnet à Lomont et sur les hauteurs qui dominent Béverne, la division Penhoat à Moffans, servant

---

[1] Total des forces pour le secteur Héricourt-Chagey : 7 bataillons, 1 régiment de hussards et 5 batteries.

[2] 1e et 3e du 3e régiment d'infanterie badoise.

de réserve au général Bonnet. La division de cavalerie était en arrière, avec les parcs d'artillerie et du génie, à Athesans. Les troupes n'étaient arrivées à destination que fort tard, par de mauvais chemins couverts de neige gelée et le général n'avait reçu qu'à minuit les ordres pour le lendemain matin. « Le général Cremer sera sous votre commandement pour vos opérations contre Héricourt, lui écrivait le général en chef. Faites-lui parvenir l'ordre de mouvement que je vous adresse pour lui. »

La division Cremer avait quitté Vesoul le matin. Elle était arrivée à la nuit à Lure évacué par la cavalerie du colonel Willisen qui, à l'approche de l'ennemi, s'était retiré sur Ronchamp. Afin de l'atteindre à temps pour qu'il pût prendre ses dispositions en vue de la journée du 15, le général Bourbaki avait télégraphié d'Onans, au général Cremer, le 13 à Vesoul [1] et le 14 à Lure, [2] mais la dépêche du 14 n'était

---

[1] Dépêche du 13 : « Si vous pouvez, après-demain, 15, partir de Lure et marcher dans la direction de Belfort, vous aurez peut-être un très grand succès. J'attaquerai ce jour-là Héricourt et marcherai moi-même sur Belfort. »

[2] Dépêche du 14 : « Onans, 14 janvier, 2 h. soir. — J'attaquerai demain 15. Reliez-vous avec le général Billot. Mettez-vous en route assez tôt pour arriver sur la Lisaine dès 6 heures du matin ; suivez la route de Lure à Héricourt le moins longtemps possible, afin de ne pas vous rencontrer avec la gauche du XVIII<sup>e</sup> corps ; quittez-la dans ce but, s'il est possible, avant Béverne. Vous avez pour mission d'opérer un mouvement tournant à notre extrême gauche, en vous jetant tout d'abord dans le bois de la Brisée après avoir passé la Lisaine à deux kilomètres environ en amont de Chagey et vous dirigeant sur Mandrevillars et Échenans. Vous subordonnerez votre action à celle du XVIII<sup>e</sup> corps qui pourra passer par Luze et Chagey ; c'est au commandant de ce corps que vous devrez vous adresser, s'il devenait urgent de remplacer les munitions dépensées. Vous observerez avec soin les routes ou chemins permettant de se porter de Belfort sur notre flanc gauche, notamment par Frahier et Châlonvillars. Si le mouvement général de l'armée réussit, vous devez occuper à la fin de la journée le village d'Argiésans et les positions avoisinantes ; le XX<sup>e</sup> corps tiendra Héricourt, le XVIII<sup>e</sup> sera entre le XX<sup>e</sup> et vous. — Bourbaki. »

pas parvenue à son destinataire. Elle devait être arrivée à
Lure quand le colonel Willisen y était encore et, dans ce
cas, elle était vraisemblablement tombée aux mains de
l'ennemi.[1] Le général Cremer, en tout cas, ne l'avait pas reçue. Il ne fut nanti des ordres définitifs du général en chef
qui lui prescrivaient d'être le 15, à six heures du matin, sur
la Lisaine, que le matin du même jour, à 3 heures, alors
que ses troupes harassées n'étaient pas encore en état de se
remettre en route. « Mon général, écrivait-il de Lure, à
3½ h. du matin, au général Billot, il m'est impossible
d'arriver sur la Lisaine avant 8 ou 9 heures. Je ne compte
même pas être avant cette heure à Béverne où je voudrais
bien vous voir. Je suis arrivé à Lure à la nuit seulement,
mes troupes et surtout mes chevaux d'artillerie très fatigués. Mais n'importe, on ira quand même. » En transmettant cette réponse au commandant en chef, le général Billot
ajoutait : « Je n'ai reçu qu'à minuit l'ordre de mouvement
qui m'était destiné et celui qui était destiné au général Cremer. Pour ce qui me concerne, je suis prêt à entrer en ligne
et mes ordres sont donnés à cet effet, mais le général Cremer, se trouvant en retard sur vos prévisions d'au moins
deux heures, ainsi que le constate sa lettre dont je vous
envoie ci-joint copie, mon mouvement sera forcément retardé. Les troupes ont été fatiguées par la journée d'hier et
les convois rejoignent mal par l'état des routes. Nous ferons
pour le mieux ».

Les deux généraux firent, en effet, pour le mieux. Les
troupes du XVIIIe corps se mirent en marche à 7 heures du
matin. Elles étaient devant les positions ennemies, à Couthenans, quand on entendit les premiers coups de canon
du XVe corps.[2] L'ordre général avait donc été strictement

---

[1] Ce fait, présumé par le général Cremer (voir P. POULLET,
*La campagne de l'est*, p. 18), n'est pas confirmé par les sources
allemandes.

[2] ENQUÊTE. Déposition du général Billot. T. III, p. 474.

exécuté. Quant au général Cremer, parti à six heures du matin de Lure, il était vers neuf heures à Béverne. Sur la route Lyoffans-Béverne, sa colonne se croisait avec celles des divisions Penhoat et Bonnet, ce qui produisit un nouveau retard, mais dont les commandants des divisions ne pouvaient être rendus responsables, étant donnés les itinéraires prescrits par les ordres généraux.

La route Lure-Lyoffans-Béverne que le XVIII⁰ corps et la division Cremer avaient l'ordre de suivre, court en défilé entre deux massifs boisés, alors couverts de neige et impraticables à toute autre arme qu'à l'infanterie. Les voitures et les chevaux suivaient la route couverte de verglas ; les fantassins faisaient leur sentier dans la neige, le plus souvent un à un. Au reste, l'entrée en ligne tardive des troupes de l'aile gauche française ne pouvait avoir aucune conséquence fâcheuse, puisque les ordres généraux leur ordonnaient d'attendre le canon du XV⁰ corps, lequel n'entra dans le combat, à l'extrême aile droite, qu'à dix heures du matin. Fussent-elles venues plus tôt sur le terrain, qu'elles y eussent d'ailleurs trouvé les mêmes obstacles à huit heures qu'à dix heures ou à midi, puisqu'ils provenaient de la configuration du sol et du fait que l'itinéraire de l'état-major les amenait au pied du Mont-Vaudois, sous le feu des batteries de position allemandes. De huit heures du matin à midi, le général de Werder ne déplaça sur sa ligne de défense ni un homme ni un canon, quoique les avis du colonel Willisen, en retraite de Lure sur Frahier, aient dû le renseigner sur le danger qui menaçait son aile droite.

Le XVIII⁰ corps d'armée se déploya dès 7 heures du matin, la division Pilatrie (I^re) au sud, la division Bonnet (III^e) au nord de la route Béverne-Héricourt, front contre Couthenans, Luze et Chagey. Les deux brigades Robert et Bremens suivaient la route, au centre du déploiement. Les deux autres brigades étaient condamnées à traverser les bois, la brigade Leclaire à l'aile droite, la brigade Goury à l'aile gauche du corps d'armée. La division de l'amiral Penhoat (II^e) occupait les bois, la brigade Perrin en deuxième ligne derrière l'aile gauche du corps, avec la mission de couvrir le flanc gauche du déploiement; la brigade Perreaux, en troisième ligne, derrière Béverne. L'artillerie divisionnaire accompagnait les divisions. L'artillerie de réserve, forte de sept batteries, devait suivre, dans la colonne de marche, la division Bonnet. La cavalerie formait l'arrière-garde, avec l'ordre d'éclairer les derrières et le flanc gauche du corps. Enfin, à partir du moment où la division Cremer serait entrée en ligne, la division Penhoat devait, elle aussi, se porter en avant et renforcer, par quatre bataillons, l'attaque des positions ennemies.

La division Pilatrie, partie à sept heures du matin, arriva à une heure de l'après-midi seulement, avec la brigade Leclaire, en face de Couthenans. Le passage à travers la montagne boisée et couverte de neige avait été très long; le chemin ne donnait passage qu'à un homme. Couthenans avait été évacué par la compagnie d'infanterie ennemie qui avait occupé le village pendant la nuit. Un bataillon du 44^e de marche y entra et s'y établit sans coup férir, tandis que le reste des troupes était déployé en tirailleurs à la lisière des bois. La brigade Robert qui suivait la route tomba pendant sa marche dans un encombrement causé par le passage des troupes de la division Bonnet et de la réserve d'artillerie. Dès que la tête de la colonne arriva en vue des positions du Mont-Vaudois, elle eut à essuyer un feu violent des batteries ennemies. Un certain nombre d'hommes furent atteints; le colonel de Rancourt de Mimérand, du 73^e régiment de mobiles (Loiret et Isère), fut blessé de deux éclats d'obus. Le général Billot donna l'ordre à l'infanterie de se mettre à couvert dans les bois et à l'artillerie de prendre position. Une batterie s'établit au nord-ouest de Couthenans, mais le feu du Mont-Vaudois était si violent qu'elle n'eut bientôt plus que deux pièces en position. Une deuxième batterie eut le même sort, après avoir été obligée de changer trois fois de station. Quatre autres batteries, établies sur les hauteurs à l'ouest de Luze furent aussi fort abîmées mais, bien couvertes, se maintinrent avec courage et continuèrent un feu soutenu jusqu'à cinq heures du soir. A la nuit tombante, l'ennemi cessa son tir, se bornant à envoyer quelques projectiles pour fouiller les lisières. La division Feillet-Pilatrie passa la nuit au bivouac, sauf une partie des troupes logées dans le village de Couthenans.

La division Bonnet avait marché avec sa brigade Bremens par la route Lure-Héricourt et avec sa brigade Goury, à la gauche de la première, par le bois de Thure et le bois de Nan, contre le village de Chagey occupé par le 2e bataillon du 3e régiment d'infanterie badoise, major Lang. Vers deux heures de l'après-midi, l'infanterie de la brigade Goury, qui avait très péniblement traversé la montagne, descendait les pentes. Le lieutenant-colonel de Boisfleury, du 4e zouaves de marche, attaqua aussitôt Chagey avec deux bataillons de son régiment et le 3e bataillon du 81e de gardes-mobiles de la Charente-Inférieure, de l'Indre et du Cher. L'attaque fut vivement menée et les zouaves avaient poussé jusqu'aux maisons quand le feu rapide et concentrique des Badois embusqués dans les bâtiments et tirant à couvert les obligea à battre en retraite. Un bataillon du 73e régiment de mobiles, de la brigade Robert, avait aussi pris part à ce mouvement offensif.

Vers trois heures, l'artillerie ennemie, établie au pied du Mont-Vaudois entre Couthenans et Luze, dessina avec deux batteries[1] un mouvement à droite, de façon à pouvoir prendre plus directement sous son feu les assaillants de Chagey et les batteries françaises à l'ouest de Couthenans. La position du bataillon Lang à Chagey étant fort critique, le général

---

[1] Renforcées peu après par une troisième batterie envoyée d'Héricourt.

de Werder lui envoya encore, vers trois heures, le 1er bataillon du 6e régiment badois et le 2e bataillon du 25e régiment, mais le premier seul arriva à temps pour prendre part à la lutte. Il était alors quatre heures et l'infanterie française avait justement renouvelé contre Chagey une attaque générale avec les troupes des deux brigades Goury et Bremens dont tous les bataillons entrèrent en ligne. Mais l'artillerie allemande, enfilant la vallée et battant les crêtes, « prenait en flanc les colonnes d'attaque, les empêchant de gagner du terrain et arrêtant leur effort ».[1] L'infanterie badoise sortit même un instant de ses abris et poursuivit de son feu l'ennemi en retraite. L'infanterie française avait le sentiment qu'alors même qu'elle se fût emparée de Chagey, il lui eût été impossible de s'y maintenir sous le feu écrasant des batteries allemandes qui dominaient et commandaient entièrement les bas-fonds.[2] Après trois heures de lutte et au moment où la nuit arrivait, la division Bonnet cessa l'attaque, se retira à l'abri des bois et sur les crêtes de la rive droite pour y passer la nuit au bivouac, couverte par de fortes grand'gardes.

Quant au colonel Nachtigal qui occupait Luze avec le 30e régiment, entre Couthenans et Chagey, il ne fut pas attaqué de la journée, le XVIIIe corps s'étant borné à canonner le village.

Dans la matinée du 15 janvier, le général von Degenfeld, chargé de la défense du secteur Chenebier-Frahier, avait détaché à Étobon six compagnies d'infanterie du 3e régiment badois et un escadron. A neuf heures du matin, les patrouilles qui surveillaient la route de Béverne signalèrent les approches de l'ennemi. Le lieutenant-colonel Kraus retira aussitôt ses troupes des positions qu'elles occupaient et se

---

[1] ENQUÊTE. Rapport de M. le général de division Bonnet. T. II. p. 374.

[2] ENQUÊTE. Rapport de M. le lieut.-colonel de Boisfleury. T. II, p. 369.

replia sur Chenebier, en sorte que vers 11 h. 30 du matin l'avant-garde de la brigade Millot, de la division Cremer, sous les ordres du colonel Poullet, officier d'état-major de la division, occupait le village sans coup férir. La batterie de montagne Beaudelin prit aussitôt position au nord du village, aux ruines du château d'Étobon. Quatre pièces de la batterie du Rhône s'installèrent à l'est du village. Elles ouvrirent contre Chenebier un feu vif mais peu dangereux pour l'ennemi et auquel celui-ci ne répondit que pour accuser sa présence. A onze heures et demie, la deuxième brigade, retardée par l'encombrement des routes au passage de Béverne, atteignit, elle aussi, Étobon.

La division Cremer avait l'ordre de passer la Lisaine à deux kilomètres en amont de Chagey, s'il était possible, et de marcher de ce point sur Échenans et Mandrevillars. Cet itinéraire laissait Chenebier sur sa gauche et obligeait la division à une marche de flanc devant un ennemi en position. D'autre part, les ordres généraux portant que la division devait opérer un mouvement tournant à l'extrême aile gauche de l'armée, il fallait au contraire, pour déborder par le nord l'aile droite du général de Degenfeld, que Chenebier fût attaqué. Il semble donc que l'esprit dans lequel l'ordre général était conçu devait ici prévaloir, d'autant plus que le texte n'imposait l'itinéraire prescrit que pour autant qu'il paraîtrait possible de le suivre. Dans le doute, il eût été prudent de signaler au général en chef, dès Étobon, l'occupation de Chenebier et d'attendre. Rien n'eût été compromis par cet arrêt, puisque l'aile droite allemande ne fut renforcée que vingt-quatre heures plus tard, dans la nuit du 16 au 17 janvier.

Le général Cremer, plutôt que de marcher droit à l'ennemi, préféra suivre la route qui lui était tracée par la lettre de l'ordre. Il dirigea toute sa division sur le grand bois de Thure, dérobant le mieux possible cette marche de flanc à moins d'un kilomètre de la position ennemie. Une canon-

nade assez vive fut échangée entre une batterie allemande
établie au nord de Chenebier et les batteries françaises échelonnées sur le parcours pour couvrir la gauche de la division.
La marche à travers les bois et les amoncellements de neige
fut extrèmement pénible. Sur le chemin étroit et coupé de
fondrières, les fantassins ne pouvaient marcher que deux de
front. Les marais qu'on avait à traverser étaient heureusement gelés. En maint endroit, les pionniers du génie durent
prendre leurs outils pour frayer un chemin aux chevaux
exténués et aux voitures de l'artillerie. Jusqu'à la nuit, une
batterie Armstrong, protégée par un bataillon du 83e de mobiles de l'Aude et du Gers, demeura en position à Étobon et
continua la canonnade contre Chenebier. Deux obus seulement éclatèrent au-dessus des batteries allemandes.[1] Le
bataillon et la batterie ne quittèrent Étobon qu'après dix
heures du soir pour rejoindre la division. Le petit détachement se heurta pendant sa marche dans la nuit noire aux
grand'gardes allemandes. Il en résulta un échange de coups
de fusil. La batterie française tira même quelques coups à
mitraille, ce qui alarma les Badois dans leurs quartiers de
Chenebier et la division au bivouac dans les bois.

La nuit, très froide, fut cruelle aux troupes qui depuis
trente-six heures n'avaient pas mangé et qui durent passer
ces mortelles heures accroupies dans la neige, entassées
autour de misérables feux.

Dans la soirée, un officier porta au général Billot un avis
du commandant de la division l'informant que « le mouvement
tournant était un mouvement tourné » et demandant au
XVIIIe corps des renforts pour le lendemain. Le général
Billot qui, de son côté, avait déjà fait la même constatation,
donna aussitôt l'ordre à la division Penhoat de se diriger
dès le lendemain sur Étobon pour prêter main forte à la
division Cremer.

[1] Von der Wengen : Die Kämpfe vor Belfort, p. 353.

Vers le milieu de la journée, le général Bourbaki avait craint pendant un moment que sa ligne fût rompue. Séparé du XXᵉ corps par le massif montagneux du bois de la Bouloye couvert de neige, impraticable en hiver même aux piétons, le général Billot n'avait pu entrer en communication avec son voisin de droite. Le général Clinchant et le commandant en chef en avaient pris de l'inquiétude, à tel point que le général Bourbaki avait renoncé à diriger lui-même le mouvement tournant de son aile gauche, jugeant nécessaire de ne pas s'éloigner du village d'Héricourt. Il avait stationné derrière le XXᵉ corps, à proximité de la réserve générale de l'armée qui, massée entre Aibre et Trémoins, sur la route Héricourt-Belfort, au centre de la ligne de bataille, « était prête à se porter en avant partout où sa présence serait jugée nécessaire ».

Vers midi d'abord, puis à deux heures et demie, n'ayant encore reçu du général Billot aucune nouvelle et le général Clinchant manifestant des craintes pour le flanc gauche de son corps d'armée, le général Bourbaki envoya successivement deux officiers d'ordonnance aux informations, mais sans attendre leur retour pour ordonner les mesures de précaution commandées par les circonstances. Dès onze heures du matin, le général Borel, chef d'état-major de l'armée, avait envoyé à la réserve générale l'ordre de se transporter dans le vallon de Coisevaux, entre le bois des Communaux et le bois de la Bouloye, de façon à boucher le trou qui s'était produit entre les XXᵉ et XVIIIᵉ corps. Comme il arrivait à Coisevaux à la tête de la réserve, le général Pallu de la Barrière recevait du généralissime une confirmation des ordres antérieurs du chef d'état-major. Vers trois heures, le général Pallu avait établi son artillerie au nord de Coisevaux et ouvert son feu contre les batteries du Mont-Vaudois. Peu après, il entrait en relations avec le général Billot lui offrant,[1] pour

---

[1] ENQUÊTE. T. III, p. 440.

l'attaque, le concours de ses troupes, mais la nuit survint avant qu'il eût obtenu une réponse.

A l'extrême aile droite allemande. la cavalerie du colonel Willisen passa la nuit du 15 au 16 à Ronchamp.

A l'extrême aile gauche, le général de Debschitz ne fut pas sérieusement inquiété. A Montbouton seulement, les trois compagnies du bataillon de landwehr de Liegnitz perdirent quelques hommes dans un court combat avec un détachement du corps franc des Vosges.[1]

Le résultat de la journée, en somme, était nul. L'armée

---

[1] Le 15 janvier, à huit heures du matin, le colonel Bourras eut une entrevue sur la frontière suisse. à Fahy, avec le colonel Aubert, commandant de la IIIe division de l'armée fédérale.

Le colonel Bourras exprima ses regrets de ce que l'avant-veille des obus français avaient pénétré sur le territoire suisse, par suite d'erreur ou d'ignorance de la part des servants des pièces qui ne connaissaient pas exactement la ligne de démarcation des deux pays. Il demanda à son interlocuteur que le commandement des troupes suisses voulût bien ordonner qu'à l'avenir cette ligne fût nettement marquée par des fanions ou des drapeaux. Le colonel Aubert s'empressa de faire droit à cette réquisition.

Le colonel Bourras énonça aussi la pensée que, suivant les circonstances, ses troupes pourraient être empêchées de respecter la frontière d'une manière absolue. « La France, dit-il, à un tel besoin d'un succès quelconque que si, en empruntant une faible partie de votre territoire, on pouvait l'assurer, il serait bien difficile de ne pas le faire. » Au surplus, la position retranchée occupée par les Prussiens à Delle était adossée à la frontière et il était presque impossible de l'attaquer et de s'en emparer sans pénétrer sur le sol suisse. Cependant, ajouta le colonel Bourras, les troupes suisses pouvaient être certaines que leur territoire serait respecté sauf le cas d'absolue nécessité.

Le colonel Aubert répondit que. quels que fussent les motifs qui auraient fait franchir la frontière aux troupes françaises. elles seraient sommées de se retirer et, en cas de refus, repoussées par la force.

La conversation des deux officiers n'eut pas de suite. L'éventualité prévue par le colonel Bourras ne se réalisa pas.

de l'Est avait abordé la Lisaine, mais sur aucun point elle ne l'avait utilement traversée. Là où elle avait attaqué le plus franchement l'ennemi, comme à Montbéliard et à Chagey, elle était restée dans les bas-fonds. A Montbéliard, on était dans la ville, mais le château qui la domine restait aux Allemands. A Bethoncourt et Bussurel, la landwehr de Goldap et de Dantzig tenait derrière le talus de la voie ferrée. A Héricourt, on n'avait point emporté l'ouvrage avancé du Mougnot. Couthenans était pris, mais quand on en voudrait sortir, on serait écrasé par l'artillerie de position du Mont-Vaudois. Les Badois tenaient à Lure et à Chagey. A Chenebier, le général de Degenfeld débordait l'aile gauche du général Cremer. Nulle part, on n'avait encore acquis une base solide pour les opérations du lendemain. Suffisamment forte sur tout le front pour n'avoir pas à craindre d'être traversée par une poussée offensive, l'armée ne l'était pas assez elle-même pour percer sur aucun point les lignes qui s'interposaient entre elle et Belfort. Quant au mouvement tournant, entrepris à trop court rayon, il avait complètement échoué.

Cependant, cette première journée avait été utile comme une reconnaissance des positions allemandes. On était maintenant fixé sur leur étendue et la façon dont elles étaient occupées et défendues On savait l'ennemi fortement retranché sur tout le front de Montbéliard à Chagey et capable d'enfiler avec son artillerie de gros calibre toutes les voies d'accès aboutissant au fossé de la Lisaine. Mais déjà on commençait, dans les états-majors, à craindre que les jeunes soldats dont l'armée était en majeure partie composée n'eussent pas la solidité nécessaire pour réussir dans une attaque à fond.[1] Dans la soirée, le général Billot faisait savoir au commandant en chef que déployer des troupes devant des batteries de position par des débouchés enfilés était impos-

[1] ENQUÊTE. Note de l'amiral Penhoat. T. II, p. 355.

sible ; que la position ne pouvait pas être prise de front et
qu'il fallait nécessairement la tourner par la gauche. Il avait
déjà ordonné à la division Penhoat, en station à Béverne, de
se porter plus au nord. à Étobon, de façon à opérer le lendemain, de concert avec le général Cremer, contre Chenebier. Que ne dirigeait-on aussi sur ce point la réserve
générale, composée des plus solides troupes de l'armée,
quitte à en reconstituer une autre au moyen de quelques
régiments de l'aile droite, puisque celle-ci ne devait opérer
que démonstrativement ? On eût concentré ainsi contre
Chenebier, dès les premières heures du 16 janvier, plus de
30,000 hommes, onze régiments d'infanterie. deux régiments
de cavalerie et onze batteries. Sous les ordres du général
Bourbaki, c'était plus qu'il n'en fallait pour écraser les trois
bataillons et les trois batteries du général de Degenfeld avant
l'arrivée de tout renfort et pour gagner par Frahier la route
de Belfort. Combinée avec une démonstration vigoureuse
des XVe, XXIVe et XXe corps contre le front Montbéliard-
Héricourt. cette attaque, énergiquement menée, eût obligé
le général de Werder à dégarnir les positions de la Lisaine
et en cas d'un succès des armes françaises à se retirer
derrière la Savoureuse en découvrant Belfort. La difficulté
du ravitaillement des troupes, liées aux magasins de Clerval, empêcha le commandement de mettre ce plan à exécution.

Le 15 janvier, à 2 heures de l'après-midi déjà, le général
Bourbaki avait télégraphié au ministère de la guerre à Bordeaux : « L'armée s'est battue toute la journée ; ce soir nous
occupons Montbéliard (sans le château), Vyans, Tavey,
Byans, Coisevaux. Couthenans et Chagey.[1] Demain. nous
recommencerons au point du jour, et quoique nous ayons
devant nous beaucoup plus de forces qu'on ne s'y attendait.
en hommes et surtout en puissante artillerie. j'espère de-

---

[1] C'était une erreur : Chagey était resté aux Allemands.

main pouvoir occuper Héricourt, Brévilliers, enfin la route
d'Héricourt à Belfort.»

A la même heure, M. de Freycinet expédiait au général,
de Bordeaux, une longue dépêche lui exposant les difficultés
d'une opération sur Épinal et lui proposant de marcher au
contraire sur Chaumont où l'ennemi devait avoir concentré
environ 60,000 hommes. « Je suis d'avis, disait M. de Freycinet, qu'après avoir dispersé l'armée assiégeante de Belfort,
vous reveniez sur Vesoul et Combeaufontaine. Là, nous
examinerons quelle sera à ce moment la situation de l'ennemi. S'il est toujours concentré, comme aujourd'hui, autour de Chaumont, il faudra vous porter directement sur
lui par la double route de Combeaufontaine à Langres et à
Bourbonne-les-Bains ; et vous remporterez la victoire de
Chaumont, ensuite de laquelle vous marcherez sur Châlons-
sur-Marne. Si, au contraire, l'ennemi, dépassant Chaumont,
s'est avancé dans la direction Neufchâteau, Nancy, vous
marcherez de Combeaufontaine sur Neufchâtel, par Jussey
et Lamarche, et vous remporterez la victoire de Neufchâteau,
en suite de laquelle vous marcherez sur Pagny d'où vous
intercepterez les voies ferrées de l'ennemi. » — En terminant, le délégué à la Guerre annonçait au général qu'il dirigeait sur Troyes un nouveau corps de 85,000 hommes. « Je
calcule que ce corps sera entre Troyes et Chaumont à peu
près à la même époque que vous serez vous-même sur le
point de remporter la victoire de Chaumont ou de Neufcha-
teau. »[1]

Combien la lecture de pareilles dépêches ne devait-elle
pas troubler le malheureux général dont les troupes grelottaient à ce moment au bivouac, dans les bois pleins de neige,
par 14 degrés de froid, sous le canon du Mont-Vaudois! La
nuit du 15 au 16 fut aussi rigoureuse que la précédente.
Les congélations furent très nombreuses. Les maladies de la

[1] ENQUÊTE. T. II, p. 678.

poitrine et la dyssenterie répandaient partout la démoralisation dans les rangs.

Le général de Werder avait envoyé, à dix heures du soir, la dépêche suivante au général de Manteuffel : « L'ennemi m'a vivement attaqué avec environ quatre corps et surtout avec de l'artillerie. L'attaque a été repoussée sur tous les points et mes lignes n'ont nulle part été traversées. J'ai perdu de 300 à 400 hommes. Le combat a duré de 8 h. $\frac{1}{2}$ à 5 h. $\frac{1}{2}$. » — A neuf heures, le général avait donné à ses troupes l'ordre suivant : « L'ennemi a attaqué aujourd'hui en vain, avec environ quatre corps, nos positions sur tous les points. Demain, 16 janvier, conformément aux ordres que j'ai reçus, nous continuerons à défendre nos lignes avec toute notre énergie. »

A part quelques insignifiants mouvements de troupes pour compléter la réserve générale à Brévilliers et l'entrée en ligne de quatre pièces de canon détachées du corps d'investissement de Belfort, rien ne fut changé à la distribution des forces dans les positions. Le service des munitions n'ayant pu se faire que d'une façon très incomplète. le général recommandait aux batteries d'user avec circonspection de leur tir.

# CHAPITRE XII

## LES COMBATS SUR LA LISAINE
## LE 16 JANVIER

Le lundi, 16 janvier au matin, le temps était froid comme la veille, mais un épais brouillard couvrait toute la contrée, remplissant surtout le vallon de la Lisaine entre Héricourt et Montbéliard. Il ne se dissipa qu'à midi, balayé par un coup de vent du sud-ouest, en sorte que, pendant une partie de la matinée, les deux armées restèrent en présence sans se voir.

Cependant, sur les hauteurs de Chenebier le ciel était clair. Les patrouilles allemandes avaient vu au loin les fortes colonnes d'infanterie et d'artillerie de la division Penhoat, en marche sur Étobon, et le général de Degenfeld avait disposé, dès sept heures du matin, des faibles effectifs dont il disposait. Les fusiliers du 3e régiment badois occupaient au midi du village la colline de Courchamp, tandis que le 1er bataillon tenait avec deux compagnies le village largement étalé sur un terrain mamelonné et, avec deux autres compagnies, les hauteurs au nord. Les deux batteries[1] avaient pris position au Bas-des-Essarts, ayant derrière elles le bois des Évants et, courant à leur gauche, la route de Belfort. Ces troupes étaient sous les ordres du lieutenant-colonel Kraus du 3e régiment badois. Le général de Degenfeld était à trois kilomètres en arrière, à Frahier, avec le bataillon de landwehr d'Eupen, une batterie et un escadron du 3e dragons badois.

A 8 heures du matin, le général Tevis déploya sa brigade sur la crête du plateau et ouvrit le feu avec ses pièces de 4 contre Chenebier. La canonnade dura environ une heure et demie, puis fut interrompue sur l'ordre du général Cremer. Elle fut reprise à onze heures et demie, mais seule la batterie Armstrong avait une portée suffisante pour franchir la distance et atteindre les batteries allemandes. Le feu cessa de nouveau après que le défenseur de Chenebier eût lancé une vingtaine de ses projectiles.[2]

Vers une heure du soir, l'artillerie de la division Penhoat entre en action à Étobon, d'abord avec une batterie en position sur le plateau en avant du village, bientôt suivie d'une autre, installée près du cimetière et de deux pièces hissées sur les ruines du château. En même temps, deux batteries de la division Cremer réapparurent sur le plateau de la Thure et la canonnade s'engagea vivement. Une grêle de projectiles s'abattit sur le plateau et obligea les troupes à se mettre à l'abri. L'artillerie française fit de grandes pertes en hommes et en chevaux.

Sur ces entrefaites, le général Billot était arrivé lui-même à Étobon. La canonnade avait duré une heure et demie environ quand le commandant du XVIIIe corps donna l'ordre à l'infanterie de passer à l'attaque. La division Cremer forma

[1] 2e batterie badoise lourde, capitaine Gœbel, et 2e batterie légère de réserve saxonne, capitaine Krutsch.
[2] VON DER WENGEN. p. 382. — Voir aussi *La guerre en province*, p. 245.

ses troupes en deux colonnes : à l'aile droite, le 83ᵉ régiment des gardes-mobiles de l'Aude et du Gers, un bataillon du 32ᵉ de marche et le bataillon Carayon-Latour des gardes mobiles de la Gironde, sous les ordres du commandant de la division, devaient envelopper le flanc gauche du défenseur de Chenebier, tandis que le 57ᵉ de marche et le 86ᵉ de gardes-mobiles l'attaqueraient dans le front, sous les ordres du colonel Poullet. Les deux autres bataillons du 32ᵉ couvraient avec une batterie le flanc de la division du côté de Chagey.

La division Penhoat lança d'abord le 12ᵉ bataillon de chasseurs de marche et une partie du 77ᵉ de mobiles, sous les ordres personnels du divisionnaire, tandis que le chef d'état-major, colonel de l'Espée, dirigeait plus à gauche, par les bois de Montédin, le reste du 77ᵉ et le 52ᵉ de marche. Menacé par ce mouvement, le général de Degenfeld envoya dans le bois deux compagnies de la landwehr d'Eupen et fit entrer en action, au sud-ouest de Frahier, la batterie de réserve.

Le combat était engagé sur toute la ligne. Il était trois heures du soir. Le 57ᵉ et le 86ᵉ de la division Cremer, sortant du bois sur un large front, attaquent avec énergie le plateau de Courchamp. La 9ᵉ compagnie du 3ᵉ badois reçoit l'assaillant avec une violente fusillade, tandis que la 12ᵉ fait un vigoureux retour offensif. Mais la poussée de l'ennemi, très supérieur en nombre, est trop forte et déjà, sur le flanc gauche de Courchamp, les Badois aperçoivent les tirailleurs ennemis qui gagnent le moulin Colin et menacent la route de Frahier. Les clairons français sonnent la charge, les colonnes se précipitent en avant. Attaqués de trois côtés, presque cernés, les fusiliers badois reculent et se replient sur le village. Alors le général Caroll Tévis, avec le 2ᵉ bataillon du 83ᵉ,[1] et les Girondins du commandant Carayon-Latour don-

---

[1] Le colonel Puech, du 83ᵉ, venait de tomber, tué raide d'une balle au front.

nent vaillamment sur l'ennemi et vers quatre heures de
l'après-midi le chassent de Chenebier. Les Allemands se retirent précipitamment sur Frahier, le 1er bataillon du 3e badois couvrant la retraite avec la batterie saxonne qui resta
en position jusqu'à ce que les projectiles de l'infanterie com-
mencèrent à l'atteindre. [1]

Le général de Degenfeld avait pris à Frahier une position
de repli, mais quand il eut recueilli les troupes de sa première ligne, il constata que le bois d'Essoyeux était déjà aux
mains de l'ennemi qui menaçait ainsi les communications
avec Belfort. Le général donna par conséquent l'ordre à son
artillerie de tenir tête à la poursuite et se retira avec l'ensemble de son détachement sur la ferme de Moulin-Rougeot,
au point culminant de la route Frahier-Belfort, à six kilomètres seulement de la place. A sept heures, il y avait repris
pied.

L'opération contre Chenebier avait été vivement menée.
Elle avait complètement réussi, mais la nuit étant survenue,
on renonça à marcher encore. Le général Cremer rentra dans
son bivouac de la veille, tandis que la division Penhoat se for-
tifiait dans Chenebier, ne poussant jusqu'à Échevanne et
Frahier que quelques faibles détachements. « On ne pouvait
pas s'aventurer légèrement, avec des troupes dont la solidité
laissait à désirer, à la poursuite de l'ennemi en poussant une
pointe entre l'armée de Werder et l'armée de siège de Belfort. Il aurait fallu nécessairement soutenir les troupes lan-

---

[1] D'après un correspondant anglais de *l'Evening Standard*,
cité par M. de Freycinet *(La guerre en province)*, l'attaque de
la division Cremer, entreprise trop impétueusement au début
par le 83e de la colonne de droite, flotta un instant. Le 57e d'a-
bord, puis le 1er bataillon du 86e et enfin les Girondins du
commandant de Carayon-Latour rétablirent le combat. Le général Caroll-Tevis, qui avait mené l'attaque de l'aile droite,
fut complimenté et décoré par le général Billot sur le champ
de bataille. Le gouvernement de la Défense nationale cita le
bataillon des mobiles de la Gironde au *Moniteur* pour sa brillante conduite.

cées ainsi en avant par un mouvement général de l'armée de ce côté. Il ne restait, au surplus, avant la nuit, que le temps nécessaire pour se barricader dans le village, placé en flèche du côté de l'ennemi.»[1]

L'aile droite allemande, très faible dès le début de l'action, était maintenant, de par la perte de Frahier et de Chenebier, extrêmement exposée. Déjà dans la matinée, le général de Degenfeld, par une dépêche expédiée de Frahier, avait attiré l'attention du commandant en chef sur l'insuffisance de ses effectifs. Le général de Werder lui avait répondu, télégraphiquement aussi, qu'Héricourt étant sérieusement menacé par les attaques françaises, il ne lui était pas possible d'affaiblir au profit de l'aile droite la réserve générale de Brévillers dont il pouvait avoir besoin d'un moment à l'autre. Le général de Degenfeld se l'était tenu pour dit, mais quand, dans l'après-midi, il eut mandé à son chef l'évacuation imminente de ses positions, le général de Werder se décida pourtant à lui envoyer des renforts. Ce furent d'abord, à quatre heures du soir, les bataillons 1 et 2 du 4e régiment badois, un escadron du 2e dragons badois et une batterie, détachement qui, sous les ordres du colonel Beyer, commandant du 4e régiment d'infanterie, arriva par Mandrevillars au Moulin-Rougeot, à 6 heures. A 8 1/2 heures, le général Keller reçut en outre l'ordre de partir pour Moulin-Rougeot avec les deux bataillons de fusiliers des 4e et 5e régiments et deux escadrons du 3e régiment badois, de prendre le commandement de l'ensemble des troupes de l'aile droite, de réoccuper si possible encore pendant la nuit Frahier et Chenebier et d'empêcher l'ennemi de presser sur Chagey. A onze heures, le général Keller se mettait en route avec ses troupes qui avaient combattu à Bussurel pendant toute la journée. A minuit, il était à Moulin-Rougeot et peu après à Frahier que, sur l'ordre du commandant en chef,

---

[1] ENQUÊTE. Note de l'amiral Penhoat. T, II, p. 355.

le général de Degenfeld avait déjà réoccupé avec le bataillon
de landwehr d'Eupen. Les troupes de siège installées dans
les tranchées à Essert avaient en outre envoyé à Châlonvillars le bataillon de fusiliers du 67e régiment prussien et le
général von der Goltz avait reçu l'ordre de diriger sur Chenebier un des bataillons de Chagey, de façon à inquiéter le
flanc droit des troupes françaises. Ensorte qu'à minuit le
général Keller disposait à Frahier de huit bataillons, deux
escadrons et vingt-quatre bouches à feu. Enfin, le parc de
siège installait pendant la nuit trois pièces de position à l'est
du Moulin-Rougeot, de façon à commander de son tir la route
de Frahier et le terrain environnant. Quant au colonel Willisen, à la nouvelle de l'occupation de Chenebier par les
troupes françaises, il avait rétrogradé avec sa cavalerie sur
Plancher-Bas, Auxelles-Bas et Giromagny.

A trois heures et demie du matin, le 17 janvier, le général
Keller se mettait en mouvement pour attaquer Chenebier.


Pendant que ces faits graves se passaient à l'aile gauche
de l'armée française, le combat avait repris sur tout le front.

A Montbéliard, les hostilités avaient recommencé à huit
heures et demie du matin. Les troupes de la division Peytavin du XVe corps qui la veille avaient occupé la ville s'é-
taient barricadées dans les maisons de la lisière est. Elles
ouvrirent de là sur le château une fusillade très vive qui ne
laissa pas que de gêner considérablement la garnison et en
particulier le service des pièces. En même temps un capitaine du génie français s'annonçait au château comme parlementaire et sommait le major von Olzewski de se rendre, à
défaut de quoi le château serait bombardé par quarante
pièces de canon qu'on allait établir sur la rive droite, à la
Vieille Citadelle. Le major von Olzewski qui avait arboré sur
le château le drapeau prussien,[1] répondit qu'il était résolu à

---

[1] Von der Wengen. p. 361.

défendre son poste jusqu'à la dernière extrémité et donna aussitôt l'ordre de canonner la batterie française de quatre pièces de 4 déjà en position à la Vieille Citadelle. Le feu, très violent, dura jusqu'à dix heures du matin. A ce moment, la batterie française, prise de flanc et de face à 800ᵐ de distance, n'avait plus que deux pièces en état ; elles participèrent encore au combat dans l'après-midi, abritées derrière une butte de terre. Quatre batteries de la Iʳᵉ division du XVᵉ corps, dont une de mitrailleuses, une batterie de la IIᵉ division et les batteries de 8 de la réserve prirent position entre la ferme de Mont-Chevis et le Bois-Bourgeois, prenant sous leur feu le château de Montbéliard, les batteries de la Grange-aux-Dames et les positions ennemies de Bethoncourt.[1] Le feu continua, avec quelques intervalles, jusqu'à la nuit. Les batteries de position de la Grange-aux-Dames en prirent aussi leur part. La fusillade entre le château et la ville dura aussi toute la journée, mais sans que les troupes françaises fissent à aucun moment un effort sérieux pour monter à l'assaut du château et rompre les lignes de la défense.[2]

Le bataillon de landwehr de Goldap, renforcé par le 2ᵉ bataillon des grenadiers de la garde badoise et une compagnie de pionniers, occupait, comme la veille, Bethoncourt. Sur la rive droite, à Petit-Bethoncourt, une compagnie de grenadiers : sur la rive gauche, derrière la voie ferrée, trois compagnies. Les quatre autres compagnies et les pionniers étaient en réserve et le bataillon de landwehr de Wehlau établissait la communication avec les batteries et les troupes massées en arrière sur les hauteurs de la Grange-aux-Dames.

[1] GÉNÉRAL DE BLOIS. *L'artillerie du XVᵉ corps pendant la campagne de 1870-1871.*

[2] Quelques habitants de Montbéliard ayant pris part au combat, la ville fut frappée, après le départ de l'armée française, d'une contribution de guerre de 50.000 francs. VON DER WENGEN.

En face de Bethoncourt, l'aile droite appuyée à la ferme de Mont-Chevis. l'aile gauche au Bois-Bourgeois, s'étalaient les batteries françaises du XVᵉ corps, enterrées pendant la nuit. Elles tenaient sous leur feu, non seulement Montbéliard et la Grange-aux-Dames, mais aussi Bethoncourt qui eut fort à souffrir des obus, surtout depuis onze heures du matin, quand le brouillard, épais pendant les premières heures de la journée, se fut dissipé. La matinée avait été relativement calme, lorsque vers midi les Badois constatèrent de fortes concentrations de troupes dans le Bois-Bourgeois et le bouquet d'arbres situé entre ce massif et Petit-Bethoncourt. En même temps l'artillerie française redoublait sa canonnade. Une batterie de mitrailleuses vint se joindre aux autres en face du village et une batterie du XXIVᵉ corps, établie à Vyans, entra également en action.

La situation de la petite garnison de Bethoncourt devenait périlleuse, quoique Prussiens et Badois se fussent nichés dans les maisons ou terrés dans des fossés de tirailleurs creusés dans la colline et n'étaient par conséquent pas trop entrepris par les projectiles de l'artillerie. A une heure, le général de Glümer envoya à la batterie badoise du capitaine Bodman, en réserve à Grand-Charmont et qui la veille déjà avait couronné la défense de Bethoncourt, l'ordre de rentrer au combat. Dès qu'elle se fut montrée, elle fut accablée par les feux croisés de Mont-Chevis et de Vyans et obligée d'amener ses avant-trains pour refaire, derrière la crête, ses attelages et son personnel. Vers trois heures, une batterie prussienne, capitaine Langemaak, vint prendre position au nord de la Grange-aux-Dames, près du bataillon de landwehr de Wehlau.

Organisée et préparée à l'abri des bois, l'attaque des brigades Minot et Questel de la division Dastugue du XVᵉ corps ne fut prête qu'à trois heures du soir. Pendant ce long intervalle, les batteries françaises chargées de la préparer et de la soutenir et qui n'avaient cessé de diriger contre la

rive opposée une canonnade vigoureuse avaient épuisé leurs
munitions, ensorte qu'au moment précis où les bataillons
sortaient des bois pour gagner la Lisaine et attaquer le village, l'artillerie cessa son tir. Des groupes de tirailleurs
d'abord, puis des lignes longues et bien fournies, trois bataillons environ, sortent du bois, descendent en courant la
pente et se précipitent vers la Lisaine, contre le centre de la
position allemande. D'autres subdivisions restent sur la hauteur et tirent par dessus la tête des assaillants. Les feux
étagés de la garnison de Bethoncourt répondent à l'attaque
française que les batteries Langemaak et Bodman, dont
deux pièces ont recommencé leur tir et les batteries de la
Grange-aux-Dames couvrent de shrapnels. Les grenadiers
postés à Petit-Bethoncourt plient sous la poussée et battent
en retraite, tandis que les compagnies de réserve de Bethoncourt et le bataillon de Weblau jettent sur les lignes françaises des salves pressées. Accablée sous les feux concen-
triques de l'artillerie et de l'infanterie allemandes, l'attaque
faiblit. On voit les lignes hésiter, flotter, puis faire demi-
tour et regagner la lisière des bois, tandis que les morts et
les blessés jonchent le sol couvert de neige. L'attaque avait
échoué. Une poignée d'hommes du 16e de ligne étaient parvenus jusqu'à quelques mètres de la Lisaine ; ils se jetèrent
dans un fossé à l'abri des projectiles.[1]

L'attaque avait duré environ vingt-cinq minutes. Quand
elle fut bien dûment repoussée, la batterie Langemaak
amena ses avant-trains et se retira derrière la position, prête
à rentrer au combat quand le besoin s'en ferait sentir. Ce fut
bientôt après, quand deux bataillons dirigèrent un nouveau
mais vain effort contre l'aile droite de la position allemande.

---

[1] Les trois officiers blessés et les quarante-deux hommes
blottis dans ce trou, ne pouvant regagner leurs camarades sans
s'exposer au feu des défenseurs de Bethoncourt, firent signe à
ceux-ci avec un mouchoir blanc. Ils passèrent la Lisaine sur
la digue qui reliait les deux rives et furent faits prisonniers.

A quatre heures du soir, troisième attaque, dirigée plus au nord encore, avec une brigade cette fois, contre le flanc droit du bataillon Goldap. Deux batteries françaises et une batterie de mitrailleuses s'y associèrent des hauteurs de Mont-Chevis. Encore une fois, l'assaut vint se briser contre la résistance opiniâtre de l'infanterie allemande, soutenue par l'artillerie de Bethoncourt et de Bussurel et aussi par l'aile gauche du bataillon de landwehr de Dantzig qui occupait ce dernier village. La nuit survint et peu après cinq heures le calme se fit sur les deux rives, de Montbéliard à Bussurel. Vers six heures, les troupes allemandes rentrèrent dans leurs cantonnements, le 2ᵉ régiment de grenadiers badois faisant le service des avant-postes. A Bethoncourt, quand on releva les compagnies de la première ligne par celles de la seconde et qu'une compagnie de grenadiers repassa la Lisaine pour réoccuper Petit-Bethoncourt, les grand'-gardes françaises sur la lisière du bois les saluèrent d'une fusillade nourrie qui, gagnant de proche en proche, alarma toute la ligne dans les deux camps. Ce désarroi dura un quart d'heure, puis tout rentra dans un profond silence, troublé seulement, ci ou là, par quelque coup de feu d'une sentinelle alarmée.

Bussurel était resté occupé pendant toute la nuit par l'infanterie du XXIVᵉ corps qui s'y était installée la veille. Elle avait en face d'elle, sur la rive allemande, comme la veille aussi, le bataillon de landwehr de Dantzig, soutenu en arrière par les bataillons 1 et 2 du 5ᵉ régiment d'infanterie badoise et deux batteries.

Dès avant neuf heures du matin, cinq batteries du XXIVᵉ corps ouvraient leur feu contre les tirailleurs et l'artillerie de la défense, tandis que des masses considérables d'infanterie se concentraient sur le plateau de Vyans et dans le Bois-du-Chanois. Le général de Werder, craignant une attaque, dirigea sur la hauteur, en face de Bussurel, le général Keller, avec les deux bataillons de fusiliers badois des régiments 4 et 5 et une batterie. Mais l'attaque n'eut pas lieu. Vers onze heures et demie, l'artillerie française diminua son feu, puis le cessa et l'infanterie quitta la lisière des bois. Seules les troupes françaises qui tenaient Bussurel continuèrent leur tir. L'artillerie badoise jeta dans le village quelques obus et parvint à en incendier plusieurs maisons, ce qui obligea les Français à ralentir leur fusillade.

A la nuit, le général Keller retourna à Brévilliers, emmenant ses renforts ainsi que les deux batteries qui avaient soutenu l'infanterie dans la matinée. Il partit quelques heures plus tard, avec ces mêmes troupes, pour le Moulin-Rougeot et Frahier. Les hommes de la landwehr de Dantzig et les deux bataillons du 5ᵉ badois demeurèrent seuls pour la nuit dans les postes qu'ils avaient gardés pendant la journée.

A Héricourt, les positions allemandes étaient défendues à peu près par les mêmes troupes que la veille : quatre compagnies de landwehr des bataillons de Graudenz et d'Ortelsbourg occupaient, sur la rive droite, le Mougnot et les points se rattachant à la défense de cette colline ; — une compagnie du bataillon d'Osterode garnissait les fossés de tirailleurs des deux côtés de la route de Bussurel ; — quatre compagnies d'Osterode et de Graudenz étaient en réserve au pont de la Lisaine ; — enfin, deux batteries étaient établies au pied du Salamou, près de la gare d'Héricourt. Le brouillard était épais dans la vallée et sur les collines des deux rives. Il ne se leva que vers onze heures du matin, ensorte que les batteries allemandes ne répondirent pas au feu des canons français de Tavey qui déjà à huit heures et demie avaient ouvert leur tir.

Une première attaque d'infanterie eut lieu vers neuf heures, dirigée par quelques bataillons du XXᵉ corps contre deux compagnies du bataillon de landwehr d'Osterode et du

34e régiment installées sur la petite colline de Saint-Valbert et la lisière sud du bois des Communaux. Elle fut reçue par un feu rapide et concentrique des deux compagnies, auquel participèrent aussi les défenseurs du Mougnot et du cimetière. Les hommes d'Osterode et les fusiliers du 34e s'élancèrent à la baïonnette et déterminèrent la retraite de l'assaillant qui laissa entre les mains de l'ennemi deux fanions.[1]

Entre neuf et dix heures, les batteries de Tavey reprirent leur tir avec une nouvelle ardeur, couvrant les positions devant Héricourt d'une pluie de projectiles, mais à dix heures la canonnade cessa et de fortes lignes d'infanterie, sortant des bois de Tavey et du Chanois, attaquèrent vivement les fronts ouest et sud du Mougnot. La fusillade devint bientôt intense et la poussée très forte. Deux compagnies du bataillon de Graudenz vinrent rapidement renforcer la défense et une troisième compagnie, du bataillon d'Ortelsbourg, serra sur la première ligne, à toute éventualité. Mais encore une fois le feu rapide, bien ajusté et rasant de l'infanterie allemande, embusquée derrière ses abris et dans ses fossés, brisa l'élan des jeunes troupes françaises, épuisées par les longues et froides nuits passées au bivouac, démoralisées par l'effet terrifiant du tir et le sang-froid des vieilles troupes si manœuvrières et si bien entraînées du général de Werder.

Sitôt l'infanterie repoussée, l'artillerie française reprit sa canonnade pour ne la cesser qu'au moment où une nouvelle attaque contre le front sud du Mougnot fut entreprise, mais cette fois encore en vain. En même temps, une compagnie du 25e régiment, barricadée dans le moulin de Bourangle, repoussait une attaque d'infanterie sortie du bois du Chanois. Les Français étaient parvenus, couverts par le brouil-

---

[1] Les deux fanions sont actuellement dans l'église d'Osterode. VON DER WENGEN, p. 373.

lard, jusqu'à 250 mètres du bâtiment et avaient formé là une
ligne solide à la faveur d'un pli du terrain. Au moment où
ils se relevèrent, ils furent reçus à bout portant par un feu
rapide des défenseurs du moulin. Au même instant, un coup
de vent balayait le brouillard et permettait aux batteries du
Salamon de voir ce qui se passait dans le fond de la vallée.
Elles ouvrirent aussitôt leur feu et accablèrent de shrapnels
les assaillants qui, sous cette pluie de balles, faiblirent et
regagnèrent le bois.

L'après-midi se passa comme la matinée. Deux fois encore,
à une heure et à quatre heures, l'infanterie française tenta
d'emporter le Mougnot, mais par deux fois aussi elle fut repoussée. Ces attaques partielles, entreprises sans ensemble
et sans être appuyées par l'artillerie qui suspendait son tir
à chaque fois que les fantassins sortaient des bois, causèrent
au XXᵉ corps des pertes considérables, tandis que les défenseurs du Mougnot, bien abrités et couverts, eurent beaucoup moins à souffrir des projectiles ennemis.

La canonnade ne cessa qu'à la nuit. Comme la veille, les
défenseurs du Mougnot furent relevés vers sept heures du
soir par les compagnies tenues en réserve pendant la journée. La position resta ainsi garnie durant toute la nuit,
mais les troupes purent toutes prendre leur nourriture. Vers
deux heures du matin, quelques coups de feu tombés aux
avant-postes alarmèrent les troupes dans les deux camps et
provoquèrent, comme à Bethoncourt, une fusillade qui ne
put être arrêtée qu'après un temps passablement long.

Devant Luze et Chagey, rien de décisif non plus ne se
produisit pendant la journée. Un épais brouillard pesa sur
toute la contrée pendant la matinée entière, masquant les
positions et empêchant toute vue lointaine, ensorte qu'avant
trois heures du soir, pas un coup de canon ne fut tiré sur
cette partie du champ de bataille.

L'occupation des lignes allemandes était la même que la

veille, renforcée seulement d'une batterie de campagne détachée de la réserve générale de Brévilliers et établie sur la colline au nord de Luze.

Quant au général Billot, avant de partir pour Étobon, il avait adressé au général en chef un billet au crayon que celui-ci recevait à une heure et demie du soir et qui lui annonçait son intention de ne pas renouveler les attaques de la veille contre le front des positions ennemies avant que l'aile droite eût été entourée : « Le Vaudois et ses batteries dominent toujours la plaine, écrivait le général ; il me paraît indispensable de tourner fortement par la gauche les positions de l'ennemi avant de songer à les attaquer de front.... J'ai porté la division Penhoat tout entière de ce côté pour appuyer ce mouvement qui me paraît le plus important. La division Bonnet appuye à gauche pour déborder Chagey et le tourner. La division Pilatrie s'étend de Couthenans jusqu'à cinq cents mètres environ de Chagey, à la lisière du bois, sous le canon du Vaudois. Je juge inutile de déployer mon artillerie, qui a souffert beaucoup hier, jusqu'au moment définitif. Du reste le terrain est très mauvais et la seule route par laquelle je puisse faire déboucher mon artillerie est complètement enfilée par le Vaudois. »[1]

Cependant, comme à trois heures de l'après-midi une batterie allemande entreprit de canonner une ligne de tirailleurs français près de Couthenans, les batteries de la réserve générale installées aux Bois-Communaux et celles du Bois-de-la-Vacherie, toutes fort bien enterrées, ripostèrent et la canonnade s'engagea pour se continuer, avec plus ou moins d'intensité, jusqu'à la nuit tombante. De part et d'autre, on était préoccupé du désir de ménager la munition.[2] Néanmoins, le feu des batteries françaises fut assez violent à un

---

[1] ENQUÊTE. Déposition de M. le colonel Leperche. T. III, p. 422.

[2] ENQUÊTE. Déposition de M. le général Pallu de la Barrière. T. III, p. 440.

moment donné pour obliger une des batteries allemandes [1] qui tirait sans abri à changer de position.

Le général de Debschitz ne fut pas sérieusement inquiété sur le front Montbéliard-frontière suisse. Cependant, il y eut, sur quelques points, des escarmouches ou des combats locaux.

A deux heures du soir, les quatre compagnies du bataillon de landwehr de Jauer, venant de Beaucourt, arrivaient à Vaudoncourt et Montbouton pour y relever aux avant-postes les quatre compagnies de landwehr de Liegnitz. Elles constatèrent bientôt la présence d'un parti d'infanterie de la force approximative d'un bataillon occupant les collines boisées sur la ligne Hérimoncourt-Seloncourt. Vers quatre heures et demie, un autre parti de six cents hommes environ, ayant avec eux quelques bouches à feu, ouvrirent un feu violent contre le bataillon de landwehr d'Oels qui occupait avec deux pièces de canon le village de Dasle. [2] Aussitôt le combat s'engagea aussi à Vaudoncourt, mais ni sur l'un ni sur l'autre de ces deux points l'infanterie française ne tenta une véritable attaque et à la tombée de la nuit la fusillade cessa. Le bataillon d'Oels avait perdu deux hommes ; six autres avaient été blessés.

A la même heure à peu près, un détachement du corps-franc des Vosges, venant d'Abbévillers, ouvrit le feu contre le bataillon de landwehr de Striegau qui, avec deux compagnies de Hirschberg et quatre pièces de canon, occupait Croix. Toutefois, ici encore les assaillants ne quittèrent guère la lisière des bois. Ils réussirent à déloger un poste de sous-officier installé dans une ferme isolée à laquelle ils mirent le feu, mais à la nuit la fusillade cessa.

[1] VON DER WENGEN. p. 379.
[2] Mobilisés du Doubs des colonels Bousson et de Vezet; corps franc du colonel Bourras.

La journée du 16 n'avait donc pas été plus fructueuse que celle du 15 sur le front Montbéliard-Héricourt-Chagey. Les quatre corps d'armée s'étaient strictement cantonnés dans la mission démonstrative que les ordres généraux leur prescrivaient. Les batteries des XV<sup>e</sup> et XXIV<sup>e</sup> corps avaient échangé beaucoup de projectiles avec la rive gauche, mais sans se faire réciproquement beaucoup de mal. A Montbéliard, la garnison du château tenait toujours. De même, à Bethoncourt et en face de Bussurel, les compagnies de landwehr couchées derrière le talus de la voie ferrée. Devant Héricourt, le poste avancé du Mougnot n'avait pu être forcé, malgré les canonnades du XX<sup>e</sup> corps alternant avec les quatre attaques successives de l'infanterie. Le XVIII<sup>e</sup> corps enfin avait manœuvré vers le nord plus que combattu. Seules, les divisions Penhoat et Cremer, à Chenebier, avaient poussé à fond et remporté un succès qui eût pu être décisif si, pendant la journée du 16 et la nuit du 16 au 17, on eût songé à les appuyer, en prenant aux quatre corps et à la réserve générale, démontrant devant le front, les régiments les plus solides et les plus mobiles pour les porter sur Étobon et Chenebier contre l'aile droite allemande. C'étaient toujours les difficultés du ravitaillement qui paralysaient les mouvements de l'armée. La veille encore, le général en chef avait envoyé à l'intendant Friant, à Besançon, une dépêche alarmée : « Si vous ne pouvez être personnellement à Clerval, envoyez-y l'intendant Billo avec tous les pouvoirs, afin de ne pas laisser absorber par un seul corps les ressources de tous les autres. Il faut que les désordres qui me sont signalés cessent sur-le-champ... »[1] Et le jour même, le général en chef avait eu avec le commandant du XVIII<sup>e</sup> corps, à Couthenans, au sujet du mouvement de l'aile gauche, un entretien dans lequel il s'était plaint de l'impossibilité où il était d'allonger le front plus au nord : « Ma ligne s'étend de Mont-

[1] ENQUÊTE. T. III. p. 422.

béliard jusqu'à Étobon, c'est énorme ; je ne puis pas la dé-
velopper davantage, je serais obligé de quitter la ligne de
Besançon à Montbéliard et si nous étions coupés par là,
comment mangerions-nous? On m'avait dit qu'il n'y avait
que 40.000 hommes autour de Belfort, je crois qu'il y en a
80,000.»[1]

A dix heures du soir, le général Bourbaki mandait d'Aibre
à Bordeaux : « L'armée a combattu encore toute la journée
hier ; nous avons gagné du terrain sur toute l'étendue de
notre front; aujourd'hui, nous nous sommes maintenus dans
nos positions ; nous ne nous sommes avancés que par notre
gauche qui occupe Chenebier ; une brigade de la division
Peytavin est dans Montbéliard, mais le château tient encore ; une attaque vigoureuse a été dirigée contre l'ennemi
par Bethoncourt, elle n'a pas réussi ; un instant nous avons
été maîtres de quelques maisons d'Héricourt ; il n'a pas été
possible de les conserver. Demain matin, nos efforts seront
renouvelés ; j'espère que le mouvement tournant par notre
gauche pouvant enfin s'accomplir, ils seront couronnés de
succès ; s'il en était autrement, il y aurait lieu d'aviser aux
mesures à prendre ultérieurement. mais je ne songerai que
demain soir à modifier le plan adopté, après avoir épuisé
tous les moyens d'obtenir le succès de ce côté. Les forces
de l'ennemi sont considérables et son artillerie formidable ;
le terrain, par sa configuration et par les obstacles de toute
nature qu'il présente, facilite beaucoup la résistance qu'il
nous oppose».[2]

La dépêche du général faisait pressentir au ministère de
la guerre la possibilité d'un insuccès. Et en fait, il semble que
dans l'état-major de l'armée on eût déjà, sinon expressément discuté, du moins entrevu ce soir-là l'imminence d'une
retraite. De l'avis du général Borel, chef d'état-major, il eût

[1] ENQUÊTE. Déposition de M. le général Billot. T. III. p. 476.
[2] ENQUÊTE. T. III, p. 422.

été plus prudent de se retirer dès après cette deuxième journée.[1] On décida cependant de tenter encore un dernier effort le lendemain. « Demain, nous attaquerons de nouveau », avait dit le commandant en chef au général Billot en lui prescrivant d'établir dans la nuit des batteries de position pour canonner le Mont-Vaudois. Et le général ordonnait, pour le 17, que tous les corps se maintinssent dans leurs positions, prêts à se porter en avant au premier signal.

Quant au général de Werder, il télégraphiait, le 16 janvier, à neuf heures du soir, de Brévilliers, au général de Manteuffel : « L'ennemi a attaqué aujourd'hui tous les points de ma position avec des forces et une énergie plus ou moins considérables ; il a été partout rejeté. Seul, le général Degenfeld a évacué, devant des forces supérieures, ses positions de Chenebier et s'est retiré jusqu'à Châlonvillars. Je fais mon possible pour regagner Chenebier. Mes pertes, pour autant que je sais, ne sont pas grandes ».

A ses troupes, le général donnait, pour le lendemain, l'ordre suivant · « L'ennemi a de nouveau aujourd'hui attaqué nos positions sur toute la ligne, mais sans résultat, quoiqu'il soit parvenu à refouler sur Châlonvillars le major-général de Degenfeld. Pendant la nuit, les patrouilles maintiendront un contact constant avec l'ennemi. Demain matin, à sept heures, toutes les troupes seront dans leurs positions, pour autant que le major-général Keller n'en aura pas disposé».

Préoccupé de reconstituer sa réserve presque épuisée par les renforts dirigés sur son aile droite, le général de Werder avait prescrit dans l'après-midi au général de Debschitz, devant lequel l'ennemi n'avait rien tenté de sérieux, au général de Glümer à la Grange-aux-Dames et au général de Tresckow devant Belfort de mettre à sa disposition toutes les troupes dont ils estimeraient pouvoir se passer. Le len-

---

[1] ENQUÊTE. Déposition de M. le général Borel. T. III. p. 498.

demain matin, la réserve était reconstituée à Brévilliers avec quatre bataillons, quatre escadrons et deux batteries. Le brave bataillon de landwehr de Dantzig, qui avait combattu deux jours durant à Bussurel, avait été dirigé sur la réserve pour se refaire et remplacé dans ses positions par le 2ᵉ bataillon du 5ᵉ régiment badois.

# CHAPITRE XIII

## LES COMBATS SUR LA LISAINE
## LE 17 JANVIER

Le 17 janvier allait décider du sort de l'armée de l'Est.

Le général Bourbaki avait ordonné à son aile droite, XV⁵, XXIV⁶ et XX⁶ corps, de se maintenir dans leurs positions en se tenant prêts à se porter en avant au premier signal; au XVIII⁸, de forcer le passage de la Lisaine par Chagey et de poursuivre, avec les divisions Penhoat et Cremer, le mouvement par Chenebier et Mandrevillars, de façon à tourner par le nord la formidable position du Mont-Vaudois.

Si ce mouvement n'aboutissait pas, dans cette troisième journée, le destin de l'armée était fixé. Il ne lui restait plus qu'à battre en retraite. Déjà des renseignements alarmants étaient parvenus au général en chef. Des forces ennemies considérables débouchaient sur ses derrières, menaçant ses communications avec Dijon et Besançon. Des dépêches du préfet de la Côte-d'Or signalaient la présence de 3000 Prussiens à Is-sur-Tille et de 3000 à 4000 à Selongey, avec des éclaireurs marchant sur Fontaine-Française. On n'était pas encore fixé au quartier-général sur les effectifs réels de ce nouvel ennemi, ni sur le but de ses opérations. On avait reçu du ministère de la guerre une dépêche invitant le général à ne pas se laisser induire en erreur par les renseignements alarmants du préfet de Dijon,[1] mais en dépit de ces avis optimistes, on en savait assez pour craindre que les troupes de Garibaldi ne protégeassent pas efficacement les derrières de l'armée et pour prévoir que la situation allait avant longtemps devenir très critique pour peu qu'on s'attardât encore devant les positions de la Lisaine.

Le moment était venu de prendre un parti et de tenter un suprême effort.

Le général Keller, envoyé la veille au soir en toute hâte à Frahier pour rétablir la situation sur l'aile droite, avait résolu, conformément aux ordres de son chef, de prévenir l'ennemi et d'agir vite. Aux deux divisions Penhoat et Cremer, il avait à opposer huit bataillons, quatre batteries et cinq escadrons inutilisables pour le combat dans cette région montagneuse. Il décida de marcher contre Chenebier en deux colonnes, de trois bataillons chacune. La colonne de droite, sous les ordres du major Jacobi, formée du bataillon de fusiliers du 5e badois, du bataillon de fusiliers du 67e prussien et du bataillon de landwehr prussienne d'Eupen, suivis d'une batterie, devait marcher par Échevanne et le Bois-des-Évaux. La colonne de gauche, soit le 4e régiment badois, sous les ordres du général Keller lui-même, marcherait par la rive gauche de la Lisaine sur Moulin-Colin et attaquerait Chenebier par le sud. Le major-général de De-

---

[1] Guerre à général Bourbaki. Aibre et général Rolland, Besançon, 46 janvier : « Ne vous arrêtez pas aux dépêches du préfet de Dijon qui d'ordinaire est inexactement renseigné et, en outre, tire de fausses inductions. Avec une très bonne volonté, il vous induirait continuellement en erreur. C. de Freycinet. » ENQUÊTE. T. II, p. 682.

genfeld restait en réserve à Frahier avec le 1er bataillon et le bataillon de fusiliers du 3e badois et trois batteries. Les deux colonnes devaient quitter Frahier à 3 1/2 h. du matin.

La nuit était noire et les chemins étaient couverts de verglas. La marche des troupes qui avaient passé une partie de la nuit à Mandrevillars en fut retardée et le mouvement ne put commencer qu'à 4 1/2 heures. Dans le plus grand silence, les bataillons se mirent en route.

A Échevanne, la colonne de droite se scinda. La landwehr d'Eupen et deux compagnies du 67e, rompant à droite, marchèrent contre la lisière nord du Bois-des-Évaux, tandis que les deux autres compagnies du 67e et les fusiliers badois continuaient à travers le village. Jusque-là aucun bruit n'avait trahi leur approche dans les ténèbres profondes, lorsque la tête de l'avant-garde des fusiliers badois surprit, dans les dernières maisons d'Échevanne, une grand'garde française. On l'entoura, on la désarma, mais pas assez rapidement pour empêcher que quelques coups de fusil n'alarmassent les troupes cantonnées à Chenebier et bivouaquées dans le bois des Évaux. Ce fut le signal du combat.

Résolument, les Allemands pénètrent avec sept compagnies sous bois où une lutte opiniâtre s'engage dans l'obscurité. D'épais taillis séparent les combattants, les coups de fusil partent de toutes parts, on s'aborde, on se prend corps à corps. Mais les Français sont les plus nombreux et résistent opiniâtrement. Il fait si sombre qu'amis et ennemis ne peuvent se reconnaître. Les Allemands n'avancent pas. Ils ont à peine gagné une cinquantaine de mètres. Le major Jacobi, gravement blessé, remet le commandement au major von Lane. La mêlée est générale. Le bruit de la fusillade est étourdissant. Les cris des combattants augmentent le tumulte. Le major von Lane, craignant que ses troupes perdent leur direction et se dispersent, renonce à pénétrer plus avant dans les taillis et retire ses hommes jusqu'à la lisière.

A l'aile gauche, le général Keller était parvenu avec le 4<sup>e</sup> badois jusque tout près de Chenebier quand les coups de feu de la grand'garde d'Échevanne étaient partis dans la nuit. Il n'y avait pas une minute à perdre si on voulait surprendre l'ennemi. Rapidement, les Badois se lancent en avant, bousculent les premiers groupes de Français qu'ils rencontrent, les entourent et les désarment. Mais le village de Chenebier est très dispersé. Les maisons ne se touchent pas. Une série de mamelons entourés de fossés où coulent de petits ruisseaux permettent aux défenseurs de se grouper, de se reconnaître, d'organiser la résistance. La fusillade s'anime, très vive dès le début et le jour commence à poindre. Les Allemands ont engagé presque tout leur monde, tandis que les lignes françaises se renforcent de minute en minute. Toute la division du vice-amiral Penhoat est là et trois bataillons de la division Cremer, sortant du bois de Thure, arrivent à la rescousse : d'abord un bataillon du 32<sup>e</sup> régiment dont le chef, le commandant Pardieu, tombe mortellement blessé à la tête de ses hommes, puis deux bataillons du 57<sup>e</sup> de marche.

Le combat est engagé maintenant sur toute la ligne, du bois des Évaux à droite jusqu'à la tuilerie de Courchamp. Le jour est venu et dans les deux camps on peut ajuster les coups. La fusillade devient toujours plus intense et les lignes françaises toujours plus menaçantes. Le général Keller, débordé par son aile gauche, renonce à emporter le village. Il ordonne la retraite. Lentement, disputant le terrain pied à pied, les Badois se retirent, passent la Lisaine et vont prendre une position de repli sur la rive gauche où la colline du Bois-Féry leur offre un appui. Ils emmènent avec eux quatre cents prisonniers, dont sept officiers, et quelques voitures de bagages.[1] Les fusiliers du 4<sup>e</sup> badois couvrent la retraite; leur chef, le capitaine Wolff, tombe.

---

[1] VON DER WENGEN, p. 402.

en combattant. L'ennemi avance encore et attaque prestement le Bois-Féry où la position des Allemands devient toujours plus critique. Pressés de toutes parts, presque entourés, les Badois perdent beaucoup de terrain, quand l'artillerie de Frahier, jusque-là impuissante, entre en ligne. Trois batteries prennent position sur les collines à l'ouest et au sud-ouest de Frahier et dirigent un tir soutenu et précis sur les Français qui hésitent d'abord, puis ralentissent leur marche. Alors les Badois reprennent courage, reviennent à la charge et regagnent le Bois-Féry qu'ils étaient sur le point de perdre. Une batterie française s'établit au Bas-des-Esserts, près du Bois-des-Évaux, à l'aile gauche de la division Penhoat et ouvre son tir, mais sous le feu des trois batteries de Frahier elle ne peut se maintenir et amène ses avant-trains, puis quitte la place. Il est huit heures du matin et, de part et d'autre, le combat mollit.

Le général Billot avait passé la nuit à Étobon. Il avait été réveillé par la fusillade. Il monta aussitôt à cheval et marcha droit au combat. « Je dépassai, dit-il, les premières maisons; je vis des uniformes bleus, c'étaient des Prussiens; je crus que c'étaient nos chasseurs à pied et je continuais d'avancer; lorsque je fus à vingt pas de la place du village, je fus accueilli par un feu de peloton. Je craignis que l'amiral Penhoat eût été enlevé: heureusement il n'en était rien. Il combattait à l'autre extrémité du village, où j'allai le rejoindre. »[1] Le général avait de là fait quérir des renforts de la division Cremer, puis ordonné à celle-ci d'occuper en arrière Étobon. Le divisionnaire, qui attendait au bois de Thure que sa division fût requise de secourir l'amiral Penhoat,[2] exécuta aussitôt l'ordre reçu et se dirigea sur Étobon avec le 57e de marche, le bataillon des mobiles de la Gironde et deux batteries. Il laissait dans le bois de Thure, sous les ordres du

[1] ENQUÊTE. Déposition de M. le général Billot. T. III. p. 476.
[2] ENQUÊTE. T. III. p. 349.

colonel Poullet, le 32ᵉ de marche, les 83 et 86ᵉ de gardes-mobiles et trois batteries pour couvrir son flanc droit.

Entre quatre et cinq heures du matin, le 2ᵉ bataillon du 3ᵉ badois, en marche de Chagey sur Chenebier par la gorge de la Lisaine, avait trouvé la route barricadée et avait dû rétrograder sous le feu d'un bataillon du 32ᵉ de marche qui, de la hauteur, avait dépisté les projets de l'ennemi. Le bataillon était rentré à Chagey et, pour gagner Chenebier, avait pris, à dix heures et demie, le chemin qui, à travers le bois de la Brisée, débouche à Chatebier par la rive droite. Mais redoutant quelque nouvelle attaque inopinée de Chagey contre le bois de Thure, le colonel Poullet jugeait prudent d'y laisser suffisamment de troupes pour parer à toutes les éventualités. Il renforça par conséquent le 32ᵉ d'un autre bataillon du même régiment, d'un bataillon du 86ᵉ et de la batterie Armstrong.

En même temps qu'il donnait ses ordres à son artillerie, le général Keller avait demandé à sa réserve de Frahier deux bataillons dont l'un, le bataillon de fusiliers du 3ᵉ badois, vint renforcer l'aile gauche au Bois-Féry, et l'autre, le 1ᵉʳ bataillon du même régiment, l'aile droite devant le Bois-des-Évaux.

A huit heures du matin, le lieutenant-colonel Kraus du 3ᵉ badois, qui a pris le commandement de l'aile droite, dispose ses troupes pour une nouvelle attaque. Huit compagnies marchent contre le bois des Évaux, suivies de deux bataillons en deuxième ligne. Le combat reprend de plus belle, opiniâtre et sanglant. Le général de Degenfeld est présent. Les Allemands ont pénétré sous bois. La défense est tenace, mais peu à peu les Français perdent du terrain et après deux heures d'efforts, les Allemands parviennent à les rejeter dans les maisons du Bas-des-Esserts. Le village est barricadé. Les Français sont embusqués à la lisière et les mitrailleuses couvrent de projectiles le terrain qui sépare les habitations du bois. Deux fois les Allemands s'élancent à l'attaque ; deux fois ils sont repoussés. Peu après dix heures, le lieutenant-colonel Kraus retire ses troupes.

A midi, le bataillon de fusiliers du 67e régiment et une compagnie badoise renouvellent l'attaque. Elle échoue comme la précédente.

Il est une heure du soir. Le combat dure encore entre le Bas-des-Esserts et le Bois-des-Évaux quand l'aile droite française renforcée marche à l'assaut du Bois-Féry. D'un vigoureux élan, elle gagne la hauteur et rejette les Badois sur le Bois-des-Essoyeux, débordant l'aile gauche et menaçant la route de Châlonvillars. Inquiet, le général Keller ramène ses bataillons et, vigoureusement soutenu par ses batteries, attaque à son tour le Bois-Féry. La fusillade reprend plus enragée que jamais, quand de Chantebier débouche sur le Moulin-Colin le 2e bataillon du 3e badois qui, à dix heures et demie, avait quitté Chagey. Avec deux compagnies en première ligne, il donne d'aplomb sur l'aile droite française qui, prise de front et de flanc, plie et rompt lentement sur Courchamp et Chenebier où elle reprend position.

Il est trois heures. Depuis dix heures du matin, la pluie tombait à torrents, faisant fondre la neige et détrempant le sol. Les troupes allemandes, depuis douze heures au combat, étaient épuisées. A l'aile droite, le général de Degenfeld avait évacué le Bois-des-Évaux et retiré ses bataillons sur Échevanne. A l'aile gauche, le général Keller se rendait compte de l'impossibilité d'enlever Chenebier de haute lutte. Dans les lignes françaises aussi, la lassitude gagnait les combattants. La fusillade languissait et il semblait qu'on renonçât à de nouvelles offensives.

La division Cremer avait été particulièrement éprouvée. Elle avait perdu, dans les trois journées, environ mille à onze cents hommes dont un colonel et un chef de bataillon, mais elle avait souffert plus encore du froid et de la faim. Ses convois n'avaient pas rejoint et les vivres de réserve étaient épuisés. On avait dû se contenter de manger la viande des chevaux tués par l'ennemi. Quant aux attelages des batteries, ils n'avaient eu d'autre nourriture que du genêt, coupé sur les pentes de la montagne. Officiers et soldats étaient exténués par les deux nuits passées en plein air sur le plateau de Thure.

Le combat terminé, quatre bataillons badois et prussiens, détachés de la réserve générale pour renforcer l'aile droite de l'armée, arrivèrent à Frahier et à Châlonvillars. Ils n'eurent plus l'occasion de combattre. Le 2e bataillon du 3e badois rentra le soir même à Chagey. Les fusiliers du 67e regagnèrent, le soir même aussi, les tranchées de Belfort d'où vingt-quatre heures auparavant on les avait sortis.

Dans la matinée, après que l'attaque du général Keller eût été repoussée, le général Billot avait fait parvenir au commandant en chef une missive exposant la situation :

« Pendant que j'engageais la canonnade contre le Mont-Vaudois, l'amiral Penhoat, qui a été attaqué ce matin à Chenebier, combattait encore. Le général Cremer a été attaqué lui-même. L'action est momentanément terminée, l'ennemi repoussé, mais le mouvement en avant sur Chagey et le Mont-Vaudois est retardé d'autant et je ne crois pas que l'attaque puisse commencer avant une heure et demie de l'après-midi; mais il ne faut pas se faire d'illusion, dans ce pays de montagne, on ne peut déboucher que par des débouchés très difficiles; il est indispensable que l'aile gauche que j'occupe se retranche fortement sur les positions d'Éto-bon, sur les hauteurs derrière Chenebier et sur la position occupée par le général Cremer qui se trouve au point coté 399, sur la route de Chagey à Chenebier. Sans ces dispositions, l'aile gauche peut être coupée et les divisions qui seraient entrées dans l'entonnoir en face du Mont-Vaudois en sortiraient difficilement en cas d'échec, et, dans tous les cas, leurs convois seraient interrompus. Par suite de cette situation, la division de l'amiral se trouvera immobilisée pour garder Étobon, Chenebier et le plateau 399 ; je n'aurai donc pour l'attaque de Chagey. Mandrevillars, Échenans, Luze et le Mont-Vaudois. que les divisions Cremer, Pilatric et Bonnet. A moins d'ordres contraires, je compte commencer l'action vers deux heures par Chagey avec l'action combinée des divisions Cremer et Bonnet. Si nous réussissons, nous continuerons par Mandrevillars, Échenans et le Vaudois. Aussitôt Chagey enlevé, Pilatrie marchera sur Luze et le Vaudois. Mais il me paraît indispensable d'avoir de fortes réserves, car l'ennemi cherchera à faire des retours offensifs et même à tourner les colonnes d'assaut. Pour parer à ce danger, je ne lancerai qu'une brigade par division tout en laissant l'autre brigade en réserve, mais il serait indispensable que la réserve générale appuyât. .»

Peu après avoir écrit ce billet, le général se rendit sur les positions assignées au XVIIIe corps. L'ordre donné aux deux divisions portait que le général Pilatrie attaquerait de front Luze et le Mont-Vaudois, pendant qu'à sa gauche le général Bonnet marcherait sur le même objectif par Chagey. Pour atteindre aux positions ennemies, la division Pilatrie devait parcourir un terrain découvert de 12 à 1500 mètres dans le bas-fond, puis gravir les pentes de la rive gauche, opération difficile et chanceuse avec de jeunes troupes fatiguées dont l'effectif ne montait guère qu'à 7000 hommes pour la division.[1] Aussi était-il entendu que l'attaque simultanée des deux divisions ne serait donnée que lorsque le feu de l'artillerie aurait fait taire les batteries ennemies échelonnées sur les pentes ou établies aux environs de Luze. Ces batteries étaient pour la plupart abritées par de forts épaulements qui annulaient l'effet des projectiles. Dans la nuit du 16 au 17, le génie des deux divisions françaises avait aussi construit des épaulements pour l'artillerie. On avait

[1] Enquête. T. II. p. 364.

installé une batterie de 12 sur la route de Luze à Héricourt, tandis que les batteries divisionnaires avaient pris position à l'ouest de la même route, abritées par le remblai. Une autre batterie de 12 s'était retranchée sur une crête élevée dans les bois de Chagey, au nord de la route Couthenans-Béverne. Enfin, la réserve générale avait établi une forte batterie sur le Mont-Verlans d'où son tir prenait les canons ennemis en écharpe.

Le feu commença vers huit heures du matin. Après quatre heures de canonnade, le tir des batteries allemandes était aussi soutenu qu'au début.

Le général von der Goltz occupait Chagey comme la veille, avec neuf compagnies du 6e badois, le 2e bataillon du 3e badois et deux compagnies du 30e prussien détachées de la garnison de Luze pour renforcer ce point si fort menacé. A sept heures et demie, trois bataillons du 32e de marche et du 86e de gardes-mobiles, détachés de la division Cremer, débouchèrent contre Chagey avec une batterie. Celle-ci prit position au nord du village, dans le fond de la vallée, tandis que l'infanterie française déployait ses tirailleurs. La batterie allemande Leiningen, établie sur la hauteur au nord de Chagey et le feu des Badois retranchés dans les maisons de la lisière nord tinrent l'ennemi en échec. Vers neuf heures et demie, il cessait son tir et se retirait sur les hauteurs du bois de Thure. En même temps, des lignes de tirailleurs avaient occupé les hauteurs qui dominent Couthenans et Luze, mais sans diriger contre ces deux villages une attaque sérieuse.

Vers dix heures du matin, l'infanterie française massée dans la grande clairière du bois de la Vacherie, sur la hauteur en face de Luze, dessina un mouvement offensif marqué par une violente fusillade, vigoureusement soutenue par l'artillerie. Mais les trois batteries allemandes de Chagey, renforcées par une batterie à cheval détachée de la réserve générale, répondirent énergiquement à l'attaque, ensorte qu'au bout d'une demi-heure l'infanterie se retira sous bois. La canonnade avait allumé un grand incendie dans le village de Luze. Les troupes de la garnison allemande parvinrent à l'éteindre.

Une troisième attaque partielle contre Chagey, également appuyée par l'artillerie, n'eut pas plus de succès que les précédentes.

A l'aile droite, le XVᵉ corps avait reçu l'ordre de se maintenir dans ses positions : la division Peytavin avec une de ses brigades dans Montbéliard et l'autre en réserve sur la route de Dung ; la division Rébillard, à la gauche de la division Peytavin, avec ses tirailleurs sur le front jusqu'au Bois-Bourgeois et les régiments non déployés en réserve sur le plateau ; la division Dastugue, avec ses troupes rassemblées sur le plateau, au sommet de la route d'Allondans à Montbéliard. La division Dariès, du XXIVᵉ corps, devait occuper les crêtes dans le bois, en face de Bethoncourt. L'artillerie du XVᵉ, enfin, devait rester en position sur le plateau avec toutes ses batteries.

Toute la matinée s'était passée en canonnades échangées entre les batteries françaises de Mont-Chevis et celles de la Grange-aux-Dames. A Montbéliard, il y eut quelques coups de fusil tirés par les détachements français demeurés dans la ville et logés dans les usines à la sortie nord. Les batteries du château et de la Grange-aux-Dames y lancèrent quelques obus et des incendies partiels éclatèrent.

Vers midi, la canonnade devint plus violente du côté français et vers deux heures, six à huit bataillons d'infanterie parurent sur le plateau, déployèrent de fortes lignes de tirailleurs et descendirent vers la Lisaine. L'artillerie de position de la Grange-aux-Dames et deux batteries de campagne dirigèrent aussitôt leur tir sur les lignes ennemies qui s'arrêtèrent et regagnèrent bientôt après la hauteur. Quelques groupes de tirailleurs seulement arrivèrent jusqu'à la Lisaine où ils se butèrent à des détachements de grenadiers de la garde badoise.

A Bethoncourt, à Bussurel, sur tout le front du XXIV⁰ corps, la situation était demeurée ce qu'elle était le 16 janvier. L'infanterie française, logée dans Bussurel, avait recommencé sa fusillade de la veille contre les tirailleurs ennemis, abrités dans les fossés de la rive gauche. Les deux batteries badoises y avaient répondu par quelques obus lancés sur les maisons du village dont quelques-unes avaient pris feu.

Devant Héricourt, l'attitude du XX⁰ corps avait été passive aussi. Pas plus que les généraux Martineau et de Bressolles, le général Clinchant n'avait tenté une attaque à fond.

Il était deux heures du soir, lorsqu'au carrefour des routes de Luze et de Chagey à Héricourt, le général Bourbaki rencontra le général Billot revenant du combat de Chenebier. Le commandant en chef avait parcouru toute la ligne de bataille et constaté que sur aucun point ses troupes n'étaient parvenues à pénétrer dans les lignes ennemies.

Les renseignements que le général en chef avait recueillis pendant sa course n'étaient pas encourageants. De l'avis de tous les chefs de corps, si l'opération par la gauche n'aboutissait pas, il ne restait d'autre parti à prendre que la retraite. Le général Clinchant partageait l'avis du général Borel. Il était allé jusqu'à dire que, quant à lui, il serait déjà parti la veille.[1] L'état moral et matériel des troupes s'aggravait d'heure en heure et l'énergie de tous allait faiblissant. Les souffrances de l'armée avaient été cruelles pendant ces trois journées. Les hommes étaient épuisés par la fatigue, la faim et le froid. La démoralisation était arrivée à son comble.[2] Le service du ravitaillement en munitions et en

[1] *Le général Bourbaki*, par un de ses anciens officiers d'ordonnance, p. 270.

[2] *Le général Bourbaki*, p. 277.

vivres se faisait avec une déplorable lenteur. Le verglas empêchait la marche des convois. Les chevaux, épuisés, réduits
à l'état de squelettes, affamés, rongeaient pour se nourrir
l'écorce des arbres, les rais des roues des voitures, des affûts
et des caissons et allaient jusqu'à se manger mutuellement
les crins. Quant ils tombaient dans les traits sur les routes
couvertes de glace, ils ne se relevaient plus. La droite de
l'armée était à plus de trente kilomètres de la gare de
Clerval ; la gauche, à plus de quarante. Les convois du XVe
corps, voyageant par route, n'étaient pas encore arrivés. La
division Cremer n'avait pas de voitures. On en était réduit
aux charrettes de réquisition, mais les charretiers abandonnaient chars et chevaux pour regagner le logis.

Les troupes aussi étaient affamées. Pour se nourrir, on
coupait des lanières de viande sur les cadavres des chevaux
tués ou gelés et on se disputait des lambeaux de cette chair
qu'on dévorait sanglante et à moitié crue. On n'avait pu cantonner qu'une faible partie des hommes. Le gros de l'armée
avait dû passer des nuits glaciales au bivouac dans la neige,
sous les rafales de la bise ; les soldats devaient rester éveil-
lés pour éviter les congélations ; les feux ne brûlaient pas ;
dans la neige, avec du bois vert, on obtenait de la fumée,
mais ni flammes ni chaleur. Beaucoup d'hommes avaient
péri de froid ou avaient des membres gelés.[1]

Dans ces circonstances, s'éloigner encore de Clerval pour
se rapprocher des Vosges en s'élevant plus au nord, c'était
tout compromettre, même les communications avec Besançon, en offrant à l'ennemi une occasion facile de marcher
par Montbéliard pour agir directement sur la ligne de retraite
de l'armée.

En débouchant du bois de Couthenans avec son escorte,
le général Bourbaki avait abordé aussi le commandant de la
réserve. Le général Pallu de la Barrière s'était avancé à

[1] ENQUÊTE. T. II, p. 207. — Le général Bourbaki. p. 278.

l'ordre, le commandant en chef avait poussé son cheval pour s'éloigner de ses officiers et avait dit à demi-voix à son interlocuteur : « Nous n'avons réussi nulle part ; j'apprends qu'une armée s'avance sur nos derrières que notre base est menacée. Il faut faire vivre tout ce monde. Nous allons opérer un mouvement de retraite et nous établir entre le Doubs et l'Ognon, dans une forte situation d'où nous verrons venir ». Le général portait sur son visage les traces d'une amertume inexprimable. Le général Pallu ne put qu'écouter en silence la communication qu'il venait d'entendre.[1]

Les deux officiers continuèrent à chevaucher quand, quelques mètres plus loin, ils rencontrèrent le général Billot. Les deux divisionnaires Pilatrie et Bonnet étaient là aussi. On descendit de cheval et on entra sous bois. La pluie tombait à torrents. Entourés de leurs états-majors et de leurs escortes, les généraux délibérèrent, tandis qu'à l'écart les officiers d'ordonnance attendaient anxieux ce qui allait sortir de ce débat décisif.

— Que comptez-vous faire, demanda le général Bourbaki au général Billot ?

— Je vous l'ai écrit, je compte attaquer, tout de suite si vous le voulez ou dans deux heures, répondit le commandant du XVIIIᵉ corps.

— Réussirez-vous ?

— Je n'en sais rien. Nous sommes dans une situation difficile. Il vaudrait mieux tourner la position.

— Mais vous faites un mouvement tournant.

— Je vous demande pardon, mon général ; je fais un mouvement *tourné*, car les positions ennemies débordent mon aile gauche.

— Que voulez-vous ? On m'avait dit que je trouverais 40,000 hommes et j'en trouve près de 80,000. Pour déborder

---

[1] ENQUÊTE. Déposition de M. le général Pallu de la Barrière. T. III, p. 441.

la ligne, je ne puis pas m'exposer à mourir de faim ; en m'éloignant du chemin de fer, les Prussiens qui sont à Montbéliard se jetteront sur mes communications et je serai coupé de ma base d'opération.[1]

Le général Bonnet, interrogé par le général Bourbaki, déclara qu'il était impossible de tenter l'attaque ordonnée ; qu'il marcherait avec sa division, mais qu'il était certain d'avance de ne pas réussir.[2]

Le général Billot, consulté de nouveau, avoua qu'il considérait aussi le mouvement comme impossible, mais insista pour qu'on continuât l'opération au nord. Son corps d'armée n'était pas encore entamé, disait-il, et la détermination de commencer une retraite lui paraissait prématurée.

Le chef d'escadron d'artillerie Brugère, attaché à l'état-major du général Billot, questionné à son tour, insista beaucoup pour qu'on attaquât.

— Vous êtes un fou, lui répondit le commandant de l'armée ; à votre âge, j'aurais peut-être pensé comme vous, mais je suis général en chef et j'ai la responsabilité !... Et un instant après :

— Commandant, les généraux devraient avoir votre âge.

Le général Billot insista encore :

— Je ne réponds pas de la prise du Vaudois, dit-il, c'est une position formidable, mais nous pouvons faire une chose, masquer notre mouvement et infléchir à gauche vers la trouée de Belfort.

Surpris, le général Bourbaki reprit alors vivement :

— Si vous me poussez, général Billot, je vais vous charger de l'attaque.

Puis, prenant le commandant du XVIII<sup>e</sup> corps à part, il ajouta :

— Les Prussiens sont à Gray et ils marchent sur Dôle. Si

---

[1] ENQUÊTE. Déposition de M. le général Billot. T. III, p. 477.
[2] ENQUÊTE. T. II, p. 207.

j'étais sûr du succès, j'attaquerais Werder, mais si j'échouais, nous serions pris. Les troupes seraient démoralisées et auraient derrière elles les troupes de Manteuffel.

La retraite fut décidée pour le lendemain....

Le général Billot n'était pas seul à désirer qu'on tentât encore un effort. Le général Pallu de la Barrière fit, lui aussi, une tentative pour faire revenir le commandant en chef de sa détermination. « Les réflexions se pressèrent en mon esprit, dit-il ; je pensais que si nous battions en retraite, l'armée telle que je la connaissais, allait entrer dans une sorte de décomposition spontanée. J'avais sous mes ordres une infanterie intacte, pleine d'ardeur. Il me semblait que nous n'avions pas épuisé toutes nos chances ; que la retraite engendrerait des désastres et qu'enfin nous étions en face d'une obligation suprême, qu'il fallait vaincre ou périr devant le Mont-Vaudois. Je soumis respectueusement, par écrit, ces réflexions au général en chef ; je lui proposai d'ouvrir pendant la nuit, à travers bois, avec un demi-régiment, le chemin qui conduisait à un plateau circulaire qui dominait les batteries du Mont-Vaudois. Je lui exprimai la confiance qu'en ouvrant le feu le lendemain matin, je réduirais les batteries ennemies, qu'alors en lançant l'infanterie de la réserve tout cèderait devant son choc. Je confiai cette lettre à un jeune capitaine du 38ᵉ, M. Vignot, alors mon officier d'ordonnance ; je lui en fis connaître le contenu. Mais le sort en était jeté, les destinées de l'armée de l'Est s'accomplissaient et le capitaine Vignot, sans avoir réussi, revint d'Aibre où se trouvait le grand quartier-général. Il était porteur de la lettre dont voici la copie et qui emprunte à la situation la valeur d'une pièce d'histoire : « Aibre, 11 janvier 1871 (10 heures 30 soir).[1] Mon cher ami, Les raisons déterminantes de la décision du général sont multiples ; les ordres sont donnés. Ce parti une

[1] ENQUÊTE. Déposition de M. le général Pallu de la Barrière. T. III, p. 441.

fois pris, il est préférable de ne pas en différer l'exécution.
Pardon de mon laconisme. Bien à vous de tout cœur. R. Leperche. »

Une demi-heure après avoir fait faire cette réponse au général Pallu, le commandant en chef envoyait au ministre de
la guerre à Bordeaux la dépêche suivante :

Aibre, 17 janvier 1871, 11 heures soir : J'ai fait exécuter une
attaque générale de l'armée ennemie depuis Montbéliard jusqu'au Mont-Vaudois, en cherchant à faire franchir la Lisaine
à Béthoncourt, Bussurel, Héricourt et à m'emparer de Saint-
Valbert. J'ai essayé de faire opérer par mon aile gauche un
mouvement tournant destiné à faciliter l'opération ; les troupes
qui en étaient chargées ont été elles-mêmes menacées et attaquées sur leurs flancs ; elles ont à peine gagné les bords de la
Lisaine.

Nous avons en devant nous un ennemi beaucoup plus nombreux que les renseignements recueillis ne permettaient de le
supposer et pourvu d'une formidable artillerie. Les renforts lui
ont été envoyés de tous côtés ; il a pu, grâce à ces conditions
favorables, comme à la valeur de la position qu'il occupait, aux
obstacles existants à notre arrivée ou créés par lui depuis, résister à tous nos efforts, mais il a subi des pertes sérieuses.
N'étant pas parvenu à réussir le 15 janvier, j'ai fait recommencer la lutte le 16 et le 17, c'est-à-dire pendant trois jours ; malheureusement, le renouvellement de nos tentatives n'a pas produit d'autre résultat, malgré la vigueur avec laquelle elles ont
été conduites. L'ennemi toutefois a jugé prudent de se tenir sur
une défensive constante.

Le temps est aussi mauvais que possible ; nos convois de
vivres et de munitions nous parviennent très difficilement. En
dehors des pertes causées par le feu de l'ennemi, le froid, la
neige, les marches et le bivouac dans ces conditions exception-
nelles, ont causé de très grandes souffrances.

De l'avis des commandants de corps d'armée, j'ai décidé, à
mon grand regret, que l'armée occuperait de nouvelles positions
à quelques lieues en arrière de celles sur lesquelles nous avons
combattu. Nous pourrons de la sorte nous ravitailler plus facilement ; nous aurons besoin de nous compléter en officiers, en
hommes de troupe et en chevaux.

J'établirai demain mon quartier-général à Arcey, après-demain à Geney.

Là, suivant les nouvelles et après avoir reçu vos avis, nous verrons quel est le meilleur parti à tirer de la situation.

Si l'ennemi se décidait à nous suivre, j'en serais enchanté ; peut-être nous offrirait-il ainsi l'occasion de jouer à nouveau la partie dans des conditions beaucoup plus favorables.

Je vous prie de me faire savoir tout ce que vous pourrez entendre concernant les mouvements de l'ennemi dans les directions de Vesoul, de Gray et de Dijon.

Je vous adresserai le plus promptement possible un rapport sur les combats de Villersexel et d'Arcey et sur les faits qui se sont accomplis dans les trois journées de lutte de la première armée contre les positions d'Héricourt. Je vous demanderai d'accorder des récompenses que vous jugerez bien méritées par la valeur et l'énergie de ceux que je vous proposerai.

C. BOURBAKI.[1]

C'était une opinion très répandue dans l'armée de l'Est qu'elle avait devant elle un ennemi très supérieur en nombre. Le général en chef se croyait en présence de 80,000 hommes au moins et dans les états-majors des corps d'armée on citait des chiffres encore plus considérables. On parlait de quatre-vingt-quinze trains qui, en deux jours, devaient avoir amené 100,000 hommes de renfort à l'armée de siège de Belfort.[2] Il n'en était rien. L'armée de siège avait au contraire été affaiblie de toute l'artillerie de position installée par le général de Werder sur les points principaux de sa ligne, à la Grange-aux-Dames, au château de Montbéliard et au Mont-Vaudois et quant au XIVe corps, il n'avait reçu depuis le 1er janvier, outre les bataillons de landwehr du général de Debschitz, que deux compagnies de chasseurs de réserve et deux batteries, expédiées à Vesoul par le gouverneur-général de la Lorraine.[3] En fait, le général de Werder avait tenu tête aux forces triples de l'armée de l'Est avec 45,000 hom-

---

[1] ENQUÊTE. T. III, p. 423.
[2] ENQUÊTE. Déposition de M. le général de Bressolles. T. IV.
[3] VON DER WENGEN. p. 154.

mes et cent quarante-six bouches à feu. Il avait perdu, dans
les trois journées des 15, 16 et 17 janvier, soixante officiers
et 1586 hommes tués ou blessés,[1] tandis que l'armée française en perdait 8000.[2]

Sans doute, le général de Werder avait eu l'avantage des
positions et le bénéfice d'une supériorité incontestable du tir
de son artillerie. L'ennemi lui avait laissé quatre jours de
répit depuis le combat de Villersexel et il en avait usé pour
mettre en état de défense les positions naturelles que le terrain lui offrait, retrancher ses batteries et creuser des tranchées-abris pour ses bataillons. Mais il avait eu surtout l'in-
calculable supériorité qu'ont des troupes aguerries, discipli-
nées, rompues au métier, mobiles et manœuvrières,
fermement résolues aussi à vaincre ou à mourir sur une
armée de formation nouvelle, sans homogénéité et à laquelle
manquait surtout la foi dans le succès. A Bethoncourt, à Bussurel, au Mougnot, quelques compagnies avaient tenu tête,
avec une ténacité admirable, pendant des journées entières,
à des divisions. Et dans l'intérieur des lignes, on avait
manœuvré, on avait bougé de jour et de nuit, retirant des
troupes là où le danger ne menaçait plus pour les porter là
où la situation était momentanément la plus critique. Le

[1] Rapport du grand état-major. T. IV, p. 1064.
[2] ENQUÊTE. Déposition de M. le colonel Leperche. T. III, p.
396. — D'après M. l'intendant-général Friant, cette évaluation
serait très exagérée et l'armée n'aurait pas perdu au combat,
pendant toute la durée de la campagne, plus du 3 % de son effectif, soit en tout 4200 hommes. Les décès provenaient surtout
de congélations et de la variole. Il affirme que beaucoup d'hommes simulaient des maladies pour échapper aux souffrances de
la campagne. Plus de 15,000 hommes ont été évacués sur les
hôpitaux de Marseille. « Il ne revenait pas un train de Clerval,
dit M. Friant, qui ne fût rempli de malades ; les trois quarts
heureusement n'avaient pas grand'chose. Dès que la vapeur
sifflait, ils chantaient et cependant, à leur montée en wagon,
on les aurait dit transis par le mal : sur 100, 75 n'avaient absolument rien et 25 peu de chose. » P. POULLET. *La campagne
dans l'est.* p. 174.

renforcement de l'aile droite, dans la soirée et la nuit du 16 au 17 janvier, l'offensive du général Keller resteront dans l'histoire de la guerre comme un modèle de contre-attaque vigoureusement menée.[1]

Cependant, le général de Werder avait passé, pendant ces trois journées, par toutes les angoisses qui peuvent assaillir un général en chef. Dans ses lignes aussi, le ravitaillement en vivres et en munitions avait été très difficile. Sur la rive gauche de la Lisaine aussi, on avait souffert du froid et de la faim. De nombreux bataillons avaient passé la nuit en plein air, aux avant-postes ou sur leurs positions de combat, dans l'inquiétude générale où on était qu'une attaque ennemie ne vînt percer la ligne de défense si longue et si faiblement occupée. Le 16 janvier déjà, le deuxième jour du combat, l'artillerie avait dû ménager ses munitions et en ralentir la consommation. Le 17 janvier, à la Grange-aux-Dames, plusieurs batteries n'avaient plus de projectiles.[2] Placé entre la forteresse de Belfort qui n'était pas réduite et une armée de plus de cent mille hommes qui marchait sur lui, le XIVᵉ corps d'armée était dans une situation à bien des égards détestable, où sa ligne de retraite était compromise, encombrée d'un matériel de siège considérable, « une de ces situations qu'on ne va pas choisir,[3] mais qu'on accepte par

---

[1] Le 20 janvier, le roi Guillaume adressa, par une dépêche de Versailles, ses félicitations au général de Werder : « Votre héroïque et victorieuse défense de trois jours, une forteresse assiégée sur vos derrières, est un des faits d'armes les plus grands de tous les temps. Je vous exprime, à vous pour la manière dont vous avez exercé votre commandement, à vos troupes pour leur dévouement et leur ténacité, ma reconnaissance royale et ma plus haute gratitude et vous envoie, comme témoignage de ces sentiments, la grand'croix de l'ordre de l'Aigle rouge, avec les épées. GUILLAUME. »

[2] L'artillerie allemande avait tiré, pendant les trois journées, 11,000 coups de canon environ. VON DER WENGEN, p. 464.

[3] ENQUÊTE. Déposition de M. le général Pallu de la Barrière. T. III, p. 444.

nécessité, après une défaite, pour y tenir et pour épuiser une
dernière chance avec une troupe solide.» On a montré longtemps dans la contrée, près d'Héricourt, un grand arbre
placé sur un point culminant et dans les branches duquel
l'état-major allemand avait disposé une caisse remplie de
matières inflammables. Ce devait être le signal de la retraite
générale dans le cas d'une catastrophe.

Dans l'armée française, les ordres avaient été donnés en
termes tels qu'ils dispensaient de tout effort suprême les
trois corps d'armée de l'aile droite devant Montbéliard et
Héricourt et subordonnaient tout à l'action de l'aile gauche.
Les opérations du 15 janvier, sorte de reconnaissance générale des positions ennemies, avaient démontré nettement
que le plan général de l'attaque était rationnel et adapté au
terrain, et que si on n'avait pas abouti du premier coup,
c'est que l'effort contre l'aile droite allemande, à Étobon et
Chenebier, n'avait pas été bien acheminé ni assez vigoureusement soutenu. Or, le lendemain matin, la situation
étant exactement la même que la veille au soir, on pouvait
recommencer en tenant compte des expériences de la veille.
Si à ce moment on avait prélevé sur la masse peu mobile de
l'armée qui comptait près de 140,000 hommes, un détachement de 15 à 20,000 hommes pour opérer offensivement
sur la route Frahier-Belfort, on n'aurait rencontré d'autre
obstacle dans toute cette région que les quatre bataillons et
les deux batteries du général de Degenfeld. Pendant cette
manœuvre, il eût suffi des régiments les moins bons pour
maintenir l'ennemi sur le front Montbéliard-Chagey qui eût
dû être évacué par les Allemands sitôt Frahier et Mandrevillars aux mains du vainqueur. Une colonne ainsi composée
et munie d'une artillerie suffisante aurait assuré le succès,
soit le 16 janvier en soutenant les divisions Cremer et Penhoat et en leur permettant de pousser en avant après l'occupation de Chenebier, soit encore le 17, en bousculant la
brigade du général Keller.

Au lieu de cette action énergique sur un point, le point faible de l'ennemi, exercée avec le meilleur des forces de l'armée, on avait dépensé trois journées entières en attaques partielles, condamnées à l'avortement avant d'être entreprises. Les munitions d'artillerie s'épuisaient dans une lutte stérile, puisqu'elle n'était pas suivie du combat de l'infanterie.[1] Ou bien, quand celle-ci entrait en ligne, c'était par petits paquets, par brigades ou divisions, sans que les troupes de droite ou de gauche se crussent tenues d'appuyer.

La garnison de Belfort aurait-elle pu, de son côté, quelque chose pour le succès? Sans communication avec l'armée, elle était réduite aux conjectures. Dès le 12 janvier, on avait remarqué, de tous les points de la place assiégée, des mouvements dans les lignes de l'investissement et tous dans le sens d'un élargissement du blocus. Le tir de l'ennemi était devenu moins rapide, trois à quatre mille coups par jour, tout au plus. Plusieurs embrasures étaient devenues muettes. L'ennemi armait ses lignes de circonvallation. On entendait dans le lointain gronder le canon. On savait que le général Bourbaki était en marche. On avait foi en lui. Une dépêche du sous-préfet de Montbéliard avait annoncé les résultats heureux de Villersexel. Le gouverneur les avait fait aussitôt connaître à la ville et aux forts. Chacun sentait son cœur s'ouvrir à l'espérance.[2]

Le matin du 15 janvier, le fort de la Miotte avait signalé le canon de secours à peu de distance : c'était un grondement sourd, analogue à celui du tonnerre. Chacun avait voulu l'entendre. On était monté sur les parapets, on avait prêté l'oreille, les habitants étaient sortis de leurs caves et s'étaient mêlés aux troupes, sans souci des projectiles ennemis. On avait distingué le bruit de la fusillade du bruit du

[1] ENQUÊTE. T III, p. 440.
[2] *La défense de Belfort*, écrite sous le contrôle de M. le colonel Denfert-Rochereau par M. Ed. Thiers, capitaine du génie et S. de Lamenie, capitaine d'artillerie.

canon. L'armée de la délivrance approchait. Elle était à Héricourt et à Lure !

Dans quelles proportions le général de Tresckow avait-il dû fournir du matériel et des troupes à la défense extérieure ? Les lignes de l'investissement étaient-elles encore assez fortes pour résister à une sortie vigoureuse de la garnison ? Avant de rien entreprendre pour tendre la main au général Bourbaki, le colonel Denfert avait voulu s'en assurer. Pour la journée du 15 janvier, il avait ordonné trois reconnaissances : une dirigée sur Essert et Bavilliers ; une autre sur la forêt d'Arsot ; la troisième sur Chèvremont. L'artillerie des forts devait appuyer ces démonstrations par une vigoureuse canonnade. Entreprises avec énergie, les trois opérations avaient démontré que l'ennemi n'avait pas encore affaibli le cercle de fer qui enserrait la place. Il ne restait plus qu'à attendre mieux, à écouter et à veiller. Vers le soir, afin de témoigner de son existence, le gouverneur de la place ordonnait à toutes les pièces qui ne lançaient pas de projectiles de tirer cinq coups à blanc comme salve de réjouissance. La salve dura quelques minutes, répercutée par les échos de la montagne. Elle attira l'attention générale et fut entendue jusqu'en Suisse.

Pendant la nuit, on avait redoublé de vigilance et le lendemain matin, 16 janvier, par un temps très clair, l'observateur de la tour de la Miotte avait cru voir des batteries françaises sur le plateau, à mi-côte du Mont-Vaudois. En même temps on avait entendu des sons plus distincts venir de Montbéliard, d'Héricourt, de Châlonvillars et augmenter d'intensité. On avait cru le général de Werder en retraite sur la Savoureuse. Le colonel Denfert avait aussitôt ordonné deux démonstrations pour gêner ce mouvement, tout en laissant aux commandants des colonnes le soin d'apprécier le moment opportun pour s'engager. L'une fut exécutée, entre Essert et Bavilliers, par le 4e bataillon de mobiles de la Haute-Saône et trois compagnies du 3e bataillon de mobiles du Rhône. On arriva jusqu'à quatre-vingts mètres des batteries ennemies et pendant plus d'une demi-heure on resta en position, fusillant les canonniers et les gardes de tranchée. Les mobiles ne quittèrent la place que sur le point d'être pris à revers par des troupes ennemies venues d'Essert pour renforcer la ligne. La deuxième démonstration devait être exécutée par le 84e de ligne sur Chèvremont et Bessoncourt si la canonnade se rapprochait ; elle ne sortit pas des tranchées. Dans la soirée, trois autres reconnaissances poussées sur Essert, sur le bois de Bavilliers et sur la forêt d'Arsot démontrèrent que l'ennemi avait plutôt renforcé que diminué ses sentinelles et ses postes.

Le 17 janvier, la neige qui tombait à gros flocons avait obstrué la vue au loin, mais le canon de l'armée de secours avait semblé aux assiégés rester stationnaire. L'insuccès de la démonstration de la veille sur Essert détournait de renouveler des tentatives contre un ennemi partout en nombre, prévenu et retranché et quant à essayer d'une sortie considérable, on ne le pouvait sans compromettre la place.[1] Le général Bourbaki était évidemment encore éloigné, on n'avait pas de renseignements et on ne disposait que d'un petit nombre d'hommes valides. Il fallait forcément attendre que quelque chose se décidât sur l'immense ligne de feux qui occupait vingt kilomètres à l'horizon de la place.

Dès le 18, il était devenu clair pour tout le monde que l'armée de secours s'éloignait au lieu de se rapprocher. Le 19, on n'entendit plus son canon et rien n'annonça plus sa présence. La déception fut cruelle après de si radieuses espérances !

Belfort avait enregistré, résigné, le soixante-dix-huitième jour de son investissement.

[1] La garnison n'était que de 16,000 hommes, dont une faible partie d'anciennes troupes.
[2] Voir pour ce qui précède, *La défense de Belfort*, de MM. Thiers et de Lamenie.

# CHAPITRE XIV

## L'ARMÉE DU SUD

« Les Prussiens sont à Gray et ils marchent sur Dôle »,
avait dit au général Billot le commandant en chef de l'armée
de l'Est; « si j'étais sûr du succès, j'attaquerais Werder;
mais si j'échouais, nous serions pris ».

Le 17 janvier, quoiqu'il n'eût encore à Gray que des éclaireurs, le général de Manteuffel avait déjà accompli, en effet,
avec les deux corps d'armée qu'il conduisait au secours
du général de Werder, la première partie et non la moins
périlleuse de sa marche. Il avait traversé les défilés de la
Côte-d'Or et débouché dans la vallée de la Tille. Ses éclaireurs allaient atteindre la Saône. La menace d'être prise à
revers, entrevue dès les débuts de la campagne dans l'est,
mais contre laquelle elle ne s'était pas suffisamment pré-
munie, se réalisait subitement pour la 1re armée. L'ennemi
était là. Il avançait avec une rapidité foudroyante.

En arrivant le 12 janvier à Châtillon-sur-Seine, le baron
de Manteuffel avait adressé à son armée un ordre général
concis, mais expressif : « En me confiant le commandement

de l'armée du Sud, Sa Majesté le Roi m'a dit que notre mission serait difficile, mais qu'Elle connaissait ses troupes. Avec le secours de Dieu, nous justifierons la confiance que notre Seigneur et Roi nous témoigne ».

L'opération dont le général avait la direction était fort chanceuse. Le général de Werder, auquel il allait porter secours, était à plus de dix journées de marche. Pour le joindre, il fallait traverser la Côte-d'Or, passer entre les deux places fortifiées de Dijon et de Langres, franchir la Saône et longer le pied des Vosges jusqu'à Vesoul. Le général de Werder était en mauvaise passe, ayant devant lui une armée trois fois plus nombreuse que la sienne. Il n'y avait pas un jour à perdre.

Sans doute, il n'était pas à craindre que le XIVᵉ corps d'armée fût complètement bousculé. Il avait pris soin, en temps utile, de mettre ses positions en état de défense et de les armer de gros calibre. En outre, les expériences faites sur d'autres parties du théâtre de la guerre avaient prouvé aux généraux allemands que la qualité des armées républicaines, de formation nouvelle, était fort inférieure à celle des armées impériales. « Elles avaient, il est vrai, une artillerie suffisante, parfois supérieure à celle de ces dernières, mais très peu de cavalerie et quant à l'infanterie, nombreuse et bien armée, elle n'était ni suffisamment organisée, ni suffisamment instruite. Elle se battait bien dans les positions défensives, mais manquait de la cohésion indispensable à une offensive énergique et persévérante. Le plus souvent elle ne poussait pas le combat à fond, se bornant à dessiner l'attaque par des essaims compactes de tirailleurs. L'attaque proprement dite se brisait déjà, dans la règle, sous le feu de l'artillerie. Le service du ravitaillement en vivres et en munitions était défectueux et insuffisant pour des masses aussi considérables et une consommation de cartouches aussi désordonnée. Ces vices paralysaient les mouvements des armées et les liaient aux chemins de fer. Encore ceux-ci

ne rendaient-ils pas tous les services qu'on eût été en droit
d'en exiger ; la menace de les voir coupés par l'ennemi en-
travait même la défensive... Mais si on avait quelque espoir
de voir les événements tourner en notre faveur à Belfort,
cependant la situation du général de Werder n'en était pas
moins très critique et obligeait à lui prêter un secours aussi
puissant et aussi rapide que le temps et l'espace à parcourir
le permettraient. »[1]

La partie septentrionale de la Côte-d'Or que le général de
Manteuffel devait traverser pour joindre le XIVᵉ corps est
une région montagneuse, coupée de nombreux vallons et de
gorges profondes, couverte de bois et de taillis impénétra-
bles. Les routes qui courent dans les vallées sont bonnes,
mais sans communications entre elles. Elles vont, parallèlement les unes aux autres, dans la direction de la Saône et
de Dijon. On était en janvier. Une couche épaisse de neige
couvrait le sol, de lourds brouillards tombaient des hauteurs. On ne pouvait pas songer à maintenir des relations
entre les colonnes par dessus les collines. Les chemins
étaient glissants, la marche des voitures et de la cavalerie
partant très difficile. Des corps francs nombreux et entreprenants, la plupart détachés de l'armée des Vosges, occupaient, disait-on, les défilés et les gorges aux points les plus
aisés à défendre, là où une poignée d'hommes résolus peuvent arrêter une brigade. Pour gagner la Saône, au débouché dans la plaine, il fallait passer entre Langres qu'occupaient 20,000 hommes et Dijon où les généraux Garibaldi et
Pélissier en avaient 40,000. L'essentiel étant de marcher
vite, il fallait, si possible, n'être pas arrêté, ni même
aperçu, masquer par conséquent le mouvement sur les deux
flancs des divisions en marche. En outre, à la distance où
on était de Belfort, toute communication directe avec le général de Werder était impossible ; les dépêches devaient

---

[1] VON WARTENSLEBEN. *Die Operationen der Südarmee.*

passer par Versailles. Enfin, le général de Manteuffel ne savait pas même exactement sur quel point précis il devait se diriger pour opérer sa jonction le plus rapidement.

Quoique réduit ainsi à des suppositions et à des tâtonnements, le général eut bientôt fait son plan de route. Le 12 janvier, le corps Fransecky avait sa IIIe division à Nuits-sous-Ravières, la IVe à Noyers ; il était en marche ininterrompue depuis neuf jours, ayant quitté le 3 janvier les lignes d'investissement de Paris. Le corps Zastrow avait la XIIIe division entre Mussy et Châtillon, la XIVe à Montigny ; quatre bataillons, plusieurs batteries, les gros trains n'étaient pas encore arrivés. La brigade Dannenberg opérait plus à l'est, entre Montbard et Saint-Marc, contre les compagnies franches de Ricciotti Garibaldi. Sans laisser aux troupes un seul jour de repos, sans attendre celles qui n'avaient pas encore rejoint, le général de Manteuffel ordonna que le lendemain, 13 janvier, les avant-gardes seraient poussées jusqu'à Montbard, Saint-Marc, Veugley et Aubepierre. Puis, orientant son plan de marche, il décida de passer au nord de Dijon et de pousser droit sur Vesoul. Sans doute, il était téméraire de laisser une armée sur le flanc de ses brigades ; l'occupation de Dijon lui eût fourni une base solide pour sa marche dans l'est et un trait d'union avec Versailles ; la reprise de cette grande ville eût produit un effet moral qui n'eût pas été sans influence sur la marche générale des évènements, mais ces considérations, nonobstant leur gravité, devaient céder devant l'absolue nécessité de rallier au plus vite le XIVe corps sous Belfort. Là était l'objectif, car c'est là que devaient se donner les coups décisifs. Il n'était donc pas permis de s'attarder à des opérations, assurément importantes mais, tout bien considéré, secondaires.

Encore fallait-il, en tout état de cause. veiller à la protection des colonnes, d'autant plus que la mission de l'armée du Sud impliquait la protection de Nuits-sous-Ravières, nœud de voies ferrées d'où dépendait la sécurité de la ligne

Chaumont-Nuits-Montereau qui faisait alors tous les transports à destination des armées opérant sur la Loire. Le général de Manteuffel désigna à cet effet la 8e brigade d'infanterie, major-général von Kettler, détachée du IIe corps et qui se trouvait encore à l'ouest de Noyers, tandis que la brigade de Dannenberg, qui avait de l'avance, fut adjointe au IIe corps comme avant-garde.

L'ordre de marche pour le 13 janvier disposait que l'armée se mettrait en route dès le lendemain et sur trois colonnes. A l'aile droite, le corps Fransecky, marchant par la route Montbard-Chanceaux-Selongey, devait déboucher à Selongey le 17; il était chargé de se couvrir du côté de Dijon. Au centre, la XIIIe division, du corps Zastrow, devait, par Châtillon et Recey, déboucher à Prauthoy le 16. A l'aile gauche, la XIVe division, du corps Zastrow, était dirigée par Montigny, Arc-en-Barrois et Chameroy-sur-Longeau, point qu'elle devait atteindre également le 16, en se couvrant du côté de Langres. Le général en chef marcherait avec la colonne du centre. Les étapes journalières étaient indiquées dans l'ordre. Les avant-gardes devaient être poussées le plus en avant possible.

Dans une pareille marche, par trois routes parallèles sans communications entre elles, le commandement direct de l'ensemble échappait naturellement au général en chef. Il ne pouvait agir que par des instructions données aux commandants de chacune des colonnes. Elles portaient que la marche devait être accélérée autant que le permettrait la force physique des hommes; que l'ennemi devait être bousculé s'il tentait de s'opposer au passage; qu'il fallait prendre le plus grand soin du bien-être des troupes, leur donner double ration et, par conséquent, procéder à des réquisitions rigoureuses afin de ne pas trop entamer les convois. Le commandant en chef donnait à cet égard des pleins pouvoirs. Les communications entre les colonnes et le général devaient être établies en arrière, au moyen de relais passant par Châtillon-sur-Seine. En débouchant dans la plaine, les têtes de colonne devaient immédiatement se déployer à droite et à gauche et s'assurer que les autres issues étaient libres, au besoin déblayer le terrain. « Avant tout, il faut aller vite, » disait en terminant le général.

Le 14 au matin, les troupes s'ébranlaient et entraient en montagne par un froid de 13 degrés centigrades qui ne s'adoucit que le 17. La marche se fit sans encombre. Quelques partis ennemis furent dispersés sans difficulté. Le 16 janvier, les deux divisions XIV et XIII débouchaient à Longeau et à Prauthoy. Champlitte, Fontaine-Française, Autrey, Mirebeau n'étaient pas occupés. Le lendemain, 17 janvier, la tête de colonne du corps Fransecky touchait à Is-sur-Tille et Selongey, avec des avant-gardes à Thil-Châtel et Lux. Le soir du même jour, l'armée du Sud était maîtresse de la vallée de la Tille. Devant elle, la route de Vesoul était ouverte. Le passage de la Côte-d'Or s'était effectué dans les meilleures conditions possibles;[1] on n'avait été sérieusement inquiété ni par Langres ni par Dijon. Il ne restait plus qu'à profiter de ce premier avantage en se portant rapidement sur les flancs et, si possible, sur les derrières du général Bourbaki.

Le général de Manteuffel avait été tenu journellement au courant de ce qui se passait devant Belfort, quoique les dépêches dussent passer par Versailles.[2] De son côté, il n'avait pas négligé d'informer le général de Werder des progrès de

[1] La colonne du centre n'avait pas rencontré l'ennemi. En débouchant le 16 à Prauthoy, elle apprit qu'Is-sur-Tille et Selongey avaient été occupés jusqu'au 15 par des Garibaldiens qui, sous les ordres de Menotti, s'étaient retirés sur Dijon. — L'avant-garde de la colonne de gauche avait rejeté sur Langres un détachement d'un millier d'hommes qui occupaient le village de Marac. — Le 16 aussi, un corps de flanqueurs de droite de la IVe division avait rejeté sur Saint-Seine 3000 Garibaldiens rencontrés à Bligny-le-Sec sous Ricciotti Garibaldi. WARTENSLEBEN. *Die Operationen der Südarmee.*

[2] WARTENSLEBEN. p. 16, 17 et 18.

sa marche. Le 17, il lui adressait de Prauthoy une dépêche lui annonçant l'arrivée des avant-gardes de l'armée du Sud à Champlitte. « La direction ultérieure de ma marche, disait la dépêche, dépendra des renseignements qui me viendront au sujet de la situation de Votre Excellence. Je désire que nos cavaleries puissent bientôt se joindre par votre aile droite à mon aile gauche, soit par Luxeuil, soit plus au sud; je donnerai mes ordres en conséquence». Le 17 au soir, le général de Werder annonçait, à son tour, qu'après trois jours de combat sur la Lisaine les attaques françaises s'étaient ralenties et affaiblies et prenaient le caractère de combats d'arrière-garde. « Si la retraite de l'ennemi se confirme, disait le général de Werder, je prendrai immédiatement l'offensive. Nous avons perdu environ 1200 hommes pendant ces trois jours; les brigades badoises 2 et 3 ont particulièrement souffert. Ont pris part au combat le XVe corps français à Montbéliard ; à sa gauche, le XXe corps, puis le XXIVe dont la division Cremer et le XVIIIe corps à Chenebier. L'ennemi qui est devant les lignes du général de Debschitz n'est pas compris dans l'énumération qui précède. Je prie Votre Excellence de bien vouloir me dire où je dois l'attendre. Le colonel de Willisen tentera d'établir la communication avec vous par Luxeuil et Saint-Loup. » Le général de Manteuffel recevait cette dépêche le 18 au matin et y répondait par celle-ci, datée encore de Prauthoy : « J'ai reçu le télégramme de Votre Excellence me donnant le résultat de la journée d'hier. Je vous félicite, vous et vos braves troupes, de ces trois journées de combats victorieux. Mes avant-gardes atteindront demain la Saône sur la ligne Gray-Scey-sur-Saône ; le gros sera le 20 à Dampierre et Fontaine-Française, prêt à marcher. La direction que nous prendrons dépendra des nouvelles que nous recevrons demain de Votre Excellence. Le VIIe corps cherchera dès demain la communication avec le colonel Willisen par Luxeuil et Saint-Loup ». Enfin, le 19, le général de Werder annonçait que l'ennemi

était en retraite sur l'Isle-sur-Doubs et que lui-même commençait la poursuite en pivotant sur son aile gauche, son
aile droite appuyée à Villersexel.

Dès qu'il eut été ainsi orienté, le général de Manteuffel se
demanda s'il ne devait pas changer la direction de sa marche. Au lieu de prendre pour objectif Vesoul, il choisit Dôle.
Le 19 au soir, il occupait Gray avec la 5e brigade. avant-garde
du IIe corps, tandis que le VIIe corps tenait avec ses deux divisions la ligne Dampierre-Vaite et que le quartier-général
entrait à Fontaine-Française. Il manquait encore à la IIIe
division trois bataillons et une batterie, plus deux colonnes
d'approvisionnements et cinq de munitions. Comme il eût
été dangereux de lancer ces convois sans protection suffisante par les défilés de la Côte-d'Or, le général ordonna leur
transport par voie ferrée à Épinal, ville sur laquelle l'armée du Sud allait désormais baser son ravitaillement.

Le 21, le quartier-général était à Pesmes. Le IIe corps
marchait sur Dôle avec l'ordre de détruire la voie ferrée et
le télégraphe, de façon à couper au général Bourbaki la communication avec Lyon et d'observer Auxonne et Dijon.
Quant au VIIe corps, il marchait à l'aile gauche du IIe sur
Dampierre, afin d'établir par Rioz la communication avec
le général de Werder. Le 18 au soir déjà, celui-ci avait
reçu l'ordre de ne laisser en arrière que le nombre de troupes strictement nécessaire à l'investissement de Belfort et
de prendre l'offensive avec toutes les forces disponibles,
pendant qu'avec les deux autres corps l'armée du Sud cou-
perait au général Bourbaki la retraite sur Lyon. Le général
de Manteuffel avait pivoté sur son aile droite; le général de
Werder, sur son aile gauche. Quoique la jonction ne fût pas
encore matériellement faite, les trois corps allaient marcher
de conserve dans la direction du sud et du sud-est pour entourer et acculer l'ennemi à la frontière suisse.

« Attaquer Bourbaki sur son flanc gauche (par Vesoul).
comme cela avait été dans les intentions premières du com-

mandement en chef, dit le colonel de Wartensleben, et le poursuivre dans la direction du sud, aurait nécessité probablement une série de combats qui eussent sans doute abouti à
repousser toujours plus loin l'ennemi, mais cela dans la direction de Lyon, sa base d'opérations, d'où des renforts
pouvaient lui venir par Châlon-sur-Saône et Lons-le-Saunier. L'armée de Bourbaki aurait pu être rejetée sur Lyon,
affaiblie et réduite à la dernière extrémité que, grâce aux procédés de la levée en masse, elle pouvait encore renaître de ses
cendres, se réorganiser et reprendre la lutte plus tard,
comme l'avaient fait dans des circonstances semblables l'armée de la Loire et l'armée du Nord. En outre, il n'était pas
certain que l'armée du Sud pût pourchasser Bourbaki jusqu'à Lyon, en prolongeant à l'infini des lignes d'étapes menacées par Besançon, Auxonne, Dijon et Langres. La résistance de Werder sous Belfort avait momentanément mis
l'Allemagne du Sud à l'abri de tout danger, mais pour que
celui-ci fût écarté d'une manière définitive, il ne fallait
pas seulement poursuivre, mais détruire l'ennemi... L'entreprise était possible. Bourbaki n'avait-il pas devant son
front la poursuite d'un ennemi victorieux; sur son flanc
gauche, deux corps d'armée nouveaux et sur son flanc droit
la frontière neutre de la Suisse? Entre les deux points ex-
trêmes de sa ligne de bataille, de Gray à Pontarlier, distants
de soixante kilomètres, couraient sur Lyon les longues lignes de ses communications avec l'intérieur dont la destruction pouvait lui être fatale. Ces considérations amenè-
rent le général de Manteuffel à renoncer momentanément à
opérer sa jonction avec le général de Werder, à pénétrer
avec ses deux corps d'armée entre Dijon et Besançon et à
couper à l'ennemi toute communication avec la France. En
définitive, cette opération devait amener l'armée du Sud à
se déployer en tournant le dos à Lyon, front contre l'est et à
renoncer ainsi pour elle-même à toute communication stratégique dans le sens strict du mot. Pour résoudre un pareil

problème, il fallait pouvoir exiger beaucoup des troupes, laisser une large initiative aux chefs de corps, compter sur l'habileté des officiers de l'intendance, s'assurer des vivres en faisant abstraction de tout ravitaillement par les lignes d'étapes et tout cela sans diminuer en rien la mobilité de l'armée et sa vigueur au combat. Le général de Manteuffel a eu confiance dans son armée. Il n'a pas eu à le regretter ».[1]

Quoi qu'il eût manœuvré dans un rayon de trente à quarante kilomètres autour de Dijon, le général de Manteuffel n'avait pas été sérieusement inquiété dans sa marche. Il n'avait pas non plus rencontré de gros obstacles. A Gray, l'avant-garde du IIe corps avait trouvé les ponts sur la Saône intacts, sauf celui du chemin de fer, coupé par le général de Werder. Après un court engagement avec une centaine d'hommes qui occupaient encore la ville, elle s'était emparée de la gare et du télégraphe. La 7e brigade avait franchi la rivière à Essertenne, par le pont. A Pesmes, il y avait eu aussi une légère escarmouche ; le XIVe corps avait fait sauter le pont sur l'Ognon, ensorte qu'il avait fallu jeter des pontons, mais le passage des troupes n'avait pas été sérieusement entravé. De même, le 21 janvier, à Dôle, on avait trouvé intact le pont sur le Doubs. Le VIIe corps avait passé sans plus de difficultés tous les ponts sur la Saône ; son avant-garde n'avait trouvé l'ennemi qu'à Marnay, à Pin et à Étuz, au bord de l'Ognon. En se retirant sur Besançon, il avait détruit le passage, mais d'une façon si incomplète qu'il avait pu être rétabli dans la journée. L'armée du Sud allait donc atteindre le Doubs sans que sa marche eût été retardée d'une façon notable. Étape après étape, les ordres de l'état-major avaient été exécutés strictement par les troupes.

[1] WARTENSLEBEN, p. 23 et 24. — Le général de Molkte qualifiait le plan de marche de l'armée du Sud d'extrêmement audacieux et risqué, mais de nature à procurer de grands résultats. Il priait le roi de ne pas blâmer le général de Manteuffel si celui-ci ne réussissait pas, car, disait-il, qui ne risque rien, n'a rien.

# CHAPITRE XV

## GARIBALDI A DIJON

En acceptant de diriger le mouvement stratégique qui devait aboutir, dans la pensée de ceux qui l'avaient conçu, au débloquement de Belfort, le général Bourbaki avait expressément demandé que ses flancs et ses derrières fussent garantis et couverts contre une opération probable de l'ennemi. Il était certain qu'à la première nouvelle d'une marche sérieuse contre Belfort, l'état-major de Versailles prendrait, pour s'y opposer, des mesures énergiques et enverrait sur la Saône et le Doubs toutes ses forces disponibles. Il importait de barrer le chemin à ces troupes en occupant solidement et en défendant avec la dernière vigueur les défilés du Morvan et de la Côte-d'Or, de Langres à Dijon, puis les cours d'eau couvrant Besançon et que l'ennemi aurait à franchir.

M. de Freycinet avait donné sur ce point capital des assurances positives : « On m'avait promis que si j'obtenais ce premier succès (le passage de l'Ognon), cent mille hommes, gardes-nationaux mobilisés ou autres, seraient chargés, afin de me permettre de poursuivre le plan convenu, de garder le cours de la Saône ; que le général Pélissier et Garibaldi occuperaient solidement Dijon et Gray et que je me trouverais ainsi garanti sur mon flanc gauche et mes derrières ».[1]

Ce n'eût pas été de trop d'une bonne armée pour monter cette garde. Le ministère de la guerre avait voulu d'abord la confier au XVe corps et à la division Cremer, mais le général Bourbaki ayant été amené à incorporer ces troupes à son armée, il n'était resté à Dijon que les **24,000** mobilisés en garnison dans la ville sous les ordres du général Pélissier, commandant de la subdivision de la Côte-d'Or, et les **24,000** hommes de l'armée des Vosges sous les ordres de Garibaldi et de son chef d'état-major Bordone. Mais c'était une multitude plus qu'une armée. Les mobilisés du général Pélissier n'étaient ni instruits ni équipés de façon à pouvoir tenir la campagne. Le petit nombre seulement était armé et en état de se présenter sur un champ de bataille. Quant aux Garibaldiens, mieux pourvus et munitionnés, il leur manquait un chef valide et un état-major capable de juger des situations de guerre. Il n'y avait d'ailleurs entre les deux généraux Pélissier et Garibaldi ni entente ni accord, ensorte que, malgré la puissance numérique de leurs effectifs, ni l'un ni l'autre, ni les deux réunis, n'étaient en mesure de tenir tête à un ennemi entreprenant. On ne l'avait pas vu assez tôt, ni à Bordeaux, ni au quartier-général.

L'armée des Vosges, chargée plus spécialement des opérations en campagne, était une sorte de fédération de corps-francs d'effectifs très variables, sans autre lien entre eux que le commandement de leur chef. Un bon tiers était composé d'étrangers : Italiens, Espagnols, Polonais, Anglais, Grecs, Américains, Suisses. A côté de bons et solides éléments, il y en avait de fort mauvais, « un ramassis[2] d'a-

---

[1] ENQUÊTE. Déposition de M. le général Bourbaki. T. III, p. 364. — Voir aussi, p. 384, la déposition de M. le colonel Leperche.

[2] ENQUÊTE. Déposition de M. Castillon, juge à Autun. T. IV, p. 85.

venturiers de tous pays. » « Les trois quarts de ces soldats n'avaient jamais tiré un coup de fusil ; en somme, il n'y avait guère dans cette foule que trois mille hommes sur lesquels on pût compter. »[1] Un autre tiers était fourni par des Français des départements de l'est et du midi et des grandes villes, presque tous organisés en corps de volontaires. Des bataillons de mobiles des Pyrénées-Orientales, des Basses-Pyrénées, des Basses-Alpes, des Alpes-Maritimes complétaient l'effectif.

Quand il était arrivé à Dôle au milieu d'octobre, Garibaldi n'avait guère pu réunir autour de lui que 4000 hommes environ, mais six semaines plus tard, à Autun, il en avait 16,000. En janvier 1871, à Dijon, l'effectif atteignait 24,000 hommes,[2] pour autant du moins qu'on peut préciser, les états de présence étant en mutation incessante. La plupart de ces volontaires avaient pris les armes séduits par l'attrait des aventures de la guerre de partisans et avec l'arrière-pensée de ne sacrifier aux exigences de la discipline que le moins possible de leur liberté. Les corps s'étaient formés par libre agrégation. Quelques jeunes gens, désireux de faire le coup de feu, se constituaient en comité, recrutaient des camarades, formaient un corps franc, se donnaient un nom de fantaisie et un uniforme à leur goût, élisaient leurs chefs, demandaient à l'autorité des armes, de la munition et une feuille de route et partaient pour l'armée. A Dôle, à Autun ou à Dijon, on les accueillait et on les versait dans l'une ou l'autre des quatre brigades, en leur laissant d'ailleurs leur organisation première et le plus possible de leur individualité. Au début, tant qu'on ne fut pas nombreux, cette absence de méthode dans l'organisation des unités ne présenta pas de grands inconvénients. Plus tard, quand

[1] A. MARAIS. *Garibaldi et l'armée des Vosges en Saône-et-Loire.* Cité par M. Ch. BEAUQUIER, sous-préfet de la défense nationale à Pontarlier : *Les dernières campagnes dans l'est.*
[2] BORDONE. *Récit officiel.*

les effectifs furent plus considérables, ce fut une entrave à toute opération d'ensemble.

Entre gardes-mobiles et corps francs étrangers, les rapports étaient tendus, mauvais. Les Français reprochaient à l'état-major garibaldien, non sans raison, une préférence marquée pour les étrangers, auxquels on réservait des faveurs de tous genres, en sorte que les mobilisés n'acceptaient le plus souvent qu'avec répugnance leur incorporation dans l'armée des Vosges. « J'éprouve une difficulté toute spéciale à renforcer Garibaldi, mandait M. de Freycinet, le 14 novembre, à Gambetta ; la plupart des mobilisés auxquels je m'adresse refusent absolument de se rendre auprès du général. Je viens encore d'essuyer un refus péremptoire de Besançon qui aurait pu et dû m'en fournir 5 à 6000.»[1] A plusieurs reprises, le ministère avait tenté de réunir sous le commandement de Garibaldi les divers corps qui tenaient la campagne dans l'est. Il s'était toujours heurté, de la part des troupes comme des officiers, à des oppositions invincibles. Cette hostilité dura autant que la guerre. A Dijon même, elle se manifesta par des conflits incessants. « Depuis longtemps déjà des hommes sous votre commandement sont devenus le scandale de la ville et en deviendront bientôt la terreur si vous n'y mettez ordre sans délai, écrivait le général Pélissier à Garibaldi.[2] Des demi-mesures ne sauraient suffire et l'indulgence serait une faute. Il ne s'agit pas seulement de faits isolés, mais d'actes multiples, répétés chaque jour. Le soir, les rues de la ville cessent d'être sûres pour les habitants ; des passants sont insultés, maltraités même, par des hommes portant l'uniforme de votre armée ; des maisons où vos soldats ont été accueillis avec empressement ne sont pas même respectées et deviennent le théâtre de désordres honteux, quelquefois même de graves violences.

[1] ENQUÊTE T. II, p. 498.
[2] THEYRAS. *Garibaldi en France.*

Des tentatives de vol sont commises, non seulement au
préjudice des particuliers, mais des colonels commandant
les légions mobilisées ont failli en être victimes; des soldats
de mes légions ont été attaqués et frappés ; bien plus. des
balles, par imprudence, je veux bien le croire, ont été
tirées par des postes sous vos ordres sur des officiers mobilisés. Vous comprendrez aisément. mon général, les conséquences que peuvent avoir de si lamentables excès. On
me signale de toute part une irritation croissante dans l'esprit de la population dijonnaise et qui menace de gagner les
gardes-nationaux mobilisés. Je ne puis répondre, si l'ordre le
plus sévère n'est pas immédiatement rétabli, qu'il ne se pro-
duise pas des collisions déplorables entre des troupes poursuivant pourtant le même but et qui ne devraient songer qu'à
combattre l'ennemi. »

L'armée était divisée en quatre brigades d'inégale valeur
numérique. La première était commandée par le comte
polonais Joseph de Hauké.[1] Fils du général de Hauké, ancien colonel dans l'armée russe du Caucase, compromis
dans l'insurrection polonaise de 1863, à laquelle il avait pris
part comme commandant des insurgés de la province de
Cracovie, avec le grade de général, le comte de Hauké s'é-
tait réfugié en Suisse. Il avait fait la connaissance de Garibaldi à Genève. au congrès de la paix de 1867, et était venu
à l'armée des Vosges sur un appel direct du patriote italien.
La deuxième brigade était sous les ordres de Menotti Garibaldi. fils aîné du général, avec lequel il avait fait les quatre
campagnes de 1859, 1860, 1866 et 1867. Ricciotti Garibaldi.
deuxième fils du général, faisait en France sa première
campagne en commandant la troisième brigade. C'était la
plus entreprenante et la plus aguerrie des quatre, celle qui
avait le plus hardiment battu l'estrade. Elle avait abordé
l'ennemi souvent avec bonheur, comme à Châtillon-sur-

[1] Plus connu sous le nom de Bossak-Hauké.

Seine. Enfin, la quatrième brigade était sous les ordres de M. Louis Delpech, ancien préfet de Marseille pour le gouvernement du 4 septembre, élu colonel par la garde civique de cette ville quoiqu'il n'eût jamais servi d'aucune façon.

Mais ce qui manquait surtout à l'armée des Vosges, c'était, au-dessus de ces quatre chefs de brigade, un état-major général capable de donner à cet amas de troupes hétérogènes une direction d'ensemble et de l'unité, qui sût comprendre les situations, combiner une action générale et faire concourir les entreprises locales à la réussite des opérations des armées. C'était bien le programme de Garibaldi. Il n'était pas venu en France avec l'intention de conduire de grands mouvements stratégiques. Il avait entendu rester ce qu'il avait toujours été, un chef de partisans, faisant la guerre irrégulière des surprises et des embuscades. Il s'en était expliqué très nettement dans les *Instructions* qu'il avait rédigées pour ses troupes et si tous les hommes qui s'étaient enrôlés sous les drapeaux du vieux capitaine les avaient lues et surtout s'y étaient conformés, si tous avaient eu l'enthousiasme et l'abnégation de leur chef, l'armée des Vosges eût pu rendre de grands services.[1] Mais si Garibaldi avait en-

---

[1] Un écrivain qui a servi dans les corps francs attachés à la division Cremer et qui leur a consacré une intéressante et captivante étude (ARDOUIN DUMAZET. *Une année dans les neiges.* Journal d'un volontaire du corps franc des Vosges. p. 277, etc.) constate qu'en dépit de l'engouement qu'ils ont fait naître et de la légende créée autour d'eux, les services rendus n'ont pas été proportionnés à l'effort. Leur effectif total a été d'environ 30,000 hommes ayant artillerie et cavalerie, la valeur d'un corps d'armée. Ils ne firent pas ce que des partisans eussent pu entreprendre s'ils avaient obéi à des chefs dignes de ce nom. La plupart des officiers n'avaient jamais servi, n'avaient pas la moindre notion du pays où ils allaient opérer et ne suppléaient pas à leur insuffisance par l'énergie et l'entrain. L'autorité militaire aurait dû contrôler le choix des officiers, se tenir en rapports constants avec les compagnies, leur donner des tâches bien déterminées, les utiliser pour des reconnaissances. L'indépendance absolue qu'on leur avait laissée causa plus d'un dé-

core l'ardeur d'un jeune homme, ses forces physiques n'étaient plus à la hauteur de sa bonne volonté. Depuis Aspromonte, le patriote italien avait beaucoup vieilli. Perclus de rhumatismes, il ne marchait qu'en s'appuyant d'une béquille. — « Mon épée n'est plus qu'un baton », avait-il dit à ses anciens compagnons d'armes qui, aux premiers jours d'octobre, étaient allés à Caprera lui demander son concours pour la libération de la France. Entraîné par son cœur, il s'était embarqué et avait accepté le commandement des corps francs de la zone des Vosges que le gouvernement de la Défense nationale, peu enthousiaste de l'arrivée de Garibaldi en France,[1] lui avait offert. Incapable le plus souvent

---

sastre. L'armée de l'Est n'a jamais marché sans être entourée d'essaims de francs-tireurs, mais qui, mal dirigés, faisaient mal leur métier. Les corps-francs n'ont donc pas joué le rôle qu'on leur a attribué. Quelques coups de main hardis, quelques faits d'armes audacieux ont donné le change à l'opinion. « Il faut souhaiter, dit M. Dumazet, qu'on ne les voie jamais revenir. »

[1] D'après l'amiral Fourichon, ministre de la guerre, l'initiative de l'appel de Garibaldi appartiendrait à M. Sénard, ambassadeur de France à Florence. L'amiral y était très opposé : « J'ai regardé comme un grand scandale d'appeler cet aventurier en France.. ... J'avais proposé à M. Crémieux et à M. Glais-Bizoïn de lui faire rebrousser chemin avant son arrivée à Tours. Ils n'ont point accepté ma proposition ; peut-être ont-ils eu raison. » Enquête. Déposition de M. l'amiral Fourichon T. I. p. 643. — M. de Freycinet avait trouvé Garibaldi et son état-major déjà installés à Tours à son arrivée : « Je crois qu'il s'est appelé tout seul..... Si j'avais été le gouvernement, peut-être ne m'en serais-je pas servi du tout : le gouvernement, par des motifs politiques que je n'ai point à examiner, a cru devoir le faire ; ils m'ont été donnés comme des outils ; j'ai essayé d'en tirer parti. » Enquête Déposition de M. de Freycinet T. III, p 22

Gambetta lui-même avait fait froid accueil à Garibaldi. Il avait offert d'abord à l'ancien dictateur des Deux Siciles le commandement de 250 à 300 volontaires italiens réunis à Chambéry. Garibaldi, indigné, avait répondu à cette offre dérisoire qu'il rentrerait aussitôt à Caprera. Il avait refusé de recevoir Gambetta quand, au lendemain de la première entrevue, le gouvernement de la Défense nationale lui avait confié le comde monter à cheval, il suivait ses troupes en voiture ou restait au quartier. Les fatigues de la campagne n'avaient pas tardé à l'éprouver cruellement. Vers le milieu de décembre, il fut atteint d'un accès de rhumatisme goutteux qui lui procura une paralysie de plusieurs semaines. Il ne pouvait même pas signer son nom. Son entourage prévoyait une prochaine catastrophe.[1]

Comme en dehors de Garibaldi personne n'était capable d'imposer et de maintenir quelque discipline, quand lui manquait, c'était l'anarchie. Dans les premiers jours de janvier, ce fut au point qu'on se demanda si le vieillard impotent pourrait conserver son commandement. Gambetta pria un des officiers de confiance de l'entourage du général, le colonel Gauckler, ingénieur en chef du Bas-Rhin, homme de bon sens et de sang-froid, de lui dire « toute la vérité ».[2] — « Garibaldi a eu une attaque de rhumatisme goutteux qui a mis sa vie en danger, répondit le colonel Gauckler ; il ne peut plus marcher, ses facultés semblent affaissées, initiative disparue ; il est à la merci de son entourage italien qui vaut très peu, surtout son gendre[3], et Lobbia, sous-chef d'état-major, connu par histoire des tabacs italiens, peu avantageusement. Quand Bordone est absent, cet entourage commet, au nom de Garibaldi, des inepties et des turpitudes qui désorganisent et démoralisent l'armée. Il semble qu'il y a parti pris de ne pas agir. Grâce aux blanc-seings et délégations donnés à Lobbia, il se fait des nominations et des tripotages qui scandalisent le public. Les Français vou-

mandement, au reste tout fictif, « des corps francs de la zone des Vosges ». Le 14 octobre, Garibaldi avait installé son quartier général à Dôle, mais il n'y avait pas cent hommes armés dans la ville.

[1] ENQUÊTE. Colonel Gauckler à M. de Freycinet. Autun 21 décembre. T. II. p. 515.

[2] ENQUÊTE. Gambetta à colonel Gauckler à Autun. Bordeaux 5 janvier 1871. T. II. p. 625.

[3] Canzio.

draient combattre et sont humiliés d'avoir des chefs italiens, incapables et sans probité. Bordone a grand'peine à empêcher démissions en masse et ne sauvera que difficilement le nom de Garibaldi d'une tache qui rejaillira sur la République. Trop long vous citer les faits. Si désirez, adresserai rapport. Préfèrerais commission d'enquête. Le mieux serait que Garibaldi renonçât à une partie que son état le rend incapable de jouer, ou qu'un commissaire, muni de pouvoirs suffisants, vienne nettoyer armée et veiller à ordre. »[1] Dans une autre dépêche, adressée le 4 janvier à M. de Freycinet, le colonel Gauckler s'exprimait en termes plus alarmants encore : « Général perdu initiative, cherche prétexte pour inaction ; intelligence obscurcie. » Cet état d'affaissement physique et moral paraissait cependant s'être amélioré vers le 9 janvier. A cette date. M. Bartholdi, délégué par le ministère à l'armée des Vosges, mandait à M. de Freycinet que le colonel Gauckler avait exagéré, que le général était « mieux portant » et pouvait rendre encore de « bons services ». M. Bartholdi concluait à ce qu'on laissât Garibaldi à son poste, sa révocation devant être « une mesure gravement impopulaire ».[2]

Au départ de Garibaldi de Tours pour Dôle, le ministère de la guerre lui avait adjoint. comme chef d'état-major, le colonel Frappoli. ancien ministre de la guerre du Piémont et député au parlement de Florence, « un homme fort honnête et fort intelligent »,[3] qui jouissait en Italie. dans le parti avancé. d'une grande considération. Il avait servi sous les ordres de Garibaldi dans les guerres de 1859 et 1860. L'administration de l'armée avait été confiée. en qualité d'intendant, à M. de Baillehache. En outre, M. Bordone. d'Avignon. avait été incorporé dans l'état-major garibaldien comme sous-

---

[1] ENQUÊTE. T. II, p. 638.
[2] ENQUÊTE. T. II, p. 652.
[3] ENQUÊTE. Déposition de M. le général Crouzat. T. III. p. 275.

chef d'état-major avec le grade de colonel.[1] Esprit audacieux
et dominateur, le colonel Bordone ne tarda pas à entrer en
lutte ouverte avec MM. Frappoli et de Baillehache et sut tant
et si bien faire que ni l'un ni l'autre de ces deux officiers ne put
parvenir à se mettre en possession de ses fonctions. A deux
reprises, M. Frappoli tenta d'occuper son poste. Deux fois,
malgré les ordres formels du ministère et l'appui des agents
du gouvernement, il échoua contre le mauvais vouloir du
colonel Bordone. La deuxième fois, à Autun, il trouva Garibaldi si fortement prévenu contre lui qu'il ne réussit pas
même à être admis en la présence de son ancien ami. De
guerre lasse. le ministère de la guerre avait commissionné
M. Frappoli pour former à Chambéry et à Lyon une légion
de volontaires distincte de l'armée garibaldienne. Même
dans cette nouvelle situation, il fut la victime des attaques
du colonel Bordone. « L'entourage de Garibaldi voyait la
formation de cette légion avec déplaisir et ne laissait jamais
échapper une occasion d'en témoigner. Quand Frappoli
avait fait des recrues, les autres les lui prenaient; quand il
avait acheté des armes quelque part, on les lui enlevait, et
Frappoli qui était bien intentionné et qui avait la plus grande
vénération pour Garibaldi, laissait faire.»[2] Quand le colonel
Bordone ne persécutait pas Frappoli, il s'en prenait à l'intendant, M. de Baillehache. C'étaient contre lui des plaintes
et des accusations journalières, jusqu'à ce que Garibaldi,
obéissant à son subordonné, eût révoqué l'intendant
comme il avait congédié le chef d'état major. Le colonel
Bordone avait ainsi obtenu ce qu'il voulait. En fait, c'est lui
qui commandait. D'une activité infatigable, énergique. sans

---

[1] Bordone. né à Avignon le 2 novembre 1821, ex-chirurgien
auxiliaire de la marine. Il avait fait avec Garibaldi la campagne
des Deux Siciles et c'est lui qui avait été chercher le général à
Caprera.— Voir G. THEŸRAS. *Garibaldi en France*, p. 25 et 26.
[2] ENQUÊTE. Déposition de M. le général Crouzat. T. III, p.
275.

cesse en mouvement, il accaparait tout, ne souffrant à côté
de lui personne qui pût lui porter ombrage.

L'armée des Vosges ne s'était pas formée en un jour.
Chaque semaine amenait l'incorporation de quelque troupe
nouvelle. Les corps francs venaient des quatre coins du
pays, grossissant incessamment les effectifs. L'armement et
l'équipement successifs de ces petits détachements, l'ac-
quisition du matériel donnaient lieu à une correspondance
continuelle entre le colonel et l'administration de la guerre.
A Tours, on n'avait pas que l'armée des Vosges sur les bras.
Dans l'état-major de Garibaldi, il semblait au contraire qu'il
n'y eût qu'elle et que le gouvernement n'avait qu'à donner
des ordres pour que tout fût prêt à réquisition. Chaque jour,
c'étaient des dépêches réclamant des armes, des munitions,
des couvertures, des chevaux, des canons, des ambulances.
Le ministère répondait, annonçait les envois, mais souvent
ceux-ci se faisaient attendre. Alors, c'étaient des récriminations acerbes. Si les convois tardaient, c'était que le gouvernement n'était pas à la hauteur de la situation et se laissait
entraver « par les lenteurs calculées de la bureaucratie, legs
détestable du régime impérial ». Le colonel Bordone revenait à la charge, réclamait plus de célérité, se plaignait de
l'impuissance déplorable à laquelle on réduisait des troupes
qui brûlaient du désir de se mesurer avec l'ennemi. La
correspondance prenait souvent un ton que jamais un officier français ne se fût permis. « Décidément, voulez-vous
ordonner qu'on nous envoie des cartouches ? » télégraphiait
le colonel Bordone à M. de Freycinet. Et M. de Freycinet,
qui avait pour l'armée des Vosges une infinie condescen-
dance, de répondre que les cartouches étaient en route.

Le style étrange des lettres et des dépêches du colonel
Bordone finit cependant par exaspérer le ministère. Le 25
décembre, Gambetta télégraphiait à M. Gent, préfet à Marseille : « Vous savez sans doute que Garibaldi a pour chef
d'état-major Bordone, qui est à ce qu'il paraît très difficile à

vivre, car il y a de nombreuses démissions provoquées par
ses procédés, ses allures omnipotentes, son insupportable
hauteur, sans préjudice d'une foule d'autres causes dont je
ne veux rien dire ici... Le malheur est que les dissidents qui
abandonnent Garibaldi veulent se reformer sous les ordres
de Frappoli. Il y a par conséquent une sorte de rivalité qui
irrite au plus haut point Garibaldi et surtout Bordone. .
Frappoli reçoit tout le monde, et grâce à Bordone tout le
monde s'en va... Vous comprenez admirablement que rien
n'est possible au sujet de Bordone contre la volonté de Garibaldi et il paraît qu'il n'y a pas moyen de lui faire entendre
raison. Mais les embarras s'accumulent et il est temps de
trancher cette situation si on ne peut pas la dénoncer ».[1] A
la même date, Gambetta télégraphie à M. de Freycinet :
« Depuis quelques jours je lis un grand nombre de dépêches
signées Bordone. Cet homme, vous le savez, est chef d'état-
major de Garibaldi. Vous n'ignorez pas tout ce qu'on en dit[2]
et il y a lieu de procéder avec lui sans se départir des règles
de la prudence ; c'est lui qui signe toutes les dépêches ;
c'est lui qui commande, taille, tranche, fait tout auprès de
Garibaldi... Les dépêches, signées Bordone, sont écrites
dans une forme souvent inacceptable. Nul parle et n'écrit
comme lui. On dirait vraiment qu'il est omnipotent. Il donne
des ordres aux préfets, il prescrit des mesures, ordonne des
arrestations.[3] Il n'y a rien enfin qu'il ne fasse, partout,
chez lui comme hors de chez lui... Je voudrais, quand vous
écrirez à Bordone, que vous lui fissiez sentir que s'il veut
continuer à mériter la faveur bienveillante qu'à la considé-

[1] ENQUÊTE, T. II, p. 552
[2] Allusion aux circonstances de la vie privée de Bordone.
[3] A Dôle, Bordone avait de sa seule autorité ordonné aux
Jésuites de quitter le département et enjoint à l'administration
des télégraphes de lui communiquer toutes les dépêches consi-
gnées au bureau de Dôle ou qui y arrivaient. Il soupçonnait les
Jésuites d'entretenir des relations avec les armées de l'Allemagne protestante !

ration de Garibaldi on lui a témoignée, son premier devoir
est de laisser M. Frappoli tranquille. Je n'ignore pas les mé-
nagements que la situation comporte, mais il y a moyen de
ramener Bordone à son véritable rôle et je vous prie, avec
votre habileté, de n'y pas manquer.»[1] Et M. de Freycinet de
répondre : « Je suis absolument de votre avis sur Bordone ;
aussi ai-je pris depuis longtemps le parti de ne m'arrêter à
aucune de ses prétentions déclamatoires dont ses dépêches
sont émaillées ».[2] En attendant, le colonel Bordone n'en faisait ni plus ni moins. Fort de son ascendant sur Garibaldi,
il mettait au gouvernement le marché à la main, sachant
bien que s'il menaçait du départ de son chef, il obtiendrait
tout ce qu'il voudrait. Quelques jours après cet échange
de dépêches, le gouvernement de la Défense donnait à
Bordone un brevet de général !

Encore, si le général Bordone eût été un soldat et un chef
d'armée, on eût pu lui passer ses violences. Mais il était incapable de conduire des troupes, surtout des troupes aussi
difficiles à manier que les siennes. Il n'avait en vérité aucune
des qualités nécessaires à un chef d'état-major et rien de ce
qu'il eût fallu pour suppléer. par son savoir ou son ascendant
moral. aux insuffisances physiques du général en chef impotent.

Aussitôt que la campagne dans l'est avait été résolue. le
ministère de la guerre avait envoyé à Autun M. de Serres.
C'était le 23 décembre. Garibaldi était gravement malade.
M. de Serres discuta avec le colonel Bordone les conditions
de la « coopération » de l'armée des Vosges aux mouvements du général Bourbaki. Car on ne donnait pas précisément des ordres à Garibaldi ; il y fallait plus de ménage-
ments. « L'armée des Vosges, dit M. de Freycinet, était un
corps difficile à manier ; elle était sous mes ordres sans y

[1] ENQUÊTE. T. II, p. 555.
[2] ENQUÊTE. T. II. p. 556.

être cependant d'une manière bien précise ; Garibaldi, à
cause de sa personnalité, échappait à la hiérarchie ; il fallait
lui parler le langage italien, s'adresser à sa loyauté et mettre en jeu divers moyens qui ne sont pas dans nos habitudes
françaises.»[1] — M. de Serres arrêta, d'entente avec le colonel Bordone, qu'aussitôt Dijon évacué par les troupes allemandes, Garibaldi y transporterait ses quartiers. L'armée du
général Bourbaki dépassant la ligne de l'Ognon et montant
dans la direction de Vesoul pour obliquer ensuite sur Belfort, l'armée des Vosges couvrirait la gauche en occupant la
ligne Dijon-Tille-Selongey, de façon à interdire à l'ennemi
l'accès de la vallée de la Saône par la défense des magnifi-
ques positions du Val-Suzon, de l'Ignon et de la Tille.[2] Mais
si on se mit d'accord sur le but, on négligea de créer entre
l'armée d'opération et la flanc-garde de Dijon un lien de service. La « coopération » garibaldienne était indépendante du
commandement du général Bourbaki.[3] On n'établit pas
même entre les deux quartiers-généraux un service régulier
de renseignements réciproques.[4]

Pourtant, dans une circonstance aussi grave, l'unité du
commandement était une absolue nécessité. On n'avait que
trop souffert et l'ennemi n'avait que trop profité déjà de
l'absence d'un chef supérieur et unique. C'est par le défaut

---

[1] ENQUÊTE. Déposition de M. de Freycinet. T. II, p. 22.

[2] ENQUÊTE. Déposition de M. de Serres. T. III, p. 63 et 64 :
« Il n'est jamais entré dans mon esprit ni dans l'esprit d'aucun
de ceux qui étaient au courant de l'opération qu'il en fût autrement. »

[3] ENQUÊTE. T. II, p. 123. Guerre à Gambetta, 21 décembre :
« L'armée des Vosges conservera son indépendance, mais le
général Garibaldi sera prié de vouloir bien accueillir les propositions du général Bourbaki en vue d'une coopération de son
armée à l'action de l'armée du général français. »

[4] BORDONE. *Récit officiel.* — ENQUÊTE. T. III. p. 356. Déposition de M. le général Bourbaki : « Tout ce que je souhaitais,
c'était que ni lui (Garibaldi) ni ses officiers ne se trouvassent en
rapport avec mon armée. »

d'unité dans l'action des Cambriels, des Garibaldi, des Fauconnet et des Lavalle que le général de Werder avait pu le 30 octobre s'emparer de Dijon. C'est par le manque d'un accord entre Garibaldi et le général Cremer que l'attaque de Dijon avait manqué les 24, 25 et 26 novembre et que le 3 décembre, sous Châteauneuf, la brigade Keller avait échappé à la destruction. C'est grâce au système de la « coopération » que Garibaldi n'était pas intervenu à temps à Nuits. Mais si les généraux français qui commandaient dans la région de l'est voulaient bien rester en contact avec l'armée des Vosges et combiner plus ou moins avec elle leurs opérations,[1] ils refusaient de passer sous les ordres de Garibaldi et surtout de recevoir des commandements de son état-major.[2]

Le 27 décembre, le général de Werder avait évacué Dijon. Pour se conformer aux conventions arrêtées à Autun avec M. de Serres, Garibaldi eût dû aussitôt s'y transporter. Le jour même, il avait été avisé de l'évacuation[3] par ses propres troupes, les francs-tireurs du Doubs et de Colmar qui, sous les ordres des commandants Endeline et Ordinaire, avaient pénétré dans la ville sur les talons des troupes allemandes. Le 28 décembre, le colonel Bordone en avait avisé Gambetta à Bordeaux.[4]

Les 2 et 3 janvier, on avait cru à une marche du général

[1] Les généraux Cremer, de Busserolle et Billot se tinrent en communication avec l'armée des Vosges pendant la durée de leur séjour à Beaune et Chagny.

[2] ENQUÊTE. T. II, p. 589, de Serres à de Freycinet. Dijon 30 décembre.

[3] ENQUÊTE. T. II, p. 567. Colonel Gauckler à Guerre : « Les Prussiens évacuent Dijon avec tout leur matériel, se rendant sur Gray. Marchons en avant. » — P. 568 : de Serres à Garibaldi. 28 décembre: « La province que vous avez si longtemps protégée n'est plus en danger. Dijon est évacué. Cremer l'atteindra et le dépassera peut-être demain L'ennemi peut encore tenter un effort par les routes de Tonnerre ou de Châtillon ; ce sont celles dont nous vous confions la défense. Le Val Suzon peut devenir rapidement, grâce à vous, une barrière infranchissable. »

[4] ENQUÊTE. T. II, p. 569.

de Zastrow sur Dijon. Menotti Garibaldi avait signalé 12.000 hommes de troupes ennemies à Vitteaux et une colonne de 6000 hommes en marche de Villeneuve sur Pont-Royal. C'était la première concentration des troupes qui, quelques jours plus tard, devaient constituer l'armée du Sud. Le général Bourbaki avait, lui aussi, ces renseignements. Aussitôt il avait donné l'ordre au général Cremer qui, après avoir traversé Dijon, était déjà en marche sur Gray de rétrograder et de tenir la ville jusqu'à nouvel ordre. De son côté, M. de Serres avait mandé à Garibaldi, à Autun, que le général Bourbaki espérait voir l'armée des Vosges dès le lendemain, entre Dijon et l'ennemi.[1] Garibaldi était alors allé à Dijon et le 3 janvier au soir il priait le ministère de la guerre d'ordonner le transport de l'armée par chemin de fer. Dépêche pour dépêche, M. de Freycinet répond : « Je suis fort surpris qu'étant à une aussi faible distance de Dijon, votre armée ne s'y soit pas déjà rendue et réclame aujourd'hui d'y être transportée par chemin de fer. Ayant déjà ordonné à la compagnie d'y transporter le XVᵉ corps et ce transport commençant dès demain matin, mercredi, à six heures, il est maintenant trop tard pour que je puisse donner contre-ordre. Vous n'avez, selon moi, qu'une chose à faire, c'est de vous mettre en route immédiatement par voie de terre et, avec cette agilité dont vous avez déjà donné des preuves, de marcher sur Dijon en tombant sur le flanc de l'ennemi s'il tente d'y venir. » Mais Garibaldi ne l'entendait pas ainsi : « Impossible mettre soldats en campagne sans capotes, répondit-il au ministère. Je retourne à Autun attendre chemin de fer libre ».[2]

---

[1] De Serres à Garibaldi, Autun : « Le général en chef compte que toutes vos forces seront entre l'ennemi et Dijon demain et s'il en est ainsi, la témérité de l'ennemi pourra lui coûter cher.» ENQUÊTE. T. II. p. 613.

[2] ENQUÊTE. T. II, p. 626 et 630. — En rentrant à Autun, Garibaldi fut avisé que le chemin de fer était à sa disposition pour le transport de son armée : « Je n'ai plus besoin de ma-

L'armée des Vosges avait autant ou aussi peu de capotes que les autres armées de la République, mais il manquait surtout à son état-major le sentiment du devoir. Bordone avait jugé le moment propice pour aller à Avignon. « Général perdu initiative, mandait le colonel Gauckler à M. de Freycinet ; cherche prétexte pour inaction ; Bordone tenu éloigné sous prétexte de mission. Nombreux scandales ; Italiens se croient en pays conquis... Faudra finir par donner à Cremer ou autre capable, commandement armée Vosges. Cela est triste.»[1]

Bordone était parti de sa propre autorité pour Marseille, afin de dissoudre, de sa propre autorité aussi, un comité de recrutement qui travaillait pour le compte du colonel Frappoli et dont il avait en vain réclamé du ministère la suppression. De Marseille, il était allé à Avignon, vaquer à des affaires personnelles. Les quelques hommes qui avaient, à Autun, le sentiment de la situation et de la responsabilité pressaient Bordone de revenir. Dès le 2 janvier, le colonel Gauckler lui avait télégraphié au Grand-Hôtel de Lyon : « Arrivez au plus vite ; Dijon va être attaqué par Prussiens et ici on désorganise à force.»[2] Et le lendemain : « Vous êtes décidément dans la lune. Officiers français donnent démission en masse, y compris vos amis.»[3] Le colonel Loir joignait ses instances à celles de son camarade : « Le général vous a déjà télégraphié depuis deux jours de revenir d'urgence. Pour son nom et pour le vôtre, même au nom de la France et de tous vos amis, arrivez sur l'heure. Ici découragement et démission complète et générale de tout votre état-major. Je retiens avec peine jusqu'à votre arrivée...»[4] Le 3 janvier,

tériel, ayant suspendu le mouvement que je devais faire, répondit-il. » Note de M. de la Taille. ENQUÊTE. T. II, pag. 301.
[1] Colonel Gauckler à de Freycinet. Autun, 4 janvier. ENQUÊTE. T. II. p. 629.
[2] ENQUÊTE. T. II. p. 609.
[3] ENQUÊTE. T. II, p. 618.
[4] ENQUÊTE. T. II, p. 619

Bordone répondait d'Avignon au colonel Gauckler : « N'ayez aucune préoccupation. Ce qui se passe prouvera au ministre de la guerre ce que je lui ai annoncé depuis longtemps et laissera peser sur qui de droit les questions de dualisme.[1] Je suis plus impatient que qui que ce soit d'être au milieu de vous ; malheureusement, intempéries, nécessités de questions à viser et vêtements à expédier m'ont retenu...»[2] M. de Freycinet que Bordone obsédait de questions et de reproches finit, lui aussi, par perdre patience : « Si par votre absence vous avez voulu prouver l'utilité militaire de votre personne et si vous n'avez pas craint de faire cette preuve au détriment des intérêts de votre pays, je m'en affligerais sincèrement pour vous que je croyais incapable d'un tel calcul. La France, colonel, doit passer avant les rivalités de personne. Je m'attends à ce que vous allez d'urgence retourner à votre poste et y réparer le tort que votre absence prolongée a pu causer aux opérations militaires dans votre région. Je ne veux plus recevoir d'autre dépêche de vous qu'au lendemain d'une victoire. » Bordone veut bien alors rejoindre l'armée. Le 5 janvier, il est à Autun et, sitôt revenu, sans attendre d'avoir à annoncer une victoire, il envoie à M. de Freycinet plusieurs longues dépêches lui exposant que s'il a dû quitter Autun c'était par ordre de son chef, qu'il n'est parti qu'après avoir assuré le service, qu'il attend l'envoi immédiat d'un commissaire pour régler toutes les questions pendantes, que l'armée des Vosges n'a qu'un tort c'est d'agir sans parler, que les troupes de renfort qu'on lui a promises ne sont pas encore arrivées, que les conventions arrêtées avec M. de Serres ne concernaient pas Dijon, que d'ailleurs d'Autun on protège mieux Dijon qu'à Dijon même, enfin que si le général de Zastrow est encore à Auxerre, c'est grâce à l'armée des Vosges ; que si cependant M. de Frey-

---

[1] Allusion au colonel Frappoli.
[2] ENQUÊTE. T. II, p. 622.

cinet désire que le quartier-général soit transporté à Dijon,
il est prêt à s'y rendre. « Autun, dit la dépêche, restera toujours protégé par nous et prêt à être vigoureusement défendu par concentration rapide et étudiée d'avance avec nos
troupes qui observent l'ennemi dont aucun mouvement ne
nous est caché ».[1] M. de Freycinet s'empresse de répondre :
« Votre dépêche m'a fait plaisir et je reconnais là votre
science stratégique accoutumée. Je crois avec vous que
votre quartier-général sera mieux placé à Dijon et je serai
plein de confiance en pensant que la ligne de Dijon à Autun
est gardée par vous avec vigilance. Je sais que si vous voulez, vous pouvez faire beaucoup ; je vous conjure donc de
vous mettre sans réserve à coopérer avec nous ».[2]

Le 8 janvier, l'armée des Vosges s'ébranle. En dépit des
ordres du ministère, le transport se fait par la voie ferrée.
C'était au moment des plus forts encombrements causés par
le transport du XVe corps d'armée. La compagnie fit valoir
auprès de l'état-major garibaldien les ordres du gouvernement. Le colonel Lobbia lui répondit que le ministre n'avait
« pas le droit d'empêcher un transport commandé par Garibaldi. » Comme l'armée des Vosges avait coutume d'accompagner ses réquisitions de menaces de coercition, la compagnie s'exécuta et du 8 au 11 janvier fournit dix-huit trains
spéciaux. L'artillerie suivit seule la voie de terre. Ce fut une
des causes du retard dans le transport du XVe corps et des
effets désastreux qui en résultèrent pour les opérations du
général Bourbaki entre le combat de Villersexel et les batailles de la Lisaine.[3]

Le 8 janvier au soir, Garibaldi et Bordone s'installaient à
Dijon. Le lendemain, ils entraient en conflit avec le général
Pélissier, commandant les gardes-mobiles de la place. Pour

[1] ENQUÊTE. T. II. p. 632 et 642.
[2] ENQUÊTE. T. II, p. 643.
[3] ENQUÊTE. Note sur le transport de l'armée du général Bourbaki et les services requis par Garibaldi. T. II, p. 319 et 320.

éviter des difficultés, le ministère prononça que Garibaldi
« exercerait le commandement en tout ce qui se rapporte à
la défense de Dijon et aux opérations extérieures, y compris
la désignation des points à fortifier », tandis que les mobilisés rassemblés dans le département et non placés expressément sous les ordres de Garibaldi par le ministère seraient
sous le commandement du général Pélissier.[1] On crut ainsi
à Bordeaux avoir écarté la possibilité de querelles entre les
deux états-majors. On se trompait. Pendant toute la durée
de la campagne, le général Pélissier fut victime des procédés
jaloux et des tracasseries du chef d'état-major garibaldien.
Enfin, le 13 janvier, pour apaiser Bordone, le gouvernement
le nommait général. « Le gouvernement, lui mandait M. de
Freycinet, vient de vous nommer général de brigade, chef
d'état-major de l'armée des Vosges.[2] En vous conférant ce
grade. nous avons voulu augmenter votre autorité, récom-
penser vos services militaires et faciliter ceux plus grands
encore que la République attend de vous. » En même temps,
Gambetta priait Garibaldi de considérer la promotion de
Bordone comme une preuve nouvelle « de sympathie et de
respect ».[3] Il semble que dès lors tout dût marcher régulièrement. Bordone était général, ses attributions étaient définies, la mission de l'armée nettement déterminée. Il ne restait plus qu'à se mettre en campagne.

Dès le 20 janvier, soit Garibaldi, soit le gouvernement de
la Défense nationale avaient reçu des avis aussi nombreux
que précis concernant les mouvements des troupes ennemies sur le plateau de Langres. Ricciotti explorait la contrée de Montbard depuis les premiers jours de janvier.
Il avait si hardiment poussé sa pointe que pendant trois
jours, du 6 au 9 janvier, on avait ignoré à l'état-major

[1] ENQUÊTE. T. II. p. 653.
[2] Jusque là, le colonel Frappoli avait été titulaire de la fonction.
[3] ENQUÊTE, T. II. p. 673.

ce qu'il était devenu. On n'avait pas osé parler à Garibaldi
des inquiétudes qu'on éprouvait. Le 11 janvier, on avait
appris que le jeune général avait eu à Baigneux-les-Juifs
un engagement heureux, qu'il avait fait à l'ennemi une
dizaine de prisonniers, mais que, fortement entrepris, il
avait dû rétrograder sur Aignay-le-Duc où il avait passé la
nuit du 12 au 13. Il y avait reçu d'une dame anglaise, M^me
Wyte-Mary, attachée à la 4^e brigade pour le service des ambulances et qui revenait de Châtillon, l'avis que dans les
environs immédiats de cette ville une véritable armée de 50
à 60,000 hommes était concentrée. Le lendemain matin, 13
janvier, soit avant que le général de Manteuffel se fût mis
en marche, Ricciotti avisait son père, par un message spécial, de ce qu'il venait d'apprendre,[1] puis, se tenant pour
suffisamment renseigné sur les forces et les intentions de
l'ennemi, il se retirait sur Grancey et de là, par des chemins
de traverse, côtoyant les colonnes ennemies, sur Is-sur-Tille
où il arriva le 14 au soir.[2]

D'autres avis étaient venus à Garibaldi à cette même date.
M. de Grancey, officier de marine en congé de convales-
cence, propriétaire foncier dans la contrée, chef d'un bataillon de garde-nationale qui n'existait que de nom, avait
organisé dans le pays environnant un service de reconnaissances au moyen duquel il renseignait journellement soit
Langres, soit Dijon. Dès le 12 janvier, il avait informé Garibaldi des grandes concentrations de troupes aux environs
de Châtillon.[3] M. de Laborie, ingénieur départemental des
ponts-et-chaussées qui, lui aussi, avait organisé un service
de reconnaissances et des relais de cantonniers, s'était rendu
le 12 janvier à Dijon, avait parlé à Garibaldi, lui avait fourni
un ensemble de renseignements sur les troupes du général
de Manteuffel et avait fortement attiré l'attention de son

---

[1] ENQUÊTE. T. II. p. 483. — Lettre de M. Misset à M. Perrot.
[2] ENQUÊTE. Déposition de M. Darcy. T. IV. p. 103.
[3] ENQUÊTE. Déposition de M. de Grancey. T. IV. p. 130.

interlocuteur sur les dangers que couraient le général Bourbaki et l'armée de l'Est. « Soyez tranquille, lui avait répondu Garibaldi, mes précautions sont prises. » Et, quelques
jours plus tard, dans une deuxième entrevue : « Soyez sans
inquiétude ; tout va bien ; Ricciotti occupe les défilés entre
Grancey et Dijon, à Is-sur-Tille ».[1] Ricciotti occupait si peu
ces défilés que, dès le 15 janvier, il était rentré à Dijon sur
l'ordre exprès de son père.

Le ministère de la guerre, lui aussi, savait ce qui se passait. Le 12 janvier, le service des reconnaissances mandait
de Bordeaux à M. de Serres, alors à Bournois, qu'indépendamment des 25,000 hommes du général de Zastrow, le IIᵉ
corps d'armée marchait de Paris vers l'est. « Il était le 11 à
Auxerre, dit la dépêche : ses 25,000 combattants font avec
de Zastrow un total de 50.000 hommes. Je crois que la
XVIIIᵉ division du IXᵉ corps. comprenant 10,000 hommes,
est aussi en mouvement, mais je n'ai pas de certitude ; je
vous informerai dès que j'aurai un renseignement nouveau.
J'ai adressé avant-hier au général Bourbaki une dépêche
exposant la situation... La concentration des troupes prussiennes s'opère activement vers l'est et dans six à huit jours,
si vous attendez, vous aurez beaucoup de monde sur les
bras. »[2] — Les fonctionnaires publics à Dijon étaient aussi
au courant. Le 15 janvier, M. Luce Villiard, préfet de la
Côte-d'Or, télégraphiait à M. de Serres que l'ennemi s'avançait de Montbard par Frênes et Chanceaux, que Lamargelle
et Frênois étaient occupés, Is-sur-Tille menacé. « Au nord,
ajoutait la dépêche, les Prussiens occupent Grancey-Be-
naivre, menaçant Selongey. Gray et Champlitte. »[3] Le lendemain, 16, une autre dépêche annonce que 3000 Prussiens
sont à Is-sur-Tille, que Thil-Châtel et Selongey sont entre
leurs mains : « Ricciotti qui occupait Is-sur-Tille avant-hier,

[1] ENQUÊTE. Déposition de M. de Laborie. T. IV, p. 62.
[2] ENQUÊTE. T. II, p. 670.
[3] ENQUÊTE. T. II, p 681.

dit-elle, est rentré hier soir à Dijon où sont depuis dix jours
Garibaldi et Menotti ».[1] Le 17, deux nouvelles dépêches du
préfet donnent des renseignements circonstanciés sur la
force et la composition des corps ennemis qui marchent sur
Gray : le lendemain, 30,000 hommes pourront être à Gray et
à Champlitte ; le surlendemain, 40 à 50,000 ; entre Auxonne
et Gray, le chemin de fer est coupé. « Ici, ajoute le préfet,
20.000 garibaldiens qui, depuis quatre jours, auraient pu,
sinon arrêter, du moins contrecarrer ce mouvement entre
Chanceaux et Is-sur-Tille... Il ne s'agit pas de préserver
Dijon qui, avec 4000 hommes, peut être garanti, mais d'empêcher que Cremer et l'armée de l'Est ne soient pris en
queue. »[2] — Le général Pélissier joignait ses renseignements à ceux du préfet et signalait à M. de Freycinet la
marche continue au nord de Dijon des colonnes du général
de Manteuffel, passant sans coup férir les défilés et se dirigeant, par marches forcées, sur Gray, Pesmes, Pontailler et
Dôle. — Le propre état-major de Garibaldi avisait le ministère. Le 16 janvier, le colonel Gauckler mande au bureau des reconnaissances, à Bordeaux, que l'ennemi marche
sur deux colonnes, l'une par Baigneux sur Dijon, l'autre par
Is-sur-Tille sur Gray. « L'ennemi est à six kilomètres de
Gray, » dit la dépêche qui donne jusqu'aux numéros des régiments dont se composent les corps en marche.[3] — Il n'y
avait pas jusqu'aux journaux qui n'informassent le public de
l'approche des colonnes ennemies. Sans distinction d'opinions politiques, le *Progrès de la Côte-d'Or*, le *Progrès de
Saône-et-Loire*, le *Bien public* se demandaient pourquoi
l'armée des Vosges demeurait inactive.

[1] ENQUÊTE. T. II. p. 683.
[2] ENQUÊTE. T. II, p. 686.
[3] Régiments 72, 54, 60, 42 et 2, faisant partie de la IIIe division d'infanterie, major général von Hartmann et de la brigade
d'infanterie de Dannenberg, incorporée au VIIe corps. ENQUÊTE.
T. II, p. 684.

M. de Serres stimulait le général Bordone le mieux qu'il pouvait. « Nous tenons énormément, le général en chef et moi, lui mandait-il le 11 janvier de Bournel, à rester en relations constantes avec vous qui maintenant, plus encore qu'auparavant, avez une grande tâche à remplir en nous apportant votre inappréciable concours... L'armée de l'Est compte sur votre vigoureuse action dont nous espérons que les effets se feront bientôt sentir. » Mais le général Bordone restait impassible. « Sommes au milieu de fonctionnaires et population alarmistes, mande-t-il à M. de Serres, le 16 janvier; on prend nos reconnaissances pour Prussiens et à chaque instant on revient à la charge pour nous détourner de mission confiée... Attendons toujours nouvelles de Bourbaki et Cremer. Si en avez, quelles qu'elles soient, envoyez-nous-les; pourrions alors combiner quelque chose, mais défendrons toujours Dijon à outrance, en cas d'attaques, que nous ne redoutons pas pour le moment. » Bordone n'avait pas à « combiner » avec le général Bourbaki. Il savait fort bien que sa mission n'était pas seulement de défendre Dijon, mais de barrer à l'ennemi l'accès de la vallée de la Saône et de couvrir les derrières de l'armée de l'Est. Pour justifier son inaction, il affectait même de méconnaître la situation militaire. « Si recevez communications préfet sur mouvements et menaces de l'ennemi, mandait-il encore le 16 au matin à M. de Serres, tenez-les en quarantaine, il apprécie mal la situation. Sur notre gauche, n'avons toujours que corps Zastrow, quinze à seize mille hommes. Sa menace sur Saint-Seine et Mouchard[1] n'est qu'une feinte... Sommes en force et en ligne pour l'observer et cacher situation de cette région et préparés à le recevoir. »[2]

Sur la foi de ces renseignements rassurants, M. de Freycinet avait été jusqu'à mettre le général Bourbaki en garde

[1] Sans doute « Montbard ».
[2] ENQUÊTE. Chef d'état-major à délégué Guerre, Dijon à Bordeaux 16 janvier 8 h. 30 matin. T. II, p. 683.

contre les dépêches alarmantes que M. Luce-Villiard expédiait à M. de Serres en même temps qu'à Bordeaux. « Ne vous arrêtez pas aux dépêches du préfet de Dijon qui d'ordinaire est inexactement renseigné et, en outre. tire de fausses inductions, lui mande-t-il le 16 janvier. Avec une très bonne volonté, il vous induirait continuellement en erreur.[1] » Cependant, quand le lendemain le général Pélissier annonce à Bordeaux que des trains de matériel expédiés ce jour-là de Dijon à Gray ont dû rétrograder, Gray étant aux mains de l'ennemi, M. de Freycinet s'émeut. Le 17 au soir, il télégraphie à Garibaldi qu'il est « étonné et inquiet. » « Comment se peut-il faire que l'ennemi ose se montrer dans le voisinage de votre brave armée? Est-ce que la vigilance du général Bordone sommeillerait? Nous ne pouvons le croire. Nous vous prions de nous rassurer bien vite et de nous dire si nous devons faire garder Gray par des troupes distinctes des vôtres. »[2] Il était un peu tard pour poser la question. Garibaldi, directement interpellé, répondait, le 17 au soir, qu'il avait « 2500 francs-tireurs échelonnés depuis Vitteaux. Verrey, Saint-Seine et Val-Suzon ». — « Si je dois, dit-il, défendre Dijon, il m'est impossible d'occuper Gray. »[3] La dépêche du général quitta Dijon à 8 h. 40 du soir. A 9 h. 45. le général Bordone en expédie une autre : Gray n'avait jamais été menacé, disait-il, et n'était pas l'objectif de l'ennemi. « Les dépêches qui ont provoqué celle que vous avez envoyée au général et à laquelle il a répondu autrement que je l'aurais fait moi-même. ne m'ont pas troublé un seul instant... L'ordre d'arrêter convoi et d'évacuer gare était stupide. Soyez tranquille. A demain matin. »[4] — « Votre dépêche, répondait à son tour M. de Freycinet, m'étonne. Néanmoins. je vous crois parce

[1] Enquête. T. II. p. 682.
[2] Enquête. T. II, p. 687.
[3] Enquête. T. II, p. 688.
[4] Enquête. T. II, p. 689.

que vous avez montré jusqu'ici une habileté supérieure. »[1] Puis, le lendemain matin, longue dépêche du général Bordone expliquant au délégué à la Guerre qu'on défend mieux une ville aux approches que dans la place même, que trop de gens commandent à Dijon, qu'il manque du ballast sur la voie de Châlon à Dôle, que l'administration du chemin de fer est mal intentionnée, que les « démonstrations » de l'ennemi ne sont là que pour masquer une marche « lente et embarrassée » sur Vesoul et Lure ; qu'il a lui, Bordone, une confiance entière dans l'avenir et que si Gambetta l'avait écouté à Besançon, il y a longtemps qu'il serait dans les Vosges et le grand duché de Bade.[2] Bordone affectait donc d'être très satisfait et rien ne permet de croire qu'il ne le fût pas.

Vers les 16 et 17 janvier cependant, la clameur devint si forte à Dijon que l'état-major se résolut à faire quelque chose pour donner satisfaction à l'opinion. Le 18 janvier, toute l'armée opéra une grande reconnaissance jusqu'à Norges et Messigny. On ne rencontra pas l'ennemi, mais le 19, on rentrait à Dijon aux sons de la *Marseillaise*. « Si le mouvement avait été poussé seulement jusqu'à Is-sur-Tille, il eût eu pour conséquence des engagements avec des fractions de la IVᵉ division et aurait fort bien pu occasionner un temps d'arrêt dans la marche des colonnes allemandes. Mais ce ne fut qu'une démonstration sans effet utile ».[3]

Les dépêches alarmantes de M. Luce Villiard, du général Pélissier et du colonel Gauckler, d'une part, les dénégations du général Bordone, de l'autre, tenaient le ministère de la guerre dans la plus grande perplexité. Le 17 janvier, répondant au colonel Gauckler qui signalait les mouvements menaçants de l'ennemi, M. de Freycinet lui télégraphiait : « Ta dépêche me prouve que le corps prussien qui

[1] ENQUÊTE. T. II, p. 691.
[2] ENQUÊTE. T. II, p. 693-694.
[3] Rapport du grand état-major. T. V, p. 1436.

passe près de vous se rend à Gray sans que vous vous en soyez douté. Comment cela se peut-il faire? Hier encore le général Bordone me disait que le préfet de Dijon était un alarmiste et que je pouvais être tranquille. Il résulte de là que vos reconnaissances se sont complètement mises dedans et vous y ont mis avec elles. Une autre fois, je serai moins confiant ».[1] Le 18 janvier, dépêche à Bordone. « Je persiste néanmoins à penser, lui télégraphie M. de Freycinet, que vous auriez pu troubler davantage l'ennemi et nous aviser plus tôt de cette marche que très certainement vous n'avez cru ni si rapprochée de vous, ni si considérable. J'ai pleine confiance en votre talent, que je reconnais même exceptionnel. Mais le talent ne suffit pas, il faut aussi vouloir. »[2] Cependant, le lendemain, 19 janvier, M. de Freycinet télégraphiait encore à M. de Serres : « Bourbaki parle d'une menace de l'ennemi par Gray et Pontailler. Mes renseignements ne l'indiquent point. Je crois à une menace plus au nord, par Vesoul, mais je n'ai pas ouï dire que Gray fût occupé et que, par conséquent, l'ennemi suivit la direction Gray-Pontailler. »[3]

Pourtant les faits s'imposent et parlent plus haut que les dépêches. Ce même 19 janvier, M. de Freycinet télégraphie au chef d'état-major de Garibaldi : « Je ne comprends pas les incessantes questions que vous me posez pour savoir qui commande, non plus que les difficultés qui surgissent toujours au moment où, dites-vous, vous allez faire quelque chose... Vous êtes le seul qui invoquez sans cesse des difficultés et des conflits pour justifier sans doute votre inaction. Je ne vous cache pas que le gouvernement est fort peu satisfait de ce qui vient de se passer. Vous n'avez donné à l'armée de Bourbaki aucun appui et votre présence à Dijon a été absolument sans résultat pour la marche de l'ennemi

[1] ENQUÊTE. T. II. p. 691.
[2] ENQUÊTE. T. II, p. 698.
[3] ENQUÊTE. T. II, p. 706.

de l'ouest à l'est. En résumé, moins d'explications et plus
d'actes, voilà ce qu'on vous demande ».[1] Le 21, nouvelle
dépêche, en termes analogues : « Vos éclaireurs n'éclairent
pas et vous en font accroire. Si cela doit continuer, je décline-
rai quant à moi, devant le gouvernement, toute responsabilité
de votre coopération et le gouvernement avisera. J'avoue
que j'attendais autre chose de vous dans cette campagne et
que je regrette d'avoir aussi chaudement pris votre parti
dans l'espoir que cela vous déciderait à une action patriotique qui eût fait tout oublier ».[2]

Quand cette dernière dépêche arriva à Dijon, la ville était
attaquée depuis les premières heures du jour par la brigade
du général von Kettler. Le général Bordone assistait au
combat. Le colonel Gauckler reçut le télégramme. Il demanda à M. de Freycinet l'autorisation de ne pas le remettre
au destinataire. « Ce n'est peut-être pas le moment », disait-
il. Et M. de Freycinet consentit.[3]

[1] ENQUÊTE. T. II. p. 704.
[2] ENQUÊTE. T. II. p. 744.
[3] ENQUÊTE. T. II, p. 746.

# CHAPITRE XVI

## D'HÉRICOURT A BESANÇON

La I<sup>re</sup> armée allait commencer sa retraite dès le 18 janvier au matin. Renonçant à l'espoir de pénétrer jusqu'à Belfort, elle n'avait aucun motif de stationner plus longtemps devant cette Lisaine que, pendant trois jours, elle s'était vainement épuisée à vouloir franchir. Elle en avait au contraire de puissants pour s'en éloigner au plus tôt. N'avait-elle pas devant son front les troupes redoutables du général de Werder et derrière elle l'armée du Sud menaçant sa marche. Elle n'avait guère à choisir qu'entre deux partis : ou bien, comme le lui conseillait le ministère de la guerre, laisser devant Héricourt un corps d'observation pour dissimuler ses mouvements et se porter, avec le gros de ses forces, à la rencontre du général de Manteuffel,[1] ou bien ramener toute l'armée à Besançon et, en prenant les précautions commandées par les circonstances pour barrer les voies d'approches de l'ennemi, se diriger de là sur Dôle ou Lons-le-Saunier.

[1] M. DE FREYCINET : *La Guerre en province*. p. 250.

De ces deux plans, le général Bourbaki choisit avec raison
le deuxième. Besançon était sa base d'opérations. Il n'en
pouvait changer, pris entre deux feux. Il ordonna par conséquent la retraite au sud, mais dérouté par les renseignements contradictoires qu'il recevait sur la marche du général
de Manteuffel, trop confiant aussi dans la résistance qu'oppo-
seraient à l'armée du Sud les troupes de Dijon, il négligea de
couvrir son flanc gauche et d'occuper en temps voulu les
passages de l'Ognon et du Doubs qui couvraient ses communications avec Lyon. Prise entre l'ennemi et la frontière
suisse, l'armée allait être entourée, refoulée sur les hauts
plateaux encombrés de neige du Jura et acculée, en dernier
lieu, aux positions de Pontarlier. Lugubre retraite, parmi les
plus cruelles que connaisse l'histoire de la guerre !

Les ordres du général pour le 18 janvier étaient datés
d'Arcey où il avait pris ses quartiers. Pivotant sur son aile
droite, l'armée allait se rabattre entre Doubs et Ognon, le
XVe et le XXIVe corps servant de base au mouvement, la
division Cremer, à l'extrême aile gauche, devant couvrir la
marche du côté du nord et, en particulier, protéger les lourds
convois du XVIIIe corps. La division passait a cet effet
sous les ordres du général Billot. Le XVe corps était dirigé, sa droite au Doubs, sur le bois de Bouloy. Le XXIVe,
désigné pour traverser le Doubs et pour occuper sur la
rive gauche, front au nord, les importantes positions du
Lomont entre Clerval et Pont-de-Roide, allait gagner Bretigney, Faimbe et la Quingette. Le XXe corps, suivant la
grande route d'Arcey, gagnerait Arans et Marvelise. La
route du XVIIIe corps passait par Crevans, Sécenans et
Villechevreux ; celle de la réserve générale, par Semondans,
Désandans, Échenans et Geney. La division Cremer, suivant
l'Ognon, allait marcher par Athesans, Georfans, Villers-la-
Ville et Rougemont. Direction générale : Besançon.

Les ordres de mouvement commandaient aux généraux
de prendre leurs mesures pour être à même de résister à

chaque instant à une poursuite de l'ennemi. De fortes
arrière-gardes devaient couvrir l'évacuation de la Lisaine, en
particulier sur le front Montbéliard-Héricourt, au Mont-
Chevis et à Tavey. Les munitions devaient être renouvelées
et les vivres distribués, puis tous les convois et les
parcs dirigés à une journée de marche en arrière, les corps
ne gardant avec eux que leur train de combat. Le génie
militaire restait avec les arrière-gardes. Le génie civil devait dépasser les troupes d'une journée de marche pour
déblayer les routes, exécuter des travaux de défense et
préparer, au besoin, la destruction des ouvrages d'art. Les
ordres des corps devaient être donnés de telle façon que,
chaque jour, toutes les arrière-gardes se missent en mouvement à huit heures du matin et se maintinssent en relations
les unes avec les autres. Les positions à occuper par les
arrière-gardes étaient indiquées minutieusement. D'autre
part, les ordres ne contenaient aucune instruction spéciale
pour la cavalerie ni pour l'exploration du pays au delà de
l'Ognon jusqu'à la Saône.

Le 18 au matin, le général Bourbaki annonçait son arrivée
au général Rolland, commandant de la place de Besançon,
en lui donnant les instructions suivantes : « Des forces ennemies me sont signalées comme traversant la Côte-d'Or ; il
importe que mon aile gauche soit protégée par la Saône et
par l'Ognon. Recommandez le prompt achèvement des
ponts du Doubs, de Clerval à Besançon ; faites couper les
ponts de l'Ognon et ceux de la Saône dès que l'approche
de l'ennemi sera signalée. Rappelez dans Besançon la 3e légion du Rhône qui est à Baume ; faites garder l'Ognon entre
Voray et Marnay et exécuter sur les routes, surtout dans les
pentes, les coupures nécessaires. Je prescris au général Pélissier de renforcer de deux bataillons la garnison d'Auxonne
et au commandant de cette place de faire couper et garder le
pont de Pesmes. Recommandez l'exécution de cet ordre. »
Et le même jour, à quatre heures du soir, le général de-

mandait encore à Besançon si les ponts de l'Isle, de Clerval et de Baume-les-Dames étaient en état de supporter le passage de l'artillerie. « Faites occuper aussi solidement que possible la position de Blamont, ajoutait la dépêche ; dites-moi si vous croyez nécessaire que je renforce les troupes qui s'y trouvent. Activez la destruction des ponts sur la Saône et sur l'Ognon et rendez-moi compte. »[1]

Le général télégraphia aussi au ministère, à Bordeaux. Il tenait, disait-il, la menace de l'ennemi par Gray et Pontailler pour sérieuse et prenait ses dispositions pour qu'elle ne se combinât pas avec l'armée de Werder. « Je me trouverais placé dans de très fâcheuses conditions si je ne pouvais éviter le combat, ayant le Doubs à dos et le flanc droit aux prises avec les 90,000 hommes contre lesquels je viens de lutter pendant trois jours... Je regrette de n'avoir pu être informé à temps de l'approche de forces aussi considérables que celles qui me sont signalées ; je regrette aussi que les troupes concentrées à Dijon n'aient pas même essayé de retarder leur marche. »[2]

Le général venait de prendre ces dispositions quand une dépêche de M. de Freycinet, datée « Bordeaux, 18 janvier, 3 heures 30 soir », vint l'encourager et l'approuver. « Quand la France connaîtra vos dépêches, mandait le délégué à la Guerre, elle ne pourra que rendre hommage à la bravoure de la première armée, à l'énergie, au sang-froid et aux capacités de son chef. La première armée a fait tout ce que les circonstances permettaient de faire ; elle ne pouvait à la fois vaincre un ennemi supérieur en nombre et les éléments. Elle a le droit d'être fière de sa conduite. Deux corps d'armée, celui de Zastrow et le VIᵉ corps, sont signalés comme suivant la route Semur-Is-sur-Tille-Champlitte. Il doit bien y avoir là une quarantaine de mille hommes que je

[1] *Le général Bourbaki*, p. 283-284.
[2] *Le général Bourbaki*, p. 284.

suppose devoir se rendre vers la route de Vesoul à Langres pour tourner à droite sur Combeaufontaine. Autant qu'on en peut juger par des dépêches assez confuses, le gros de cette force doit être actuellement à la hauteur de Gray, vers Fontaine-Française. L'armée de Garibaldi, renforcée cependant de mobilisés, n'a rien fait pour les inquiéter. Dans ces conditions, je crois qu'il pourrait devenir dangereux pour vous, dans un moment donné, de stationner devant l'armée de Belfort, tandis qu'une nouvelle force vous prendrait par derrière. Peut-être un parti préférable serait-il de se dérober devant cette armée, en laissant, par exemple, pour l'observer, le XVᵉ corps, qui serait à peine en mesure de vous suivre, et en prenant avec vous les XVIIIᵉ, XXᵉ, et XXIVᵉ pour livrer bataille aux deux corps dont je viens de parler. C'est une simple indication, bien entendu, que je vous donne, vous laissant absolument juge de ce que vous pouvez et devez faire dans les circonstances ou vous êtes. »[1] La même dépêche annonçait au général que le XXVᵉ corps, stationné à Vierzon, resterait à ce poste comme étant la seule force disponible pour protéger le centre et le sud-ouest de la France, à moins cependant que le général ne jugeât « absolument indispensable » qu'il fût dirigé sur l'est.

Le général Bourbaki répondit à M. de Freycinet, le même jour, qu'il craindrait un échec en laissant au XVᵉ corps seul le soin de maintenir les 90,000 hommes de l'armée de Belfort et déclarait renoncer au concours du XXVᵉ corps à moins qu'il ne lui devint nécessaire. « Je ferai tout ce qui dépendra de moi pour que la première armée accomplisse le plus énergiquement possible la tâche qui lui incombe ; après avoir pourvu à sa sécurité, je m'efforcerai de rendre son rôle plus actif. »

Dans la nuit, le général recevait une nouvelle dépêche de

---

[1] *Le général Bourbaki*, p. 280.

Bordeaux sanctionnant ses projets : « Ainsi que je vous l'ai déjà télégraphié, mandait M. de Freycinet, je vous approuve entièrement de ne pas être demeuré en présence de l'armée de Belfort. Le parti que vous prenez de vous rabattre sur Besançon est de beaucoup le plus sage dès l'instant que les fatigues de votre armée et les difficultés du ravitaillement ne permettent pas en ce moment une rapide offensive dans une autre direction. Il n'est que trop vrai que ni le général Pélissier ni le général Garibaldi n'ont fait ce qu'ils auraient pu et dû pour gêner la marche de l'ennemi. »[1]

Cependant, M. de Freycinet ne tarda pas à présenter au général un plan nouveau. Le lendemain, 19 janvier, à trois heures cinquante du soir, il chargeait M. de Serres de soumettre à l'état-major le programme suivant : « Toute l'armée descendrait rapidement, entre le Doubs et l'Ognon, vers Besançon. On laisserait entre Auxonne et Besançon une force suffisante pour tenir en respect, sous les murs de ces deux places, une armée ennemie. Tout le reste de l'armée, sous le commandement du général Bourbaki, s'embarquerait à Besançon et se rendrait en chemin de fer à Nevers. Si ce mouvement est bien combiné, et je me charge de le concerter avec la compagnie, il devra se faire en six jours. Pendant ce temps, le XXVe corps se rendrait à la Charité et passerait sous les ordres de Bourbaki. L'ensemble des forces se réunirait à Clamecy, pour de là se diriger sur Auxerre, Troyes, Châlons-sur-Marne et finalement opérer jonction avec l'armée de Faidherbe qui est actuellement à Saint-Quentin. Ce plan m'est suggéré par la pensée que le mouvement tenté dans l'est est irrévocablement manqué et qu'il ne faut point s'acharner à le poursuivre. L'attention de l'ennemi est éveillée ; il a eu le temps de se concentrer et désormais le général Bourbaki le trouvera en forces supérieures dans

---

[1] Le reproche n'était pas fondé en tant qu'il s'adressait au général Pélissier, puisque les ordres du ministère limitaient le commandement de cet officier à la ville de Dijon.

toutes les directions. Au contraire, par la nouvelle ligne que j'indique, on trompe l'ennemi qui, pendant quelques jours, continuera à chercher Bourbaki dans l'est et on opèrera, sur les armées de Paris et d'Orléans, une seconde puissante diversion, qui obligera l'ennemi à détacher une nouvelle couche de forces. Quant à Bourbaki, s'il marche avec rapidité, il aura vraisemblablement la ressource de se réfugier, à la dernière extrémité, sous la protection des places du nord. » Le même jour encore, à sept heures du soir, M. de Freycinet insistait et, pour encourager le général, cherchait à le rassurer sur les forces qui menaçaient son flanc gauche : « Je ne crois pas que vous soyez menacé entre Gray et Pontailler. Aucun renseignement, ici, ne nous confirme la présence de l'ennemi dans cette direction. Enfin, je crois que vous ne devez chercher une vigoureuse offensive que sur un autre théâtre que celui où vous êtes. »[1]

Quand il formulait cette proposition, M. de Freycinet n'était évidemment pas encore renseigné sur l'état de misère et de démoralisation dans lequel se trouvait l'armée, tandis que d'autre part il ne tenait pas un compte suffisant des informations qui lui étaient parvenues au sujet de la marche rapide du général de Manteuffel. Le 19 janvier, à cinq heures du soir, le délégué à la Guerre télégraphiait encore à M. de Serres en ces termes : « Bourbaki parle d'une menace de l'ennemi par Gray et Pontailler. Mes renseignements ne l'indiquent point. Je crois à une menace plus au nord par Vesoul, mais je n'ai pas ouï dire que Gray fût occupé et que par conséquent l'ennemi suivit la direction Gray-Pontailler ».[2] Or, ce jour-là, l'armée du Sud traversait la Saône à Gray, à Dampierre et à Vaite, sur des ponts intacts. Le lendemain, le général Fransecky passait l'Ognon à Pesmes et le surlendemain son avant-garde occupait à Dôle le pont sur le Doubs.

[1] *Le général Bourbaki*, p. 289 et suivantes.
[2] ENQUÊTE. T. II. p. 706.

Sur aucune de ces trois rivières, l'ennemi n'avait rencontré une sérieuse résistance.

Le général Bourbaki, incomplètement renseigné aussi, accepta le plan du ministère avec quelques modifications. Il craignait qu'en opérant son mouvement à trop court rayon, par Auxonne, il ne fût encore menacé sur son flanc. Il demandait que les points d'embarquement fussent multipliés, pour l'infanterie, sur la section de voie Baume-les-Dames-Besançon, tandis que les parcs et l'artillerie seraient chargés à petite distance de cette dernière ville. Mêmes précautions pour le débarquement qui devait se faire en gagnant le plus possible de terrain vers le nord, par exemple au-dessus de Nevers. « Embarquement commencerait, disait le général, dès que l'attitude de l'ennemi ou nos positions défensives entre Besançon et Ognon couvriraient tout danger d'un engagement sérieux avant la fin de l'opération. Dès maintenant, je crois que le commencement pour le matériel, parc et parties accessoires, peut être fixé au 22 ou 23 et à Besançon ».[1]

M. de Freycinet donna aussitôt les ordres d'exécution à la compagnie. Le transport devait commencer le 23, à six heures du soir et être continué, de nuit comme de jour. par environ deux cents trains, capables d'enlever en six jours « 90.000 hommes, 50 batteries, la cavalerie et les accessoires habituels.» Les trains devaient être acheminés de Besançon, par Lons-le-Saunier, sur Chagny mais, ajoutait la dépêche, « si l'ennemi laisse libre la direction Besançon-Dôle-Dijon, cette dernière sera de beaucoup préférable ; en ce cas, les trains chargeraient sur la ligne Dôle à Clermont, au dessus et au dessous de Besançon ; c'est un point sur lequel le général Bourbaki seul pourra vous fixer ».[1]

L'ennemi allait rendre l'exécution de ces projets impossible. Le 23 janvier au soir, au moment où l'embarquement devait commencer, le général de Manteuffel fixait son quar-

[1] ENQUÊTE. T. II. p. 719.

tier à Dôle, tandis que ses troupes occupaient Vaudrey, détruisaient à Quingey le chemin de fer Besançon-Lons-le-Saunier et abordaient le Doubs à l'Isle, à Clerval et à Baume-les-Dames. Le lendemain, 24 janvier, l'importante gare de Mouchard était occupée et les communications de l'armée de l'Est coupées avec la vallée du Rhône comme avec la Saône. Il ne lui restait plus pour gagner Lyon et la France que les routes Besançon-Champagnole et Besançon-Pontarlier. Au reste, le général Bourbaki n'avait jamais eu une foi robuste dans la possibilité de l'exécution du plan de Bordeaux. S'il s'y était soumis, c'était dans l'espoir de retirer ses troupes des montagnes du Jura, de les soustraire à la neige et au froid qui faisait tous les jours de nombreuses victimes et de leur procurer quelques jours de repos pendant le transport.[1]

Le général n'avait pas conçu au début de trop vives inquiétudes pour sa retraite. Il pensait qu'il pourrait, dans les éventualités les plus défavorables, établir son armée dans la région comprise entre les monts Lomont, le Doubs et la Loue, avec Besançon comme point d'appui et centre de ravitaillement. Elle était d'un périmètre considérable et d'une défense facile. Les rives du Doubs sont escarpées, rocheuses, les passages sont rares et difficiles. Les monts Lomont, dessinant la corde de l'arc creusé au nord par le Doubs, constituaient une seconde ligne de défense solide. Les défilés qui la traversent peuvent être barrés facilement avec de faibles effectifs. Besançon était entouré d'ouvrages avancés dans un rayon suffisant pour le protéger contre un bombardement. Enfin, au sud, la Loue coule entre deux murailles verticales de rochers très hauts. Le cours de cette rivière est plus facile encore à défendre que celui du Doubs. L'investissement de ce camp naturellement retranché paraissait impossible. On pouvait le défendre aussi longtemps que Be-

---

[1] *Le général Bourbaki*, p. 294.

sançon aurait des vivres. Le ministère avait promis que la place en serait bondée. [1]

Le général ne s'était donc pas préoccupé outre mesure de son flanc gauche durant les premiers jours. Il comptait sur les troupes de Dijon et celles d'Auxonne et s'était borné à ordonner la rupture des ponts sur les deux rivières de la Saône et de l'Ognon qui le couvraient. Quant aux monts Lomont, il avait commis le XXIVe corps à leur garde. Et il s'était mis en marche, lentement, tranquillement, afin que l'armée, harassée, souffrant de la faim et du froid n'allongeât pas outre mesure ses colonnes sur les routes glacées. Pour le reste, il voulait conserver sa liberté d'action et se diriger suivant les événements. Il semblait que les communications avec le chemin de fer de Bourg par Quingey et Mouchard ne pussent être coupées avant que l'armée s'y trouvât. « Le moindre effort des troupes chargées de garder les communications aurait suffi pour donner le temps nécessaire ». [2]

Si le général avait été inquiet de sa ligne de retraite au delà de Besançon sur Lyon, il eût certainement pris des mesures de précaution et de résistance plus énergiques à l'égard de l'armée du Sud. Alors même que Besançon eût pu lui fournir des vivres en suffisance, il ne pouvait considérer cette place que comme une étape sur la route de France. Il devait par conséquent garder en son pouvoir la route de Poligny, sous peine de n'avoir plus à sa disposition que celles de Champagnole et de Pontarlier à travers la montagne. dans un pays sans ressources, encombré de neige et où le cheminement des convois de vivres ne pouvait être qu'extrêmement difficultueux. Le général aurait pu dès lors réunir sa cavalerie en une seule masse, la porter rapidement sur son flanc menacé, de façon à éclairer et à protéger sa marche

---

[1] Enquête. Déposition de M. le colonel Leperche.
[2] Enquête. Déposition de M. le général Bourbaki, p. 352.

et user du chemin de fer Clerval-Besançon-Dôle pour évacuer rapidement un corps d'armée, soit sur la Saône, d'Auxonne à Gray, ou sur l'Ognon, entre Voray et sa jonction avec la Saône, ou encore sur le Doubs, ou même encore sur la Loue et la forêt de Chaux. La translation pouvait être ordonnée dès le 17 au soir ou le 18, de façon à prévenir le général de Manteuffel sur l'un ou l'autre de ces points de passage. Il pouvait la commander même pendant la marche en retraite, puisque celle-ci suivait la voie ferrée, pourvu que ce fût à temps et qu'on pût réunir du matériel en suffisance.

Le général de Werder lui en laissait le loisir. Fort ébranlé par la défense qu'il avait soutenue trois jours durant sur la Lisaine, le général allemand avait senti le besoin, avant de songer à la poursuite de l'ennemi, de remettre de l'ordre dans son corps d'armée et d'assurer le ravitaillement en munitions et en vivres de ses troupes. Le 18 janvier, les positions avaient été occupées comme la veille et toute la journée avait été consacrée à observer la rive droite et à constater les préparatifs de départ de l'ennemi. Quelques troupes poussées en reconnaissance firent le coup de feu avec les postes français laissés sur la lisière des bois pour couvrir la retraite. L'artillerie allemande à Montbéliard, à Héricourt, à Chagey dirigea, à plusieurs reprises, un feu lent sur la rive opposée pour fouiller les bois et en presser l'évacuation, mais sur aucun point le défenseur ne tenta de passer le vallon avec des forces considérables. Les mouvements de troupes ordonnés pour reconstituer à Frahier la division badoise sous les ordres du général de Glümer et la IVe division de réserve à Héricourt ne furent pas davantage troublés par l'artillerie française. A l'extrême droite seulement, comme aussi à l'extrême gauche, sur la frontière suisse, des engagements plus sérieux avaient marqué la fin de la journée.

À l'aile droite, à Ronchamp, le colonel de Willisen avait l'ordre de chercher à se mettre en communication. par Vesoul, avec la cavalerie du général de Manteuffel. Les patrouilles ayant constaté que les deux villages de Recologne et de Clairegoutte étaient encore occupés par les troupes du XVIIIᵉ corps, le colonel de Willisen envoya contre ce dernier hameau trois compagnies d'infanterie.[1] L'expédition donna lieu à un combat d'infanterie très acharné. Les Badois ne purent s'emparer du village qu'à la nuit. Ils établirent à Clairegoutte leur cantonnement. tandis que les chasseurs prussiens, demeurés en réserve pendant le combat, rentraient à Ronchamp.

À l'aile gauche, le général de Debschitz avait reçu l'ordre, le 18 janvier au matin, de faire un mouvement offensif dans la direction du sud, afin d'inquiéter l'ennemi dans sa retraite. Il avait par conséquent disposé pour l'après-midi une attaque du plateau de Blamont par trois colonnes. Celle de droite, forte de trois compagnies, d'un escadron de uhlans et d'une batterie, quitta Exincourt à deux heures et demie et marcha sur Bondeval, flanquée à gauche par deux compagnies et deux pièces de canon qui, de Dasle, marchaient sur Seloncourt.[2] La colonne du centre, six compagnies, un peloton de uhlans et quatre pièces de canon, quitta à une heure et demie Vaudoncourt, marchant sur Hérimoncourt.[3] La colonne de gauche, cinq compagnies, un peloton de uhlans et quatre pièces de canon, quittait à une heure le village de Croix pour attaquer Abbévillers.[4]

---

[1] Du 6ᵉ rég. badois et une compagnie de chasseurs prussiens.

[2] Major Brinkmann, colonne principale : 3ᵉ et 4ᵉ compagnies Hirschberg, 3ᵉ compagnie Tilsitt, quatre pièces de la batterie Keineth ; flanqueurs de gauche : 2ᵉ et 3ᵉ compagnies Oels et deux pièces de la batterie Holtzhey.

[3] Major von Sothen : bataillon Liegnitz, 4ᵉ compagnie Jauer, 2ᵉ compagnie Hirschberg. quatre pièces de la batterie Holtzhey.

[4] Capitaine Schulenburg : 1ʳᵉ et 3ᵉ compagnies Striegau. trois compagnies Apenrade et quatre pièces de la batterie Hartmann.

La colonne de droite se heurta à Audincourt à l'ennemi qui tenait les hauteurs de la rive gauche. L'infanterie occupa le village, tandis que la batterie prenait position près du cimetière et ouvrait son feu contre les hauteurs. L'ennemi se replia vers trois heures. La 3e compagnie de Hirschberg et la batterie s'engagèrent alors dans le défilé qui conduit à Valentigney. Les mobilisés s'étaient retranchés dans le village situé sur la rive gauche d'où ils dirigeaient un feu violent sur la route suivie par l'ennemi sur la rive droite. Le pont sur le Doubs était détruit. L'infanterie allemande se jeta dans la fabrique de la rive droite, mais la batterie dut faire demi-tour sous les balles et regagner au galop l'entrée de la gorge. Elle se porta sur les hauteurs avec deux de ses pièces et de là ouvrit son feu sur Valentigney. Lorsque le gros de la colonne allemande qui marchait, par les mêmes hauteurs de la rive droite, sur Bondeval, eut en outre envoyé deux pelotons d'infanterie à la lisière ouest du bois situé en face de Valentigney et que cette troupe eut renforcé de son feu celui de la 3e compagnie installée dans la fabrique, l'ennemi commença à se retirer sur le bois du Vernois, au sud-ouest du village. La 3e compagnie demeura à la fabrique tandis que, par les hauteurs, le gros de la colonne continua sa marche sur Bondeval.

Pendant ce temps, la colonne de flanqueurs de gauche avait échangé quelques coups de fusil avec l'ennemi à Seloncourt et occupé ce village d'où elle se mit en route pour Bondeval. Sa marche fut retardée par les neiges amoncelées. Cependant, elle opéra sa jonction avec les troupes du major Brinkmann assez à temps pour prendre part à l'attaque du village.

Le major Brinkmann avait déployé la 4e compagnie de Hirschberg et gardé en réserve deux pelotons de la compagnie Tilsitt.[1] La batterie avait pris position à l'est de la route.

---

[1] La 3e était restée à Audincourt.

Le capitaine Kiesel, chef du détachement de gauche, déploya deux pelotons de chacune de ses compagnies et posta ses deux canons sur les collines, au nord du village. Le combat s'engagea vivement de part et d'autre. Les obus allemands allumèrent un incendie considérable. Une première attaque à la baïonnette délogea les mobiles de la lisière, mais il en fallut une deuxième pour les forcer dans la position de repli qu'ils avaient prise près de l'église. La nuit tombait comme les Français se décidèrent à rompre le combat et, après leur tenace résistance, à se retirer sur Blamont. En route, ils reçurent encore quelques projectiles de l'artillerie de la colonne du centre qui, sur ces entrefaites, avait gagné Roches et durent chercher momentanément un abri dans la ferme du Haut-du-Bois.

Le major Brinkmann qui avait perdu trente-quatre hommes, dont sept tués et les autres blessés, renonça à poursuivre l'ennemi. Pendant que ses troupes se reposaient dans le village — la nuit était venue — deux sentinelles, se prenant réciproquement pour des ennemis, échangèrent des coups de fusil, ce qui jeta l'alarme dans le reste de la troupe. Il en résulta une courte fusillade qui paraît avoir occasionné la mort de quelques hommes.[1]

Le major von Sothen, le chef de la colonne du centre, se heurta, à trois heures du soir, à quatre compagnies du corps franc des Vosges du colonel Bourras qui occupaient dans la vallée du Gland le village d'Hérimoncourt. Les 1re et 2e compagnies de Liegnitz et deux pièces de canon ouvrirent le feu. Après une résistance qui dura environ une demi-heure, les corps-francs se retirèrent par un sentier de montagne sur Tulay, poursuivis par le major von Sothen qui les refoula, de position en position, jusqu'à Roches et de là sur Blamont. Le combat ne prit fin qu'à cinq heures et demie du soir. Deux compagnies passèrent la nuit à Roches. Le reste

[1] VON DER WENGEN, p. 448.

de la colonne rétrograda sur Tulay. L'artillerie regagna Hérimoncourt où le général de Debschitz avait pris ses quartiers.

La colonne de gauche, sous les ordres du capitaine de
Schulenburg, avait quitté Croix à une heure pour attaquer
Abbévillers, défendu par six compagnies du colonel Bourras,
tandis que quatre autres compagnies du même corps tenaient
le hameau des Fourneaux, Meslières et Glay. Les deux compagnies de la landwehr de Striegau qui formaient l'avant-
garde attaquèrent Abbévillers de front et par les bois au
nord-ouest du village, soutenues par les quatre pièces du
capitaine Hartmann dont les obus incendièrent quelques
maisons. L'ennemi avait deux pièces de canon au sud du
village. Au moment où la compagnie qui traversait les bois
déboucha contre Abbévillers, le capitaine de Schulenburg en
fit avancer deux autres et donna le signal de l'attaque. Les
corps-francs, soigneusement et solidement retranchés dans
les maisons et derrière des barricades, résistèrent d'abord
avec opiniâtreté, puis se retirèrent sur les hauteurs au
sud où ils reprirent pied dans des tranchées-abris et rouvri-
rent leur feu. Le combat dura jusqu'à la nuit, avec des péri-
péties diverses et un retour offensif des corps-francs sur Abbévillers.[1] Le capitaine n'atteignit qu'entre minuit et une
heure du matin les deux villages de Meslières et Glay. Les
corps-francs se retirèrent par Pierrefont sur Villars-les-Bla-
mont d'où ils gagnèrent dans les journées suivantes Saint-
Hippolyte. On avait perdu, dans chaque camp, une cinquantaine de tués et de blessés durant ce long combat.

Le général de Debschitz avait donné ses ordres, dans la
soirée, pour que le mouvement fût poursuivi le lendemain,
19 janvier, sur Pont-de-Roide, Blamont et Villars-les-Bla-
mont, lorsque dans la nuit il fut avisé d'avoir à rentrer dans
les lignes d'investissement de Belfort. Il se mit en route immédiatement.

[1] ARDOUIN-DUMAZET. *Une année dans les neiges.*

Le 19 janvier au matin, le général de Werder recevait du commandant de l'armée du Sud la dépêche suivante, expédiée de Prauthoy la veille, à six heures du soir : « Je serai le 20 janvier avec mon gros à Gray et plus en avant, pour attaquer le flanc de l'ennemi en retraite et éventuellement m'opposer à sa marche. Je prie Votre Excellence de prendre l'offensive avec toutes les forces disponibles et de ne laisser en arrière que celles nécessaires pour le siège de Belfort, afin que nous puissions obtenir des résultats décisifs».[1]

Le général de Werder résolut alors de se mettre en marche, mais le lendemain seulement. Le XIVᵉ corps allait pivoter sur son aile gauche, autour de Montbéliard, et se rabattre sur la vallée du Doubs pour y refouler l'ennemi. La division badoise, sous les ordres du général de Glümer, marcherait sur Béverne ; la brigade von der Goltz, sur Saulnot ; la IVᵉ division de réserve, du major-général de Schmeling, sur Arcey. Chacun de ces corps devait former sa propre avant-garde, maintenir le contact avec l'ennemi sans s'engager à fond et ne pas dépasser l'étape qui lui était assignée. La brigade de landwehr du colonel de Zimmermann et le détachement de landwehr du major-général de Debschitz rentraient sous les ordres du lieutenant-général de Tresckow, commandant le siège de Belfort : la première, pour couvrir le front Montbéliard-Héricourt-Luze ; la deuxième, pour se maintenir sur la ligne Exincourt-frontière suisse. Les gros trains étaient dirigés sur Champagney; les colonnes de munitions, sur Banvillard et Héricourt. L'ordre installait un magasin à Frahier et un lazareth à Montbéliard. Ces dispositions étaient déjà prises lorsque survint une dépêche de Versailles ordonnant au général de ne laisser devant Belfort que le détachement du général de Debschitz. Le colonel de Zimmermann fut par conséquent avisé d'avoir à suivre le mouvement de l'armée. En outre, une deuxième dépêche de

---

[1] Von der Wengen. p. 455.

Prauthoy invitait le général à « maintenir le plus possible l'ennemi », afin de permettre à l'armée du Sud d'opérer sur le flanc des colonnes en retraite et à faire savoir au général en chef sur quelle rive du Doubs le général Bourbaki opérait.

Quoique ces ordres fussent pressants, le XIVe corps ne poussa la poursuite que mollement dans la journée du 19. Ses avant-gardes n'allèrent pas plus loin que Sainte-Marie, Champey, Lyoffans, Vouhenans et Lure. Dans les deux journées suivantes, les 20 et 21 janvier, il exécuta le mouvement de conversion autour de son aile gauche et atteignit : la IVe division de réserve, Étrappe, Marvelise et Courchaton, l'aile gauche appuyée au Doubs ; la brigade combinée von der Goltz, Abbénans et Melecey ; la division badoise, Cubrial et Cubry, avec le gros à Villersexel et Athésans, l'aile droite à l'Ognon. Une brigade de cette division suivait la route de Lure. Le colonel de Willisen poussait jusqu'à Noroy-le-Bourg. Puis, le 22 janvier, le général de Werder ordonna un jour de repos et établit son quartier à Villersexel.

Le XIVe corps avait eu cependant à plusieurs reprises, pendant ces quatre journées, des engagements avec les arrière-gardes de l'armée française, en particulier à l'aile droite où le colonel de Willisen eut à combattre à Villers la-Ville, à Marat, à Esprels les troupes de la division Cremer qui, couvrant la retraite, résistait bravement et avec ténacité partout où cela lui était possible. Mais l'armée française avait pris une forte avance et comme le XIVe corps avait marché lentement, entre le Doubs et l'Ognon le contact avait été perdu. Ne rencontrant nulle part des forces ennemies d'un effectif quelque peu considérable, le général en avait conclu que le gros de l'ennemi se retirait sur Besançon par la rive gauche du Doubs. Il avait instruit dans ce sens son chef et résolu de passer, lui aussi, le fleuve, tandis que la cavalerie du colonel de Willisen chercherait, par Vellefaux, la communication avec le VIIe corps. Le 22 au soir, cependant, le général recevait de son chef de nouveaux ordres datés de Gray : « Je me propose, disait le général de Manteuffel, avec la partie de mon armée qui est ici, de barrer le chemin à l'ennemi que je présume en retraite de Besançon sur Lyon, pour lui couper le plus tôt possible ses communications avec cette ville, pendant que Votre Excellence, prenant l'offensive, retiendra les arrière-gardes ennemies et retardera ainsi la marche du gros des forces françaises. On ne voit pas encore clairement si celles-ci sont sur la rive droite du Doubs ou sur la rive gauche, mais je suis porté à croire que ce dernier cas est le plus probable, parce que de mon aile gauche (VIIe corps) ne m'est encore parvenu aucun rapport sur une rencontre avec l'ennemi, tandis que les avant-gardes du IIe corps, poussées vers le sud, ont eu hier, près de Pesmes, un engagement avec des mobiles et des francs-tireurs[1] qui ont voulu leur disputer le passage de l'Ognon... Je ne puis me rendre assez compte de l'état des choses de votre côté pour vous envoyer déjà des ordres directs, mais je compte que Votre Excellence mettra à l'ennemi l'épée dans les reins, le suivra dans la direction prise par le gros de ses forces, que votre aile droite cherchera à se rallier avec mon aile gauche qui aura le même soin et que vous m'enverrez fréquemment des nouvelles. Je prie Votre Excellence, dès que la situation le permettra, de diriger vers moi, à marches forcées, par Pesmes, le détachement du colonel de Willisen, au moins sa cavalerie et son artillerie. car j'en ai un urgent besoin pour agir sur les communications de l'ennemi. De la position Pesmes-Marnay-Dampierre-Dôle qu'occuperont mes troupes et mes avant-gardes le 21 et qui m'assure la possession des débouchés sur l'Ognon et le Doubs, je pousserai des reconnaissances vers la route de Lons-le-Saunier qui est la ligne la plus courte entre Belfort

---

[1] Ces troupes étaient au colonel Bombonnel et ne faisaient pas partie de l'armée de l'Est.

et Lyon et leur résultat sera décisif pour mes résolutions ultérieures».

Au reçu de cette dépêche, le général de Werder ordonnait pour le 23 janvier : à la IVᵉ division de réserve et au
détachement von der Goltz de passer le Doubs à Baume-
les-Dames, tandis que la division badoise chercherait la
jonction avec le VIIᵉ corps par Rioz et que la cavalerie du
colonel de Willisen prendrait la route de Pesmes.

Le général Bourbaki avait donc réussi à se soustraire au
contact de l'ennemi pendant sa marche entre Ognon et
Doubs, mais pas assez cependant pour que l'ennemi ne se
rendît pas compte de l'état de délabrement dans lequel l'armée était tombée. Les avant-gardes du XIVᵉ corps avaient ra-
massé des traînards par centaines et fait, en divers lieux.
de nombreux prisonniers dont les propos dénotaient une
démoralisation profonde. Les routes par où les troupes françaises avaient passé et les villages où elles avaient séjourné
la nuit étaient jonchés d'armes et d'effets d'équipement, de
voitures de guerre et de chars de bagages abandonnés et de
cadavres de chevaux. Dans les villages comme dans les fermes, on avait trouvé des blessés en détresse, des malades
du typhus, de la petite vérole et de la dyssenterie laissés
sans soins.[1]

Dans l'état-major du général Bourbaki, on se rendait fort
bien compte de cet état de choses.[2] « Cette armée, dit le
colonel Leperche, qui ne possédait que des cadres improvisés, des officiers et des sous-officiers de nouvelle création.
pas d'anciens soldats; cette armée qui manquait des éléments de l'instruction et de l'éducation militaires; cette armée, approvisionnée dans des conditions déplorables, était
à peine pourvue de chaussures, à peine habillée, à peine

---

[1] Von der Wengen. p. 496.
[2] Enquête. T. III, p. 397.

équipée; elle n'avait pas cessé, pendant le mois de décembre 1870 et de janvier 1871, de marcher par un froid excessif, réellement exceptionnel, au milieu de la neige, sur des routes couvertes de verglas. » — « Nous avions demandé des fers à crampons et des clous à glace, dit le général Bourbaki;[1] on ne nous avait envoyé que des clous ordinaires. Les chevaux d'artillerie tombaient tous les quatre pas; il fallait les relever, ils retombaient; on les relevait, ils retombaient encore; et cela durait toute la journée... Avec les meilleurs moyens de transport, réquisitionnés dans le pays, on fait sur ces routes une lieue par heure; avec le verglas, on employait trois heures, quelquefois quatre pour le même trajet. Puis, l'encombrement se produisait en tête des convois: les chevaux mouraient de fatigue dans les brancards même de la voiture à laquelle ils étaient attelés... Cela se passait avec un froid de quinze degrés en moyenne... L'armée est restée soixante-deux jours dans la neige, le verglas, la glace. L'armée de l'empereur Napoléon Ier — soit dit sans comparaison, bien entendu — n'a mis que soixante jours pour se fondre dans de telles conditions en 1812. »

On avait cependant atteint le Doubs et les environs de Besançon le 22 janvier, après cinq journées de route, mais au prix de quels efforts et de quelles souffrances! «L'armée, qui dans sa marche sur Belfort avait déjà l'air d'une multitude en déroute, dit M. Beauquier,[2] offrait au retour le plus navrant spectacle. Les soldats, épuisés par le froid et le manque de nourriture, se traînaient à la débandade, sans ordre, sans discipline, brûlant tout ce qu'ils trouvaient pour se réchauffer et traitant les villages sur leur passage presque en pays conquis. Une trentaine de wagons de vivres et d'objets d'équipement furent pillés devant le remblai de Saint-

[1] ENQUÊTE. T. III, p. 352.
[2] CH. BEAUQUIER, sous-préfet de la Défense nationale à Pontarlier. *Les dernières campagnes dans l'est*, p. 159.

Ferjeux, sous les murs de Besançon. Des provisions de sucre, des caisses pleines de biscuit, des habits et des pantalons,
pris dans les voitures, servaient à alimenter le feu de ces
malheureux qui mouraient de froid. On vit des soldats placer des pains de sucre sur deux pierres, les faire flamber
et s'en chauffer comme de bûches de bois. La nouvelle de
cette retraite, lorsqu'elle fut connue dans la Franche-Comté,
excita la plus douloureuse surprise. On croyait, grâce aux
bulletins triomphants du gouvernement de Bordeaux, que
l'armée de l'Est poursuivait victorieuse sa marche en avant.
Lorsqu'on la vit revenir à Besançon harassée, démoralisée,
en désordre, elle dont on avait salué le départ avec tant
d'espérance, ce fut partout un découragement profond. On
comprit que c'était la fin, que la prolongation de la lutte
était impossible. La plupart des maisons de la ville conver-
ties en ambulances, les hôpitaux, les couvents regorgeaient,
non pas de blessés, mais d'hommes malades de la petite
vérole, de la poitrine et surtout de misère, de froid et de
privations. Les trois quarts de ces malheureux avaient les
pieds gelés. La cavalerie n'était pas dans un meilleur état :
les chevaux morts remplissaient les fossés et couvraient les
places de la ville. Les soldats, par cette température d'une
rigueur exceptionnelle, les vêtements en loques, sans souliers, erraient aux environs, s'entassant dans les maisons
de campagne où ils trouvaient du feu, un peu de nourriture
et un abri, mais où les soins médicaux leur manquaient
totalement. Ils se réfugiaient par centaines dans les salles
d'attente de la gare pour y passer la nuit et le matin on enlevait les cadavres de ceux qui avaient succombé à l'excès
de leurs souffrances.»[1]

Cet état de décomposition de la Ire armée explique suffisamment que le général Bourbaki ait voulu ménager à ses

[1] Au départ pour Pontarlier, l'armée de l'Est laissa 12 à
14,000 malades à Besançon. ENQUÊTE. Déposition de M. le général Rolland. T. III, p. 458.

troupes un repos de quelques jours, mais il n'explique
pas qu'on n'ait pas employé la cavalerie et le chemin de
fer pour couvrir cette halte en jetant rapidement des troupes sur l'Ognon et sur Dôle. L'avance qu'on avait prise sur
la poursuite si lente du général de Werder allait être perdue
faute de précautions contre la marche du général de Manteuffel qui, elle, avait été très rapide. Le 23 janvier, quand
le général Bourbaki arrivait à Besançon, ses communications
avec Lyon étaient déjà coupées.

Il était sans doute fort difficile à un officier général d'exercer activement et avec vigilance le commandement d'une armée où tous les liens de la discipline étaient relâchés jusque
dans les états-majors, mais il semble qu'au quartier-général
régnât aussi une incertitude persistante sur le parti à prendre.
Le 20 janvier, comme il donnait ses ordres à l'intendant de
l'armée pour le ravitaillement, le général ne savait pas lui-
même où ses pas le dirigeraient. « L'armée, disait-il,
appuyera demain sa droite à Baume-les-Dames où je maintiendrai mon quartier-général, sa gauche à l'Ognon vers Mon-
cey ; la réserve générale se tiendra en arrière de la gauche
vers l'Ognon. Je me maintiendrai dans ces positions jusqu'à ce que le ministre ait arrêté les opérations ultérieures.
Venez à Baume, je serai peut-être en mesure de vous
faire connaître ses intentions. »[1] On était cependant d'accord sur ce point que l'armée devait être transportée à
destination de Nevers et, cela étant, la première préoccupation devait être de couvrir la voie ferrée. Les derniers arrangements pour l'embarquement étaient définitivement con-
certés le lendemain entre le quartier-général et Bordeaux,
lorsque dans la soirée on apprit à l'état-major l'occupation
de Dôle par l'ennemi.

L'avant-garde du II⁰ corps allemand avait passé la
Saône à Gray le 19 et l'Ognon, à Pesmes,[2] le 20, refoulant

---

[1] *Le général Bourbaki,* p. 293.

[2] L'ordre donné le 18 janvier au commandant de la place

les francs-tireurs du colonel Bombonnel qui lui résis-
taient de leur mieux.[1] Elle s'était présentée le 21 à midi
devant Dôle, sous les ordres du général de Koblinski.
Aussitôt le tocsin se mit à sonner et on battit le rappel dans
les rues. Les francs-tireurs reprirent leurs armes, tandis
que deux cent cinquante à trois cents gardes-nationaux
accouraient par petits groupes pour concourir à la défense.
« Il fallut enfoncer les portes d'un hangar pour prendre des
fusils à piston qui y avaient été déposés ; chacun, sans avoir
le temps de choisir, s'empara de ce qui lui tomba sous la
main et se procura comme il put de la poudre. Ce fut dans
ce triste attirail que cette poignée de combattants se porta
bravement au devant des Prussiens, sans s'inquiéter du
nombre. S'abritant comme ils pouvaient derrière les maisons
du faubourg et la tranchée du chemin de fer, ils engagèrent
la fusillade avec les troupes du général Koblinski.[2] Vers
quatre heures, voyant que l'ennemi allait les envelopper,
les trois cents braves, après avoir perdu une dizaine d'hommes, rentraient dans la ville où bientôt les Prussiens se pré-
cipitaient sur leurs pas. »[3] Le général de Koblinski traversa

---

d'Auxonne de faire sauter le pont de Pesmes n'avait pas été
exécuté, pas plus que la destruction du pont de Gray dont le
soin incombait à la place de Besançon.

[1] Prévenu, dès le 15 janvier, de la marche du colonel de Manteuffel, le colonel Bombonnel avait demandé à plusieurs reprises à Dijon qu'on lui envoyât des renforts. Sur le refus de
l'état-major de l'armée des Vosges de lui en fournir, sous le
prétexte que la ville elle-même était menacée, le colonel Bombonnel avait quitté le pont de la Saône pour se retirer sur Dôle.

[2] Le 2e régiment de grenadiers et deux batteries. — Von Wartensleben.

[3] Ch. Beauquier. *Les dernières campagnes dans l'est*, p. 172.
— « Il se trouva dans la ville, dit M. Beauquier, un certain
nombre de notables pour reprocher amèrement aux patriotes
qui s'étaient battus d'avoir inutilement exposé les citoyens aux
rigueurs de l'ennemi. Nous citons ce fait parce qu'il s'est à peu
près invariablement produit dans toutes les circonstances analogues. »

aussitôt le pont sur le Doubs qu'il ne fut pas peu surpris de trouver intact,[1] et poussa ses avant-postes sur la rive gauche, menaçant directement la gare importante de Mouchard. A la gare de Dôle, deux cent trente wagons de vivres, de fourrages et de vêtements tombèrent entre les mains de l'ennemi. Le chef de la gare avait en vain demandé à Besançon des directions pour l'évacuation de ce précieux matériel. Des ordres et des contre-ordres successifs l'empêchèrent de l'opérer en temps utile. Il ne put sauver qu'une faible partie de cet énorme dépôt laissé sans protection à proximité immédiate de l'ennemi.

Le même jour, le VIIe corps avait abordé l'Ognon à Marnay, Pin et Étuz. Conformément aux ordres qu'il avait reçus de l'état-major de l'armée de l'Est, le général Rolland avait fait occuper ces points de passage par des mobilisés détachés de la garnison, à ce moment très faible, de Besançon.[2] Les mobiles firent bravement le coup de feu, en particulier à Marnay où les mobilisés de la Haute-Saône perdirent en peu de temps cent quarante-sept hommes. Ils durent céder devant la supériorité numérique et l'artillerie de l'ennemi et se retirèrent sur Besançon après avoir fait sauter les ponts. Opérée à la hâte, sous le feu des troupes allemandes, la destruction ne fut pas assez complète pour que l'ennemi ne pût

---

[1] L'ordre du général Bourbaki du 18 janvier au général Rolland, concernant les mesures à prendre pour la protection du flanc gauche de l'armée, ne portait pas la rupture des ponts sur le Doubs.

[2] Quelques jours auparavant, entre le 15 et le 17, le ministère avait envoyé à Besançon neuf bataillons de mobilisés de l'Hérault, de Vaucluse et de la Drôme pour remplacer les troupes fournies par la place à la division Daries du XVe corps. Ces troupes, environ 10 000 hommes, bien vêtus et équipés, étaient armés de fusils Enfield. Il n'y avait pas à Besançon de cartouches pour ce modèle. Le général Rolland eut la prudence d'évacuer ces hommes inutiles et encombrants sur Bourg, avant l'interception des routes par l'armée du Sud. — ENQUÊTE. T. II, p. 258.

les rétablir dans la journée et pousser ses patrouilles dans la direction du Doubs et de la route Besançon-Dôle.

Le général Bourbaki apprit l'occupation de Dôle dans la soirée du 21 janvier. A onze heures cinquante minutes, il télégraphiait au ministre qu'il était obligé de hâter son mouvement sur Besançon ; que s'il trouvait une bonne occasion, il attaquerait l'ennemi, mais qu'au cas où il ne s'estimerait pas en force, il se tiendrait sur la défensive. en passant sur la rive gauche du Doubs, afin de ne pas combattre, dans des conditions douteuses, une rivière à dos. « Le XXIVe corps, ajoutait la dépêche, occupe Clerval, Blamont, Pont-de-Roide, la route de Clerval à Pont-de-Roide ; une division du XVe corps occupera demain Baume-les-Dames ; le reste de ce corps, ainsi que le XXe, le XVIIIe, la division Cremer et la réserve générale occuperont les positions depuis Roulans jusqu'à Luzans et de ce point jusqu'à Pouligney. J'établirai mon quartier-général à Roche. Si l'ennemi se trouvait en force, il ne serait plus possible d'exécuter le mouvement en chemin de fer dont nous sommes convenus, à moins de passer par Bourg et Mâcon. »[1] « J'envoie ce soir même, par chemin de fer, du monde à Mouchard, » disait en terminant le général.

On constatait enfin le péril. Mouchard, sur la rive gauche de la Loue, situé à la bifurcation des deux lignes Besançon-Mouchard-Pontarlier et Besançon-Mouchard-Lons-le-Saunier et au carrefour des trois routes Besançon-Arbois, Besançon-Champagnole et Besançon-Salins, les dernières qui restassent encore à l'armée de l'Est, était un point capital à garder. Il n'y avait plus de temps à perdre. Le général désigna la Ire division du XVe corps, général Dastugue. Le transport de la Ire brigade[2] par le chemin de fer commença

---

[1] *Le général Bourbaki*, p. 298.
[2] Général Minot : 1er régiment de marche de zouaves, 12e régiment de mobilisés de la Nièvre, un bataillon de mobilisés de la Savoie et le 18e régiment de mobilisés de la Charente.

à la gare de Baume-les-Dames dans la nuit. Le débarquement se fit à la gare de Byans, à une vingtaine de kilomètres de Mouchard, quoique jusqu'à cette station la voie fût encore libre. Le premier train arriva à Byans le 22 janvier, à six heures du matin, portant un millier d'hommes. Un deuxième train arriva à neuf heures et demie. Cinq autres trains, tous d'un millier d'hommes chacun, se succédèrent dans la journée. Le dernier arriva en gare de Byans, le 23, à une heure du matin. Environ 5000 hommes avaient donc été transportés le soir du 22. La brigade Questel de la division Dastugue devait suivre immédiatement. L'ennemi n'était pas encore en vue. On était arrivé à temps soit pour exécuter l'ordre du général en chef en marchant sur Mouchard, soit pour occuper, sur les deux rives de la Loue, des positions couvrant la section de voie ferrée Besançon-Arc et Senans. Sous la protection de cette occupation, l'armée pouvait encore effectuer sa retraite par le plateau de Champagnole.

On n'alla pas à Mouchard et on ne s'installa pas à Quingey. Il ne semble même pas que le commandant de la division s'y soit immédiatement rendu avec ses premières troupes. Le lieutenant-colonel Reynaud, chargé par le commandant du XVIIIe corps d'un service spécial d'exploration et de renseignements et qui, en cette qualité, avait, pendant toute la journée du 21 janvier, observé les têtes de colonne et les éclaireurs ennemis aux différents passages du Doubs, ne trouva, le 21 au soir, à Quingey, quand il y arriva la tête pleine de nouvelles alarmantes que le général Minot commandant la Ire brigade. Le colonel et son escorte de cavaliers étaient entrés dans Quingey sans avoir été arrêtés nulle part. Aucun poste extérieur n'avait été placé. Il en avisa le général. — « Je suis arrivé ici dans la matinée, lui répondit celui-ci ; ma brigade ne m'a pas suivi ; mes hommes sont fatigués et ne comprenant rien à notre retraite, ils ne veulent plus se battre. Après l'arrivée, j'ai ordonné un appel, il n'y avait que 96 hommes ; depuis, des traînards ont rejoint

et j'ai peut-être deux cents hommes, desquels j'ai envoyé
un poste de soixante hommes dans la forêt (de Chaux),
commandés par un lieutenant de zouaves. Du reste, je vous
le répète, mes hommes, se voyant encore tournés et ne comprenant rien à notre retraite, disent qu'ils sont trahis et ne
veulent plus se battre. » A la demande du colonel si le général
en chef était prévenu : « J'ai envoyé une ou deux dépêches,
mais la gare est si loin et nos hommes sont si fatigués,
répondit le général Minot. »[1] Le lieutenant-colonel Reynaud
envoya à Besançon un de ses hommes à lui.

Le débarquement des troupes à la gare de Byans n'avait
pas été surveillé. Dans la matinée, un certain nombre
d'hommes, abandonnés à eux-mêmes, avaient profité du passage d'un train de matériel à destination de Lyon pour y
monter. Les autres s'étaient rendus à Quingey à volonté.
Toutes les maisons aux environs de la gare et tous les four-
rés sur la route étaient pleins de soldats isolés.[2]

Dans la journée du 22 janvier, l'avant-garde de la XIIIe
division, lieutenant-général von Bothmer, occupait Saint-Vit
sur la voie ferrée Besançon-Dôle et y capturait treize wagons d'avoine. Après avoir détruit le chemin de fer, elle occupa aussi, peu après, la gare de Dampierre. Les ponts sur le
Doubs à Fraisans, Rans et Orchamps furent trouvés intacts, ce
qui était d'autant plus propice aux projets du général que les
pontons du VIIe corps, acheminés de Châtillon-sur-Seine
sur Épinal avec les gros trains, n'avaient pas encore rejoint
et que le matériel dont la division disposait ne suffisait pas à
ponter la rivière, en sorte qu'on s'était déjà enquis auprès
du IIe corps pour lui demander du renfort. Dès le 23 au

---

[1] La gare de Byans est à trois kilomètres de Quingey, mais le
télégraphe ne fonctionnait plus. Le général avait deux à trois
escadrons de cuirassiers à Quingey. Besançon est à seize kilomètres et la route était libre.

[2] ENQUÊTE. Rapport de M. le lieutenant-colonel Reynaud T.
II, p. 231 et suivantes.

matin, l'avant-garde avait repris sa route à travers la forêt
de Chaux. A six heures et demie du matin, elle avait une
batterie en position contre la gare de Byans lorsqu'arriva de
Besançon un long train qui évacuait sur Bourg et Lyon des
malades et des blessés. « Il fut reçu à coups de canon ; les
deux locomotives abandonnèrent le train pour se sauver plus
vite ; sept cents malheureux restèrent exposés sans défense
aux coups de l'ennemi. Les plus valides purent en partie se
sauver dans les caves des maisons avoisinant la gare, mais
le carnage fut hideux. Heureusement une compagnie de
zouaves, arrivée par le dernier train précédent, protégea par
ses feux la fuite d'une partie des malades ; tout ce qui
était échappé du train et tous les traînards coururent vers
Quingey, semant partout la peur et l'épouvante. »[1] Dans
la journée, après quelques coups de feu échangés, Quingey fut occupé par les Allemands. Un bataillon y passa la
nuit du 23 au 24, tandis que le gros de la division occupait Byans et Abbans et faisait sauter le pont du chemin
de fer sur le Doubs à Osselle.

La journée du 23 janvier et la nuit du 23 au 24 devaient
être funestes à l'armée de l'Est sur d'autres points encore.

Le général Bourbaki avait donné pour le 23 les ordres
suivants : « La IIIᵉ division du XVᵉ corps continuera à occuper Baume-les-Dames. La IIᵉ division de ce corps passera
sur la rive gauche du Doubs, les bagages et l'artillerie iront
prendre la route de Quingey. L'infanterie, après avoir passé
le Doubs à Chalèze, suivant le bord de la rivière jusqu'à
More, s'élèvera sur le plateau en suivant la route de Pontarlier, passera par la Vèze, Fontaine-Pugey, pour occuper les
villages de Larnod, Avency et Avanne. Si le mouvement
s'arrête à Larnod et à Avanne, le général commandant le
XVᵉ corps donnera à l'armée et aux bagages les instruc-

_____

[1] ENQUÊTE. Rapport de M. le lieutenant-colonel Reynaud.
T. II, p. 237.

tions. » Le XVᵉ corps devait donc occuper la rive gauche du
Doubs en aval de Besançon, en prolongeant, front à l'ouest,
l'aile droite de sa Iʳᵉ division qu'on supposait en position à
Quingey. La cavalerie du corps devait pousser jusqu'à Tho-
raise et Torpes et « s'assurer de l'état des ponts du Doubs.»
Quant aux autres corps, ils devaient s'établir : le XVIIIᵉ et
la division Cremer, à Frasnois, Serre et Pouilley-les-Vignes ;
le XXᵉ, à Miserey, avec son aile droite à Geneuille : la réserve générale, en seconde ligne, à Saint-Ferjeux. Ils demeuraient ainsi sur la rive droite, front à l'ouest, prolongeant au nord les positions du XVᵉ et couvrant Besançon
entre Doubs et Ognon. Le XXIVᵉ avait des instructions
spéciales. Le quartier-général était transféré à Besançon.

La division Cremer, qui avait passé la nuit du 22 au 23 sur
les glacis de la place de Besançon, devait se porter le 23
plus à l'ouest, à Grand-Fontaine et Chenaudin, à cheval sur
la route de Dôle, avec l'ordre de fouiller et d'observer avec
le plus grand soin les bois que cette route traverse. La division Bonnet du XVIIIᵉ corps, dirigée sur Franois, devait appuyer le mouvement à droite. On supposait l'ennemi à Saint-
Vit. Lorsqu'à trois heures et demie du soir, les tirailleurs de
la brigade Caroll-Tevis pénétrèrent dans le bois de Dannemarie, ils y trouvèrent déjà l'ennemi. Le bataillon de la Vendée
et le 2ᵉ bataillon du 86ᵉ de mobiles rejetèrent vigoureusement l'infanterie allemande sur le village qui démasqua aussitôt une batterie. Le commandant Camps, chef de l'artillerie
de la division Cremer, fit alors aussi avancer une batterie
sur la crête de la colline, entre la route et la voie ferrée. Le
combat d'artillerie s'engagea aussitôt très vivement,[1] à 1600

---

[1] « Pour donner une idée de la précision des coups de l'ennemi, dit le commandant Camps, je citerai ce fait : Trois projectiles arrivent à une minute d'intervalle l'un de l'autre. Ils
rasent le sol. Le premier tombe à la tête des chevaux d'avant-
train de l'une des pièces, les chevaux sont tués. Le deuxième
arrive sur un des chevaux de derrière, le coupe en deux et
blesse grièvement son voisin : l'artificier était resté à son poste.

mètres. On s'occupait, à couvert du bois, à organiser l'attaque de l'infanterie contre Dannemarie et Velesmes lorsque,
sur ces entrefaites, le général Billot, attiré par le bruit de la
canonnade, arriva sur le lieu du combat. Dans la conversation qui s'établit entre le général Cremer et son chef, on reconnut « la nécessité de pousser vigoureusement les opérations, de manière à rejeter les troupes allemandes jusqu'au
delà de l'Ognon. pour arriver le lendemain à Auxonne, avec
le reste de l'armée. » Mais l'heure était avancée déjà et ne
permettait pas de livrer un assaut décisif avant la nuit.
D'autre part, la division Bonnet n'avait pas encore rejoint.
Le général Billot ordonna par conséquent qu'on remettrait
l'attaque au lendemain et qu'on profiterait de la nuit pour
élever des batteries le plus près possible de l'ennemi, en
même temps que la division Bonnet avancerait de façon à
pouvoir concourir à l'attaque au petit jour.

Dans la nuit — le génie et l'artillerie des deux divisions
travaillaient à la construction des batteries — des habitants
de Dannemarie et de Saint-Vit vinrent avertir le général
Cremer que « cinquante pièces de canon arrivaient renforcer
celles de Dannemarie et qu'un corps de vingt mille Prussiens
se massait à Saint-Vit. » Le général fit demander alors à
l'état-major l'autorisation d'enlever l'artillerie ennemie par
une attaque de nuit à la baïonnette : « En ce moment, mandait-il, les Prussiens établissent une batterie très forte à
Dannemarie, à 1800 mètres de moi. J'essaierai de l'enlever
cette nuit, si cela me paraît possible ou si vous ne m'envoyez
pas l'ordre de rentrer. » Le général Bourbaki, qui avait déjà
commandé au général Billot de se replier le lendemain
sur Saint-Claude et Beure, estima que la tentative du général Cremer, dans les termes où elle était proposée par cet

Le troisième obus traverse le coffre d'avant-train et emporte la
tête de ce brave canonnier. » La batterie Legoux perdit en cette
rencontre huit artilleurs et treize chevaux. *Le général Cremer*,
p. 81.

officier, avait peu de chance d'aboutir et, en tout état de cause, n'était pas susceptible de produire des résultats utiles pour les opérations subséquentes. Il répondit par deux mots à la demande qui lui était faite : « Comme mon intention est de passer sur la rive gauche du Doubs le plus tôt possible, je désire que vous vous rapprochiez de Besançon, ainsi que vous le prescrit mon ordre de mouvement en date de ce jour. »[1] Le général Cremer avait déjà formé une colonne de volontaires de deux mille hommes pour exécuter son projet lorsque la réponse du quartier-général l'obligea à y renoncer.[2]

Pendant que ces faits se passaient à l'aile gauche et au centre des positions de la Ire armée, des malentendus et des

---

[1] ENQUÊTE. T. II, p. 221.

[2] *Le général Cremer*, p. 82. — P. POULLET. *La campagne dans l'est*, p. 243.

« L'abandon de ces positions, dit M. de Freycinet *(La guerre en province*, p. 261), fit grand bruit dans l'armée et donna lieu aux interprétations les plus fâcheuses. On alla même jusqu'à prononcer un mot qui, devant la loyauté chevaleresque du général Bourbaki, était vide de sens. Mais la souffrance avait aigri les cœurs et les disposait à l'injustice. » — « On racontait, dans les rangs, qu'une partie de la division avait tourné l'ennemi et lui avait pris six canons à Saint-Vit. Il n'en était rien, mais on le crut et les bruits de trahison contre ceux qui avaient ordonné la retraite prirent plus de force encore. » ARDOUIN-DUMAZET. *Une armée dans les neiges*, p. 170.

On comprend cependant que le général Bourbaki n'ait pas donné au général Cremer l'autorisation que celui-ci sollicitait en termes si peu pressants. Il semble, puisqu'on ne craignait pas de se jeter, la nuit, à l'attaque de « cinquante pièces de canon » et de « vingt mille Prussiens » qu'il eût été préférable de persévérer la veille dans l'offensive si heureusement commencée contre Dannemarie, quand il n'y avait encore sur ce point qu'une batterie et un bataillon ennemis. L'avortement de l'opération contre Dannemarie, ordonnée comme devant être entreprise avec deux divisions, a été un des faits qui ont le plus contribué à décourager le général en chef et à le maintenir dans l'opinion qu'aucune offensive vigoureuse n'était plus possible dans la direction de Dijon.

défaillances plus manifestes encore se produisaient à l'aile droite.

De même qu'il avait chargé la division Dastugue d'occuper à son aile gauche le point important de Mouchard, de même le général en chef avait chargé le XXIVᵉ corps de couvrir le flanc droit de l'armée de Clerval à Pont-de-Roide et Blamont, par l'occupation des fortes positions du Lomont. Ici une fatale erreur allait annuler les précautions prises.

La chaîne du Lomont, qui ferme comme d'une muraille l'arc décrit par le Doubs en coulant de Pont-de-Roide à Baume-les-Dames, par Audincourt et l'Isle, s'étend de l'est à l'ouest sur plus de trente kilomètres. Elle est coupée à Pont-de-Roide, sur son centre, par le Doubs qui, en se frayant un passage au nord, y a pratiqué une profonde gorge. Le défilé de Pont-de-Roide, à l'est, la route Seloncourt-Blamont-Saint-Hippolyte, à l'ouest, et la route de Glainans sont les seuls passages importants qui la traversent.

Jusqu'à l'arrivée de l'armée, cette chaîne protectrice des plateaux de Pontarlier avait été occupée par des troupes détachées de la garnison de Besançon, mobilisés et corps-francs : les trois bataillons de mobiles du Doubs formant le 54ᵉ régiment, sous le lieutenant-colonel de Vezet ; les trois bataillons de mobiles des Vosges, des Hautes-Alpes et de la Haute-Saône que commandait le lieutenant-colonel Bousson et les corps-francs du colonel Bourras. Tous avaient déjà tenu tête à plusieurs reprises aux bataillons de landwehr du général de Debschitz. Cette occupation n'avait cependant pas paru suffisante au général en chef, qui l'avait renforcée du XXIVᵉ corps. Les positions de Blamont et du Lomont couvrant toute la retraite devaient absolument être conservées.

Le 19 janvier, le général de Bressolles avait reçu l'ordre de se diriger le lendemain sur Pont-de-Roide en passant sur la rive gauche du Doubs, par les ponts de l'Isle et Clerval. Le 23 à midi, il occupait le plateau de Blamont avec la IIᵉ division, général de Comagny,[1] tandis que les deux autres (Ire, général Daries et IIIe, général de Busserolle), avaient passé le Doubs pour s'établir entre Clerval et Pont-de-Roide. A deux heures du soir, le commandant du corps d'armée recevait du quartier-général la dépêche suivante : « Prenez vos dispositions pour vous porter avec votre corps d'armée sur Besançon, dès demain matin. Vous laisserez aux troupes ne faisant pas partie de votre corps et ayant déjà opéré sur la position de Blamont,[2] le soin de défendre votre position ainsi que Pont-de-Roide. Vous vous contenterez de faire garder momentanément par deux bataillons, chacun des ponts de Clerval et de Baume-les-Dames. Ces deux bataillons ne devraient se retirer que s'ils y étaient obligés ou s'ils en recevaient l'ordre, mais en ayant soin de détruire les ponts. »

Le général de Bressolles donna aussitôt ses ordres : à la division Daries, de laisser deux bataillons à Clerval et d'envoyer la 3e légion des mobilisés du Rhône sur Baume-les-Dames,[3] pour garder les ponts et de se diriger ensuite sur Besançon par la route de Vellevans et de Bouclans, de façon à atteindre sa destination le 26 janvier ; — à la division de Busserolle, de se rendre à Besançon par Glainans et Rendevillers, de façon à atteindre Besançon le 27. La division Comagny recevait les instructions suivantes : « La IIe division, partant de Pont-de-Roide et de Blamont le 24, et passant par Noirefontaine et Villers-sous-Dampjoux, ira coucher à Valonne. M. le général de Comagny laissera toutefois un régiment à Blamont et un à Pont-de-Roide jusqu'à l'arrivée dans ces deux villes des deux régiments commandés par MM. de Vezet et Bousson, qui ont l'ordre de s'y rendre demain dans la journée et d'y être arrivés à deux heures au plus tard. Dès qu'ils seront relevés, les régiments ainsi en

---

[1] Autre nom du général Thibaudin qui, prisonnier sur parole en Allemagne, s'était évadé et avait repris du service.

[2] Mobilisés et corps francs.

[3] POULLET. *La campagne de l'est*, p. 275 et 284.

arrière se mettront en route pour Valonne, mais pourront s'arrêter pour coucher à mi-chemin, si cela est nécessaire. » La division devait être le 27 à Besançon, en faisant étape à Rendevillers et Bouclans.

Le général de Bressolles envoya ensuite un officier d'ordonnance à l'état-major, le prévenir de l'exécution des ordres reçus. Arrivé à Besançon, cet officier apprit de la bouche du général Bourbaki qu'il y avait eu une erreur et que le XXIVᵉ corps aurait dû rester dans les positions qu'il occupait. Le lendemain 24 janvier, en effet, à dix heures du matin, le général de Bressolles recevait une nouvelle dépêche, datée « Besançon, 23 janvier, 10 heures 45 minutes » et conçue en ces termes : « Général division à capitaine gendarmerie Baume-les-Dames. Faites parvenir immédiatement par un gendarme à cheval au général Bressolles, à Pont-de-Roide la dépêche suivante du général Bourbaki : « Le 54ᵉ de marche mobile, qui est à trois bataillons, le bataillon des Vosges et celui des Hautes-Alpes, ont reçu des ordres du général commandant la VIIᵉ division, qui doivent être en cours d'exécution. Laissez la division Busserolle à Pont-de-Roide, occupant avec des détachements Clerval, Auteuil, Glainans, Dambelin, défendez les cols du Lomont, les défilés en arrière et revenez avec la division Daries et la division Comagny à Besançon. » Rendez-moi compte par le télégraphe immédiatement de la réception de cette dépêche, des mesures que vous avez prises pour la communication rapide au général Bressolles à Pont-de-Roide et de l'heure à laquelle vous pensez que la dépêche pourra lui parvenir. Général Rolland. » Bientôt après, une troisième dépêche, ainsi conçue, parvenait au général de Bressolles : « Général Bourbaki au général Bressolles, Sancey-le-Grand. faire suivre Maiche. Extrême urgence. J'apprends à l'instant que vous avez abandonné Pont-de-Roide et les positions du Lomont ; vous transgressez tous mes ordres ; réoccupez immédiatement Pont-de-Roide de votre personne et les positions du Lomont jusqu'à ce que l'ordre soit rétabli. Je vous ai prescrit d'occuper Pont-de-Roide, d'avoir un détachement sur la rive gauche de deux bataillons, pour que l'on ne puisse pas reconstruire les ponts. Vous deviez laisser une division bien établie pour ce service ; il est des plus importants et vous en êtes personnellement responsable. Si vous aviez à abandonner Pont-de-Roide, n'abandonnez à aucun prix les défilés du Lomont qui sont et doivent demeurer infranchissables à l'ennemi. Accusez-moi réception du présent ordre. »

Au reçu de ces nouvelles instructions qui contredisaient les premières, le général de Bressolles commanda aussitôt à la division de Busserolle de reprendre les défilés du Lomont et au général de Comagny de réoccuper Pont-de-Roide et Blamont.[1] Mais ni à l'aile gauche ni à l'aile droite les instructions données par le commandant du corps d'armée ne furent exécutées.

Le général de Werder avait repris, le 23 janvier, sa marche en avant. La IVe division de réserve passa le Doubs à l'Isle avec un détachement de six compagnies et un escadron. L'Isle n'était pas occupé mais le pont était détruit. On traversa la rivière au moyen d'une passerelle. Vers cinq heures du soir, les éclaireurs entraient en contact à Glainans et Lantenans avec les patrouilles de la division de Busserolle, mais sans qu'il y eût un combat proprement dit, quoique le divisionnaire eût fait prendre les armes à ses troupes. A Clerval, un bataillon du 25e régiment et une batterie se heurta au 63e régiment de marche de la division Daries. On échangea des coups de fusil, mais les Français cédèrent bientôt la rive droite après avoir fait sauter le pont. Le gros de la IVe division resta le 23 janvier aux environs de Soye.

La brigade von der Goltz marcha, par Cubrial et Cuze. sur Baume-les-Dames et prit vers le milieu du jour ses quartiers

---

[1] POULLET. La campagne dans l'est. p. 291.

à Mesandans, avec son avant-garde à Tournans et Vergranne. Les 2e et 3e bataillons du 34e régiment, un escadron et deux batteries, sous les ordres du colonel von Wahlert, poussèrent plus au sud sur Baume-les-Dames. A Autechaux, le colonel se heurta à l'arrière-garde de la division Peytavin du XVe corps, qui avait barricadé la route avec des blocs de rochers et occupé les hauteurs avec de l'infanterie et de l'artillerie.[1] Après un engagement qui dura jusque vers huit heures du soir, les Français se retirèrent sur Baume-les-Dames et le colonel von Wahlert prit ses cantonnements à Autechaux en employant le temps qui lui restait à déblayer la route.

Dans la nuit, le XVe corps évacua Baume-les-Dames pour se retirer sur Besançon, après quoi le chef de bataillon Mathieu fit sauter le pont. Le colonel Barthelemy, envoyé le 23 au soir, par le général Daries, pour occuper Baume-les-Dames avec la 3e légion des mobilisés du Rhône, commença par s'arrêter en route et quand il apprit le lendemain que la ville avait été évacuée et le pont détruit, il se crut autorisé à battre lui-même en retraite. En sorte que le général de Schmeling occupa la ville dans la matinée et donna les ordres nécessaires aux pontonniers pour rétablir le passage sur le fleuve.

A l'Isle et à Clerval, les passages restèrent également aux mains des troupes allemandes.

Pendant que ces faits se passaient devant l'aile gauche de la position du Lomont, le général de Debschitz avait marché dans la soirée du 23 janvier, en trois colonnes, d'Exincourt, Vaudoncourt et Croix, sur Blamont. Il était parti à six heures du soir, avec trois bataillons, un escadron et seize pièces de canon. L'ordre du général de Tresckow portait que Blamont fût occupé dans la nuit du 23 au 24, que le gé-

---

[1] Trois compagnies du 16e de ligne, une compagnie du 98e de marche, cinq compagnies de mobiles du Puy-de-Dôme et deux pièces de canon, sous les ordres du chef de bataillon Mathieu.

néral de Debschitz y restât le jour suivant et rentrât le 25
dans ses positions de l'avant-veille.

La colonne de droite, formée du bataillon de landwehr de
Lauban et de quatre pièces de canon, marcha par Audincourt
et Bondeval sur la ferme Haut-du-Bois qu'elle trouva occupée. Deux compagnies se déployèrent, entourèrent la ferme
et, après un léger engagement, repoussèrent les occupants,
en capturant environ deux cents prisonniers dont un officier.

La colonne du centre, avec laquelle marchait le général de
Debschitz, était composée du bataillon de Breslau, un escadron et huit pièces de canon, sous les ordres du capitaine
von Schmidt. Elle s'avança par Hérimoncourt sur Tulay, où
elle tomba dans un bivouac mal gardé. L'ennemi se retira
en toute hâte sur le village où il reprit pied, mais une attaque à la baïonnette, vivement menée, le délogea. Le bataillon de Breslau, poussant sa pointe, rejeta ensuite l'ennemi
jusqu'au midi de Roches. En occupant le village, le capitaine von Schmidt trouva dans les maisons un grand nombre de soldats dormant paisiblement dans des lits. Le bruit
de la fusillade ne les avait pas réveillés. Bientôt après, la colonne de droite opérait à Roches sa jonction. On avait fait à
l'ennemi quatre cents prisonniers, appartenant en majeure
partie aux 60ᵉ et 61ᵉ régiments de marche de la brigade du
général Irlande, division Comagny.

Il était deux heures du matin. Le général de Debschitz
allait donner ses ordres pour poursuivre la marche sur Blamont, lorsque de mauvaises nouvelles lui vinrent de sa colonne de gauche. Composée du bataillon de landwehr d'A-
penrade, d'un escadron et de quatre pièces de canon, sous
les ordres du capitaine comte de Schulenburg, celle-ci avait
marché par Abbévillers sur Glay. Elle allait aborder le village lorsque, dans la nuit noire, elle fut surprise par un feu
croisé violent, venant de la lisière des maisons et des hauteurs qui dominent l'étroit vallon du Gland. Le village était
occupé par une compagnie de la division Comagny ; les

hauteurs, par la 10ᵉ compagnie du corps-franc du colonel
Bourras. Le capitaine de Schulenburg tomba mort, frappé
d'une balle. Le premier lieutenant Zabeler, quoique grièvement blessé, tenta de lancer ses hommes à l'attaque du village, en faisant battre la charge à ses tambours, mais sous
les balles du défenseur, l'entreprise échoua. L'artillerie,
en colonne sur la route, ne pouvait entrer en action. On se
décida à rétrograder sur Croix. Le bataillon avait eu dix hommes tués, dont trois officiers et quarante-quatre blessés.

Craignant un mouvement offensif de l'ennemi sur son aile
gauche et sur la ligne Croix-Exincourt, si faiblement occupée, le général de Debschitz renonça à pousser plus avant
et reprit, dans la matinée du 24 janvier, le chemin par où il
était venu.

La division Comagny avait reçu l'ordre de laisser un
régiment à Blamont et un autre à Pont-de-Roide jusqu'au
moment où ces deux points seraient occupés par les mobilisés des lieutenants-colonels de Vezet et Bousson. Le lieutenant-colonel de Vezet allait se rendre à Blamont lorsque,
sur la nouvelle que la position était aux mains de l'ennemi
et que le général Comagny se repliait sur Saint-Hippolyte, il résolut de suivre la division. De Saint-Hippolyte, il
ramena sa troupe à Besançon. Quant au lieutenant-colonel
Bousson, quand il arriva dans la journée à Pont-de-Roide,
il n'y trouva plus personne. A deux heures vingt-cinq minutes, il télégraphiait au général Rolland : « L'armée est
partie au pas de course : elle fuit avec une célérité curieuse.
On a abandonné les corps sans vergogne. Les Prussiens ont
refait le pont de l'Isle à notre barbe. On m'a ordonné de
venir prendre position en avant de Pont-de-Roide, sur la
rive gauche. On ne m'a pas dit que Blamont était abandonné. Je suis arrivé après une marche de nuit dérobée à
l'ennemi. Tout le monde avait disparu. Je suis ici avec deux
bataillons, Prussiens devant, Prussiens derrière. J'avais
promis au général Bressolles de partir le dernier. Je tiens

parole. Je m'en irai par la montagne quand je serai reposé».

Le lieutenant-colonel Bousson ne fut pas troublé pendant sa halte. Blamont était libre. Le colonel y passa la journée, s'y ravitailla en vivres et en munitions abandonnées,[1] et ne se retira sur le Lomont que dans la journée du 25 janvier.

Ni Blamont, ni Pont-de-Roide ne furent réoccupés par les troupes françaises. Le général Comagny continua sa route en retraite sans s'inquiéter de l'ordre de son chef de faire demi-tour. Il eût pu cependant regagner sans difficulté ces deux points que les Allemands n'atteignirent que trois jours plus tard, le 27 janvier.

[1] ARDOUIN-DUMAZET : *Une armée dans les neiges*, p. 270.

# CHAPITRE XVII

## LES COMBATS DE DIJON

Quand, le 14 janvier, le général de Manteuffel s'était mis en route, il avait laissé à Noyers la VIII° brigade d'infanterie de la IV° division, major-général von Kettler, pour couvrir au sud la marche de ses colonnes et protéger la voie ferrée Chaumont-Nuits-Montereau.[1]

Le général von Kettler avait reçu, le 13 janvier, les instructions suivantes :

« Pendant que notre armée traversera les montagnes de la Côte-d'or, ou même après, il est possible que l'ennemi entreprenne du sud des pointes offensives contre notre flanc droit et nos communications. Elles peuvent partir, d'après les renseignements que nous possédons jusqu'à pré-

---

[1] Brigade von Kettler : 21° régiment de Poméranie, lieutenant-colonel de Lobenthal ; 61° régiment de Poméranie, lieutenant-colonel de Weyrach ; 1er et 2° escadrons du 2° régiment de dragons de Poméranie ; 5° batterie légère et 6° batterie lourde du II° corps d'armée, soit six bataillons, deux escadrons et deux batteries. Les compagnies 5 et 6 du 21° avaient été laissées à Montbard pour garder la voie ferrée et convoyer les trains du II° corps.

sent, aussi bien d'Autun où opère le corps de Garibaldi que des environs de Dijon où se trouvent des corps ennemis. Le major-général von Kettler a pour mission de parer à ces attaques autant que ses forces le permettront; ce qui n'exclut pas qu'il puisse faire lui-même des mouvements offensifs qui seront au contraire avantageux, suivant les circonstances. Il faudra en premier lieu avoir l'œil ouvert sur le corps de Garibaldi et s'assurer, autant que possible, des points qu'il occupe, de sa force et de ses mouvements. Le commandant en chef de l'armée aura soin, du reste, de donner à sa ligne d'étapes une direction telle à travers la Côte-d'Or, qu'elle soit couverte autant que possible aussi bien contre Langres que contre le sud. Mais le détachement du major-général von Kettler aura pour devoir essentiel de protéger le magasin de Châtillon-sur-Seine, ainsi que le chemin de fer de Châtillon-sur-Seine à Nuits-sous-Ravières. A cet effet, il se mettra en communication avec le 1er régiment de hussards attribué à l'inspection générale des étapes de la IIe armée et qui s'établira à Nuits afin de coopérer avec lui au besoin. Si, contre toute attente, le détachement était refoulé par des forces très supérieures, il chercherait d'abord à tenir à Châtillon-sur-Seine le plus longtemps possible, puis à rétrograder éventuellement le long du chemin de fer de Châtillon-sur-Seine à Blesmes (ligne de communications de la IIe armée), afin de se joindre aux troupes d'étapes et de garnison échelonnées le long de cette ligne et, renforcé par elles, de reprendre l'offensive et de rétablir la communication avec l'armée du Sud dans la région au nord de Langres.»

Conformément à ces ordres, le général von Kettler avait commencé, le 15 janvier, par bombarder Avallon où ses patrouilles avaient été attaquées par des combattants ne faisant partie d'aucune troupe régulière. Le 17, il était à Montbard. Les 18, 19 et 20, il s'était établi à Dampierre-en-Montagne, à Turcey et à Saint-Seine. Là, il avait reçu l'ordre du

général de Manteuffel d'attaquer le lendemain, 21 janvier, la
ville de Dijon, afin d'occuper la garnison de cette ville et de
l'empêcher de se jeter sur les lignes de communication de
l'armée du Sud.

La brigade se mit en route le **21** au matin, formée en trois
colonnes : par la route de Sombernon-Dijon, sous les ordres
du major de Kroseck, deux bataillons et un piquet de cavalerie;[1] au centre, sur la route Saint-Seine-Dijon, sous les
ordres du lieutenant-colonel de Weyrach, six compagnies
d'infanterie, une batterie et quelques cavaliers;[2] puis, sous
les ordres du colonel de Lobenthal, un deuxième détachement d'un bataillon d'infanterie, moins une compagnie de
garde aux bagages, et une batterie légère;[3] — à l'aile gauche enfin, route Is-sur-Tille-Dijon, le major de Conta avec
un bataillon de fusiliers et un escadron.[4] Le commandant de
la brigade marchait avec la colonne du centre.

Le général von Kettler allait se heurter à des forces numériquement très supérieures aux siennes. A part un détachement du colonel Lobbia, coupé du côté de Langres,
toute l'armée des Vosges était concentrée à Dijon. Encore
pendant le courant de janvier, elle avait reçu des renforts
considérables et comptait, le 20, veille de l'attaque, d'après
les états du général Bordone,[5] **24 à 25,000** hommes. A ce
chiffre, il faut ajouter 22,700 mobilisés sous les ordres du
général Pélissier. Il est vrai que ces dernières troupes étaient
incomplètement armées et équipées, mais uniquement destinées, d'après les ordres de M. de Freycinet, à fournir la

---

[1] Trois quarts du 2e escadron, 2e bataillon du 61e, 1er bataillon du 21e.

[2] Un quart du 2e escadron, 1er bataillon du 61e, 7e et 8e compagnies du 21e, 6e batterie.

[3] Bataillon de fusiliers du 21e, 5e batterie.

[4] Bataillon de fusiliers du 61e, 1er escadron. Ce bataillon escortait sur la route Chanceaux-Thil-Châtel une partie des trains du
IIe corps d'armée.

[5] BORDONE. *Récit officiel.* Comparez p. 327 et 412.

garde de la ville, elles étaient en mesure d'assurer une résistance sérieuse dans des positions défensives. Les abords
de Dijon avaient été fortifiés et armés d'environ quatre-
vingt-dix pièces de canon dont un certain nombre de gros
calibre.[1]

En débouchant sur la face ouest de la ville, la colonne
principale du général von Kettler allait se heurter à deux
collines escarpées, entre lesquelles passe la route et qui portent les villages de Talant, au sud. et de Fontaine-les-Dijon. au
nord. Elles avaient été armées d'artillerie de campagne de
gros calibre, commandant la route de Saint-Seine, les abords
de la ville au nord et la route de Langres. La route Sombernon-Dijon court au fond d'un étroit défilé, débouchant sur
les bâtiments de la gare. A Saint-Martin. on avait élevé un
retranchement assez considérable, relié par des tranchées-
abris, vers l'ouest, avec la Fillotte, vers l'est avec la lisière de
la ville et la Boudronnée. Les routes étaient barricadées et
des tranchées avaient été creusées le long de toute la lisière
septentrionale. Les maisons des faubourgs, les nombreux
murs et bâtiments qui s'élèvent aux abords de toute ville
de quelque importance offraient en outre au défenseur des
points d'appui et des abris nombreux et solides.[2] Le général
von Kettler ne connaissait d'ailleurs ni les dispositions défensives, ni les forces de l'ennemi qu'il allait attaquer. Il
avait en outre reçu l'ordre de prendre en considération le
fait que Dijon avait dans ses murs un certain nombre de

_____

[1] M. de Serres donne l'état suivant de l'artillerie garibaldienne : deux batteries de 4 (Charente-inférieure) six pièces ;
trois batteries de 4 (Charente-supérieure) six pièces : une batterie de montagne. six pièces : deux batteries de montagne, six
pièces ; deux batteries de montagne du XV⁰ corps, douze pièces ; une batterie de 12, 6 pièces. Total : quarante-deux pièces,
plus quelques-unes plus petites. faisant partie du matériel de
quelques corps-francs. — ENQUÊTE. T. III. p. 64.
[2] Rapport de l'état-major allemand. T. V. p. 1136. — WAR-
TENSLEBEN : _Die Operationen der Südarmee._

malades et de blessés du XIVᵉ corps, laissés en arrière par le général de Werder quand il avait précipitamment évacué la ville à la fin de décembre.

Garibaldi était avisé. Le 18 janvier, une dépêche de Sémur lui avait signalé la présence à Montbard « des 4 à 6000 Prussiens » qui avaient bombardé Avallon l'avant-veille au matin. Le 20 janvier, le général Bossack, stationné à Pâques, Val-de-Suzon et Étaules, lui avait annoncé la présence de l'ennemi à Bligny-le-Sec et Villecomte. Enfin, le 21 au matin, Menotti l'informait que les avant-postes de la 3ᵉ brigade étaient en contact avec l'ennemi dans la vallée de l'Ouche.

En sortant du village de Saint-Seine, la tête de la colonne allemande du centre se heurta à des patrouilles garibaldiennes qui furent rapidement dispersées. Mais comme l'avant-garde touchait la ferme de Changey, les batteries de Fontaine et de Talant ouvrirent leur feu. Le lieutenant-colonel de Weyrach déploya aussitôt, au nord et au sud de la route, quatre compagnies,[1] tandis que sa batterie prenait position sur un mamelon au sud de la chaussée. Puis, avec deux compagnies[2] dirigées sur son aile gauche, il enleva le village de Daix. Six compagnies étaient ainsi engagées quand le général von Kettler porta sa deuxième batterie à côté de la première et ordonna à l'infanterie d'attendre l'effet produit par les projectiles de l'artillerie avant de donner plus à fond.

Il était quatre heures de l'après-midi, lorsque les deux brigades Bossack et Menotti de l'armée des Vosges dessinèrent contre le village de Daix une attaque d'ensemble en cherchant à déborder l'aile gauche des Allemands. Pressé sur ce point, le général von Kettler y envoya la 10ᵉ compagnie du 21ᵉ. Elle rétablit le combat et, par un énergique mouve-

[1] 1, 2, 3 et 4 du 61ᵉ.
[2] 7 et 8 du 21ᵉ.

ment offensif, rejeta les Garibaldiens jusque derrière leurs retranchements.

Il ne restait plus à la colonne du centre, pour toute réserve, que deux compagnies du 21e. A ce moment, la nouvelle parvint au général von Kettler que le major de Kroseck, avec les deux bataillons de la colonne de droite, avait emporté le village de Plombières, vivement défendu par le 3e bataillon de la 4e légion des mobilisés de Saône-et-Loire qui perdit dans ce combat trois cent quatre-vingt-quatre hommes. Le major de Kroseck, Plombières enlevé, établit bientôt sa jonction avec la colonne du centre. Le général von Kettler concentre alors le feu de son artillerie sur Talant et, vers cinq heures et demie, ordonne l'attaque générale. Toute la ligne, renforcée par les deux compagnies (6e et 12e) de la réserve et les 6e et 7e compagnies du 61e à l'aile droite,[1] s'élance et refoule les lignes garibaldiennes jusqu'au pied de la colline. Quelques maisons tombent aux mains de l'assaillant, mais la position ennemie, couverte de masses considérables d'infanterie, est trop forte pour que trois bataillons puissent l'enlever. Le combat avait déjà été opiniâtre et sanglant. La brigade avait perdu 19 officiers et 322 hommes. Elle avait dû racheter par un feu intense son infériorité numérique. La munition manquait et on ne pouvait songer à ravitailler sous le feu. En outre, la nuit tombait et la troupe qui, dans les journées précédentes, avait exécuté de longues marches sur des routes difficiles était entrée au combat sans avoir pris aucune nourriture. Le général ordonna, à six heures du soir, la cessation du feu et disposa que les troupes passeraient la nuit sur les positions qu'elles occupaient, à proximité immédiate des lignes ennemies. Le 1er bataillon du 21e fut détaché à Hauteville pour couvrir le flanc gauche de la brigade. Il trouva le village occupé par

---

[1] La 8e compagnie désarmait, dans la vallée de l'Ouche, au pied des rochers du bois de la Combe-au-Diable, 7 officiers et 177 hommes de l'armée des Vosges.

des grand'gardes de la 3e légion des mobilisés de Saône-et-Loire et fut obligé, tard dans la soirée, de faire encore le coup de feu pour gagner ses cantonnements.

Au nord de Dijon, le bataillon du major de Conta s'était, lui aussi, sérieusement engagé. S'avançant d'Is-sur-Tille, il s'était heurté à Messigny et à Norges-la-Ville, d'abord à quelques compagnies de volontaires du génie, puis aux 6000 hommes de la brigade Ricciotti qui, le matin même, avait quitté Dijon et marché dans la direction de Langres. Le major de Conta avait attaqué Messigny avec deux compagnies, tandis qu'une autre occupait, à l'aile gauche, le bois de Norges et que la quatrième prenait position à Savigny-le-Sec avec mission de parer à l'éventualité d'un mouvement tournant de l'ennemi par Norges-la-Ville. Dans les vignes, les vergers et les jardins entourés de murs, la lutte avait été très vive. On s'était disputé le terrain pied à pied. Entre le bois de Norges et Asnières, la compagnie de l'aile gauche avait aussi vigoureusement attaqué lorsque, vers quatre heures du soir, la brigade Ricciotti avait inopinément reçu l'ordre de se replier sur Dijon et s'était, en effet, rapidement portée en arrière. Le major de Conta avait alors relevé ses blessés et s'était retiré sur Savigny-le-Sec où il passa la nuit sans avoir établi sa communication avec le gros de la brigade.

Ce fut la première journée des combats de Dijon. Le général von Kettler n'avait pas pu s'emparer de la ville, mais pour autant qu'elle consistait à retenir à Dijon l'armée des Vosges, sa mission avait réussi. Il avait attiré sur lui toute l'armée, l'avait occupée un jour entier, lui avait fait quatre cents prisonniers et l'avait laissée, le combat terminé, dans l'ignorance des forces dont il disposait.[1]

Les Garibaldiens firent le soir, dans Dijon, une entrée

---

[1] Le général Bordone parle de 17 à 18,000 hommes. *Récit officiel*, p. 329. — Le lieutenant Thiébaut parle de 16 à 17,000. *Ricciotti Garibaldi et la 4e brigade*.

triomphale. A la nuit close, Garibaldi et son chef d'état-major regagnèrent ensemble le quartier-général où les attendaient les félicitations du maire de la ville, du préfet et d'un certain nombre de notables. L'agitation était très grande dans l'état-major. « Dans la nuit du 21 au 22, écrit le général Bordone, la chambre à coucher de l'impératrice Eugénie, à la préfecture de Dijon, où l'architecte de la ville avait installé le chef d'état-major, présentait un curieux spectacle : pêle-mêle étaient couchés sur le tapis les officiers de l'état-major général qui n'étaient pas sur les routes, en train de patrouiller, et le général Bordone prenait un peu de repos sur le lit de Mᵐᵉ Bonaparte, en compagnie de son fils et de deux autres officiers, pendant que, dans la pièce précédente, on interrogeait quelques-uns des prisonniers...»[1]

Le général Bordone avait informé le ministère du « succès de la journée ». A six heures trente, il avait expédié à Bordeaux une dépêche en ces termes : « Combat commencé à huit heures du matin sur notre gauche a duré jusqu'à six heures du soir; ennemi abandonna ses positions après avoir eu plusieurs pièces démontées;... nos pertes sont sérieuses; celles de l'ennemi très considérables ». A dix heures quarante, le même soir, M. de Freycinet répondait : « Votre dépêche me réconcilie avec vous : j'avoue que je commençais à perdre confiance. Mais enfin je retrouve la brave armée de Garibaldi et son habile chef d'état-major. Général Bordone, vous pouvez nous rendre de grands services; suivez vos inspirations naturelles et vous vous en féliciterez vous-même plus tard...»

Le 22 janvier était un dimanche. Le général von Kettler décida de laisser reposer ses hommes. La nuit n'avait pas été troublée et la garnison de Dijon ne paraissait pas dispo-

[1] BORDONE. *Récit officiel*. p. 331.

sée à engager à nouveau le combat si on ne l'y provoquait pas. Sous la protection des grand'gardes, le général fit prendre, à Darois et à Messigny, des cantonnements serrés à ses troupes. L'ennemi tira quelques coups de canon sur les compagnies qui, pour gagner leurs logements, quittaient les positions où elles avaient passé la nuit. Quelques attaques partielles d'infanterie furent repoussées sans amener aucun engagement sérieux.[1] La journée en somme fut calme. L'arrivée du train de combat permit de remplir à nouveau les gibernes.

Dans cette même journée du 22, on avait appris, à l'état-major garibaldien, la mort du général Bossack, tué la veille pendant qu'il explorait avec quelques cavaliers d'escorte la route du Val-de-Suzon. On l'avait cru d'abord blessé

---

[1] Pertes allemandes le 22 janvier : 1 officier et 40 hommes tués, blessés ou disparus. Rapport de l'état-major, supplément CLXXI.

À lire les écrits des officiers garibaldiens, il semble que cette journée du 22 ait été, elle aussi, marquée par de sanglantes rencontres. Le lieutenant Thiébaut parle d'une action très vive engagée sur Talant et Fontaine. « Les pertes de l'ennemi, dit-il, furent plus fortes encore que la veille ; il laissait entre nos mains un grand nombre de prisonniers et plusieurs caissons ; il se retirait complètement démoralisé ». Quant au général Bordone, il parle d'une bataille qui, commencée vers une heure du soir, aurait duré jusqu'à quatre heures et demie et à la fin de laquelle l'ennemi, démoralisé, se retirait en pleine déroute. Dans la soirée, nouvelle ovation à Garibaldi de la part de la population de Dijon et nouvelles dépêches à Bordeaux. Garibaldi annonçait « la pleine retraite » et Bordone « la fuite désordonnée » de l'ennemi, ensorte qu'à dix heures arrivait à Dijon la dépêche suivante de M. de Freycinet : « Illustre général, je suis heureux de vous féliciter pour le magnifique succès que vous venez de remporter encore aujourd'hui ; je n'oublie pas votre chef d'état-major qui, j'en suis sûr, vous a bien secondé. La République française vous est reconnaissante à tous deux de ce que vous avez fait pour elle ; c'est une belle page de plus à votre histoire militaire déjà si glorieuse ». Une deuxième dépêche demandait des propositions de récompenses. — Les sources allemandes ne font aucune mention de ces sanglantes rencontres.

seulement, puis comme on n'avait reçu aucune nouvelle, que dans sa brigade personne ne pouvait fournir aucun renseignement sur ce qu'il était advenu au général, on s'était mis à sa recherche. On ne trouva le cadavre que le 24 janvier, gisant dans un petit bois entre Val-de-Suzon et Étaules. Les circonstances dans lesquelles le général Bossack est mort n'ont jamais été précisées. Aucun témoin occulaire de ses derniers instants n'a pu être retrouvé. Le corps du général fut envoyé à Genève où résidait sa famille.

Le colonel Bleton remplaça le général Bossack dans le commandement de la I<sup>re</sup> brigade.

Le 23 janvier au matin, le général von Kettler, espérant trouver pour ses troupes de meilleurs cantonnements dans les villages de la plaine,[1] se porta, par un mouvement général à gauche, sur la route de Langres. Pas plus que la veille, les Garibaldiens n'inquiétèrent cette marche de flanc devant leur front. Il semble même qu'ils ne s'attendaient pas à être dérangés. La brigade Ricciotti s'était réunie à la gare de Dijon pour rendre les derniers honneurs à un de ses officiers, tué l'avant-veille à Messigny, et le général Bordone, avec quelques officiers de l'état-major, visitait à Corcelles-les-Monts les travaux de défense, quand soudain l'alarme se répandit. Les avant-postes sur la route de Langres étaient attaqués!

Après avoir dispersé un détachement de gardes-mobiles sur la route d'Hauteville à Ahuy, la brigade von Kettler avait atteint, à onze heures du matin, sans encombre, la ferme de Valmy et pris position au nord de ce point. Des patrouilles de cavalerie, envoyées en exploration sur Ruffey, étaient revenues avisant le général qu'au dire des gens de la contrée, des forces considérables étaient sorties de Dijon le matin, se dirigeant sur Auxonne. L'inactivité du défen-

_____

[1] Rapport de l'état-major. T. V, p. 1141.

seur de Dijon sur le front nord de la ville, l'évacuation des villages de Bellefond et de Ruffey, la veille encore occupés, firent croire à l'exactitude du renseignement. Ayant pour mission de retenir l'armée des Vosges à Dijon, le général von Kettler résolut de l'attaquer à nouveau et de la forcer à prendre position.

Il était une heure après midi. Le bataillon de fusiliers du 21e entra le premier en action avec l'ordre de balayer l'infanterie française en position sur les hauteurs au nord de Pouilly. Il y réussit et, après un court combat, rejetait l'ennemi sur le village, tandis que les deux batteries de la brigade s'installaient sur la position. Pouilly était fortement occupé. Sous la protection du feu des batteries, les fusiliers se déployèrent pour l'attaquer, tandis que six autres compagnies[1] du 21e et deux pelotons de dragons marchaient sur la ferme d'Epirey, à la rencontre des colonnes nombreuses qui, venant de Saint-Apollinaire et de Varois, cherchaient, disait-on, à gagner Ruffey, menaçant le flanc gauche de la position allemande. C'était une fausse alerte. Bientôt après, quatre des six compagnies de l'aile gauche[2] furent retirées et lancées à l'attaque de Pouilly pour soutenir les fusiliers.

Le village, le château et le parc qui l'entoure sont clos de murs. La 3e légion des mobilisés de Saône-et-Loire et le 2e bataillon de la 2e légion qui les occupent y ont pratiqué des meurtrières. La lisière est vaillamment défendue. Cependant, l'attaque des deux bataillons du 21e est si vigoureusement menée que les mobilisés cèdent le terrain et se retirent sur Dijon. Une partie d'entre eux se sont logés dans le château. Ils ne quittent la place que quand le bâtiment, incendié par les obus, est en flammes. Le village évacué, les Allemands y pénètrent. A ce moment, l'artillerie de Fontaine ouvre son feu.

[1] 1, 2. 3. 4, 7 et 8.
[2] 1, 2. 3 et 4.

Il était trois heures et demie. Le vaste parc de Pouilly, le château, les bâtiments environnants étaient aux mains du 21e régiment. Il n'y avait plus que deux kilomètres jusqu'à Dijon. La brigade avait pris position à cheval de la route, mais pendant que se livrait le combat pour la possession de Pouilly, les Garibaldiens avaient eu le temps de courir aux armes. Sur tout le front nord de la ville, les batteries étaient prêtes et les tranchées-abris s'étaient garnies de fusils.

A quelque huit cents mètres en avant des ouvrages, à l'ouest de la route de Langres, au bord de la chaussée et au centre de la position se dressent les murs élevés d'une usine. Le bâtiment, massif, s'élève au milieu d'une vaste cour. Les murs sont crénelés. Les fenêtres sont matelassées. C'est là que s'est jeté le gros de la brigade Ricciotti, arrêtée dans sa marche en avant par la retraite des défenseurs de Pouilly.

L'attaque de l'usine est périlleuse à entreprendre. Les Poméraniens du 21e débouchent de la lisière sud de Pouilly et avancent déployés. Les deux batteries descendent des hauteurs, s'installent à l'ouest de la route, entre la chaussée et les vignes, et démontent deux pièces en position près de la fabrique. L'infanterie gagne du terrain. Elle est à cinq cents mètres des lignes françaises, quand deux batteries de la Boudronnée l'obligent par un feu concentrique à s'arrêter.

Pendant que les canons allemands prennent sous leur feu le bâtiment de la fabrique, le général von Kettler fait avancer, par son aile droite, deux bataillons du 61e. Le 1er bataillon se déploie entre la route et le Suzon. Le 2e bataillon prend la droite du premier avec deux compagnies (6 et 7) dans la première ligne et une troisième (5) en réserve.[1] Ces trois compagnies de l'aile droite gagnent rapide-

[1] La 8e compagnie était à Ruffey, couvrant le flanc gauche de la brigade.

ment du terrain, refoulent les hommes de la brigade Ricciotti
des positions qu'ils occupent aux abords de la fabrique et les
rejettent jusque sur les faubourgs. Un peloton de la 6ᵉ compagnie s'embusque près du Suzon, couvrant la droite
de la brigade contre les tirailleurs postés sur les flancs de la
colline de Fontaine, tandis que les deux autres pelotons
de cette même compagnie et les deux autres compagnies du
bataillon (5 et 7) s'avancent sans arrêt jusqu'à une excava-
tion du sol, à deux cents pas environ de l'angle nord-ouest
de l'usine.

La façade occidentale du bâtiment est percée par deux
étages de nombreuses fenêtres, mais elle n'a ni porte ni ouverture au rez-de-chaussée. L'assaillant s'avance néanmoins,
mais tombe foudroyé sous les balles des hommes de Ricciotti. Les officiers du 61ᵉ n'ont pas vu qu'il n'y a pas pour
eux d'entrée possible par ce côté.

La nuit commence à tomber. La brume du soir et la
fumée de la poudre empêchent de rien distinguer à plus de
cent mètres. Le commandant du 2ᵉ bataillon est blessé. Le
chef de la 6ᵉ compagnie est hors de combat. Un lieutenant
prend le commandement du bataillon. Il dirige les 6ᵉ et 7ᵉ
compagnies contre Saint-Martin, afin d'empêcher que l'ennemi ne serre de trop près son flanc droit et donne l'ordre à
la 5ᵉ compagnie, celle qui jusque là avait le moins souffert,
de s'emparer de l'usine. Le lieutenant en premier Weise fait
part à ses hommes de l'ordre reçu, saisit le drapeau du
bataillon et s'avance sous une grêle de balles. Pour sortir
de la tranchée où la compagnie est massée, il faut gravir
un talus escarpé et glissant. Une quarantaine de soldats
seulement arrivent jusqu'au bord supérieur et suivent leur
chef. Le lieutenant Weise tombe blessé. On le ramène dans
la tranchée. Le porte-drapeau est tombé aussi, frappé à
mort. Le lieutenant en second Schulze relève le drapeau,
se précipite en avant, puis tombe à son tour, atteint par deux
balles. Un sous-officier s'empare alors ddu rapeau et ra-

mène ses camarades sous l'ouragan des balles. Il tombe et avec lui d'autres cadavres s'abattent sur le drapeau. Le lieutenant de Puttkamer, adjudant du bataillon, accourt. Il est tué aussi. Enfin, le sergent-major de la compagnie ramène dans la tranchée les rares survivants à ce massacre. Alors on s'aperçoit que le drapeau est resté sur le lieu du carnage. Quelques hommes vont à sa recherche. Ils paient de leur vie leur bravoure.[1]

Pendant que ces faits se passaient à l'ouest de la route de Langres, un mouvement offensif par l'aile droite du défenseur

[1] C'est ce drapeau du 2e bataillon du 61e régiment qui tomba aux mains des Garibaldiens de Ricciotti. Comment et où ? Les versions diffèrent. D'après la mieux établie, celle de M. Ledeuil d'Engrin, qui a consacré une brochure à cette affaire, le drapeau fut trouvé, le combat terminé. Le commandant des chasseurs de l'Isère, M. Rostaing, et un de ses francs-tireurs du nom de Perret, fouillaient entre les cadavres, lorsque Curtat, des chasseurs du Mont-Blanc, apparut, tenant entre ses mains le drapeau qu'il était lui-même venu chercher, ayant vu pendant l'action les morts, en tombant, recouvrir l'emblème. Il était tout ensanglanté et avait la hampe brisée.

Le 9 août 1871, un ordre de cabinet de l'empereur Guillaume au général de Manteuffel, restitua au 2e bataillon du 61e son drapeau : « J'ai vu avec satisfaction, dit cet ordre, que le bataillon a combattu avec un courage héroïque et que la perte de son drapeau est le fait de circonstances malheureuses dont il ne peut être fait à personne un reproche. Le drapeau n'a pas été pris de haute lutte par un ennemi vainqueur, il n'a pas été abandonné par une troupe découragée, il est tombé sous les cadavres de ses braves défenseurs sur le champ de bataille où il avait glorieusement flotté jusqu'au moment où l'obscurité le cacha aux regards de ses protecteurs. Pour rendre hommage à la valeur du 2e bataillon, je lui octroie un drapeau neuf, décoré de la médaille commémorative de la campagne. La cravate portera la frange d'or du drapeau perdu, retrouvée sur le champ de bataille. Je vous charge de remettre solennellement, en mon nom, ce drapeau neuf au bataillon. » WARTENSLEBEN. *Operationen der Südarmee.*

Après la conclusion de la paix, les Allemands dressèrent près du château de Pouilly une pierre commémorative en l'honneur du 61e régiment qui avait particulièrement souffert dans ce meurtrier combat.

de Dijon obligeait le centre et l'aile gauche des Allemands à battre en retraite. Le 2e bataillon de la 4e légion des mobilisés de Saône-et-Loire, commandant Carré, se déploya à l'est de la fabrique, poussa vigoureusement en avant et, enlevant la première ligne, refoula l'assaillant jusqu'au delà du parc de Pouilly.

Le combat ne cessa qu'à la nuit close. Le général von Kettler rallia ses troupes dans le village de Pouilly qu'il occupa jusqu'à huit heures du soir dans l'attente d'une poursuite, après quoi il prit ses cantonnements sur la ligne Vantoux-Asnières. Deux compagnies du 21e (11 et 12) furent chargées de relever les blessés. Tous ceux qui étaient transportables furent ramenés à Is-sur-Tille. La journée avait été sanglante. La brigade avait encore perdu ce jour-là, 16 officiers et 362 hommes dont 20 disparus. Elle avait fait prisonniers 8 officiers et 150 hommes.[1]

---

[1] Les écrits garibaldiens ne donnent pas le chiffre des pertes de l'armée des Vosges. Le général Bordone consigne seulement le fait que, six jours après la bataille, malgré toute l'activité déployée « par les autorités municipales », les fossoyeurs n'avaient pas terminé encore leur besogne.

D'après M. de Darcy, l'armée des Vosges n'aurait perdu, pendant les trois journées, que 500 hommes. (ENQUÊTE. Déposition de M. de Darcy. T. IV). — Il faut ajouter à ce chiffre les pertes essuyées par les mobilisés du général Pélissier, en particulier par les légions de Saône-et-Loire qui ont pris aux combats de Dijon une part insuffisamment mise en lumière par les écrivains garibaldiens.

Les mobilisés du général Pélissier avaient un armement en moyenne inférieur à celui des Garibaldiens. Cependant, ils firent leur devoir en braves soldats, notamment ceux de Saône-et-Loire et de l'Isère. Le général Pélissier (Les mobilisés de Saône-et-Loire en 1870) dit que le 23 au soir, comme l'ennemi menaçait sérieusement et de près Dijon, ce furent ses troupes qui rétablirent le combat en reprenant à la baïonnette le château et le parc de Pouilly. C'étaient aussi les mobilisés de Saône-et-Loire qui, dans Pouilly, avaient soutenu le premier assaut de la brigade von Kettler. — M. de Laborie a déclaré devant la commission d'enquête (T. IV, p. 65) que les mobilisés de Saône-et-Loire furent les troupes « le plus sérieusement engagées ». « Si

De toutes les journées fournies par l'armée des Vosges pendant la campagne, celle du 23 janvier était incontestablement la plus honorable. Les troupes prouvèrent dans cette rencontre qu'il y avait dans leurs rangs des hommes déterminés et qui, commandés par des officiers énergiques, étaient capables de se bien tenir sous le feu. Mais les combats de Dijon ne pouvaient avoir sur la marche générale des événements aucune influence. La mission du général von Kettler avait abouti sur le point essentiel : l'armée des Vosges avait été tenue en arrêt devant Dijon, tandis que le général de Manteuffel avait continué sa marche sur Salins. La brigade allemande s'était brillamment acquittée de sa tâche. Contre une ville armée d'une centaine de bouches à feu et occupée par 45,000 hommes de troupes, elle avait déployé six bataillons et deux batteries et tant et si bien mené l'attaque que l'état-major garibaldien avait la conviction d'avoir eu sur les bras une partie considérable de l'armée du Sud et se tenait pour obligé de rester sur une prudente défensive.[1] Dès le lendemain, en effet, l'armée des

tout le monde, dit-il, avait fait son devoir comme eux, qui pourtant n'étaient pas soldats, et qui savaient à peine tirer un coup de fusil, certainement l'issue de la lutte eût été très différente. Ce sont les mobilisés qui ont fait le plus. » — Déposition de M. Darcy (T. IV, p. 406) : « En dehors des Garibaldiens proprement dits, elles (les troupes de Dijon) se composaient principalement de gardes nationaux mobilisés, mal vêtus, mal armés, mal commandés. Il n'en est pas moins vrai que ces gens-là ont sauvé Dijon le 23 janvier. Ce jour-là, vers cinq heures, le général Kettler avait refoulé les Garibaldiens ; il n'était qu'à quinze cents mètres de la ville ; avec un effort de plus il y entrait et faisait main basse sur les masses d'hommes en uniforme qui pullulaient dans les rues. C'est alors que les mobilisés de l'arrondissement de Tournus (Saône-et-Loire) chargèrent les Poméraniens à la baïonnette, enlevèrent le clos de Pouilly où ils s'étaient retranchés et leur infligèrent des pertes sérieuses... »

[1] Le 25, deux jours après le combat, le colonel Gauckler mandait au Bureau des reconnaissances à Bordeaux : « Le corps

Vosges retombait dans cette passivité qu'elle semblait s'être donnée pour principale consigne, ne songeant ni à inquiéter l'ennemi de la veille, paisiblement installé dans ses cantonnements, si proches pourtant de Dijon, ni à explorer le pays environnant où le général de Manteuffel allait masser des troupes en nombre suffisant pour la cerner et l'écraser dans une rencontre définitive que la retraite des Garibaldiens sur Chagny et Autun seule prévint.

Renseigné seulement par les dépêches très ampoulées du général Bordone et de son entourage, le ministère de la guerre s'était repris à fonder de grandes espérances sur l'armée des Vosges. Déjà le 23 au matin, M. de Freycinet avait réjoui le général Bordone en lui annonçant l'envoi d'un régiment de cavalerie[1] et, quelques jours après, il dirigeait sur Dijon douze nouvelles pièces de gros calibre. Par une singulière interversion des rôles, Garibaldi allait devenir dans l'esprit du délégué à la Guerre le principal des forces concentrées dans l'est, tandis que les troupes du général Bourbaki seraient réduites au rôle d'auxiliaires. La malheureuse armée de l'Est harassée, brisée, était acculée aux glacis de Besançon, pressée entre les trois corps des généraux de Werder et de Manteuffel; quarante kilomètres et 90,000 hommes la séparaient de Dijon; elle discutait si elle ferait sa retraite sur Lons-le-Saunier ou sur la Suisse, lorsqu'une dépêche du ministère lui demanda de se porter au secours des 45,000 hommes de Dijon aux prises avec une brigade décimée par trois jours de combat offensif. « L'ennemi attaquera demain Dijon avec de grandes forces, mandait M. de Freycinet au général Bourbaki le 23 janvier. Ne pouvez-vous pas faire un mouvement qui prête appui à Garibaldi. Il y aurait peut-être là une belle occasion de punir

qui a combattu pendant trois jours s'élevait à environ 35,000 hommes. » ENQUÊTE. T. II, p. 762.
[1] ENQUÊTE. T. II, p. 733.

l'ennemi de sa témérité à opérer entre Garibaldi et vous.»[1]
Le lendemain, 24 janvier, comme le général de Manteuffel
occupait Quingey et Mouchard, coupant à l'armée de l'Est
toutes communications avec la France, M. de Freycinet
envoyait à Gambetta à Saint-Malo la dépêche suivante :
« Garibaldi a encore remporté un très grand succès hier.
C'est décidément notre premier général. Cela fait un pénible
contraste avec l'armée de Bourbaki qui depuis huit jours
piétine sur place entre Héricourt et Besançon. Aussi, si vous
m'en croyez, quand Bourbaki aura quitté ces parages avec les
XVe, XVIIIe et XXe corps, il faudra réunir les corps Cremer
et Bressolles en une seule armée sous le commandement de
Garibaldi. Je vous demanderai donc, si vous n'êtes pas encore de retour à cette époque, de m'autoriser à prendre
cette mesure à laquelle j'attache une grande importance
et qui me paraît la seule qui puisse sauvegarder notre
situation militaire dans l'est. L'organisation de chacun des
corps resterait d'ailleurs ce qu'elle est ; simplement la direction de Garibaldi remplacerait celle de Bourbaki. Je me fais
fort avec cette organisation de reprendre les Vosges.»[2]

En annonçant à Bordeaux les victoires de Dijon, le général Bordone avait eu bien soin d'en attribuer la gloire à
l'armée des Vosges exclusivement. se plaignant dans les
termes les plus discourtois des troupes du général Pélissier
et accusant les gardes-mobiles d'avoir déserté le combat.
M. de Freycinet avait envoyé aussitôt à ce général une
dépêche peu obligeante pour cet officier et pour ses troupes qui avaient concouru à la défense de Dijon avec une
bravoure digne de tous éloges.[3] Le général Pélissier s'était

[1] Guerre à Bourbaki. Besançon, 23 janvier, 5 heures soir.
ENQUÊTE. T. II, p. 734.
[2] Guerre à Gambetta. Saint-Malo. Bordeaux, 24 janvier. EN-
QUÊTE. T. II, p. 743.
[3] Guerre à général Pélissier. Bordeaux. 22 janvier, 9 heures
40 : « On m'assure que dans la journée d'hier le rôle des mobi-

récrié, avait invoqué le témoignage de la population de Dijon et réclamé pour l'honneur de ses soldats contre un blâme injuste. M. de Freycinet, mieux informé, répara son erreur en avançant le général Pélissier au grade de général de division. Mais cela ne faisait pas le compte du chef d'état-major de l'armée des Vosges qui n'était encore que général de brigade. Sitôt la nouvelle de la promotion connue à Dijon, il envoya par le télégraphe sa démission à Bordeaux.[1] Le lendemain, M. de Freycinet avisait le général Pélissier que « pour éviter des conflits pénibles avec Garibaldi »,[2] il l'envoyait à Lons-le-Saunier prendre le commandement de 20,000 mobilisés concentrés sur ce point. Le général, en brave soldat, obéit, non sans offrir sa démission au ministre pour le jour où il lui conviendrait de l'accepter.[3] Quant à Bordone, il était au comble de ses ambitions. Il avait maintenant 45,000 hommes sous ses ordres : « Nous remettons entre vos mains le commandement total des forces réunies à Dijon et dans le département de la Côte-d'Or, mandait M. de Freycinet à Garibaldi le 25 janvier. Le général Pélissier reçoit l'ordre de se rendre à Lyon pour éviter un conflit avec vous. Vous savez mieux que moi, général, que les grandes situations imposent de grands devoirs et que vous avez habitué le monde à vous les voir remplir. Ce que nous vous demandons aujourd'hui en échange de l'unité de commandement que nous créons pour vous, c'est

lisés a été nul. Pense-t-on qu'on les a envoyés à Dijon pour se promener ? Je compte, général, que dans la journée d'aujourd'hui cette tache, si elle existe, sera glorieusement lavée. Au surplus, traduisez en cour martiale les chefs qui ne voudraient pas marcher. Derrière des positions tous mobilisés doivent se battre et tous fusils doivent tirer. C. de Freycinet. » Enquête T. III, p. 522.

[1] Enquête. T. II, p. 748.
[2] Enquête. T. II, p. 760.
[3] Le général Pélissier ne rencontra plus l'ennemi. Quelques jours après son arrivée à Lons-le-Saunier, l'armistice mit fin aux hostilités. — Enquête. T. II. p. 761.

à la fois d'assurer inébranlablement la défense de Dijon et de diriger sans délai une forte expédition sur Dôle et Mouchard en vous mettant en rapport avec le général Bourbaki à Besançon, de manière à produire une diversion utile à ce général. La tâche est difficile, mais elle n'est pas au-dessus de votre courage ni de votre génie.»[1]

Le lendemain, 26 janvier, nouvelle dépêche. M. de Freycinet expose à Garibaldi la situation fâcheuse de l'armée de l'Est, menacée d'être rejetée sur la Suisse... La seule manière d'y parer est d'inquiéter le général de Manteuffel sur ses derrières. «Pour cela, dit la dépêche ministérielle, il faudrait porter votre centre d'action à Dôle et enlever cette place à l'ennemi qui s'y est fortifié soigneusement. Un tel résultat à atteindre exigerait, selon moi, que vous partiez de Dijon avec toutes vos forces disponibles, ne laissant dans Dijon qu'un chef très vigoureux et 8 à 10,000 mobilisés des moins aptes à faire la campagne. De notre côté, nous appuyerons votre mouvement par une diversion que tenterait un corps de 15,000 mobilisés dans la direction de Lons-le-Saunier-Arbois. Votre entreprise devrait commencer le plus tôt possible, le 30 courant ou même, préférablement, le 28.»[2]

On comprend qu'à Bordeaux on fondât des espérances sur une armée[3] que quinze jours de repos dans la garnison de Dijon devaient avoir admirablement disposé pour une vigoureuse entrée en campagne. Pendant que M. de Freycinet donnait l'ordre qu'on dirigeât de Châtellerault sur Beaune, par les voies rapides, une brigade d'infanterie du XXVIe corps en voie de formation pour appuyer et prolonger le mouvement de Garibaldi, il recevait le 28 deux dépêches de Dijon lui annonçant que ce mouvement avait déjà été reconnu nécessaire avant l'arrivée des ordres du

---

[1] ENQUÊTE. T. II, p. 757.
[2] ENQUÊTE. T. II, p. 775.
[3] Elle comptait alors 50.000 hommes et 90 bouches à feu. G. THEŸRAS. *Garibaldi en France.* p. 618.

ministère, qu'il était commencé et qu'on espérait réussir.

Garibaldi, cependant, n'exécuta en aucune mesure les instructions qu'il venait de recevoir. L'armée des Vosges semblait frappée irrémédiablement d'ataxie locomotrice. Le général resta à Dijon avec la majeure partie de son armée, se bornant à envoyer Canzio et Menotti Garibaldi, avec les 1re et 3e brigades, à Bourg et à Saint-Jean-de-Losne, tandis qu'un parti de sept cents francs-tireurs s'avançait dans la direction de Dôle. Mais ces mouvements entrepris avec de faibles effectifs n'eurent aucun effet appréciable sur les opérations de l'ennemi, puisque la brigade von Kettler ne quitta ses cantonnements de Marsannay que pour entrer à Dijon et que deux compagnies d'infanterie allemande, formant poste de communication à Mirebeau, ne furent pas même inquiétées. Au reste, le général Bordone eût-il voulu agir alors, qu'il était trop tard. Quand les derniers ordres de M. de Freycinet atteignirent Dijon, le général Clinchant était déjà acculé à Pontarlier, irrémédiablement perdu. Lorsque même Garibaldi se fût mis en marche dès le 28 et eût franchi d'un trait les quarante kilomètres de route jusqu'à Besançon, il n'eût plus pu être à l'armée de l'Est d'aucun secours.

Au reste, le général de Manteuffel s'était déjà prémuni contre une poussée éventuelle venant de Dijon et avait mis entre Garibaldi et lui un rideau de troupes que l'armée des Vosges, à en juger par ses antécédents, n'eût vraisemblablement pas percé. Dès le 26 au soir, la retraite de l'armée de l'Est étant bien dessinée, le commandant de l'armée du Sud avait chargé le lieutenant-général Hann de Weyhern[1] de marcher contre Dijon avec des forces suffisantes pour écraser l'armée garibaldienne. C'étaient : la brigade de Knesebeck et la brigade de cavalerie du colonel de Willisen; la brigade badoise du major-général de Degenfeld, détachée du XIVe corps, avec une batterie et la brigade von Kettler.[2]

---

[1] Commandant la IVe division du IIe corps.
[2] Environ 45,000 hommes.

La cavalerie avait l'ordre de pousser rapidement en avant, de façon à dégager la brigade von Kettler et à couper, au sud, les communications de Dijon avec Beaune et Chagny. Le général de Manteuffel avait d'ailleurs émis l'opinion qu'il n'était pas absolument nécessaire de s'emparer de Dijon si cette entreprise exigeait de trop grands sacrifices. Il suffirait alors, disait-il, d'isoler l'adversaire jusqu'après le dénouement de la situation dans le Jura, l'opération pouvant être reprise plus tard avec la certitude du succès.

Le général Hann de Weyhern prit le commandement de ses troupes le 27 janvier. La brigade Knesebeck était échelonnée sur la route Dôle-Gray ; les brigades de Willisen et de Degenfeld stationnaient entre Pesmes et Marnay. La brigade von Kettler s'était rapprochée de Dijon et avait occupé Thil-Chatel et Is-sur-Tille. Le premier plan du général consistait à attaquer Dijon par le nord au moyen de la brigade von Kettler, tandis qu'avec le gros de ses troupes, il se serait porté contre le front sud et sud-est de la ville. Mais une reconnaissance ayant constaté que le pont de la Saône à Saint-Jean-de-Losne était détruit, il dut revenir de son intention primitive et concentra son détachement, pour le 29 janvier, avec la brigade de Knesebeck à Essertennes ; les brigades de Degenfeld et de Willisen autour de Mirebeau. Il avait l'intention d'attaquer par l'est ou d'aller jusqu'au canal de Bourgogne pour se jeter sur le front sud de la ville.

Si on considère que, le 23 janvier, il s'en fallut de peu que le général von Kettler n'entrât dans Dijon avec ses six bataillons,[1] on peut admettre que le général Hann de Weyhern y eût pénétré avec ses quatre brigades. L'armée des

[1] J. GARNIER, chef de bataillon du génie auxiliaire, *Les volontaires du génie dans l'est :* « Si vingt mille hommes eussent donné, le succès était non seulement certain, d'après ce que j'ai pu voir, mais il en résultait la destruction et la dispersion à peu près complète de l'armée hétérogène que commandait Garibaldi. »

Vosges jugea qu'il n'était pas prudent de s'exposer à ce choc.

Le 29 janvier, la nouvelle de l'armistice conclu la veille au soir, à Versailles, entre M. Jules Favre et M. le comte de Bismarck, lui était parvenue. Les dépêches officielles ne mentionnaient pas l'exception faite pour les trois départements du Jura, du Doubs et de la Côte-d'Or, exclus de la trêve. Dans la nuit du 29 au 30, une lettre du général Bordone au « commandant des forces prussiennes devant Dijon » annonçait à celui-ci la conclusion de l'armistice, demandait la suspension des hostilités et une entrevue pour le tracé d'une ligne de démarcation entre les deux armées. Le général Hann de Weyhern répondit qu'il n'avait reçu de son chef aucune nouvelle semblable, que par conséquent il ne suspendrait pas ses opérations, mais qu'il ferait son possible pour éviter des effusions de sang. Le 30 janvier, en effet, la brigade de Degenfeld, très éprouvée par ses marches forcées des jours précédents, demeura dans ses cantonnements de Mirebeau, tandis que la brigade de Knesebeck les traversait et prenait position à Arc-sur-Tille. Pendant la journée, le général Bordone se présenta en personne aux avant-postes, demandant à nouveau une suspension des hostilités que le général allemand ne put pas lui accorder. Toutefois, afin de laisser à une communication du commandant de l'armée du Sud le temps de lui parvenir, le général n'ordonna le rassemblement des troupes pour le lendemain, 31, qu'à neuf heures et demie du matin. A minuit, un avis du général de Manteuffel ordonnait de poursuivre les hostilités. Le général Hann de Weyhern en informa aussitôt l'état-major garibaldien et le lendemain, à dix heures, ses troupes étaient en marche : la brigade von Kettler sur Varois et la brigade de Knesebeck par Couternon sur Quétigny, tandis que les brigades de Degenfeld et de Willisen restaient en seconde ligne. Couternon et Varois étaient occupés. Quelques obus firent évacuer les deux villages. Cependant, vers trois heures et demie, les têtes de colonne furent assaillies par un feu très vif des batteries retranchées de Saint-Appolinaire, tandis que l'infanterie française tirait de la lisière du village de Mirande. Le général Hann de Weyhern ne voulut pas entreprendre l'attaque à une heure aussi avancée. Il rompit le combat, cantonna ses troupes à proximité immédiate des positions occupées et désigna Quétigny et Varois pour lieux de rassemblement du lendemain.

Dans cette même journée du 31 janvier, le général Garibaldi avait reçu de Bordeaux [1] une dépêche du ministère lui annonçant que les opérations militaires allaient se continuer, nonobstant l'armistice, dans les départements de la Côte-d'Or, du Jura et du Doubs. « Veuillez, en conséquence, mandait M. de Freycinet, poursuivre les hostilités à votre appréciation, avec tous les moyens d'action dont vous disposez. » L'ordre était à peu près formel. D'autre part, le général Garibaldi avait la certitude que la prétention de l'ennemi sur Dijon était sérieuse. Le canon tonnait à Quétigny et Varois. C'était le moment d'exécuter les promesses si souvent et si énergiquement données de tenir Dijon à tout prix. On résolut de l'évacuer. Le combat d'artillerie n'était pas encore terminé, que le général Bordone donnait à toute l'armée l'ordre de la retraite. A cinq heures cinquante minutes, il mandait à M. de Freycinet : « Hostilités continuant, troupes considérables venant par Châtillon et ayant été attaqués encore aujourd'hui sans perdre nos positions, faisons une retraite de nuit pour conserver une armée à la République». [2]

---

[1] Bordeaux 11 h. 10 matin. ENQUÊTE. T. II, p. 788.

[2] ENQUÊTE. T. II, p. 792. Le 31 janvier, à 4 h. du soir, Gambetta avait autorisé Garibaldi, par dépêche de Bordeaux, à traiter avec le général de Manteuffel d'un armistice, mais l'ordre de retraite a été donné par le général Bordone avant que cette dépêche ait pu lui parvenir. Au reste, le matin du même jour, à 10 heures, le général Bordone avait encore réclamé à Bordeaux l'envoi de nouvelles troupes (ENQUÊTE. T. II, p. 787). — Quant aux troupes ennemies venant de Châtillon dont il est fait mention dans la dépêche par laquelle le chef d'état-major an-

L'évacuation fut alors prestement menée. Déjà à huit heures du soir, il ne restait plus une pièce en batterie. A onze heures, le dernier train de matériel quittait la gare de Dijon. Les troupes opérèrent leur retraite par deux colonnes : une première, sous les ordres de Menotti Garibaldi, par la vallée de l'Ouche sur Autun ; l'autre, par la route de Beaune, sur Chagny. Ricciotti Garibaldi formait l'arrière-garde. A huit heures du matin, des cavaliers allemands tiraient à la gare de Dijon quelques coups de mousqueton sur le dernier train quittant la ville. A sept heures et demie, des patrouilles du colonel de Knesebeck marchaient par Longvic contre la route de Beaune. Toute l'armée avait déjà passé.

La retraite s'opéra d'ailleurs dans les conditions les plus mauvaises. Elle alla durant la nuit entière et la journée suivante, tout d'une traite, jusqu'à Autun et Chagny. « On ne peut se faire une idée du sauve-qui-peut, du pêle-mêle, du désordre qui régnaient dans les rangs. Au milieu des ténèbres les plus épaisses, les hommes se coudoient, marchent à tâtons, en troupeau de moutons ; si l'un d'eux vient à buter contre un tas de pierres et à tomber, toute la file en arrière s'aplatit comme un château de cartes ; les fusils qui partent, les jurements, les gémissements de ceux qui cherchent à se relever, augmentent la confusion. Les cavaliers, les batteries, les chariots, les fourgons s'ouvrent à grand'peine un sillon dans cette masse humaine qui, refoulée, s'accumule, s'amoncelle sur les accotements de la route, tombe dans les fossés pleins d'eau, au milieu d'un feu croisé d'imprécations retentissantes, échangées dans toutes les langues. Parfois l'éclair d'une détonation illumine au loin les encombrements de la route ; quelques-uns croient à une attaque des Prussiens ; une panique s'ensuit ; c'est un affolement d'aveugles marchant au hasard, on se croirait dans la Babel infernale.

nonce l'évacuation de Dijon, on ignore à quels mouvements cette mention se rapporte.

Les localités traversées sont encombrées de soldats de toutes armes ; on ne peut rien s'y procurer, même au poids de l'or, et l'on reprend péniblement sa marche, s'abandonnant au flot humain qui se précipite et vous porte en avant. Les remous produits par les traînards, par les plus pressés qui se hâtent, par les cavaliers, par les voitures, mélangent tous les corps dans une inextricable bigarrure ; telle compagnie se compose d'un lieutenant et de sept hommes. C'est dans cet état que l'armée, exténuée, arrive péniblement le lendemain à Autun, à Chagny. Si le département de Saône-et-Loire n'avait pas été compris dans l'armistice, les Prussiens auraient eu beau jeu au milieu de cette débandade.»[1]

Le général Hann de Weyhern établit le jour même son quartier à Dijon, dirigea le général von Kettler avec quatre bataillons, trois escadrons et deux batteries sur Beaune pour occuper cette ville et le passage de la Saône à Seurre, chargea le lieutenant-colonel de Weyrach de purger l'ouest du département et expédia le lieutenant-colonel Kraus avec deux bataillons, un escadron et une batterie à Auxonne pour cerner cette place.

Quand le général Bordone eut mis la frontière du département de la Côte-d'Or entre l'ennemi et lui et couvert ses troupes de l'armistice, ses ardeurs le reprirent. « En ce moment nous préparons un mouvement sur Pontarlier pour dégager Clinchant », mandait-il le 1er février à M. de Freycinet, tandis que Garibaldi télégraphiait au commandant de l'armée de l'Est qui entrait en Suisse : « Je me propose de faire une démonstration sur les derrières de l'ennemi vers Pontarlier. Tenez-moi informé».[2] Le lendemain, 2 février, le général Bordone adressait à ses troupes une proclamation sanguinaire : « Miliciens de l'armée des Vosges, sans perdre une minute, et après une marche de cinquante-cinq kilomè-

[1] G. THEYRAS. *Garibaldi en France*. — GÉNÉRAL PÉLISSIER. *Les mobilisés de Saône-et-Loire*.
[2] ENQUÊTE. T. II, p. 796-797.

tres. vous étiez tous prêts à voler au secours de vos frères d'armes bloqués à Pontarlier; il n'est déjà plus temps, 80,000 d'entre eux viennent de passer en Suisse et sont perdus pour la défense de notre chère patrie. Ranimez vos courages, nous resterons debout et quel que soit le sort que nous réserve la décision qui sortira d'une assemblée nommée dans de pareilles conditions, jurons de ne mettre bas les armes que lorsque le sol de la France sera purgé de cette mêlée de renards et de loups qu'on appelle l'armée de l'Empereur Guillaume, et sur laquelle nous marcherons désormais comme sur des bêtes fauves qu'on larde encore de coups de pieux et de fourches quand elles gisent expirantes et la bave sanguinolente aux lèvres. Pas de quartier! Vive la République! »[1]

L'armée des Vosges ne revit pas l'ennemi. Elle comptait, le 8 février, suivant états fournis par le général Bordone, 44,950 hommes.[2]

---

[1] BORDONE. Récit officiel.

[2] Les 27 et 29 février étaient partis de Dijon deux petites colonnes de troupes du génie chargées de faire sauter les ponts de Nuits sous Ravières et de Buffon, situés à quelques kilomètres l'un de l'autre, sur la voie ferrée qui servait d'artère unique aux communications de l'armée ennemie avec l'Allemagne. Une première tentative pour faire sauter le pont de Buffon, entreprise par un détachement sous les ordres du colonel garibaldien Lobbia, n'avait qu'incomplètement réussi en ce sens que la réparation du dommage avait pu être faite en vingt-quatre heures par les troupes allemandes.

Le détachement destiné au pont de Nuits sous Ravières partit de Dijon le 27 janvier, sous les ordres du lieutenant colonel Braün, fort de quatre cents hommes environ, et composé d'une compagnie du génie des mobilisés, d'une compagnie des mobiles de Saône-et-Loire, d'une compagnie des francs-tireurs du Gard et d'une autre de francs-tireurs alsaciens. Ce détachement finit par se souder à l'autre et participa à la destruction du pont de Buffon, mais ne s'attaqua pas au pont de Nuits sous Ravières.

Le détachement destiné au pont de Buffon sur l'Armançon ne quitta Dijon que le 29 janvier. Il était composé d'une brave

« Si le général Garibaldi avait été un général français, dit
M. Perrot, en terminant son rapport à l'Assemblée nationale sur l'armée des Vosges, nous aurions été contraints de
vous demander que ce rapport et les pièces qui le justifient
fussent renvoyés par l'Assemblée au ministère de la guerre
afin d'examiner si le général Garibaldi ne devait pas être
traduit devant un conseil de guerre, pour y répondre de sa
conduite comme ayant abandonné à l'ennemi, de propos dé-
libéré et sans combat, des positions qu'il avait mission de
défendre, et comme ayant par là occasionné la perte d'une
armée française et amené un désastre militaire qui n'aura
de comparable dans l'histoire que les désastres de Sedan et
de Metz.»[1]

Pour autant que ce jugement se rapporte à la personne
même du vieux général Garibaldi, impotent et physique-
ment incapable d'exercer un grand commandement, il paraît d'une cruauté imméritée. Mais il est, d'autre part, incontestable que, d'une manière générale, les opérations de
l'armée des Vosges, en janvier 1871, n'ont été d'aucune
utilité pour la France et que dans des circonstances où elle
eût pu, par une action énergique, exercer une influence décisive sur la marche des événements, elle a été en-dessous
de sa tâche. Sur ce point, les témoignages abondent. Il faut
citer, entre autres, celui d'un officier français, le colonel

---

compagnie de volontaires du génie, organisée et commandée par
le chef de bataillon du génie auxiliaire, Jules Garnier qui
avait pris une part active à la mise en état de défense de la
ville de Dijon. Le 2 février au soir, après cinq rudes journées
d'une marche adroitement dérobée à la vigilance de l'ennemi,
la compagnie était à Buffon et constatait que le poste allemand,
installé à demeure dans une ferme fortifiée, à proximité immédiate du pont, était absent ce jour-là. A l'aube, le pont sautait,
détruit par les puissantes torpilles du commandant Garnier.
Voir le récit pittoresque de cette intéressante mais tardive expédition dans : J. GARNIER. *Les volontaires du génie dans l'est*,
p. 275 et suivantes.

[1] ENQUÊTE. T. II, p. 187.

Reynaud, qui, présent à Dijon jusqu'au 14 janvier, écrivait, le 1er mai 1871,[1] au général Billot : « A partir du 12 janvier, les forces et les positions de l'ennemi étaient bien connues et tout homme intelligent pouvait deviner ses intentions. Il n'y avait donc plus, pour les généraux commandant à Dijon, qu'à le faire surveiller sans relâche, à bien étudier le terrain, à se pénétrer de la position de l'armée de l'Est, de ses mouvements, de ses besoins et à se décider. Ils se décidèrent, en effet, à rester à Dijon, oubliant que l'armée qu'ils étaient chargés de couvrir et de protéger, allait se trouver en détresse, presque sans munitions et sans vivres et que, l'armée ennemie qu'ils devaient au moins tenter d'arrêter, passerait, par leur faute et sans coup férir, trois lignes de défense telles que la Saône, l'Ognon et le Doubs et qu'elle s'emparerait sans obstacle de positions qui devaient être le salut ou le tombeau de l'armée de l'Est... Il suffit de prendre une carte pour voir ce qu'un général dévoué et intelligent, jaloux de faire son devoir, aurait dû et pu faire jusqu'au dernier moment pour venir en aide et protéger la retraite de l'armée de l'Est. Il n'avait qu'à présenter le combat dans la vallée de la Tille, facile à défendre même avec de mauvaises troupes, couvrir ainsi Dôle, les chemins de fer de Besançon, Pontarlier et Lons-le-Saunier, tout en défendant Dijon au loin. En cas de non succès, se retirer derrière la Saône, s'emparer de la forêt de Chaux avec une partie de son monde, tandis que l'autre partie aurait défendu le passage de l'Ognon à Pesmes, se joignant ainsi aux défenseurs envoyés de Besançon. En cas de retraite, ce qui est probable, il restait encore maître de la Loue et du Doubs, et en s'emparant des positions si faciles à défendre sur ces points, il couvrait Quingey, Arc et Senans et Mouchard. S'il était de nouveau battu, son armée avait encore derrière elle

[1] Lettre de M. le colonel Reynaud au général Billot. Orléans 1er mai 1871. ENQUÊTE. T. II, p. 391.

des points de retraite et des défilés inexpugnables depuis Quingey jusqu'à la frontière. Dans tous les cas, cette retraite, en retardant de plusieurs jours la marche de l'ennemi, aurait couvert le chemin de fer de Lons-le-Saunier à Bourg, notre seule ligne de ravitaillement ou d'évacuation. On le voit, l'armée de Dijon, malgré les suppositions les plus malheureuses, aurait pu arrêter l'ennemi assez longtemps pour permettre à l'armée de l'Est d'arriver, puisque malgré toutes les facilités que l'ennemi a trouvées pour passer toutes nos lignes de défense, il n'était pas encore à Lons-le-Saunier et était à peine en vue de Pontarlier au moment de l'armistice ».

# CHAPITRE XVIII

## LE CONSEIL DE GUERRE DE CHATEAU-FARINE

La situation de l'armée française, hésitant autour de Besançon sur le parti à prendre, s'était singulièrement aggravée les 23 et 24 janvier.

Le II<sup>e</sup> corps allemand avait occupé avec son avant-garde la station de Mouchard, tandis que son quartier-général s'installait à Vaudrey. Le VII<sup>e</sup> corps s'était définitivement fixé à Quingey et poussait des reconnaissances sur Busy, Vorges, Montferrand, Châtillon et Port-Lesney. Il avait trouvé l'ennemi[1] en force sur la rive droite de la Loue, mais il était parvenu néanmoins à établir à Mouchard sa communication avec le II<sup>e</sup> corps. Au nord, le XIV<sup>e</sup> corps avait la division du général de Schmeling sur la rive gauche du Doubs. Blamont et Pont-de-Roide étaient sans troupes et, sur le Lomont, le général de Bressolles faisait de vains efforts pour ramener au combat les tronçons épars de ses divisions.

[1] Divisions Dastugue et Rébillard, du XV<sup>e</sup> corps.

Installé le 24 janvier à la Barre, près Dampierre, le général de Manteuffel avait rédigé ce jour-là, pour la suite des opérations de son armée, des instructions destinées à orienter ses chefs de corps. Le général de Werder n'avait pas encore opéré sa jonction. Il n'était donc pas possible de lui donner des ordres proprement dits, mais il importait qu'il connût les intentions du commandement et y conformât ses mouvements.

Le général en chef commençait par exposer à grands traits la situation de ses propres troupes. Le XIVᵉ corps devait atteindre dans la journée Baume-les-Dames par les deux rives du Doubs, pendant qu'à son aile droite la division badoise chercherait, par Rioz, la communication avec le VIIᵉ corps. Le général de Zastrow occupait la ligne Dampierre-Quingey, face à Besançon avec, sur la rive droite du Doubs, des avant-postes s'étendant de Dannemarie à Routelle et, sur l'Ognon, un détachement observant les routes Besançon-Gray et gardant la liaison avec le XIVᵉ corps. Au sud du VIIᵉ corps, le IIᵉ en marche de Dôle sur Villers-Farlay, avec la brigade de Knesebeck à Dôle même, couvrant, face à Auxonne, la communication de Dôle à Gray et pouvant faire front à toute réquisition contre Besançon. La brigade de cavalerie du colonel de Willisen était en route de Frasne, par Bonboillon, sur Pesmes. Plus à l'ouest enfin, la brigade von Kettler couvrait les communications de l'armée entre Montbard et Dijon.

Quant aux positions françaises, le général de Manteuffel les appréciait en ces termes : « L'armée ennemie, aux ordres du général Bourbaki (XVᵉ, XVIIIᵉ, XXᵉ, XXIVᵉ et peut-être aussi XXVᵉ corps), dont les pertes successives, pendant les trois jours de lutte devant Belfort, sont estimées à 10,000 hommes, a pris dans sa retraite sa direction générale sur Besançon et a passé presque en entier sur la rive gauche du Doubs. Elle occupait encore avant-hier Baume-les-Dames et Clerval et des forces assez considérables sont restées aux environs de Blamont et au nord, c'est-à-dire vers Delle et Montbéliard. A Vesoul, on a trouvé hier des détachements de traînards, mais on n'a pu constater encore jusqu'à quelle distance les têtes des colonnes ennemies se sont avancées sur les routes entre le Doubs et la frontière suisse. Dans les engagements que les II⁰ et VII⁰ corps ont eus les 21, 22 et 23, il semble qu'ils n'aient eu affaire jusqu'à présent qu'à la garnison de Besançon, à des mobiles et à des francs-tireurs. Nous avons enlevé des approvisionnements considérables, privé l'ennemi, par l'occupation de Dôle et de Quingey, de sa ligne de retraite la plus courte par Lons-le-Saunier sur Lyon et coupé les deux chemins de fer conduisant de Besançon à Lyon, en faisant sauter les ponts. Le général Kettler, en poussant une pointe offensive contre Dijon, le 21, a pu constater, dans un combat sanglant et en faisant 500 prisonniers, que la force du corps de Garibaldi était d'au moins 25,000 hommes et que sa position était armée de vingt pièces de gros calibre ».

Puis le général développait les diverses éventualités que cette situation des armées pouvait faire naitre, en supposant que le XIV⁰ corps avançât, le 25 janvier, d'une petite journée de marche de Baume-les-Dames vers Besançon. Il énumérait les hypothèses et disait la conduite à tenir dans chacune :

« 1° L'ennemi continue sa retraite dans la direction du sud et, comme la route de Villers-Farlay lui est fermée, en suivant celles qui sont comprises entre Villers-Farlay et Pontarlier. Dans ce cas, les II⁰ et VII⁰ corps sont prêts à se porter aussitôt sur son flanc avec des avant gardes et à lui barrer le passage par des colonnes mobiles.

« 2° L'ennemi cherche à percer par Quingey et Dampierre. Alors le VII⁰ se tient prêt à soutenir le premier choc avec une division sur chaque rive du Doubs, pendant que le II⁰, venant à la rescousse, également par les deux rives du Doubs, cherche à agir au mieux des circonstances. — Dans les deux cas ci-dessus, le rôle du XIV⁰ corps sera de presser vivement les arrières-gardes ennemies en les attaquant vigoureusement par le nord.

« 3 L'ennemi débouche par Besançon sur Pesmes et Gray, peut-être pour donner la main au corps de Garibaldi à Dijon. Il peut disposer pour cette tentative des routes d'Audeux, de Pin et d'Étuz. Dans ce cas, nos troupes les plus à portée, la XIVe division, la brigade Knesebeck, agiront contre le flanc gauche, la division badoise contre le flanc droit de ses colonnes de marche et les contiendront, pendant que nos autres troupes, en totalité ou en partie, suivant les circonstances, compléteront cette manœuvre en enveloppant l'ennemi par la droite et par la gauche.

« 4° Si l'ennemi se retourne pour faire face de nouveau au XIVe corps, les IIe et VIIe l'attaqueront en queue par le sud.

« 5° Au cas où l'ennemi se retirerait vers la frontière suisse, nos trois corps d'armée suivront aussitôt son mouvement avec leurs avant-gardes, afin de l'obliger à accepter la bataille ou à passer en Suisse.

« 6° Enfin, l'ennemi peut se concentrer à Besançon et y attendre notre attaque. — Dans ce cas, il faudrait calculer la durée approximative des approvisionnements en vivres de l'armée française et assurer les subsistances de notre armée, autant qu'on peut le prévoir, pour une durée plus longue. Notre armée ne serait pas obligée alors de tenter un assaut contre de fortes positions que l'ennemi occuperait sous la protection de la place. Il vaudrait mieux pour nous attendre que la faim l'obligeât à nous attaquer.

« Dans les circonstances actuelles où nos trois corps d'armée ne peuvent guère se souder les uns aux autres et où ce coude à coude ne serait peut-être pas avantageux, je n'ai pas voulu négliger de faire connaître à Votre Excellence ma manière d'envisager la situation, afin que vous puissiez, le cas échéant, commencer vos mouvements dans le sens indiqué avant l'arrivée de mes ordres. »

De ces diverses éventualités, les plus probables parais-

saient au général de Manteuffel : d'abord une tentative de
l'ennemi de percer par Quingey et Dampierre, ou bien une
continuation de la retraite par Champagnole, ou bien encore
une retraite sur la frontière suisse.[1] Une percée sur Dijon,
par Pesmes et Gray, semblait moins à redouter et quant à
une concentration d'attente à Besançon même, elle était de
toutes les hypothèses la moins à présumer de la part d'un
général qui connaissait, pour y avoir assisté, la catastrophe de
Metz. Quant à un mouvement offensif au nord, contre le
XIV<sup>e</sup> corps, on le tenait à la Barre pour impossible. On ne
l'avait indiqué que pour mémoire.

L'exposé du général en chef, en tant qu'il concernait ses
propres troupes, n'était pas strictement exact pour le XIV<sup>e</sup>
corps. Le général de Werder avait déjà pris en vue du 25
janvier des dispositions qui allaient être exécutées avant
qu'il eût pu recevoir les directions du quartier-général de
la Barre et qui ne cadraient pas avec le plan élaboré. Le 24,
dans la journée, le général avait perdu à peu près tout contact avec l'ennemi. Il n'avait trouvé au sud du Doubs que
quelques faibles arrière-gardes qui avaient été rapidement
dispersées, mais il n'avait pas su poursuivre l'épée dans les
reins l'armée française en retraite et en arrêter la marche,
comme le lui ordonnaient les dépêches antérieures de son
chef. Il ne savait pas même encore sur laquelle des deux
rives du Doubs il devait chercher le gros des forces enne·
mies. Il leur avait laissé prendre sur les siennes une avance
trop forte. Et comme il avait trouvé Baume-les-Dames
évacué, comme d'autre part il n'avait pas pu exactement
établir par où s'étaient retirées les « forces considérables »
qui lui avaient été signalées à Montbozon, le 21 janvier, par
ses patrouilles, il en vint à se demander si l'ennemi ne tentait
pas d'opérer par Gray sa jonction avec l'armée de Dijon. Il
avait décidé par conséquent que la division du major-général

---

[1] WARTENSLEBEN. *Die Operationen der Südarmee*, p. 11

de Schmeling continuerait seule la marche au sud par la rive
gauche du Doubs et qu'avec le reste de ses troupes il
chercherait vers l'ouest le contact évidemment perdu.
Toutefois, comme il ignorait si ce mouvement cadrait avec
les projets du quartier-général, il avait résolu de prendre
des ordres. Le 24 janvier, dans la matinée, il avait adressé
à son chef les questions suivantes : « Est-il conforme aux
intentions de Votre Excellence que, malgré la difficulté des
communications, je poursuive l'ennemi avec des forces considérables au midi du Doubs, sur Besançon ou Pontarlier,
dans le cas où il se serait mis en retraite dans ces directions,
ce que je ne sais pas encore, ou bien dois-je me rapprocher
de Votre Excellence avec mon corps d'armée entre Doubs et
Ognon, ou encore par la rive droite de cette dernière rivière ? Dans ce dernier cas, j'enverrai la division Schmeling
sur la rive gauche du Doubs ».

Ces demandes d'explications venaient de partir quand,
dans l'après-midi de ce même 24 janvier, le général recevait
du quartier-général de Pesmes une lettre datée du 22, qui
n'était par conséquent pas une réponse, mais qui, mal inter-
prétée, allait lui donner à croire qu'en marchant vers l'ouest
et non plus vers le sud, il exécutait la volonté du généralissime. Après lui avoir recommandé encore de serrer de près
l'ennemi et avoir fait allusion à la présence de troupes françaises à Montbozon, le général de Manteuffel écrivait :
« Comme je dois admettre jusqu'à présent que le corps français de Montbozon n'est là que pour couvrir la retraite de
l'ennemi sur la rive gauche du Doubs contre des attaques
venant de mon côté, Votre Excellence avez à le poursuivre
directement, afin que, dans ma marche projetée sur Lons-
le-Saunier, mes forces ne soient pas séparées et que le dit
corps soit en tout cas empêché d'opérer contre mes communications avec Gray ».[1] Le général de Werder mit l'accent sur

---

[1] LÖHLEIN. *Die Operationen des Generals von Werder.* p. 234.

la dernière phrase et non sur l'ordre de suivre l'ennemi sur les talons et persuadé qu'il allait enfin agir en complète conformité de vues avec son chef, quoique Montbozon eût été occupé dès le 23 janvier par la 1re brigade badoise, il ordonna pour le 25 janvier que la division Schmeling seule marcherait contre le Lomont et la route Besançon Saint-Hippolyte, tandis que le gros du corps d'armée irait occuper le soir Étuz, Bonnevent, Rioz et Voray. Un détachement devait maintenir à Larians la communication avec l'aile droite. A sept heures du soir, le général avisait son chef de ces dispositions en lui faisant savoir qu'il faisait dépendre la continuation de sa marche des ordres qu'il recevrait.

Le mouvement à l'ouest du XIVᵉ corps contrecarrait les plans du général de Manteuffel en ce sens que les forces de la division de Schmeling seules devaient lui paraître insuffisantes pour maintenir et refouler énergiquement l'armée ennemie entre le Doubs et la frontière suisse. Son intention avait été de saisir l'ennemi par le nord, par l'ouest et par le sud et, moyennant une action d'ensemble de ses trois corps d'armée, de l'obliger à livrer bataille ou à battre en retraite sur Pontarlier. Il y fallait renoncer, puisqu'il n'était plus possible de donner contre-ordre. Le général n'avait connu la nouvelle direction de marche du XIVᵉ corps que le 25 au soir, alors que le mouvement était déjà exécuté... Cela étant, et plutôt que d'ordonner une contre-marche démoralisante et fatigante pour les troupes, il résolut de tirer le meilleur parti possible du fait accompli, de faire prendre au XIVᵉ corps les positions occupées contre Besançon par le VIIᵉ et de disposer de celui-ci pour les opérations ultérieures contre la frontière suisse. Il approuva donc la marche du général de Werder pour le 25 janvier, mais lui ordonna de changer de direction le lendemain, en prenant pour but, non plus Pesmes, mais Marnay, de façon à se lier au VIIᵉ corps dont l'aile gauche était à Corcelle-Ferrière.

En attendant, le 24 janvier au soir, il y avait entre les po-

sitions du XIVᵉ corps et le reste de l'armée du Sud une solution de continuité d'environ trente kilomètres à vol
d'oiseau. Le XIVᵉ et le IIᵉ corps marchaient dans des directions opposées, le premier à l'ouest, l'autre à l'est, tandis
qu'entre les deux, le VIIᵉ faisait front contre Besançon. Une
section importante de la ligne de bataille était entièrement
dégarnie et l'armée française n'avait plus pour la menacer
au nord, par le Lomont, qu'une seule division ennemie. Mais
quelque malencontreux que fût ce désarroi momentané, le
général de Manteuffel était certain néanmoins qu'avec les
excellentes troupes dont il disposait, il pourrait à chaque
instant et à la première alerte concentrer ses régiments et se
porter là où il serait nécessaire de porter un coup décisif.
Dans quelle direction que l'ennemi marchât, il trouverait sur
sa route ou flanquant sa route un corps d'armée, c'est-à-
dire assez d'hommes pour le retenir jusqu'à l'arrivée des
renforts.

Telle était la situation quand, dans la soirée de ce même 24
janvier, le général Bourbaki, désireux de connaître l'avis de
ses chefs de corps, convoquait à Château-Farine, près Besançon, sur la route de Dôle, un conseil de guerre qui allait
décider du sort de son armée.

Depuis qu'il s'était mis d'accord avec le ministère de la
guerre pour l'embarquement de ses troupes à destination de
Nevers, le général Bourbaki avait journellement tenu M. de
Freycinet au courant de ses faits et gestes. Ni son état-major,
ni le délégué à la Guerre n'étaient alors encore bien au clair
sur les forces que l'ennemi dirigeait contre Besançon, mais
on commençait cependant à discerner les intentions qui le
faisaient mouvoir. « L'ensemble des dépêches parvenues
depuis vingt-quatre heures, mandait le 21 janvier M. de
Freycinet, indique que l'ennemi, infléchissant son mouvement, par suite sans doute de la connaissance des vôtres,
cherche à couper vos communications de chemin de fer avec

Dijon et avec Lyon. Il paraît avoir été repoussé à Dijon,[1] mais il s'est emparé de Dôle et il marche sans doute sur Arc et Senans. Son insuccès à Dijon semble indiquer qu'il n'est pas encore en très grande force ; cependant il y a lieu de se préoccuper sérieusement de cette situation et peut-être feriez-vous bien, s'il en est encore temps, de diriger des forces sur le point menacé. En tout cas, je crois que ce doit être un motif pour vous de précipiter votre mouvement le long du Doubs, pour ne pas risquer de vous laisser envelopper. »[2] La dépêche ministérielle s'était croisée avec le rapport journalier du général annonçant, lui aussi, l'occupation de Dôle et donnant à prévoir que le projet d'embarquement des troupes ne pourrait pas être réalisé : « Si l'ennemi se trouvait en force, il ne serait plus possible d'exécuter le mouvement en chemin de fer dont nous sommes convenus, à moins de passer par Bourg et Mâcon »[3].

Dès lors, la situation avait considérablement empiré. La voie ferrée de Bourg était, elle aussi, tombée au pouvoir de l'adversaire. Par le nord et par le sud, à l'aile droite comme à l'aile gauche, au Lomont comme à Quingey, l'ennemi avait débordé l'armée. Le mouvement entrepris le 23 janvier contre Dannemarie, avec deux des meilleures divisions, n'avait pas abouti. Tous les mouvements tentés, tous les ordres donnés et restés sans exécution dénotaient qu'une démoralisation profonde gagnait les troupes. Dans la journée du 24, M. de Serres avait quitté le quartier-général, rappelé à Bordeaux par une dépêche du ministère.[4] Il sem-

---

[1] Allusion à la première journée des combats de Dijon.
[2] 21 janvier, 10 h. soir.
[3] Du 21 janvier, 11 h. 50 soir.
[4] Bordeaux, 23 janvier, 10 h. 25 soir : « Le transport en chemin de fer étant indéfiniment ajourné, votre présence à Besançon ne me paraît plus aussi utile. Je vous prie donc de rentrer à Bordeaux aussitôt que vous vous serez entendu avec le général Bourbaki ; j'aurais désiré vous laisser auprès de lui, mais les circonstances m'obligent à vous rappeler. Vous lui exprimerez tous mes regrets. C. de Freycinet. »

bla à l'état-major que, sentant la catastrophe venir, le gouvernement voulût retirer son délégué pour se décharger de la responsabilité de ce qui allait venir.[1]

Pour surcroît de malheur, le général avait appris en arrivant à Besançon, de la bouche de son intendant, M. Friant, que la place n'avait des vivres que pour cinq jours, pour quinze jours en prenant ceux de la place. « Le général resta atterré! Voilà donc ce que valaient les promesses du ministère! Depuis le 19 décembre, jour où à Baugy avait été pris l'engagement de *bonder* Besançon de vivres, de munitions, d'effets d'habillement et d'équipement, le général n'avait fait que rappeler cette promesse. Il arrivait dans la place avec une armée affamée, épuisée, sans vêtements, sans souliers, sous un ciel rigoureux, une énorme quantité de neige couvrant le sol et on lui dit que s'il campait autour de Besançon, il mangerait les vivres de la garnison et des habitants. »[2]

[1] *Le général Bourbaki*, p. 310.
[2] *Le général Bourbaki*, p. 309.

La commission d'enquête sur les actes du gouvernement de la Défense nationale a élucidé cette question des approvisionnements de Besançon par l'audition de M. le général Bourbaki, de M. le général Clinchant et de l'intendant de l'armée, M. Friant.

M. le général Bourbaki déclara qu'après avoir « examiné avec l'intendant les ressources de l'armée et de la garnison, » on était arrivé à cette conclusion qu'on ne pouvait pas disposer de plus de 15 à 18 jours de vivres.

M. l'intendant Friant répondit en ces termes : « J'ai été consulté à ce moment (le 23) et on m'a demandé pour combien de jours j'avais de vivres. J'ai répondu au général Bourbaki que j'avais pour sept jours de vivres. Dans le trouble, dans le chaos inextricable où nous étions, il m'était impossible de connaître exactement ma situation ; j'ai déclaré que j'avais pour sept jours de vivres, mais la vérité est que j'en avais pour dix jours. Seulement je craignais, en en déclarant dix, de me trouver au-dessus de la réalité, parce que, je le répète, au milieu du trouble, il m'était impossible de me rendre un compte exact de la situation. Mais ces sept jours de vivres étaient en dehors de la place de Besançon qui avait ses approvisionnements. On a déclaré que la place de Besançon n'avait pas d'approvisionnements.

Dans la soirée du 23, le général avait reçu une dépêche de Bordeaux lui demandant s'il ne pourrait pas se porter au secours de Garibaldi attaqué dans Dijon : « L'ennemi attaquera vraisemblablement Dijon demain avec de grandes forces. Ne pouvez-vous faire un mouvement qui prête appui à Garibaldi ? Il y aurait peut-être là une belle occasion de punir l'ennemi de sa témérité à opérer entre vous et Garibaldi. » C'en était décidément plus que le général ne pouvait supporter. L'armée des Vosges était à Dijon pour garder la Saône, elle avait laissé passer l'ennemi, et maintenant, quand il ne pouvait plus être question à Besançon que de sauver la 1ʳᵉ armée d'une destruction totale, c'est à elle qu'on demandait d'aller au secours de ceux qui eussent dû la protéger !

Depuis ce moment, un sentiment d'invincible amertume perce dans les dépêches du général. Dans la même nuit, il répondait au ministère : « Les IIᵉ et VIIᵉ corps d'armée

c'est une erreur ; elle avait pour cinq mois de vivres pour 20,000 hommes ou pour quatre mois de vivres pour 30.000 hommes. Je ne sais pas lequel des deux chiffres est le vrai. » *Déposition du 2 avril 1873.* Enquête. T. III, p. 524.

M. le général Clinchant ayant déclaré, dans son rapport au ministre sur l'exercice de son commandement du 26 janvier au 1ᵉʳ février, que l'armée n'avait trouvé à Besançon que pour sept jours de vivres, M. l'intendant Friant remit le 19 juin 1873 à la commission d'enquête un rapport écrit, constatant que le 26 janvier 1871 il y avait à Besançon, dans les magasins de la place : en pain, farine, blé et biscuit, *trente-neuf jours et demi de vivres pour cent mille hommes ;* plus du riz, du sel, du sucre, du café, du vin, de l'eau-de-vie, de la viande salée et de la viande sur pied (1243 bœufs) *pour cinquante jours* et *pour cent mille hommes ;* plus enfin, *pour dix jours de vivres* sur les voitures de l'armée ! Enquête. T. III, p. 582.

La garnison de Besançon n'atteignant pas le chiffre de 6000 hommes, l'armée eût donc pu vivre pendant quarante à cinquante jours sur les approvisionnements existants, à supposer que l'ennemi lui en eût laissé le loisir. Néanmoins, comme ces provisions étaient inconnues au commandement au moment où il eût dû les connaître, c'était, pour les déterminations à prendre sur l'heure, comme s'ils n'eussent pas existé.

prussiens ont commencé à couper communication avec
Lyon. Ils passent le Doubs et peut-être la Loue. En me hâtant le plus possible, je ne sais si je parviendrai à les reconquérir. Je prendrai demain un parti, selon les renseignements
que je recevrai. Il est au moins étonnant qu'aucun avis ne
me soit parvenu en temps opportun de la marche de forces
aussi considérables. Intendant Friant, malgré les promesses,
n'a pas réuni à Besançon approvisionnements suffisants pour
l'armée. »[1]

La correspondance allait bientôt s'envenimer davantage
encore. Le 24, dans la matinée, M. de Freycinet répondait
au général : « Je reçois votre dépêche de cette nuit, minuit
cinq. Vous dites que vous n'avez pas été prévenu du mouvement de l'ennemi sur Dijon, Dôle et Mouchard. Vous n'avez
donc pas reçu la dépêche que je vous ai envoyée le 21 à dix
heures du soir, par laquelle je vous faisais connaître cette
marche de l'ennemi, son intention de vous couper de Lyon
et j'insistais sur l'opportunité pour vous de précipiter votre
mouvement vers le midi. D'ailleurs, c'était votre souci de
vous renseigner par vous-même dans une région si voisine
de votre armée. Je ne m'explique pas qu'aujourd'hui encore,
en présence des faits significatifs qui s'accomplissent à
côté de vous et menacent si sérieusement vos communications, vous vous borniez à me dire que vous prendrez un
parti demain, selon les renseignements que vous rece-
vrez. Votre parti devrait être pris déjà et même exécuté.
Vous auriez dû envoyer des forces importantes sur Mouchard et sur Dôle. Je suis convaincu que sur ces deux
points il n'y a pas 15,000 hommes. Par conséquent, avec
deux bonnes divisions, vous auriez pu les déloger et préserver la voie de Besançon à Lyon. En tout cas, vous auriez pu
leur faire cruellement expier leurs dégâts. Vous connaissez,
du reste, mon opinion sur l'ensemble de vos mouvements :

[1] Besançon, 24 janvier, minuit, cinq minutes.

autant j'admire votre attitude sur le champ de bataille, autant je déplore la lenteur avec laquelle l'armée a manœuvré avant et après les combats. Le pays n'est pas fait autrement pour les Prussiens que pour vous, et cependant je vois l'ennemi vous gagner constamment de vitesse et accomplir une entreprise à côté de vous avec une célérité, une audace et un bonheur incroyables. Selon moi vous n'avez aujourd'hui qu'un parti à prendre, c'est de reconquérir immédiatement et sans perdre une minute les lignes de communication que vous avez si regrettablement perdues et de prévenir la chute de Dijon, que les tentatives renouvelées de l'ennemi pourraient amener malgré l'héroïsme de Garibaldi. Je vous prie de dire à M. de Serres que, conformément à ma dépêche d'hier, je désire qu'il rentre le plus tôt possible à Bordeaux. »

De pareils reproches n'étaient évidemment pas pour relever le moral déjà si fort affaissé du général en chef. Sans doute, les hésitations et les lenteurs de sa marche, la tardivité des ordres donnés pour couvrir l'Ognon et le Doubs et les communications de l'armée avec Lyon avaient dû mécontenter le ministère à Bordeaux. Mais pour juger en connaissance de cause et prononcer avec justice, il eût fallu que le délégué à la Guerre eût connu la situation vraie, ce qui n'était pas. Il parlait de 15,000 hommes à Mouchard et à Dôle quand il y en avait 52,000. Il sommait le général de reprendre les positions perdues avec deux bonnes divisions, quand le combat du 23 janvier, à Dannemarie, entrepris avec deux des meilleures de l'armée, avait démontré leur impuissance. Enfin, l'affectation que mettait le ministère à opposer aux irrésolutions du chef de l'armée de l'Est « l'héroïsme de Garibaldi » devait froisser profondément le malheureux général.

Le conseil de guerre se réunit à Château-Farine dans l'après-midi, après la réception de la dépêche ministérielle. Tous les généraux chefs de corps y assistaient, à l'exception du général Martineau des Chenez, commandant du XVᵉ et du général de Bressolles, du XXIVᵉ. Le chef d'état-major Borel était à Busy où il vérifiait les positions du XVᵉ corps.

Le général en chef exposa la grave situation dans laquelle se trouvait l'armée, menacée au nord, cernée à l'ouest et au sud, coupée de ses lignes de communication avec Lyon, profondément démoralisée,[1] acculée sans vivres (on le croyait du moins) aux murs de Besançon, sans autre voie ouverte que celle du haut-plateau couvert de neige qui la séparait encore de la frontière suisse. Le général communiqua à ses officiers la dernière dépêche du ministère et leur en dit son avis. Percer dans la direction de l'ouest était une impossibilité. « Il eût fallu trois jours pour faire repasser sur la rive droite du Doubs toutes les troupes de l'armée qui étaient déjà sur la rive gauche, ainsi que l'artillerie et les convois de vivres. L'armée se serait alors engagée entre deux rivières occupées par l'ennemi (l'Ognon et le Doubs) ; elle se serait enfoncée dans le cul-de-sac formé par ces rivières et par la Saône, en suivant deux routes qui longent précisément ces rivières ; elle aurait été attaquée sur ses deux flancs et sur ses derrières au fur et à mesure qu'elle se serait portée en avant ; elle se serait alors trouvée dans la nécessité de faire face à l'ennemi pour le combattre avec la Saône à dos et un seul point de passage, Auxonne. C'eût été se préparer une catastrophe à la suite de laquelle, hommes, canons, matériel de toute nature auraient été entièrement perdus et seraient tombés au pouvoir de l'ennemi. »[2] Rester à Besançon, c'était, à brève échéance, renouveler la

---

[1] Une lettre du commandant du XVᵉ corps annonçait que de 30,000 hommes, il n'en avait plus que la moitié sous les armes, qu'il ne fallait pas se faire d'illusions, qu'on s'organisait pour fuir et non pour combattre. ENQUÊTE. Déposition de M. le général Bourbaki. T III, p. 353.

[2] ENQUÊTE. T. III, p. 366. Rapport au ministre de la guerre du 3 mars 1871.

capitulation de Metz, ce que personne ne voulait. Il ne restait donc que la retraite par le plateau.

Le général Clinchant, le plus ancien des officiers présents, parla le premier. Vouloir percer sur Auxonne lui semblait « une folie ». Il n'y avait d'autre parti à prendre que celui indiqué par le général en chef : « battre en retraite, en tâchant de gagner soit Poligny, soit Pontarlier, en se rabattant vers le sud le plus promptement possible, afin de joindre la vallée de l'Ain et de descendre à l'abri de l'Ain jusqu'à Lyon, si cela était nécessaire, pour reprendre ensuite la campagne après s'être réorganisé et réapprovisionné. »[1]

Le général Clinchant devait être appelé, deux jours plus tard, par les circonstances, à remplacer le général Bourbaki dans le commandement en chef. Le 26 janvier la situation de l'armée était la même que le 24, à la différence près que, le 26, la route de Poligny était interceptée aussi. Devant l'insistance du ministère à proposer encore une percée sur Auxonne, il fut appelé alors à prendre, sous sa responsabilité, la même détermination que celle au sujet de laquelle délibérait le conseil de guerre. Il persista dans son avis précédent et le motiva en ces termes dans son rapport au ministre :

« Il y avait trois partis à examiner. Concentrer toutes ses forces dans le voisinage de Besançon, pour occuper autour de la place de bonnes positions défensives, s'y retrancher d'une manière solide, s'y organiser et attendre le moment de reprendre l'offensive ; ou bien, forcer les lignes ennemies pour entrer dans la vallée de la Saône et prendre une ligne de retraite sur Lyon ; ou enfin, se diriger sur Pontarlier, seul point par lequel nous étions encore en communication avec la France. Le parti qui consistait à s'immobiliser autour de Besançon nous eût amenés

---

[1] ENQUÊTE. Déposition de M. le colonel Leperche. T. III, p. 399.

forcément, en deux jours, à concentrer toutes nos troupes sous la place. Nous avions perdu les positions du Lomont et l'ennemi, suivant le XXIVᵉ corps dans sa retraite, occupait déjà les plateaux du Jura dont les ressources devaient être considérées comme perdues pour nous. L'armée qui n'était approvisionnée que pour sept jours, aurait affamé la place et la ville en moins de trois semaines.[1] Concentrer l'armée autour de Besançon avait donc pour résultat inévitable et fatal une capitulation à courte échéance, aboutissant à la perte totale de toute l'armée, de son matériel et aussi de la place, que nous entrainions dans notre ruine, tandis qu'en lui laissant tout juste la garnison nécessaire à sa défense, elle avait des ressources suffisantes pour se soutenir encore trois mois.[2] Se faire un passage pour gagner la vallée de la Saône semblait préférable à certains égards. Deux directions pouvaient être prises, celle d'Auxonne dont le pont nous appartenait et celle de Verdun ou de Lons-le-Saunier, par Quingey. La ligne de l'ennemi était assez étendue et on pouvait croire à la possibilité de la forcer. Mais il fallait d'abord concentrer l'armée avant d'effectuer ce mouvement. Cette concentration demandait du temps et il est certain que l'ennemi, renseigné sur nos mouvements par ses espions et ses éclaireurs, aurait pris ses mesures pour nous arrêter. Une ou deux divisions peut-être auraient pu s'échapper, mais pour tout militaire qui a vu l'état de l'armée le 26 janvier et qui juge la question avec impartialité, il est incontestable que 80,000 hommes au moins auraient été refoulés en désordre sur Besançon et même on pouvait craindre de plus grands désastres. Il ne restait donc plus qu'à marcher sur Pontarlier, dont la route, quoique fortement menacée, nous était encore ouverte. Ce parti

[1] Voir la note 2, à la page 395.
[2] La prise de possession de Besançon par l'armée ennemie n'eût pas facilité plus tard, dans les négociations pour la paix, la conservation de Belfort à la France.

SECRETAN — 26

offrait quelques chances de salut avec la certitude de sauver
Besançon. L'intendant en chef de l'armée, M. Friant, avait
annoncé qu'à Pontarlier on trouverait des approvisionnements considérables qui pourraient se renouveler par les
chemins de fer de la Suisse. »[1]

Le général Cremer s'exprima dans le même sens que
le chef du XXe corps. Il déclara que sa division était
fatiguée par les marches et les contre-marches, le froid et
les privations et qu'il valait mieux tâcher de se jeter
dans le Jura.[2] Le général Pallu de la Barrière opina, lui
aussi, pour la retraite quoiqu'il crût pouvoir se porter ga-
rant de ses troupes en cas de combat. Quant à l'avis du
général de Bressolles, on pouvait le déduire de ce qui se passait sur le haut Doubs.

Le général Billot fut seul à se prononcer pour une offensive.
Il déclarait, il est vrai, n'avoir plus que 16,000 combattants
réels parmi les 25,000 hommes de son corps d'armée, mais
il estimait qu'avec un peu d'audace on pourrait peut-être réussir encore. « Si vous croyez la chose possible, entreprenez-là
avec votre corps d'armée, lui répondit le général en chef;
allez à Dôle ; si vous réussissez et que le cours inférieur du
Doubs ne soit plus en possession de Manteuffel, nous marcherons sur Auxonne ; mais je crois que c'est tout à fait impossible et qu'il n'y faut pas songer ». Le général Billot objecta
qu'une opération de ce genre, possible avec l'armée entière,
était impraticable avec un seul corps d'armée ; dans ces conditions il ne pouvait rien tenter. « Qu'à cela ne tienne ! lui
dit le général en chef. S'il vous faut le commandement de
l'armée, je vous le donne immédiatement; je prendrai, moi,
le commandement du XVIIIe corps et je marcherai sous vos
ordres : mais, je vous le répète, je considère cette tentative
comme une folie. » C'était la répétition de la conversation

---

[1] ENQUÊTE. Rapport de M. le général Clinchant au ministre
de la guerre, daté de Berne, 15 mars 1871. T. III, p. 315.
[2] ENQUÊTE. Déposition de M. le général Billot. T. III, p. 479.

tenue entre les deux généraux, le 17 janvier, au pied du
Mont-Vaudois. Le général Billot répondit qu'il n'avait pas sur
les commandants de corps une autorité morale suffisante et
qu'il n'inspirerait pas aux troupes la confiance nécessaire
pour une entreprise de ce genre. On compta ce qui restait de
combattants. Le général Billot répéta pouvoir répondre de
16,000 hommes sur 25,000, le général Clinchant de 10,000 sur
22,000. Le général Pallu faisait fond sur toute sa brigade, mais
opinait pour la retraite.[1] « Il vaut mieux, dans ce cas, dit
alors le général Bourbaki, vous ranger à l'avis des autres
commandants de corps; quant à moi, je n'exécuterai pas ce
plan et si vous ne vous décidez pas à le faire, cela ne sera
pas fait. »[2]

La retraite sur Pontarlier fut donc résolue.[3] Les ordres de

---

[1] ENQUÊTE. Déposition de M. le général Billot. T. III, p. 478.

[2] ENQUÊTE. Déposition de M. le colonel Leperche. T. III, p. 397.

[3] Le général de Rivière, commandant le génie de l'armée,
partageait l'avis du général Billot. Quand il reçut, le 25 janvier,
l'ordre du général Borel de se porter sur Pontarlier, avec le
génie du XX⁰ corps, pour préparer les routes, il comprit la résolution du général en chef et, respectueusement, tenta auprès
du chef d'état-major une démarche pour l'en détourner. « Je
lui dis qu'il me semblait qu'avant de prendre cette détermination, au bout de laquelle était probablement un passage en
Suisse, l'armée n'avait peut-être pas fait ce qu'elle pouvait ;
qu'une armée de 85,000 hommes, avant d'être soumise à une
alternative aussi cruelle, devait tenter le sort des armes ; que,
si la fortune nous était contraire, nous succomberions au moins
avec honneur ; que l'armée ne me paraissait pas dans un état
d'affaiblissement physique et moral qui pût motiver une semblable détermination..... »
Le général Borel se rendit auprès du commandant en chef et
rentra en disant que « le général, revenant à d'autres idées, renonçait à un mouvement de retraite, qu'on allait s'établir sur
la ligne du Doubs et tenir tête à l'ennemi, pour déboucher au
moment opportun. » ENQUÊTE. Déposition de M. le général de
Rivière. T. V.
Il semble, d'après ces faits, que le général ait hésité jusqu'au
dernier instant sur le parti à prendre.

mouvement pour le lendemain, 25 janvier, furent rédigés immédiatement par l'état-major. Ils allaient conduire l'armée sur les hauts plateaux du Jura, avec leurs chaînes de montagne courant, parallèles, du nord-est au sud-ouest, traversées par de profondes vallées, taillées le plus souvent en défilés ou en gorges sauvages et se concentrant toutes sur Pontarlier. Des routes se dirigeant vers le sud et Lyon, la plus directe était déjà interceptée à Quingey. Celles conduisant par Arbois et par Salins sur Lons-le-Saunier étaient sérieusement menacées. Les seules qui fussent encore libres étaient celle de Saint-Hippolyte par Pontarlier et Champagnole et le chemin de montagne qui, de Pontarlier, longe la frontière suisse par Mouthe et Foncine-le-Bas et conduit à Saint-Laurent. Entre les routes, les hauteurs, difficiles à gravir, couvertes de forêts, peu habitées, étaient encombrées de masses énormes de neige.

Le XVᵉ corps était chargé de couvrir au midi de Besançon, front au sud-ouest, le cours de la Loue, les deux premières divisions en conservant leurs positions à Busy, à Chenecey, au moulin de Courcelles et aux forges de Châtillon ; la division Peytavin, en occupant Ornans, les hauteurs de Scey-en-Varais et d'Épeugney. La rive droite de la rivière devait être observée et occupée et l'artillerie mise en position partout où elle pourrait exercer une action. Des travaux devaient être entrepris et des reconnaissances poussées sur la rive gauche. La réserve d'artillerie du corps avait l'ordre de s'établir sur le plateau de Pugey. La cavalerie recevait pour instructions de passer la Loue à Cléron et à Ornans et de pousser ses reconnaissances et ses cantonnements sur Coulans, Éternoz, Déservillers, Reugney, Bolandoz et Longeville.

Un corps spécial, composé de la division Cremer, de la division Segard du XXᵉ corps et de la réserve générale de l'armée était chargé, sous les ordres du général Cremer, de couvrir le flanc droit de la marche. La réserve et la division Cremer, celle-ci sous les ordres du colonel Poullet, devaient passer le Doubs par le pont de la Velotte et marcher jusqu'à Pugey d'où la réserve irait cantonner à Ornans, Chantrans, Silley et Flagey, sur l'ancienne route Besançon-Pontarlier, tandis que la division Cremer se dirigerait sur Cléron, par Épeugney, de façon à pouvoir déboucher facilement, le 26 au matin, soit sur Amancey, soit sur Ornans. La division Segard devait passer le Doubs à Besançon même et coucher à Étalans en passant par Mamirolle et l'Hôpital. Chacune des trois colonnes avait son avant-garde. Elles devaient se tenir en communication les unes avec les autres et se faire suivre, à sept ou huit kilomètres, de leurs trains légers, en prenant soin de dissimuler le mieux possible leur marche aux vues de l'ennemi. Des instructions étaient données au commandant du XVe corps pour reconnaître la route Besançon-Ornans et aviser de la viabilité le général Pallu de la Barrière. Le général Cremer avait l'ordre d'aller lui-même à Ornans pour décider des dispositions à prendre et de la possibilité de l'occupation de la rive gauche de la Loue par les troupes de la réserve. Toutes les troupes mises en marche devaient être alignées en vivres pour cinq jours, soit jusqu'au 29 janvier inclusivement.

Quant aux XVIIIe et XXe corps et aux grands convois, ils devaient se tenir prêts à marcher, mais en conservant leurs positions jusqu'à nouvel ordre. Le XXIVe corps avait des instructions spéciales. Le quartier-général restait à Besançon. Le chef d'état-major Borel donnait, dès le lendemain, des ordres au génie pour le déblaiement des routes encombrées de neige. Les autorités et les populations civiles étaient requises de coopérer à ce travail.

Pendant que les trois divisions du général Cremer se rendaient, pendant la journée du 25 janvier, aux postes qui leur étaient assignés, le général de Bressolles avait pris ce même jour ses mesures pour réoccuper les positions du Lomont que la veille il avait évacuées sur l'ordre du quartier-général[1] et qu'un contre-ordre lui enjoignait de reprendre.

Le général de Schmeling avait laissé à l'Isle, sous les ordres du colonel de Zimmermann, un détachement pour maintenir ses communications avec Montbéliard et observer Pont-de-Roide et envoyé un bataillon et deux pièces de canon à Larians pour conserver le contact avec le gros du XIV⁰ corps en marche sur Rioz. Après quoi il s'était mis en route le 25 au matin, avait bousculé quelques détachements ennemis et occupé Pont-les-Moulins dans la journée, tandis que son avant-garde poussait jusqu'à Saint-Juan-d'Adam, Adam-les-Passavant, Silley et Villers-le-Sec. Il avait combattu des troupes de la division Daries qui, par Cuisance et Aïssey, avaient l'ordre de réoccuper Pont-les-Moulins. Elles s'étaient débandées en laissant entre les mains de la division Schmeling quatre cents prisonniers.

La division de Busserolle, atteinte le 24, à Vellevans, par l'ordre de rétrograder et de réoccuper sans délai Glainans, Chaux-les-Clerval et les défilés du Lomont, avait occupé dans la soirée du 25 janvier, avec le 89⁰ régiment provisoire, le 4⁰ bataillon de la Loire, une compagnie du génie et une batterie la route Villers-le-Sec à Croscy-le-Petit, tandis qu'à l'aile droite le colonel Valentin tenait, avec la 1ʳᵉ légion du Rhône, un bataillon de la 2⁰ légion et une batterie de montagne, Vellerot-les-Belvoir et Glainans. Deux bataillons de la 2⁰ légion du Rhône étaient restés en réserve à Vellevans.[2] Les troupes de la III⁰ division n'étaient pas entrées ce jour-là en contact avec l'ennemi.

Le même 25 janvier, le général de Debschitz avait entrepris sur Blamont une nouvelle reconnaissance par trois colonnes, de deux compagnies et quelques pièces de canon chacune. Celle de droite se dirigea par Exincourt et Bonde-

---

[1] L'auteur de cet ordre fâcheux paraît être le colonel Leperche (POULLET : *La campagne de l'Est.*)

[2] POULLET. *La campagne de l'Est*, p. 297.

val sur Blamont d'où elle délogea un faible détachement qui se retira en partie sur Pont-de-Roide, en partie sur Villers-les-Blamont. Celle du centre alla de Vaudoncourt, par Hérimoncourt, sur Roches et Écurcey et ne rencontra pas l'ennemi. Celle de gauche, partant de Croix, poussa par Abbévillers sur Meslières qu'elle trouva assez fortement occupé pour renoncer à une attaque. Le même soir, ces troupes étaient rentrées dans leurs cantonnements.

Le général Bourbaki avait reçu, au sortir du conseil de Château-Farine, une nouvelle dépêche de Bordeaux, datée : « 1 h. 59 soir ». dans laquelle on lui enjoignait à nouveau d'avoir à gagner le plus vite possible Nevers : « Je crois qu'il serait extrèmement dangereux pour vous de demeurer autour de Besançon, mandait M. de Freycinet, où le mieux qui pourrait vous arriver serait d'être désormais paralysé. Il faut à tout prix sortir de cette situation et effectuer par voie de terre, avec les XVe, XVIIIe et XXe corps le trajet que vous deviez effectuer en chemin de fer. Ainsi, il faut avec les forces que j'indique gagner le plus vite possible Nevers, ou mieux encore, la région Auxerre-Joigny-Tonnerre. Vous trouverez dans cette région une vingtaine de mille hommes que j'y ai disposés pour vous y recevoir. Dans quelle direction précise devrez-vous faire ce mouvement? C'est à vous naturellement de la déterminer d'après la position et les conditions du théâtre de la guerre. Mais il faudrait faire ensorte que ce mouvement profitât à reprendre Dôle, protéger Dijon et débarrasser nos communications ferrées au-dessus de Besançon. Quant aux corps de Cremer et de Bressolles, vous auriez soin de leur assigner de bonnes positions pour protéger votre propre mouvement.[1] Je répète, en terminant, qu'il faut vous hâter et que votre grand intérêt est, si je ne

---

[1] Pour cette correspondance télégraphique entre le général et M. de Freycinet, voir les pièces annexées aux dépositions de M. le général Bourbaki et de M. le colonel Leperche, au volume III de l'Enquête parlementaire.

me trompe, de vous retirer à tout prix avec les trois corps sus indiqués ». Cette dépêche se croisa avec celle que le général Bourbaki adressait au ministère : « Quand vous serez mieux informé, disait le général, vous regretterez le reproche de lenteur que vous me faites ; les hommes sont exténués de fatigue, les chevaux aussi. Je n'ai jamais perdu une heure ni pour aller, ni pour revenir. Je viens de voir tous les commandants de corps d'armée ; ils sont d'avis que nous prenions la route de Pontarlier, c'est la seule direction que l'état moral et physique des troupes permette de prendre ; vous ne vous faites pas une idée des souffrances que l'armée a endurées depuis le commencement de décembre. J'avais envoyé une division en chemin de fer pour s'emparer de Quingey et de Mouchard et une autre à Busy, les deux commandées par le général Martineau ; elles se sont reliées. Pendant que j'ai visité aujourd'hui les troupes de la rive droite du Doubs, le général Borel est allé placer lui-même à Busy celles du XVe corps, pour les maintenir sur ces positions et faire occuper les ponts de la Loue les plus voisins. Entre Dôle, Quingey et Mouchard, il y a deux corps d'armée ennemis : les IIe et VIIe. Demain je compte faire partir le plus vite possible trois divisions pour garder toutes les positions dont nous avons besoin et s'emparer de Pontarlier. Si ce plan ne vous convenait pas, je ne saurais vraiment que faire. Croyez que c'est un véritable martyre d'exercer un commandement en ce moment. J'avais prescrit au général Bressolles de garder le plateau de Blamont et les hauteurs de Lomont, de laisser des postes à l'Isle, à Clerval, à Baume-les-Dames, pour empêcher le rétablissement des ponts et d'affecter une division, avec les mobilisés, à cette mission : j'apprends à l'instant que ces positions sont abandonnées et j'ordonne de les réoccuper. Si vous croyez qu'un de mes commandants de corps d'armée puisse faire mieux que moi, n'hésitez pas, comme je l'ai déjà dit, à me remplacer ».

Quelques instants après, le général répondait à la dépêche du ministre lui ordonnant la marche sur Nevers : « Votre dépêche me prouve que vous croyez avoir une armée bien constituée. Il me semble que je vous ai dit souvent le contraire. Du reste, j'avoue que le labeur que vous m'infligez est au-dessus de mes forces et que vous feriez bien de me remplacer par Billot ou Clinchant. Je vous ai envoyé une longue dépêche ce soir, j'attends la réponse avec impatience. Les deux divisions du XXIVᵉ corps qui doivent rallier n'arriveront qu'après-demain, mais je commence mon mouvement demain, à moins d'ordres contraires. Ma santé est très altérée».

Les officiers de l'état-major du général étaient fort inquiets. « Depuis le combat d'Arcey, écrit l'un d'eux, il était devenu sombre, irritable et il était pris d'un tel dégoût que nous étions convaincus dans son entourage que, dans un moment de désespoir, il finirait par se tuer. Nous n'étions malheureusement pas loin du moment où ces tristes prévisions devaient se réaliser. Les dépêches du ministre ou de son délégué allant jusqu'à l'accuser, insidieusement, de manquer d'énergie et d'activité, mirent le comble à la mesure ».[1] Fondés ou non, les reproches du ministère devaient être douloureux au général. Il eût certainement mieux valu couper court à cette correspondance et saisir l'occasion que le chef de l'armée offrait pour le remplacer dans son commande-ment.

Dans la nuit, le général recevait de Bordeaux un supplément d'instructions : «Sans nouvelles de vous ce soir, je reviens avec une nouvelle insistance sur la nécessité pour vous de vous dégager, télégraphiait M. de Freycinet. Il faut que vous quittiez Besançon avec les corps que j'ai indiqués dans une précédente dépêche et que vous vous portiez vers la région que j'ai également indiquée. A vous de déterminer le moment

---

[1] *Le général Bourbaki*, p. 320.

et la direction de votre mouvement, mais il est nécessaire qu'il se fasse à bref délai. Cela est nécessaire non seulement au point de vue militaire, mais encore pour rassurer le pays qui commence à être inquiet sur le sort de votre armée. Les renseignements du jour confirment ce que nous savions sur le mouvement de l'ennemi par Dijon, Dôle et Mouchard. Je suis même porté à croire que l'ennemi reçoit des renforts dans cette direction qui débouchent par Is-sur-Tille. Pour peu donc que vous tardiez, vos difficultés pour vous dégager augmenteront sensiblement. Cette situation se dessinant, peut-être vaudrait-il mieux ramener la totalité de vos forces en assurant seulement la garnison de Besançon. La partie des forces que vous ne conserveriez pas définitivement serait laissée en relation avec Garibaldi. Elle conserverait la disponibilité de ses mouvements, tandis que si vous la laissiez autour de Besançon, il est à craindre qu'elle ne soit bientôt réduite à en grossir la garnison et à tenir un rôle purement passif ».

A minuit quarante-cinq minutes, le général répondait encore : « La marche que vous me prescrivez, impossible ; c'est comme si vous ordonniez à la deuxième armée d'aller à Chartres. J'ai une armée sur droite évaluée à 90,000 hommes ; au centre et à gauche, deux corps d'armée, IIe et VIIe, qui viennent de Dôle, la forêt de Chaux et Quingey. Dans mes trois corps d'armée, je n'ai pas 30,000 combattants ; des batteries sont établies sur les routes. Si je vais jusqu'à Dôle, je ne reviendrai pas à Besançon et je ne passerai pas plus loin. Je vois une seule chance, route de Pontarlier, et ceci d'accord avec commandants de corps d'armée. Je n'ai passables que trois quarts de XVIIIe corps, 6000 hommes de réserve, et une bonne partie de la division Cremer. Je puis de Pontarlier gagner la vallée du Rhône, couvert par un masque de troupes, mais je ne puis avoir espérance battre forces supérieures. Répondez-moi de suite, je vous prie ».

Le lendemain, 25 janvier, à trois heures cinquante du

soir, il télégraphiait de nouveau : « J'éprouve le besoin
d'insister auprès de vous sur les dangers que présenteraient
toutes opérations de la première armée sur Nevers, Auxerre
et Tonnerre, quelque désirable qu'en soit la réalisation.
L'état moral de l'armée est très peu solide. Elle ne pourrait
enlever Dôle. En outre, il nous faudrait passer entre deux
rivières occupées par l'ennemi, exécuter ainsi une double
marche de flanc, passer la Saône à Auxonne, et pour peu
que l'ennemi, profitant de cette situation, menace nos derrières, accepter le combat ayant la Saône à dos, avec un
seul point de passage. L'ennemi ne peut se concentrer
aussi rapidement sur une de ses ailes que sur son centre,
et plus il me suivra vers le sud, plus il découvrira sa propre
ligne de communication. Si je puis le devancer à Salins,
mon mouvement se trouvera réduit comme distance,
comme difficulté des routes que couvre la neige et comme
temps. J'ai dirigé ce matin trois colonnes : la division Cremer, la réserve générale de l'armée et une division du XXe
corps, qui s'arrêteront ce soir sur les bords de la Loue, à
Cléron et à Ornans, et qui continueront leur route demain,
soit dans la direction de Salins, soit dans celle de Pontarlier,
suivant les circonstances. Ma grande préoccupation est d'assurer la subsistance des hommes. Elle sera bien réduite si
Besançon ne possède toutes les ressources que j'avais demandé d'y accumuler. L'intendant Friant prétend vous
avoir signalé à diverses reprises l'impossibilité d'atteindre
le résultat voulu à cause de l'encombrement des voies ferrées. Il importe peu qu'il soit ou non responsable de cet
état de choses, il ne m'en cause pas moins une situation
extrêmement difficile. Je reçois votre télégramme de cette
nuit, réclamant des nouvelles. Je vous ai télégraphié hier
soir, à huit heures trente et à neuf heures, et cette nuit à
minuit quarante-cinq minutes. Quant à présent, je ne puis
que chercher à me dégager et non à percer la ligne ennemie ».

Dans la soirée du 25, le général recevait de Bordeaux une dépêche datée 2 h. 30, soir, ainsi conçue : « Vos dépêches chiffrées d'hier au soir ne sont arrivées ici que ce matin après dix heures. Elles n'ont été déchiffrées et je n'ai pu en prendre lecture que vers une heure. Je m'empresse d'y répondre. Je suis tombé des nues, je l'avoue, à leur lecture. Il y a huit jours à peine, devant Héricourt, vous me parliez de votre ardeur à poursuivre le programme commencé, et aujourd'hui, sans avoir eu à livrer un seul combat, après avoir fait des mouvements à peine sensibles sur la carte, vous m'annoncez que votre armée est hors d'état de marcher et de combattre, qu'elle ne compte pas 30.000 combattants, que la marche que je vous conseille vers l'ouest ou le sud est impossible, et que vous n'avez d'autre solution que de vous diriger sur Pontarlier. Enfin, vous concluez par me demander mes instructions. Quelles instructions voulez-vous que je donne à un général en chef qui me déclare qu'il n'y a pas d'autre parti à prendre ?[1] Puis-je, je vous le demande, prendre la responsabilité d'un de ces échecs qui suivent trop souvent la détermination qu'on impose à un chef d'armée ? Je ne puis que vous manifester énergiquement mon opinion, mais je n'ai pas le droit de me substituer à vous-même, et la décision en dernier lieu vous appartient. Or, mon opinion est que vous exagérez le mal. Il me paraît impossible que votre armée soit réduite au point que vous dites. Le commandement d'un bon chef ne peut pas, en si peu de temps, laisser une telle désorganisation s'accomplir. Je crois donc que, sous l'impression de votre dernier insuccès, vous voyez la situation autrement qu'elle n'est ; en second lieu, je crois fermement que votre marche sur Pontarlier vous prépare un désastre inévitable. Vous n'en sortirez pas, vous serez obligé de capituler ou de

---

[1] Aux termes des instructions ministérielles, le général était tenu de soumettre chaque soir au ministère, pour approbation ou modification, son plan du lendemain.

vous jeter en Suisse. Quelle que soit la direction que vous preniez pour sortir de Pontarlier, l'ennemi aura moins de chemin à faire que vous pour vous barrer le passage. Ma conviction bien arrêtée c'est qu'en réunissant tous vos corps, et vous concertant au besoin avec Garibaldi, vous seriez pleinement en force pour passer, soit par Dôle, soit par Mouchard, soit par Gray, soit par Pontailler; vous laisseriez ensuite le XXIVᵉ corps et le corps Cremer en relation avec Garibaldi, et vous continueriez votre mouvement en prenant, autant que possible, pour objectif les points indiqués dans mes dépêches précédentes; et si l'état de votre armée ne permettait réellement pas une marche aussi longue, vous vous dirigeriez vers Chagny, pour y stationner ou pour vous y rembarquer. Remarquez que dans la position que vous allez prendre, vous ne couvrirez pas même Lyon. Telle est, général, mon opinion : mais, je le répète, vous seul êtes juge en dernier ressort, car vous seul connaissez exactement l'état physique et moral de vos troupes et de leurs chefs ».

Il y avait plusieurs accusations injustes dans la dépêche du ministère. M. de Freycinet ne tenait pas compte de la composition de l'armée, de l'abattement dans lequel elle était tombée, des obstacles contre lesquels elle avait à lutter. Et s'il y avait de l'irrésolution dans le fait du général, si l'état-major n'avait pas pris, dès le commencement de la retraite, des mesures de précaution suffisantes contre le débouché du général de Manteuffel sur la Saône, l'Ognon et le Doubs, M. de Freycinet devait se demander s'il n'en avait pas sa part de responsabilité. N'avait-il pas, dès le milieu de janvier, mis le général en garde contre les prétendues exagérations des dépêches, si exactes pourtant, les seules exactes, du préfet de Lyon, M. Luce Villiard ? Et dès lors, n'avait-il pas constamment nié la marche du général de Manteuffel dans presque toutes ses dépêches, celles du 24 janvier y comprises ? Il ne devait donc pas s'étonner que, renseigné de la sorte par le ministère, induit en erreur sur le danger qui le menaçait, le général n'eût pas prêté à l'enveloppement dont il était la victime toute l'attention que la situation commandait.

Le 26 janvier, à une heure du matin, le général répondait au ministère : « Je fais occuper les débouchés de Salins et les passages de la Loue. J'avais chargé le général Bressolles de faire garder les défilés du Lomont. J'apprends que son corps d'armée a fui tout entier, presque sans combattre. Je pars avec le XVIIIᵉ corps pour tâcher de reconquérir les positions perdues. Vous me dites de m'entendre avec Garibaldi. Je n'ai aucun moyen de correspondre avec lui, mais si vous ne faites pas attaquer l'ennemi sur ses communications, je me considère comme perdu. Je tiendrai le plus longtemps possible de Salins à Pontarlier et aux monts Lomont. C'est tout ce que je puis faire avec les soldats que j'ai. Secourez-moi donc par tous les moyens et aussitôt que je verrai la possibilité de me jeter sur Dôle, j'en profiterai, soyez-en bien sûr. Vu l'état moral et physique de l'armée et tant que l'ennemi tiendra l'Ognon, le Doubs et la Saône, je ne pourrai tenter pareille entreprise. Croyez-le bien, en ne faisant pas assurer mes derrières, vous m'avez laissé aux prises avec 140,000 hommes ».

Dans la journée du 25 janvier, le général s'était préoccupé surtout de la garde du plateau de Lomont. Il avait enjoint au général de Bressolles, dont il croyait le corps dans le plus grand désordre et presque en fuite, ce qui n'était vrai que partiellement, de réunir tous ses hommes valides et de résister à tout prix à la poussée de la division Schmeling. « Arrêtez votre mouvement si malheureux de retraite, lui mandait-il. Je me porte en avant avec tout le XVIIIᵉ corps. Demain nous refoulerons l'ennemi. J'appuierai ma gauche aux collines qui bordent la rive gauche du Doubs. Portez-vous en deux colonnes l'une sur Vaudrivilliers, l'autre sur Passavant. De mon côté, je me dirigerai par Nancray et

Bouclans sur Côte-Brune, d'une part, et de l'autre, par Bouclans sur Vauchamps et Dammartin. Prenez vos meilleures troupes. Que chaque général soit à la tête de celles placées sous son commandement. Je compte vous voir refouler l'ennemi sur Pont-les-Moulins. Rappelez le général Comagny que vous me dites s'être dirigé sur le Russey, au lieu de passer par Pierrefontaine. Exigez impérativement l'exécution de mes ordres ».

Le commandant du XXIVᵉ corps avait rendu compte au général en chef de ce qui s'était passé sur ses positions : l'occupation de Pont-les-Moulins par l'ennemi et la tentative avortée du général Daries de l'en déloger ; la débandade de la 3ᵉ légion du Rhône: la retraite inopinée du général Comagny sur le Russey. « Avec des troupes comme les nôtres, mandait le général, il est impossible de songer à reprendre des positions très fortes qui ont été abandonnées lâchement par des bandes qu'on a absolument voulu considérer comme des armées. A l'instant, un habitant de Pont-les-Moulins arrive et me dit que l'ennemi est en grande force : je ne puis tenir avec les 4000 hommes du général Daries que j'ai consulté et qui m'a dit qu'il n'avait aucune confiance et ne pouvait compter sur rien. Je ne puis espérer de me retirer sur Besançon…» Le général avait annoncé par conséquent que la division de Busserolle resterait de garde sur le plateau de Lomont et que la Iʳᵉ division se rabattrait sur Vercel « afin de sauver le matériel et d'éviter une débandade ». Le général était à bout de forces. Il avait fait son possible pour faire marcher ses troupes. Il avait vu tous ses efforts échouer. « Vous comprendrez, mon général, que je vous écris cette lettre la mort dans l'âme: la décision que je prends est la seule possible; je ne puis attendre vos ordres et cette retraite est ordonnée par les circonstances ».[1]

[1] ENQUÊTE. T. II. p. 111.

Cependant, quand il reçut la dépêche impérieuse du général en chef l'avisant que, le 26 janvier, le XVIII<sup>e</sup> corps viendrait à la rescousse, le général de Bressolles voulut tenter une dernière fois de réunir ses régiments. Il envoya un officier d'ordonnance au général Comagny pour lui enjoindre d'arrêter incontinent ses colonnes, de faire demi-tour et de se rabattre sur Passavant. Il fut impossible de trouver cet officier, déjà en route pour Pontarlier.[1] Un autre officier fut détaché auprès du général de Busserolle pour que celui-ci gagnât Vaudrivilliers et attaquât Passavant à droite, dès qu'il entendrait le canon. Le colonel Valentin qui occupait le Lomont avec quatre bataillons et une batterie de la 1<sup>re</sup> légion du Rhône reçut, à trois heures du soir, à Pierrefontaine, l'ordre de son divisionnaire de se replier sur Vaudrivilliers. Il refusa de marcher, et « vu les renseignements qu'il avait sur l'ennemi, vu la fatigue et la dyssenterie de ses hommes », fit savoir qu'il se retirait sur Morteau.[2] Quant au général Daries, à la réception de l'ordre d'attaquer Passavant de concert avec la division de Busserolle, il se rendit auprès du commandant du corps d'armée et là, les larmes aux yeux, déclara que c'était mener les troupes à la boucherie, que tout effort était inutile, qu'il ne pouvait plus compter sur ses 1500 ou 1800 hommes pour tirer un coup de fusil et que « c'était marcher à un désastre absolu. » Le général de Bressolles insista néanmoins. Il se rendit à Passavant, y passa la journée du 26 janvier et attendit jusqu'à quatre heures du soir le canon du XVIII<sup>e</sup> corps. « Nous n'avions que six pièces d'artillerie et 1400 hommes, fatigués,

---

[1] « Je fis chercher cette division par des cavaliers, des piétons, des estafettes, des espions, impossible de mettre la main dessus ; le payeur lui-même qui avait à lui faire la solde alla jusqu'à Pierrefontaine et ne la trouva pas. Je l'ai retrouvée à Pontarlier le 28. » — ENQUÊTE. Déposition de M. le général de Bressolles. T. IV, p. 323.

[2] Le colonel Valentin fut révoqué quelques jours après, par ordre du ministre de la guerre.

démoralisés, abattus par le froid, n'ayant plus ou presque plus de cadres, dans une situation désespérée. »[1]

Le canon du XVIIIᵉ corps ne tonna pas, le 26 janvier, sur les hauteurs du Lomont. Le général de Bressolles l'attendit en vain.

Dans la nuit du 25 au 26, le général Bourbaki avait fait connaître au général Billot ses intentions : « Je suis informé, lui écrivait-il, que 5 à 6000 Prussiens ont passé le Doubs près de Baume, sur un pont de bateaux et qu'ils ont dû rencontrer des troupes du XXIVᵉ corps d'armée. J'envoie sur-le-champ une reconnaissance de gendarmes que j'ai sous la main. Je vous prie de désigner deux divisions de votre corps d'armée pour remonter la rive gauche du Doubs et aider le XXIVᵉ corps, ou plutôt la partie de ce corps qui a rencontré l'ennemi, à jeter ce dernier dans le Doubs. Tenez, dès à présent, ces divisions prêtes à partir. Vous allez recevoir dans quelques instants des ordres et des instructions ».

Les ordres vinrent, en effet, sous plusieurs formes, par le chef d'état-major et par le général en chef lui-même. En dernier lieu, ce n'étaient plus deux divisions qui devaient marcher, mais le corps tout entier. Après diverses hésitations, la direction des troupes avait été fixée comme suit : division Penhoat, Bouclans ; division Pilatrie, Osse ; division Bonnet et division de cavalerie, Nancray ; réserve d'artillerie, Gennes. Les convois et les parcs restaient en place. Tout le corps d'armée traversait la ville de Besançon en une seule colonne, suivant un itinéraire tracé par l'état-major de l'armée.

A cinq heures du matin, le général Billot quittait ses quartiers de Saint-Claude et malgré l'extrême difficulté que pré-

---

[1] ENQUÊTE. Déposition de M. le général de Bressolles. T. IV, p. 324. — Le ministre de la guerre, ignorant les faits exacts, révoqua le général de Bressolles de son commandement et le remplaça par le général Comagny. Pourtant, le premier avait exécuté, dans la mesure du possible, les ordres reçus, tandis que le deuxième les avait enfreints manifestement.

sentait la traversée de la ville de Besançon et des routes au
nord, encombrées de troupes et d'équipages de guerre circulant en tous sens, la longue colonne du XVIIIᵉ corps atteignit dans la soirée les positions qui lui avaient été assignées. Il y trouva, sur sa droite, la IIIᵉ division du XXIVᵉ
corps et les débris de la Iʳᵉ, mais n'eut pas à recevoir l'attaque de l'ennemi. Le général de Schmeling qui occupait
Adam-les-Passavant et Saint-Juan-d'Adam avec son gros,
Aissey et Passavant avec son avant-garde ne se hasarda pas
à pousser plus au sud dans la même journée. Il avait reçu
de son chef la communication d'un avis venu de Berne et de
Bâle, disant que l'armée française marchait avec 30,000 hommes par Blamont contre Belfort. Le général de Werder, à ce
moment en marche sur Marnay, laissait au commandant de
la IVᵉ division le soin de parer pour le mieux à cette attaque
si elle venait à se produire, lui recommandant seulement de
se tenir en relation avec Montbéliard et avec la brigade de
landwehr du général de Debschitz. Le général de Schmeling
avait jugé prudent, en pareille occurrence, de ne pas pénétrer trop avant dans la montagne et de ne pas s'éloigner trop
des ponts de Baume-les-Dames et de Clerval, avant d'être
exactement renseigné sur ce qui se passait devant son front.
Ses patrouilles, poussées en reconnaissance, eurent quelques engagements légers avec des détachements français à
Ossans et à Ouvans. Son avant-garde occupa même, dans
l'après-midi, une position de combat à Chau-de-Vache et à
Les Fourches. On constata que Bouclans et Osse étaient
occupés,[1] que des colonnes étaient en marche de Lanans sur
Vaudrivillers,[2] qu'à Pont-de-Roide il n'y avait pas d'ennemi,
mais on s'en tint à ces constatations. A l'aile gauche, la communication avec le général de Debschitz n'était pas établie.
La division était donc passablement isolée, affaiblie aussi

[1] XVIIIᵉ corps.
[2] IIIᵉ division du XXIVᵉ corps.

par le détachement qui, sous les ordres du colonel de Zimmermann,[1] couvrait le flanc gauche et était resté en arrière,
et par celui qui, à Larians,[2] tenait la communication avec
le XIVe corps. Ensorte que le général de Schmeling décida,
avant d'aller de l'avant, de compléter le lendemain, 27 janvier, par d'ultérieures reconnaissances, les renseignements
qui lui manquaient sur les intentions de l'ennemi.

Le général Bourbaki supposait que le XVIIIe corps entre-
rait au combat dans la journée même du 26 janvier et trouverait devant lui tout le corps d'armée du général de Werder
qu'on n'avait pas revu depuis le commencement de la retraite. Il avait annoncé au général de Bressolles que lui-
même dirigerait les opérations. Dans l'entourage du général, on ne doutait pas qu'il ne cherchât une occasion de se
faire tuer, l'épée à la main, dans quelque attaque des positions ennemies.

A sept heures quarante du matin, comme il allait monter à
cheval, le général avait reçu une dernière dépêche du ministère, datée de Bordeaux, 25 janvier, 5 h. 33 du soir : «Plus je
réfléchis à votre projet de marcher sur Pontarlier et moins je
le comprends, lui mandait M. de Freycinet. Je viens d'en
parler avec les généraux du ministère et leur étonnement
égale le mien. N'y a-t il point erreur de nom? Est-ce bien
Pontarlier que vous avez voulu dire? Pontarlier près de la
Suisse? Si c'est là, en effet, votre objectif, avez-vous envi-
sagé les conséquences? Avec quoi vivrez-vous? Vous mour-
rez de faim certainement. Vous serez obligé de capituler ou
d'aller en Suisse ; car pour vous en échapper, je n'aperçois
aucun moyen. Partout vous trouverez l'ennemi devant vous
et avant vous. Le salut, j'en suis sûr, n'est que dans une des
directions que j'ai indiquées, dussiez-vous laisser vos *impe-
dimenta* derrière vous et n'emmener avec vous que vos

---

[1] Deux bataillons, deux escadrons et deux batteries.
[2] Un bataillon, un escadron et deux batteries.

troupes valides. A tout prix, il faut faire une trouée. Hors de là, vous vous perdez ».

Le général, profondément attristé, se rendait compte mieux que personne de la gravité de la situation. Il monta à cheval, se dirigea sur la route que, d'après les ordres de son état-major, le XVIIIe corps devait suivre et constata, avec douleur, qu'elle était encombrée et que la marche des troupes en était déplorablement ralentie. «Nous ne tardons pas,[1] en suivant la superbe route en corniche qui conduit au village de Morre, à rencontrer des voitures d'artillerie, des voitures de réquisition, des voitures de toute sorte encombrant de plus en plus la route sans avoir de possibilité de les dégager.[2] Aucune des prescriptions si sages du général n'avait été observée : les voitures étaient sur deux et trois de front, beaucoup placées obliquement et dételées, leurs conducteurs étant absents. Aucun fractionnement du convoi n'avait été opéré. Personne ne semblait d'ailleurs s'être préoccupé des ordres donnés : les hommes, quelquefois même les sous-officiers auxquels on s'adressait, étaient incapables de faire connaître le service ou le corps auquel ils appartenaient. A peine trouvait-on, de loin en loin, un sous-officier à qui l'on pût s'adresser. En maints endroits, il était presque impossible de passer à cheval entre les voitures. Ce spectacle attrista profondément le général. Après avoir essayé en vain, sur plusieurs points, de faire cesser l'encombrement, voyant tout le mouvement arrêté, il se retourna vers moi et me dit : « Notre mouvement ne pourra pas être exécuté en temps opportun ; mon pauvre ami, l'armée est perdue ». En parlant ainsi, le général paraissait navré. il avait la mort dans l'âme. »

[1] *Le général Bourbaki*, p. 337 et suivantes: relation de M. le colonel Leperche.

[2] C'étaient les voitures du XXIVe corps évacuant le Lomont et celles du parc de l'artillerie de l'armée, mises en route sans ordre. ENQUÊTE. Déposition de M. le général Billot. — *Le général Bourbaki*. p. 339.

Le général descendit de cheval près de la bifurcation des routes de Maiche et de Pontarlier. Il était près de cinq heures du soir, quand survint le général Billot. Une conversation s'engagea entre les deux officiers. Le général Billot l'a rapportée :[1]

« Le général était triste, mais toujours dévoué, veillant avec sa bienveillance et son énergie accoutumées à la marche des troupes. Il faisait déblayer lui-même la route.

« Que pensez-vous de tout cela? me dit-il. Pensez-vous pouvoir attaquer l'ennemi ce soir? Vous voyez mon corps d'armée, lui répondis-je, il trime depuis douze heures pour s'ouvrir un passage entre les voitures et gravir une pente glacée, il n'arrivera guère que de nuit. Demain, il pourra attaquer si l'ennemi nous attend, mais je crois que nous devrions prendre un bon parti, de pousser soit sur Pontailler à gauche, soit sur Auxonne à droite, donner l'ordre dans la nuit et marcher sans désemparer pour ne pas être enveloppés ; d'ailleurs, nous n'avons guère que cinq jours de vivres et il nous les faut pour sortir d'ici et gagner des points de ravitaillement.

« Le général Bourbaki me répondit qu'il espérait recevoir des vivres par la Suisse, qu'il y avait des trains en route et qu'une fois à Pontarlier, tout serait sauvé. Pourquoi vouliez-vous aller à Auxonne, me demanda-t-il? Parce que, lui dis-je, je redoutais ce froid, ce climat affreux, qui tuent nos chevaux et même nos hommes.

« Il me dit encore que les troupes étaient trop jeunes et qu'on ne pouvait guère avoir en elles la confiance nécessaire pour les conduire contre l'ennemi. Il m'offrit le commandement : Non, lui répondis-je, je ferai tout ce que vous m'ordonnerez, mais il faut que l'armée reste commandée par le général Bourbaki. Pour les Prussiens, une armée commandée par vous, c'est quelque chose ; pour la France, c'est beau-

[1] ENQUÊTE. Déposition de M. le général Billot. T. III.

coup. Commandée par le général Billot, qui est inconnu, cette armée ne serait rien ; mettez-moi où vous voudrez, à l'avant-garde ou à l'arrière-garde, je mets tout mon dévouement à votre disposition, mais il faut que l'armée vous garde à sa tête. Du reste, soyez tranquille, nous arriverons à bon port.

« Il me dit qu'il allait faire appeler l'intendant-général, M. Friant, pour lui demander si l'on devait conserver l'espoir d'être ravitaillé par la Suisse. »

L'entretien des deux généraux en resta là. Le général Billot continua son chemin sur Nancray où il allait passer la nuit. Le général Bourbaki reprit à pied, par la route toujours encombrée, le chemin de Besançon. Il était en ville peu avant la chute du jour et reçut quelques officiers, entre autres l'intendant-général Friant qui lui annonça n'avoir pas encore de nouvelles des deux intendants envoyés à Pontarlier pour y préparer l'alimentation des troupes. Il donna à son premier adjudant, le lieutenant-colonel Leperche, ses instructions pour l'ordre de mouvement du lendemain. « D'après sa volonté, le mouvement de retraite devait continuer sur Salins ou au besoin sur Pontarlier. Besançon devait être protégé par deux divisions, l'une du corps Clinchant sur la rive droite ; l'autre, la meilleure du corps Martineau. sur la rive gauche. La division du corps Clinchant appelée à suivre l'armée devait traverser Besançon pendant la nuit et le mouvement général commencer dès le lendemain matin, afin de ne pas perdre de temps et de ne pas consommer inutilement des vivres à la place de Besançon. Toutes les mesures devaient être prises pour que les routes fussent rendues libres pendant la nuit. Aucune voiture ne devait y stationner. Les hommes devaient prendre le plus de vivres et de munitions possible ; les caissons et les voitures vides, ainsi que les pièces non susceptibles d'être attelées, devaient être laissés dans le voisinage de Besançon et s'en rapprocher le plus possible ; les bagages devaient être abandonnés au besoin. Ordre devait être donné de procéder à toutes les réquisitions nécessaires, afin de ménager le plus possible les ressources emportées dans le sac. »

Cela fait, le général congédia ses officiers, se rendit, inaperçu, dans la chambre du lieutenant-colonel Leperche pour y prendre un revolver, rentra chez lui, s'étendit sur son lit, puis, le cœur brisé et l'âme lasse, dirigea le bout du canon de son pistolet sur la tempe et lâcha la détente. Il était sept heures et demie du soir . . . . . . . . . .

. . . . . . . . . . . . . . . . . . . . . . . .

Le général ne s'était blessé que légèrement. La balle avait glissé sur le crâne. Quelques heures après, vers minuit, il faisait lui-même au lieutenant-colonel Leperche le récit de sa tentative de suicide. Sous l'empire des dépêches du ministère qui le poussaient à accomplir « une opération insensée », la marche sur Dôle, Auxonne et Dijon, tandis que ses chefs de corps l'informaient qu'ils ne pouvaient plus compter sur leurs troupes ; écrasé par la malveillance dont il se sentait l'objet et par la perspective d'une accusation de trahison s'il entrait en Suisse avec l'armée, il avait voulu se faire tuer à l'ennemi en se mettant à la tête du XVIIIe corps. La lenteur de la marche des troupes lui avait montré qu'une action quelque peu sérieuse n'était plus possible dans la journée. Il avait résolu alors d'en finir autrement avec la vie....[1]

[1] Dans le rapport du général Bourbaki au ministre de la guerre, du 3 mars 1871, on lit :

« Les dépêches ministérielles que je recevais n'appréciaient nullement le sacrifice immense que j'avais fait en acceptant une tâche impossible pour venir en aide à la garnison de Paris, en attirant sur moi un total de 140,000 hommes environ, dont 50,000 avaient quitté l'armée de blocus dès les derniers jours de décembre. Elles ne tenaient aucun compte du rôle d'abnégation auquel je m'étais voué dans le but d'arriver. en périssant, au besoin, sur les lignes de communication de l'ennemi, si un hasard inespéré nous venait en aide. Elles rejetaient, au contraire, sur moi toute la responsabilité des faits douloureux qui se produisaient, sans reconnaître le peu de valeur des éléments

Dans la même nuit, le 27 janvier, à quatre heures du matin, le général Clinchant recevait la dépêche suivante :

« Bordeaux, le 26 janvier 1871, 5 h. 50 soir.

« Guerre à général Clinchant, à Besançon.

« A la réception de la présente dépêche, vous prendrez le commandement général de la 1re armée en remplacement du général Bourbaki que j'avise à l'instant même. Je suis sûr que la résolution et la confiance qui vous animaient à Bourges ne vous ont pas abandonné et que vous saurez ramener vos forces. Vous nous aviserez de vos dispositions.

« Léon GAMBETTA.

« P.-S. Vous pourvoirez vous-même à votre remplacement à la tête du XXe corps, provisoirement ou d'une manière définitive, avec officier général qui vous agréera le mieux. Vous remplacerez également le général de Bressolles à la tête du XXIVe corps, par le général Comagny, qui appartient à ce corps.

« Léon GAMBETTA. »

A quatre heures et demie, le général Bourbaki recevait cette dépêche :

placés entre mes mains, les effets de la température affreuse à laquelle l'armée avait été soumise, ceux de la continuité des marches qu'elle avait exécutées, ce qui n'empêchait pas d'ajouter à tous les autres reproches celui de lenteur. Elles ne tenaient aucun compte non plus, ni du manque fréquent de vivres, ni de la non réalisation des promesses faites de garder solidement le cours de la Saône pour couvrir mon flanc et mes derrières et de remplir Besançon de vivres et de munitions. Dans ces conditions, je donnai les derniers ordres nécessaires pour continuer le lendemain le mouvement de retraite, puis je reculai devant la pensée que des appréciations injustes des causes de mon insuccès seraient la récompense de mes efforts...... »

« Bordeaux, le 26 janvier 1871, 5 h. 56 soir.

« Guerre à général Bourbaki, Besançon.

« En face de vos hésitations et du manque de confiance que vous manifestez vous-même sur la direction d'une entreprise dont nous attendions de si grands résultats, je vous prie de remettre votre commandement au général Clinchant. Jusqu'à ce que cette remise soit effective et efficace, vous assurerez sous votre responsabilité l'exécution des mesures que commande l'intérêt de l'armée.

« Léon GAMBETTA. »

Ce même jour, à la même heure, M. Jules Favre, vice-président du gouvernement de la Défense nationale et M. le comte de Bismarck étaient tombés d'accord, à Versailles, sur les bases de la capitulation de Paris que l'opération de l'armée de l'Est devait conjurer. A huit heures du soir, comme M. Jules Favre allait rentrer dans Paris, les deux plénipotentiaires, voyant l'entente près d'être établie, avaient convenu de suspendre le feu des batteries.[1]

Le 26 janvier, à minuit, le Mont-Valérien tirait le dernier coup de canon du siège.

Deux jours après, M. Jules Favre et M. de Bismarck signaient l'armistice de Versailles, précurseur de la paix.

[1] Enquête. Déposition de M. Jules Favre. T. I, p. 374.

# CHAPITRE XIX

## LA RETRAITE SUR PONTARLIER

Le ministère de la guerre, à Bordeaux, n'avait pas perdu encore tout espoir de voir la 1re armée renoncer à la retraite sur Pontarlier.

Immédiatement après avoir pourvu au remplacement du général Bourbaki, il s'inquiétait des moyens de dégager les positions de Besançon par une forte diversion sur les derrières de l'ennemi. Le 26 janvier, à dix heures cinquante minutes du soir, quelques heures après avoir investi le général Clinchant du commandement, il faisait appel au concours de l'armée de Lyon par une dépêche au général Crouzat.

« Vous avez émis l'idée, lui mandait M. de Freycinet, de faire une démonstration sur Lons-le-Saunier et Mouchard. Cette idée me paraît fort bonne. Quelle que soit l'importance du résultat à en attendre, je ne puis vous demander de quitter Lyon, où je comprends toute l'utilité de votre présence. Mais je vous demande, au moyen de mobilisés de l'Ain et du Rhône, y compris Sathonay, de former immédiatement une colonne choisie de 15,000 hommes au moins, en prenant

pour point de concentration Lons-le-Saunier, à moins qu'on
ne vous signale de cette ville l'impossibilité de s'y concentrer sans danger. Vous adjoindrez à cette force le plus que
vous pourrez d'artillerie de campagne de Lyon. Vous don-
nerez le tout à commander au général Pélissier, qui vient
de se bien montrer à Dijon, qui a l'habitude des mobilisés
et qui, dans ce commandement, verra, de notre part, la
preuve que nous lui avons conservé toute notre confiance.
Vous adjoindrez à Pélissier des officiers d'état-major que
vous choisirez les meilleurs possibles. Au moment où, de
Lons-le-Saunier, la démonstration s'effectuerait sur Mouchard, toutes nos mesures seraient prises pour que Garibaldi
fît un mouvement concordant. Je crois inutile d'ajouter, car
vous le sentez comme nous, que tout le mérite de cette
combinaison est dans la promptitude, qui doit être foudroyante ».

Le lendemain soir, à onze heures cinquante-six minutes,
nouvelle dépêche : « Accélérez à tout prix la concentration
des troupes destinées à opérer sous Pélissier et portez le
point de concentration le plus près possible de Lons-le-Saunier. Je vous donne tout pouvoir sur chemin de fer, ainsi
que sur tous autres moyens de transport que vous jugerez
utile de réquisitionner. Au nom de la patrie, hâtez-vous ».

Le lendemain, 28 janvier, à onze heures quinze du soir,
le délégué à la Guerre avisait la compagnie Paris-Lyon-Méditerranée qu'elle eût à transporter le 29, dès quatre heures
du soir à minuit, de Châtellerault à Beaune, une brigade de
5000 hommes d'infanterie, avec deux batteries, destinée à
marcher, de concert avec Garibaldi, sur Dôle.

La veille déjà, M. de Freycinet avait sollicité le chef de
l'armée des Vosges de sortir de Dijon : « Je viens confier à
votre grand cœur la situation de l'armée de l'Est et vous
demander votre appui pour elle. Vous seul pouvez en ce
moment tenter une diversion efficace ». La dépêche ministérielle exposait au général la situation de l'armée, la néces-

sité d'une action immédiate sur Dôle et la Forêt-de-Chaux et les ordres donnés au général Crouzat de marcher sur Lons-le-Saunier. « L'entreprise que nous vous demandons est très difficile, impossible pour tout autre que vous, puisqu'il s'agit, avec de faibles forces, de préserver Dijon d'un coup de main et d'arracher Dôle à l'ennemi, en même temps que de vous maintenir dans vos positions étendues, comme la Forêt-de-Chaux, que l'ennemi occupe déjà sans doute. Cette entreprise est digne de votre génie. Croyez-vous pouvoir la tenter ? Répondez-moi d'urgence, je vous en prie. »

En même temps qu'il donnait ces ordres à Lyon et posait ces questions à Dijon, M. de Freycinet insistait auprès du général Clinchant pour qu'il tentât encore de se frayer un chemin à travers les lignes ennemies. Le nouveau chef de l'armée qui, trois jours auparavant, à Château-Farine, s'était déjà prononcé pour la retraite sur Pontarlier, n'avait pas changé d'avis. En acceptant son commandement, il avait déclaré au ministère qu'il ne voulait pas le refuser dans un moment aussi critique, mais qu'il ne pouvait pas même répondre de conduire l'armée à Lyon ; qu'il allait tenter de déboucher « soit par Lons-le-Saunier, soit par Bourg », quoiqu'il craignit d'être prévenu par l'ennemi sur ces deux routes. « Si je ne pouvais percer, avait ajouté le général, on me fait espérer que j'aurai des vivres à Pontarlier. Je m'y établirai et je ferai la guerre de montagne en réduisant mon effectif de toutes les non-valeurs ».[1]

Force fut au ministère d'accepter le fait accompli. Il se borna à attirer l'attention du général sur le danger qu'il y aurait pour lui à s'enfermer à Pontarlier où il succomberait fatalement, cerné par l'ennemi. Il lui signalait la route Ornans-Levier-Nozeroy comme la meilleure pour l'armée et l'engageait à se méfier des neiges, plus épaisses à mesure qu'on se rapprocherait de la Suisse. « Je compte, général,

_____
[1] ENQUÊTE. T. II, p. 259.

disait le ministre, sur votre fermeté et sur le dévouement de tous vos chefs de corps pour tirer le meilleur parti possible d'une situation que vous n'avez point créée, mais où je déplore profondément de voir l'armée irrévocablement engagée. »

Entreprise quatre jours plus tôt, au lendemain du dernier combat de Dijon, la triple opération de l'armée des Vosges, de la brigade de Châtellerault et du corps de Lyon contre les derrières et le flanc droit du général de Manteuffel eût pu encore dégager l'armée de l'Est et prévenir la catastrophe finale. Mais les 27 et 28 janvier, quand elle fut conçue, il était trop tard. Le général Clinchant était engagé avec toutes ses troupes dans le Jura et l'armée allemande l'y avait déjà précédé avec ses avant-gardes à Salins, à Arbois, à Champagnole. Au surplus, le 28 janvier, M. Jules Favre signait l'armistice et en en transmettant la nouvelle à Bordeaux, sans aviser le ministère de l'exception faite pour la 1ʳᵉ armée, allait achever de jeter le trouble dans l'esprit des généraux et le désarroi dans les rangs. La retraite allait devenir une débâcle.

Le général Clinchant prenait le commandement, le 26 janvier au soir, à peu près dans les mêmes conditions que le général de Wimpffen, le 1ᵉʳ septembre au matin, à Sedan. Presque tout était compromis. Changer de plan était désormais impossible.

Le VIIᵉ corps allemand s'était borné, les 25 et 26 janvier, à pousser des reconnaissances contre les positions occupées par les XXᵉ et XVᵉ corps à l'ouest et au midi de Besançon, derrière le Doubs et la Loue. Sur toute la ligne il s'était heurté à une sérieuse résistance. Des engagements avaient eu lieu à Champvans, à Pouilley, à Franois, à Vorges, à la ferme de Montgardot, au Gros-Bois. Le général de Zastrow avait constaté que sur tout ce front l'armée française résistait encore. Le seul symptôme d'un commencement de retraite qu'il eût pu enregistrer était, le deuxième jour, le départ des batteries ennemies, la veille encore en position à Vorges.

Mais le II<sup>e</sup> corps, à l'aile droite allemande, avait gagné du chemin, sans rencontrer d'autre résistance que la défense locale de Salins et des forts d'arrêt de Saint-André et de Belin qui dominent la petite ville à l'est. Le 25 janvier, deux détachements, forts chacun de deux compagnies d'infanterie et d'un peloton de dragons, s'étaient portés de Mouchard sur Salins et Arbois. Tous deux s'étaient heurtés à des corps d'infanterie français, avaient échangé avec eux quelques coups de feu, puis s'étaient retirés. Le lendemain, 26 janvier, le général Fransecky s'était mis en marche avec tout le corps d'armée, la 7<sup>e</sup> brigade sur Arbois, la III<sup>e</sup> division et l'artillerie du corps sur Salins.

À Arbois, on ne trouva pas l'ennemi. La 7<sup>e</sup> brigade poussa des reconnaissances de cavalerie jusqu'à Champagnole : elles ne rencontrèrent aucun obstacle sur leur route.

À Salins, il y eut combat. L'avant-veille au soir, le lieutenant-colonel Reynaud, chargé du service des reconnaissances, s'y était rendu sur l'ordre du général Bourbaki, pour organiser la défense et aviser les commandants des forts. Quand le 26 janvier, à dix heures du matin, la tête de l'avant-garde de la 5<sup>e</sup> brigade allemande [1] déboucha du défilé, elle fut reçue par un feu d'artillerie violent des batteries de position des forts et une vive fusillade partant des maisons du faubourg. Comme il était impossible à l'assaillant d'employer ses canons, l'avant-garde s'arrêta et prit position, en attendant que le 42<sup>e</sup> régiment, tête de colonne du gros, dirigé par les hauteurs de Thiébaud, eût pu prendre la ville à revers. L'infanterie s'avança néanmoins sur la route profondément encaissée et balayée par le feu des forts et des tirailleurs ennemis. Peu à peu, par petites fractions et par bonds suc-

---

[1] Major général de Koblinski : 1<sup>er</sup> régiment de grenadiers poméraniens, 2<sup>e</sup> batterie légère, deux escadrons de dragons et deux compagnies de pionniers.

cessifs, elle parvint à escalader les pentes. Tout le régiment d'avant-garde fut déployé. Vers trois heures, les premières compagnies pénétraient dans la ville par la voie ferrée et la gare. Tôt après, elles occupaient Salins et recevaient la capitulation des conseils municipaux. Un drapeau blanc fut hissé sur l'Hôtel-de-Ville et, par l'intermédiaire des autorités, des négociations furent entamées avec les commandants des forts pour en obtenir la reddition, mais ces démarches restèrent sans autre résultat que la promesse de ne pas bombarder la ville. Quatre bataillons passèrent la nuit dans Salins, un bataillon fut dirigé sur la route de Pontarlier, un autre sur celle de Champagnole. Le reste de la IIIᵉ division et le quartier-général restèrent à Mouchard.[1]

Le général Bourbaki qui, le 24 janvier au soir, après le

[1] Le combat avait coûté 3 officiers et 109 hommes au général de Koblinski. Salins fut évacué le lendemain matin, avant le jour, par les troupes allemandes. Le général Fransecky renonça au passage par Salins et se dirigea sur Champagnole par Arbois et Poligny.

Les habitants « notables » de Salins adressèrent néanmoins une requête écrite aux commandants des forts les suppliant de cesser des hostilités « inutiles » et de nature « à compromettre la vie et la fortune des habitants d'après les menaces de bombardement qui leur avaient été faites.» Les commandants des forts repoussèrent avec indignation cette démarche. Le capitaine d'artillerie Brichard, commandant le fort Belin, répondit en ces termes : « Je suis parfaitement résolu à mitrailler toute colonne allemande qui se présentera tant aux approches de la ville que dans les endroits découverts comme la place Aubarède et l'intervalle qui existe entre les deux faubourgs. Déjà dans la journée du 27, au moment où la municipalité arborait le hideux emblème de la capitulation, j'ai dû faire violence à mes sentiments en m'abstenant de mitrailler la brigade prussienne qui, rangée sur la place de l'Hôtel-de-ville, faisait retentir l'air de ses hourrahs et dont la musique jouait le chant allemand, *La sentinelle sur le Rhin*. Je crois d'ailleurs que vous vous faites une fausse idée des lois militaires et du droit des gens en ce qui concerne Salins. ville ouverte, et les deux forts qui sont postes indépendants. » CH. BEAUQUIER. *Les dernières campagnes dans l'est.*

conseil de guerre de Château-Farine, nourrissait encore l'espérance de pouvoir utiliser pour sa retraite la route de Salins à Champagnole de préférence à celle de Pontarlier, avait désigné le lendemain le général Cremer, avec trois divisions,[1] pour couvrir sa marche. Le général Cremer était arrivé le 25 avec deux divisions à Ornans et la troisième à Cléron. Dans la soirée, il avait reçu à Ornans, du général en chef, l'avis suivant : « Je suis obligé de retarder le départ des colonnes devant vous suivre, en raison du passage de quelques milliers d'ennemis sur la rive gauche du Doubs, contre lesquels j'envoie des forces.[2] N'en continuez pas moins l'opération dont vous êtes chargé, mais avec prudence. Faites occuper et garder avec soin les divers passages de la Loue. Tâchez d'occuper Salins ou les plateaux au-dessus de Salins et de nous assurer la possession de la voie ferrée de Pontarlier. Je charge le préfet du Jura et le sous-préfet de Pontarlier de réunir les gardes-nationales, de leur faire occuper les défilés, de détruire la voie ferrée, surtout les ouvrages d'art. Envoyez des émissaires à Salins pour savoir si l'ennemi l'occupe et en quelle force, et pour encourager le commandant des forts à résistance et lui annoncer notre approche. Tenez-moi au courant de ce que vous ferez et de ce que vous apprendrez. »

Le général Cremer ne comprit pas le sens précis de ce télégramme et demanda des explications : « Je reçois votre dépêche me disant de continuer mon opération et m'ajoutant d'occuper Salins. Ces deux choses, marche sur Pontarlier, occupation de Salins, me semblent aussi difficiles de front que faciles chacune en particulier. Je ne puis mener que l'une des deux. Veuillez me définir ma mission et me dire mon objectif que je croyais être Pontarlier. Dois-je envoyer un détachement à Salins et préparer la marche dans ce

[1] Division Cremer, division Segard du XXe corps et réserve générale.
[2] Marche du XVIIIe corps sur Bouclans, Osse et Nancray.

sens ou dois-je aller occuper Pontarlier? Je tiens mes ordres tout prêts dans les deux hypothèses et j'attends votre décision pour les envoyer. »

La veille, le général Cremer avait été avisé de se tenir prêt à déboucher « d'après les renseignements » soit sur Amancey (Salins), soit sur Ornans (Pontarlier). Devant la demande qui lui était posée, le général en chef précisa : « Prenez la route de Chantrans, Bolandoz, Nans-sous-Sainte-Anne et Salins, sans rester dans cette ville ; occupez les hauteurs et gardez les positions de Saisenay, Clucy, Cernans, Thésy, Ganeval, le col de Vic-Neuve où se croisent les routes d'Arbois, de Salins et le chemin de fer de Pontarlier, Andelot et le plateau de Supt. Vous emmènerez avec vous votre propre division et celle du XXᵉ corps; vous laisserez à Ornans le général Pallu et sa réserve. Le général Pallu enverra sa cavalerie sur le plateau d'Étalans où il trouvera les ressources nécessaires. Prescrivez en mon nom au général Pallu d'exiger que les routes soient désencombrées des bagages et que les bagages, après le départ de vos troupes, soient parqués aux environs de Malbrans, Mercy et Montrond. Tâchez d'exécuter cette marche en un jour. »

La mission du général Cremer était ainsi bien nettement définie. Il devait atteindre, le soir du 26 janvier, avec la tête de sa colonne, Andelot et le plateau de Supt, une étape d'une vingtaine de kilomètres, et occuper sur la ligne qui lui était indiquée des positions couvrant Pontarlier et empêchant l'ennemi de déboucher sur la route de Champagnole. De là, il pouvait, le lendemain, gagner en deux heures de marche Saint-Germain-en-montagne et s'opposer au débouché de l'ennemi par Poligny et Montrond. Le 26 janvier, les deux divisions Cremer et Segard pouvaient effectuer cette marche sans encombre et sans rencontrer de l'ennemi autre chose que des patrouilles. Le 27 au matin, elles eussent pu prendre position à Saint-Germain-en-montagne ou à Montrond sans tirer un coup de fusil. Il n'y avait dans l'ordre du

SECRETAN — 28

quartier-général qu'un point faible, touchant l'emploi de la cavalerie qu'on pouvait envoyer plus utilement le 26 au soir à Saint-Germain où elle eût devancé l'infanterie, que sur les plateaux d'Étalans où elle était sans emploi. Le général Cremer en eût sans doute obtenu facilement le redressement en le demandant en même temps qu'il accusait réception des instructions reçues.

La dépêche du général Bourbaki quitta Besançon à onze heures quarante-cinq minutes. Elle a dû arriver à Ornans peu après. A deux heures et demie du matin, le général Cremer expédiait ses ordres au colonel Poullet à Cléron, lui indiquant comme but de sa marche Andelot et le plateau de Supt, lui recommandant de partir de bonne heure, de faire la route en une étape et de donner du vin et double ration aux hommes. L'ordre fut remis à un sous-officier. Cet homme n'arriva qu'à sept heures du matin à Cléron, à dix kilomètres d'Ornans.

Le colonel Poullet ne partit qu'après sept heures. A Nans, il apprit par des fuyards que « les Prussiens étaient à Salins ». Ses éclaireurs à cheval lui confirmèrent le renseignement. Ils avaient été arrêtés à Saisenay par des avant-postes ennemis. Les gens qui s'enfuyaient de Salins et d'Arbois déclaraient qu'il y avait un corps de quinze mille Allemands dans la première de ces villes et que « Manteuffel avait son quartier-général à Arbois avec vingt-cinq mille hommes ».[1] Quoiqu'il ne fût qu'à dix kilomètres de Salins et qu'une patrouille de cavalerie bien dirigée eût pu en fort peu de temps le renseigner d'une façon précise, le colonel Poullet décida que la continuation de sa marche était impossible. Sans plus s'arrêter aux ordres très précis qu'il avait reçus, il se dirigea par le Crouzet sur Villeneuve-d'Amont, à cinq kilomètres de Nans, route de Pontarlier.

[1] En fait, Salins ne fut occupé par la 5e brigade que dans l'après-midi. Quand le colonel Poullet était à Nans, le combat de Salins n'avait pas encore commencé.

Le général Cremer vint l'y rejoindre peu après et « approuva pleinement ce qui avait été fait » : la position de Villeneuve était facile à défendre ; on pouvait de là se diriger soit sur Salins en y arrivant par les hauteurs, soit sur Pontarlier dont on couvrait les approches.[1] On resta donc à Villeneuve pendant toute la journée du 26 janvier. Le général Cremer aurait pu y entendre tonner le canon des forts de Belin et de Saint-André, mais il ne semble pas qu'on n'ait rien ordonné pour se renseigner ni qu'aucune patrouille n'ait été envoyée sur la route, longue de dix kilomètres, qui séparait des forts le cantonnement des deux divisions.[2]

L'inexécution des ordres par le corps du général Cremer, les conclusions fausses que le général en chef allait déduire des renseignements inexacts qui lui furent donnés sur l'occupation de Salins et qui devaient lui faire considérer la route de Champagnole comme perdue dès le 26 au soir tandis qu'en réalité l'ennemi n'y déboucha en force que le 28, eurent pour la retraite de l'armée de l'Est les conséquences les plus funestes et constituent une des causes déterminantes du passage en Suisse.

---

[1] *Le général Cremer*, p. 84 et suivantes.

[2] L'avant-garde du II<sup>e</sup> corps allemand à Salins fut plus prévoyante. Une patrouille de cavalerie constata la présence des divisions Cremer et Segard à Villeneuve d'Amont. C'est le rapport de cette patrouille qui décida le général Fransecky à ne pas poursuivre sa marche par la route de Salins, battue par le feu des forts et d'acheminer la colonne par Arbois et Poligny.

Le général Cremer semble n'avoir pas songé non plus à donner des ordres à sa troisième division « Je vis le général Cremer, dit M. Pallu de la Barrière, dans la nuit du 25 au 26 janvier à Ornans. Il dut quitter Ornans dans la matinée du 26 et à partir de ce moment, je perdis sa trace et je ne reçus de lui aucun ordre qui indiquât qu'il exerçât un commandement sur la réserve générale. La Réserve rentra sous le commandement du grand quartier général et les jours suivants je reçus, comme tous les corps d'armée, les ordres généraux signés par le général Borel. » ENQUÊTE. Déposition de M. le général Pallu de la Barrière. T. III, p. 449.

Le général Cremer avait rendu compte, dans la journée, de la position qu'il avait prise à Villeneuve-d'Amont et annoncé son intention d'attaquer Salins dès le lendemain au petit jour avec la division Poullet et celle du général Segard. Il eût trouvé Salins évacué si ce plan avait été exécuté, puisque, le 27 janvier, la 5e brigade allemande quittait la ville avant l'aube pour marcher par Poligny et Montrond sur Champagnole.[1] Aussi le colonel Poullet avait-il émis l'avis très juste qu'en raison des circonstances et des retards intervenus dans la marche du corps, il était nécessaire de gagner Champagnole à marche forcée, pour devancer l'ennemi sur ce point important.[2] On le pouvait encore, à la condition de partir à la première heure, mais dans la nuit un ordre vint du quartier-général de rétrograder sur Pontarlier et d'aller occuper, le 27 au soir, Dommartin et Houtaud. Malgré l'avis du ministre de la guerre, le général Clinchant renonçait donc définitivement à passer par Nozeroy et se rabattait avec toute l'armée sur Pontarlier où il ne lui restait, pour évacuer ses positions, que le chemin de Mouthe.

Le général en chef appréciait ainsi sa situation :

« La position de Pontarlier est admirablement disposée pour la défense ; elle ne peut être tournée que par deux routes, celle des Allemands au nord et, au sud, celle qui traverse les défilés de Vaux. En toute saison, ces routes, fortement encaissées dans des vallées profondes, sont très faciles à défendre : dans les circonstances où nous nous trouvions, avec un terrain couvert de cinquante centimètres de neige, qui ne permettait pas même à l'infanterie de passer ailleurs que sur les routes, quelques hommes devaient suffire pour arrêter l'ennemi. Quant à l'attaque de front sur Pontarlier, la position, formidable en elle-même, devait être considérée comme inexpugnable pour peu qu'on la défendit,

---

[1] WARTENSLEBEN, p. 53.
[2] P. POULLET. *La campagne dans l'est*, p. 95.

avec les difficultés que la neige apportait aux mouvements des troupes. J'espérais, si j'arrivais à Pontarlier, y tenir aussi longtemps que me le permettraient nos ressources en vivres, lesquelles, d'après les promesses de l'intendant, devaient se renouveler fort longtemps, et nos ressources en munitions qui étaient considérables, car tous les parcs avaient reçu l'ordre de suivre le mouvement général de l'armée. Je préférais assurément me voir immobilisé autour de Pontarlier qu'enfermé dans Besançon, mais j'avais de fortes raisons de penser que je pourrais me retirer par les routes tracées au fond des vallées parallèles du Jura. Ces routes sont au nombre de deux : l'une, praticable aux voitures, passe par Mouthe, Chaux-Neuve, Foncine, Saint-Laurent et Saint-Claude-en-Morez et Gex ; l'autre, bonne seulement pour l'infanterie et la cavalerie, passe par Mouthe, Chaux-Neuve, La Chapelle-des-Bois, Morez et Gex et Saint-Claude. Avec l'épaisse couche de neige qui couvrait tout le pays, il suffisait, pour tenir complètement la première, de garder le défilé de Bonnevaux à Vaux, le défilé des Planches, celui de Morillon et enfin la route de Saint-Laurent à Clairvaux, dans le cas où l'ennemi étendrait jusque-là ses opérations. Quant à la seconde, pour la conserver, il suffisait de tenir les gorges de Vaux et les défilés que traverse la première, entre Foncine et Chaux-Neuve.

« On pouvait espérer que la présence à Dijon du corps de Garibaldi et, à Lons-le-Saunier ou dans les environs, de sept ou huit mille mobilisés, inquièterait, si elle ne pouvait réussir à l'entraver, la marche des Prussiens vers le sud. J'avais donc de fortes raisons de croire que nous pourrions prévenir l'ennemi dans l'occupation de ces points, et comptant sur les promesses de vivres que m'avait faites l'intendant en chef, je considérais le salut de l'armée comme certain, si je parvenais à la concentrer autour de Pontarlier,[1] et à faire

---

[1] ENQUÊTE. Rapport de M. le général Clinchant. T. III, p. 316.

occuper les défilés de Vaux, les Planches et le Morillon. »

Pour la journée du 27 janvier cependant, le général laissa simplement s'exécuter les mouvements ordonnés par le général Bourbaki, basés sur la protection de la route de Champagnole par les trois divisions du général Cremer. Toute l'armée prit la direction de Pontarlier, sauf la Iᵉ division, général de Polignac, du XXᵉ corps et la IIᵉ, général Rébillard, du XVᵉ corps, qui demeurèrent à Besançon pour assurer la défense de la place. Les officiers du génie, avec leurs troupes, ainsi que tous les ingénieurs attachés à l'armée, avec leurs ouvriers, partirent incontinent pour Pontarlier afin de déblayer la neige sur le chemin de l'armée et de créer des obstacles sur les routes qui pouvaient servir à l'ennemi. Il n'y eut pas, les 27 et 28 janvier, de contact avec lui, en sorte que le 28 janvier au soir l'armée occupa autour de Pontarlier les positions suivantes :

Le XXIVᵉ corps, sous les ordres du général Thibaudin de Comagny, était déjà engagé, avec les deux divisions Daries et de Comagny, sur la route de Mouthe. La division de Busserolle qui avait la dernière quitté les positions du Lomont était encore entre Pontarlier et Morteau.

La division Peytavin, du XVᵉ corps, occupait la ville de Pontarlier. La division Dastugue était à Sombacourt.

Le XVIIIᵉ corps occupait, à l'aile droite, Vuillecin, Bugny et Doubs.

La réserve générale était cantonnée à Goux, Voux et Bians.

Le XXᵉ corps avait sa division Segard à Chaffois et Bulle et la division Thornton, qui avait formé l'arrière-garde, à Évillers et Sept-Fontaines.

La division Cremer était à Bannans, la Rivière et Bouverans.

Le quartier-général était à Pontarlier. La division de cavalerie du général de Longuerue avait l'ordre d'éclairer aussi loin que possible l'aile gauche de l'armée. Le grand parc d'artillerie et les parcs des corps devaient être évacués des cantonnements sur Pontarlier. L'ordre général donnait à cet égard les instructions les plus sévères et les plus minutieuses. Sauf la division Thornton, tout le reste de l'armée était ainsi concentré dans un rayon d'environ douze kilomètres autour de la ville.

La retraite par dessus les plateaux couverts de neige n'avait été opérée qu'avec beaucoup de difficultés et une immense fatigue. L'armée avait laissé en arrière, au départ de Besançon, 8 à 10,000 malades sérieux et 20 à 30,000 traînards. Les malades furent installés dans les hôpitaux et les ambulances improvisées de la ville. Près de deux mille étaient atteints de la variole. Quant aux traînards, la gendarmerie les rejeta hors de la place et les refoula sur leurs corps. Ceux qui en étaient trop éloignés et les malades en état de marcher encore furent évacués sur la France, à travers les lignes ennemies, conduits par des guides. On leur avait donné des blouses en échange de leur uniforme.[1]

Le froid était glacial. Malgré les efforts faits pour déblayer les routes de la neige, il en restait des masses considérables. Les distributions de vivres se faisaient irrégulièrement, quoique les colonnes régimentaires eussent chargé pour dix jours au départ de Besançon.[2] Les convois avaient peine à avancer. Les chevaux, affaiblis par le jeûne, tombaient à chaque pas. Les cadavres des pauvres bêtes qui jonchaient les champs et les routes marquèrent pendant longtemps d'une façon sinistre le chemin par où avait passé l'armée. Les paysans, dans les villages traversés, cachaient soigneusement leur foin, très rare cet hiver-là à cause de la sécheresse exceptionnelle de l'été précédent.[3] Les difficultés du ravitaillement des troupes étaient augmentées encore

[1] ENQUÊTE. Rapport de M. le général Rolland. T. II, p. 260.
[2] ENQUÊTE. Rapport de M. l'intendant Friant. T. III, p. 529.
[3] CH. BEAUQUIER. *Dernières campagnes dans l'est*, p. 187.

par l'indiscipline. Des milliers et des milliers d'hommes, isolés et traînards, hâves, décharnés, tremblant le froid et la fièvre, ayant perdu leur corps, n'assistant pas aux appels et aux distributions, ne touchaient rien et vivaient de pillage. Déjà à Besançon, l'intendant-général avait donné l'ordre aux troupes de l'administration de s'armer de revolvers, pour défendre les approvisionnements contre les maraudeurs.[1]

À Pontarlier, il y avait de la farine en abondance, mais l'intendant-général, avisé seulement le 26 janvier de la retraite et qui n'était arrivé que le 27 au soir dans la ville, n'avait pas pu prendre des mesures pour activer la fabrication du pain et les boulangeries ne pouvaient suffire. « Le vendredi, 27 janvier, écrit un témoin oculaire,[2] pendant toute la journée et par toutes les routes, il n'a cessé d'arriver à Pontarlier, infanterie, artillerie, cavalerie et une telle quantité de fourgons, d'équipages et de voitures de toutes sortes, que les rues, les places, les carrefours étaient encombrés et la circulation absolument interceptée. Il fut impossible de loger cette multitude d'hommes et de chevaux ; les maisons, l'église et jusqu'aux caves furent ouvertes à ces malheureux, mais plusieurs milliers couchèrent dans les rues, sur les places. dans la campagne, autour des feux de bivouac. Or, il y avait deux pieds de neige et douze à quinze degrés de froid. Ajoutez que tous mouraient de faim et de fatigue et que la manutention et la boulangerie, n'ayant pas été prévenues, manquaient d'approvisionnements. Un millier de chevaux attachés aux roues de leurs voitures, efflanqués, amaigris par des courses forcées dans des chemins couverts de cinquante centimètres de neige, attendaient une pâture qui ne venait jamais. On les voyait chercher dans la neige quelques brins de foin et de

---

[1] P. POULLET. *La campagne dans l'est.* Annexes, p. 477.

[2] M. A. Patel, avocat, membre du Conseil général du Doubs. *La retraite de l'armée de l'est,* p. 10.

paille abandonnés. Dans cette nuit, plusieurs périrent de fatigue et de misère. Le samedi, 28 janvier, une partie de la troupe qui avait couché à Pontarlier ou dans les villages voisins se mit en route dans la direction de Mouthe et de Morez, mais parvenue à quatre ou cinq kilomètres, elle reçut l'ordre de rentrer en ville. L'arrivée de cette troupe et des équipages, coïncidant en sens inverse avec l'entrée d'un corps de six à huit mille hommes, jeta une telle confusion dans la ville, qu'il semblait que chaque corps marchât pour son propre compte, qu'il n'y avait ni officiers, ni état-major, ni intendance. On ne sentait point de nœud commun, rien qui reliât ces corps ensemble. Les rues et les abords de la ville étaient jonchés d'hommes, de chevaux et de voitures. Des militaires sans armes, sans direction, presque sans souliers, quelques-uns en sabots, circulaient au hasard, cherchant du pain, un logement ou un abri, quel qu'il fût. Le cœur saignait de ne pouvoir soulager tant de misère, mais le pain manquait aussi bien pour l'habitant que pour le soldat...»

L'intention première du général Clinchant avait été de s'arrêter à Pontarlier, de s'y refaire, de s'y défendre et, au cas où il eût été forcé dans ce dernier retranchement, de se retirer sur Morez et Gex par Mouthe. Mais « une grande déception » l'attendait à son arrivée dans la ville : « Les approvisionnements promis n'existaient point et les mesures prises pour faire arriver des vivres par la Suisse ne garantissaient pas d'une manière suffisante le ravitaillement de l'armée. La situation devenait très grave. Je prescrivis à l'intendant de faire tous ses efforts pour sortir l'armée de l'embarras où il l'avait mise, mais les faibles ressources qu'il put nous procurer ne changèrent pas sensiblement la situation.»[1]

[1] ENQUÊTE. Rapport de M. le général Clinchant. T. III, p. 317.

L'intendant-général Friant n'a pas voulu accepter la responsabilité d'avoir causé par son imprévoyance la catastrophe qui devait atteindre l'armée deux jours plus tard. Avisé le 26 janvier, à minuit, de la retraite sur Pontarlier, il était déjà sur place le lendemain soir. Sur son ordre, les convois des corps avaient emmené de Besançon pour dix jours de vivres.

On avait trouvé, à la gare de Pontarlier et dans la ville : 8 wagons de farine, 20 tonnes appartenant à l'administration de la guerre et 86 quintaux à des particuliers ; 197 quintaux de biscuit ; 90 quintaux de blé appartenant au commerce ; près de 900 quintaux d'avoine ; près de 16,000 litres de vin, 5000 kilos de fromage, de l'orge, des légumes secs, du sel, du sucre, du café, du tabac et 28,000 paires de chaussettes appartenant à l'administration militaire. On avait recueilli 1200 quintaux de farine, de sucre, de café et de vin provenant de la gare de Mouchard.

Trente wagons de biscuit furent requis à Bourg, mais ils ne purent pas arriver plus loin que Boudry, près Neuchâtel, ayant dû être acheminés par Lyon et Genève. L'intendant avait en outre passé en toute hâte, aux Verrières suisses, un marché de 1,500,000 rations de riz, sucre, café et viande sur pied et cinq cents quintaux d'avoine. La difficulté était de les faire arriver à temps. « Le 28 décembre, à huit heures du matin, avant déjeuner, raconte M. Friant, le général Clinchant me demanda de lui livrer 80,000 rations de pain. Je lui dis : « Je me déclare complètement impuissant à vous les fournir ; si vous et votre état-major vous le pouvez, faites-le. Vous avez dix jours de vivres sur les voitures, vivez d'abord là-dessus ; j'aviserai pendant ce temps. » En fait, il arriva ce qui était arrivé déjà à Besançon : on manquait de vivres et on en avait en abondance. Le 1er février, l'ennemi captura le grand convoi de l'armée, soit deux cent vingt-trois voitures chargées de 18,000 rations de pain, 500 quintaux de biscuit, 282 quintaux d'orge et d'avoine, 174 quintaux de café, 292 quintaux de farine, du sucre, du riz, du lard et d'autres denrées.[1]

Ce ne fut qu'après avoir constaté l'impossibilité où il était de nourrir ses troupes pendant une station prolongée à Pontarlier et dans les environs que le général Clinchant se préoccupa, pendant la journée du 28 janvier, de se maintenir en possession de la seule route qui lui restât encore pour communiquer avec la France. Une compagnie du génie reçut l'ordre de créer dans la gorge de Vaux « des obstacles susceptibles d'augmenter les facilités de la défense ». Le colonel du génie Barrabé fut envoyé sur la route de Mouthe, « pour couper le pont des Planches et obstruer les défilés des routes qui menaçaient la ligne de retraite. » Enfin, le général Cremer reçut l'ordre de partir, avec deux régiments de cavalerie armés de chassepots, pour s'emparer des défilés et en assurer la garde jusqu'à l'arrivée de l'infanterie. Il était suivi par la 1re brigade de sa division et devait être appuyé par les divisions Daries et de Comagny, du XXIVe corps, déjà engagées sur la route.[2]

Pendant que l'armée française se concentrait ainsi et stationnait autour de Pontarlier, l'ennemi avait pris de fortes avances. Sitôt que, par suite de la marche du XIVe corps sur Rioz, il eut renoncé à cerner son adversaire à Besançon, il avait résolu de le poursuivre plus à l'est et de le devancer, si possible, sur les routes de montagne qui restaient encore libres. Il avait par conséquent ordonné une transla-

---

[1] ENQUÊTE. Déposition de M. l'intendant général Friant. T. III.

« Quant au manque de vivres, il ne s'est fait sentir que dans les derniers jours. Encore n'a-t-il frappé que les traînards, car les distributions étaient faites régulièrement à tous les hommes qui étaient présents à leur corps. Les traînards étaient d'abord le cinquième de l'armée, puis ils sont devenus le quart, puis la moitié, puis davantage et il est clair que ces hommes ne pouvaient trouver des vivres. » ENQUÊTE. Déposition de M. le général Clinchant. T. III, p. 313.

[2] ENQUÊTE. Rapport de M. le général Clinchant. T. III, p. 317.

tion de ses forces de l'aile gauche à l'aile droite, de façon à renforcer celle-ci le plus possible et à lui permettre de pousser résolûment contre la frontière suisse.

Le 27 janvier, le général avait formé et placé sous les ordres du général Hann de Weyhern la brigade combinée qu'il avait chargée de réduire Dijon et d'intercepter le chemin de fer de Beaune, en donnant la main à la brigade von Keller en observation à Marsannay.

La division de réserve du général de Schmeling avait reçu l'ordre à Saint-Juan-d'Adam de continuer sa marche, direction sur Pontarlier, en serrant l'ennemi le plus près possible, pour précipiter la retraite. Toutefois, dans la même journée, le général de Werder lui avait communiqué des dépêches de Bâle annonçant de nouveau un mouvement offensif de l'armée française par Morteau contre Montbéliard et Belfort. Cet avis étant postérieur à celui du quartier-général, le commandant de la IV⁵ division décida de se porter non pas sur Morteau, mais plus à l'est sur Sancey. Le général de Debschitz avait occupé le même jour Saint-Hyppolite. Les deux généraux avaient déjà concerté, pour le lendemain, de pousser de conserve sur Maiche, lorsqu'un ordre du général de Tresckow rappela le détachement Debschitz à Montbéliard.

Le XIV⁵ corps, réduit aux deux brigades badoises des généraux Wechmar et Keller, avait relevé le VII⁵ corps dans les positions devant Besançon, observant la place et les troupes qui en couvraient les approches. Il avait occupé, à Saint-Vit, la rive droite du Doubs ainsi que Quingey. Le télégraphe de campagne avait été installé entre le château de la Barre et Vesoul, reliant directement l'armée du Sud avec le quartier-généralissime de Versailles.

Le VII⁵ corps avait atteint avec sa XIV⁵ division, renforcée de deux batteries de la réserve du corps d'armée, la ligne Amancey-Déservillers, ses avant-postes en face de Silley et de Levier. La XIII⁵ division avait atteint la Chapelle et dirigé un détachement des trois armes sur Saisenay.

La brigade combinée du général von der Goltz était en marche sur Arc et Senans pour maintenir les communications entre les VII^e et II^e corps.

A l'aile droite enfin, le II^e corps s'était porté, par une marche rapide, avec la 7^e brigade, général du Trossel, sur Champagnole qui avait été occupé dans la journée du 28, tandis que la 6^e brigade s'arrêtait à Montrond et la 5^e, avec l'artillerie du corps d'armée, à Poligny. Un escadron de cavalerie, détaché en exploration sur Lons-le-Saunier, s'était heurté à Sellières à un bataillon de mobiles. Ayant ainsi constaté qu'il avait sur son flanc droit des forces ennemies dont il ignorait l'effectif, le général Fransecky avait donné l'ordre à sa 6^e brigade d'occuper encore le soir même Pont-de-Navoy. Une patrouille de cavalerie fut dirigée sur le col des Planches ; une autre, forte d'un escadron de dragons, sous les ordres du lieutenant-colonel de Guretzky, sur Nozeroy, route de Pontarlier. Elle trouva cette localité fortement occupée, mais s'empara près d'Onglières de cinquante-six voitures de vivres et d'une voiture du trésor, appartenant au XV^e corps, escortées par un détachement de soixante-dix hommes, commandés par un officier. Tous furent faits prisonniers. Près du Magasin, l'escadron vit des détachements de la division de cavalerie du général de Longuerue, battant en retraite. A dix heures du soir, le général Fransecky reçut à Pontarlier le rapport du lieutenant-colonel de Guretzky. Il fit alarmer aussitôt les troupes de la 5^e brigade et l'artillerie de corps et, pour gagner du temps, se mit pendant la nuit en marche sur Champagnole.

Le général de Manteuffel avait établi, le 28 au soir, son quartier-général à Arc et Senans.

La journée du lendemain allait être décisive.

# CHAPITRE XX

## L'ARMISTICE DE VERSAILLES

L'armistice signé, le 28 janvier, à Versailles par M. Jules Favre, vice-président du gouvernement de la Défense nationale et ministre des affaires étrangères et M. le comte de Bismarck, chancelier de l'empire d'Allemagne, excluait l'armée de l'Est de la suspension d'armes.

Aux termes de la convention, l'armistice commençait pour les armées devant Paris le jour de la signature. Le feu avait déjà cessé autour de la ville le 26 janvier à minuit. On avait réservé un délai d'exécution de trois jours pour les opérations dans les départements et délimité les zones neutres par une ligne qui, partant, à l'ouest, de Pont-l'Évêque, sur les côtes du Calvados, se dirigeait vers l'orient « jusqu'au point où, à l'est de Quarré-les-Tombes, se touchent les départements de la Côte-d'Or, de la Nièvre et de l'Yonne ».

Puis la convention disait : « A partir de ce point, le tracé de la ligne sera réservé à une entente qui aura lieu aussitôt que les parties contractantes seront renseignées sur la situation actuelle des opérations militaires en exécution dans les départements de la Côte-d'Or, du Doubs et du Jura.

... Les opérations militaires sur le terrain des départements du Doubs, du Jura et de la Côte-d'Or, ainsi que le siège de Belfort, se continueront indépendamment de l'armistice jusqu'au moment où on se sera mis d'accord sur la ligne de démarcation dont le tracé à travers les trois départements mentionnés a été réservé à une entente ultérieure ».

L'exclusion était expresse. Il n'y avait pas, semble-t-il d'équivoque ni de malentendu possible. Dans la région occupée par l'armée de l'Est, les hostilités devaient continuer, ainsi que le siège de Belfort.

Appelé à se disculper de sa dépêche du 28 janvier[1] par laquelle il annonçait l'armistice à M. Gambetta, à Bordeaux, sans faire aucune réserve, M. Jules Favre a cherché à démontrer que l'exclusion n'était que momentanée, motivée par la seule nécessité d'une entente sur la ligne de démarcation des zones neutres et que cette entente devait être recherchée et obtenue sans retard, au bénéfice d'une suspension immédiate des actes de guerre : « Dans la pensée de M. de Bismarck et dans la mienne, le retard apporté dans la délimitation de la zone neutre ne voulait pas dire que la guerre continuerait dans l'est et que l'armistice ne comprenait pas l'armée de l'Est. C'est ainsi que M. de Bismarck l'entendait et me paraissait l'entendre ; il me semblait que, lorsque nous écrivions, M. de Bismarck et moi : « Faites « exécuter l'armistice », sans y ajouter aucune restriction, il ne pouvait y avoir ni exception ni équivoque... J'affirme que l'armée de l'Est a été comprise dans l'armistice, mais que la règlementation de la délimitation de la zone neutre ne pouvait pas être fixée immédiatement ».

[1] « Nous signons aujourd'hui un traité avec Monsieur le comte de Bismarck. Un armistice de vingt-un jours est convenu, une assemblée est convoquée à Bordeaux pour le 15 février. Faites connaître cette nouvelle à toute la France. Faites exécuter l'armistice et convoquer les électeurs pour le 8 février. Un membre du gouvernement va partir pour Bordeaux. — Jules Favre. »

Ces explications, quoique contredites par les termes de la convention, pourraient faire croire à un malentendu si M. Jules Favre lui-même s'y fût tenu. Le plénipotentiaire français croyait à une suspension immédiate des hostilités par le seul fait de la communication de la convention aux officiers commandant les armées, tandis que M. de Bismarck, se tenant à la lettre des traités, entendait que les opérations militaires suivissent leur cours. Toutefois, d'après d'autres déclarations de M. Jules Favre, il semble au contraire que, dans sa pensée à lui, comme dans celle du chancelier allemand, l'armistice ne devait pas entraver les opérations dans l'est et devant Belfort.

A ses collègues inquiets qui, le 31 janvier, avaient renvoyé le ministre des affaires étrangères à Versailles pour s'enquérir de la vraie condition faite à l'armée de l'Est, M. Jules Favre rapporta la nouvelle de l'internement en Suisse. Pressé de questions, il déclara que, dès le début des pourparlers, on lui avait demandé la forteresse de Belfort. Elle devait, au dire de M. de Bismarck, tomber comme Strasbourg. Dans l'ignorance où il était de la situation, M. Jules Favre « n'avait pas cru devoir céder Belfort, pas plus que conclure d'armistice pour l'armée de l'Est ». Il avait, par conséquent, « réservé la situation de ce côté».[1] C'était reconnaître qu'un sort exceptionnel avait été fait à l'armée de l'Est de son consentement et que l'exclusion était voulue aussi bien de lui que du chancelier allemand, l'un comme l'autre voulant laisser aux opérations militaires un libre cours.

M. Jules Favre avait annoncé à ses collègues, le 23 janvier au soir, que Paris assiégé n'avait plus que pour huit jours de vivres et que toute résistance ultérieure devenait impos-

[1] Séance du Gouvernement de la Défense du mardi 31 janvier 1871 au soir.

sible. Il avait ajouté qu'il allait se rendre auprès du comte de Bismarck « pour savoir s'il y avait possibilité de traiter». Le gouvernement de la Défense, depuis longtemps préparé à cette cruelle issue, n'avait pas résisté aux ouvertures du ministre et était entré aussitôt en délibération. Il s'agissait avant tout de fixer la portée précise de la mission du négociateur. D'entrée, on avait pu constater dans le conseil une préoccupation de ne rien faire qui pût entraver les opérations du général Bourbaki.[1] On le croyait en plein succès. Le général Trochu exprima l'avis que l'armistice ne devait concerner que Paris, « afin de ne pas entraver le mouvement de Bourbaki ». On avait déjà reçu pourtant de mauvaises nouvelles. Un pigeon avait apporté, le 19 janvier, une lettre de M. de Chaudordy, datée de Bordeaux le 16 janvier et adressée à M. Jules Favre. « L'armée de Bourbaki existe et lutte encore, mais elle doit battre en retraite,»[2] disait-elle. On n'avait pas prêté grande attention à cet avis. Le 21 janvier, dans une lettre à Gambetta, M. Jules Favre priait son collègue de transmettre ses félicitations au général : « Envoyez aussi mes félicitations à M. Bourbaki. Il marche comme un héros et son mouvement peut sauver la France ». On n'était donc pas informé à Paris[3] et dans l'ignorance du véritable état des choses, on se laissait aller aux illusions.

Dans cette première délibération, M. Jules Favre avait cependant fait observer que les Allemands demanderaient probablement un armistice général. L'objection avait frappé le général Trochu. Revenant de sa première opinion, il avait reconnu que « la reddition de Paris accablerait les armées

---

[1] Rapport de M. de Rainneville à l'Assemblée nationale, annexe au procès-verbal de la séance du 22 décembre 1872.

[2] JULES FAVRE. *Le Gouvernement de la Défense nationale*. T. II, p. 348.

[3] Le renseignement de M. de Chaudordy était prématuré à la date du 16 : le 16 janvier, second jour de la bataille d'Héricourt, le général Bourbaki était encore en pleine offensive.

de province sous le coup moral et sous le nombre » et s'é-
tait rangé à l'idée d'une convention embrassant toutes les
armées de la France. Le général Trochu voyait juste. Exclure l'armée de l'Est dans l'intention de lui laisser ainsi la
faculté de mener à chef ses opérations et de débloquer Belfort, c'était commettre une faute de raisonnement : le premier effet d'un armistice partiel devait être de rendre disponibles des masses ennemies plus ou moins considérables
et de leur permettre de marcher immédiatement sur Besançon et le Doubs. A Pontarlier, le général Clinchant n'a-
vait pas pu croire qu'on eût commis pareille erreur : « Je
croyais d'autant plus à l'armistice que je ne pouvais comprendre une convention de cette nature qui exceptât une
armée. Avec cette exclusion, j'étais sûr d'être battu, quelle
que fût ma situation. En effet, qui aurait empêché les
Prussiens d'amener contre moi 300 ou 400,000 hommes».[1]

A l'ouverture des négociations et alors qu'il s'agissait de
donner à M. Jules Favre des instructions générales, le gouvernement voulait donc traiter pour toutes les armées, mais
bientôt il revint au plan qui laissait à l'armée de l'Est sa liberté d'action. Les illusions qu'on se faisait à Paris sur la
situation militaire, le désir bien naturel de voir le général
Bourbaki aboutir, la crainte de contrecarrer par une intervention maladroite cette offensive contre Belfort dont on espérait tant de choses l'emportèrent sur la logique.

Encore si on eût pu se renseigner, mais Paris demeurait
étroitement bloqué. De temps à autre, un ballon ou un pigeon apportait quelque nouvelle, mais c'était le seul
moyen de communication avec le dehors dont on disposât.
Le télégraphe était aux mains de l'ennemi, intéressé à maintenir le gouvernement français dans l'ignorance et les hésitations qu'elle devait engendrer. M. Jules Favre avait bien senti

---

[1] ENQUÊTE. Déposition de M. le général Clinchant. T. III,
p. 312.

cette infériorité. Il avait demandé à ses collègues s'il n'était pas possible de consulter la délégation de Bordeaux sur la situation de l'armée de l'Est. On avait passé outre. Il n'y avait plus que pour huit jours de vivres dans Paris. Il fallait se hâter. Envoyer un pigeon à Bordeaux était une ressource bien précaire dans une aussi pressante nécessité.

M. Jules Favre était donc parti, le 24 janvier au soir, pour Versailles sans rien savoir avec certitude, mais avec cette impression persistante que, le général Bourbaki étant victorieux, il ne fallait rien faire qui pût l'entraver dans sa marche sur Belfort. Dès la deuxième conférence, le 25 janvier, on avait parlé de l'armée de l'Est. M. de Bismarck avait annoncé à son interlocuteur que le général Bourbaki était « en plus mauvaise situation encore que Faidherbe et Chanzy, menacé qu'il était par les deux armées de Manteuffel et de Werder ». Mais il avait ajouté que l'état-major était sans nouvelles depuis quatre jours et ignorait complètement la situation exacte des deux armées ; il fallait donc attendre des informations plus précises avant de régler leur sort. M. Jules Favre avait abondé dans ce sens, naturellement. Rien ne lui garantissait que les renseignements du chancelier ne fussent pas intentionnellement poussés au pire pour l'armée française, afin d'enlever au gouvernement de la Défense tout espoir et de l'engager à comprendre la capitulation de Belfort dans la convention qu'on sollicitait pour Paris. «Dans de telles conditions, paralyser l'armée de l'Est qui pouvait être victorieuse et secourir Belfort assiégée, était une résolution bien téméraire. Mon anxiété était affreuse. Il fut convenu que la solution serait réservée jusqu'à l'arrivée des nouvelles qui, malheureusement, ne devaient nous parvenir que par l'intermédiaire de l'ennemi. »[1]

Il faut rendre cette justice au comte de Bismarck que, s'il

[1] JULES FAVRE. *Le Gouvernement de la Défense nationale.* T. II, p. 402.

ne révéla pas au ministre français toute l'étendue du désastre dans l'est, il lui en dit cependant assez pour le mettre en garde contre les illusions. Le troisième jour des conférences, le 26 janvier, pendant que les deux négociateurs se mettaient d'accord sur les principaux points de la convention, on avait apporté au chancelier, des bureaux de l'état-major, une dépêche annonçant « que le général Bourbaki avait été coupé de sa ligne de retraite et n'avait plus de refuge qu'en Suisse ». M. de Bismarck avait fait part de la nouvelle au ministre de la Défense et celui-ci, rentré le soir à Paris, en avait avisé ses collègues, comme il leur avait annoncé la veille déjà que le général de Manteuffel menaçait les derrières de l'armée de l'Est. Mais pas plus le 26 que le 25, le conseil n'avait attaché grande attention à ces communications sous lesquelles il ne pouvait se défendre de soupçonner quelque piège.

Les pourparlers de Versailles ont été conduits par M. Jules Favre seul jusqu'au 26 janvier. On ne lui a adjoint un officier que les 27 et 28, sur ses pressantes instances. Le ministre avait le sentiment de son incompétence à discuter des questions militaires. Dès sa seconde entrevue avec le comte de Bismarck, il avait demandé à pouvoir se faire assister d'un homme du métier : « Je suis ici avec des pouvoirs généraux, mais ces pouvoirs ne peuvent pas s'appliquer à tout; je suis ministre des affaires étrangères; je comprends très bien que je débatte les questions de mon ressort et même celles qui pourraient toucher à la politique générale, mais pour les questions militaires, je suis absolument incompétent ». M. de Bismarck avait objecté que la présence d'un officier n'était nullement nécessaire : « Je crois que nous pouvons tout faire à nous deux ».[1]

A Paris, après avoir exposé au conseil des ministres le résultat des deux premières conférences, M. Jules Favre de-

[1] ENQUÊTE. Déposition de M. Jules Favre. T. I, p. 362.

manda qu'on voulût bien lui adjoindre un officier pour le lendemain. Le général Trochu s'était offert. « Cette mission me revient, dit-il; je la remplirai, quelque pénible qu'elle soit. » Les collègues du général s'y opposèrent : ce n'était pas au chef du gouvernement à aller à Versailles. On fit venir le général Vinoy, commandant des armées de Paris depuis l'émeute du 22 janvier. Le général refusa : il ne se souciait pas de mêler son nom à une capitulation. On ne fit pas d'autre démarche, ensorte que le lendemain, troisième jour des conférences, M. Jules Favre était reparti seul, froissé de l'abandon dans lequel on le laissait. Le ministre s'en est ouvert très franchement devant la commission d'enquête : « Je veux, dit-il, que la vérité soit bien connue. Si j'ai demandé un général, c'est uniquement pour éviter de commettre une faute; quant à ma signature, elle appartenait à ce déplorable traité auquel nulle puissance humaine ne pouvait nous soustraire. On m'avait promis de signer avec moi, on ne l'a pas fait. Je ne fais aucune espèce de récrimination. Je ne demandais pas un général pour signer la capitulation, je voulais couvrir mes collègues et je voulais également protéger l'armée... J'aurais été satisfait qu'on signât avec moi, mais j'étais trop fier pour le demander; puisqu'on m'avait laissé seul, j'allai seul. »

On fit le gros de la besogne ce jour-là à Versailles puisque, dès le soir, on put convenir de la cessation du feu autour de Paris, mais il restait à régler beaucoup de détails, tous militaires, la délimitation des zones neutres entre autres. M. Jules Favre renouvela à M. de Bismarck sa demande de la veille : il voulait un officier. Le chancelier consentit; il en avait parlé au comte de Moltke. « Il faut, dit-il, que vous ameniez demain un général. » On convint que ce serait le chef d'état-major de l'armée de Paris.

Au conseil des ministres, M. Jules Favre déclara que, s'il avait eu un officier avec lui, l'armistice aurait pu être signé le jour même, mais le gouvernement n'accepta pas la dési-

gnation convenue à Versailles. Le chef d'état-major était le
général de Valdan. On voulait, pour conférer avec le général
de Moltke, un officier « plus considérable ».[1] On choisit le
général de Beaufort d'Hautpoul, le plus ancien des divisionnaires de l'armée de Paris.[2]

Le général d'Hautpoul partit le 27 au matin, profondément irrité. Depuis le commencement du siège, il avait vécu
très à l'écart, à Neuilly, se consacrant exclusivement à ses
troupes, sans relation avec le gouvernement, cantonné dans
son secteur, ignorant ce qui se passait au dehors. C'est dans
cet isolement que l'ordre d'accompagner M. Jules Favre à
Versailles était venu le surprendre. Le premier mouvement
avait été de résister : ce n'était pas à lui à intervenir dans
cette triste besogne de la capitulation, il ne savait rien de
rien, pas même qu'on négociât. Quelle figure ferait-il devant
le général de Moltke, sans donnée aucune ni sur la situation des armées et de la ville de Paris, ni sur celle de la
France? Le général avait demandé instamment qu'on le
laissât à ses bataillons de mobiles, qu'on ne l'obligeât pas,
lui, vieil officier, à terminer une carrière honorable par la
signature d'une capitulation. Il avait pleuré. Le général
Trochu, M. Jules Favre insistèrent, firent appel au dévouement du vieux divisionnaire, lui montrant Paris à la veille
de manquer de pain. Le général s'était laissé emmener,
mais à Sèvres d'abord, où des officiers allemands attendaient les plénipotentiaires avec un déjeuner servi dans une
des maisons dévastées de la ville, à Versailles ensuite, à la
table du chancelier, il eut soin de laisser voir à ses hôtes
qu'il était là contre son gré, forcé par la consigne et que s'il
n'avait dépendu que de lui, le feu n'aurait pas cessé la veille
au soir.

La conférence, ce jour-là, porta essentiellement sur les

---

[1] ENQUÊTE. Déposition de M. Jules Favre. T. I. p. 363.
[2] Le général de Beaufort d'Hautpoul avait commandé en chef
l'expédition française en Syrie.

détails militaires de la convention. Le comte de Moltke assistait à l'entretien. On discuta la délimitation des zones
neutres pour Paris et les armées de province. On traçait
les lignes sur des cartes fournies par l'état-major allemand.
Quand on en vint aux opérations dans les départements de
la Côte-d'Or, du Jura et du Doubs, le comte de Moltke pro-
posa de suspendre la discussion : il manquait, disait-il, de
renseignements précis sur la situation des armées. Le général d'Hautpoul en savait bien moins encore. La seule indication qu'il eût lui avait été fournie le matin même, sur
la route de Sèvres à Versailles, par M. Jules Favre. Le ministre lui avait dit qu'à en croire les renseignements allemands, le général Bourbaki devait être en pleine retraite.
Le général d'Hautpoul s'éleva contre la proposition du chef
d'état-major. Avec un sentiment très juste de la situation,
il demanda qu'on statuât incontinent sur le sort des armées
dans l'est comme sur les autres, qu'on les comprit dans
l'armistice en laissant à l'armée française, pour ses cantonnements, le département du Doubs et en neutralisant la
Haute-Saône et le Jura.

--- Les deux armées sont peut-être en présence, sur le
point d'en venir aux mains, objecta le comte de Moltke. Il
serait donc impossible de les prévenir à temps. D'autre
part, les conditions que vous faites à Bourbaki lui permettraient de se ravitailler et de recevoir des renforts, ce que
nous ne pouvons admettre.

Le général se fâcha.

-- Comme l'a dit M. de Bismarck, s'écria-t-il en se levant,
nous traitons *bona fide* et ne voulons point violer un territoire qui sera fait neutre pour envoyer des renforts à Bourbaki. Laissez-lui au moins le département du Doubs pour
vivre ;[1] toute la partie sud-ouest de ce département est très

---

[1] ENQUÊTE. Rapport sur les négociations de Versailles par
M. Calvel, lieutenant au corps d'état-major. T. III, p. 168.

montagneuse et presque improductive; M. de Moltke le sait aussi bien que moi.

M. de Bismarck alors intervint dans la discussion et, sur les observations qu'il présenta, la décision fut ajournée au lendemain.

Le vieux général n'avait évidemment pas le tempérament d'un diplomate. « J'étais surexcité, exalté, mais j'espère n'avoir pas cessé d'être convenable. »[1] M. Jules Favre avait dû à plusieurs reprises s'interposer pour calmer son collègue et s'était promis de ne pas le ramener à Versailles le lendemain. « Le général de Beaufort ne m'a pas paru être celui qu'on avait supposé le plus capable de réussir dans de pareilles négociations; il me donna beaucoup d'inquiétude. »[2]

Le vieux soldat — et c'est son mérite — fut pourtant le seul des négociateurs français qui se rendit un compte exact de la situation. « Je pensais, dit-il, que les Prussiens attendaient la nouvelle que l'armée de l'Est n'existait plus. Les Prussiens devaient savoir que cette armée était en déroute, acculée aux montagnes suisses, couvertes de neige, avec un froid de seize degrés; ils le savaient. ils n'ont pas voulu le dire quand ils ont renvoyé la question au lendemain. »[3]

Le lendemain, ce fut au général de Valdan, chef d'état-major de l'armée de Paris, le même officier qu'on avait trouvé trop peu « considérable » le 26 au soir, à accompagner M. Jules Favre à Versailles. « Modeste autant que distingué, doux et ferme, net et conciliant, il conquit tout de suite l'estime des Prussiens et contribua par son excellent esprit à aplanir bien des obstacles. »[4]

Mais encore eût-il fallu que le général fût instruit. M. Jules

[1] ENQUÊTE. Déposition de M. le général de Beaufort d'Hautpoul. T. III, p. 165.

[2] D'après le rapport de M. le lieutenant Calvel, aide-de-camp du général d'Hautpoul, c'est celui-ci qui aurait refusé de retourner à Versailles.

[3] Déposition, p. 167.

[4] ENQUÊTE. Déposition de M. Jules Favre.

Favre avait exposé la veille au soir, au conseil des ministres, que la délimitation des zones neutres avait été réservée « pour être tracée ultérieurement du côté de Bourbaki,
dont on disait toujours la situation critique ». C'eût été le cas
de se préoccuper de ce que serait cette délimitation, de renseigner le général de Valdan, de lui soumettre la proposition
faite la veille par le général d'Hautpoul, mais dans le trajet
entre Sèvres et Versailles, M. Jules Favre lui avait donné au
contraire à entendre que les mauvais renseignements fournis par l'état-major allemand pouvaient bien cacher une per-
fidie. Au reste, on avait avant tout chargé le général du
règlement des intérêts de l'armée de Paris : « J'ignorais ce
qui s'était passé en province ; le gouvernement pouvait le
savoir ; pour moi, je ne le savais pas ».[1] Cette absence d'instructions sur le point si important de la délimitation des
zones neutres dans l'est ne pouvait s'expliquer que par
l'impatience où on était à Paris de voir l'armistice signé au
plus tôt. Les vivres étaient épuisés, la famine menaçait. «Si
la signature de l'armistice avait eu lieu le 29 au lieu du 28,
nous aurions manqué de pain un jour... et si les Prussiens
ne nous avaient pas donné de la farine, nous serions morts
de faim. »[2]

En fait, on ne discuta plus, le 28 janvier, que des détails
relatifs à l'armée de Paris et à la reddition de la capitale.
C'était la grande préoccupation devant laquelle tout le reste
s'effaçait. De l'armée de l'Est, il fut peu ou point question. Le comte de Bismarck d'abord, le général de Moltke
ensuite proposèrent d'exclure les armées dans l'est de la
suspension des hostilités et de laisser les opérations militaires continuer dans la Côte-d'Or, le Doubs et le Jura. Les
négociateurs français ne firent aucune objection.

L'armistice fut signé le 28 janvier au soir. De suite, le gé-

---

[1] ENQUÊTE. Déposition de M. le général de Valdan. T. I, p.
177.

[2] ENQUÊTE. Déposition de M. Jules Favre.

néral de Moltke télégraphia au commandant de l'armée du
Sud et M. Jules Favre à Gambetta.

« Les négociations avec Paris pour la capitulation et l'armistice viennent d'aboutir, mandait le chef de l'état-major
allemand. L'armistice commence immédiatement ici, partout ailleurs le 31 de ce mois, à midi. Les départements de
la Côte-d'Or, du Doubs et du Jura en sont provisoirement
exclus, jusqu'à ce que vos opérations, que vous devez poursuivre, aient donné un résultat décisif. Le siège de Belfort
continue aussi. »

« Faites exécuter l'armistice »,[1] disait M. Jules Favre. De
l'exclusion de l'armée de l'Est, pas un mot.

Le comte de Bismarck, tout comme aussi le général de
Valdan, assistèrent à la rédaction de la dépêche. « Nous en
avons arrêté les termes ensemble, a dit le ministre... j'étais
alors dans un grand état de trouble. »[2] Le chancelier allemand la contresigna. Le télégraphe étant aux mains de ses
armées, il fallait son laissez-passer pour qu'elle fût trans-
mise.

Les deux télégrammes arrivèrent à destination à peu près
en même temps, le 29 janvier, entre quatre et cinq heures
du soir, l'un à Pontarlier, l'autre à Arbois où le général de
Manteuffel avait ses quartiers. Tandis que le général Clinchant, sitôt la nouvelle reçue, faisait cesser le feu sur tout
le front de son armée, le général de Manteuffel adressait
cet ordre à la sienne : « Soldats de l'armée du Sud ! Paris a
capitulé. Un armistice est conclu pour les troupes devant
Paris, pour la première et pour la deuxième armée. L'armée
du Sud, seule, poursuivra ses opérations jusqu'à résultat
définitif. *Vorwärts !* »[3]

Présentant sa défense personnelle dans une lettre adressée à la commission d'enquête de l'Assemblée nationale, M.

[1] Voir le texte de la dépêche à la page 447.
[2] ENQUÊTE. Déposition de M. Jules Favre.
[3] WARTENSLEBEN, p. 63.

Jules Favre a voulu démontrer que l'insuffisance de sa dépêche n'avait eu sur le sort de l'armée de l'Est aucune influence appréciable : « Je suppose, écrivait-il, que par une
rédaction plus complète, l'armée de l'Est eût appris qu'elle
était en dehors de l'armistice jusqu'à ce qu'on eût pu opérer
la délimitation, que pouvait-elle faire ? Sa retraite était coupée sur tous les points, sauf vers la frontière suisse, à laquelle elle n'était venue s'appuyer, dès le 26, que pour la
franchir. Débandée, démoralisée, sans vivres, sans vêtements, pouvait-elle combattre ? La connaissance de toutes
les clauses de l'armistice et notamment de celle qui subor-
donnait la cessation des hostilités à un accord sur la délimitation, n'aurait donc rien changé au sort de l'armée ; elle
n'aurait pu l'empêcher de céder devant la pression de l'ennemi. »[1] C'était aussi l'avis du général d'Hautpoul : « On attaque beaucoup M. Jules Favre ; je trouve que cela est injuste ; cela n'eût absolument rien changé... L'armée était en
pleine déroute ; c'étaient de pauvres enfants qui s'en allaient
à la débandade à travers les montagnes ; j'ai des parents en
Suisse qui m'ont raconté ces désastres ».

M. de Freycinet et les généraux qui ont commandé l'armée de l'Est ont exprimé des opinions contraires. « Il n'est
pas douteux, dit M. de Freycinet, que sans cette erreur fatale, qui a permis aux Prussiens de marcher pendant deux
jours, tandis que nous sommes restés immobiles, il n'est pas
douteux que l'armée de l'Est serait arrivée vers Lyon. C'est
l'opinion de tous les généraux qui l'ont déclaré dans leurs
ordres du jour et dans leurs dépêches. Je crois que ce fait
doit être considéré comme hors de doute ».[2] Le général Clinchant, son prédécesseur le général Bourbaki, son chef d'état-
major le général Borel, ont été d'accord pour affirmer que
la dépêche du 28-29 janvier avait eu pour conséquence de

[1] Lettre du 17 juin 1872.
[2] ENQUÊTE. Déposition. T. III, p. 21.

paralyser les mouvements de l'armée pendant près de quarante-huit heures, tandis que l'ennemi poussait avec énergie
ses opérations enveloppantes ; d'abattre définitivement le
moral des troupes et d'achever la dissolution de tous les
liens de la hiérarchie, ensorte que quand l'erreur fut re-
connue, l'armée était entièrement désagrégée. « Si l'armistice avait été complet, dit le général Bourbaki, on serait
resté à Pontarlier et les troupes n'auraient pas été dans la
nécessité de se faire interner en Suisse. S'il avait été connu
dans toute sa teneur, on aurait pu faire échapper l'armée en
repoussant l'aile droite des Prussiens. »[1]

Toute l'armée ou une partie. Les généraux Clinchant et
Borel n'ont parlé que d'une partie, en particulier de l'infanterie. Le général Clinchant ne se faisait pas d'illusion sur
l'état dans lequel ses troupes se trouvaient quand la dépêche
de M. Jules Favre vint le surprendre à Pontarlier : « L'effectif
pouvait monter à 100,000 hommes, dont la moitié au moins
étaient épuisés, démoralisés, avaient les membres gelés et
ne pouvaient être considérés que comme un embarras ».

Le 29 janvier au soir, l'armée de l'Est était irrémédiablement perdue. Acculée à la frontière, cernée de toutes parts,
elle devait, en tout état de cause, déposer les armes ou
passer en Suisse. Le chemin de Mouthe, le sentier de la
Chapelle-des-Bois ne constituaient pas une ligne de retraite
praticable pour une armée de cent mille hommes, eussent-
ils été entièrement à l'abri des coups de l'ennemi. La lacune
dans la dépêche de M. Jules Favre a d'ailleurs ralenti pendant vingt-quatre heures au moins la marche convergeante
des colonnes allemandes Si la dépêche eût été exacte, il y
aurait eu probablement à Pontarlier, le 31 janvier, une sanglante et décisive bataille, désastreuse pour l'armée française.

---

[1] ENQUÊTE. T. III, p. 345.

# CHAPITRE XXI

## LE 29 JANVIER 1871

Le général de Manteuffel avait ordonné pour le 29 janvier :

au major-général von Schmeling, de serrer du nord au sud sur Pontarlier, de manière à agir sur l'aile droite française en cas de combat ;

au général de Werder, d'observer Besançon avec ses deux brigades et de pousser de fortes reconnaissances tout autour de la place ;

au lieutenant général von Zastrow, de se maintenir avec le VIIᵉ corps à Salins et de pousser, dès le matin, la XIVᵉ division dans la direction de Pontarlier, de façon à prendre le contact avec l'ennemi, tout en se gardant sur son propre flanc gauche ;

au major-général von der Goltz, de se porter à Arbois pour établir la communication entre les VIIᵉ et IIᵉ corps ;

au lieutenant-général Fransecky, d'occuper avec un détachement le col des Planches et de se porter avec le gros du IIᵉ corps sur Pontarlier, par Champagnole, Nozeroy et Censeau.

La XIVe division avait quitté Déservillers vers midi. L'a-
vant-garde, trois bataillons, un escadron et une batterie,
sous les ordres du colonel de Cosel, marchait sur Pontarlier. Près du Souillot, elle se heurta à 4 ou 5000 fantassins
que quelques obus décidèrent à poursuivre leur retraite.
puis, continuant sa route, elle rencontra de nouveau l'ennemi au sud de Sombacourt, près d'une forêt, sur son flanc
gauche. Le colonel de Cosel dirigea contre le village un
bataillon du 77e régiment hanovrien et un peloton de hussards, sous les ordres du major de Brederlow. Une compagnie du même bataillon, détachée sur la gauche, par Sept-
Fontaines, arriva devant Sombacourt en même temps,
refoulant devant elle des traînards en grand nombre et pour-
chassant une faible arrière-garde de cavaliers et de fantassins. On marchait dans un épais brouillard. Le capitaine de
Vietinghoff se lança résolûment dans le village qu'occupait
la 1re division du XVe corps. Sa petite troupe fut aussitôt
entourée, quand le major de Brederlow survient avec les
trois autres compagnies du bataillon. Après un court combat, cinquante officiers, parmi lesquels le commandant de la
division, le général Dastugue et le général de brigade Minot ; 2700 hommes, 10 canons, 7 mitrailleuses, 48 voitures
de guerre, 319 chevaux et 3500 fusils tombent aux mains des
Hanovriens qui ne perdirent dans ce coup de main que deux
hommes tués et cinq blessés.[1] Le bataillon Brederlow passa
la nuit à Sombacourt pour garder ses prisonniers. Les débris
de la division Dastugue furent recueillis par la réserve générale et le XVIIIe corps et dirigés le lendemain sur le défilé
de Vaux.

Le colonel de Cosel avait continué sa marche sur Pontarlier avec ses deux autres bataillons. En approchant de Chaffois, il constata que le village était occupé et fit aussitôt

[1] WARTENSLEBEN. *Die Operationen der Sudarmee*, p. 64. —
Rapport de l'état-major allemand. IIe partie. T. IV, p. 1196.

avancer, à droite et à gauche de la route, deux batteries.[1]
Le brouillard et la nuit qui tombait empêchaient de vérifier
l'effet des projectiles. Le colonel de Cosel déploya alors
son infanterie et lança une compagnie à l'attaque du village.
Elle surprit une grand'garde et réussit à s'emparer des premières habitations, tandis que deux autres compagnies débordaient la localité par la droite et par la gauche. L'infanterie française, retranchée dans les maisons, riposta par une
violente fusillade. Pendant une heure et demie, le combat fut
acharné. Puis, tout à coup, le feu cessa dans les lignes françaises. Le général Thornton faisait sonner au parlementaire
et notifier au colonel de Cosel une dépêche du général Clinchant qu'il venait de recevoir de Pontarlier : « Un armistice
de vingt et un jours a été signé le 27 ; j'en ai reçu ce soir la
nouvelle officielle. En conséquence, faites cesser le feu, et
informez l'ennemi que l'armistice existe, et que vous êtes
chargé de le porter à sa connaissance. »[2]

Profitant de l'hésitation que cet incident avait momenta-

---

[1] La batterie de l'avant-garde et une batterie à cheval, détachée du gros.

[2] La nouvelle de l'armistice était parvenue au général Clinchant à cinq heures du soir, en ces termes :

« Pontarlier de Bordeaux, 29 janvier, 2 h. 10 soir. Guerre à
général Clinchant. Extrême urgence.

« Un armistice de vingt-un jours vient d'être conclu par le
gouvernement de Paris. Veuillez en conséquence suspendre immédiatement les hostilités en vous concertant avec le chef des
forces ennemies en présence desquelles vous pouvez vous trouver. Vous vous conformerez aux règles pratiques suivies en
pareil cas.

« Les lignes des avant-postes respectifs des forces en présence
sont déterminées sur le champ et avec précision, par l'indication des localités, accidents de terrain et autres points de re-
père. Le procès-verbal, constituant cette délimitation, est
échangé et signé des deux commandants en chef ou de leurs
représentants.

« Aucun mouvement des armées en avant des lignes ainsi déterminées ne peut être effectué pendant toute la durée de l'armistice. Il en est de même des ravitaillements et de tout ce qui

nément jetée dans le camp français, l'infanterie allemande avait fait un millier de prisonniers. Le général Thornton réclama et le colonel de Cosel, reconnaissant que les prisonniers n'avaient cessé de se défendre que sur l'ordre qu'ils en avaient reçu et par suite d'un malentendu, rendit les hommes, mais retint les armes.[1]

Avec l'autorisation du général de Zastrow, le colonel de Cosel consentit à une suspension provisoire des hostilités sur la base du *statu quo*. A l'exception de quelques fermes occupées par un petit nombre de compagnies d'infanterie française, Chaffois resta aux mains des Allemands, qui avaient perdu dans le combat six officiers et quarante-six hommes.

Le gros du VII° corps demeura le 29 au soir cantonné dans les villages entre Chaffois et Villeneuve-d'Amont.

Le gros du II° corps n'entra pas sérieusement en contact avec l'armée de Pontarlier dans cette journée. A sept heures du matin, le major-général de Hartmann s'était mis en route. Le soir, il avait sa 7° brigade, général du Trossel, à Censeau ; la 5°, général de Koblinski et l'artillerie de corps

est nécessaire à la conservation de l'armée, qui ne peut non plus s'effectuer en avant des dites lignes.

« Donnez également des instructions aux francs-tireurs, afin d'éviter toute difficulté ultérieure.

« Je vous invite instamment à faire apporter la plus grande précision dans la rédaction des procès-verbaux et dans la réunion des éléments qui leur servent de base. S'il surgissait quelque difficulté imprévue, sur laquelle vous jugiez bon d'être éclairé, référez-m'en par télégraphe d'extrême urgence, en gagnant le temps nécessaire dans les négociations. Réponse urgente.

« C. DE FREYCINET. »

Déjà dans le milieu de l'après-midi, le sous-préfet de Pontarlier avait reçu la nouvelle et l'avait fait afficher, mais le général Clinchant « croyant à une manœuvre de l'ennemi », lui avait recommandé le secret et fait arracher les placards.

[1] Ces armes furent rendues plus tard à la France par l'intermédiaire du général Herzog, commandant en chef de l'armée suisse.

# POSITION DES ARMÉES LE 28 JANVIER 1871

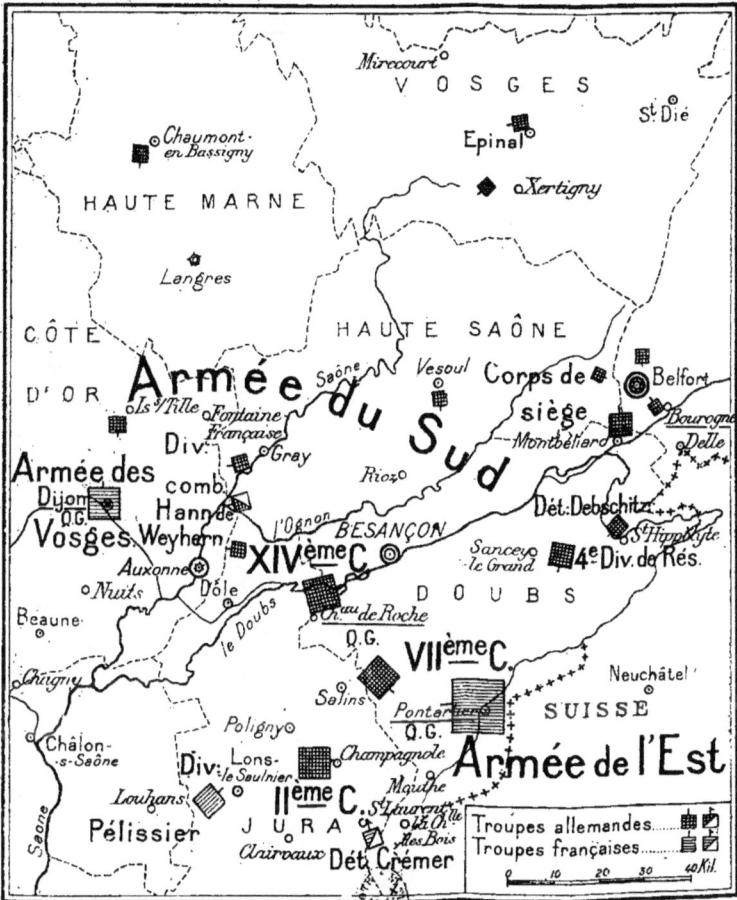

d'apres la carte de l'Etat-Major allemand.

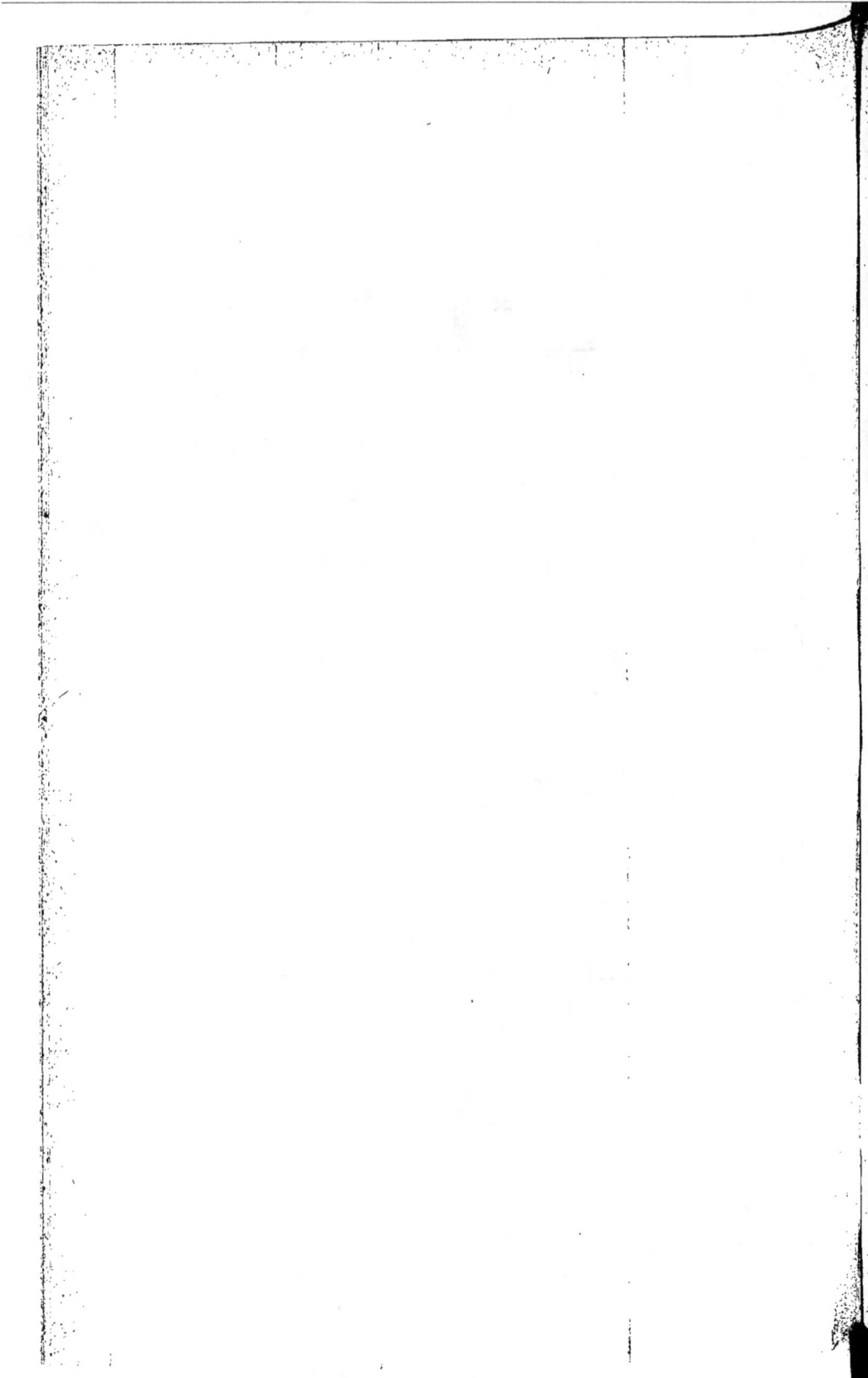

à Nozeroy et Onglières. La 6ᵉ brigade, sous les ordres du colonel de Wedell, avait été détachée avec quatre bataillons, un demi-escadron et deux batteries, de Pont-de-Navoy, par Loulle et la Billaude, sur les Planches, avec l'ordre d'intercepter à l'armée française la route de Mouthe à Saint-Laurent.

Le général Cremer avait quitté la veille Pontarlier avec sa cavalerie pour se diriger, en toute hâte, sur les Planches et le Morillon, suivi de près par la 3ᵉ légion du Rhône et la brigade Millot, avec trois batteries de sa division. La route Pontarlier-Saint-Laurent qu'il devait suivre — la seule encore disponible — court au fond d'une vallée étroite, encaissée entre le Noirmont et la Haute-Joux qui la couvrait à l'ouest contre l'ennemi. Infranchissable en hiver, la Haute-Joux était une protection, à la condition que les deux défilés qui la limitent au nord et au sud, la gorge de Vaux et le défilé des Planches, fussent solidement occupés. La distance de Pontarlier à Saint-Laurent est de dix heures de chemin. Pour sa retraite, l'armée française devait faire une marche de flanc devant l'ennemi, en rompant par son aile gauche et en défilant entre la frontière suisse et les troupes du général de Manteuffel. Diriger par une seule voie une armée de cent mille hommes est une manœuvre difficile, qui exige un service d'état-major exact. Elle était impraticable avec des régiments désorganisés, semant partout de nombreux traînards et n'ayant à leur disposition qu'une étroite chaussée, creusée entre deux murailles de neige. Sous le feu de l'ennemi, une marche pareille était une impossibilité. Il fallait donc à tout prix lui interdire, avec la dernière énergie, les défilés qui lui eussent permis de tomber sur le flanc droit des colonnes.

« Nous étions limités à droite et à gauche par des parois de neige compacte de 1ᵐ25 de hauteur, dit le commandant d'artillerie Camps, qui a suivi la route le 29 décembre, avec la brigade Millot. Sur la gauche du chemin se trouvaient les poteaux, semblables à des poteaux télégraphiques, qui portent à leur extrémité supérieure des bouchons de paille et servent aux habitants de ces tristes parages à retrouver le chemin et à y établir la circulation quand elle a disparu sous une abondante chute de neige... La tranchée était parfaitement nette. Le sol sur lequel on marchait était constitué par une couche de neige glacée et pilée, absolument semblable à du sable. Toute la largeur de la voie était occupée par les voitures et par le porteur et le sous-verge de chaque attelage et les malheureux conducteurs étaient obligés de rester sur leurs chevaux par un froid extrême. Je ne puis pas comprendre comment ceux qui n'ont pas été gelés ont pu supporter cette épreuve. La colonne était parfaitement en ordre dans cette tranchée et malgré les difficultés de cette marche épuisante, elle aurait fait beaucoup de chemin si la voie avait été libre. Malheureusement, elle était couverte de traînards appartenant à tous les corps et particulièrement à la 3ᵉ légion du Rhône et surtout de voitures isolées de toutes sortes. Par suite de la forme du chemin, quand il plaisait à une de ces dernières de s'arrêter, toute la colonne était immobilisée. Ce fait se produisait à chaque instant et on n'avançait que par acoups successifs.... Il fallait se résigner à prendre l'allure de ces maudits traînards... Pendant la route, en passant dans un village ou à côté d'une ferme, je réquisitionnais une vache qu'on attachait par les cornes derrière une voiture. En arrivant à l'étape, on abattait, on écorchait et on dépeçait avec plus ou moins d'habileté et la viande fraîche était distribuée aux hommes. Les hommes vivaient ainsi, mais le pays offrait peu de ressources pour les chevaux et ces malheureux animaux, après avoir pendant toute la journée traîné les canons dans la neige, ruisselants de sueur et soufflant à pleins naseaux, n'avaient à manger que quelques poignées de mauvaise herbe et passaient la nuit tout harnachés sur le sol dur d'une grange, ou en plein air. »

Dans ces conditions, les batteries du commandant Camps faisaient un à deux kilomètres à l'heure.[1]

Le général Cremer avait atteint sans accident le col de Chaux-Neuve, ligne séparative des eaux du Doubs et de l'Ain, puis continuant sans encombre sa route, il entra à Foncine-le-Bas en descendant le cours de la Saine. Là, par un brusque coude à angle droit, la petite rivière change de direction pour s'en aller au nord-ouest, vers Champagnole, grossir les flots de l'Ain. C'est à Foncine-le-Bas que la route de Champagnole débouche.

Le général laissa à Foncine-le-Bas le 2e régiment de chasseurs d'Afrique, colonel Gaumes, avec l'ordre de se porter rapidement au secours du col des Planches s'il était attaqué et de sacrifier jusqu'à son dernier homme pour le garder.[2] Le colonel Gaumes jugea suffisant de placer au col une simple grand'garde d'un ou deux escadrons,[3] tandis que le général Cremer, ces dispositions prises, continuait sa route et s'installait avec ses autres régiments à Saint-Laurent, en se bornant à envoyer un poste d'une quarantaine de cavaliers au col du Morillon[4] où passe la route Champagnole-Saint-Laurent.

Le général avait pris ses cantonnements, estimant sans doute avoir fait le nécessaire pour le salut de l'armée et avoir accompli son importante mission, lorsqu'à huit heures du soir une dépêche du colonel Gaumes vint le surprendre en lui annonçant que le col des Planches était occupé par l'ennemi. « Escadrons du commandant Girardin ont trouvé position sur la route de Saint-Laurent déjà occupée ; la po-

[1] On peut calculer, sur cette indication, le temps qu'il eût fallu pour évacuer par cette route toute l'armée.

[2] *La campagne de l'Est,* par le colonel P. Poullet, p. 363.

[3] Le colonel de Wartensleben parle d'un seul escadron de dragons. D'autres auteurs parlent de deux escadrons. C'était en tout cas insuffisant.

[4] Enquête. Dépêche du général Cremer au général Clinchant. T. III, p. 333.

sition n'était pas tenable devant des forces trop supérieures, s'est replié sur les Planches. Ennemi en grand nombre sur la route de Chaux et par Nozeroy ; obligé de me retirer, n'ayant ni infanterie ni artillerie. Je vous ai fait chercher partout, attendant toujours l'infanterie promise : mes hommes et mes chevaux éreintés et presque sans nourriture. Infanterie commence à arriver ici peu considérable, bien fatiguée. Que faut-il faire ? Colonel Millot et brigade vient d'arriver.» [1]

Parti de bon matin de Champagnole, le colonel Wedell avait trouvé à six heures du soir le défilé des Planches occupé par les chasseurs d'Afrique. Le bataillon de chasseurs n° 2, capitaine Schultz, eut bientôt fait de le disperser et de lui prendre quelques prisonniers. Puis, la nuit s'étant faite, le colonel Wedell avait logé son monde aux Planches, après avoir pris la précaution d'envoyer une patrouille à Foncine-le-Bas, se plaçant ainsi, presque sans coup férir, en travers de la retraite de l'armée française et coupant le général Cremer à Saint-Laurent.

Les ordres du général Clinchant n'avaient donc pas été exécutés. Le colonel du génie Barrabé n'avait pas rompu le pont sur la Saine et n'avait pas détruit ni obstrué la route ; le colonel Gaumes n'avait pas opposé à l'ennemi la résistance commandée par les ordres qu'il avait reçus et le général Cremer, en s'avançant jusqu'à Saint-Laurent avec ses régiments, avait passé devant le poste important qu'il était chargé de tenir. « Il est à regretter, dit le général Clinchant, que cette cavalerie n'ait pas pris des mesures plus efficaces pour garder la position et que le colonel du génie Barrabé n'ait point rempli la mission dont je l'avais spécialement chargé ». [2]

[1] P. POULLET. *La campagne de l'Est*, p. 364.
[2] ENQUÊTE. T III, p. 318. — Le général de Rivière, commandant du génie, devant la commission d'enquête, a aussi imputé au général Cremer, la responsabilité de la perte du défilé des Planches. Déposition de M. le général de Rivière. T. V.

Tout n'était pas perdu cependant. Foncine et les Planches pouvaient être repris. Les quatre bataillons du colonel Wedell n'étaient pas pour résister à une attaque à fond de l'infanterie nombreuse échelonnée sur la route de Mouthe et qui suivait de près la cavalerie du général Cremer. Mais la fausse nouvelle de l'armistice commença à produire ici ses effets.

A huit heures du soir, arrivait en face de Foncine-le-Bas la 3e légion de mobiles du Rhône. Partie le 28 de Pontarlier, elle avait marché toute la nuit, s'était reposée pendant la matinée du 29 à Mouthe et avait repris sa route vers deux heures du soir. En sortant du village de Châtel-Blanc, le colonel Barbécéroux, chef de la légion, avait rencontré un des chasseurs d'Afrique du colonel Gaumes. Ce cavalier lui avait raconté ce qui venait de se passer aux Planches et lui avait annoncé que l'ennemi était en marche sur Foncine-le-Bas. Le colonel Barbécéroux fit aussitôt arrêter ses bagages et serrer sa colonne, puis rétrograda lui-même jusqu'à Châtel-Blanc pour aviser de l'occupation du village le 32e de marche qui suivait. Après quoi il était revenu en hâte prendre la tête de ses troupes quand, à Foncine-le-Haut, le maire de l'endroit lui annonça qu'il venait de recevoir une dépêche parlant d'un armistice et l'avait remise au colonel du 2e chasseurs d'Afrique. Le colonel Barbécéroux hésita un instant, mais la dépêche n'ayant aucun caractère officiel et l'abandon de Foncine compromettant la retraite de l'armée sur Saint-Laurent, il se décida à poursuivre sa marche.

« Il était environ huit heures du soir lorsque j'arrivai près de Foncine-le-Bas, dit cet officier dans son rapport au général en chef.[1] Mon avant-garde avait déjà passé le pont de la Saine et se trouvait à une centaine de mètres au plus du village, lorsqu'elle fut arrêtée par le feu des Prussiens embusqués derrière les premières maisons. J'arrivai avec le reste

[1] ENQUÊTE. T. III, p. 388.

de la colonne, qui n'était que de deux cent cinquante hommes et j'en fis déployer une partie en tirailleurs ; la fusillade
fut assez vive de part et d'autre. Le tir de mes hommes,
assez bien dirigé, fit éprouver quelques pertes à l'ennemi.
Son feu se ralentit bientôt, puis cessa tout à fait ; il était
environ neuf heures. En partant de Foncine-le-Haut, un habitant du pays, ancien cavalier, avait servi de guide à mon
avant-garde ; dès le début de l'engagement je lui avais fait
donner un cheval et l'avais chargé d'aller prévenir le 32ᵉ régiment de ce qui se passait. Ne voyant pas arriver ce régiment qui aurait dû ne pas être à plus de deux kilomètres
derrière moi, supposant que c'était l'armistice dont on m'a-
vait parlé qui pouvait avoir arrêté sa marche et craignant de
commettre une faute en poursuivant les hostilités, alors que
cet armistice avait déjà pour effet de suspendre le mouvement en avant des troupes qui étaient derrière moi, je me
décidai à laisser deux postes d'observation à Foncine-le-Bas
et remontai à Foncine-le-Haut avec le reste de la colonne ».[1]

A Foncine-le-Haut, le colonel Barbécéroux trouva, en
effet, le colonel Millot arrêté, lui aussi, par la nouvelle de
l'armistice et s'apprêtant à envoyer un parlementaire à l'ennemi, sans songer d'ailleurs à renforcer avec sa brigade les
postes que le colonel Barbéceroux avait laissés à Foncine-le-
Bas. A supposer même que l'armistice existât, il était cependant indiqué et légitime d'occuper ce point qui n'avait été
que momentanément en possession de l'ennemi et que des
troupes françaises détenaient. Le lendemain matin, à la première heure, le colonel Wedell y envoyait un bataillon et
barricadait le pont de la Saine. La route de l'armée de l'Est
était définitivement coupée. Elle demeura barrée jusqu'à la
fin des hostilités.

Ainsi la nouvelle du prétendu armistice avait brouillé

[1] La distance de l'un des villages à l'autre est de trois kilomètres.

toutes les notions, puisque sans aucune instruction de l'état
major et sans qu'on connût le fait autrement que par une
dépêche à un maire de village, on se dispensait d'exécuter
les ordres du quartier-général.

Foncine-le-Bas aux mains de l'ennemi, il n'y avait plus,
pour toute retraite, que le chemin de montagne qui se détache de la route de Mouthe à Chaux-Neuve et gagne Morez
et le pays de Gex en côtoyant la frontière suisse. « Il nous
reste, pour nous rendre à Morez, mandait le général Comagny à l'état-major, le seul chemin passant par la Chapelle-
des-Bois et venant aboutir à Belle-Fontaine.... Mais des renseignements qui m'ont été donnés et des reconnaissances
que j'ai fait faire, il résulte que si l'infanterie et la cavalerie
peuvent passer par la Chapelle-des-Bois, c'est à la condition
d'y passer homme par homme, entre deux murailles de
neige, et de n'y faire passer ni artillerie, ni voitures jusqu'à
ce que les soldats et les habitants aient pu à grand'peine
déblayer les neiges. C'est donc mille ou deux mille hommes,
peut-être, qu'il sera possible de faire passer par le chemin
de la Chapelle et il faudra huit jours pour que tout le XXIVe
corps, non compris l'artillerie, ait pu évacuer les cantonnements qu'il occupe sur la route de Mouthe.»[1]

Quant au général Cremer, il demeura le 30 à Saint-Laurent, coupé du reste de l'armée et gagna le 31 janvier le village de Morez. Le 30 janvier, le général Comagny annonçait au général Clinchant « qu'afin de faire disparaître les
inconvénients résultant de la position isolée du général
Cremer », il avait ordonné au général Daries de diriger la
presque totalité de sa division par la route de la Chapelle-
des-Bois à Morez, « de telle sorte que Saint-Laurent, relié
ainsi à moi, ne puisse plus être considéré par l'ennemi
comme coupé de l'armée,[2] mais bien comme un point de nos

[1] ENQUÊTE. T. III, p. 334.
[2] ENQUÊTE. T. III, p. 330.

avant-postes au moment de l'armistice ». Cette ingénieuse
combinaison ne fut cependant exécutée que le 31 janvier.
Le 30, le général Clinchant ordonnait encore au XXIVᵉ corps
de gagner Morez par Saint-Laurent. Cet ordre parvint au
général Comagny le 31, à trois heures du matin, à Mouthe,
en même temps qu'une lettre du colonel Wedell lui faisant
connaître que l'armistice ne concernait pas l'armée du Sud.
Quelques heures après, la division Daries partait pour Morez
par la route de la Chapelle et non par celle que le général
en chef avait indiquée. Les officiers arrêtés à Foncine-le-
Haut s'occupaient pendant ce temps à construire des ouvrages de défense et des emplacements de batteries et à reconnaître les environs. « J'entrepris à pied, écrit le commandant
Camps, une reconnaissance dans les montagnes situées dans
l'angle de la rivière (la Saine), qui baigne les deux Foncine
et les Planches. J'arrivai péniblement sur le revers de ces
hauteurs par de petits sentiers, en escaladant successivement
les étroites et longues terrasses qui constituent les chaînes
du Jura comme les marches d'un escalier et je me trouvai
au-dessus et sur le flanc du défilé des Planches dans lequel
je pouvais observer les Prussiens vaquant à leurs occupa-
tions... Au point où j'étais arrivé, la montagne était presque
à pic au-dessous de moi... »[1]

La situation à Foncine resta jusqu'à la fin des hostilités ce
qu'elle était le 30 janvier au matin. Si les troupes françaises
ne firent rien pour chasser le colonel Wedell de la route qu'il
occupait, d'autre part l'ennemi se borna à se maintenir dans
ses positions et à observer. Il ne fut plus échangé un seul
coup de fusil à l'aile gauche française.

[1] *La campagne de l'Est*, p. 381.

# CHAPITRE XXII

## LE 30 JANVIER 1871

L'incident de Chaffois avait mis le général Clinchant en éveil. Il était loin de mettre en doute l'exactitude des dépêches successives qu'il avait reçues du ministère et qui toutes se confirmaient, conçues dans les termes les plus formels et les plus explicites. Dans la journée, le général avait reçu en outre, par la Suisse, le texte d'une dépêche adressée par l'empereur d'Allemagne à l'impératrice Augusta, confirmant l'armistice. Il croyait plutôt à un retard dans la transmission des télégrammes entre Versailles et le général de Manteuffel ou peut-être aussi « à un désir éprouvé par le général ennemi de rectifier les positions occupées par sa ligne de bataille ».[1] En tout cas, il importait de faire cesser l'équivoque au plus vite.

Le général avait demandé des explications à Bordeaux en même temps qu'il avait envoyé, dès le 29 au soir, un parlementaire porteur d'une lettre à l'état-major ennemi. Le général de Manteuffel la reçut en marche, près de Pont-

---

[1] ENQUÊTE. T. III. p, 319.

d'Héry. Il y répondit en opposant les ordres qu'il avait
reçus :

Grand-quartier de Villeneuve, 30 janvier 1871,<br>
5 h. de l'après-midi.

Monsieur le Général,

J'ai eu l'honneur de recevoir aujourd'hui, pendant la marche,
votre lettre d'hier datée de Pontarlier. Son contenu doit renfer-
mer en partie du moins une erreur ; car selon la teneur de la
communication officielle qui m'a été faite par le grand quartier-
général de Sa Majesté impériale et royale, mon très gracieux
maître, à Versailles, il a été conclu, par suite de la capitulation
de Paris, un armistice, immédiat en ce qui concerne les armées
de Paris, et commençant le 31 de ce mois à midi, pour la Ire et
la IIe armée de Sa Majesté : au contraire, l'armistice ne comprend pas les armées opérant dans les départements de la Côte-
d'Or, du Jura et du Doubs et j'ai à poursuivre mes opérations
jusqu'à ce que j'ai obtenu un résultat décisif Par suite, il ne
m'est pas possible, pour le moment, de consentir à la proposition de Votre Excellence et mon devoir est de continuer mes
opérations contre l'armée de Votre Excellence.

Mais comme Votre Excellence me dit que vous avez mission
pour traiter toutes les questions qui peuvent avoir rapport à la
convention passée devant Paris, j'y vois une possibilité d'arrêter, ici aussi, la continuation de l'effusion du sang. Je m'y prê-
terai toujours volontiers. Si Votre Excellence est pénétrée du
même sentiment et si vous avez l'intention après la résistance
courageuse qu'a montrée l'armée française de me faire des propositions qui répondent à la situation militaire du moment dans
le pays, je prie Votre Excellence de me les transmettre jusqu'à
demain matin à Levier ; mais je dois répéter ici encore une fois,
pour éviter tout malentendu, qu'aucun armistice n'existe pour
nous jusqu'à présent et qu'aussi, par cette correspondance entre
Votre Excellence et moi, les opérations ne sont pas suspendues.

Que Votre Excellence veuille bien recevoir l'assurance de ma
considération très distinguée.

MANTEUFFEL,<br>
commandant en chef de l'armée du Sud.

A Son Excellence Monsieur le général Clinchant, commandant en chef de la première armée française, Pontarlier.[1]

[1] ENQUÊTE. T. III, p. 331.

La réponse du général de Manteuffel arriva à Pontarlier dans la nuit du 30 au 31 janvier, vers deux heures du matin. Elle y avait été précédée d'une dépêche du ministère, datée de Bordeaux « 12 heures 17 du soir », et signée de Gambetta : « La prétention du général de Manteuffel de discuter l'armistice et de refuser de l'appliquer à l'armée de l'Est est la violation formelle de la convention signée à Versailles, dans laquelle il est dit que l'armistice est immédiat et qu'il s'applique à toutes les armées de terre et de mer des deux puissances belligérantes. Signifiez bien le texte au général Manteuffel par parlementaire et dressez procès-verbal, tant du retard, des difficultés soulevées, que de la réponse qui vous sera faite et dénoncez-moi le tout ».

Pendant que cet échange de correspondance se faisait entre Bordeaux, Villeneuve-d'Amont et Pontarlier sans sortir le général Clinchant de ses incertitudes, l'équivoque allait provoquer des malentendus sur tous les points où les têtes de colonne allemandes entraient en contact avec l'armée française.

Le général de Manteuffel ignorait encore les perplexités de son adversaire lorsque, le 29 janvier au soir, il avait donné à Arbois ses ordres pour le lendemain : « Les IIe et VIIe corps continueront leur marche sur Pontarlier en maintenant entre eux leurs communications, disait-il. Le IIe corps restera en possession de la route du Jura à les Planches et observera Lons-le-Saunier. Le détachement von der Goltz marchera par Pont-d'Héry sur Villeneuve-d'Amont. Le XIVe continuera ses reconnaissances contre Besançon et enjoindra aux généraux Schmeling et Debschitz de rejeter sur les IIe et VIIe corps les forces ennemies qui peuvent encore se trouver au nord de la route Besançon-Pontarlier. Le quartier-général se rend à Villeneuve-d'Amont ».

Dans la nuit, le général avait été avisé de ce qui venait de se passer à Chaffois. Il avait complété aussitôt son ordre par les instructions suivantes : « La nouvelle qu'un armistice aurait été conclu pour l'armée du Sud est fausse. Nous continuerons donc nos opérations. Messieurs les généraux ne traiteront avec l'ennemi que sur la base d'une reddition. Tous les autres pourparlers seront renvoyés au quartier-général, sans préjudice à la continuation des hostilités. Les II⁰ et VII⁰ corps se concentreront dans la direction de Pontarlier, comme le dit mon ordre d'hier, et y attendront des instructions ultérieures. Les attaques isolées doivent être évitées, mais on s'opposera à toute tentative de l'ennemi de se dérober par le sud ou le nord ».

A huit heures du matin, la brigade du général du Trossel, avant-garde du II⁰ corps, reprenait à Censeau sa marche sur Pontarlier par Frasnes, le premier village qu'elle allait atteindre. Elle avait à peine fait quelques kilomètres quand se présenta un parlementaire notifiant au général l'armistice. La colonne s'arrêta et le parlementaire fut envoyé au général Fransecky. Il le joignit en même temps que deux de ses camarades envoyés l'un, de Foncine-le-Haut, par le colonel Millot, l'autre, de Lons-le-Saunier, par le général Pélissier, qui, lui aussi, avait reçu de Bordeaux l'avis de cesser le feu.

A l'état-major du II⁰ corps, on ne savait pas trop quel accueil faire à ces officiers. Le général Fransecky avait des ordres précis lui ordonnant de marcher. D'autre part, les affirmations des officiers français étaient si nettes, les documents qu'ils présentaient si dignes de foi que le général convint avec eux d'une suspension provisoire des hostilités, à la condition que Frasnes serait évacué et que les troupes françaises qui l'occupaient ne continueraient leur retraite ni sur les Planches, ni dans une autre direction.[1] Mais à peine cet arrangement avait-il été pris qu'arrivaient du quartier-général les instructions enjoignant aux généraux de poursuivre leur route. Le général Fransecky en fit part

---

[1] WARTENSLEBEN, p. 68.

aux parlementaires avec l'avis que Frasnes serait attaqué dans la journée. Puis on se remit en marche.

A sept heures du soir, l'attaque commençait par la forêt située au sud-ouest du village. La 6e batterie lança quelques obus, tandis qu'un bataillon du 49e régiment se déployait des deux côtés de la route en avançant contre la lisière du bois. L'ennemi se replia comme la nuit tombait. Le lieutenant-colonel de Guretzky, du 11e dragons, s'élança à la tête d'un escadron, suivi d'une compagnie du 49e régiment. La compagnie s'installa sur une hauteur à proximité immédiate et à l'ouest du village, tandis que les dragons, pénétrant dans la localité, chargeaient l'infanterie ennemie. Quand la compagnie du 49e entra à son tour dans les rues, toute résistance cessa. Le général du Trossel fit quinze cents prisonniers, dont douze officiers.

Frasnes avait été occupé pendant la journée par des troupes de la division Segard, du XXe corps, et par la brigade Poullet de la division Cremer, sauf deux bataillons du 86e postés à Bonnevaux. Un parlementaire allemand s'était présenté dans l'après-midi annonçant que les troupes du général du Trossel avaient l'ordre d'attaquer si le village n'était pas promptement évacué. Il avait expliqué au colonel Poullet que la position n'était plus tenable, puisque Chaffois était aux mains des Allemands et qu'elle ne tarderait pas à être cernée de toutes parts. Le parlementaire avait même risqué le mot de capitulation en alléguant que combattre dans de telles conditions était une folie. Le colonel Poullet lui avait répondu qu'il tenait sa position pour bonne et saurait la défendre. Cependant, le parlementaire reparti, le colonel s'était rendu auprès du général Segard pour lui raconter ce qui venait de se passer. On délibéra, on constata que les troupes ne voulaient plus se battre et on décida de se retirer. Pour que la colonne ne fût pas trop longue, on convint que le général Segard se dirigerait sur Pontarlier, le colonel Poullet, par Vaux et les Granges-

Sainte-Marie, sur Mouthe. Il était cinq heures. On se mit en
marche incontinent. On ne laissa à Frasnes que deux compagnies du 83e pour rallier les grand'gardes. Ce sont ces troupes et les traînards que le colonel Guretzky avait surprises.
Les deux compagnies du 83e parvinrent à se dégager et à
gagner Mouthe. Le reste fut fait prisonnier.

Le colonel Poullet avait eu cependant quelque scrupule à
quitter ainsi son poste. Il avait envoyé un lieutenant d'état-
major à Pontarlier demander au général en chef « s'il ne
devait pas s'arrêter avec sa brigade à Bonnevaux pour défendre l'entrée du défilé », mais la réponse tardant, le colonel avait résolu de ne pas l'attendre. Il quitta Bonnevaux
à dix heures du soir,[1] après avoir entendu sans doute le
bruit du combat de Frasnes, distant seulement de cinq kilomètres.

Dès le 30 janvier au soir, la passe de Vaux, bien plus importante encore que le défilé des Planches puisqu'elle commandait aux Granges-Sainte-Marie le point initial de la retraite Pontarlier-Saint-Laurent et menaçait directement les
Verrières, était ouverte à l'ennemi, à l'insu du général en
chef.[2] Elle eût été facile à défendre pourtant. Retranchée
dans les fortes positions qui masquent l'entrée proprement
dite de la gorge, la brigade Poullet pouvait obliger l'ennemi
à se déployer à Bonnevaux et y livrer un important combat.
Bonnevaux pris, elle se retirait sur Vaux. La route parcourt
un étroit défilé, flanquée de droite et de gauche de pentes
boisées et abruptes. A chaque coude du chemin, le relief
de la montagne offre des positions. On y pouvait embusquer des tirailleurs qui eussent arrêté la marche de l'ennemi assez longtemps pour permettre encore aux troupes

[1] P. POULLET. *La campagne dans l'Est.* p. 386 et suiv. — *Le
général Cremer*, p. 90 et suiv.
[2] Dans son rapport au ministre de la guerre, le général Clinchant se plaint de « l'incroyable facilité » avec laquelle Bonnevaux a été abandonné. ENQUÊTE. T. III, p. 320.

du génie de détruire la route après le passage du gros de la colonne. A la sortie est du couloir enfin, le village de Vaux d'abord, les coteaux des Granges-Sainte-Marie ensuite offraient au défenseur des positions étendues, permettant le déploiement d'une artillerie nombreuse et de corps d'infanterie considérables qui eussent rendu à l'ennemi la sortie du défilé extrêmement difficile. La position des Granges-Sainte-Marie commande entièrement le débouché. Il donne sur un carrefour : au nord, la route qui longe le lac Saint-Point pour aboutir par une bifurcation sur la Cluse et sur Pontarlier ; au sud, un chemin de montagne qui va à Mouthe et Chaux-Neuve. Le carrefour franchi, la chaussée traverse en remblai une plaine marécageuse puis le Doubs, sur un pont à tablier en bois, long d'une trentaine de mètres, facile à couper. Sur toute sa largeur, la vallée est sous le feu des Granges. En combattant à Bonnevaux, à Vaux, aux Granges-Sainte-Marie, un défenseur résolu pouvait arrêter longtemps l'ennemi.

# CHAPITRE XXIII

## LE 31 JANVIER 1871

A tout évènement et en même temps que, sur l'offre du général de Manteuffel, il envoyait au quartier-général allemand un officier de son état-major pour élucider la question de l'armistice, le général Clinchant avait donné le 30 janvier à ses troupes un « ordre de combat » pour qu'elles eussent à se défendre en cas d'attaque.

Le XVIII<sup>e</sup> corps, à l'aile droite, devait occuper les hauteurs au nord-est de Pontarlier, avec une division à Doubs, ainsi que les hauteurs au sud-ouest de la ville, jusqu'en face des Granges-Narboz. « Il fera surveiller, disait l'ordre, les débouchés venant de Morteau et surtout celui qui vient par l'Hôpital ; ce corps aura, en outre, une division en dehors de la ville et une division en réserve vers Cluze. »

La réserve générale, qui passait sous le commandement du général Billot, devait s'établir à Pontarlier même, avec un régiment dans la ville et un sur chacun des deux fronts.

La division Peytavin, du XV<sup>e</sup> corps, occupait « toute la montagne depuis la gauche du XVIII<sup>e</sup> corps en face des

Granges-Narboz jusqu'au chalet de Bouquet, situé sur les hauteurs des Coisées formant le contre-fort qui vient mourir à Bonnevaux ».

La brigade Poullet « établie à Bonnevaux », disait l'ordre, « se reliera avec la gauche du XV° corps et défendra la gorge qui conduit à Vaux ». La division Segard, du XX° corps, et les débris de la division Dastugue du XV°, surprise la veille à Sombacourt, étaient dirigés sur Vaux.

Enfin, la division Thornton, du XX° corps, allait s'installer sur les hauteurs du fort de Joux.

« Les pièces établies en batterie, disait le général, ne seront pas changées, quelque soit le corps ou la division qui viendra défendre les positions qu'elles occupent. Les diverses batteries s'arrangeront de manière à avoir leurs coffres au complet. Les pièces et le matériel qui n'est pas en batterie se dirigeront sur la route des Verrières en ayant soin de se placer sur une seule ligne et sur le flanc droit de la route. »

Quant au XXIV° corps, il restait échelonné sur le chemin de Mouthe et le général Comagny recevait l'ordre d'évacuer sur Morez le plus de monde possible. Le général Clinchant ignorait encore l'occupation de Foncine-le-Bas par l'ennemi.

Le quartier-général demeurait à Pontarlier.

Peu d'heures après, le général avait donné encore un « ordre de mouvement » pour le 31 janvier. La réserve générale occupait Pontarlier, avec avant-postes à Doubs, Houtaud et les Granges-Narboz. — Le XVIII° corps devait cantonner à Oye, Cernoy, Ruffey, la Cluse, les Verrières, les Fourgs, les Petits-Fourgs, en descendant, si cela lui paraissait nécessaire, jusqu'aux Hôpitaux-Vieux. — Le XV° corps se retirait sur les Granges-Sainte-Marie et l'Abergement, son artillerie restant aux Granges-Sainte-Marie. — Le XX° corps, divisions Thornton et Segard, occupaient Montperreux, Chaudron, Vezenet et Malbuisson et ses deux régiments de cavalerie, le 2° lanciers et le 7° chasseurs, Villedieu et Gelin. Quant au XXIV⁰ corps, il devait continuer son mouvement « vers Mouthe ».

« La trouée de Bonnevaux et les coteaux escarpés qui sont entre Bonnevaux et Pontarlier, ajoutait l'ordre, sont confiés à la garde de la brigade Cremer, qui devra être soutenue par les troupes du XV⁰ corps et enfin par celles du XX⁰, si cela était nécessaire. En cas d'attaque, la trouée de Pontarlier devra, lorsque les troupes auront fait leur mouvement, être défendue par la réserve en première ligne, soutenue par tout le XVIII⁰ corps et aura pour mission d'occuper les hauteurs de droite et de gauche. »

En rédigeant ces ordres, le général Clinchant croyait donc encore Bonnevaux occupé et ne se doutait pas que la gorge eût déjà été abandonnée à l'ennemi sans qu'il en eût même été préalablement averti. Le général espérait encore exécuter sa retraite sur Saint-Laurent, sous la protection de la réserve générale, de la brigade Poullet et du XVIII⁰ corps qui livreraient au besoin un opiniâtre combat d'arrière-garde. Mais la désorganisation était si avancée que les ordres n'étaient plus exécutés.

Le général Fransecky aurait pu s'emparer de l'entrée de la passe de Vaux dès la veille si, tout en marchant sur Frasnes, il avait détaché quelques bataillons à Bonnevaux, comme il l'avait fait aux Planches. Les ordres du quartier-général devaient l'y amener bientôt.

Le 30 janvier au soir, les têtes des colonnes allemandes occupaient Chaffois et Frasnes, tandis que derrière les II⁰ et VII⁰ corps s'avançait, comme réserve générale de l'armée, la brigade von der Goltz avec son avant-garde à Dournon. Le commandant en chef avait transporté ses quartiers à Villeneuve.

En y arrivant dans la soirée, il n'avait pas encore de nouvelles de ce qui s'était passé sur son aile gauche et ignorait jusqu'à quel point la division du général von Schmeling avait pu pousser son offensive. Cependant, il en savait assez pour juger que la journée du lendemain serait décisive. Le moment approchait où il faudrait forcer l'ennemi dans ses positions de Pontarlier. On s'attendait à une résistance désespérée. Désirant éviter autant que faire se pouvait les engagements partiels et les inutiles effusions de sang, tout en assurant le succès final de ses opérations, le général de Manteuffel voulait couper la retraite à l'ennemi sur un second point, entre Pontarlier et Mouthe, le barrage à Foncine-le-Bas ne lui paraissant pas suffisant. L'état-major allemand espérait pouvoir ainsi obliger l'ennemi à passer en Suisse. L'internement d'une armée de cent mille hommes dans un pays étranger devait peser d'un poids plus lourd encore sur les négociations pour la paix qu'une capitulation et l'exode de cent mille prisonniers de plus dans les forteresses d'Allemagne.[1] En conséquence, afin de resserrer davantage encore le cercle autour de Pontarlier et de concentrer ses forces en ménageant autant que possible ses troupes surmenées, le général avait pris pour le 31 janvier les dispositions suivantes :

« Le VII° corps occupera le terrain compris entre les routes de Pontarlier à Levier et de Pontarlier à Saint-Gorgon, en appuyant à gauche et en purgeant la contrée jusqu'à la Loue, sans dépasser le Drugeon, ruisseau qui traverse la route à mi-chemin entre Chaffois et Pontarlier. Le VII° corps observera en outre la route Pontarlier-Morteau et cherchera la communication avec le général Schmeling. Le II° corps s'échelonnera le long de la route Frasnes-Pontarlier et détachera à droite par Bonnevaux sur Jougne. Les Planches resteront occupées et le détachement Wedell sera renforcé, si besoin est. Le détachement Goltz marchera sur Villeneuve. »

Ces dispositions enjoignaient au général Fransecky de marcher sur deux routes, celles de Frasnes-Pontarlier par

[1] WARTENSLEBEN, p. 70.

la Rivière, Sainte-Colombe et les Granges-Narboz, en côtoyant la voie ferrée. et celle de Censeau-Jougne, par la gorge de Vaux et les Granges-Sainte-Marie.

La brigade du major général du Trossel qui avait passé la nuit à Frasnes trouva la route de Pontarlier jonchée d'armes abandonnées et d'objets d'équipement de toute nature. A Sainte-Colombe. sa cavalerie fit cinq cents prisonniers. A la Rivière et à Bulle, des détachements entiers se rendirent sans combat. Les Granges-Narboz que la cavalerie atteignait le soir n'étaient plus occupées. La tête de l'avant-garde avait ainsi poussé jusqu'à cinq kilomètres de Pontarlier. Le gros de la brigade s'arrêta à la Rivière. sur le Drugeon. tandis que le général Fransecky établissait son quartier à Dampierre. Une compagnie du régiment des grenadiers de Kolberg. dirigée à droite sur le village de la Planée, y avait surpris et fait prisonniers cinq cents hommes dont un colonel.

Pour occuper la route Censeau-Vaux-Jougne, le général Fransecky avait détaché sur sa droite deux bataillons du 54e régiment, un peloton de dragons du 3e régiment et une batterie, sous les ordres du lieutenant colonel Liebe. Ce détachement occupa sans coup férir Bonnevaux évacué de la veille par la brigade Poullet, entra sans encombre dans la gorge et poussa sur Vaux. Là non plus, aucune résistance n'était organisée.

Le 31 janvier au matin. le général Clinchant avait envoyé dans le défilé un chef d'escadron d'état-major, M. de Clamorgan, pour constater si la brigade Poullet était à son poste, si le défilé était suffisamment défendu, si enfin la route avait été coupée par le détachement du génie que le général y avait dirigé dès le 29.

« Le général m'envoyait. dit cet officier,[1] je tiens à le bien constater, pour m'*assurer* de l'exécution de ses ordres et

---

[1] ENQUÊTE T. III, p. 336 et 337.

non pour les *donner*, puisqu'ils l'étaient déjà. Cependant.
prévoyant le cas d'une attaque ou d'une erreur, il m'avait
chargé de recommander tout spécialement au général dont
les troupes devaient occuper le village de Vaux, de s'y défendre à outrance, cette position étant essentielle pour protéger le flanc droit de l'armée battant en retraite sur la route
de Mouthe. Je partis vers dix heures du matin et, suivant
la route qui passe par Oye et Malpas, j'arrivai vers une
heure au village de Vaux. Ce village était occupé par le
reste de la division Dastugue, du XVᵉ corps, et un peu en arrière par une forte compagnie d'une légion du Rhône du XXIVᵉ
corps chargée de garder la route. Par des renseignements
pris auprès des paysans, j'appris que la route de Bonnevaux
était coupée depuis deux jours à peu près à 5 ou 600 mètres
de Vaux. et je m'avançai pour m'assurer de l'état du travail
et de ce qu'on avait dû laisser d'hommes pour le garder.

« En passant par le village qui est en contre-bas de la
route. je remarquai que les soldats y étaient dans le plus
grand désordre et sans chefs. L'escorte du général de brigade s'y trouvait, mais lui-même était en arrière, d'après ce
qu'on m'a dit. Je sortis alors du village et je m'avançai sur
la route. Elle était couverte de traînards du XVᵉ corps venant de Sainte-Colombe et les derniers, lorsque j'allai les
dépasser, m'avertirent fort tranquillement qu'ils étaient
suivis de près par les Prussiens. Je n'y pouvais croire lorsqu'en effet à cent mètres de moi apparurent au tournant de
la route deux uhlans [1] qui s'arrêtèrent en nous voyant, mais
ne reculèrent pas.

« Je pensais immédiatement que les troupes du village
allaient être surprises; je revins sur mes pas, j'ordonnai
aux traînards de se retourner et de s'embusquer le long des
fossés, ce qu'ils se gardèrent bien de faire, et je rentrai au

---

[1] Ces uhlans étaient des dragons du 3ᵉ régiment, du détachement du colonel Liebe.

village. On avait aperçu les uhlans et beaucoup d'hommes se retiraient fort tranquillement. Je cherchai des officiers supérieurs et n'en rencontrai point; très peu même d'officiers subalternes se trouvaient là. Un aide-de-camp du général de brigade courait éperdu et vint me demander ce qu'il y avait à faire. Je lui dis qu'il fallait réunir des hommes d'abord et me mis moi-même à courir partout pour les faire sortir des maisons et des hangars où ils se cachaient. Il y avait chez tous une apathie complète, un refus de combattre qui n'était que trop évident. Ils ne pensaient pas même à tirer sur les quelques Prussiens qu'on apercevait à 300 mètres de là, s'avançant vers le village sans grandes précautions. Comme sur la route, les hommes que j'y avais laissés se sauvaient, j'y retournai au galop, j'essayai par tous les moyens possibles, prières ou menaces, de me faire suivre d'une cinquantaine seulement pour prendre position au détour de la route, là où dix hommes décidés auraient pu arrêter indéfiniment les Prussiens. Ce fut inutile. Pas un officier n'essaya d'entraîner ses hommes; ils restaient tous, serrés les uns contre les autres, à l'abri des maisons, attendant les premiers coups de fusil pour s'enfuir. Quelques Prussiens commençaient déjà à entrer dans le village sans même tirer; j'avançai jusqu'aux premières maisons avec quelques hommes qui me suivirent et je les fis tirer sur l'ennemi qui perdit deux ou trois hommes. Puis leurs balles nous arrivèrent, ainsi que quelques obus d'une pièce de petit calibre qu'ils avaient amenée sur la route. Ce fut le signal d'une débandade presque générale. J'eus beau revenir en arrière, chercher à arrêter les fuyards, les menacer de mort même, rien ne put les décider à revenir.

« Pensant que le village allait être pris par les Prussiens et apprenant qu'un général se trouvait avec sa division entre Vaux et les Granges-Sainte-Marie, je courus le chercher; il arrivait à un kilomètre à peu près du village et ses troupes étaient massées sur la route. Je l'avertis de ce qui se pas-

sait. et je lui dis que j'apportais l'ordre exprès du général
Clinchant de garder ce village. qui commandait le défilé.
J'ajoutai que dans ce moment il était facile de le reprendre
et qu'on arrêterait ainsi les fuyards et que surtout, si on ne
le reprenait pas, on laisserait aux Prussiens une route fort
importante, par laquelle j'étais venu, et qui, passant par
Malpas et Oye, tourne le lac Saint-Point, qu'elle rend inutile pour la défense. D'ailleurs, si on ne voulait pas reprendre le village même, il y avait à droite et un peu en arrière
une hauteur boisée, commandant le défilé et empêchant les
Prussiens de passer. On pouvait y envoyer des troupes. Le
général me dit qu'il ne pouvait aller jusque-là et qu'il allait
prendre position sur les hauteurs en arrière, quoiqu'elles ne
remplissent plus du tout le même but. Sa résolution fut aug-
mentée par le rapport d'un capitaine de son état-major, probablement, qui vint lui dire qu'on ne pouvait prendre les
hauteurs à droite du village, parce que les Prussiens y
étaient déjà *et y avaient même du canon.* Or, il n'y avait
aucun chemin de leur côté pour cela, et la neige avait une
épaisseur considérable. De plus, il y avait encore des tirailleurs français que j'y avais envoyés. Enfin, voyant l'indéci-
sion du général et le but de l'opération complètement manqué, je revins rapidement pour rendre compte au général
en chef de ma mission.

« Avant d'arriver aux Granges-Sainte-Marie, je rencontrai
une longue colonne assez en désordre, en tête de laquelle
marchait le général Martinez.[1] Étonné qu'il n'eût pas fait
arrêter ses troupes pour soutenir celles qui étaient en avant,
je lui dis ce qui venait de se passer. et l'ordre du général
en chef de garder le défilé. Il me répondit que cela ne le
regardait pas, qu'il n'en était pas chargé, qu'il devait aller

---

[1] Le général Martinez figure dans l'ordre de bataille de l'armée à la tête de la 2e brigade de la IIIe division du XVe corps.
L'ordre de mouvement pour le 31 désignait spécialement les
troupes du XVe corps pour la défense du défilé.

aux Granges, mais qu'il ne s'y arrêterait même pas, *de peur d'y être attaqué*. Sur ma demande alors : « où il comptait s'arrêter », il me répondit qu'il n'en savait rien et qu'il le ferait *dans une bonne position de sûreté*. Un officier d'ordonnance, qui était avec lui, voyait des Prussiens partout, et m'en montra même sur le chemin que suivait la II<sup>e</sup> division du XX<sup>e</sup> corps venant de Pontarlier... En suivant cette route moi-même, j'avertis le général Thornton et le général Segard, dont les divisions arrivaient, de ce qui venait de se passer, et je revins rendre compte de ma mission au général en chef ».

Le rapport de l'état-major allemand dit que le colonel Liebe déploya contre Vaux le bataillon de tête de sa colonne, attaqua le village par le nord et par l'ouest et y pénétra en faisant prisonniers vingt officiers et 886 hommes, en rejetant le reste sur les Granges-Sainte-Marie.[1] L'armée du Sud en possession de la route de Pontarlier par Malpas et Oye, c'était Pontarlier définitivement cerné et n'ayant plus d'autre issue que sur la Suisse. Et encore n'y avait-il pas de temps à perdre pour que cette dernière voie de salut ne fût, elle aussi, barrée.

Pendant cette même matinée du 31 janvier, le VII<sup>e</sup> corps avait occupé avec sa XIII<sup>e</sup> division Sept-Fontaines et tout le pays jusqu'à la Loue et, avec la XIV<sup>e</sup> division, Dammartin, Vuillecin sur le Drugeon et le défilé de la Vrine, couvrant les routes de Besançon et de Morteau et poussant ses avant-postes jusqu'à cinq kilomètres de Pontarlier. La communication avec le II<sup>e</sup> corps avait été établie, à l'aile droite, par Bulle, mais on ne parvint que dans la soirée à joindre, par l'aile gauche, les troupes du général de Schmeling. La IV<sup>e</sup> division de réserve était ainsi directement reliée à la ligne de bataille de l'armée du Sud dont elle occupait maintenant l'extrême aile gauche.

[1] Rapport de l'état-major. T. V, p 1206.

Le général Debschitz atteignit le Russey, sur la route de Morteau, l'avant-garde de sa brigade à la Chenalotte.

La brigade von der Goltz, formant réserve générale, coucha à Villeneuve-d'Amont où le général de Manteuffel avait son quartier.

Sur l'aile droite, de petits détachements laissés à Poligny, Montrond et Champagnole observaient Lons-le-Saunier. — Le détachement Wedell était demeuré sans combattre aux Planches.

Enfin, les divisions badoises du XIVe corps établies devant Besançon, où les troupes françaises restaient absolument passives, avaient reçu l'ordre de protéger l'importante station d'étape de Dôle, menacée par les troupes françaises d'Auxonne : deux bataillons, de l'artillerie et de la cavalerie avaient été dirigés sur Auxonne, le 31 janvier au matin, pour observer la place.

Pendant que ces mouvements s'opéraient, le général Clinchant avait envoyé au quartier-général de l'armée du Sud le lieutenant-colonel Chevals, porteur de la dépêche venue dans la journée de Bordeaux. Le parlementaire fut reçu par le général en chef qui lui opposa encore une fois ses ordres et l'impossibilité où il était de négocier sur d'autres bases qu'une capitulation. A cinq heures du matin, le lieutenant-colonel Chevals quittait Villeneuve sans qu'aucun arrangement ne fût intervenu.

A neuf heures y arrivait un autre parlementaire, le colonel Varaigne, chef d'état-major du XXe corps. Il avait pouvoir de traiter d'une suspension d'armes de trente-six heures, afin de fixer pendant ce délai la vraie signification de la convention de Versailles. La proposition ne fut pas acceptée. Le général de Manteuffel allégua l'impossibilité d'ajourner l'exécution des ordres généraux. Cependant, pour éclaircir la situation le plus vite possible, un télégramme chiffré fut adressé de la part de l'état-major de l'armée du Sud au général de Moltke et le colonel Varaigne se

chargea de le faire parvenir à son adresse par Bordeaux,
voie qui semblait la plus prompte. Mais il fut nettement
stipulé qu'un retardement des opérations jusqu'à l'arrivée
de la réponse était inadmissible. Le colonel Varaigne ayant
demandé en outre quels arrangements pourraient convenir
au commandant de l'armée du Sud, il lui fut répondu qu'on
n'accepterait de pourparlers que sur une base qui mit l'armée dans l'impossibilité de reprendre les armes pendant la
guerre. C'est avec ce dernier mot que le parlementaire
quitta vers midi le quartier allemand [1]

C'est donc quand pour toute retraite il lui restait le
chemin à peine praticable de la Chapelle-des-Bois que

---

[1] ENQUÊTE. T. III, p. 332. — Le procès-verbal de la conférence de Villeneuve entre le chef d'état-major de l'armée du
Sud et celui du XXᵉ corps français s'exprime comme suit:

« Le chef d'état-major du XXᵉ corps d'armée français, colonel
Varaigne, se présente ce matin, à dix heures, au quartier-général de Villeneuve, au nom du général commandant l'armée
française, général Clinchant, avec pleins pouvoirs de sa part
pour traiter un armistice de trente-six heures avec le général
commandant l'armée allemande du Sud, dans le but d'éclaircir
dans ce temps la différence d'opinions concernant l'étendue de
l'armistice de vingt cinq jours conclu à Versailles.

« L'armistice proposé de trente-six heures fut refusé, parce
que le télégramme parvenu au quartier-général de l'armée du
Sud de la part du général comte de Moltke, daté le 28, 11
heures 10 minutes du soir, contient l'ordre positif que les départements Côte-d'Or, Jura et Doubs sont exclus de l'armistice
et que les opérations de l'armée du Sud doivent être continuées
jusqu'à leur décision.

« Le colonel Varaigne présente les télégrammes parvenus au
général commandant l'armée française de la part de son gouvernement, datés le 30, d'après lesquels il est de l'avis que
l'armistice comprend toute la France et s'étend aussi aux armées opérant dans l'est.

« En face de cette différence d'opinions, on ne parvint pas à
un arrangement. Cependant, pour éclaircir la situation le plus
vite possible, un télégramme chiffré fut adressé de la part du
quartier-général de l'armée du Sud au général comte de Moltke,
et le colonel Varaigne se chargea de le faire parvenir à son
adresse par la voie semblant la plus prompte, par Bordeaux.

le 31 janvier, dans l'après-midi, le général Clinchant fut avisé à Pontarlier du dernier refus de l'ennemi. Peu après arrivait une dépêche du ministère, datée du 31 janvier, 4 h. 50 du soir, annonçant enfin qu'en effet l'armée de l'Est n'était pas comprise dans la convention de Versailles et laissant au général le soin de régler lui-même sa situation : « — Vous êtes investi par le gouvernement, disait la dépêche, du droit de traiter et de combattre pour votre propre compte, et de conclure directement avec le général ennemi un armistice dans les conditions et au moment que vous jugerez les plus opportuns. L'exception prévue au sujet des armées de l'Est, dans le texte de la convention passée entre les deux ministres, a eu pour cause l'éloignement où étaient les plénipotentiaires du théâtre de vos opérations et l'ignorance où ils étaient forcément de vos positions respectives. En conséquence, vous avez à vous comporter comme un belligérant distinct et indépendant, et dès lors employez la voie de la force ou des négociations à votre appréciation, et au mieux des intérêts et de l'honneur de votre armée. »[1]

« Je réunis, dit le général Clinchant, un conseil de guerre auquel je convoquai tous les généraux de division présents à Pontarlier, afin de leur bien faire connaître la situation, et de prendre avec eux les mesures les plus efficaces pour assurer le passage en Suisse de notre artillerie, de nos bagages et de nos éclopés, en dirigeant toute notre infanterie sur les routes qui nous permettaient de gagner encore le

« En attendant, le colonel Varaigne fut averti qu'un retardement des opérations de l'armée du Sud, jusqu'à l'arrivée de la réponse attendue, ne pouvait pas avoir lieu.

« Au quartier-général de Villeneuve, le 31 janvier 1871.

« Le colonel, chef d'état-major
« du XXᵉ corps de l'armée française :
« VARAIGNE. »

[1] C'est par M. de Bismarck que la Délégation de Bordeaux connut la vérité. Proclamation de Gambetta au peuple français. 31 janvier 1871.

département de l'Ain. Mais au moment où le conseil venait
de se réunir, vers huit heures du soir, je reçus la nouvelle
d'un évènement qui rendait notre situation plus critique
encore que je ne pouvais le prévoir. Un officier envoyé par
moi dès le matin du côté de Vaux, pour insister sur les ordres
donnés relativement à la garde des défilés vint m'apprendre
que les troupes chargées de cette défense n'avaient pas tenu
et que nous étions menacés de nous voir tournés en arrière
de Pontarlier. Cette nouvelle me fut confirmée par une note
du général Comagny annonçant que l'ennemi se répandait sur
le lac Saint-Point et nous coupait la route de Mouthe, en
occupant les gorges Sainte-Marie.

« Je demandai aux généraux si, profitant des accidents de
terrain, ils pouvaient encore arrêter l'ennemi en arrière du
défilé de Vaux, à Oye, le Cernois et Montperreux, de manière
à sauvegarder encore les derrières de Pontarlier. Ils ne purent rien me promettre. L'évacuation de Pontarlier devenait
donc indispensable. Je proposai alors de tenir les crêtes qui
se trouvent entre le Larmont, le fort de Joux, Oye, Montperreux et la frontière suisse. Les généraux m'objectèrent qu'il
leur serait bien difficile, dans ces conditions de voisinage
immédiat de la frontière, de conserver leurs hommes sous
la main : les chemins étaient d'ailleurs à peu près impraticables. Enfin, nous avions épuisé à peu près toutes nos provisions de pain et de biscuit et il ne nous restait plus que
trois ou quatre cents quintaux de farine arrivés la veille,
c'est-à-dire de quoi faire vivre l'armée pendant un ou deux
jours au plus ; et encore fallait-il improviser immédiatement
les moyens de transformer cette farine en pain.

« La situation était sans issue, les hommes étaient épuisés :
l'armistice avait porté au moral des troupes le coup le plus
funeste : je ne pouvais plus les nourrir. Il me fallait
prendre un parti sans plus attendre, sous peine de voir
périr l'armée. Quelque pénible que fût la détermination
dont j'avais à subir la responsabilité, je décidai que nous

entrerions en Suisse, tout en prévenant les généraux que j'autorisais à rester en France tous les corps où détachements qui croiraient pouvoir se frayer un passage en suivant les sentiers de montagne dans lesquels il leur serait possible de s'aventurer. » [1]

Cette résolution suprême arrêtée, le général dicta aussitôt au conseil réuni, pour la nuit du 31 janvier au 1er février et pour le 1er février, l'ordre d'évacuation du territoire français et du passage de la frontière :

« L'artillerie qui défend la ville sera immédiatement attelée et dirigée sur Verrières par le fort de Joux.

« Le poste de la porte de Pontarlier empêchera toutes espèces de voitures civiles de passer par cette porte et fera déblayer la route afin de permettre à l'artillerie de passer. Le commandant de place de la ville maintiendra par tous les moyens la liberté de circulation de la ville. M. le général Billot. commandant les troupes qui défendent Pontarlier, donnera des ordres assez tôt, pour que les troupes puissent quitter leurs positions sans être tournées. Il fera occuper en arrière de Pontarlier une position définitive, qui permettra l'écoulement des troupes et de l'artillerie.

« Dès que le mouvement du général Billot sera bien dessiné, le XXe corps se portera sur la route des Fourgs.

« Le XVe corps se retirera sur la Suisse, par les routes qui sont en sa possession, et prendra, pendant son arrivée en Suisse, les positions qui lui paraîtront les meilleures pour la défensive.

« Le XXIVe corps et la cavalerie se retireront en Suisse, s'ils ne peuvent passer par les routes de la Chapelle-des-Bois, aussitôt la réception de cet ordre.

« Le convoi d'artillerie entrera immédiatement en Suisse,

[1] Le conseil de guerre siègea à la mairie de Pontarlier. Y assistaient. sous la présidence du généralissime, les généraux Billot, Pilatrie et Pallu de la Barrière et l'amiral Penhoat. (Déposition du général Pallu. ENQUÊTE. T. III, p. 443 )

et continuera son mouvement en avant de manière à permettre aux autres d'arriver.

« On défendra avec la plus grande énergie la crête qui se trouve à la hauteur du fort de Joux et qui se prolonge au sud du lac de Saint-Point, de manière à permettre à toutes les troupes et à tous les convois de se retirer en Suisse.

« Les chefs de corps, qui pourront détruire ou enterrer leurs pièces, s'empresseront de le faire, si cela leur paraît nécessaire.

« Il est bien entendu, que tout chef de corps qui pourra se dispenser de rentrer en Suisse, après l'exécution du présent ordre, est autorisé à le faire. »

Ainsi, avant même qu'il fût convenu avec le quartier-général de l'armée suisse des conditions du passage des troupes françaises sur le territoire neutre, le général donnait des ordres d'exécution. Il se sentait donc dans l'impossibilité complète de trouver aucune autre issue à sa situation désespérée. Au surplus, la veille déjà, il avait dirigé en arrière du fort de Joux, entre ce point et la frontière, sur la route des Verrières, ses parcs d'artillerie et ses gros convois. « Les pièces et le matériel qui n'est pas en batterie, disait l'ordre de combat du 30 janvier, se dirigeront sur la route des Verrières, en ayant soin de se placer sur une seule ligne et sur le flanc droit de la route. »

Dans la journée du 31 janvier, les postes suisses avaient vu ces voitures déboucher sur la route de France, hommes et chevaux stationnant dans la neige et attendant des ordres. Ils en avaient conclu qu'avant longtemps l'armée française demanderait le passage.

# CHAPITRE XXIV

## LA CONVENTION DES VERRIÈRES

Cependant, le général Clinchant n'avait pas attendu au dernier moment pour s'assurer de la possibilité de passer en Suisse avec son armée.

Le 31 janvier, au milieu du jour, il avait envoyé aux Verrières le lieutenant-colonel Chevals, du 5ᵉ cuirassiers, son premier aide-de-camp, avec l'ordre : « d'entrer immédiatement en relation avec le commandant des troupes suisses de la frontière, afin de s'entendre avec lui sur les mesures à prendre dans le cas où il deviendrait nécessaire que la première armée française passât sur le territoire de la Confédération helvétique. »[1]

En Suisse, le conseil fédéral et le général Herzog, commandant en chef de l'armée, entrevoyaient depuis plusieurs jours déjà l'éventualité d'un internement de tout ou partie de l'armée française et s'y préparaient. On connaissait depuis le 27 janvier l'occupation de Salins par les trou-

[1] ENQUÊTE. T. III. p. 325. — L'ordre porte la date du 31 janvier, midi 30 minutes.

pes du général Fransecky. On suivait, jour par jour et de près, la retraite du XXIVᵉ corps et des francs-tireurs de Blamont sur Vercel et Morteau. On savait dans quel état se trouvait le chemin de Mouthe et l'impossibilité pour une armée de cent mille hommes d'opérer une retraite par cet étroit chenal. Depuis plusieurs jours des groupes toujours plus nombreux de déserteurs ou de traînards se présentaient aux avant-postes demandant à être recueillis. Les paysans français qui se réfugiaient en Suisse avec femmes, enfants et bestiaux faisaient des récits lamentables de la condition désespérée à laquelle l'armée était réduite. On s'attendait à une catastrophe devant Pontarlier ou au passage de la frontière par des corps de troupes dont on ne pouvait pas encore, toutefois, évaluer la force.

Le 26 janvier, une circulaire du conseil fédéral avait avisé les gouvernements des cantons confédérés que la Suisse aurait très probablement à recevoir des troupes étrangères et désigné dix-neuf casernes pour loger environ dix mille hommes. Des instructions réglaient la manière dont ces gens devaient être reçus, nourris et gardés.

Le 28 janvier, deux officiers de l'état-major fédéral, le lieutenant-colonel Grandjean et le major de Guimps, s'étaient rendus à Pontarlier. A deux heures cinquante minutes du soir, le major de Guimps adressait des Verrières au général Herzog, à Delémont, et au Département militaire fédéral, à Berne, un rapport sur ce qu'il avait vu : « Arrive de Pontarlier où est tout le XXIVᵉ corps français. L'ai vu partir sur Mouthe par les Hôpitaux, se dirigeant sur Lyon. Toute l'armée française, cent mille hommes, est attendue. Bourbaki s'est brûlé la cervelle ; général Clinchant le remplace. Clinchant arrivait à Pontarlier au moment de mon départ. Ai parlé au général Bressolles. J'étais avec colonel Grandjean qui est resté à Pontarlier. A notre avis, Français déposeront les armes en entrant en Suisse, sans faire résistance. »

Dans la nuit du 28 au 29, le lieutenant-colonel Grandjean

mandait, aussi par une dépêche des Verrières, l'occupation
de Champagnole par les Allemands, l'arrivée de cent-vingt
mille hommes à Pontarlier, ainsi que « l'intention clairement
exprimée par les troupes d'entrer en Suise ». La situation
devenait grave. Il était clair que l'armée française avait
toute retraite coupée. Dans la même nuit, le général Herzog ordonnait la concentration de ses brigades sur les
points où, selon toute probabilité, les troupes chercheraient
à franchir la frontière.

La V<sup>e</sup> division, colonel Meyer (six bataillons, deux escadrons de dragons, quatre batteries et deux ambulances), qui
occupait Glovelier et Saignelégier, gagnait avec sa 14<sup>e</sup> brigade Bienne et avec sa 15<sup>e</sup> brigade La Chaux-de-Fonds,
pour se porter de là, par chemin de fer et par route, sur
Neuchâtel, Yverdon, Orbe, La Sarraz et Cossonay, de façon
à servir de soutien aux trois bataillons 45, 46 et 70 qui,
sous les ordres du colonel Grand, occupaient déjà Vallorbes,
le Brassus et Saint-Cergues.

La III<sup>e</sup> division, colonel Aubert (sept et demi bataillons
d'infanterie, un bataillon de carabiniers, un escadron, deux
batteries, une compagnie de sapeurs du génie et deux ambulances), qui tenait le district de Porrentruy, dirigea sa
7<sup>e</sup> brigade sur Glovelier, Saint-Brais Saignelégier et la
Chaux-de-Fonds et la 13<sup>e</sup> brigade par Bienne, en chemin de
fer, sur Neuchâtel.

La IV<sup>e</sup> division, colonel Bontems (neuf bataillons, un escadron, deux batteries, une compagnie de sapeurs du génie
et trois ambulances), allait occuper, avec sa 10<sup>e</sup> brigade, le
Locle, les Ponts et Fleurier; avec la 11<sup>e</sup> brigade, Couvet;
avec la 12<sup>e</sup>, les Verrières, la Côte-aux-Fées et Sainte-Croix.

Enfin, le lieutenant-colonel Bonnard occupait Genève avec
un bataillon et une batterie.

Le quartier-général et le grand parc se transportèrent à
Neuchâtel. Le gouvernement de ce canton fut invité à tenir
toute son infanterie à la disposition du colonel Bontems.

Le 1er février au matin, le général Herzog occupait ainsi
la frontière du Jura avec 24.300 hommes et 54 bouches à feu,
de Porrentruy jusqu'à Saint-Cergues. Le mouvement ordonné était une translation générale des troupes d'occupation du nord-est au sud-ouest, en suivant la montagne, une
évacuation à peu près complète de la frontière du canton de
Berne dorénavant la moins menacée et un renforcement des
effectifs sur les frontières de Neuchâtel et de Vaud. Les routes des Verrières, de Sainte-Croix et de Vallorbes étaient les
plus fortement occupées.[1]

Le dimanche 29 janvier, comme son état-major s'installait

---

[1] Le 1er février au matin, les troupes fédérales étaient disloquées comme suit :

Quartier général et compagnie de guides no 7, à Neuchâtel.

IIIe division (colonel Aubert) : état-major à Saignelégier ;
brigade no 7 (colonel Borgeaud), échelonnée sur la frontière
jusqu'à Glovelier ; brigade no 13 (colonel Pfyffer), Porrentruy
et environs ; bataillon de carabiniers no 5, la Chaux-de-Fonds ;
dragons no 7, aux avant-postes ; deux batteries à Tavannes et
Tramelan ; sapeurs no 1, à Faby et Damvant ; ambulances,
no 13 à Porrentruy et no 7 en route pour Neuchâtel.

IVe division (colonel Bontems) : état-major à Fleurier ; brigade no 10 (colonel de Greyerz) aux Ponts, le Locle et Fleurier ; brigade no 11 (colonel Veillard), Couvet, Locle, Chaux-
de-Fonds et Môtiers ; brigade no 12 (colonel Rilliet), les Verrières et Sainte-Croix ; dragons no 8, Saint-Sulpice ; deux
batteries à Fleurier, Môtiers et les Verrières ; sapeurs no 5, à
Fleurier ; ambulances 10, 11 et 12, à la Chaux-de-Fonds, à
Fleurier et aux Verrières.

Ve division (colonel Meyer) : état-major, Orbe ; brigade no
14 (colonel Braendlin), la Sarraz, Cossonay et Orbe ; brigade
no 15 (colonel Munzinger), Neuchâtel, Colombier, Yverdon ;
dragons nos 3 et 12, à Orbe et Bienne ; deux batteries de montagne à les Bois ; deux batteries de campagne à Chavornay et
Orbe ; ambulances nos 14 et 15 à Orbe et Yverdon.

Brigade no 8 (colonel Grand) : état-major à Vallorbes ; ba-
taillon 45 au Pont, au Brassus et au Sentier ; bataillon 46 à
Saint-Cergues, Trélex et Cressier ; bataillon 70 à Vallorbes,
Ballaigues et Lignerolles.

Bataillon 84 et batterie no 25 (lieutenant-colonel Bonnard), à
Genève.

à Neuchâtel. le général Herzog s'était rendu aux Verrières qu'occupaient des troupes de la 12e brigade, colonel Rilliet.[1] Il constata que de nombreux groupes de soldats français, fuyards et déserteurs se présentaient aux avant-postes. Il était à prévoir que cette débandade irait s'accentuant. Le lundi matin, 30 janvier. un train de blessés et de malades entrait en gare des Verrières. On savait que le typhus et la variole sévissaient dans les rangs de l'armée vaincue. La veille déjà, un train semblable avait passé à Neuchâtel se dirigeant sur Genève et transportant, outre des varioleux et des typhoïdes sans escorte de médecin, un certain nombre de fuyards, parmi lesquels des officiers. Il n'était que temps de mettre un terme à ce désordre.

Le 30 janvier au matin, le lieutenant-colonel Siber, premier adjudant du général, prenait le train pour Pontarlier, avec l'ordre de s'informer de l'exécution de l'armistice auprès de l'officier supérieur commandant les troupes les plus rapprochées de la frontière. Au cas où une suspension des hostilités serait intervenue, le parlementaire devait déclarer que la Suisse ne permettrait plus à des hommes isolés ou à des groupes de passer la frontière et traiterait en déserteurs tous ceux qui chercheraient à la franchir.

Le lieutenant-colonel Siber eut à la mairie de Pontarlier. dans la matinée, une longue entrevue avec les généraux Clinchant et Borel. Le commandant en chef de l'armée l'informa du malentendu qui régnait entre le quartier-général ennemi et lui au sujet de l'armistice, puis accueillit avec empressement les ouvertures qui lui étaient faites. Elles ne pouvaient que lui être utiles pour le maintien de la discipline dans ses propres troupes. Il fut convenu que, dès le lendemain matin et pendant la durée de l'armistice, tous les isolés ou tous les détachements qui se présenteraient. armés ou non armés, aux avant postes suisses seraient sommés de se

[1] Bataillons 18 et 58 de Berne, batterie No 13 de Fribourg.

retirer et, en cas de refus, arrêtés et livrés au poste français
le plus voisin. Le général Clinchant devait en aviser ses
troupes, en donnant l'ordre que tous les hommes ainsi remis
aux grand'gardes françaises fussent fusillés comme déserteurs. Pour la police sanitaire, on convint d'installer aux
Verrières françaises une ambulance commandée par un médecin français et un médecin suisse, chargés de visiter tous
les trains et d'en faire descendre tous les hommes atteints
d'une maladie contagieuse.

De son entretien avec le généralissime et son chef d'état-
major et de ses conversations avec les officiers généraux
qu'il vit à Pontarlier, le lieutenant-colonel Siber em-
porta l'impression d'un découragement profond. Les généraux Clinchant et Borel avaient avoué sans détour que
leurs hommes ne voulaient plus se battre et que la proximité immédiate de la frontière exerçait sur les esprits une
irrésistible attraction. Au surplus, on se croyait encore au
bénéfice de la convention signée l'avant-veille à Versailles,
ensorte qu'aux questions que formula le lieutenant-colonel
Siber au sujet des intentions de l'état-major français dans le
cas où une retraite sur la Suisse deviendrait nécessaire, le
général Clinchant répondit qu'une pareille éventualité était
inadmissible. Le parlementaire ayant toutefois insisté, dans
la mesure où cela était faisable, sur la possibilité d'une
continuation ou d'une reprise des hostilités, le général avait
fini par lui déclarer que si, par impossible, pareil fait se
produisait et l'obligeait à franchir la frontière, il s'y pré-
senterait en ami.

Le lieutenant-colonel Siber put, au reste, constater par
lui-même, en traversant les rues de Pontarlier, la désorganisation et la misère des troupes. « C'était un spectacle
étrange :[1] artilleurs assis ou couchés sur la neige près de

---

[1] P.-ANT. PATEL. *La retraite de l'armée de l'Est et l'occupation prussienne dans l'arrondissement de Pontarlier*. Grenoble,
1871.

leurs pièces, chevaux harnachés mis au piquet ; autour de la ville et bien avant dans la plaine, soldats et conducteurs circulant comme une fourmilière au milieu d'un dédale de voitures, de charrettes, de caissons, de chevaux et de parcs d'animaux de boucherie. Des feux étaient allumés partout et tout servait à les alimenter, palissades, piquets, branches d'arbre, arbres même, ce qui n'a pas empêché beaucoup d'hommes d'avoir pieds ou mains gelés. L'intérieur de la ville présentait un aspect encore plus triste. La neige congelée, foulée par tant de voitures et de piétons, était réduite en une couche de farine de quarante centimètres d'épaisseur et rendait la marche très difficile. Partout des charrettes et des attelages, des chevaux morts de faim ou se débattant sur la neige au moment d'expirer ; les autres, efflanqués, amaigris, l'œil morne, rongeant tout ce qui était autour d'eux. Des feux de bivouac partout, contre les maisons, sur les places, dans les cours ; des charrettes brisées, des lambeaux d'habillements, des caisses de biscuits, de riz et de café au pillage, des harnais abandonnés. Qu'on ajoute ces détails que la langue française ne sait pas exprimer et on n'aura encore qu'une faible idée de la confusion qui régnait..... La plupart des officiers, en groupes dans les hôtels et les estaminets, ne s'occupaient que d'eux-mêmes et de leur bien-être, ne songeant qu'à sauver leurs débris ou leurs personnes : ayant rompu tous liens avec leurs soldats, ils marchaient confondus avec eux, ne pouvant plus rien leur commander ni en attendre. La misère et l'égoïsme avaient effacé les rangs... »

Le lieutenant-colonel Siber remporta de sa course la conviction que les troupes suisses à la frontière n'auraient pas à faire usage de leurs armes pour repousser une agression. Par suite d'un déraillement de train au pied du fort de Joux, il dut rester à Pontarlier jusqu'au soir et entendit, dans l'après-midi, le canon du combat livré à Frasnes. A dix heures du soir seulement, le parlementaire put regagner les Verrières.

Le général Herzog était rentré dans la matinée à Neuchâtel.

Rien d'insolite ne se passa pendant la nuit du 30 au 31 janvier.

Dans la matinée du lendemain, mardi 31 janvier, les avant-postes suisses signalèrent, dès les premières heures, le débouché sur la route des Verrières de longues colonnes d'artillerie et de voitures. C'était l'exécution de l'ordre donné la veille au soir par le général Clinchant d'évacuer sur la frontière les gros trains et les batteries qui n'étaient pas en position contre l'ennemi. L'affluence des isolés et des déserteurs allait grossissant. Et comme, les hostilités continuant, ou pouvait s'attendre d'un moment à l'autre à ce que des masses de troupes plus considérables fissent irruption sur le territoire, le commandant de la IV<sup>e</sup> division, colonel Bontems, était venu de Fleurier, son quartier. aux Verrières pour renforcer la brigade Rilliet avec deux bataillons de la brigade Veillard. [1]

Dans l'après-midi, vers deux heures, arriva le lieutenant-colonel Chevals, envoyé par le général Clinchant pour traiter de l'entrée de l'armée. Le lieutenant-colonel Chevals demanda à être conduit au général en chef. On lui répondit que le général était à Neuchâtel, qu'un train partirait pour cette destination à cinq heures du soir, qu'on l'autorisait à y monter et qu'un officier l'accompagnerait à l'état-major. Le lieutenant-colonel Chevals accepta l'offre, mais demanda à pouvoir profiter du temps qui lui restait pour rentrer à Pontarlier[2] et renseigner son chef sur l'accueil qu'il avait reçu en Suisse. Le lieutenant-colonel Chevals n'étant pas revenu à l'heure fixée, le train partit sans lui.

Peu après, le colonel Bontems rentrait à Fleurier avec ses deux bataillons, laissant aux Verrières son premier adju-

---

[1] Bataillons 35 et 53 du Valais.
[2] A douze kilomètres des Verrières suisses.

dant, le major de Guimps. Et comme aucun incident nouveau ne s'était produit, la nuit venue, les troupes avaient regagné leurs quartiers et les états-majors leurs logements.

Seuls les avant-postes veillaient aux Verrières, lorsqu'à minuit y arriva le général Herzog. Deux dépêches des colonels Bontems et Rilliet l'avaient informé que l'armistice n'était pas observé entre les deux armées belligérantes, que le chemin de Mouthe était aux mains des Allemands et qu'il ne restait plus par conséquent d'autre retraite à l'armée française que sur le sol suisse. Le général avait voulu quitter Neuchâtel à trois heures et demie déjà. Le train n'avait quitté la gare qu'avec quatre heures de retard.

Après avoir reçu le rapport, le général alla prendre du repos.[1] Il venait de se retirer lorsqu'à deux heures et demie du matin, un officier détaché des avant-postes annonça le lieutenant-colonel Chevals. Le parlementaire fut introduit dans une pièce attenante à celle où dormait le général et annonça qu'il venait traiter du passage de l'armée. Le général lui demanda ses pouvoirs. Le lieutenant-colonel Chevals n'avait que des ordres verbaux. Il n'avait aucune condition à poser, déclara-t-il ; il venait simplement demander l'autorisation pour l'armée française de franchir la frontière. Le général répondit que la condition première était le désarmement des troupes et que, pour le reste, on aviserait quand le parlementaire serait muni des pouvoirs nécessaires pour traiter.

Cette première entrevue ne dura que quelques instants. Le lieutenant-colonel Chevals retourna aux Verrières françaises. Les deux villages se touchent. Le général Clinchant y était déjà, réfugié avec son état-major dans une petite maison située au bord de la route et bondée de soldats de

[1] Le général Herzog était logé dans la maison de M. Martin, commissionnaire, avec le lieutenant-colonel Siber et le major de Guimps, de la division Bontems.

toutes armes, débandés, entassés là pour se garer du froid et attendant que la frontière fût ouverte.

A trois heures et demie, le lieutenant-colonel Chevals revint, accompagné cette fois de M. le comte de Drée, vice-consul de France à Neuchâtel. Le parlementaire était porteur des ordres et pouvoirs nécessaires pour arrêter les bases d'une convention avec le général en chef des troupes fédérales.[1]

On se mit aussitôt à l'œuvre. Il n'y eut aucune délibération d'aucune sorte, sinon sur un seul point, la vente des chevaux de troupe. Le général Herzog, debout, dictait, tandis qu'assis à une table, le lieutenant colonel Chevals, le lieutenant-colonel Siber et le major de Guimps écrivaient. On ne discuta que quelques points de forme. Lorsque le général eut arrêté l'article quatrième de la convention, aux termes duquel les officiers de l'armée française gardaient leurs armes, leurs chevaux et leurs effets, le lieutenant-colonel Chevals posa la plume et, se levant, remercia le général de cette marque de courtoisie donnée à ses malheureux camarades.

Peu après quatre heures, tout était terminé. La convention était écrite en triple expédition et signée par le général Herzog. Le lieutenant-colonel Chevals la porta alors aux Verrières-de-Joux, accompagné par le lieutenant-colonel

---

[1] *Ordre.*

Par le présent ordre, le général en chef de la première armée française confère à M. le lieutenant-colonel Chevals les pouvoirs nécessaires pour établir avec M. le général Herzog, général en chef des troupes suisses, les bases d'une convention destinée à régler les conditions de l'entrée en Suisse de l'armée française.

Cette convention recevra son exécution immédiate dès qu'elle aura été revêtue de ma signature.

Les Verrières françaises, le 1er février 1871 (3 1/2 h. du matin).

Le général en chef de la Ire armée,

CLINCHANT.

Siber. Le général Clinchant, impatient d'en finir, lut le document que son aide-de-camp lui apportait, prit une plume et signa.[1]

Immédiatement après le départ du parlementaire, le général Herzog avait fait alarmer ses troupes. Lui-même monta à cheval avec ses officiers et se dirigea vers la frontière avec l'état-major du colonel Rilliet.

A cinq heures du matin, l'entrée de l'armée française commençait.

---

[1] Voici le texte de la convention :

Entre Monsieur le général Herzog. général en chef de l'armée de la Confédération suisse et Monsieur le général de division Clinchant, général en chef de la première armée française, il a été fait les conventions suivantes :

1o L'armée française demandant à passer sur le territoire suisse, déposera en y pénétrant. ses armes, équipements et munitions.

2o Ces armes, équipements et munitions seront restitués à la France après la paix et après le règlement définitif des dépenses occasionnées à la Suisse par le séjour des troupes françaises.

3o Il en sera de même pour le matériel d'artillerie et ses munitions.

4o Les chevaux, armes et effets des officiers seront laissés à leur disposition.

5o Des dispositions ultérieures seront prises à l'égard des chevaux de troupe.

6o Les voitures de vivres et de bagages, après avoir déposé leur contenu, retourneront immédiatement en France avec leurs conducteurs et leurs chevaux.

7o Les voitures du trésor et des postes seront remises avec tout leur contenu à la Confédération helvétique, qui en tiendra compte lors du règlement des dépenses.

8o L'exécution de ces dispositions aura lieu en présence d'officiers français et suisses désignés à cet effet.

9o La Confédération se réserve la désignation des lieux d'internement pour les officiers et pour la troupe.

10o Il appartient au Conseil fédéral d'indiquer les prescriptions de détail destinées à compléter la présente convention.

Fait en triple expédition aux Verrières, le 1er février 1871.
CLINCHANT.       Hans HERZOG, général.

# CHAPITRE XXV

## LE 1ᵉʳ FÉVRIER 1871

Autorisé par son gouvernement à se conduire comme un belligérant distinct et indépendant et à user de la force ou des négociations au mieux des intérêts et de l'honneur de son armée : ayant déjà donné tous ses ordres pour le passage en Suisse au sortir de la conférence qu'il avait eue la veille au soir à Pontarlier avec ses chefs de corps, le général Clinchant avait avisé aussitôt le ministère de sa détermination et pris congé de ses troupes.

« Je passe en Suisse avec l'armée et le matériel, disait la dépêche au ministre de la guerre. Les Allemands ont continué les hostilités malgré nos protestations et menacé de nous couper la retraite même sur la Suisse. Avec la démoralisation de nos troupes, un désastre entraînant la perte de l'armée et de son matériel était imminent. J'ai donc dû me résoudre à cette douloureuse extrémité, préférant conserver à la France des ressources qui lui seront précieuses. »[1]

Puis, le dernier ordre du jour aux troupes :

[1] Enquête. T. III, p. 341.

Soldats de l'armée de l'Est !

Il y a peu d'heures encore, j'avais l'espoir, j'avais même la certitude de vous conserver à la défense nationale. Notre passage jusqu'à Lyon était assuré à travers les montagnes du Jura.

Une fatale erreur nous a fait une situation dont je ne veux pas vous laisser ignorer la gravité. Tandis que notre croyance en l'armistice qui nous avait été notifié et confirmé à plusieurs reprises par notre gouvernement, nous commandait l'immobilité, les colonnes ennemies continuaient leur marche, s'emparaient de défilés déjà entre nos mains et coupaient ainsi nos lignes de retraite.

Il est trop tard aujourd'hui pour accomplir l'œuvre interrompue, nous sommes entourés par des forces supérieures ; mais je ne veux livrer à la Prusse, ni un homme, ni un canon. Nous irons demander à la neutralité suisse l'abri de son pavillon, mais je compte dans cette retraite vers la frontière sur un effort suprême de votre part. Défendons pied à pied les derniers échelons de nos montagnes, protégeons le défilé de notre artillerie et ne nous retirons sur le sol hospitalier, qu'après avoir sauvé notre matériel, nos munitions et nos canons.

Soldats, je compte sur votre énergie et sur votre ténacité ; il faut que la patrie sache bien que nous avons tous fait notre devoir jusqu'au bout et que nous ne déposons nos armes que devant la fatalité.

Pontarlier. le 31 janvier 1871.

CLINCHANT.

L'entrée en Suisse commença, aux Verrières, dans une obscurité profonde, par l'état-major du général en chef, les voitures du quartier-général, le trésor,[1] la poste de campagne, des calèches appartenant aux généraux, puis la longue colonne d'artillerie qui avait stationné dans la neige pendant toute la journée précédente et la nuit sur la route de Pontarlier. Des milliers d'hommes s'étaient faufilés entre les voitures. C'était une cohue à la pression de laquelle les troupes du colonel Rilliet eurent parfois de la peine à résister quand

----

[1] Les voitures du trésor contenaient 1,682,584,66 francs qui furent déposés dans les caveaux de Berne.

l'opération du désarmement causait des arrêts dans la marche. Une autre colonne parallèle suivait, à cent mètres de distance, la voie ferrée.

L'état major français, supposant sans doute que déjà des corps considérables étaient parvenus à gagner le département de l'Ain par le chemin de Mouthe, annonça la présence et l'entrée probable de 42,000 hommes. En réalité, il entra en Suisse 87.847 hommes, dont 2467 officiers, 11,800 chevaux, 285 bouches à feu et 1158 voitures diverses : 33,500 hommes et 4000 chevaux par les Verrières et 54,000 hommes et 8000 chevaux par la frontière vaudoise, à Sainte-Croix, à Vallorbes et par la vallée de Joux.

Le général en chef était déjà en Suisse et plusieurs milliers de ses hommes avaient déjà passé la frontière quand il reçut encore une dépêche du commandant de l'armée des Vosges datée de Chagny, 1er février, 9 heures 25 minutes du matin : « Je me propose, mandait Garibaldi, de faire une démonstration sur les derrières de l'ennemi vers Pontarlier. Tenez-moi informé ».[1]

Le général n'avait plus d'informations à donner. Il avait pu jusqu'au dernier moment espérer une diversion, soit du général Pélissier, soit de Garibaldi sur les flancs ou les derrières de l'armée allemande. Maintenant, il était trop tard. Au reste, Garibaldi avait la veille au soir évacué Dijon sans combattre et sa retraite précipitée avait démontré qu'il n'était guère d'humeur à chercher de nouveaux contacts avec l'ennemi. Quant au général Pélissier, les quelques milliers de gardes-mobiles, incomplètement armés, équipés et instruits qu'il avait sous ses ordres à Lons-le-Saunier ne lui avaient pas inspiré assez de confiance pour qu'il eût osé entreprendre avec elles une opération offensive en rase campagne.

[1] Enquête. T III. Rapport de M. le général Clinchant au ministre de la guerre.

Le désarmement des troupes ne donna lieu à aucun incident. Tous les officiers fédéraux en station sur la frontière avaient reçu la veille l'avis des arrangements pris à Pontarlier avec l'état-major français pour le désarmement des isolés et l'ordre de les exécuter strictement. Cette dernière instruction n'avait pas été encore révoquée que le passage commençait déjà. Il en résulta qu'à Vallorbes des officiers français furent désarmés contrairement aux termes de la convention. Les armes furent plus tard restituées à leurs possesseurs.

Ce fut un spectacle navrant que celui de l'entrée de l'armée en Suisse. Dès qu'ils ne furent plus soutenus par la crainte du danger et la poursuite de l'ennemi, ni excités par leurs officiers, dit M. le major Davall,[1] dès qu'ils se sentirent sur un sol hospitalier où des mains secourables se tendaient vers eux de toutes parts, les soldats s'affaissèrent complètement et perdirent le peu d'énergie qui leur restait encore. Un très grand nombre marchaient les pieds nus, enveloppés de misérables chiffons. Les chaussures faites d'un cuir spongieux, mal tanné et la plupart trop étroites n'avaient pas pu supporter les marches dans la neige et la boue ; les semelles étaient absentes ou dans un pitoyable état. Beaucoup de ces malheureux avaient les pieds ensanglantés ou gelés. Les uniformes étaient en lambeaux. Les hommes s'étant appropriés tous les vêtements qu'ils avaient trouvés sur leur route, l'aspect général des troupes présentait d'invraisemblables bigarrures. Plusieurs avaient encore le pantalon de toile reçu à l'entrée en campagne et grelottaient à faire pitié. Une toux stridente et continuelle se faisait entendre de la tête à la queue des colonnes ; tous à peu près en étaient affectés. Fantassins de toutes catégories, zouaves, turcos, soldats de la ligne, chasseurs à pied, gardes-mobiles,

[1] Le major E. DAVALL. *Les troupes françaises internées en Suisse.* Rapport officiel.

cavaliers démontés, cuirassiers, dragons, artilleurs, tous
étaient confondus dans cette cohue. Quelques corps seulement avaient gardé leurs rangs, tantôt une ou deux compagnies, ici et là un bataillon accompagné de ses chefs, enfin
trois ou quatre régiments, du XVIIIe corps surtout et de la
réserve générale, complets ceux-là et présentant un aspect
aussi satisfaisant que les circonstances le comportaient.

Par un instinct de conservation bien naturel, tous ces
hommes serraient sur la tête de la colonne, ensorte qu'il n'y
eut ni intervalles ni acoups dans le défilé.

A mesure que les soldats mettaient le pied sur le territoire
suisse, ils déposaient fusils et sabres, l'équipement et la munition. Bientôt d'immenses tas d'armes de tous genres s'éle-
vèrent à droite et à gauche de la chaussée couverte de
neige.

Le commandement des troupes suisses avait d'abord eu
l'intention de suspendre le désarmement pendant la nuit
pour permettre aux troupes de prendre quelque repos. Il
n'y eut pas possibilité d'observer la consigne. Dès que le
moindre arrêt se produisait dans la colonne, c'était de la
queue à la tête une irrésistible poussée. Point de halte ni de
repos dans ce flot d'hommes descendant, en longues lignes
noires, les versants du Jura blancs de neige, sans cesse bousculés par les derniers venus, pressés de se mettre à l'abri, de
trouver quelque part, où que ce fût, un toit, un gîte. Les
troupes les premières entrées durent marcher jusqu'au soir,
pour évacuer les routes et permettre à la queue d'avancer.
Les plus fatigués, les plus misérables, exténués, tremblant
la fièvre, s'accroupissaient ou tombaient au bord du chemin,
inertes, insensibles à tout, incapables d'agir, à peine de
parler. La charité publique relevait ces moribonds. On en
remplissait les étables et les granges et, plus bas, dans les
vallées et la plaine, les écoles, les églises, les infirmeries.
Les populations échelonnées sur les routes faisaient de leur
mieux pour soulager tant de misères.

Des milliers de chevaux et de voitures coupaient, par intervalles, ce flot humain qui passait. Les chevaux faisaient pitié autant que les hommes. Maigres, efflanqués, pouvant à peine se tenir sur leurs jambes, ils tombaient par centaines. On se bornait à couper les traits, à traîner les pauvres bêtes hors de la chaussée et on les achevait d'un coup de fusil. Les routes en étaient jonchées. D'autres, affamés, cherchaient à ronger tout ce qui était à leur portée, les jantes des roues de la voiture qui les précédait ou les crins du compagnon de misère attelé devant. Privés de soins depuis longtemps, leur corps n'était souvent qu'une plaie dégoûtante. De l'aveu des conducteurs, un grand nombre de chevaux des batteries n'avaient pas été déharnachés depuis plusieurs semaines. Les chevaux de la cavalerie, quoique harassés, étaient, en général, moins mal tenus. Les cavaliers montraient quelque sollicitude pour leurs montures, tandis que les soldats du train de l'artillerie et des équipages traitaient les chevaux des attelages avec une révoltante brutalité. A Yverdon, à Colombier, on dut faire entourer les parcs d'une forte chaîne de sentinelles pour empêcher les soldats du train de s'échapper et les forcer à donner à leurs bêtes les soins les plus élémentaires.

Sur les points de passage principaux, ce lamentable défilé dura le 1er février pendant toute la journée, la nuit suivante sans interruption et une partie de la journée du lendemain. Toute la génération d'hommes qui, en Suisse, a assisté à ce lugubre épilogue d'une guerre cruelle en a gardé, impérissable, le tragique souvenir. Jamais on n'avait vu, dans cet heureux pays, pareil désastre.

Le général Clinchant n'avait pas jugé nécessaire d'aviser l'ennemi de la convention signée aux Verrières. Les troupes allemandes allaient donc suivre, le 1er février au matin, aux ordres donnés la veille, à quatre heures du soir, à Ville-

neuve, par le général de Manteuffel, absolument ignorant
de ce qui venait de se passer.

« L'armée, disaient ces ordres, marchera demain concen-
triquement sur Pontarlier, pour refouler l'ennemi sur la
frontière suisse. En conséquence, les corps se formeront
comme suit derrière leurs avant-gardes : le VII⁰ corps entre
les routes de Levier (Salins) et de Gorgon (Besançon) à Pontarlier; le II⁰ corps, à cheval de la route Frasnes (Champagnole)-Pontarlier, avec la coopération du détachement des
Granges-Sainte-Marie. La brigade von der Goltz se trouvera
à midi, en réserve générale, avec la tête de sa colonne à une
demi-lieue à l'est de Levier. A ce moment, les avant-gardes
des II⁰ et VII⁰ corps se mettront en marche. Les gros auront
stationné jusque-là, derrière les avant-gardes, en formation
de combat. »

Le général recommandait aux chefs de corps de dessiner
simultanément leurs attaques, d'user surtout de leur artillerie et de constituer, chacun d'eux pour son propre compte,
une réserve de corps. Le général de Schmeling devait se
joindre au mouvement général à l'extrême aile gauche.

De son côté, le général Clinchant avait désigné ses meilleures troupes, le XVIII⁰ corps et la réserve générale pour
couvrir la retraite : la réserve générale en première ligne, à
Pontarlier; le XVIII⁰ corps, en seconde ligne, à la Cluse. La
division de cavalerie du général Brémond-d'Ars observait,
à Oye, les routes venant du lac Saint-Point, menacées par
le détachement du colonel Liebe.

La route de Pontarlier aux Verrières court d'abord dans
la direction du nord au sud et entre, immédiatement après
sa sortie de la ville, dans l'étroit défilé du Doubs, bordé à
l'est par les rochers du Larmont, à l'ouest par les dernières
collines de la montagne du Laveron. La gorge est entièrement remplie par la chaussée, la voie ferrée et le ravin du
Doubs. Elle est commandée du sud et prise d'enfilade par le
canon du fort de Joux où le colonel du génie Ploto, avec

une garnison de trois cents hommes, dont une centaine de soldats du génie, avait installé la veille une batterie en neige, armée de cinq pièces de gros calibre dont quatre battant la gorge et une cinquième la route d'Oye, dans la direction du lac Saint-Point. A deux kilomètres et demi de Pontarlier, la route fait un brusque coude à l'est pour, un peu plus loin, près de la Cluse, se bifurquer dans la direction des Verrières au nord-est et de Jougne au sud. De la Cluse aux Verrières, la distance est de sept kilomètres et demi. De la route de Jougne, à trois kilomètres et demi de la bifurcation, se détache la route Granges-Sainte-Marie-Mouthe-Saint-Laurent.

La réserve générale, extrême arrière-garde et qui allait par conséquent se trouver la première en contact avec l'ennemi, comptait, le 1er février, de 7500 à 8000 hommes de bonnes troupes, le 38e de ligne, le 29e de marche, l'infanterie de marine et deux mitrailleuses.[1] L'artillerie, le génie, les parcs, les ambulances avaient été évacués sur la Suisse.

Vers neuf heures du matin, le général Pallu passa devant ses troupes et pour relever le moral de ses hommes leur dit à quel poste périlleux ils allaient être placés : « Vous vous montrerez dignes, par votre ténacité, de l'honneur de représenter les derniers régiments français. Au milieu de tant de défaillances, restez ce que vous êtes... Souvenez-vous que la vie n'est rien et que l'honneur est tout. »[2] Cet appel suprême fut entendu.

A dix heures du matin, la réserve évacuait Pontarlier. Les tirailleurs ennemis étaient à quatre cents mètres de la ville.

Le général Billot avait tenté une fois encore, dans la matinée, d'arrêter la poursuite de l'ennemi en détachant à l'état-major allemand, en parlementaire, le colonel de l'Épée, mais comme cet officier n'avait pas de pouvoirs pour traiter d'une capitulation, ses ouvertures n'avaient pas été reçues.[3]

[1] Ces mitrailleuses n'ont pas pris part au combat.
[2] ENQUÊTE. T. II, p. 443.
[3] WARTENSLEBEN, p. 77.

L'avant-garde du IIe corps allemand se mit en marche sous les ordres du major-général du Trossel. Elle atteignit Pontarlier vers onze heures du matin, au moment où les dernières troupes de la réserve générale venaient de se retirer sur la Cluse. Après un échange de quelques coups de fusil, le régiment des grenadiers de Kolberg occupa la ville et y fit immédiatement un grand nombre de prisonniers.

Le général Fransecky, qui accompagnait en personne son avant-garde, ordonna aussitôt la continuation de la poursuite. La route de la Cluse était complètement obstruée par les trois cents voitures du convoi de réserve de l'armée qui, chargées dès la veille d'approvisionnements de tous genres à destination du XXIVe corps, n'avaient pas pu être évacuées. L'ennemi s'en empara sans coup-férir, ainsi que des convois des XVe et XVIIIe corps, chargés la veille à la gare de Pontarlier.[1] Les grenadiers du premier bataillon de Kolberg et les pionniers d'infanterie entreprirent de déblayer la chaussée de cet encombrant charroi, tandis que le deuxième bataillon prenait la garde des prisonniers.

La tête de l'avant-garde avança ainsi lentement jusqu'à quelques centaines de mètres du tournant de la route, chassant devant elle une cohue de voitures et de charrettes qui, prises entre deux feux, couvraient la chaussée et cherchaient à fuir et dont la pression fut si forte qu'elle rejeta sur les premières maisons du village de la Cluse les troupes mêmes chargées de la défense du col. Derrière les voitures et abritée par elles, l'infanterie allemande gagnait du terrain.

Le général Pallu de la Barrière avait ses marins sur son aile gauche, le 29e de marche à l'aile droite, le 38e de ligne en réserve à la Cluse. Tout à coup la fusillade s'engagea très violente. Les grenadiers de Kolberg, gravissant les pentes, débordaient l'aile droite ennemie et grâce à la confusion

[1] ENQUÊTE. T. III, p. 572.

inextricable qui régnait sur la route, rejetèrent toute la première ligne française sur le village. Quatre pièces de canon
tentèrent alors de s'installer sur le col. Le feu des pièces de
position du fort leur rendit la position intenable et les for-
cèrent à se retirer sur Pontarlier. Au même moment, les
42e et 44e régiments du XVIIIe corps, bientôt suivis des marins de la réserve et du 29e de marche revinrent à l'attaque,
réoccupèrent le col et les rochers du Larmont et rejetèrent
l'ennemi sur la route en lui faisant une cinquantaine de prisonniers. Il était midi.

Mais peu après le gros de l'avant-garde ennemie entra
en ligne. Deux bataillons gravissaient les rochers du Larmont, menaçant le flanc droit des défenseurs du défilé. Trois
bataillons s'avançaient sur la route. Deux compagnies par-
venaient, après de grands efforts, à s'installer sur les pentes
à l'ouest de la voie ferrée. A deux heures, l'action reprit
plus vive que le matin.

« Le plateau qui est en face du fort de Joux était occupé par
l'armée prussienne.[1] Le feu devint alors plus violent ; les
projectiles arrivaient des hauteurs et de face, à courte distance. Ils tombaient à profusion près de la cabane du gar-
dien qui marque le tournant du col ; cet espace fut bientôt
couvert de morts et de blessés. Dès le commencement de
l'action, le colonel Achilli avait été tué d'une balle dans le
bas-ventre, en entraînant le 44e de marche qu'il commandait près du tournant dont l'approche était battue par un feu
terrible. Les officiers du 29e de marche m'avertirent de l'é-
tendue de nos pertes... Vers quatre heures et demie, nos
munitions s'épuisaient, nos hommes tombaient, l'ennemi se
renouvelait sans cesse et l'énergie de la défense diminuait.
Je fis porter en entier le bataillon du 4e de marine de front
en avant : le bataillon du 3e s'avança également, une partie

[1] ENQUÊTE. T. III. p. 446. Rapport de combat du général
Pallu de la Barrière.

garnissant le flanc du ravin, l'autre prenant à revers les tirailleurs ennemis qui nous fusillaient de face. »

Le combat dura jusqu'à la nuit, sans que l'infanterie allemande parvint à forcer le passage du défilé, ni à se rendre
maîtresse du village de la Cluse et de la bifurcation des routes
des Verrières et de Jougne.

« Notre longue résistance, dit le général Pallu, avait protégé la retraite de l'armée et le défilé de l'artillerie. La possession du col perdait dès lors de son importance. Il fut convenu avec les généraux Pilatrie et Robert (1ʳᵉ brigade de la
division Pilatrie) qu'on occuperait fortement le village de la
Cluse en le barricadant. Jusqu'à la nuit complète, l'unique
rue du village continua à être enfilée par une fusillade des
plus intenses, qui partait librement des hauteurs. J'avais
conservé mon fanion pour assurer les communications avec
les chefs de corps ; le feu se concentra sur lui dans ce moment avec une violence qui fut funeste à tout ce qui m'approchait. Mon chef d'état-major, le chef d'escadron de Mau-
migny, fut atteint d'une balle qui le blessa grièvement à la
main droite et qui tua raide son cheval. Les deux régiments
de la réserve générale, le 29ᵉ de marche et l'infanterie de
marine venaient de combattre pendant six heures et demie ;
leurs munitions étaient presque épuisées. Je jugeai que ces
deux corps avaient fourni leur carrière et à six heures et
demie, ils furent remplacés par d'autres régiments du XVIIIᵉ
corps d'armée. Dans la nuit, le 29ᵉ de marche et l'infanterie
de marine joignirent Verrières ; le 38ᵉ s'établit solidement
sur la seule route qui menaçât Verrières et par laquelle l'ennemi eût pu venir directement de Pontarlier. La nuit fut
horrible à cause des souffrances que les hommes du 38ᵉ en-
durèrent, sans feu, les pieds dans la neige et sans faire la
soupe ; elle ne fut du reste troublée par aucune tentative de
l'ennemi. La réserve continua ainsi sa mission jusqu'au dernier moment et assura les mouvements de l'armée. Dans la
matinée du 2 février la réserve passa la frontière de Suisse…

Le combat du 1er février a été un combat exclusivement d'infanterie, très violent, très meurtrier, acharné surtout dans trois moments de la journée. Le champ était restreint et les combattants ont dû piétiner pendant près de sept heures dans le sang et la neige, enjambant les cadavres pour avancer de quelques pas...[1] L'attitude des simples soldats a été admirable. Près de cette cabane du chemin de fer où on se fusillait à petite distance, plusieurs d'entre eux m'ont demandé, avec une familiarité respectueuse et l'accent de l'exaltation héroïque : « Êtes-vous content, mon général ? »

Outre la réserve générale, la division Pilatrie et spécialement la brigade du général Robert, ainsi que la division de l'amiral Penhoat prirent une part active au combat. Le général Fransecky, vu l'impossibilité de forcer le défilé à la Cluse, avait ordonné au gros du IIe corps de marcher par les Granges-Narboz sur Oye, de façon à menacer l'aile gauche française et à gagner la route de Jougne. Le général de Hartmann, commandant la IIIe division, désigna pour ce mouvement la brigade Koblinsky, mais les collines qui séparent les Granges-Narboz d'Oye étaient couvertes de masses de neige si épaisses qu'on dut renoncer à les traverser. Quelques compagnies seulement atteignirent Oye dans la soirée. Elles furent rejetées par la cavalerie du général Brémond-d'Ars et les troupes de la division Penhoat, en particulier le régiment d'infanterie légère d'Afrique. Le 39e régiment, envoyé de Pontarlier par le général de Manteuffel, les recueillit aux Granges-de-Dessus.

Le combat de la Cluse coûta aux Allemands 19 officiers et 365 hommes appartenant presque tous au régiment Kolberg. La réserve générale perdit 11 officiers et 860 sous-officiers et soldats. Les pertes du XVIIIe corps ne sont pas connues.

Ce fut le dernier acte de la campagne. Il fut honorable

---

[1] Un mausolée de pierre, dressé au bord de la route Pontarlier-les Verrières, marque le lieu exact du combat.

pour les armes françaises. Si on eût combattu au défilé des Planches et à Bonnevaux comme le XVIIIᵉ corps et la réserve générale ont combattu à la Cluse, le sort de l'armée de l'Est n'eût pas été ce qu'il fut.

Arrivé aux Verrières le 2 février au matin, le général Pallu de la Barrière usa de l'autorisation qu'avait donnée le général en chef et avec soixante-dix hommes se jeta résolûment dans la montagne pour déboucher huit jours plus tard à Gex, après une marche des plus pénibles et non sans avoir perdu en route dix-huit de ses compagnons, morts de froid et de privations de tout genre ou restés en chemin. Le général Billot, le commandant Brugère, quelques autres officiers d'état-major et un certain nombre d'hommes suivirent aussi la frontière et gagnèrent Gex au travers de grandes difficultés.

A l'extrême aile gauche française, les troupes échelonnées sur la route entre Chaux-Neuve et Foncine-le-Bas n'avaient pas attendu le 1ᵉʳ février pour profiter du chemin de la Chapelle-des-Bois, le dernier qui fût encore ouvert à la retraite. Dès le 31 janvier au matin, la division Daries, environ 2000 hommes, et deux régiments de cavalerie du XXᵉ corps gagnaient Morez par cette issue, suivis de la division Cremer, sous les ordres du colonel Poullet. Toutefois, la plus forte partie de cette dernière colonne se fourvoya au Grand-Cernois où elle quitta la route de Morez pour bifurquer à gauche et déboucher le 1ᵉʳ février dans la vallée du lac de Joux, après une longue et pénible marche de nuit à travers le Risoux.

Quant au général Cremer qui, depuis le 29 janvier au soir avait stationné à Saint-Laurent avec sa cavalerie, coupé du reste de l'armée par le détachement du colonel Wedell, il avait gagné Morez déjà le 31 au soir.

Toutes ces troupes,[1] dont on peut évaluer l'effectif à envi-

---

[1] La division de cavalerie du XVᵉ corps, général de Longuerue, resta aussi en partie en France.

ron dix mille hommes, traversèrent la montagne par les Rousses et la Faucille pour gagner Lyon.

Le VIIe corps d'armée, la brigade von der Goltz, la IVe division de réserve et la brigade Debschitz exécutèrent les mouvements prescrits par les ordres généraux pour le 1er février sans livrer aucun combat. Dans la soirée, toute l'armée du Sud était massée dans un court rayon autour de Pontarlier. Elle prit ses cantonnements pour la nuit : la IVe division de réserve, des deux côtés des routes de Morteau et Besançon ; le VIIe corps, entre les routes Pontarlier-Ornans et Pontarlier-Frasnes ; le IIe corps, dans les villages au midi de cette dernière route ; la brigade von der Goltz à Levier. Pontarlier était occupé par des troupes des IIe et VIIe corps. Les généraux de Manteuffel, de Zastrow et de Fransecky y installèrent leurs quartiers.

Dans la nuit du 1er au 2 février, le général de Manteuffel apprit officiellement la nouvelle du passage de l'armée de l'Est en Suisse. Le quartier-général de Versailles lui fit tenir une dépêche de M. Schenk, président de la Confédération suisse, annonçant à M. le colonel Hammer, ministre de Suisse à Berlin, la signature de la convention des Verrières : « Ce matin, le général français a conclu aux Verrières avec le général Herzog une convention pour le passage en Suisse de l'armée française ; 3000 hommes ont déjà passé la frontière à Sainte-Croix, entre les Verrières et Jougne. Le nombre total peut monter à 80,000 hommes. Nous avons décidé de les répartir entre les cantons proportionnellement à leur population. L'artillerie française arrive aujourd'hui jusqu'aux Verrières ».

Le général avait déjà donné ses ordres pour le 2 février la veille au soir, avant que cette nouvelle lui fût parvenue. Le IIe corps d'armée devait poursuivre les troupes françaises qu'on supposait en retraite sur la route de Mouthe et se diriger ensuite sur Lons-le-Saunier où se trouvaient les mo-

biles du général Pélissier. La brigade von der Goltz devait
marcher sur Poligny et le VIIe corps sur Arbois, de façon à
couper la retraite à l'armée des Vosges, concentrée à Dijon,
tandis que le général von Weyhern l'attaquerait dans la
ville même. Mais le 2 au matin arrivait une dépêche de
cet officier, annonçant que Garibaldi avait évacué Dijon la
veille et que les troupes allemandes y étaient entrées après
un court combat.

La mission du général de Manteuffel était donc accom-
plie. L'armée de l'Est avait quitté le théâtre de la guerre et
l'armée des Vosges s'était réfugiée dans un département
compris dans le périmètre de l'armistice. Il ne restait dans
les trois départements du Doubs, du Jura et de la Côte-d'Or
aucune armée tenant la campagne. Belfort et Besançon
étaient étroitement bloqués. A deux heures de l'après-midi,
le général de Manteuffel adressait de Pontarlier un ordre du
jour triomphal à ses troupes :

« Soldats de l'armée du Sud !

« Vos marches et vos combats dans les neiges et les glaces
du haut Jura ont été couronnés de succès. Deux aigles,[1]
douze canons,[2] sept mitrailleuses, quinze mille prisonniers.
parmi lesquels deux généraux[3] et un grand nombre d'officiers, plusieurs centaines de voitures d'approvisionnement,
plusieurs milliers de chassepots sont entre vos mains. Dijon est repris. Et je viens de recevoir de Berlin la nouvelle
télégraphique que 80,000 hommes de l'armée française ont
passé en Suisse aux Verrières, c'est-à-dire qu'ils ont déposé leurs armes et resteront internés jusqu'à la conclusion
de la paix. L'armée de Bourbaki est hors de combat et ce qui
en reste dans les montagnes sera bientôt en notre pouvoir.

[1] Il s'agit de drapeaux pris, le 30 au soir, à Frasnes.
[2] Abandonnés à Pontarlier.
[3] Les généraux Dastugne et Minot, faits prisonniers à Sombacourt.

« Soldats de l'armée du Sud ! Je vous exprime mes félicitations et ma profonde reconnaissance.

« MANTEUFFEL. »

En même temps, le général adressait à l'empereur Guillaume une dépêche pour lui signaler la bravoure et la discipline des troupes. « Dieu, disait le télégramme, a couronné de succès les opérations de l'armée du Sud. Je considère de mon devoir de recommander à la bienveillance de Votre Majesté impériale cette armée qui, après six mois de campagne, vient de marcher et de combattre pendant huit jours dans un mètre de neige. »

Il n'était plus nécessaire d'exécuter tous les ordres de la veille. Le général fit faire à ses troupes de courtes marches sur Arbois, Poligny et Lons-le-Saunier. La IVe division de réserve demeura à Pontarlier pour organiser les convois de prisonniers, garder le matériel conquis et observer la frontière suisse.

Le fort de Joux restait aux Français. Le colonel Ploto tint l'ennemi à distance en continuant son tir pendant les journées suivantes, sans d'ailleurs que les troupes allemandes fissent de sérieux efforts pour s'emparer des ouvrages.

Le VIIe corps d'armée occupa le département de la Côte-d'Or, en observant Auxonne. Le IIe corps et la brigade von der Goltz furent disloqués dans le département du Jura. Le XIVe corps prit ses quartiers dans le département du Doubs, en observant Besançon. La Ire division de réserve continua l'investissement de Belfort. La IVe division de réserve s'installa dans la contrée de Baume-les-Dames. Le détachement combiné du général Hann de Weyhern fut dissous et les brigades qui le composaient rendues à leurs corps.

Cette situation se prolongea jusqu'à la convention signée le 16 février entre le colonel Denfert-Rochereau, avec l'autorisation du gouvernement français, et le général de Tresckow, pour mettre fin au siège glorieusement soutenu par la place de Belfort pendant cent trois jours d'investissement et soixante-treize journées de canonnade. Les 17 et 18 février, les 12,500 hommes de la garnison sortaient avec armes et bagages et les honneurs de la guerre des ouvrages qu'ils avaient si vaillamment défendus.

Le 13 février déjà, l'armistice avait été étendu aux trois départements qui en avaient été exclus par la convention de Versailles. Le général de Manteuffel communiqua l'évènement à ses troupes par un ordre du jour daté de son quartier de Dijon : « J'ai le plaisir de pouvoir vous accorder un repos bien mérité, disait le général. Sa Majesté, notre Empereur et Roi, a étendu l'armistice à l'armée du Sud. Mais ici encore brillent à tous les yeux les résultats que vous avez obtenus par vos combats victorieux devant Belfort, par vos marches si bien soutenues dans les montagnes du Jura, par les combats sanglants qui vous ont permis de jeter la dernière armée de l'ennemi par dessus la frontière suisse. Vous n'évacuez aucune des positions que vous avez conquises. Les trois départements restent occupés jusqu'à Lons-le-Saunier et la place de Belfort a dû nous remettre ses clefs. Soldats de l'armée du Sud ! à vous maintenant de montrer au monde, après vos grands exploits, que la vraie culture réside dans les peuples germaniques. Vous en témoignerez par vos bonnes mœurs, par votre clémence et vos égards pour l'ennemi vaincu ».

Le 29 janvier au soir, pendant le combat de Chaffois, un millier de soldats français, croyant à l'existence d'un armistice et ayant cessé de se défendre, avaient été faits prisonniers par l'avant-garde du colonel Cosel.[1] Ces mille hommes avaient été rendus au XX<sup>e</sup> corps dont ils faisaient partie, mais le colonel Cosel avait gardé leurs armes, jusqu'à droit connu.

1 Voir page 464.

L'incident étant parvenu à la connaissance du commandant en chef de l'armée du Sud, il décida le 2 février, à Pontarlier, que les armes seraient rendues. Il en avisa le général Clinchant dans une lettre qu'il lui fit tenir par l'intermédiaire de l'état-major du général Herzog :

Pontarlier, 2 février 1871.

Monsieur le Général,

J'ai appris par la voie du service que des prisonniers faits dans le combat de Chaffois, 1000 hommes avaient été remis en liberté parce qu'ils avaient cessé de se défendre croyant que l'armistice s'appliquait aux armées opérant dans l'est de la France. Leurs armes furent cependant retenues, mais avec promesse de restitution au cas où l'armistice eût réellement existé. — L'article premier de la convention de Versailles du 28 janvier prouvant le contraire, je suis en droit de retenir ces armes. Mais il répugne à mon sentiment militaire d'en priver de braves troupes qui ont renoncé au combat par le fait d'une supposition erronée et c'est pour moi une satisfaction toute particulière de vous les rendre comme un témoignage de mon estime pour la courageuse résistance dont l'armée française a fait preuve. — J'avais l'intention de remettre à cet effet ces mille fusils au commandant du fort de Joux, mais comme celui-ci a fait tirer aujourd'hui sur des ambulances[1] et sur mon parlementaire, je m'adresse au commandant des troupes fédérales en le priant de les faire parvenir aux mains de Votre Excellence.

Avec l'assurance de ma considération distinguée.

MANTEUFFEL

Le général Clinchant répondit le lendemain :

Fleurier, le 3 février 1871.

En réponse à l'offre que vous me faites, de remettre au Gouvernement français, par l'intermédiaire du Gouvernement fédéral suisse, les mille fusils qu'une méprise a fait tomber entre vos

---

[1] Ces ambulances étaient occupées à relever les morts et les blessés du combat de la Cluse. Le parlementaire eut son trompette d'ordonnance blessé à ses côtés. WARTENSLEBEN, p. 84.

mains à Chaffois. j'ai l'honneur de faire connaître à Votre Excellence que j'accepte cette marque de courtoisie de sa part et
que je suis heureux de saisir cette occasion de montrer à mes
soldats et à mon gouvernement la loyauté parfaite de vos intentions.

Veuillez agréer, Monsieur le Général en chef, l'assurance de
ma haute considération.

CLINCHANT.

Ce furent les derniers documents échangés entre l'état-
major de l'armée de l'Est et l'armée du Sud. « Ils montrent,
dit le colonel de Wartensleben,[1] que nonobstant les malentendus au sujet de la portée de l'armistice provoqués par le
gouvernement français, les relations entre les généraux des
deux armées n'ont cessé d'être aimables et loyales. »

Les mille chassepots furent livrés le 7 février au Col-des-
Roches, près du Locle, par un détachement de onze hommes, du 6e régiment d'artillerie, sous les ordres d'un officier.
A son retour, ce détachement fut traîtreusement surpris, à
quelques kilomètres de la frontière, par une troupe d'une
trentaine de francs-tireurs en civil, embusqués sur les bords
de la route et commandés par le capitaine Huot. Un soldat fut
tué, deux hommes furent blessés. Les autres, entourés, faits
prisonniers, furent amenés par Huot à la grand'garde suisse.
Celle-ci relâcha les soldats allemands, mais arrêta Huot et
ses gens qui furent incarcérés à la Chaux-de-Fonds, puis
jugés à Neuchâtel par le tribunal militaire, mais libérés par
le jury.

En exécution de la convention des Verrières, les officiers
généraux de l'armée de l'Est, au nombre de soixante-dix
environ, avaient été autorisés à choisir le lieu de leur séjour. Le général Clinchant et son état-major s'installèrent à
Berne. La plupart restèrent avec leurs camarades, internés

---

[1] *Die Operationen der Südarmee*, p 86.

au nombre de deux mille cent-vingt-deux à Baden, Inter-
laken, Lucerne, Saint-Gall, Zurich et Fribourg.

Les troupes furent disloquées dans cent-quatre-vingt-huit
villes et villages disséminés dans tous les cantons de la Confédération. Chacun de ces dépôts était sous les ordres d'un
commandant de place chargé de l'ordre intérieur et de la
surveillance. Les troupes internées touchaient une solde et
l'ordinaire des troupes fédérales. Elles étaient placées sous
la discipline et la juridiction des officiers et des tribunaux
militaires de la Confédération. Un dépôt spécial pour récal-
citrants avait été installé au fort de Luziensteig : cent cinquante hommes et trois officiers de la garde-mobile durent
y être relégués pour actes d'indiscipline ou autres fautes
graves. Les tribunaux prononcèrent une trentaine de condamnations. A ces exceptions près, la discipline ne donna
lieu à aucune plainte.

Un « bureau de renseignements » avait été installé à
Berne, sous la direction d'un certain nombre d'officiers
suisses, pour centraliser le service postal, établir les états
de dislocation et répondre aux innombrables demandes d'informations qui, chaque jour, affluaient de France, de la part
des familles et des aboutissants des troupes.

Au cours de l'internement, une revue générale des effectifs et des états de présence fut entreprise dans tous les dépôts, de concert par des officiers de l'administration militaire
fédérale et de l'intendance française.

Dès le 1er février, jour de l'entrée de l'armée, M. Schenk,
président de la Confédération, avait chargé le ministre de
Suisse à Paris de demander au gouvernement de la Défense
nationale et au chancelier de l'Empire allemand, M. de Bismarck, l'ouverture de négociations pour le repatriement
des troupes françaises. « Il est un devoir imposé par la neutralité, disaient les instructions données au ministre de
Suisse, de ne favoriser d'aucune manière la position des
belligérants, ce qui serait le cas en rendant une armée à la

France, tout en conservant en gage les armes qu'elle a apportées avec elle, car elle pourrait de nouveau prendre part à la guerre. Il y a donc lieu d'exiger l'assurance positive du gouvernement français qu'aucun des soldats de l'armée de l'Est ne sera plus employé dans l'armée active pendant la durée de la guerre. Cette assurance paraît devoir être facilement obtenue, puisque les préliminaires de paix sont déjà signés et que la paix définitive paraît devoir résulter des négociations entre les deux puissances ennemies... Il faut aviser à ce que, par un moyen ou par un autre, les deux puissances s'arrangent pour laisser rentrer l'armée de l'Est en France. »

Le président de la Confédération rappelait qu'un arrangement de même nature avait été pris en 1859, pendant la guerre d'Italie, pour toutes les troupes obligées de se réfugier sur le sol suisse. Il réservait au surplus expressément la liberté d'action du gouvernement fédéral.

M. Jules Favre, au nom du gouvernement de la Défense nationale, se déclara prêt à entrer en pourparlers avec l'Allemagne pour conclure une convention relative au repatriement des troupes, mais le gouvernement impérial allemand opposa le refus le plus catégorique. « Je comprends les embarras que cet évènement doit causer en Suisse, répondit M. de Bismarck à M. Kern, et si des considérations majeures ne m'en empêchaient, je n'aurais aucun motif de contrarier le vœu que vous venez de m'exprimer au nom de votre gouvernement. Je n'hésite pas à déclarer que la Suisse a très loyalement rempli ses obligations de pays neutre pendant cette guerre, mais, malgré cela, il nous est impossible de donner les mains à une convention pour le repatriement de l'armée. Le gouvernement français n'est nullement en état de nous donner des garanties suffisantes que des militaires de l'armée du général Bourbaki, tant officiers que soldats, ne se laisseront pas entraîner à participer aux hostilités s'ils sont rendus à la France. Nous avons la preuve

que des officiers français, par centaines, ne se gênent pas
de prendre de nouveau les armes contre nous, malgré leur
parole donnée. Nous pourrions d'autant moins compter sur
l'efficacité de pareilles assurances que le gouvernement
français a cru pouvoir confier un nouveau commandement à
des officiers qui ont manqué à leur parole, ayant réussi à
s'évader du lieu où ils étaient internés en Allemagne et
quoiqu'il connût parfaitement le fait.[1] Plus le nombre de
soldats à la charge du fisc français sera considérable à l'é-
tranger, plus aussi il pourra se voir forcé d'accélérer la conclusion de la paix. Il est donc tout naturel que nous ne vou-
lions pas renoncer à un moyen aussi efficace lorsqu'il s'agit
d'une armée aussi nombreuse. La paix est aussi vivement
désirée en Allemagne et l'opinion publique nous ferait des
reproches fondés si nous adhérions à une mesure qui re-
tarderait plutôt qu'elle n'accélèrerait la conclusion de la
paix... La Suisse a affirmé et maintenu jusqu'ici avec loyauté
sa neutralité ; nous la prions de continuer à le faire pendant
les quelques semaines qui sont encore nécessaires pour arriver à la conclusion de la paix qu'elle contribuera ainsi à
hâter. Plus tard, lorsque les négociations seront plus avancées, on pourra revenir sur ce sujet. » — « Toutes choses
ont leur bon côté, ajouta le chancelier ; les Suisses auront
l'occasion de faire connaissance plus intime avec les Français ; nous, nous avons pu le faire depuis longtemps. »

M. Kern revint à la charge, sans plus de succès, le 24 février, dans un entretien ultérieur avec le chancelier. Les
préliminaires de la paix signés, tout ce qu'on put obtenir
des autorités allemandes, ce fut l'utilisation du chemin de

[1] C'était le cas entre autres de plusieurs officiers de l'armée
de l'Est.

Un grand nombre d'officiers français, entrés en Suisse au bénéfice de la convention signée aux Verrières par leur général,
avaient profité du désarroi du premier jour pour gagner rapidement Lausanne et Genève, s'y procurer des habits civils et regagner la France à la faveur de ce travestissement.

fer de Pontarlier à Mouchard et à Bourg pour le repatriement et le passage des troupes sur certaines routes à travers les départements encore occupés par le vainqueur.
Une convention fut signée à cet effet, le 6 mars, entre l'état-
major du général de Manteuffel et le lieutenant-colonel de
Sinner, envoyé à Dijon par le Département militaire fédéral.[1]

Le repatriement de l'armée commença le 13 mars. Il
était entièrement terminé le 24 mars. On évacua 15,037
hommes par les Verrières, 64,680 par Genève, 1638 par
Évian et Thonon et 2850 par Divonne avec les colonnes de
chevaux. Environ trois cents officiers rentrèrent isolément
en France. Un millier de malades restaient dans les hôpitaux. Plus de cinq mille y étaient entrés. Dix-sept cents
hommes étaient morts en Suisse, le plus grand nombre du
typhus, de la variole ou d'affections de la poitrine.

Les comptes généraux de l'internement furent arrêtés à
douze millions de francs.[2] Le 12 août 1872, ils étaient inté-
gralement soldés par la France qui, sur la demande du
Conseil fédéral, en avait fait constater l'exactitude par des
commissaires spéciaux, chargés de la vérification des écri-
tures. « Le règlement des comptes avec la France s'est fait
dans les meilleures conditions et nous n'avons qu'à nous
louer des procédés de la France et de ses représentants à
notre égard, disait en 1873 M. Ceresole. président de la
Confédération, devant l'Assemblée fédérale; le séjour en
Suisse de l'armée française a créé entre la France et nous
des sentiments plus étroits de sympathie et de reconnais-

---

[1] Les colonnes ne devaient pas dépasser l'effectif de mille
hommes, ni le nombre de trois par jour Les routes autorisées
étaient celles de Pontarlier à Saint-Laurent, par Mouthe et par
Champagnole. Les troupes ne devaient pas passer la nuit sur
le territoire occupé par l'armée allemande. Aucun arrêt n'était
permis à Pontarlier.

[2] Exactement 12,154,396 90 francs, dont 1,615,159 16 francs
pour les 16,861 hommes des troupes de garde et de surveillance,
soit par homme interné et par jour 2 fr. 97.

sance. A ces divers points de vue, nous n'avons qu'à nous féliciter de l'épreuve que nous avons subie. »

De son côté, la France avait exprimé à la Suisse sa reconnaissance par un décret solennel de l'Assemblée nationale siégeant à Bordeaux.

L'opération difficile et délicate du désarmement et de l'internement d'une armée de près de quatre-vingt-dix mille hommes, le séjour de ces troupes pendant six semaines sur un sol étranger, évènements uniques dans l'histoire de la guerre, n'ont donné lieu à aucun incident pénible et ont contribué, au contraire, à fortifier les relations de séculaire amitié qui lient la Suisse et la France.

Ces faits sont hautement honorables pour les deux peuples, pour leurs gouvernements et pour l'armée qui a su accepter avec autant de dignité une si dure et cruelle épreuve.

# CONCLUSION

Le plan de l'expédition dans l'est a été mal conçu.

Le ministère de la guerre l'avait inutilement compliqué du déblocquement de Belfort.

Belfort n'avait pas besoin de secours et la délivrance de la place ne pouvait influer en rien sur la marche générale des évènements.

Obliger le général de Tresckow à lever le siège eût été, en d'autres temps, un beau fait d'armes. Dans la situation où on était à la fin de décembre, c'était un hors-d'œuvre.

Le seul plan rationnel était celui du général Chanzy : la marche concentrique des trois armées sur Paris, pour sauver la capitale en détruisant l'armée ennemie. Là était l'objectif et le vrai champ de bataille de la France envahie.

Le transport rapide et secret de trois corps d'armée dans la vallée de la Saône pouvait se justifier par les difficultés d'une offensive par Montargis, mais à la condition que l'opération restât une simple variante du plan Chanzy et ne dégénérât pas en un mouvement excentrique. L'intendant-général Friant l'avait clairement démontré.

L'origine du désastre est là. Il est inutile de chercher ailleurs. Tel qu'il était conçu, le plan ne pouvait pas réussir.

En sortant Belfort du programme, on simplifiait tout. Malgré le retard dans le transport des XVIIIᵉ et XXᵉ corps et de la réserve générale, on disposait déjà les 29 et 30 décembre, dans la contrée de Beaune et de Nuits, de forces suffisantes pour surprendre le général de Werder en flagrant délit d'éparpillement de ses forces. La division Cremer, devenue avant-garde, pouvait donner sur Dijon dès le 28 ou le 29 décembre et y maintenir l'ennemi avec la certitude d'être appuyée en temps utile par le gros de l'armée marchant directement au nord, sa droite à la Saône, de façon à empêcher le général de Werder de se dérober sur Vesoul. On pouvait se passer du XXIVe corps et le laisser aller à Besançon et à Clerval pour distraire et occuper le général de Tresckow. On avait quatre-vingt-dix mille hommes sous la main, les meilleures troupes de l'armée. On se basait pour le ravitaillement sur Dijon et on gagnait le plateau de Langres et Chaumont, le flanc gauche couvert par Garibaldi qui, tenu ainsi en contact direct avec l'armée d'opérations, aurait pu être efficacement surveillé et obligé à sortir de ses cantonnements d'Autun pour harceler l'ennemi à Montbard et Châtillon-sur-Seine. On manœuvrait et on combattait dans un pays riche, peuplé, sillonné de bonnes routes, accessible, connu.

Un telle offensive surprenait les généraux de Werder et de Zastrow. Elle eût peut-être inquiété suffisamment le prince Frédéric-Charles pour l'empêcher de battre le général Chanzy, le 12 janvier, au Mans.

Le XIVe corps eût-il évacué Dijon à temps que, sans l'obligation de courir à Belfort, on pouvait aller directement sur Vesoul et le saisir là en marchant entre la Saône et l'Ognon, flanqué à gauche par la division Cremer. On y aurait eu, pour battre le général de Werder encore hésitant, le concours de cette division qui, par suite du retard de Garibaldi à occuper Dijon, manqua à Villersexel.

En faisant de Belfort l'objectif, on a obligé l'armée à suivre l'ennemi jusqu'à ce point où la première rencontre n'eut lieu que dix jours plus tard. La France l'a fêtée comme une victoire. Ce fut un succès tactique. Mais, le lendemain, l'armée de l'Est était irrémédiablement perdue.

Une offensive contre Paris par l'est pouvait aboutir si elle embrassait le XIVe corps dans l'enveloppement des forces ennemies. Elle était condamnée du moment où le général de Werder, échappant à l'étreinte, avait gagné Lure et pris position sur le flanc extérieur de son adversaire.

L'expédition n'a pas échoué le 17 janvier contre les batteries de position du Mont-Vaudois, mais le 9 janvier contre le pont de l'Ognon.

Au surplus, le déblocquement de Belfort était à ce point en dehors de toutes les données d'une saine stratégie que, si le général Bourbaki avait été réellement victorieux à Villersexel, s'il était parvenu à couper le XIVe corps de la route de Lure, à s'interposer entre les généraux de Werder et de Tresckow et à refouler le premier sur Saulx ou à le détruire, il aurait été infailliblement entraîné, par sa victoire même, à poursuivre sa marche au nord-ouest et à laisser Belfort. Mais cela, on pouvait l'obtenir à Dijon, dix jours plus tôt et dans de meilleures conditions.

Et si on suppose le général Bourbaki victorieux, non plus à Villersexel, mais sur la Lisaine, la conclusion reste identique. Même les lignes allemandes rompues, Belfort délivré, les généraux de Werder et de Tresckow rejetés sur Dannemarie, l'armée de l'Est était perdue. Le 17 janvier, le général de Manteuffel était maître de la Saône. Vainqueur, le général Bourbaki n'en devait pas moins faire demi-tour et marcher contre ce nouvel ennemi. A quoi lui servait alors Belfort? Pas même à empêcher les généraux de Tresckow et de Werder de ramener leurs divisions au combat. Entraînée dans l'extrême est, forcée de revenir sur ses pas, prise entre deux feux, l'armée n'eût vraisemblablement pas même pu gagner Besançon. Elle eût succombé, non pas à Pontarlier, mais une semaine plus tôt, dans quelque deuxième journée de Villersexel, celle-ci désastreuse.

Le général Bourbaki doit avoir eu conscience de cette situation quand il combattait devant Héricourt. De là sans doute sa répugnance à attaquer coûte que coûte. Une victoire l'eût servi moins bien que la retraite. Le général Borel avait raison de dire qu'il eût fallu la commencer vingt-quatre heures plus tôt.

Les fautes commises au cours de la campagne ont toutes été les conséquences plus ou moins directes d'un plan vicieux.

Tout d'abord, l'obligation d'aller jusqu'à Belfort et de se lancer à l'aventure dans un pays perdu d'inhospitalières montagnes, avec des troupes peu solides et des communications difficiles a paralysé le général en chef. Les inconnues menaçantes d'une aventure aussi lointaine ont rendu hésitant et perplexe un officier auquel chacun connaissait d'admirables qualités d'impulsion et de bravoure devant les situations simples et bien définies. On constate la trace de cette intimidation dans tous les ordres du quartier-général. Il n'en est pas un qui donne l'impression d'un parti nettement pris et d'un ferme propos. De là aussi cette préoccupation du général de grossir son armée le plus possible, de la division Cremer d'abord, puis du XV<sup>e</sup> corps et d'attendre l'entrée en ligne de ces troupes avant tout engagement décisif.

Les lenteurs de la marche avant et après Villersexel sont suffisamment expliquées par l'impossibilité où était l'armée de se nourrir, par l'insuffisance des convois et des attelages, compliquée du fait que les magasins n'étaient pas derrière le centre du déploiement, mais sur une des ailes. Toutes choses qu'il était possible de prévoir.

C'est encore la difficulté du ravitaillement et le souci de ne pas s'éloigner de Clerval qui ont empêché l'état-major de l'armée de porter ses regards plus au nord sur la carte et de voir que la vraie communication avec Belfort était, pour l'ennemi, par la route Vesoul-Lure-Frahier et non par

Villersexel, Arcey et Héricourt. Ce qui explique comment, après le 9 janvier, on a pu rester pendant quarante-huit heures dans l'illusion d'avoir intercepté le passage au général de Werder et pourquoi le XVIII<sup>e</sup> corps et la division Cremer ont été mal acheminés sur le champ de bataille de la Lisaine.

Dans cette première période de la campagne, les opérations de l'ennemi étaient cependant pour favoriser les intentions du général français. L'évènement a montré qu'en s'attardant jusqu'au 8 janvier à Vesoul, le général de Werder a joué une grosse partie et que la présence de la division Cremer et du XXIV<sup>e</sup> corps au combat de Villersexel aurait singulièrement empêché sa manœuvre vers la Lisaine. Il est non moins évident qu'à Chenebier la droite des positions allemandes était trop faiblement appuyée et que le XIV<sup>e</sup> corps n'a dû son salut qu'aux dispositions défectueuses de l'attaque. Il a fallu, dans les deux circonstances, toute l'énergie et l'admirable mobilité des troupes pour racheter ces imprudences.

A partir d'Héricourt, le salut de l'armée de l'Est était dans une retraite rapide et bien couverte sur Besançon et Lyon.

Ce n'est pas le général de Werder qui l'a menacée ni entravée. Épuisé par une lutte héroïque de trois jours contre un ennemi trois fois supérieur en nombre, il n'a commencé la poursuite que le 19 janvier et dès lors il n'est parvenu à rétablir le contact avec l'armée française que par quelques insignifiants combats avec des arrière-gardes, à Baume-les-Dames et à Pont-les-Moulins. En allant chercher l'ennemi à Rioz, le 24 janvier, il a empêché le plan du généralissime de cerner l'armée française autour de Besançon.

C'est le général de Manteuffel qui a coupé la retraite à l'armée de l'Est, sans qu'aucune tentative sérieuse ait été entreprise pour arrêter ni entraver sa marche. Passant entre Langres et Dijon d'abord, entre l'armée des Vosges et

l'armée de l'Est ensuite, il a pu franchir les défilés de la
Côte-d'Or, la Saône et l'Ognon presque sans coup férir.

L'insuffisance des mesures prises par l'armée de l'Est pour
se garer contre cette menace est incompréhensible si on
ne se reporte pas à la correspondance entre le quartier-général et le ministère de la guerre, à l'illusion où était le
général en chef que son flanc serait gardé par Garibaldi et
aux dépêches de M. de Freycinet niant ou atténuant le péril, mettant même le général en garde contre les informations précises qui le lui signalaient jour après jour. Comment expliquer, sinon par ces malentendus et ces équivoques
que d'Héricourt on n'ait pas envoyé, dès le 17 janvier au
soir, toute la cavalerie disponible aux passages de l'Ognon,
détruit les ponts, coupé les routes et dirigé par le chemin
de fer un corps d'armée sur Dôle? Les solides régiments de
la réserve générale, demeurés intacts puisqu'ils n'avaient
donné ni à Villersexel ni à Héricourt étaient la première
troupe à évacuer sur ce point important.

L'armée concentrée à Besançon, c'était à elle à se garder
sur le Doubs et à en disputer le passage à l'ennemi. Elle
était sur place. Elle devait se couvrir. Dès le 21 janvier au
soir, l'occupation de Dôle par l'avant-garde du général Koblinski lui était connue. L'état-major hésitait encore sur le
parti à prendre. Pouvait-on encore percer sur Auxonne
comme le ministère l'exigeait ou fallait-il battre en retraite
sur Lyon ou Pontarlier, comme le conseillaient la plupart
des chefs de corps? Dans l'état de délabrement où était
tombé l'armée, cette dernière solution était en tout cas la
plus prudente et la plus sûre. Encore fallait-il que l'armée
fût à même d'exécuter l'un ou l'autre projet et donner à cet
effet, en temps utile, les ordres nécessaires. On négligea au
contraire les plus élémentaires précautions. Les ponts sur
le Doubs n'ont pas été rompus. On n'a couvert ni Villers-
Farlay, ni Mouchard. On a laissé par imprévoyance l'ennemi
s'emparer successivement des routes de Poligny, de Cham-

pagnole et de Foncine. Tandis qu'on s'inquiétait outre mesure de la division du général de Schmeling qui menaçait
mollement l'aile droite, on laissait impunément deux corps
d'armée déborder et tourner l'aile gauche. La résistance des
gardes-nationaux et des forts d'arrêt de Salins, le combat
glorieux des régiments de l'arrière-garde à la Cluse-de-Joux,
montrent ce qu'une défense énergique eût pu obtenir au
plateau de Supt, à Saint-Germain en montagne, à Vaux,
au col des Planches. Elle pouvait, entreprise à temps, arrêter la marche de l'ennemi assez longtemps pour protéger la
retraite de la plus grande partie de l'armée.

A Pontarlier, il était trop tard pour agir. L'équivoque
créée par les lacunes de la dépêche de M. Jules Favre n'a
pas eu sur les destinées de l'armée une influence appréciable. Tout au plus a-t-elle empêché quelques milliers de fantassins ou de cavaliers d'échapper à l'internement en Suisse.

Mais les défaillances finales qu'expliquent les atroces souffrances physiques et morales des troupes et des états-majors
n'ont nui qu'à l'armée elle-même. Les destinées de la France
avaient déjà été réglées ailleurs.

# TABLE

———

|  |  | Pages. |
|---|---|---|
| Avant-propos | | V |
| Chapitre | I<sup>er</sup>. En décembre 1870 | 1 |
| » | II. Le plan de campagne dans l'est. | 25 |
| » | III. L'état-major de l'armée | 47 |
| ». | IV. Les troupes | 69 |
| » | V. Le transport des troupes | 87 |
| » | VI. Le général de Werder et le XIVᵉ corps | 107 |
| » | VII. Les premières opérations | 117 |
| » | VIII. Le combat de Villersexel | 145 |
| » | IX. De Villersexel à Arcey | 167 |
| » | X. Sur la Lisaine | 199 |
| » | XI. Les combats sur la Lisaine. — Le 15 janvier | 206 |
| » | XII. Les combats sur la Lisaine. — Le 16 janvier | 236 |
| » | XIII. Les combats sur la Lisaine. — Le 17 janvier | 255 |
| » | XIV. L'armée du Sud | 279 |
| » | XV. Garibaldi à Dijon | 289 |
| » | XVI. D'Héricourt à Besançon | 317 |
| » | XVII. Les combats de Dijon | 356 |
| » | XVIII. Le conseil de guerre de Château-Farine | 386 |
| » | XIX. La retraite sur Pontarlier | 426 |
| » | XX. L'armistice de Versailles | 446 |
| » | XXI. Le 29 janvier 1871 | 461 |

|  |  | Pages. |
|---|---|---|
| Chapitre XXII. | Le 30 janvier 1871 | 473 |
| » XXIII. | Le 31 janvier 1871 | 480 |
| » XXIV. | La convention des Verrières | 495 |
| » XXV. | Le 1er février 1871 | 506 |
| Conclusion | | 530 |

---

## ERRATUM

Page 4 : Le commandant en chef des forces françaises à la bataille d'Amiens, le 27 novembre 1870, était le général Farre et non pas le général Faidherbe.

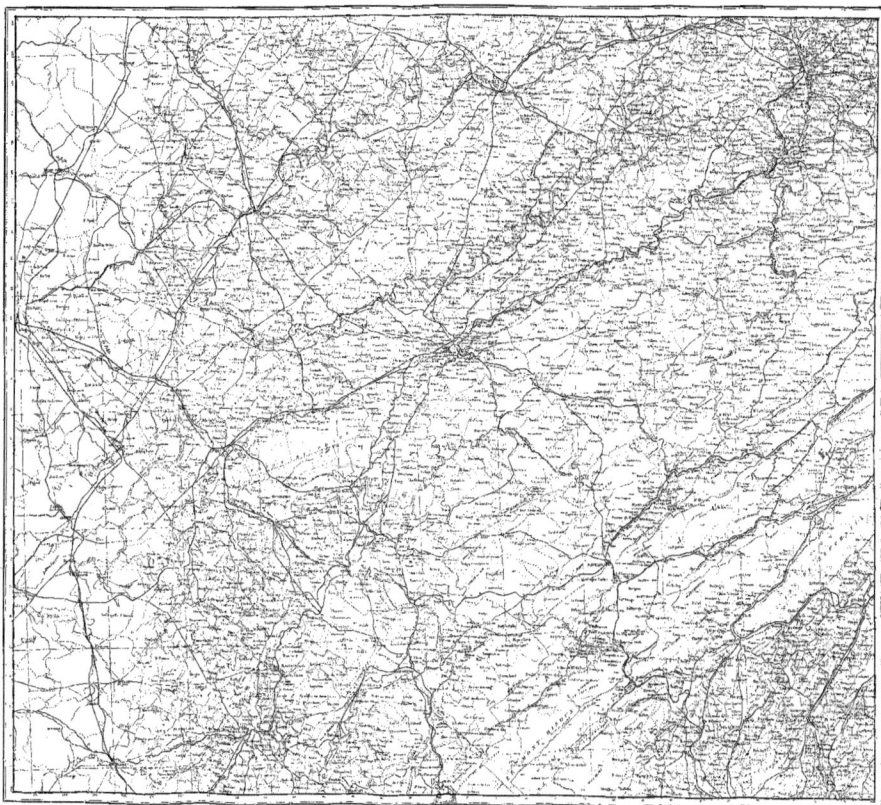

SCHELLE KILOMÉTRIQUE

www.ingramcontent.com/pod-product-compliance
Lightning Source LLC
Chambersburg PA
CBHW070617270326
41926CB00011B/1721